Gerhard Schneider · Günter H. Seidler (Hrsg.)

Internalisierung und Strukturbildung

Gerhard Schneider · Günter H. Seidler (Hrsg.)

Internalisierung und Strukturbildung

Theoretische Perspektiven und klinische Anwendungen in Psychoanalyse und Psychotherapie

Westdeutscher Verlag

Der Westdeutsche Verlag ist ein Unternehmen der Bertelsmann Fachinformation.

Umschlaggestaltung: Horst Dieter Bürkle, Darmstadt
Satz: ITS Text und Satz GmbH, Herford

Gedruckt auf säurefreiem Papier

ISBN 978-3-531-12750-7 ISBN 978-3-322-97062-6(eBook)
DOI 10.1007/978-3-322-97062-6

Inhalt

Vorwort

‚Internalisierung' und ‚Strukturbildung' sind zentrale Begriffe im Zusammenhang mit dem Entstehen und der Aufrechterhaltung einer inneren, psychischen Welt. Diese innere Welt ist nicht einfach eine Art Abbild der äußeren Wirklichkeit, sondern bildet sich im Wechselspiel und der Konfrontation zwischen mitgebrachten Reaktionsdispositionen, körperlich-triebhaften Bedürfnissen und Phantasien einerseits und befriedigenden und versagenden bis hin zu traumatisierenden Erfahrungen mit den wichtigen Bezugspersonen in der Kindheit und Jugend andererseits, ein Prozeß, der nie gänzlich abgeschlossen ist und ein grundsätzlich konflikthaftes Spannungsfeld zwischen ‚objektiver' äußerer Realität und ‚subjektiver' innerer Realität im Sinne Winnicotts stiftet.

Anliegen dieses Buches ist es, verschiedene Aspekte solcher Internalisierungs- und Strukturbildungsprozesse in theoretischer wie klinischer Hinsicht zu beleuchten. Es richtet sich damit insbesondere an psychoanalytisch und psychotherapeutisch tätige Kolleginnen und Kollegen, die selbst in ihrer praktischen beruflichen Tätigkeit mit ihren Patientinnen und Patienten auf dem mühsamen und schmerzlichen Weg der Veränderung und des (Neu-)Aufbaus von deren innerer Realität sind, um ihnen so mehr als zuvor ein selbstverfügtes, produktives Leben im Spannungsfeld zwischen ‚objektiver' und ‚subjektiver Realität' zu ermöglichen. Dabei hoffe ich, daß für diese Leser[1] die Lektüre der Beiträge Anregungen für das Verstehen der eigenen Praxis bietet und vielleicht auch Anstöße gibt, diese Reflexion selbst ein Stück weiter voranzutreiben.

Darüber hinaus richtet sich das Buch aber auch an solche Leser, die, anders motiviert als durch eine eigene klinische Tätigkeit, Interesse daran haben, etwas darüber zu erfahren, wie aus äußeren Beziehungserfahrungen ‚innere Welten' entstehen, die als erlebensbestimmende und handlungsleitende Orientierungen neue Erfahrungen zu integrieren helfen. Vielleicht setzt das hier und da eine Diskussion über den Rand des jeweils eigenen Diskurses hinaus in Gang, die für alle daran beteiligten Grenzgänger nützlich ist; denn natürlich ist die Internalisierungs/Strukturbildungsthematik, die die Psychoanalyse in der einen oder anderen Form in ihrer ganzen hundertjährigen Geschichte begleitet hat, keine Entdeckung der Psychoanalytiker, sondern beschäftigt etwa auch Soziologen, Pädagogen, Psychologen und Philosophen.

Warum aber dieses Buch, heute? Dazu ist zunächst zu sagen, daß es im deutschen Sprachraum, was die psychoanalytisch-psychotherapeutische Literatur betrifft, keine umfassendere Darstellung in Form einer Monographie oder eines Sammelbandes gibt. Die beiden Bücher ‚Aspects of Internalization' (1968) von R. Schafer und ‚Internalization in Psychoanalysis' (1981) von W.W. Meissner sind unübersetzt geblieben, und zudem fehlt dort die produktive Rezeption der für die gegenwärtige ‚europäische Psychoanalyse'

1 Der sprachlichen Einfachheit halber verwende ich im nachfolgenden, wie ich denke ohne emanzipationsfeindlichen Unterton, die männliche Sprachform.

zentralen Positionen, die mit den Namen M. Klein, W.R. Bion und D.W. Winnicott verbunden sind. Mit diesen Namen ist auch annäherungsweise das psychoanalytische Feld der meisten Beiträge dieses Buches umrissen, das allerdings in einigen Arbeiten auch andere Perspektiven eröffnet. Wegen der zu erwartenden (ausbildungs-)praktischen wie berufspolitischen Bedeutung sei hier auf eine solche aktuelle ‚andere Perspektive' explizit hingewiesen: Im Rahmen eines Projekts zur ‚Operationalisierung psychodynamischer Diagnostik' beschäftigt sich gegenwärtig eine Gruppe von etwa 40 Hochschulwissenschaftlern aus den Bereichen Psychoanalyse/Psychotherapie/Psychosomatik u.a. damit, eine empirisch begründete, psychoanalytisch fundierte Diagnostik zur Erfassung des psychischen Strukturniveaus zu entwickeln.

Ein zweites, inhaltliches Moment kommt hinzu und ist vielleicht noch wichtiger: Ich meine die vieldiskutierte Veränderung der psychoanalytisch-psychotherapeutischen Klientel, die nicht mehr hauptsächlich Patienten auf einem ödipalen Strukturniveau mit inneren Konflikten, die als solche nicht in die interpersonelle äußere Realität hineinverlagert werden, umfaßt, sondern solche auf einem präödipalen Strukturniveau, auf dem z.B. Konflikte externalisiert und interpersonal agiert werden. Bei ihnen geht es therapeutisch basal um eine ‚Psychifizierung' und den Aufbau psychischer Strukturen, um die Verinnerlichung solcher Konflikte und den Auf- und Ausbau intrapsychischer, selbstverfügter Regulationssysteme – wie etwa A. Green hervorgehoben hat, geht es bei ihnen basal um die „Integration der psychisch-geistigen Möglichkeiten des Analytikers", d.h. Internalisierungs- und Strukturbildungs- und -entwicklungsprozesse sind bei ihnen von entscheidender Bedeutung.

Ziel des vorliegenden Bandes ist es, in klinischer wie theoretischer Hinsicht die dadurch an Analytiker und analytisch orientierte Psychotherapeuten gestellten Herausforderungen zu verdeutlichen und zu ihrer Klärung beizutragen. Zwei Bemerkungen seien im Hinblick auf die gegenwärtigen Angriffe auf die Psychoanalyse hinzugefügt. Die erste richtet sich an die in der empirischen Psychotherapieforschung sensu Grawe Gebildeten unter ihren Verächtern: Die hier wiedergegebenen ausführlichen klinischen Darstellungen aus psychoanalytischen Erwachsenen- und Kinderbehandlungen lassen das Ausmaß an innerer Arbeit und auch den psychischen Schmerz erkennen, die die sehr schwer gestörten Patienten, um die es hier geht, und ihre Therapeuten auf sich zu nehmen und zu durchleiden haben, soll es zu wirklichen Internalisierungen und zu Strukturaufbau- und -veränderungsprozessen in der Analyse kommen – wer hier meint, daß für die „allermeisten Patienten" eine Behandlung von länger als einem Jahr oder 40 Stunden „nicht erforderlich" ist (Grawe et al.), mag wissen, was er/sie sagt, aber sicher weiß er/sie nicht, wovon er/sie *klinisch* redet.

Und die zweite Bemerkung: Die klinischen wie die theoretisch akzentuierten Beiträge belegen darüber hinaus in lebendiger Weise, daß die (Langzeit-)Psychoanalyse weder klinisch-therapeutisch noch theoretisch, wie das häufig kolportiert wird, ein „Auslaufmodell" (Strupp) ist. Lakonisch hat das im Hinblick auf die psychoanalytische Theorie L.H. Silverman schon 1976 im Titel einer Arbeit zum Ausdruck gebracht, die im American Psychologist, einer der zentralen psychologischen Fachzeitschriften, erschienen ist: „Psychoanalytic theory: ‚The reports of my death are greatly exaggerated'" – ‚die Berichte über mein Ableben sind ein wenig übertrieben'.

Es bleibt mir zum Schluß, mich bei den Autoren für das Vertrauen zu bedanken, uns ihre Arbeit zur Publikation überlassen zu haben; dazu gehört auch der Dank für die gute Kooperation bei der endgültigen Manuskriptherstellung, so daß das Buch nach einer vergleichsweise geringen ‚Austragungszeit' erscheinen kann. Frau I. Combecher, U. Dous und M. Wörner haben uns bei der Korrespondenz, der Korrektur und teils auch dem Schreiben der Manuskripte geholfen und zur Seite gestanden. Auch ihnen sei dafür herzlich gedankt.

Mannheim, im Juli 1995 *Gerhard Schneider*

Internalisierung und Strukturbildung: Einleitung und Überblick

Gerhard Schneider

,Internalisierung' und ,Strukturbildung' sind beides Begriffe, die sich auf den Aufbau einer Innenwelt und die Ersetzung von äußeren Handlungsregulationen (durch den Einfluß anderer) durch subjektinterne Regulierungen beziehen. Ich will zunächst die psychoanalytische Bedeutung beider Begriffe erläutern und daraus einige m.E. für die aktuelle Diskussion wichtige Fragestellungen ableiten; im Anschluß daran werde ich die in diesem Buch zusammengefaßten Beiträge kurz vorstellen und auf den genannten Problemkreis beziehen.

1. Internalisierung

1.1 Internalisierung als Oberbegriff

In Übereinstimmung mit einer Reihe einschlägiger Arbeiten (z.B. Meissner 1981; Schafer 1990/1968) verwende ich ,Internalisierung' als Oberbegriff für die Prozesse, mit denen ein Subjekt im Laufe seiner Entwicklung seine innere Welt aufbaut und modifiziert. Schafer definiert:

> „Internalization refers to all those processes by which the subject transforms real or imagined regulatory interactions with his environment, and real or imagined characteristics of his environment, into inner regulations and characteristics" (1990/1968, S. 9),

wobei ,Inkorporation', ,Introjektion' und ,Identifizierung' abgrenzbare Teilprozesse bezeichnen. Sprachlich handelt es sich bei ,Internalisierung' um die Rückübersetzung von Freuds (z.B. 1937, 1940) Begriff der Verinnerlichung, der auf der Grundlage von Hartmanns (1939) systematischer Bestimmung zusammen mit dem Strukturbegriff eine zentrale Rolle in der Ich-Psychologie spielt (z.B. Rapaport 1967; Schafer 1990/1968; Hartmann & Loewenstein 1964/1962). Abzugrenzen ist Internalisierung zum einen von Imitation, zum anderen von Compliance (Willfährigkeit gegenüber äußeren Anforderungen anderer). Imitation als ,Nachmachen' ist insbesondere im Kleinkindverhalten ein Teil von Identifikationsprozessen und auch bei Introjektionen beteiligt (Schafer 1990/1968, S. 32ff), doch handelt es sich insofern um eine äußerliche Verhaltensübernahme, als das imitierende Subjekt keinerlei innere, wie immer motivierte Beziehung zum ,kopierten Objekt' haben muß (Meissner 1981, S. 11–15). Dieses ,im Äußeren bleiben' charakterisiert auch die Compliance (Schafer 1990/1968, S. 34–37). Der Gegenbegriff zur Internalisierung ist der der Externalisierung (Veräußerlichung), womit die Ver-äußerung von Wünschen,

Konflikten und Selbstanteilen gemeint ist, die dadurch nicht (mehr) als dem Subjekt selbst zugehörig erfahrbar sind (Meissner 1981, S. 9ff). Der Begriff wird häufig dem der Projektion gleichgesetzt (vgl. Hinshelwood 1993/1991, S. 390), wobei bisweilen zur Projektion als solcher eine ihr entsprechende Manipulation der äußeren Realität hinzugenommen wird, die solcherart nur insoweit wahrgenommen wird, als sie mit der Projektion übereinstimmt (Meissner 1981, S. 9ff).

Was die (verdeckte) psychoanalytische Vorgeschichte der Verinnerlichungsthematik betrifft, so weist Loewald (1986/1973, S. 48f) auf Nietzsche hin, der in der ‚Genealogie der Moral' (16. Abschnitt) den „Ursprung des ‚schlechten Gewissens'", ja mehr noch der „‚Seele'" und der „ganzen inneren Welt" des Menschen überhaupt als Antwort auf die Hemmung der Triebbedürfnisse im Außen auffaßt:

> „Alle Instinkte, welche sich nicht nach außen entladen, *wenden sich nach innen* – dies ist das, was ich die *Verinnerlichung* des Menschen nenne: damit wächst erst das an dem Menschen heran, was man später seine ‚Seele' nennt. Die ganze innere Welt ... ist in dem Maße auseinander- und aufgegangen ..., als die Entladung des Menschen nach außen *gehemmt* worden ist" (1966/1887, S. 825).

Dem kommt Freuds allerdings im wesentlichen positive kulturtheoretische Verwendung des Begriffs nahe, z.B. wenn er bemerkt, daß „eine sehr erhebliche Verinnerlichung, Einwärtswendung der Aggression stattfindet, und für die Außenkämpfe, die dann unterbleiben, die inneren Konflikte sicherlich das richtige Äquivalent" wären (1937, S. 90). Generell geht es bei dieser ‚Kultivierung' des Subjekts darum, daß „äußerer Zwang allmählich verinnerlicht wird", was sich beim Kind in der Sozialisation als Überich-Bildung wiederholt (1927, S. 332). Aber auch anderes Äußere kann verinnerlicht werden, z.B. die äußere Gefahr (1926, S. 177).

Von besonderer theoretischer Bedeutung ist die Stelle im ‚Abriss', in der Freud den Verinnerlichungs*prozeß* genauer beschreibt. Es heißt hier, daß sich im 5./6. Lebensjahr eine wichtige Veränderung vollzieht, insofern die klare Zweiteilung zwischen Innen und Außen überwunden wird, indem ein Stück *Außen*welt ins Ich aufgenommen und damit zu einem Stück der *Innen*welt wird:

> „Ein Stück der Aussenwelt ist als Objekt, wenigstens partiell, aufgegeben und dafür (durch Identifizierung) ins Ich aufgenommen, also ein Bestandteil der Innenwelt geworden. Diese neue psychische Instanz setzt die Funktionen fort, die jene Personen der Aussenwelt ausgeübt hatten, sie beobachtet das Ich, gibt ihm Befehle, richtet es und droht ihm mit Strafen, ganz wie die Eltern, deren Stelle es eingenommen hat" (1940, S. 136).

Diese psychische Instanz, das Über-Ich, ist einerseits kein einfaches Abbild der äußeren realen Verhältnisse, z.B. ist es oft strenger als die realen Eltern (S. 137), andererseits reproduziert sich in der Innenbeziehung ‚Überich – Ich' ein Stück des Bezugs zur Aussenwelt; denn die „Qual der Gewissensvorwürfe entspricht genau der Angst des Kindes vor dem Liebesverlust, die ihm die moralische Instanz ersetzt hatte" (S. 137).

Die von Freud beschriebene Ver-innerung der Handlungsregulation wird in der Ich-Psychologie das Definiens von Internalisierung/Verinnerlichung. Hartmann beschreibt in einer biologisch-soziologisch-psychologischen Perspektive die Menschwerdung phylogenetisch als ‚Verinnerlichung':

„Für die Phylogenese kann man den Satz vertreten, daß die Entwicklung der Lebewesen dahin führt, dem Organismus eine größere Unabhängigkeit von der unmittelbaren Beziehung zur Außenwelt zu geben, so daß Reaktionen, die sich ursprünglich gegenüber der Außenwelt abgespielt haben, in zunehmendem Maß ins Innere des Organismus verlegt werden. Die Entwicklung des Denkens, des Über-Ichs, das Bewältigen einer inneren Gefahr, bevor sie eine äußere wird, ... sind Beispiele für diesen Prozeß der Verinnerlichung" (1975/1939, S. 38),

und dem entspricht die Entwicklung einer steuernden ‚Innenwelt':

„Im Zuge dieser Entwicklung der Organismen ... zu einer zunehmenden ‚Verinnerlichung' ... entsteht als ein zentraler Steuerungsfaktor dasjenige, was man als die ‚Innenwelt' zu bezeichnen pflegt. Diese Innenwelt ist zwischen Rezeptoren und Effektoren eingeschaltet. Beim erwachsenen Menschen kennen wir sie auch als einen Steuerungsfaktor im Ich" (S. 50).

Spricht Hartmann in diesem Zusammenhang noch von „Reaktionen", so hebt er in einer späteren Arbeit mit Loewenstein zum Über-Ich die Verinnerlichung von Interaktionen mit der sozialen Umwelt hervor:

„We would speak of *internalization* when regulations that have taken place in interaction with the outside world are replaced by inner regulations" (1964/1962, S. 150),

d.h. die Bedeutung der Objektbeziehungen wird hervorgehoben, eine Perspektive, die Schafer in seiner oben gegebenen Definition aufnimmt und differenziert (vgl. 1990/1968, S. 8f).

Auf drei systematische Problembereiche möchte ich in diesem Zusammenhang hinweisen: die Unterscheidung ödipaler und präödipaler Prozesse, die Bedeutung des Begriffs der Repräsentanzen und schließlich die kritische Frage, ob die Rede von ‚Internalisierung' überhaupt obsolet sei. Was den ersteren betrifft, so unterscheidet Loewald (1986/1962, 1986/1973) zwischen Verinnerlichungen auf dem ödipalen Niveau (Über-Ich) und solchen auf der präödipalen Ebene, bei denen es überhaupt erst um die Konstitution und Festigung von Innen und Außen geht (*primäre* Verinnerlichungen bzw. Veräußerlichungen):

„... Grenzen zwischen Subjekt und Objekt, Unterschiede zwischen ihnen, sind auf präödipalen Stufen ... fließend und verschwommen, so daß zumindest keine klare oder dauerhafte Trennung zwischen Selbst- und Objektwelt, zwischen innen und außen aufrechterhalten wird. Wenn dies zutrifft, dann bedeutet es, daß man, wenn man von Verinnerlichung auf so frühen Entwicklungsstufen spricht, Prozesse meint, bei denen Inneres und Äußeres durch wiederholtes Sichten und Aussondern voneinander differenziert werden ... Innerlichkeit wie Äußerlichkeit (werden) durch so frühe primäre Verinnerlichungen und Veräußerlichungen geschaffen. Diese müssen als erste Schritte einer Ich-Organisation angesehen werden. Nur auf der Grundlage dieser relativ festgefügten psychischen Struktur finden sekundäre Verinnerlichungen und Veräußerlichungen statt, etwa jene, die zur Überich-Bildung führen" (1986/1973, S. 59; vgl. 1986/1973, S. 249, 257f).

In einem anderen Zusammenhang wird das von Sandler (1964/1960) und von Sandler und Rosenblatt (1984/1962) mit Hilfe des von ihnen geprägten Begriffs der „Vorstellungswelt" (representational world) formuliert. Dem liegt zugrunde, daß die Wahrnehmung als aktiver Vorgang begriffen wird und daß das Subjekt dementsprechend Bilder und Vorstellungen von sich (Innen), den anderen und der Welt (Außen) entwirft, ein Prozeß, in dem Innen und Außen erst allmählich konstituiert und stabilisiert werden (1984/1962, S. 239). Erst auf der Grundlage dieser ,primären Verinnerlichung/äußerlichung' im Sinne Loewalds ist die Verinnerlichung der ödipalen Konfiguration möglich:

> „Wir wissen, daß das Kind im Laufe der Entwicklung Bilder von Objekten schafft, die in der Außenwelt existieren. Diese Bilder sind zwar in der Vorstellungswelt des Kindes angesiedelt, beziehen sich aber auf das, was das Kind als ,Außen'-Welt zu erleben lernt. Der Prozeß der Überich-Bildung, der Übertragung von Autorität und Status der Liebesobjekte auf die ,innere' Welt, kann erst stattfinden, nachdem das Kind seine Objekte wahrzunehmen gelernt hat, d.h. nachdem es in seiner Vorstellungswelt feste Objektvorstellungen geschaffen hat" (S. 239).

Anders formuliert bekommt damit der Begriff der Selbst- und Objekt-Repräsentation eine zentrale Rolle, wobei unter ,Repräsentanz' der jeweilige affektiv-kognitive Vorstellungskomplex im Hinblick auf das Subjekt selbst (Selbst-Repräsentanz) oder ein Objekt (Objekt-Repräsentanz) als Niederschlag entsprechender phantasie- und erfahrungsgeleiteter Selbst- und Interaktionserfahrungen verstanden wird. Psychische Repräsentanzen können gleichsam als in Internalisierungsprozessen gebildete ,Bausteine' der inneren Welt angesehen werden, wie dies im Rahmen der Objektbeziehungstheorie explizit Kernberg formuliert:

> „... alle diese Internalisierungsprozesse bestehen aus drei Grundkomponenten: a) Objektbildern oder Objektvorstellungen, b) Selbstbildern oder Selbstvorstellungen und c) Derivaten oder Dispositionen für spezifische Affektzustände" (1985/1976, S. 21).

Im Repräsentanzenmodell formuliert Kernberg dementsprechend seine Entwicklungsgeschichte der inneren Welt (Kap. I; vgl. 1988/1980, Kap. 1), womit er in der Tradition von M. Mahler (Mahler, Pine & Bergman 1980/1975) und insbesondere E. Jacobson (1973/1964) steht (vgl. Kernberg 1988/1980, Kap. 5, 6).

An dieser Stelle kann ich nur kurz hinweisen auf die in den 70er und 80er Jahren geführte Debatte um eine ,metapsychologische' versus ,phänomenologische Psychoanalyse' (z.B. G. Klein 1976; Schafer 1982/1976; Stolorow 1978). Im Zusammenhang mit der Diskussion der Identifizierung findet sie sich z.B. bei Meissner, der das Selbst als „supersystemische Organisation" (1981, S. 67) begreift und von Verinnerlichungen nur im Zusammenhang mit Veränderungen in den psychischen Strukturen spricht (z.B. Selbst, Ich), nicht aber von Veränderungen in der Selbst-Repräsentanz, wie dies in einer ,phänomenologischen Orientierung' gemacht wird:

> „... (Identifications) are regarded not just as representational modifications of the self-schema, but as intrinsic modifications of the ego itself. Identification brings about an internal structural change, which may be secondarily reflected in representational terms, but is not limited to such representational changes" (1981, S. 65; vgl. S. 64–68).

Im Hinblick auf die Verinnerlichungsthematik läßt sich das auf eine Unterscheidung von Rapaport (1967/1957) zurückbeziehen, der zwischen einer „inner world" und einer „internal world" unterscheidet:

> „The *inner* world constitutes a kind of intrapsychic cognitive map of the external world, which is interpolated between receptors and effectors and serves as a means by which the ego regulates its interaction with the external world. The *internal* world, on the other hand, comprises the

organization and integration of intrapsychic structures. Thus the inner world is representational, while the internal world is specifically structural" (Meissner 1981, S. 66).

In dieser Perspektive stellt sich dann die Frage, wie Repräsentanzen als Teil der inneren Welt (inner) zu Strukturmomenten (internal) werden; erst dann würde es sich um Internalisierungen im strukturellen Sinne handeln (S. 66). Ebenfalls mit Bezug auf Rapoport trifft Loewald eine entsprechende Unterscheidung und plädiert analog für einen ‚strukturellen Internalisierungsbegriff':

„Ich selbst gebrauche den Begriff der Verinnerlichung für die Prozesse, die mit der Schaffung einer solchen Innenwelt und ihren strukturellen Resultaten zusammenhängen [internal world]; Verinnerlichung bezieht sich bei mir nicht auf die Konstruktion innerer Modelle, Schemata oder Landkarten, die Vorstellungen der äußeren Welt der Objekt und ihrer Beziehungen sind" (1980/1973, S. 50).

Schließlich sei erwähnt, daß in den 70er Jahren Schafer (1976/1972; 1982/1976, Kap. 5) die Konzeption von Internalisierung überhaupt in Frage gestellt hat, insofern damit eine subjektive Phantasie, die der Einverleibung, nicht aber ein psychischer Prozeß gemeint sei. Demnach sei

„‚Verinnerlichung' eine so gröblich unvollständige und unbrauchbare Raummetapher ..., daß wir am besten daran täten, sie in der psychoanalytischen Theorie zu meiden" (1982/1976, S. 113f).

Ich denke, daß Schafers Kritik ein nützlicher Anstoß sein kann, auch über ‚nicht räumliche' Prozesse des Aufbaus einer psychischen Welt nachzudenken (vgl. in diesem Band Seidler), daß aber die Kritik zu pauschal ist und das Kind mit dem Bade ausschüttet, so wie Schafer das selbst im Vorwort der Paperback-Ausgabe (1990) seines Buches von 1968 einräumt:

„In my earlier zeal to develop a pervasive case for action language, however, I did not realize that I was wrongly insisting on two basic points: that spatial metaphor is altogether unacceptable in systematic discourse, and that action language is the *only* right language or *the* native tongue of systematic psychoanalysis" (1990/1968, S. XVIII; vgl. ‚Preface' insges.).

Zum Abschluß dieser Überlegungen zur Internalisierung insgesamt sei noch erwähnt, daß ich auf die kleinianischen Vorstellungen weiter unten eingehe, da diese unablösbar mit dem Konzept der Introjektion verbunden sind, das in der ‚traditionellen Diskussion' nur *ein* Aspekt der Gesamtthematik ist.

1.2 Inkorporation

Während ‚Internalisierung' klar ein theoriesprachlicher Ausdruck ist, bezeichnet ‚Inkorporation' (als Rückübersetzung von ‚Einverleibung') zunächst eine subjektive Phantasie und wird sodann oft zur Bezeichnung eines ihr entsprechenden psychischen Prozesses verwendet. Ich lege wieder Schafers Definition zugrunde:

„Incorporation refers to a particular content of primary-process ideation. ... (Incorporation) may said to refer to ideas that one has taken a part or all of another person (or creature or thing) into one's self corporeal, and, further, that this taking in is the basis of certain novel, disturbing, and/or gratifying sensations, impulses, feelings, and actions of one's own and of correlated changes in one's experience of the environment" (1990/1968, S. 20).

Gewöhnlich sind diese Vorstellungen unbewußt oder werden wegen ihrer Primitivität, wenn sie bewußt werden, zurückgewiesen. Das Aufnahmeorgan ist normalerweise der Mund, an seine Stelle können aber auch die anderen Körperöffnungen oder die Haut treten. Der typische Objektbezug ist ambivalent, es geht um Zerstörung und Kontrolle einerseits, um Liebe und Aufbewahrung andererseits, wobei die Grenze zwischen innen und außen verschwimmt. Das Gegenstück zur Einverleibung ist die Exkorporation (oder Ausstoßung) (S. 20f).

Wie schon gesagt, sollte die Inkorporation als unbewußte orale Phantasie bzw. als ihr entsprechender psychischer Prozeß unterschieden werden von dem Prozeß der Internalisierung überhaupt (vgl. auch Meissner 1981, S. 18). Ebenso sollte sie, auch wenn gerade diese beiden Begriffe häufig synonym verwendet werden, von der Introjektion unterschieden werden, in der der Bezug zum introjizierten Objekt *qua* Objekt aufrechterhalten wird, sowie von der Identifizierung, bei der es um (stabile) Veränderungen im Selbst/in der Selbst-Repräsentanz geht (vgl. Schafer 1990/1968, S. 21), selbst wenn man in der oralen Bedeutung der Einverleibung, „sich die Qualitäten ... [des] Objekts an[zu]eignen, indem man es in sich aufbewahrt", sie als „Matrix der Introjektion und der Identifizierung" ansehen kann (Laplanche & Pontalis 1972/1967, S. 128).

Der letztere Gedanke findet sich schon bei Freud, der die „Einverleibung des Objektes" als „Vorbild" der späteren „Identifizierung" bezeichnet (1905 (Ausgabe von 1915), S. 98 (orig. z.T. kursiv); vgl. auch 1913, S. 101, 171f). Ähnlich stellt Freud auch einen genetischen Zusammenhang mit der Introjektion her:

„In der Sprache der ältesten, oralen Triebregung ausgedrückt: das will ich essen oder will es ausspucken, und in weitergehender Übertragung: das will ich in mich einführen und das will ich aus mir ausschließen. Also: es soll in mir oder außer mir sein. Das ursprüngliche Lust-Ich will ... alles Gute in sich introjizieren, alles Schlechte von sich werfen" (1925, S. 13; vgl. 1914, S. 226, 228),

wobei wie z.B. in ‚Trauer und Melancholie' (1917, S. 435–439) oft keine klare Unterscheidung zwischen Einverleibung und Introjektion/Identifizierung von ihm getroffen wird.

Erwähnt sei noch, daß die angesprochene genetische Beziehung von Inkorporation und Introjektion bzw. Identifizierung in unterschiedlichen Theoriekontexten hervorgehoben wird (vgl. z.B. E. Jacobson 1973/1964, S. 49ff; Hartmann & Loewenstein 1964/1962, S. 49). In der kleinianischen Theoriebildung ist nach Hinshelwood die Inkorporation sozusagen die subjektive Seite der Introjektion und bezieht sich dort

„auf die Phantasie, ein Objekt körperlich in sich aufzunehmen, das dann so empfunden wird, als sei es im Inneren des Körpers physisch anwesend, beanspruche Raum und sei im Körper aktiv. Der Begriff bezeichnet die *subjektive* Wahrnehmung eines Abwehrmechanismus, der objektiv als ‚Introjektion' bezeichnet wird" (1993/1991, S. 454).

1.3 Introjektion

Im Hinblick auf den Begriff der Introjektion zeigen sich pointiert formuliert zwei Positionen, zum einen die Angleichung an den der Identifizierung (z.B. Kernberg), zum anderen die Herausstellung seiner Besonderheit im Vergleich mit der Identifizierung (z.B. Schafer). Der sachlichen wie begrifflichen Schärfe halber beziehe ich mich dabei wieder auf Schafer, dessen Analyse zudem, wie Beland (1989) es hervorgehoben hat, eine fruchtbare Diskussion zwischen Ich-Psychologie und kleinianischer Psychoanalyse ermöglichen könnte. Schafer unterscheidet zwischen Introjektion als Prozeß und Introjekten als in diesem Prozeß introjizierten Objekten, wobei er vom subjektiven Erleben ausgeht, in dem es innerlich anwesende Entitäten gibt, die in einer positiven oder negativen dynamischen Beziehung zum Subjekt stehen, d.h. mit denen es in der einen oder anderen Weise aktuell und greifbar, emotional und handlungsmäßig verwickelt ist, eine Qualität, die er „innerliche Anwesenheit" (inner presence) nennt:

> „An introject is an inner presence with which one feels in a continuous oder intermittent dynamic relationship. The subject conceives of this presence as a person, a physical or psychological part of a person (e.g., a breast, a voice, a look, an affect) or a person-like thing or creation. He experiences it as existing within the confines of his body or mind or both, but not as an aspect or expression of his subjective self. The topographic quality of this internal presence may be unconscious, preconscious, or conscious, and it may change. / The introject is experienced as capable of exerting a particular influence on the subject's state and behavior, and of doing so more or less independently of his conscious efforts to control it [and, less characteristic, vice versa] ... (This) dynamic relationship may have the same general manifest form as one with an external object. Relations with introjects are as variable in their nature as those existing between any two persons" (1990/1968, S. 72).

Einige allgemeine Merkmale von Introjekten, die teilweise in der Definition bereits angesprochen wurden, sind die folgenden. Introjekte werden zum einen nach einem oder mehreren Merkmalen des äußeren Objekts modelliert, sind aber keine treuen Abbilder, da sie z.B. durch Phantasien und Projektionen mitgeprägt werden (S. 72). Sie werden in krisenhaften Situationen, z.B. bei Objektverlust oder bei Frustrationen durch ein Objekt aufgerichtet, wobei der innere Wunsch ist, von der konkreten Anwesenheit des äußeren Objekts unabhängig zu werden, was auch in der Regel der Fall ist, ohne daß damit der Objektbezug (gänzlich) aufgelöst würde (S. 73f). Der motivationale Hintergrund ist durch Ambivalenz geprägt und enthält aggressive und libidinöse Momente (S. 74). Schließlich gibt es „gute" wie „böse", feindselige Introjekte (S. 112–117).

Darüber hinaus lassen sich ‚frühe' und ‚spätere/reifere' Introjektionen/Introjekte unterscheiden, von denen erstere weniger organisiert und im Hinblick auf die Triebqualität primitiver sind (Meissner 1981, S. 20ff) und zu ausgeprägten Fixierungen führen können (Schafer 1990/1968, S. 131f). Dies läßt sich mit der Unterscheidung zwischen „primären" (primary) und „sekundären inneren Objekten" (secondary internal objects) von Schafer verbinden: Erstere stammen aus der Zeit, aus der sich die Innen-Außen-Grenze überhaupt erst entwickelt hat, letztere haben diese Grenze nach ihrer Konstitutierung überschritten – natürlich gilt das analog auch nach außen (primary and secondary external objects). Erwähnt sei, daß dabei sekundäre innere Objekte primäre re-präsentieren können, ein Beispiel ist die wiedergefundene Brust (Schafer 1990/1968, S. 77).

Historisch betrachtet wurde der Begriff ‚Introjektion' von Ferenczi als Gegenbegriff zur Projektion eingeführt:

> „Während der Paranoische die unlustvoll gewordenen Regungen aus dem Ich hinausdrängt, hilft sich der Neurotiker auf die Art, daß er einen möglichst großen Teil der Außenwelt in das Ich aufnimmt und zum Gegenstande unbewußter Phantasien macht. ... Diesen Prozeß könnte man, im Gegensatze zur Projektion, *Introjektion* nennen" (1984/1909, S. 18f).

Freud nimmt in ‚Triebe und Triebschicksale' diese Polarität ‚Introjektion – Projektion' auf und verwendet sie in einer theoretischen Konstruktion zur Konstitution der Polarität ‚Subjekt/Ich – Objekt/Außenwelt', die mit dem Gegensatz ‚Lust – Unlust' parallelisiert wird: Das Subjekt

> „nimmt die dargebotenen Objekte, insofern sie Lustquellen sind, in sein Ich auf, introjiziert sich dieselben (nach einem Ausdruck *Ferenczis)* und stößt andererseits von sich aus, was ihm im eigenen Inneren Unlustanlaß wird. (Siehe später den Mechanismus der Projektion.)" Solcherart entsteht „ein projiziertes *Lust-Ich,* welches den Lustcharakter über jeden anderen setzt. Die Außenwelt zerfällt ihm in einen Lustanteil, den es sich einverleibt hat, und einen Rest, der ihm fremd ist", der mit Unlust verbunden ist (1914, S. 226, 228).

Daneben spielt der Mechanismus der Introjektion/Inkorporation eine zentrale Rolle in der klinisch-theoretischen Konstruktion der Melancholie in ‚Trauer und Melancholie', wobei Freud allerdings den Ausdruck ‚Introjektion' selbst nicht verwendet. Wie bekannt wird hier unter dem „Einfluß einer *realen Kränkung oder Enttäuschung* von seiten der geliebten Person" (1917, S. 435) eine Objektbeziehung nicht aufgelöst, sondern ins Ich hineingenommen, es findet eine „narzißtische Identifizierung mit dem Objekt" statt, der, „der oralen oder kannibalischen Phase der Libidoentwicklung entsprechend", eine Einverleibung „auf dem Wege des Fressens" zugrunde liegt (S. 436). Dabei zeigen die Beschreibungen in diesem Zusammenhang, daß wir es hier im Sinne der obigen Definition mit einem Introjekt zu tun haben, mit dem sich das Ich partiell identifiziert hat:

> „Der Schatten des Objekts fiel so auf das Ich, welches nun von einer besonderen Instanz wie ein Objekt, wie das verlassene Objekt, beurteilt werden konnte. / Hat sich die Liebe zum Objekt, die nicht aufgegeben werden kann, während das Objekt selbst aufgegeben wird, in die narzißtische Identifizierung geflüchtet, so betätigt sich an diesem Ersatzobjekt der Haß, indem er es beschimpft, erniedrigt, leiden macht und an diesem Leiden eine sadistische Befriedigung gewinnt" (S. 435/438; vgl. auch S. 439).

Hinzuweisen ist in diesem Zusammenhang natürlich auf Abrahams (1982/1924) große Arbeit zu Trauer, Melancholie und Manie, in der er diese Zustände unter der Perspektive von Objektverlust und Introjektion und in Zusammenhang hiermit der oralen Entwicklungsstufe analysiert. Schließlich sei in diesem Zusammenhang noch auf eine Bemerkung Freuds hingewiesen, in der er in Anknüpfung an seine Melancholie-Analyse (1923, S. 256) die Introjektion als Mechanismus in der Überich-Bildung und der (Charakter-)Geschichte des Ichs versteht. Dort heißt es, daß für die notwendige Aufgabe eines frühen Sexualobjekts

> „nicht selten die Ich-Veränderung ... (auftritt), die man als Aufrichtung des Objekts im Ich wie bei der Melancholie beschreiben muß ... Vielleicht erleichtert oder ermöglicht das Ich durch

diese Introjektion, die eine Art von Regression zum Mechanismus der oralen Phase ist, das Aufgeben des Objekts. Vielleicht ist diese Identifizierung überhaupt die Bedingung, unter der das Es seine Objekte aufgibt. Jedenfalls ist der Vorgang zumal in frühen Entwicklungsphasen ein sehr häufiger und kann die Auffassung ermöglichen, daß der Charakter des Ichs ein Niederschlag der aufgegebenen Objektbeziehungen ist, die Geschichte dieser Objektwahlen enthält" (1923, S. 257).

Wie schon angedeutet, geht in der Objektbeziehungstheorie sensu Kernberg m.E. der konkrete Charakter der Introjekte verloren. Kernberg betrachtet Introjektionen „als die früheste, primitivste und fundamentale Ebene in der Organisation von Internalisierungsprozessen" (1985/1976, S. 25). Introjekte sind in diesem theoretischen Rahmen spezielle Interaktionsrepräsentanzen:

„*Introjektion* ... ist die Reproduktion und Fixierung einer Interaktion mit Hilfe eines strukturierten Bündels von Gedächtnisspuren, das mindestens drei Komponenten enthält: 1. ein Objektbild, 2. ein Selbstbild in Interaktion mit diesem Objekt, und 3. die affektive Färbung sowohl des Objektbildes als des Selbstbildes unter dem Einfluß der Triebrepräsentanz zum Zeitpunkt der Interaktion" (S. 25).

Ihrer Struktur nach unterscheidet sich die Introjektion nicht von der Identifizierung, vielmehr sind beide strukturäquivalente Formen des oben beschriebenen Internalisierungsprozesses überhaupt und unterscheiden sich nur hinsichtlich ihrer affektiven und kognitiven Differenziertheit im Sinne von ‚früh' und ‚später/reifer'. Dem korrespondiert, daß Kernberg zwar von dem „‚guten inneren Objekt'", das „unter der *positiven Valenz* libidinöser Triebbefriedigung" entsteht, und dem „unter der *negativen Valenz* aggressiver Triebderivate" entstandenen „‚bösen inneren Objekt'" spricht (S. 26), ohne damit aber den obigen konkreten inneren Umgang mit Objekten zu implizieren. Vielmehr weist er dies zurück: Wir haben

„niemals ‚frei schwebende' innere Objekte, sondern stehen immer spezifischen Ich-Strukturen gegenüber, zu denen sie sich herausgebildet haben" (S. 31).

Darüber hinaus kann durch die Entwicklung des Sekundärprozesses die Abhängigkeit von den (frühen) Introjekten verringert werden, und sie können realitätsangemessener ausgearbeitet werden.

Auf den konkret-realistischen Charakter der Introjekte zielt das Verständnis Schafers ab, der ganz allgemein von primärprozeßhaften Objektrepräsentanzen spricht (primary-process object representations), die dadurch zu einer konkreten, objekthaften inneren Wirklichkeit, den „primärprozeßhaften Präsenzen" (primary-process presences) werden, daß das normalerweise in der Wahrnehmung und im Denken präsente sekundärprozeßhafte Moment der reflexiven Selbst-repräsentation (reflective self-representation), durch den sie als Gedanken und nicht als konkrete Realität erscheinen würden, in ihrer Wahrnehmung suspendiert wird (Schafer 1990/1968, S. 109f, 136ff). Mit ‚reflexiver Selbstrepräsentation' ist dabei gemeint, daß man selbst als Wahrnehmender und Denker seiner Gedanken präsent ist, was sich sprachlich in solchen Ausdrücken wie ‚ich nehme an, daß ...' oder ‚es scheint mir, daß ...' zum Ausdruck kommt (S. 91f). Eine spezielle Form der primärprozeßhaften Präsenzen sind die Introjekte, die dadurch ausgezeichnet sind, daß das Objekt vom Subjekt inkorporiert worden ist (S. 135). Genauer ist damit gemeint, daß das Introjekt in das „Selbst-als-Ort“ (self-as-place) hineingenommen wurde, was Schafer vom „Selbst-als-Handelnder“ (self-as-agent oder I) und „Selbst-als-Object“ (self-as-object oder me) unterscheidet (vgl. S. 80f):

„the inside into which the object ist taken, is some representation of the bodily self or self-as-place ... The object is not taken into the other two aspects of the subjective self – the self-as-agent and the self-as-object – as it is in identification; it remains outside of them and in apparent interaction with them – much as an actual person might be“ (S. 121).

Fehlt diese Lokalisierung im Selbst-als-Ort, sind die Präsenzen sozusagen einfach nur da („„there‘“), dann sollte *nicht* von Introjekten gesprochen werden, eine Unterscheidung, die nach Schafer von den Kleinianern zu wenig beachtet wird (S. 117f).

In der kleinianischen Theorie ist ‚Introjektion‘, wie bereits erwähnt, der objektive Begriff des Psychoanalytikers für die subjektive unbewußte Phantasie der Inkorporation, wobei beide Begriffe aber oft promiscue gebraucht werden (Hinshelwood 1993/1991, S. 461). Introjizierte Objekte haben in der beschriebenen Weise einen konkret-realistischen Charakter. Das Ich kann sich mit ihnen identifizieren – ein solcher Prozeß der „introjektiven Identifizierung“ oder „Identifizierung mit dem Introjekt“ wird auch in anderen theoretischen Zusammenhängen beschrieben, so z.B. von Meissner (181, S. 47–50), Schafer (1990/1968, S. 142), Sandler und Rosenblatt (1984/1962, S. 246) –, geschieht das nicht, so werden sie zu den sogenannten „inneren Objekten“:

„Klein zufolge werden introjizierte Objekte, mit denen keine Identifizierung stattfindet, zu inneren Objekten; sie stellte sich einen wechselvollen und kontinuierlichen Prozeß vor, durch den die innere Welt mit einer großen Zahl innerer Objekte bevölkert wird. Diese innere Gesellschaft bildet dann einerseits ein Reservoir an Objekten, die zur Identifizierung zur Verfügung stehen ..., und andererseits eine Ansammlung (der guten und bösen) Erfahrungen, aus denen das Ich besteht und die es in sich enthält“ (Hinshelwood 1993/1991, S. 460).

Damit wird bereits deutlich, daß die „innere Realität“ im kleinianischen Verständnis konkret-körperlicher Art ist:

„Innere Objekte werden als körperlich real und innerhalb des Ichs befindlich wahrgenommen, d.h. es handelt sich um ein Erleben innerhalb des Körpers ... Sie unterscheiden sich von Bildern und Vorstellungen, die, wenn wir sie wahrnehmen, ihre Flüchtigkeit oder Vergänglichkeit beibehalten ... Diese bizarre Vorstellung entwickelte sich letztendlich in der Arbeit mit psychotischen Patienten, wurde aber mit der Art und Weise in Verbindung gebracht, wie der Säugling sich selbst und seine Welt bei der Geburt wahrnimmt, bevor er irgend ein objektives Wissen über die ihn umgebende Welt besitzen kann. Er erlebt eine innere Welt realer Objekte (keine Bilder oder Vorstellungen), die Beziehungen miteinander und zum Subjekt unterhalten“ (S. 455).

Es wird also von den Kleinianern (wie von Schafer) ein klarer Unterschied zwischen „inneren (introjizierten) Objekten und Repräsentanzen“ gemacht (S. 455). Genauer noch wird dies nicht einfach als *konzeptueller* Unterschied etwa zu Sandlers und Rosenblatts (1984/1962) Begriff der Vorstellungswelt gesehen; denn für die Kleinianer betrifft dieser Unterschied „die Art und Weise, wie das Subjekt sich selbst und seine eigene psychische Aktivität wahrnimmt“ (Hinshelwood 1993/1991, S. 455), so daß für sie „die subjektive Perspektive des Patienten“ und die „objektive des Analytikers“ identisch sind (S. 456).

Hinshelwood führt hier ein von Abraham (1982/1924, S. 49f) angegebenes Beispiel aus dessen eigenem Leben an:

> „Sein Haar ergraute nach dem Tod seines Vaters. Mit diesem Beispiel wollte er zeigen, daß die Introjektion des verlorenen Objekts derart intensiv (omnipotent) war, daß sie eine reale Veränderung des Ichs zur Folge hatte. Sein Vater trat nicht nur in die Vorstellungswelt psychischer Objekte ein, sondern wurde zu einer realen körperlichen Veränderung, so als sei er tatsächlich in seinen Kopf eingedrungen und habe ihn psychisch verändert" (Hinshelwood 1993/1991, S. 456).

Aus der Sicht der Kleinianer entfällt damit der Vorwurf der Reifizierung von Phantasiephänomenen und der Konfundierung von Theorie und Beschreibung; denn

> „... die innere Realität des Patienten ist reifiziert, weil nämlich der Patient sie reifiziert und sich so verhält, als gebe es tatsächlich physische Objekte, die in seinem Ich aus- und eingehen. Diese Innenwelt, die als physisch existent empfunden wird, bezeichnet man als ‚innere Welt'; sie ist auch für den Patienten wahrnehmbar, nicht nur für den Analytiker" (S. 457) – ein solches inneres Objekt ist in der freudianischen Theorie einzig das Über-Ich (S. 114).

Eine ausführlichere Darstellung kann ich an dieser Stelle nicht geben – ich verweise hier insbesondere auf die Einträge ‚innere Objekte', ‚Objekte' und ‚Über-Ich' sowie die in diesen Zusammenhängen angebenen Hinweise und die weiterführende Literatur in Hinshelwood (1993/1991; vgl. auch Raguse, in diesem Band). Für unsere Belange will ich nur noch die folgenden Aspekte hervorheben. Wie schon gesagt, enthält die innere Welt „nicht nur das angsterregende und strenge Über-Ich, sondern ... auch hilfreiche Gestalten" (S. 97), das „gute innere Objekt" (S. 98). Im Hinblick auf die ursprüngliche Qualität und dann auch Modifikation der inneren Welt ist wesentlich, daß das Erleben innerer Objekte das Primäre ist und auch als solches erhalten bleibt, es

> „wird jedoch von neuhinzukommenden Erlebnisweisen überlagert ... [Später] können die körperlichen Erfahrungen einen objektiven Charakter annehmen, der die Bildung der sog. psychischen ‚Repräsentanzen' innerer und äußerer Objekte zur Folge hat. Die Repräsentanzenbildung ist folglich Resultat einer fortgeschrittenen Entwicklung des Säuglings. Später wird das primäre Objekt durch andere Objekte ersetzt: Die Symbolisierungsfähigkeit entwickelt sich" (S. 102; vgl. S. 522ff).

Introjektionen und Projektionen gehören zusammen in Prozessen der Einverleibung eines guten Objekts (zur Abwehr des Todestriebs) wie zur Ausstoßung und (Wieder-)Einverleibung böser Objekte (Verfolger) – dies ist zu verknüpfen mit den Konzepten der paranoid-schizoiden Position und der depressiven Position mit ihren charakteristischen Objektbeziehungen und Abwehrmechanismen (Partial- vs. Ganzobjekte, Spaltung, projektive Identifizierung [vgl. S. 103–111; 517–521]). Schließlich sei noch erwähnt, daß das Problem der *Konstitution* von Innen und Außen als solches hier nicht entsteht; denn

> „(das) Ich hat von Geburt an eine Grenze und erlebt sich selbst in Beziehung zur Außenwelt, die aufgrund einer angeborenen Fähigkeit als solche wahrgenommen wird. Objekte, die aufgrund körperlicher Sensationen im Inneren des Körpers erlebt werden, werden empfunden, als befänden sie sich innerhalb des Ichs, und somit sind sie innere Objekte ... Umgekehrt werden Objekte, die der Säugling durch die Haut wahrnimmt, als außerhalb erlebt (äußere Objekte)" (S. 521).

Das Problem des ,Zur-Welt-Kommens' ist also primär nicht die Innen-Außen-Unterscheidung, sondern die Entwicklung eines realitätsangemesseneren Wahrnehmens und Verstehens des Außens sozusagen von diesem her, was durch eine Verminderung projektiver Einflüsse und die mit dem Abbau der Omnipotenz verbundene bessere Unterscheidung zwischen Phantasie und Realität verbunden ist. Diese Dialektik von Innen/Außen ist im Begriff des inneren Objekts selbst angelegt:

> „Es existiert innerhalb des Ichs und ist mit ihm in größerem oder geringerem Ausmaß identifiziert ... Das Erleben des inneren Objekts ist zutiefst vom Erleben des äußeren Objekts abhängig – und innere Objekte sind gewissermaßen Spiegel der Realität. Aufgrund von Projektionen aber üben sie auch einen entscheidenden Einfluß darauf aus, wie die äußeren Objekte selbst wahrgenommen und erlebt werden" (S. 193).

Ergänzend sei noch auf Fairbairn (1952) hingewiesen, der ebenfalls ein Entwicklungsmodell auf der Basis früher Introjektionen von Objektbeziehungen formuliert hat: Das erregende (oder libidinöse) und das ablehnende (oder antilibidinöse), verdrängte innere Objekt und das Ichideal oder Idealobjekt als nicht verdrängtes verinnerlichtes Objekt zusammen mit den entsprechenden Ich-Strukturen bilden hier die Bausteine (vgl. Kernberg 1988/1980, 77f und Kap. 4 insges.).

1.4 Identifizierung

Bei der Identifizierung handelt es sich nach Laplanche und Pontalis um einen

> „(psychologischen) Vorgang, durch den ein Subjekt einen Aspekt, ein Attribut des anderen assimiliert und sich vollständig oder teilweise nach dem Vorbild des anderen umwandelt" (1972/1967, S. 219).

Eine umfassende Definition der Identifizierung gibt Schafer, der darin auch die für die Internalisierung insgesamt wichtige ,Hineinnahme' von Außenregulierungen nach innen hervorhebt:

> „In its fullest sense, the process of identifying with an object is unconscious, though it may also have prominent and significant preconscious and conscious components; in this process the subject modifies his motives and behavior patterns, and the self-representations corresponding to them, in such a way as to experience being like, the same as, and merged with one or more representations of that object; through identification, the subject both represents as his own one or more regulatory influences or characteristics of the object that have become important to him and continues his tie to the object; the subject may wish to bring about this change for various reasons; an identification may acquire relative autonomy from its origins in the subject's relations with dynamically significant objects" (1990/1968, S. 140 (orig. kursiv); vgl. insges. S. 140–163).

Die Definition macht deutlich, daß Identifizierung/Identifikation und Introjektion, wie schon im vorangehenden hervorgehoben, voneinander unterschieden werden können und sollten. So müssen nicht alle Introjekte in Identifikationen umgewandelt werden, und es müssen auch nicht alle Identifikationen im obigen Sinne introjektive Identifikationen sein (vgl. S. 20). Während in der Introjektion die Beziehung zum Objekt aufrechterhalten wird, wobei dieses aus der äußeren in die innere Welt hineingenommen wird und dabei, wenn auch möglicherweise verändert, erhalten bleibt, zielt die Identifizierung darauf ab, das Selbst entsprechend dem Objekt sei es in Form einer Ähnlichkeit, von Gleichheit oder Verschmelzung zu verändern, so daß das Objekt zwar auch ein Moment der Innenwelt wird, aber nicht als ein wie beschrieben separates, quasi selbständiges Objekt (S. 153f; vgl. auch Meissner 1981, S. 51ff). Wie erwähnt unterscheidet sich dieses Verständnis von dem Kernbergs, der Identifizierung als

> „eine Form der Introjektion auf höchster Ebene, die nur stattfinden kann, wenn die perzeptiven und kognitiven Fähigkeiten des Kindes sich so weit entwickelt haben, daß es die Rollenaspekte zwischenmenschlicher Interaktion erkennen kann", verbunden damit, daß „die affektive Komponente der Identifizierung gegenüber der für die Introjektion charakteristischen weiterentwickelt und modifiziert (ist)", ansieht (1985/1976, S. 27; vgl. insges. S. 24–31).

‚Identifizierung' wird von Freud schon früh in Abgrenzung zur äußerlich bleibenden Imitation als *„Aneignung* auf Grund des gleichen ätiologischen Anspruchs", mit der ein „‚gleich wie'" ausgedrückt wird, und zwar mit Bezug „auf ein im Unbewußten verbleibendes Gemeinsames" verwendet (1900, S. 55f), z.B. wenn sich eine agoraphobische Patientin unbewußt mit einer Dirne identifiziert, was durch die Symptomatik abgewehrt wird. Einen systematischen Stellenwert bekommt der Begriff dann durch seine Verknüpfung mit dem Thema ‚Objektbeziehung/besetzung'. Dies wird durch die Bedeutung der Identifizierung für das Schicksal des Ödipus-Komplexes besonders deutlich:

> „Die Objektbesetzungen werden aufgegeben und durch Identifizierung ersetzt. Die ins Ich introjizierte Vater- oder Elternautorität bildet dort den Kern des Über-Ichs ... Die dem Ödipus-Komplex zugehörigen libidinösen Strebungen werden zum Teil desexualisiert und sublimiert, was wahrscheinlich bei jeder Umsetzung in Identifizierung geschieht, zum Teil zielgehemmt auch in zärtliche Regungen verwandelt" (1924, S. 399; vgl. auch 1923, S. 260ff).

Die ausführlichste Darstellung zur Identifizierung findet sich in ‚Massenpsychologie und Ich-Analyse' (Kap. VII), wo Freud drei Formen unterscheidet: die primäre Identifizierung als „ursprünglichste Form der Gefühlsbindung an ein Objekt", die nicht Folge einer Objektbesetzung ist, die „auf regressivem Wege zum Ersatz für eine libidinöse Objektbindung ... gleichsam durch Introjektion des Objekts ins Ich" entstandene und schließlich diejenige, die „bei jeder neu wahrgenommenen Gemeinsamkeit mit einer Person, die nicht Objekt der Sexualtriebe ist, entstehen könnte" (1921, S. 118). Letztere Form findet man z.B. in der Bildung von Massen durch die gemeinsame Bindung der „Massenindividuen" an den Führer (S. 118). Im weiteren unterscheidet Freud in diesem Zusammenhang auch zwischen der Identifizierung im Sinne der Umwandlung des Ichs „nach dem Vorbild des bisherigen Objekts", wobei „das Objekt selbst aufgegeben (wird)", und der „Introjektion dieses Objekts ins Ich", wenn er auch terminologisch unscharf hier von einer „Identifizierung mit dem aufgegebenen oder verlorenen Objekt zum Ersatz desselben" spricht (S. 119f).

Im kleinianischen Theoriekontext werden mit ‚Identifizierung' vor allem zwei Prozesse angesprochen, zum einen die introjektive Identifizierung, wie sie schon oben angesprochen wurde:

> „Das Ich enthält eine ganze Gesellschaft innerer Objekte ..., und jedes von ihnen bietet sich potentiell zur Identifizierung an ...; die Folge ist eine ‚Ich-Veränderung' in Richtung auf eine Angleichung an das Objekt" (Hinshelwood 1993/1991, S. 452f),

zum anderen die projektive Identifizierung, mit der ein Prozeß der Identifizierung eines Objekts mit einem Ich-Anteil gemeint ist, nämlich die Phantasie,

> „daß ein Teil des Ichs abgespalten ... und in ein äußeres Objekt hineinverlagert worden ist ... In diesem Fall besteht die Veränderung des Ichs darin, daß es sowohl Energie (Lebensgefühl) als auch reale Fähigkeiten einbüßt ..." (S. 453; vgl. ‚projektive Identifizierung' insges., S. 263–307).

Abschließend seien noch einige Aspekte von Identifizierung zusammengestellt. Wie erwähnt lassen sich mehrere Formen unterscheiden: die primäre Identifizierung vor einer Selbst-Objekt-Differenzierung (vgl. auch Meissner 1981, S. 51f; Schafer 1990/1968, S. 19), die introjektive Identifizierung, die Identifizierung als Ersatz für eine aufgegebene (libidinöse) Objektbeziehung sowie die Identifizierung aufgrund einer Gemeinsamkeit. Identifizierung bezeichnet sowohl einen Prozeß, der von der Introjektion unterscheidbar ist (vgl. Meissner 1981, S. 57ff) wie (als Identifikation) ein Ergebnis, nämlich eine Veränderung im Selbst, die nicht den Charakter eines Introjekts hat. Identifizierung ist primär ein Entwicklungsprozeß, der mit Differenzierung, Integration, Stabilisierung und Strukturierung des Selbst verbunden ist und korrelativ dazu zu differenzierteren Objektbeziehungen führt (vgl. S. 59–62; vgl. auch Kernberg 1985/1976, S. 24–31), auch wenn Identifizierung (wie Introjektion) zur Abwehrzwecken genutzt werden kann (vgl. Trimborn, in diesem Band). Dabei lassen sich wie zuvor zwei theoretische Positionen unterscheiden, eine solche, die diese Entwicklungsprogression im Bereich der Repräsentanzen sieht (‚inner world') (Sandler & Rosenblatt 1984/1962), und eine solche, die sie im Gegensatz dazu in Struktur-Veränderungen im Selbst als übergeordnetem psychischen System sieht (suprasystematic organization in der ‚internal world') (Meissner 1981, S. 64–68).

Schließlich sei noch auf einen wichtigen Gedanken von Loewald hingewiesen, der im Zusammenhang mit der Auflösung des Ödipus-Komplexes zwischen Identifizierung und Verinnerlichung unterscheidet. Danach sind Identifizierungen eine Station auf dem Wege der Verinnerlichung, die aber erst dann erreicht ist, wenn die in ihnen noch enthaltene Objektbindung aufgelöst wird:

> „Identifizierung als solche führt zur Identität von Subjekt und Objekt oder von Teilen oder Aspekten von ihnen. ... Identifizierung pflegt Unterschiede zu beseitigen: Subjekt wird Objekt und Objekt wird Subjekt. Identifizierung ist eine Station auf dem Weg zur Verinnerlichung, doch in der Verinnerlichung, wenn sie zur Vollendung geführt wird, hat eine neue Differenzierung stattgefunden, durch die Subjekt und Objekt wieder hergestellt worden sind – beide auf einer neuen Organisationsstufe. Wenn wir von der Verinnerlichung von Objektbeziehungen sprechen ... bedeutet dies nicht ... die Beibehaltung von Identifizierungen mit aufzugebenden Objekten ... Bei der Verinnerlichung handelt es sich um die Umwandlung dieser Beziehungen in eine innere, intrapsychische, entpersonifizierte Beziehung, wodurch psychische Struktur vermehrt und bereichert wird ... Verinnerlichung als abgeschlossener Prozeß bringt die Emanzipation vom Objekt mit sich" (1960/1973, S. 61f), so daß das „ideale Ergebnis der Verinnerlichung ... Identität in dem Sinne (ist), daß man als Individuum ‚man selbst' und nicht mit Objekten identifiziert oder identisch ist. Die Identifizierungen, wenngleich als Vorstufe erforderlich, werden in dem Umfang, wie der niemals endende Prozeß der Verinnerlichung gelingt, aufgelöst, innerlich zerstört, und etwas Neues – psychische Struktur – tritt hervor" (1986/1973, S. 63f).

Auf diese Weise stellt Loewald also einen genuinen Zusammenhang zwischen den beiden Prozessen her, um die es in diesem Band geht, Internalisierung und Strukturbildung, den er an anderer Stelle noch einmal prägnant formuliert: „Verinnerlichung ist Strukturbildung" (1986/1962, S. 257) (vgl. dazu auch Loch 1968).

Bevor ich zur Darstellung des Strukturbegriffs komme, möchte ich einen Aspekt hervorheben, der in den vorangehenden Überlegungen implizit mit enthalten ist und der einen roten Faden darstellt, der sich durch eine Reihe von Arbeiten dieses Bandes zieht – ich meine den Aspekt der Internalisierung (basaler) psychischer Fähigkeiten. Am Beispiel des komplexen reifen Über-Ichs: Die Aufrichtung des Über-Ichs in Form der Verinnerlichung der entsprechenden (Eltern-)Funktionen in der Außenwelt stellt dem Subjekt im weiteren die *Fähigkeit* zur Verfügung, selbständig zwischen gut und böse zu entscheiden und Handlungen entsprechend eigener Wertmaßstäbe zu reflektieren, auszuführen oder auch zu lassen, und es ist diese situationstranszendente Fähigkeit, die im Sinne Loewalds von den ihr vorangehenden Identifizierungen abgelöst worden ist, die den eigentlichen inneren Entwicklungsfortschritt des Subjekts im Hinblick auf seine realitätsorientierte innere Umwandlung der vormaligen Außenregulationen ausmacht. Die Entwicklung solcher Fähigkeiten, sei es in der jeweiligen Entwicklungsgeschichte, sei es im Laufe der analytischen Behandlung, ist zunehmend in theoretischer wie klinischer Hinsicht ein wesentliches Forschungsfeld der Psychoanalyse geworden, wie ich es mit Bezug auf dieses Buch anhand einiger zentraler Momente verdeutlichen möchte.

Die generelle Problematik läßt sich am Beispiel der adhäsiven Identifizierung (Bick 1986; Meltzer 1957) veranschaulichen: Es handelt sich hier darum, daß Säuglinge ohne das durch das erste Subjekt ‚versicherte' Gefühl des inneren Zusammenhalts in extremer Weise auf den Hautkontakt mit der Mutter angewiesen sind (‚Kleben' oder ‚Adhäsion'), um das Gefühl eines Zusammenhalts zu bekommen (vgl. Hinshelwood 1993/1991, S. 285f, 313ff). Was in einem solchen Fall fehlt, ist die Erfahrung, etwas „in ein Objekt *hineinzuprojizieren*", statt dessen geht es darum, „sich *an* ihm festzuklammern", d.h. es handelt sich um die „unzureichende Entwicklung des Gefühls für innere Räume mit der kompensatorischen Tendenz, zweidimensionale Beziehungen zu Objekten aufzunehmen, die keinerlei Tiefe besitzen" (S. 314). Anders formuliert heißt das, daß allen Bemühungen um die Bewahrung eines inneren guten Objekts eine *„Introjektion der Introjektionsfähigkeit"* vorangehen muß:

> „Der Säugling muß das Konzept eines umgrenzten Raumes entwickeln, in den Dinge hineingelegt oder aus dem sie entfernt werden können. ... Dieses Konzept wird dem Säugling durch ein Objekt vermittelt, daß die Persönlichkeit zusammenhält. ... Die erste Introjektion ist die Introjektion eines Objektes, das einen Raum schafft, in den hinein Objekte introjiziert werden können. ... Wenn dieser erste Schritt mißlingt, ist der Säugling nicht in der Lage zu projizieren oder zu introjizieren. Ohne ein solches inneres Objekt, das die Persönlichkeit zusammenhält, kann kein inneres Objekt in ein äußeres, das dann als Container der Projektion dient, projiziert werden. Die Persönlichkeit wird empfunden, als zerfließe sie ungehindert in einen grenzenlosen Raum" (S. 285f).

In letzterem Zitat ist mit ‚Container' ein zentraler Begriff der aktuellen analytischen Diskussion enthalten, die (mütterliche) Fähigkeit, die projektive Identifizierung des Säuglings in sich aufzunehmen, aufzubewahren, zu ‚verdauen' und dem Säugling in einer diesem zuträglichen Weise ‚gut verdaut' wieder zu vermitteln (vgl. S. 350–361). Die entsprechende Gemütsverfassung, in der die Mutter die projizierte panische Angst des Säuglings ‚verdauen' kann, nennt Bion „Reverie", das ‚träumerische Ahnungsvermögen' (S. 353). In diesem Zustand ist die Mutter in der Lage, dem Säugling ein Verständnis für seine für ihn zunächst nicht verstehbaren inneren Angstzustände, die er ihr durch projektive Identifizierung mitteilt, zu vermitteln und ihnen auf diese Weise eine Bedeutung zu verleihen, was Bion als α-Funktion bezeichnet (S. 593; vgl. S. 321f). Über entsprechende Introjektionsvorgänge kann der Säugling dann die entsprechenden Fähigkeiten zum Denken/zur Verleihung von Bedeutungen selbst entwickeln:

> „Indem der Säugling eine aufnahmefähige, verständnisvolle Mutter introjiziert, kann er selbst die Fähigkeit entwickeln, seinen innerlichen Zuständen Bedeutung zu geben" (S. 593), und Analoges gilt für die Denk-Fähigkeit überhaupt: „... (Die) Fähigkeit, einen Apparat zum Denken zu entwickeln, (hängt) von der Introjektion eines Objekts ... (ab), das in der Lage ist, die Erfahrung des Säuglings zu verstehen und ihr Bedeutung zu geben" (S. 366), d.h. die „mütterliche Psyche bildet ein verständnisfähiges Objekt, das introjiziert werden kann und zur Grundlage für die Funktion des Denkens wird" (S. 363; vgl. insges. S. 362–369).

Einige Aspekte der Fähigkeit zum Denken werden in diesem Band im Rahmen klinischer Falldarstellungen thematisiert: der Aufbau eines triangulären inneren Raums (H. Schoenhals), das Herstellen von Verbindungen und der Übergang von Teil- zu Ganzobjekten (Malewski) und die Internalisierung des Realitätsprinzips (M. Papadakis). Eine spezielle, für Analytiker wie für Therapeuten überhaupt ganz wesentliche kognitiv-affektive Funktion, nämlich die des Staunens, wird in einem historischen Kontext (Freud) untersucht (Danckwardt). Ferner ist die Untersuchung der ‚Triangulierung als Prozeß' zu erwähnen (A. Overbeck).

Darüber hinaus ist, was die frühe Mutter-Kind-Beziehung betrifft, in einem anderen theoretischen Kontext (Winnicott) der Begriff der Halte-funktion (holding function) zu nennen, deren Verinnerlichung mit einem Übergang des Ichs „von einem unintegrierten Zustand zur strukturierten Integration" verbunden ist, so daß „der Säugling fähig (wird), die Angst zu erleben, die mit der Desintegration verbunden ist":

> „In einer gesunden Entwicklung behält der Säugling in diesem Stadium [der Halte-Phase] die Fähigkeit, unintegrierte Zustände wiederzuerleben, aber dies ist von Fortdauer zuverlässiger mütterlicher Fürsorge abhängig oder davon, daß sich im Säugling Erinnerungen an mütterliche Fürsorge aufgebaut haben, die allmählich als solche wahrgenommen werden. Das Ergebnis eines gesunden Fortschritts in der Entwicklung des Säuglings während dieses Stadiums besteht darin, daß er etwas erreicht, was man den ‚Status einer Einheit' nennen kann. Der Säugling wird eine Person, ein selbständiges Individuum" (1984/1960, S. 57),

ein Prozeß, dessen ‚Wiedererscheinen' in einer analytischen Kinderbehandlung in diesem Band dargestellt wird (E. Berberich).

Eine weitere wichtige Fähigkeit zur Differenzierung der inneren und äußeren Welt ist die Symbolisierungsfähigkeit, für die sowohl in einer kleinianischen Sicht (M. Klein, H. Segal; vgl. Hinshelwood 1993/1991, S. 632–650) wie auch mit Rückgriff auf Winnicotts Begriff des ‚Übergangsraums' (potential space) von Ogden (1985) wichtige Arbeiten vorliegen, die in diesem Band in ihrer allgemeinen theoretischen wie klinischen Bedeutung reflektiert werden (Raguse, Schneider). In einem entwicklungspsychoanalytischen und ethnopsychoanalytischen Kontext wird die Symbolisierungsfähigkeit als Problem und Chance der Adoleszenz thematisiert (Erdheim).

Und schließlich ein letzter Aspekt in diesem Zusammenhang: die Entwicklung der Reflexions- und Mentalisierungsfähigkeit. Erstere beinhaltet die Fähigkeit, sich selbst (reflexiv) zum Objekt zu nehmen, d.h. sich selbst zum Gegenstand des Denkens, Vorstellens und Phantasierens zu machen (Seidler, in diesem Band), eine Fähigkeit, die vermittelt über das Konzept der therapeutischen Ich-Spaltung (Sterba 1934) traditionell zur conditio sine qua non des analytischen Prozesses gemacht wurde, deren Entwicklung dann aber auch z.B. über die Containing-Funktion der analytischen Situation (vgl. Hinshelwood 1993/1991, S. 354), aber auch in anderen theoretischen Zusammenhängen (vgl. Gehrie 1993), als ‚Entwicklungsziel' des analytischen Prozesses selbst betrachtet wird. Das von Fonagy (1991; Fonagy, Moran, Edgcumbe, Kennedy & Target 1993) stammende Konzept der Mentalisierung(sfähigkeit) (capacity to mentalize) hebt auf den Aspekt der Fähigkeit zur psychischen Repräsentation der eigenen Person und anderer Personen als Subjekt ab, was z.B. das Verstehen und dementsprechend die Zuschreibung von psychischen Zuständen wie Überzeugungen, Motiven, Wünschen und ihre Verbindung mit Handlungsintentionen und Handlungen betrifft (sog. theory of mind) (Schneider, in diesem Band). In diesen Kontext gehört z.B. auch die Entwicklung der Vorstellungsfähigkeit, in die als Voraussetzung die Internalisierung des Sinns von Andersheit auf der Basis der frühkindlichen Interaktionserfahrungen mit eingeht:

> „Internalizing a sense of the other ... is the essential precursor for developing a capacity to imagine the other since rudimentary fantasies about a specific (and general) other are created from these early experiential representations" (Mayes & Cohen 1992, S. 29).

2. Struktur und Strukturbildung/veränderung

Ich werde im nachfolgenden zunächst den Begriff der Struktur definieren, sodann die wichtigsten Positionen zum Verständnis von Struktur sowie seiner klinischen Verwendung in der Psychoanalyse skizzieren und schließlich auf Strukturbildung und -veränderung eingehen. In meinen Ausführungen orientiere ich mich an der lesenswerten, leider unveröffentlichten Monographie von Harsch (1980), dessen Systematik mir für eine Einführung in die Thematik sehr geeignet erscheint (vgl. auch Shapiro 1991).

2.1 Der Begriff der Struktur

Harsch hebt im Hinblick auf den Begriff der Struktur zwei Unterscheidungen hervor, die zwischen ‚Struktur' und ‚System' und die zwischen ‚innerem Aufbau' und ‚äußerer Gestalt'. Nach ihm ist

> „System ein Ganzes, das aus Elementen besteht, die strukturiert sind, d.h. sie bilden einen Zusammenhang und befinden sich in einer Wechselwirkung, so daß die Veränderung eines Elements die Veränderung der anderen nach sich zieht", und er versteht demgegenüber Struktur

> als „die Menge und Art der die Elemente eines Systems miteinander verknüpfenden Relationen" (1980, S. 3 [im Orig. teilweise Hervorh.]).

Struktur und System gehören also in der Hinsicht zusammen, daß jedes System eine Struktur hat (aber sie nicht ist), wobei die Elemente des Systems als sie selbst betrachtet wieder ein System sein können, wie auch das jeweils betrachtete System Element eines übergeordneten Systems ist. Struktur im genannten Sinne ist eine Eigenschaft des jeweils betrachteten Systems, und zwar nicht dessen äußere Gestalt, sondern sein innerer Aufbau. Verwendet man ‚Struktur' in einem quasi substantivischen Sinne, also einfach ‚Struktur' statt genauer ‚Struktur von', so landet man leicht bei einer Reifizierung:

> „Von der Struktur der Psyche kommt man so zur psychischen Struktur, eine Art Seelensubstanz" (S. 5; vgl. insges. S. 3–6).

Als psychologischer Begriff wurde ‚Struktur' zuerst von Dilthey (1924/1894) verwendet, der damit eine geisteswissenschaftliche im Gegensatz zu einer naturwissenschaftlichen Psychologie begründen wollte, ein Programm, das sich mit der berühmtem Entgegensetzung von ‚Erklären' und ‚Verstehen' verbindet. Der geisteswissenschaftlichen Psychologie geht es um das „Strukturgesetz", das die Gliederung von Trieb- und Gefühlsleben, Intelligenz und Willenshandlungen zu einem Ganzen, dessen Einheit erlebbar ist, beschreibt (vgl. Harsch 1980, S. 6ff). Der Begriff spielt dann in verschiedenen psychologischen Schulrichtungen eine wichtige Rolle (z.B. Spranger, Lersch, Gestaltpsychologie, Ganzheitspsychologie) (Hehlmann 1968/1959, S. 558f; Hofstätter 1957, S. 315ff) und bekommt in der Leipziger Ganzheitspsychologie eine ideologisch-völkische Aufladung.

Freud verwendet den Strukturbegriff nur selten, Harsch spricht von etwa zehn Textstellen, während in der Standard Edition ‚structure' wesentlich häufiger vorkommt, da das deutsche ‚Bildung' teils mit ‚formation', teils mit ‚structure' übersetzt wurde, was Sandler und Joffe (1967) zu dem Irrtum verleitet hat, Freud habe den Begriff bereits vor der Einführung der Strukturtheorie allgemeiner verwendet (1980, S. 9f) – obwohl selbst der Ausdruck ‚Strukturtheorie' nicht von Freud selbst stammt (vgl. Nagera 1967, S. 88). Zwei Momente lassen sich bei Freuds Strukturbegriff hervorheben, das der Organisiertheit der Psyche und das der Dynamik dieser Organisiertheit. Was die Organisiertheit betrifft, so ist die Frage danach in der ersten Verwendung des Begriffs im Zusammenhang mit dem seelischen Apparat impliziert, wenn es ihm im 7. Kapitel der Traumdeutung um die Erforschung von dessen Aufbau geht und er in bezug auf den Traum meint, daß dieser „uns einen der Wege (zeigt), die zur Kenntnis der Struktur desselben führen" (1900, S. 613). Das gleiche gilt für ‚Das Ich und das Es', wo der Strukturbegriff dann wieder auftaucht (und auch graphisch veranschaulicht wird):

> „Wir müssen für diesen Gegensatz (bewußt-unbewußt) aus unserer Einsicht in die strukturellen Verhältnisse des Seelenlebens einen anderen einsetzen: den zwischen dem zusammenhängenden Ich und dem von ihm abgespaltenen Verdrängten" (1923, S. 244; vgl. auch 1933, S. 85).

Dabei sind ‚psychisch reale' Verhältnisse angesprochen, und nicht nur ist die Psyche insgesamt, sondern es sind auch ihre Elemente (hier: das Ich) strukturiert; denn

„die Aufstellung des Über-Ichs (beschreibt) wirklich ein Strukturverhältnis ... und (personifiziert) nicht einfach eine Abstraktion wie die des Gewissens ...", und anderswo spricht Freud von seiner Vorstellung, „daß die Sonderung einer beobachtenden Instanz vom übrigen Ich ein regelmäßiger Zug in der Struktur des Ichs sein könnte" (1933, S. 71–65; vgl. Harsch 1980, S. 10f).

Darüber hinaus verwendet Freud den Strukturbegriff im Zusammenhang mit der Entwicklung einer psychoanalytischen Typologie mit den drei Haupttypen des „erotischen Typus", des „Zwangstypus" und des „narzißtischen Typus" (1931, S. 510f). Im Vergleich zu diesen „reinen Typen" beobachte man aber viel häufiger die „gemischten Typen", den „erotisch-zwanghaften", den „erotisch-narzißtischen" und den „narzißtischen Zwangstypus" (S. 511 [im Orig. Hervorh.]). Diese nun werden als spezielle Ausprägungen im Verhältnis von Über-Ich, Ich und Es betrachtet, also als individuelle Strukturverhältnisse:

„Diese neuen Typen ... scheinen in der Tat eine gute Unterbringung der individuellen psychischen Strukturen ... zu gestatten. Es sind längst vertraute Charakterbilder ..." (S. 511; vgl. Harsch 1980, S. 12).

Unter dem Aspekt der Organisiertheit betrachtet, wird mit ‚Charakter' das Beständige und nur schwer Veränderbare hervorgehoben. Andererseits wird in der psychoanalytischen Charakterologie Charakter primär als dynamisch im Sinne der Verarbeitung von Triebkonflikten begriffen (vgl. Hoffmann 1984/1979, S. 22–25), und diese Perspektive kennzeichnet auch die letztgenannte Arbeit von Freud (1931). Umgekehrt auf den Begriff der Struktur hin gelesen, bekommt damit auch Struktur ein dynamisches Moment, so wie ja auch insgesamt das Strukturverhältnis ‚Über-Ich – Ich – Es' nicht einfach fixiert und fest-gestellt, sondern ein dynamisches Verhältnis ist (s. Beland, in diesem Band).

Mit dem Begriff ‚Charakter' und verwandten Konzepten wie z.B. ‚Charakterstruktur' oder ‚Charakterzug' ist ein wichtiger ‚Anwendungsbereich' des Strukturbegriffs genannt. Charaktertypen werden beschrieben von Freud (z.B. 1908, 1916, 1931), Abraham (1982/1925) und Fenichel (1967/1931, Kap. V; 1977/1945, Kap. XX) (vgl. Harsch 1980, S. 20–23). Direkt wird der Strukturbegriff im Zusammenhang mit dem Thema ‚Charakter' dann von Reich (1971/1933) verwendet, der unter „Charakterstruktur" „sowohl die Struktur des Ichs, als auch die Konstellation von Es, Ich und Über-Ich" versteht (1980, S. 24; vgl. S. 23f). Faßt man Charakter im Sinne einer (adaptiven) (Trieb-)Konfliktverarbeitung, so kommt man inhaltlich in die Nähe des Begriffs der Neurosenstruktur, den Schultz-Hencke (1931, 1951) geprägt hat (schizoide, depressive, zwanghafte und hysterische Neurosenstruktur) (Harsch 1980, S. 25–28; vgl. auch Rudolf, in diesem Band, und umfassend Hoffmann 1984/1979).

Einen zentralen Stellenwert bekommt der Strukturbegriff dann in der Ich-Psychologie (Hartmann, Rapaport, Gill u.a.) (vgl. Harsch 1980, S. 28–37; Nagera 1967; Drews & Brecht 1982/1975, S. 199–225). Hartmann (1972/1927) setzt sich mit dem Strukturbegriff Diltheys auseinander und bezeichnet die Psychoanalyse als Strukturpsychologie in Diltheys Sinne. Später erkennt er dann im Instanzenmodell explizit den „strukturellen Aspekt" der Psychoanalyse, wobei er Es, Ich und Über-Ich als deren „Funktionseinheiten" auffaßt (z.B. 1972/1951, S. 151) und die Entwicklung der Psychoanalyse „als Prozeß des allmählichen Ersetzens der älteren Schichtenbegriffe [z.B. topographisches Modell, S. 149] durch den Strukturbegriff" versteht (S. 155). ‚Struktur' bezieht sich dabei nicht nur auf den Zusammenhang der Funktionseinheiten, sondern auch, wie schon in der obigen Stelle bei Freud, auf die Einheiten selbst, z.B. wird das Ich als eine „Teilstruktur der Persönlichkeit" verstanden (1972/1959, S. 318), wobei charakteristisch die Verknüpfung von Struktur und Stabilität ist:

> „Die gesonderte Untersuchung des Ichs legt ... eine Erweiterung des Strukturbegriffs nahe, und es ist sinnvoll geworden, von ‚Strukturen im Ich' und von ‚Strukturen im Über-Ich' zu sprechen. Das weist, im Gegensatz zur ‚Flexibilität', auf eine ‚relative Stabilität' von Funktionen hin ..." (1971/1964, S. 12; vgl. Harsch 1980, S. 29ff).

Während Hartmann oft den Begriff des (psychischen) Apparats verwendet, bevorzugt Rapaport den der Struktur, der durch ihn zu einem theoretischen Zentralbegriff der Ich-Psychologie wird, wobei er ‚Struktur' und ‚System' weitgehend synonym verwendet (Harsch 1980, S. 32; Nagera 1967, S. 86f). Für Rapaport (1967/1960, 1970/1960) sind vor allem die folgenden Aspekte im Hinblick auf den Strukturbegriff wichtig. Zum einen unterscheidet er mehrere Strukturarten im Ich (1970/1960, S. 58f; insbes. Kap. II.H), nämlich

> „1. die kontrollierenden und abwehrenden Strukturen, die geordnetes Denken, kontrollierte Affekte und zielgerichtetes Verhalten ermöglichen. / 2. Die Instrumentalstrukturen (z.B. Informationen, Gewohnheiten ...). Diese werden von dem geordneten Denken, dem kontrollierten Affekt und dem zielgerichteten Verhalten benützt. / 3. Strukturen, die durch Identifikation entstanden sind. / 4. strukturelle Gegebenheiten wie das Gedächtnis, die Wahrnehmung und die Motilität. Darunter versteht Rapaport aber weder den muskulären Apparat noch die Endorgane der Wahrnehmung, sondern deren psychologische Repräsentanz ..." (Harsch 1980, S. 32).

Charakteristisch für die Struktur ist ihre relative Beharrungstendenz im Gegensatz zu den Triebvorgängen mit ihren schnellen „Ablaufswechseln", d.h. sie ist „unveränderlich oder zumindest von langsamerer Verlaufsgeschwindigkeit" (1970/1960, S. 57). Im Anschluß an Hartmann (z.B. 1972/1964, S. 10f) geht auch Rapaport von „angeborenen Ich-Apparaten", die nicht in Triebkonflikten entstehen, aus, den „Ich-Apparate[n] primärer Autonomie", zu denen noch die „Strukturen sekundärer Autonomie" hinzukommen (1970/1960, S. 59, 61 [orig. kursiv]), die im Zusammenhang mit Triebkonflikten entwickelt wurden, aber einen Funktionswandel durchgemacht haben, durch den sie „zu Mitteln des Handelns und der Anpassung im Dienste des Ich werden" (S. 60f). Nach Rapaport entstehen nicht alle Funktionen bei den Gelegenheiten, wo sie benötigt werden, neu, sondern ihr Zur-Verfügung-stehen wird durch den Aufbau entsprechend dauerhafter Strukturen gesichert, wobei deren Aufrechterhaltung einerseits im Sinne einer Selbsterhaltungstendenz verstanden wird, andererseits durch ihre Aktivierung durch externe und interne Stimuli, das sog. „stimulus nutriment" gewährleistet wird (1967/1960, S. 223f). Er selbst faßt den strukturellen Gesichtspunkt wie folgt zusammen:

> „1. Die strukturellen Determinanten des Verhaltens wurden als vermittelnde Variablen eingeführt, welche der Beobachtung Rechnung tragen, daß Motivationen das Verhalten nicht in einem eins-zu-eins Verhältnis determinieren. 2. Strukturelle Determinanten unterscheiden sich von motivierenden Determinanten, insofern sie relativ dauerhaft sind. Ihr Veränderungstempo ist relativ langsam. 3. Es gibt sowohl angeborene als auch erworbene Strukturen: Apparate von primärer und sekundärer Autonomie. 4. Strukturbildung formt die Motivationen um und ver-

anlaßt das Entstehen neuer Motivationen von höherer Neutralisierung. 5. Strukturen und die aus ihnen erwachsenden Motivationen können zu relativ autonomen Determinanten des Verhaltens werden" (1970/1960, S. 61; vgl. insges. Harsch 1980, S. 32ff; Nagera 1967, S. 81–87).

Schließlich sei noch kurz auf Gill (1963) hingewiesen, der zwischen Makrostrukturen (Ich, Es, Über-Ich) und Mikrostrukturen (z.B. Erinnerungen und Vorstellungen) als vergleichsweise stabilen Organisationen innerhalb der Makrostrukturen unterscheidet, wodurch sich das Bild eines hierarchischen Aufbaus ergibt. Er unterscheidet zwischen Prozeß (Funktionsablauf) und der ihn regulierenden Struktur. Es gibt auch ad-hoc-Funktionsabläufe, aus denen sich dann eine Struktur entwickelt, wenn ein Muster des ad-hoc-Ablaufs gebildet und stabilisiert wird (vgl. Harsch 1980, S. 34ff; Nagera 1967, S. 88f).

Insgesamt kommt Harsch zur folgenden kritischen Würdigung des ichpsychologischen Strukturbegriffs:

„Es fällt auf, daß die Ich-Psychologen Struktur in erster Linie durch relative Stabilität im Gegensatz zur Flexibilität, durch beharrliche Determinanten im Gegensatz zu schnellen Abläufen, durch Dauerhaftigkeit und eine langsame Veränderungsgeschwindigkeit bestimmen. / Dies ist aber eine einseitige Auffassung des Strukturbegriffs, da es bei einer Struktur primär um Beziehungen von Elementen eines Systems und deren gegenseitige Abhängigkeit geht und erst sekundär darum, ob diese Beziehungen stabil oder dauerhaft sind. Zelmanowitz (1971) wirft Rapaport in diesem Zusammenhang vor, in seinem theoretischen Denken ersetze Struktur weitgehend die Dynamik, und Struktur heiße bei ihm Trägheit und geringe Wandelbarkeit" (1980, S. 35f).

Im Verhältnis von Stabilität und Veränderbarkeit liegt hier also das Schwergewicht auf Stabilität und das Spannungsverhältnis dieser beiden Momente tritt in den Hintergrund, die (potentielle) Dialektik des Strukturbegriffs geht verloren (vgl. dagegen Beland, in diesem Band).

Als direkte Kritik des ichpsychologischen Strukturbegriffs sind in den 70er Jahren eine Reihe von Arbeiten erschienen (Grotstein 1977; Schafer 1976/1972, 1982/1976, Kap. 5; Stolorow 1978; vgl. Harsch 1980, S. 52–59). Schafers Kritik des Internalisierungsbegriffs habe ich oben schon angesprochen; in diesem Zusammenhang kritisiert er auch die Vorstellung einer psychischen Struktur, da

„der Gedanke der psychischen Struktur implizit auf einer räumlichen Metapher (beruht) – insbesondere der Metapher von der Seele als einem Ort, einer Gegebenheit, die durch eine räumliche Ausdehnung gekennzeichnet ist" (1982/1976, S. 96; vgl. insges. S. 96ff).

Auf die spätere Relativierung der Kritik durch Schafer (1990/1968) habe ich selbst hingewiesen.

Grotstein (1977) schlägt eine Revision von Freuds Strukturtheorie vor, indem er Fairbairns Strukturmodell, den Begriff der inneren Objekte von M. Klein und den Begriff des Selbst verbindet, wobei die daraus abgeleitete Auffassung von „Struktur als Konfiguration innerer Objekte, organisiert durch das Selbst" (Harsch 1980, S. 56) deutlich in die Nähe kleinianischer Vorstellungen rückt. – Stolorow (1978) grenzt die metapsychologische von einer klinisch-phänomenologischen Perspektive ab, der es nicht um die Persönlichkeit als ‚objektive Entität' in einer Außenperspektive, sondern um die Analyse der Bedeutung in der subjektiven Erfahrung und im Handeln gehe (S. 316). Struktur bezieht sich für ihn auf

> „the invariant ordering of organizing principles ... according to which a person's subjective experiences assume their characteristic forms and meanings“ (S. 316).

Er faßt dies mit dem Begriff der subjektiven Vorstellungswelt (subjective representational world) von Sandler und Rosenblatt (1984/1962), der damit zum theoretischen Hauptbegriff wird (S. 315). Anders formuliert bezieht sich Struktur auf die prinzipiell dem Subjekt zugängliche Konfiguration seiner Selbst- und Objektrepräsentanzen (Strukturiertheit der Vorstellungswelt), die überdies erfahrungsstrukturierend ist. Damit werden zugleich auch Begriffe wie ‚Charakter‘ o.ä. theoretisch rekonstruierbar:

> „In addition to being described as more or less structur*ed*, the representational world may be viewed as structur*ing*, in the sense that it transforms a person's subjective experiences, organizing them into characteristic shapes and patterns. Once a person has established a relatively stable representational configuration, or more broadly, a representational world, it will serve as a pre-reflective frame of reference, a cognitive-affective schema (Klein 1976) into the structure of which he will tend to unconsciously assimilate his subsequent experiences. ... Stable, recurrent representational configurations constitute the experential reference for such terms as ‚character‘ and ‚personality structure‘“ (S. 316).

Auf einige weitere Strukturexplikationen kann ich hier nur kurz hinweisen. Balint beschreibt die „Grundstörung“ (basic fault), die „eine Störung, ein Defekt in der psychischen Struktur, eine Art Mangel, der behoben werden muß“ sei. Dabei bezieht er ‚Grund‘ auf „die gesamte psychobiologische Struktur des betreffenden Menschen“ (1973/1968, S. 32; vgl. S. 28–34 und Harsch 1980, S. 47f). Der zeitgenössische Strukturalismus ist in der Psychoanalyse in Lacan präsent, für den die Sprache die entscheidende Instanz von Struktur und Strukturierung ist (1980, S. 42–46; Lang 1986/1973). Lorenzer schließlich geht es um die Psychoanalyse als Strukturanalyse, wobei das Ziel ist, die „Brücke zwischen der ‚objektiven Struktur gegenwärtiger Produktionsweise‘ und ‚individuell-subjektiver Struktur‘“ zu schlagen (1974, S. 220). Er entwirft eine Theorie der Interaktionsformen, in der individuelle Strukturen als Re-produktion gesellschaftlicher aufgezeigt werden sollen, wobei den sprachlichen Symbolisierungsprozessen und den entgegengerichteten Desymbolisierungsprozessen für die Entwicklung wie für die analytische Behandlung eine zentrale Rolle zukommt (1974, 1977; vgl. Harsch 1980, S. 49–52).

Der Strukturbegriff in der Objektbeziehungstheorie in der Tradition von E. Jacobson, M. Mahler und Kernberg ist unablösbar mit den oben beschriebenen Verinnerlichungsprozessen verbunden. Nach Kernberg besagt die Objektbeziehungstheorie

> „im wesentlichen, daß die Grundeinheiten der intrapsychischen Strukturen Konstellationen von Selbstbildern, Objektbildern und Affektdispositionen sind, die spezifische, durch solche Selbst-Objekt-Affekt-Einheiten repräsentierte internalisierte Objektbeziehungen reflektieren. Diese Einheiten internalisierter Objektbeziehungen vereinen sich zu komplexeren psychischen Strukturen (wie dem Ideal-Selbst und den Ideal-Objekten), und diese Strukturen geben ihrerseits schließlich dem Ich, dem Überich und dem Es ihre definitive Form“ (1985/1976, S. 257; vgl. S. 257ff, Teil I sowie 1988/1980, Kap. 1).

Was den kleinianischen Strukturbegriff betrifft, so scheint mir zweierlei charakteristisch: zum einen die konstitutive Rolle der Beziehung des Ichs zu seinen inneren Objekten anstelle des dreigliedrigen Aufbaus der Psyche in Ich, Es und Über-Ich, zum anderen, was damit verbunden ist, eine stärkere Betonung des dynamischen Moments. Hinshelwood schreibt, daß M. Kleins Modifikationen der Theorie des Über-Ichs

> „zu einem anderen Verständnis der inneren Welt als einer wesentlich flexibleren Struktur mit fließenden Übergängen (führten). Es gibt verschiedenartige innere Objekte, liebende und hassende, und zu ihnen gehört auch die besonders wichtige ‚Vereinigte-Eltern-Figur'. Die Persönlichkeit wird durch Beziehungen zu all diesen inneren Objekten strukturiert. / Wichtig für die strukturelle Beurteilung der inneren Welt ist der Zustand der Identifizierung oder Nicht-Identifizierung zwischen dem Ich und den Objekten. Einige Objekte werden dem Ich eng assimiliert sein, während andere ihm weniger nahe sind. Manche Objekte werden sogar überhaupt nicht assimiliert sein und eine Existenz als fremde Objekte, Fremdkörper, führen ..." (1993/1991, S. 286f; vgl. S. 286ff, S. 617ff).

In der paranoid-schizoiden Position ist die innere Welt noch gespalten und die Beziehungen sind solche auf einem Partialobjektniveau. Dies ändert sich beim Übergang in die depressive Position, in der die Gesamtstruktur integrierter wird, womit auch festere Ich-Grenzen und ein stabileres Gefühl für das eigene Selbst und die eigene Identität entstehen können (s. 618f). Struktur im Sinne von Stabilität bezieht sich dabei auf die

> „in der Regel recht stabile[n] Konstellationen charakteristischer Objektbeziehungen ..., in denen sich die für die Persönlichkeit typischen Impulse, Ängste und Abwehrmechanismen verkörpern" (S. 619).

Besonders hervorzuheben ist in diesem Zusammenhang die Rolle der Phantasien; denn diese bestimmen ja die Beziehung des Ichs zu den inneren Objekten, und hier liegt auch der analytisch-therapeutische Ansatzpunkt:

> „Die inneren Objekte werden ... auch als untereinander in Beziehung stehend empfunden; zum Beispiel werden innere Verfolger erfahren, die das Idealobjekt und das Ich angreifen. So wird eine komplexe Innenwelt aufgebaut. Die Persönlichkeitsstruktur wird weitgehend durch die beständigeren Phantasien bestimmt, die das Ich über sich selbst und die Objekte, die es enthält, hat. / Außerordentlich wichtig ist die Tatsache, daß Struktur auf innigste mit unbewußter Phantasie verknüpft ist: Gerade das macht es ja möglich, die Struktur von Ich und Über-Ich durch Analyse zu beeinflussen. Indem wir die Beziehungen des Ichs zu inneren und äußeren Objekten analysieren und die Phantasien über diese Objekte ändern, können wir auf die permanentere Struktur des Ichs einwirken" (H. Segal 1974/1973, S. 38; vgl. S. 27–41).

Ergänzend sei hier wieder auf Fairbairn (1952, 1.IV) hingewiesen, der den Versuch gemacht hat,

> „psychische Struktur konsequent unter dem Gesichtspunkt von Objektbeziehungen zu sehen und zu verstehen" (Harsch 1980, S. 39f). Im Gegensatz zum freudschen Strukturmodell begreift er psychische Struktur „als die Beziehungen zwischen einem zentralen erfahrungsmachenden Ich und seinen inneren Objekten" (S. 40), wobei allerdings die Struktur mit ihrem zentralen Ich und den beiden abgespaltenen Ich-Anteilen, die jeweils mit Objektanteilen verbunden sind, im Vergleich zur Konzeption M. Kleins sozusagen fester strukturiert wirkt (vgl. S. 40f und die weiter oben im Text zu Fairbain angegebene Literatur).

Abschließend will ich noch auf den klinisch wichtigen Begriff der „pathologischen Organisation" (J. Steiner) in der kleinianischen Tradition hinweisen, mit dem ein rigides Abwehrsystem bei gleichzeitigem starren Festhalten an bestimmten kontrollierenden Objektbeziehungen bezeichnet wird:

> „We have come to understand that obstacles to contact and obstacles to progress and development are related, and that they both arise from the deployment of a particular type of defensive organization ... I call such systems of defences *‚pathological organizations of the personality'* and use this term to denote a family of defensive systems which are characterized by extremely unyielding defences and which function to help the patient to avoid anxiety by avoiding contact with other people and with reality" (Steiner 1993, S. 1f).

Solche pathologischen Organisationen sind unter verschiedenen Aspekten beschrieben worden, in denen es teils um narzißtische (Kap. 4), teils um perverse Objektbeziehungen geht (Kap. 9). Zu ersteren gehören etwa die Konzeption der inneren ‚Mafia-Bande' (Rosenfeld), zu letzteren die Charakterperversion (B. Joseph) (vgl. auch Hinshelwood 1993/1991, S. 546–557, 619–622). Schließlich kann man in diesem Zusammenhang auch die psychotische Persönlichkeitsorganisation nennen (Bion), die wahnhafte Restitution des Selbst zur Abwehr einer psychotischen Fragmentierung (Steiner 1993, Kap. 6). Die zentrale theoretische Frage in diesem Zusammenhang ist, was das innere Movens bei einer solchen pathologischen Struktursetzung ist – hier wird die Frage nach der Bedeutung der Omnipotenzphantasie wichtig (Beland, in diesem Band). Klinisch führen solche Patienten den Analytiker an die Grenzen seiner Behandlungsfähigkeit (Trimborn, in diesem Band).

2.2 *Strukturbildung und Strukturveränderung*

Auf der Basis der vorangehenden allgemeinen Überlegungen zum Begriff der Struktur will ich nachfolgend noch auf Strukturbildung (Entwicklung) und Strukturveränderung (Therapie) zu sprechen kommen, wobei Struktur*veränderung* durchaus auch als der partielle Neuaufbau von Strukturen etwa im Hinblick auf die Impulsregulierung verstanden werden kann (vgl. Duncker, in diesem Band). Strukturbildung wie -veränderung betreffen dabei nach der Definition von Struktur zum einen die Entwicklung/Veränderung der Elemente, zum anderen ihre Anordnung zu einem übergeordneten Ganzen (Harsch 1980, S. 96). In theoretischer Hinsicht ist dabei wichtig, daß solche Vorgänge nur im Rahmen eines passenden Modells beschrieben werden können, ferner, daß Veränderungs- und Aufbauprozesse in der Psychoanalyse in Analogie zu den eigentlichen genetischen Bildungsprozessen gesehen werden (S. 96, 61–67). Dementsprechend untersucht Harsch die fünf hauptsächlichen Strukturbildungsvorgänge im Rahmen der ihnen konzeptuell zuzuordnenden Strukturmodelle: epigenetische Reifungsvorgänge im organischen Modell, die Libidoentwicklung im Triebmodell, die Kompromißbildung im Konfliktmodell, Identifikation im Objektbeziehungsmodell und Symbolbildung im Repräsentanzenmodell, wobei er gleichzeitig die Störungsmöglichkeiten wie die Frage nach der therapeutischen Veränderbarkeit aufwirft (S. 96f).

Auf die genannten Modelle werde ich im nachfolgenden nur kurz eingehen, da sie auch von Beland (in diesem Band) im Rahmen seiner Überlegungen diskutiert werden. Unter dem organischen Modell (S. 68–73) versteht Harsch diejenigen Ansätze, „in denen psychische Struktur analog organischer Struktur aufgefaßt wird", z.B. von Freud (1895) im ‚Entwurf einer Psychologie'. Dementsprechend gilt, daß

> „auch Strukturbildungsvorgänge analog zu organischen Reifungsprozessen verstanden (werden). Auch die Entwicklung psychischer Struktur wird als Epigenese oder Präformation, d.h. als von Anfang an vorgeformt vorhanden oder als sich gesetzmäßig entwickelnd, verstanden und der Umwelt wird dabei nur fördernder oder hemmender Einfluß zugeschrieben" (S. 70).

Solche Entwickungsprinzipien sind z.B. Differenzierung (S. 70f) und Zentralisation (S. 71f). Strukturveränderung kann hier nicht im Sinne einer inneren Bedeutungsveränderung, sondern nur als Nachreifung konzipiert werden (S. 73).

Unter dem Triebmodell (S. 73–76) versteht Harsch „die Konzeption psychischer Struktur als Organisation der Libido" (S. 73), wie sie Freud (1905), Abraham (1982/1924) und, ergänzt um die psychosozialen Entwicklungsstufen, Erikson (1973/1950) formuliert haben. Strukturbildung bedeutet hier

> „das Durchlaufen der verschiedenen Libidoorganisationen ... bis zu der genitalen Libidoorganisation. Diese Entwicklung wird als Reifungsprozeß aufgefaßt und von der körperlichen Reifung der erogenen Zonen ... abgeleitet." Zwar besteht durch die körperliche Fundierung der Triebe eine Nähe zum organischen Modell, doch kann die „Libidoentwicklung ... nicht nur als gesetzmäßig ablaufende epigenetische Reifung angesehen werden, denn sie erfolgt immer in Abhängigkeit von einer fördernden oder hemmenden Umwelt" (S. 75).

Störungen bestehen in Fixierungen bzw. Reaktionsbildungen oder Abwehrformationen mit den entsprechenden Charakterstrukturen. Strukturveränderung bekommt hier über die Bewußtmachung, die die Möglichkeit der Entfaltung der angeborenen Reifungstendenz eröffnet, eine psychologische Bedeutung.

Im Konfliktmodell (S. 77–80) werden Trieb- und Triebabwehrprozesse zusammen gesehen, aus ihnen „entstehen Strukturen, die das Resultat des Konflikts, Konfliktlösungen oder Kompromißbildungen, darstellen" (S. 77). Strukturbildung ist also hier Kompromißbildung, so daß auch das Symptom ein Strukturelement ist, das sich nicht grundsätzlich von anderen Strukturelementen unterscheidet (S. 79). Demnach heißt Strukturveränderung in diesem Modell,

> „pathologisch gelöste Konflikte im Rahmen der psychoanalytischen Behandlung zu erneuern, sie wieder zu beleben und weniger pathologische und ichfremde Kompromißbildungen oder Konfliktlösungen zu finden. Dadurch kann es zu neuen, bisher gehemmten psychischen Entwicklungsmöglichkeiten kommen" (S. 80),

d.h. auch hier handelt es sich um Bedeutungsveränderungen, aufgrund derer bessere Kompromisse im Sinne der Realitätsanerkennung gefunden werden.

Insofern Entwicklung in den vorangehenden Modellen, was ihre konkrete Ausgestaltung betrifft, notwendig an Umwelt gebunden ist, kann man durchaus in einem globalen Sinne nach Internalisierungsprozessen fragen. Dies wird insbesondere beim Konfliktmodell deutlich, bei denen es im Zusammentreffen von Triebbedürfnissen und sozialen Sanktionen auch um die Verinnerlichung von zunächst äußeren Konflikten geht, wo ein sich zunächst zwischen Indidivuum und Umwelt abspielender Konflikt nunmehr, ausgedrückt im Symptom, innerhalb des Individuums abspielt. Eine systematische Verknüpfung zwischen ‚Internalisierung' und ‚Struktur' ergibt sich allerdings erst dann, wenn man schon innerhalb der Theorie einen Zusammenhang zwischen dem ‚Innen' einer Person im Sinne des Aufbaus einer Innenwelt einerseits und ihrer Beziehung zum ‚Außen' in Form von sozialen Anderen (Objekten) annimmt, wie es in den unterschiedlichen objektbeziehungstheoretischen Ansätzen der Fall ist (S. 80–83). Im Objektbeziehungsmodell ist der „entscheidende Strukturbildungsvorgang ... die Identifizierung" (S. 80), zu der allerdings nach den vorangehenden Ausführungen noch die Introjektion hinzuzunehmen ist und die in einem späteren Stadium gegebenenfalls noch stärker depersonifiziert, vom Objekt abgelöst zu denken ist (Loewald). Ich habe dies bei Freud oben an mehreren Stellen hervorgehoben: Er versteht das Ich hinsichtlich seines Charakters als „Niederschlag der aufgegebenen Objektbesetzungen" (1923, S. 257), und das Über-Ich entsteht über Introjektions- und Identifizierungsprozesse aus der triangulären ödipalen Situation (1923, 1924), d.h. die dreiteilige Struktur der Persönlichkeit als ganze läßt sich mit als Ergebnis von Internalisierungsvorgängen auffassen. – Hinzugefügt sei an dieser Stelle, daß auch in der frühen Narzißmustheorie Kohuts Strukturbildung und Verinnerlichung zusammengesehen werden, insofern das Größen-Selbst und die idealisierte Eltern-Imago durch angemessene Mikrotraumata allmählich modifiziert werden (umwandelnde Verinnerlichung) (1973/1971, S. 57–77, S. 129–158).

Wie schon dargestellt, versteht in der amerikanischen Objektbeziehungstheorie Kernberg (1985/1976, 1988/1980) Strukturbildung direkt als Resultat von Introjektions- und Identifizierungsvorgängen, die sich in der Entwicklung schrittweise differenzieren und damit auch zu einer differenzierteren und integrierteren psychischen Struktur führen. Schließlich ist im Rahmen der britischen Objektbeziehungstheorie Fairbairns (1952) Begriff der Struktur als internalisierte Ich-Objekt-Konfiguration gefaßt. Die Kleinianer sehen psychische Strukturen aus der Beziehung des Ichs zu seinen inneren Objekten entstehen, die ihrerseits Niederschlag von Objekterfahrungen sind (Introjektionen), wobei allerdings die äußeren Objekte zu Beginn noch stark projektiv verzerrt sind (Projektions-Introjektions-Zyklen). ‚Strukturelle Störungen' sind in diesem Modell unablösbar verknüpft mit internalisierten Störungen in den Objektbeziehungen, z.B. in Form einer Persistenz früher, paranoid-schizoid geprägter Objektbeziehungen. Veränderungen sind dementsprechend durch ihre Aktualisierung in der analytischen Situation (Übertragung), verbunden mit der allmählichen Entwicklung neuer Objektbeziehungsmodalitäten auf der Basis der Patient-Analytiker-Beziehung zu denken. – Analog sieht Kohut die Bedeutung der narzißtischen idealisierenden und Spiegel-Übertragung (1973/1971).

Als letztes diskutiert Harsch das Repräsentanzenmodell (1980, S. 84–87). Er weist zunächst auf verschiedene psychoanalytische Verwendungen des Begriffs der Repräsentanz hin: Freud spricht von „Triebrepräsentanz" und versteht darunter „eine Vorstellung oder Vorstellungsgruppe, welche vom Trieb her mit einem bestimmten Betrag von psychischer Energie (Libido, Interesse) besetzt ist" (1915, S. 254f); für die Kleinianer (Isaacs 1948) ist „die unbewußte Phantasie die psychische Repräsentation der Triebregungen" (Hinshelwood 1993/1991, S. 41); in der Ich-Psychologie werden die Begriffe ‚Selbst' und ‚Objektrepräsentanz' eingeführt, um die intrapsychischen Repräsentanzen des Selbst zu bezeichnen (Hartmann 1972/1950, S. 132); Stolorow (1978) hat, wie oben dargestellt, die psychische Struktur als Konfiguration subjektiv erfahrbarer Repräsentanzen beschrieben.

Wenn so im Rahmen des Repräsentanzenmodells verschiedene Struktur-Auffassungen subsumiert werden, so liegt es nahe, nach einer möglichen Perspektive zu fragen, unter der sie inhaltlich zusammengesehen werden können. Harsch schlägt vor, die Symbolbildung als eine solche Perspektive zu nehmen; denn

> „bei allen diesen Konzepten (wird) derselbe Entwicklungsvorgang als wesentlich angenommen ..., die Symbolbildung. / Strukturbildung als Symbolbildung wäre also die Bildung von Phantasien, Repräsentanzen, Symbolen und sprachlichen Zeichen als Strukturelementen als auch der Beziehungen, die sie miteinander eingehen" (1980, S. 87).

Diese Formulierung ‚Strukturbildung als Symbolbildung' ist vor dem Hintergrund der psychoanalytischen Theoriegeschichte zu sehen, in der der Begriff des Symbols von seiner primärprozessualen Konnotation abgelöst und zunehmend mehr im Zusammenhang mit der Entwicklung der Fähigkeit, Abwesenheit zu ertragen, gesehen wurde (M. Klein, Winnicott, H. Segal) (vgl. Schneider, in diesem Band). ‚Strukturelle Störungen' in dieser Sicht bedeuten also ‚Störungen in der Symbolbildung', die ihrerseits auf bestimmte Störungen in den frühen Objektbeziehungen verweisen, und dementsprechend ist Strukturveränderung „der Nachvollzug des Symbolbildungsvorgangs in der Therapie" (S. 87).

Bei Störungen in der Symbolbildung lassen sich solche, in denen es um ‚(partielle) Verzerrungen' geht, von solchen unterscheiden, in denen die Fähigkeit zur Symbolbildung als solche (partiell) gestört ist (vgl. Schneider, in diesem Band). Damit sind wir wie oben bei der Internalisierungsthematik auf die Frage gestoßen, wie es subjektiv um die *Fähigkeit* zu bestimmten Leistungen steht. ‚Strukturveränderung' in dieser Perspektive bedeutet also mehr als ‚einfach nur' die ‚Umverteilung' in einem bestehenden Gefüge, das als solches nicht thematisch ist, also z.B. die Ausweitung des Bereichs des Ich gegenüber dem Es (Freud 1933, S. 86), sondern beinhaltet einen Struktur-Neuaufbau, verbunden mit der Auflösung alter Strukturen, und das kann einen Durchgang durch das Nichts einer Strukturlosigkeit bedeuten, die temporär subjektiv Vernichtung beinhaltet, d.h. an eine absolute Grenze mit der Drohung von Psychose oder Tod führt (Green 1975, S. 514) (Trimborn, in diesem Band). Ex negativo eröffnet dies noch einmal den Blick auf die oben aufgeworfene Frage nach der Persistenz pathologischer Strukturen in dem Sinne, daß gegen die absolute Nichtigkeit an der basalen Phantasie der Allmacht festgehalten wird, d.h. es geht um die allgemeinere Frage nach dem Zusammenhang zwischen Struktur und Allmacht (Beland, in diesem Band).

Abschließend sei auf die kulturell-gesellschaftliche Dimension hingewiesen. Ich habe eingangs Nietzsche zitiert, der die Verinnerlichung als repressiven Ausdruck des Kulturzwangs interpretiert hat, und dieses Zwangsmoment findet sich auch in Freuds Kulturbegriff. Der Gegenpol dazu (für den Kulturwesen gewordenen Mensch) ist der Verlust an (Vor-)Orientierung durch die Kultur, wie sie Hofmannsthal in seinem ‚Lord Chandos'-Brief als Verlust der Symbolisierungsfähigkeit beschrieben hat, der mit einem Erleben des Chaos verbunden ist. Verlust an kultureller (Vor-)Orientierung impliziert eine tiefgehende Verunsicherung, die sich psychologisch insbesondere in der ‚heißen Phase' der Identitätsbildung, nämlich der Adoleszenz, manifestieren wird, und hier entsteht auf der gesellschaftlichen Ebene die Frage, wie der Jugendliche in dieser Situationen seinen eigenen Weg finden kann, ohne in einer narzißtischen Omnipotenzphantasie steckenzubleiben, die eine Abwehr gegen das individuelle und gesellschaftliche Chaos darstellt (Erdheim, in diesem Band).

3. Überblick

Insgesamt lassen sich die Arbeiten dieses Bandes etwas schematisierend in solche, die in der einen oder anderen Weise primär theoretisch orientiert sind, und solche mit einer direkten klinisch-therapeutischen Orientierung einteilen. *Beland* beschäftigt sich mit dem sowohl theoretischen wie behandlungspraktischen Problem der Stabilität und Veränderbarkeit psychischer Strukturen und verschränkt dies mit der Frage nach der Anerkennung der Realität (Freud) im Sinne des realitätstreuen Denkens einerseits im Gegensatz zur Verleugnung der Realität auf der Basis innerlich festgehaltener Omnipotenzphantasien andererseits, d.h. er verbindet in seinen systematischen Überlegungen ‚Struktur' und ‚Allmacht', was insbesondere im Hinblick auf die Persistenz pathologischer Organisationen und den Grenz-herausforderungen an die Psychoanalyse eine bedeutsame Perspektive eröffnet. Vermittelt durch ein klinisches Beispiel, den ‚Traum vom Abwehrprozeß', werden beide Begriffe in ihrem systematischen und geschichtlichen Hintergrund entfaltet und aufeinander bezogen. – *Raguse* stellt in seiner Arbeit zur Internalisierung und Symbolisierung Ogdens Theorie der inneren Objektbeziehungen vor, die in mehrfacher Weise psychoanalytisch interessant und produktiv ist. Zum einen geht Ogden von Freud aus, den er in der Perspektive von M. Klein liest und mit Ideen von Fairbairn und Bion weiterführt; zum anderen verbindet er seine Konzeption der inneren Objekte mit der Symbol(isierungs)theorie (Winnicott, H. Segal). Des weiteren führt Ogden neben der paranoid-schizoiden und depressiven Position noch die präsymbolische ‚autistic-contiguous position' ein, Positionen, die Raguse im Rahmen der Semiotik von Ch.S. Peirce expliziert. Von da aus können Verinnerlichung und Symbolisierung auch im Hinblick auf den analytischen Prozeß ‚neu gelesen' werden. – *Seidler* kritisiert die dinglich-räumliche Qualität der herkömmlichen Redeweise von Internalisierung und setzt dem entgegen, daß es sich bei den damit gemeinten Vorgängen eigentlich um die Bildung von objektivierend-repräsentierenden Symbolen handle, d.h. er plädiert dafür, Internalisierung als Symbolisierung zu konzeptualisieren. In dieser Perspektive rückt die Entwicklung von Reflexivität und Selbstreflexivität in das Zentrum der Aufmerksamkeit. Seidler beschreibt sodann die Entfaltung des Selbstverhältnisses in drei Stufen als ‚unreflektierte', ‚außenreflektierte' und ‚selbstreflexive Position', deren mythologische Urbilder er in den drei Figuren des Narziß, des Teiresias und des Ödipus sieht. Er schließt seine Überlegungen mit daraus abgeleiteten therapeutischen Konsequenzen ab.

Diesen drei ‚grundlagentheoretischen' Arbeiten schließt sich die ethno/soziopsychoanalytische Arbeit von *Erdheim* zur Symbolisierungsfähigkeit und dem Antagonismus von Familie und Kultur an. Inhaltlich geht es um das Problem der Symbolisierungsfähigkeit in der Adoleszenz, in der Familie und Kultur als zwei einander gegenüberstehende Symbolisierungssysteme auftauchen, ein antagonistisches Verhältnis, das durch den Zivilisationsprozeß verstärkt worden ist (z.B. gefühlsmäßige Bindung vs. Arbeit und Rationalität).

Das Adoleszenzproblem der modernen Gesellschaft besteht darin, daß sie dem Jugendlichen keinen festen Wertkosmos mehr anzubieten vermag, vielmehr erscheint der gesellschaftliche Raum in dieser Hinsicht eher chaotisch destrukturiert. Dadurch droht, daß die Omnipotenzphantasien abgespalten und in einem archaischen Stadium bleiben, ohne über eine ,realitätstreue' Transformation in der Arbeit produktiv für die Selbst- und Ich-Entwicklung umgesetzt zu werden. – Die Arbeit von *Danckwardt* führt in gewisser Weise auf den klinischen Teil hin: Es geht ihm um die Entwicklung der Fähigkeit zum Staunen, die für den Analytiker/Psychotherapeuten als Fähigkeit, überhaupt Neues sehen zu können, zentral sein sollte, sind doch unsere Patienten keine ,Fälle', sondern Individuen, die nie gänzlich in dem Netz welcher Theorie auch immer zu fangen sind. Nach ihm entwickelt sich die Fähigkeit zum Staunen im Konflikt zwischen der Wahrnehmung der Erfahrung in der äußeren, später inneren Welt und dem schmerzlichen Mangel an Bedeutung des Wahrgenommenen für die innere Welt, wobei ursprünglich die Primärobjekte, in der Ausbildung später die verschiedenen Ausbildungseinrichtungen (Lehranalyse, Supervision, Institution) dabei vermitteln. Eine solche Entwicklung der Fähigkeit zum Staunen stellt Danckwardt dar: Er beschreibt Freuds diesbezügliche Entwicklung in den Jahren 1898/1899 vor dem Hintergrund seiner Grunderfahrungen mit Kinderfrau und Mutter. – *A. Overbeck* untersucht ausgehend von einer scheiternden Teamsupervision grundlegende Aspekte der Triangulierung und ihrer Bedeutung für die Internalisierung der Symbolbildungs- und Erkenntnisfunktion. Dabei diskutiert sie eine Reihe klinisch wichtiger Fragen, z.B. die Bedeutung des Rahmens in der stationär-psychotherapeutischen Behandlung und die Erkenntnisstruktur der Supervision.

Der klinisch-therapeutische Teil des Buches im engeren Sinne beginnt mit der Arbeit von *Trimborn* zu pathologischen Identifizierungs- und Mentalisierungsprozessen als Grenzen therapeutischer Möglichkeiten. Er beschreibt die pathologische Identifizierung, d.h. den anhaltenden regressiven und exzessiven Gebrauch von frühen Identifikationsprozessen, als Folge eines primären Traumas, das in einem Zusammenbruch oder einer Fragmentierung des noch rudimentären Ichs mit der Folge katastrophischer Vernichtungsgefühle und namenloser Ängste besteht. Hinzu kommen z.B. nicht gelingende Interaktionen zwischen Mutter und Kind oder auch exzessive projektive Identifizierungen seitens der Mutter, wobei der Vater häufig innerlich abwesend ist. Dadurch entstehen weitere Störungen, wie z.B. sadomasochistische Beziehungsstrukturen, die die Primärthematik überdecken können. Klinisch stellt Trimborn eine pathologische Identifizierungs- und Mentalisierungsstörung anhand einer langjährigen analytischen Behandlung dar. Abschließend kommt er auf das Problem der Grenzen der Behandelbarkeit zurück: die schmale Gratwanderung zwischen Katastrophe und katastrophischer Veränderung.

Die beiden folgenden Arbeiten sind ausführliche Falldarstellungen. *E. Berberich* stellt die kinderanalytische Behandlung eines bei Behandlungsbeginn 5 1/2-jährigen Mädchens vor, das im Alter von 6 Monaten schwerste verstümmelnde Brandverletzungen erlitt. Hinzu kam, daß das Kind nach fast 1 1/2-jähriger klinischer Behandlung mit zahlreichen Operationen und plastischen Korrekturen von der eigenen Familie nicht wieder angenommen, sondern von Pflegeeltern adoptiert wurde. Die bewegende Behandlungsgeschichte mit der positiven Entwicklung des Mädchens versteht Berberich dahingehend, daß die strukturbildenden Elemente des analytischen Settings und seiner ,holding function' (Winnicott) sowie die trotz aller chaotischen Übertragungsmanifestationen gleichbleibende, sehr konstante emotionale Verfügbarkeit der Analytikerin und ihre Bereitstellung eines sicheren ‚background of safety' (Sandler) ein Zusammenwachsen des ständig von Desintegration bedrohten Selbst der Patientin ermöglicht haben. Ferner konnte diese die sich positiv verändernde Wahrnehmung der Analytikerin internalisieren, was zu einer allmählichen Verbesserung ihrer Selbst-Repräsentanz führte. – *H. Schoenhals* stellt die Analyse eines Patienten mit phasenweise paranoiden Wahnvorstellungen und etlichen psychotischen Episoden vor. Vor dem Hintergrund seiner frühen Objektbeziehungen beschreibt sie im Detail, wie der Patient über lange Zeit eine Art ‚Spieltherapie' herstellte und die Analytikerin *qua* Analytikerin hilflos und nicht-verstehend machte. Die Fortschritte in der Entwicklung des Patienten zeigten sich am deutlichsten an seinen Reaktionen auf Unterbrechungen in der Analyse, verbunden mit einer größeren Anerkennung der Unabhängigkeit des Objekts, die auch ihm mehr erlaubte, ‚nicht nicht er selbst zu sein'. Schoenhals diskutiert diesen Fall im Kontext der kleinianischen Theorieentwicklung (Bion, Britton) dahingehend, daß der innere Raum des Patienten zunächst quasi unermeßlich war und daß der innere Fortschritt zur depressiven Position darin besteht, daß er einen triangulären inneren Raum aufbaut, der das zu containen und schließlich symbolisch zu repräsentieren vermag, was ansonsten nur projektiv evakuiert werden kann.

Es folgen zwei Arbeiten, die anhand von klinischem Material aus bestimmten Analysephasen einige basale Internalisierungs- und Strukturbildungsvorgänge thematisieren. *M. Papadakis* geht es (mit Bezug auf Bion) um die Internalisierung des Realitätsprinzips. Sie stellt zunächst Freuds und Bions Verständnis der Realitätsorientierung im Spannungsverhältnis zwischen Lust- und Realitätsprinzip dar. Anhand einer Traumsequenz in der Abschlußphase einer Analyse macht sie dann konkret deutlich, wie schmerzhaft der Prozeß der Anerkennung der Realität, und das heißt intrapsychisch: der Anerkennung der Eltern als vom Patienten unabhängiges Paar, ist. – *Malewski* geht es um die strukturbildende Funktion von Verbindungs- und Trennungsprozessen in der Analyse, nämlich den allmählichen Übergang zur depressiven Position im Sinne der zunehmenden Bildung von Ganz- aus früheren Partialobjekten. Er beschäftigt sich deswegen mit dem klinischen Material vor und nach Trennungen (Freitags- und Montagsstunden). Wichtig ist dabei, daß er, was oft vernachlässigt wird, besonders auf die ‚Verbindungsarbeit' hinweist, die der Analytiker zu leisten hat; denn es ist gerade die Fähigkeit zum Verbinden, die der Analysand im Hinblick auf den angesprochenen Strukturfortschritt über den Analytiker internalisieren können muß. Malewski beschreibt sehr anschaulich anhand detaillierten Materials, wie schwierig diese Arbeit für den Analytiker ist.

Bei allen vorangehenden Darstellungen handelt es sich beim klinischen Material um solches aus ambulanten Behandlungen. Demgegenüber geht es bei den beiden nachfolgenden klinisch-therapeutischen Arbeiten um stationäre psychotherapeutische Settings. Im Beitrag von *Duncker* handelt es sich um die (gegebenenfalls auch ambulant fortgesetzte) Behandlung von als schuldunfähig oder erheblich vermindert schuldfähig beurteilten Sexualstraftätern im Maßregelvollzug. Anhand einer ausführlichen Fallvignette und theoretischer Überlegungen zur Problematik struktureller Perversionen (in der Sicht von Bergeret) legt er Aspekte der Strukturentwicklung bei solchen schwerstgestörten Täter-Patienten dar, wobei die besonderen Behandlungsbedingungen und -notwendigkeiten deutlich werden. Strukturentwicklung ist hier wesentlich steuernde Über-Ich-Entwicklung, die konkret als Entwicklung des moralischen Urteils (im Sinne Kohlbergs) gefaßt wird.

An solchen Täter-Patienten wird in besonderer Weise die ‚gesellschaftliche Lebensnotwendigkeit' entsprechender Internalisierungs- und Strukturbildungsprozesse deutlich. – *Ich selbst* beschäftige mich in meinem Beitrag mit den Möglichkeiten und Grenzen der Entwicklung der Symbolisierungsfähigkeit in der psychoanalytisch orientierten stationären Psychotherapie. In der im vorangehenden dargestellten ‚Symbolisierungsperspektive' geht es mir darum, wie die charakteristischen Merkmale des stationären Settings, also z.B. die Distanz zur alltäglich-lebensweltlichen Umgebung und die relativ enge zeitliche Begrenztheit der stationären Behandlung, sich positiv oder negativ auf die Entwicklung der Symbolisierungsfähigkeit der Patienten auswirken können. Nach einem ausführlichen Überblick über wesentliche analytische Positionen zur Symbolbildung (Lorenzer, M. Klein, H. Segal, Winnicott, Ogden und Fonagy) diskutiere ich die Dialektik dieser Merkmale anhand einer Reihe von Fallvignetten.

Den Abschluß des Buchs bildet eine Arbeit von *Rudolf* zur Diagnostik struktureller Störungen. Die Arbeit, wie man es rein sachlogisch hätte erwarten können, den klinisch-therapeutischen Arbeiten voranzustellen, hätte signalisieren können, daß es einen einheitlichen Begriff struktureller Störungen und dementsprechend auch eine einheitliche Diagnostik in der Psychoanalyse geben würde, was so nicht der Fall ist. Inhaltlich handelt es sich um die Darstellung eines Teilprojekts im Rahmen eines Projekts zur „Operationalisierung psychodynamischer Diagnostik (OPD)", in dem sich gegenwärtig eine Gruppe von etwa 40 Hochschulwissenschaftlern aus dem Bereich Psychoanalyse/Psychotherapie/ Psychosomatik damit beschäftigt, eine empirisch begründete, psychoanalytisch fundierte Diagnostik zur Erfassung von ‚Beziehung', ‚Konflikt', ‚Krankheitsverarbeitung' und eben ‚Struktur' zu entwickeln. Struktur versteht Rudolf als Struktur des ‚Selbst in der Beziehung zum Anderen', wobei er insgesamt sechs Ebenen beschreibt (Selbstwahrnehmung, -steuerung, Abwehr; Objektwahrnehmung, Kommunikation, Bindung), die jeweils anhand einer auf klinischem Material beruhenden Operationalisierung nach ihrem Integrationsgrad eingeschätzt werden (desintegriert, gering, mäßig, gut integriert). Wie die beiden zuletzt skizzierten Arbeiten dürfte auch der Beitrag von Rudolf einen Einblick in eine klinische Welt vermitteln, die den meisten Analytikern/Psychotherapeuten zunächst erfahrungsfern ist. Sie repräsentieren damit exemplarisch, worum es in diesem Band allgemein geht: neue Perspektiven zu eröffnen, die idealiter Anregungen für Neuentdeckungen im Bereich der jeweils eigenen klinischen Praxis sein können.

Literatur

Abraham, K. (1982/1924): Versuch einer Entwicklungsgeschichte der Libido auf Grund der Psychoanalyse seelischer Störungen. In: ders., S. 32–102.

Abraham, K. (1982/1925): Libidoentwicklung und Charakterbildung. In: ders., S. 103–145.

Abraham, K. (1982): Gesammelte Schriften in zwei Bänden. Herausgegeben und eingeleitet von J. Cremerius. Band II. Frankfurt a.M.: Fischer.

Balint, M. (1973/1968): Therapeutische Aspekte der Regression. Reinbek bei Hamburg: Rowohlt (orig. London).

Beland, H. (1989): Die unbewußte Phantasie – Kontroversen um ein Konzept. Forum der Psychoanalyse 5, 85–98.

Bick, E. (1986): Further considerations on the function of the skin in early object relations. British Journal of Psychotherapy 2, 292–299.

Dilthey, W. (1924/1894): Ideen über eine beschreibende und zergliedernde Psychologie. In: ders., Gesammelte Schriften, Band 5. Leipzig: Teubner, S. 139–240.
Drews, S., K. Brecht (1982/1975): Psychoanalytische Ich-Psychologie. Grundlagen und Entwicklung. Frankfurt a.M.: Suhrkamp.
Erikson, E.H. (1973/1950): Wachstum und Krisen der gesunden Persönlichkeit. In: ders., Identität und Lebenszyklus. Frankfurt a.M.: Suhrkamp, S. 55–122 (orig. in Symposium of the Healthy Personality).
Fairbairn, W.R.D. (1952): Psychoanalytic Studies of the Personality. With a preface by E. Jones. London: Routledge & Kegan.
Fenichel, O. (1967/1931): Perversionen, Psychosen, Charakterstörungen. Psychoanalytische spezielle Neurosenlehre. Darmstadt: Wissenschaftliche Buchgesellschaft (orig. Wien).
Fenichel, O. (1977/1945): Psychoanalytische Neurosenlehre. Band III. Olten: Walter (orig. New York).
Ferenczi, S. (1984/1909): Introjektion und Übertragung. In: ders., Bausteine zur Psychoanalyse. Band I: Theorie. Mit einem Vorwort von M. Balint. Frankfurt a.M.: Ullstein, S. 9–57 (orig. Jahrbuch für psychoanalytische und psychopathologische Forschungen).
Fonagy, P. (1991): Thinking about thinking. Some clinical and theoretical considerations in the treatment of a borderline-patient. International Journal of Psycho-Analysis 72, 639–656.
Fonagy, P., G.S. Moran, R. Edgcumbe, H. Kennedy, M. Target (1993): The roles of mental representations and mental processes in therapeutic action. The Psychoanalytic Study of the Child 48, 9–48.
Freud, S. (1895): Entwurf einer Psychologie. G.W. Nachtragsband, S. 375–486.
Freud, S. (1900): Die Traumdeutung. G.W. II/III, S. 1–642.
Freud, S. (1905): Drei Abhandlungen zur Sexualtheorie. G.W. V, S. 27–145.
Freud, S. (1908): Charakter und Analerotik. G.W. VII, S. 203–209.
Freud, S. (1913): Totem und Tabu. G.W. IX.
Freud, S. (1914): Triebe und Triebschicksale. G.W. X, S. 209–232.
Freud, S. (1915): Die Verdrängung. G.W. X, S. 247–262.
Freud, S. (1916): Einige Charaktertypen aus der psychoanalytischen Arbeit. G.W. X, S. 363–392.
Freud, S. (1917): Trauer und Melancholie. G.W. X, S. 427–446.
Freud, S. (1921): Massenpsychologie und Ich-Analyse. G.W. XIII, S. 71–161.
Freud, S. (1923): Das Ich und das Es. G.W. XIII, S. 235–289.
Freud, S. (1924): Der Untergang des Ödipus-Komplexes. G.W. XIII, S. 393–402.
Freud, S. (1925): Die Verneinung. G.W. XIV, S. 9–15.
Freud, S. (1926): Hemmung, Symptom und Angst. G.W. XIV, S. 111–205.
Freud, S. (1927): Die Zukunft einer Illusion. G.W. XIV, S. 323–380.
Freud, S. (1931): Über libidinöse Typen. G.W. XIV, S. 507–513.
Freud, S. (1933): Neue Folge der Vorlesungen zur Einführung in die Psychoanalyse. G.W. XV.
Freud, S. (1937): Die endliche und die unendliche Analyse. G.W. XVI, S. 57–99.
Freud, S. (1940): Abriss der Psychoanalyse. G.W. XVII, S. 63–138.
Gehrie, M.J. (1993): Psychoanalytic technique and the development of the capacity to reflect. Journal of the American Psychoanalytic Association 41, 1083–1111.
Gill, M.M. (1963): Topography and Systems in Psychoanalytic Theory. New York: International Universities Press.
Green, A. (1975): Analytiker, Symbolisierung und Abwesenheit im Rahmen der psychoanalytischen Situation. Über Veränderungen der analytischen Praxis und Erfahrung. Psyche 29, 503–541.
Grotstein, J. (1977): The psychoanalytic concept of schizophrenia. International Journal of Psycho-Analysis 58, 403–452.
Harsch, W. (1980): Der Begriff der psychischen Struktur in der Psychoanalyse. Inaugural-Dissertation zur Erlangung der medizinischen Doktorwürde an den Medizinischen Fachbereichen der Freien Universität Berlin.
Hartmann, H. (1972/1927): Die Grundlagen der Psychoanalyse. Stuttgart: Klett (orig. Leipzig).

Hartmann, H. (1975/1939): Ich-Psychologie und Anpassungsproblem. Stuttgart: Klett (3. unv. Aufl.; orig. in Internationale Zeitschrift für Psychoanalyse und Imago).
Hartmann, H. (1972/1950): Bemerkungen zur psychoanalytischen Theorie des Ichs. In: ders., S. 119–144 (orig. in The Psychoanalytic Study of the Child).
Hartmann, H. (1972/1951): Die Bedeutung der Ich-Psychologie für die Technik der Psychoanalyse. In: ders., S. 145–156 (orig. in The Psychoanalytic Quarterly).
Hartmann, H. (1972/1959): Die Psychoanalyse als wissenschaftliche Theorie. In: ders., S. 308–338 (orig. in S. Hook (ed.): Psychoanalysis: Scientific Method and Philosophy. New York).
Hartmann, H. (1972/1964): Einleitung. In: ders., S. 9–15.
Hartmann, H. (1972): Ich-Psychologie. Studien zur psychoanalytischen Theorie. Stuttgart: Klett (orig. New York 1964).
Hartmann, H., R.M. Loewenstein (1964/1962): Notes on the superego. In: Hartmann, H., E. Kris, R.M. Loewenstein: Papers on a Psychoanalytic Psychology. New York: International Universities Press, S. 144–181 (orig. in The Psychoanalytic Study of the Child).
Hehlmann, W. (1968/1959): Wörterbuch der Psychologie. Stuttgart: Kröner (5. erg. Aufl.; orig. dito).
Hinshelwood, R.D. (1993/1991): Wörterbuch der kleinianischen Psychoanalyse. Stuttgart: Verlag Internationale Psychoanalyse (2. rev. u. erw. Aufl. 1991; orig. London).
Hoffmann, S.O. (1984/1979): Charakter und Neurose. Ansätze zu einer psychoanalytischen Charakterologie. Frankfurt a.M.: Suhrkamp.
Hofstätter, P.R. (1957): Psychologie. Frankfurt a.M.: Fischer.
Isaacs, S. (1948): On the nature and function of phantasy. International Journal of Psycho-Analysis 29, 73–97.
Jacobson, E. (1973/1964): Das Selbst und die Welt der Objekte. Frankfurt a.M.: Suhrkamp (orig. New York).
Kernberg, O.F. (1985/1976): Objektbeziehungen und Praxis der Psychoanalyse. Stuttgart: Klett-Cotta (2. Aufl.; orig. New York).
Kernberg, O.F. (1988/1980): Innere Welt und äußere Realität. Anwendungen der Objektbeziehungstheorie. München: Verlag Internationale Psychoanalyse (orig. New York).
Klein, G. (1976): Psychoanalytic Theory: An Exploration of Essentials. New York: International Universities Press.
Kohut, H. (1973/1971): Narzißmus. Eine Theorie der psychoanalytischen Behandlung narzißtischer Persönlichkeitsstörungen. Frankfurt a.M.: Suhrkamp.
Lang, H. (1986/1973): Die Sprache und das Unbewußte. Jacques Lacans Grundlegung der Psychoanalyse. Frankfurt a.M.: Suhrkamp.
Laplanche, J., J.B. Pontalis (1972/1967): Das Vokabular der Psychoanalyse. Frankfurt a.M.: Suhrkamp (orig. Paris).
Loch, W. (1968): Identifikation – Introjektion. Definitionen und genetische Determinanten. Psyche 22, 271–286.
Loewald, H.W. (1986/1962): Verinnerlichung, Trennung, Trauer und das Überich. In: ders., S. 248–269 (orig. in The Psychoanalytic Quarterly).
Loewald, H.W. (1986/1973): Über Verinnerlichung. In: ders., S. 46–64 (orig. in International Journal of Psycho-Analysis).
Loewald, H.W. (1986): Psychoanalyse. Aufsätze aus den Jahren 1951 – 1979. Stuttgart: Klett-Cotta (orig. New Haven, 1980).
Lorenzer, A. (1974): Die Wahrheit der psychoanalytischen Erkenntnis. Ein historisch-materialistischer Entwurf. Frankfurt a.M.: Suhrkamp.
Lorenzer, A. (1977): Sprachspiel und Interaktionsformen. Vorträge und Aufsätze zur Psychoanalyse, Sprache und Praxis. Frankfurt a.M.: Suhrkamp.
Mahler, M.S., F. Pine, A. Bergman (1980/1975): Die psychische Geburt des Menschen. Symbiose und Individuation. Frankfurt a.M.: Fischer.
Mayes, L.C., D.J. Cohen (1992): The development of a capacity for imagination in early childhood. The Psychoanalytic Study of the Child 47, 23–47.

Meissner, W.W. (1981): Internalization in Psychoanalysis. New York: International Universities Press.

Meltzer, D. (1975): Adhesive identification. Contemporary Psycho-Analysis 11, 289–310.

Nagera, H. (1967): The concepts of structure and structuralization. Psychoanalytic usage and implications for a theory of learning and creativity. The Psychoanalytic Study of the Child 22, 77–102.

Nietzsche, F. (1966/1887): Genealogie der Moral. In: ders., Werke in drei Bänden. Herausgegeben von K. Schlechta. Zweiter Band. München: Hanser, S. 761–900.

Ogden, Th. (1985): On potential space. International Journal of Psycho-Analysis 66, 129–141.

Rapaport, D. (1967/1951): The conceptual model of psychoanalysis. In: ders., S. 405–431.

Rapaport, D. (1967/1957): A theoretical analysis of the superego concept. In: ders., S. 685–709 (orig. in The Psychoanalytic Study of the Child).

Rapaport, D. (1967/1960): On the psychoanalytic theory of motivation. In: ders., S. 853–915 (orig. in Nebraska Symposium on Motivation).

Rapaport, D. (1970/1960): Die Struktur der psychoanalytischen Theorie. Versuch einer Systematik. Stuttgart: Klett (2. unv. Aufl.; orig. New York).

Rapaport, D. (1967): The Collected Papers of David Rapaport. New York: Basic Books.

Reich, W. (1971/1933): Charakteranalyse. Köln: Kiepenheuer & Witsch (orig. Berlin).

Sandler, J. (1964/1960): Zum Begriff des Über-Ichs (I). Psyche 18, 721–743 (orig. in The Psychoanalytic Study of the Child).

Sandler, J., W.G. Joffe (1967): Die Persistenz in der psychischen Funktion und Entwicklung mit besonderem Bezug auf die Prozesse der Fixierung und Regression. Psyche 21, 138–151 (orig. in Bulletin of the Menninger Clinic).

Sandler, J., B. Rosenblatt (1984/1962): Der Begriff der Vorstellungswelt. Psyche 38, 235–253 (orig. in The Psychoanalytic Study of the Child).

Schafer, R. (1990/1968): Aspects of Internalization. Madison, Conn.: International Universities Press (orig. New York).

Schafer, R. (1976/1972): Internalisierung: Realer Vorgang oder Phantasie? Psyche 30, 786–812 (orig. in The Psychoanalytic Study of the Child).

Schafer, R. (1982/1976): Eine neue Sprache für die Psychoanalyse. Stuttgart: Klett-Cotta (orig. New Haven).

Schultz-Hencke, H. (1931): Schicksal und Neurose. Jena: Gustav Fischer.

Schultz-Hencke, H. (1951): Lehrbuch der analytischen Psychotherapie. Stuttgart: Thieme.

Segal, H. (1974/1973): Melanie Klein. Eine Einführung in ihr Werk. Mit einem Vorwort von J. Stork. München: Kindler (2. rev. Aufl.; orig. London 1964).

Shapiro, Th. (ed.) (1991): The Concept of Structure in Psychoanalysis. Madison: International Universities Press.

Steiner, J. (1993): Psychic Retreats. Pathological Organizations in Psychotic, Neurotic and Borderline Patients. Foreword bei R. Schafer. London: Routledge.

Sterba, R.F. (1934): Das Schicksal des Ichs im therapeutischen Verfahren. Internationale Zeitschrift für Psychoanalyse 20, 66–73.

Stolorow, R.D. (1978): The concept of psychic structure: Its metapsychological and clinical psychoanalytic meanings. International Review of Psycho-Analysis 5, 313–320.

Winnicott, D.W. (1984/1960): Die Theorie von der Beziehung zwischen Mutter und Kind. In: ders., Reifungsprozesse und fördernde Umwelt. Frankfurt a.M.: Fischer, S. 47–71 (orig. in International Journal of Psycho-Analysis).

Zelmanowitz, J. (1971): David Rapaports Gesammelte Schriften. Psyche 25, 400–409.

Stabilität und Veränderbarkeit psychischer Strukturen – Systemregulierendes Denken als Realitätstreue oder als Verleugnung (Allmacht)

Hermann Beland

1. Das theoretische Problem psychischer Dauer

1.1 Was unterscheidet Realitätstreue vom Wahn?

Es ist immer von neuem interessant und wichtig, mehr darüber in Erfahrung zu bringen, wie unser Denken und unsere psychische Organisation (wahrscheinlich ist ja letztendlich beides dasselbe) es schaffen, gegen alle momentanen Versuchungen an der Realität festzuhalten, anstatt sie zu verleugnen oder wunschgemäß umzubiegen. „Allmächtige" Verleugnungen können tatsächlich die Persönlichkeit verändern, für die innere Realität blind oder die äußere bedeutungslos machen. Wenn uns die Nachricht vom Tod eines Menschen erreicht, an dem wir hängen, sagen wir zuerst erstarrend: ‚Nein, nein, nein! Das ist nicht wahr! Das kann nicht sein!', und müssen dann die schmerzhafte, normale Krankheit der Trauer durchmachen, Trauerarbeit leisten, wie Freud es nannte (Freud 1917e). Realitätstreue ist die Leistung seelischer Arbeit. Gelingt die Trauerarbeit, dann überleben wir den Verlust und halten an der Wirklichkeit fest. Reißt uns der Verlust jedoch in eine unerträgliche Verlassenheit, die ihrerseits traumatische, agonale Zustände der Verlassenheit vom Anfang unseres Lebens wiederbringt, dann kann es sein, daß eine pathologische Trauer mit psychotischen Verleugnungen und symbolischen Gleichsetzungen einsetzt und sich nicht beenden läßt (Segal 1991, S. 37f). Das Festhalten an der Realität wird teilweise aufgegeben, und es zeigt sich unter der Analyse, daß Überzeugungen von Omnipotenz die Persönlichkeit in Teilbereichen seit Frühzeiten pathologisch strukturiert hatten. Das Festhalten an der Realität, wie sie ist, war nur teilweise erreicht worden. Aber was ist das Festhalten an der Realität? Und welche Rolle spielen Allmachtsüberzeugungen bei der pathologischen Strukturbildung?

Man sagt z.B., daß die prodromale Angst vor dem Abgleiten in die schizophrene Psychose die größte den Menschen bekannte Angst wäre. Sie ist die intensivste Warnung vor der drohenden Gefahr, den Schritt in die Selbstzerstörung des Denkens zu tun. Es ist die katastrophische Angst vor Selbstauflösung, die Angst vor der Umwälzung des Systems (Bion 1970, ch. 10). Hier, bei diesem Abgleiten, wird der ganze Zusammenhang von Wahrnehmen, Erinnerung des Wahrgenommenen und die sprachliche Denkverfassung des Wahrgenommenen angegriffen, um die Begründungen für das Zustandekommen des seelischen Schmerzes zu zerstören, der für den Kranken unerträglich ist, Begründungen, die das Festhalten an der Realität mitdefinieren. Der Zweikampf zwischen dem Aufgeben-Wollen der Objektivität und dem Festhalten-Wollen an der Realität, auch wenn sie fast unerträglich schmerzhaft oder äußerst ängstigend ist, ist dann entschieden. Unter größter Angst wird das Festhalten an der Realität, wie sie ist, aufgegeben. Dann aber wird die durch Wunschdenken neu geschaffene und mit unbewußten Allmachtsphantasien für wirklich gesetzte Wahnwelt so eisern verteidigt und im Falle der Paranoia mit allen Mitteln der systembildenden Intelligenz abgesichert, daß alle therapeutischen Versuche an dem neuen Festhalten an der neuen „Realität" scheitern. Es ist der Zweck des neuen Festhaltens, daß sie scheitern sollen.

Wie ist aber dann das Verhältnis des realitätstreuen Festhaltens zum wahnhaften? Ist womöglich das „gesunde", d.h. das auf der eigenen Entwicklung und auf dem gesellschaftlichen Konsens von Wirklichkeit und Normalität beruhende Festhalten an der Wirklichkeit genau dasselbe wahnhafte Festhalten wie das wahnhafte Festhalten am Wahn? Sind beide Haltungen ganz gleicherweise durch dieselbe intensive Angstentwicklung geschützt? Oder gibt es Unterschiede? Worin liegen sie? Wie ermöglicht die Selbstorganisation des Denkens einerseits Dauer (Strukturbildung, Charakterbildung) und andererseits die Veränderbarkeit psychischer Systeme (Strukturänderung im Laufe der Entwicklung und durch die Therapie)? Welche Rolle spielen Allmachtsphantasien, Allmachtsüberzeugungen, Allmachtsillusionen bei den „normalen" strukturbildenden Setzungen und bei kommunikativen Projektiven Identifizierungen und welche Rolle spielt der Allmachtswahn bei den Abwehrprozessen und bei pathologischen Projektiven Identifizierungen? Gibt es ein omnipotentes Setzen von persistierenden Wahnstrukturen?

1.2 Die durchgehende Sozialabhängigkeit der Orthogenese psychischer Systeme (z.B. Affektivität, Motorik, Sprache)

Das Leben braucht ja unbedingt die Zuverlässigkeit von Funktionsweisen und Verhaltensabläufen und trägt, wie wir wissen, so deutlich dafür Sorge, daß die Erforschung der Phylogenetik von Signalbewegungen Aussagen über stammesgeschichtliche Zusammenhänge ermöglicht, die sicherer als die der vergleichenden Morphologie sind (Lorenz 1950, S. 146). Die Vererbung von Bewegungsmustern ist Vererbung von Informationsverarbeitung, ist also präterpropter Vererbung von Psychischem. Man möchte entsprechend gerne mehr wissen darüber, worin *psychische Stabilität beim Menschen* besteht, worin normale und worin pathologische Stabilität besteht. Die Zuverlässigkeit psychischer Systeme und Funktionen beim Menschen (Dauer als Identitätssicherung und Persistenz) muß einerseits natürlich ebenfalls mit der Erbkoordination zu tun haben, mit den genetisch festgelegten Informationen, die die Neuronennetze verschalten und z.B. die Funktion und Entwicklungsfolge von Atmung, Gehenlernen und Sprechenkönnen mehr oder weniger direkt bestimmen. Andererseits muß sie mit der ebenfalls genetisch festgelegten Sozialität des Menschen und der Sozialabhängigkeit nahezu aller ontogenetischen Reifungsschritte zu tun haben, die dasselbe Atmen, Gehenlernen und Sprechenkönnen durch das Medium der Objektbeziehung, d.h. durch Verstandenwerden und Verstehen formen und im schweren Mangel- und Konfliktfall pathologisch verformen. Dies gilt für alle in Objektbeziehung epigenetisch sich ausbildenden Systeme der Affektivität und des Denkens. Wir sprechen im pathologischen Fall und bei psychischer Persistenz der Funktionsstörung dann von Fixierung und Symptombildung, von psychosomatischem Asthma, von hysterischer Lähmung der Beine, von Stottern oder von schizophrener Sprachzerstörung. Auch die angeborenen, an sich konfliktfreien Funktionen entwickeln sich nur im Medium der ebenfalls angeborenen Konfliktfähigkeit der Objektbeziehung und können ihr zum Opfer fallen, können symbolischer Ausdruck unbewußter Beziehungskonflikte werden und dann als neurotisches oder psychosomatisches Symptom persistieren.

Alle bisher erwähnten Phänomene sind ausgewählt, weil sie in unterschiedlicher Weise das Problem der psychischen Dauer repräsentieren. Eine besondere Schwierigkeit für die Untersuchung des Problems liegt in der Begrifflichkeit. Es gibt in der psychoanalytischen Theorie keine Begrifflichkeit für die Kategorie ‚Dauer' als solche. Es gibt dagegen eine Anzahl von speziellen Begriffen für Dauer in Partialbereichen (z.B. Fixierung; Verdrängung; Widerstand; Charakterneurose) und für Dauer in partiellen Zentralaspekten (z.B. die regulativen Prinzipien des Psychischen, Lustprinzip und Wiederholungszwang; die psychischen Instanzen Es, Ich, Überich). Eine Sonderstellung nimmt der Strukturbegriff ein. Er würde sich als Begriff für psychische Dauer eignen, wenn er sich als psychoanalytischer Begriff etablieren ließe.

Das soll im folgenden versucht werden. Als Zugang zu einem psychoanalytischen Begriff für psychische Dauer soll die psychoanalytische Methode als Paradigma des theoretischen Systems gewählt werden: Erkenntnis der unbewußten Übertragung in der Beziehung von gleichschwebender Aufmerksamkeit und freier Assoziation. Als theoretisches Problem betrifft Dauer des Psychischen vor allem auch die Erkenntnis der Therapierbarkeit im allgemeinen und die Erkenntnis der Grenzen des therapeutisch Erreichbaren im besonderen. Als Analytiker sind wir an der Veränderbarkeit der psychischen Persistenz der Neurose interessiert, und wir messen das Maß unseres therapeutischen Scheiterns an dem Maß des Widerstands des Patienten, mit dem er sein pathologisches Gleichgewicht, richtiger, seine unveränderbar seine sollende *Abwehrorganisation* unbewußt verteidigt.

Die therapeutische Veränderung von persistierender Pathologie geschieht nach allem, was wir wissen, über Verstehen und Einsicht in unbewußte regulierende und integrierende Bedeutungen. Im günstigen Fall zeigt sich im weiteren Verlauf einer Analyse, daß das Maß des Widerstandes ein Maß der Deutbarkeit und also der Verstehbarkeit gewesen ist (vgl. Schafer 1983). Das noch nie Verstandene des Patienten hört auf, seine Macht als unbewußte Überzeugung über die psychische Organisation und das Verhalten auszuüben, wenn es bewußt verarbeitet werden kann. Selbst negative therapeutische Reaktionen, die chronisch über eine lange Zeit das Feld beherrschen, können trotzdem den entscheidenden Hinweis darauf enthalten, daß der wichtigste Abwehrwiderstand noch nicht verstanden und noch nicht aufgegeben wurde und daß das Abgewehrte nach wie vor als unerträglich schmerzhaft oder existenzvernichtend ängstigend angesehen wird. Eine derartige Überzeugung wirkt strukturierend. Gelingt ihre Entmachtung durch Bewußtmachung, Realitätsprüfung und Ersetzung durch realistische Überzeugung, dann hat sich eine Strukturveränderung vollzogen. Die Veränderung pathologischer Persistenz durch die analytische Methode führt so zu einer Hypothese über Strukturen und ihre Persistenz: Psychische Strukturen sind unbewußte Bedeutungen in dem regulierenden und integrierenden Status von Systemsteuerung. Strukturveränderung ist Bedeutungsveränderung. Persistenz heißt, daß eine unbewußte Bedeutung geglaubt bleibt als regulierendes Prinzip der Orientierung und des Handelns (unbewußte Überzeugung).

Im folgenden sollen einige Persistenzbegriffe in klinischen und allgemeinen psychoanalytischen Theorien zur Überprüfung der obigen Hypothese vergegenwärtigt werden. In einem zweiten Teil (Abschnitt 5–7) soll die Rolle der Allmachtsillusion bei der Setzung bzw. hierarchischen Erhöhung („Inthronisation") einer Bedeutung zur Struktur klinisch untersucht werden. Die theoretische Überprüfung in den Abschnitten 2–4 wird mit Systembegriffen versucht, weil der Strukturbegriff auch in der psychoanalytischen Theorie sinnvollerweise als Begriff der ‚Struktur eines Systems' gefaßt wird.

2. Psychische Struktur als regulierende und integrierende Bedeutung

2.1 Eine Systemtheorie zu Freuds Strukturbegriff

Eine bestimmte allgemeine Art von systemtheoretischem Denken ist typisch für das klinische Denken der Psychoanalyse und für einige ihrer Theorietraditionen (vgl. Rapaport o.J. [1959], S. 17). Sie soll hier ins Zentrum gerückt werden. Gemeint ist eine Betrachtungsweise, die von dem in der theoretischen Biologie weiterentwickelten Begriff des Systems angeregt ist (Bertalanffy 1968, v. Foerster 1984, Maturana 1985). Es ist gut vorstellbar, wie die von der allgemeinen Systemtheorie bereitgestellten Konzepte die hier vorgezogenen motivationalen psychoanalytischen Auffassungen der psychischen Systeme transformieren würden, d.h. wie man Freuds dynamischen und topographischen Aspekt der Metapsychologie und Bions Modelle systemtheoretisch formulieren würde. Bisher ist ein derartiger Versuch m.W. nicht gemacht worden (vgl. die Diskussion von Brocher und Sies 1986 unter 4.2) oder nur für Teilbereiche der Begrifflichkeit oder der Theorietendenz (Peterfreund 1980, Brodbeck 1992, Nissen 1992, Plänkers 1992, Simon 1994). Die in der vorliegenden Arbeit verwendeten Begriffe sind für eine derartige Transposition offen. Daß das psychische System sich aus der Differenz zur Umwelt bildet (Alpha-Funktion der Mutter) und diese Differenz im Umgang mit sich selbst in Komplexität umsetzt, sich in allen internen Relationen, auf mehreren Ebenen gleichzeitig, sich auf sich selbst bezieht, sich darin ständig selbst herstellt und erhält in der Weise seiner Entstehung (= Selbstreferenz und Autopoiese), ist derart in Übereinstimmung mit der psychoanalytischen Methode und der auf ihr errichteten Theorie, daß man die erwähnten Theorieelemente der allgemeinen Systemtheorie leicht in Übereinstimmung mit einer „Theorie des Denkens" (Bion 1962b) sehen kann. Folgende psychoanalytische Elemente erheben theoriestrategische Anforderungen an die Theorieanpassung der allgemeinen Systemtheorie an die psychoanalytischen Auffassungen: das Unbewußte als das eigentliche reale Psychische; die initiale Bedingung des stellvertretenden Denkens für das In-Gang-Kommen der Autopoiese des psychischen Systems (Projektive Identifizierung des Neugeborenen und die notwendige Alpha-Funktion der Mutter); die Abhängigkeit psychischer Selbstreferenz (Affektivität, Symbolfunktion, Träumen, Denken) von Verstanden-Werden; die spezielle Temporalität des Unbewußten und die sonstigen Denkgesetzmäßigkeiten des Primärvorgangs; die Arbeitstendenz des Psychischen von der paranoid-schizoiden hin zur depressiven Mentalität. Die notwendige Theorieanpassung der allgemeinen Systemtheorie an die durch die psychoanalytische Methode gewonnenen Erkenntnisse über die Arbeitsweisen der psychischen Systeme sind vergleichbar der von Luhmann vorgenommenen durchgehenden

Verzeitlichung der elementaren Operationen für die allgemeine Theorie der sozialen Systeme (Luhmann 1987, Kap.8; vgl. Baecker 1991, S. 36f). Bewußtsein eignet sich nicht als Elementaroperation des psychischen Systems (Luhmann a.a.O., S. 359), wenn man entsprechend psychoanalytischer Empirie und Theorie unbewußtes Denken als das eigentlich Psychische annimmt, Bewußtsein dagegen nur als eines der Selbstwahrnehmungssysteme gilt. Die Elementaroperation des Psychischen wäre Denken, die Bildung von Befriedigungs- und besonders von Nicht-Befriedigungs-Gedanken und das Denken von Gedanken (vgl. Freud 1911b, Bion 1962b).

2.2 *Freuds dynamischer Strukturbegriff*

Psychoanalytisch angewendet handelt es sich bei der Struktur eines psychischen Systems um ein unbewußtes, aber bewußtseinsfähiges zentrales Motiv, das alle Elemente, z.B. die Ichfunktionen des Systems Ich, beherrscht und verbindet. In der negativen therapeutischen Reaktion (einem Subsystem) können z.B. alle Elemente der Persönlichkeit, Denken, Fühlen, Handeln, momentan oder über eine längere Zeit beherrscht sein von der unbewußten Überzeugung, daß der letzte Behandlungsfortschritt traumatische Folgen haben wird und auf jeden Fall rückgängig gemacht werden muß. Eine Abwehrorganisation oder der tägliche Widerstand enthalten ebenfalls derartige kybernetische, regulierende Motive. Die erwähnte psychotische Zerstörung des Festhaltens an der Wirklichkeit kann zu dem alles Psychische oder fast alles beherrschenden und systemverbindenden Motiv werden, aber ebenso das Festhalten-Wollen an der Realität, das Realitäts*prinzip*, wie Freud es genannt hat (principium = das Herrschende). Die regulativen Prinzipien des Psychischen, das „allmächtige Lustprinzip" (Freud), die Unlustprinzipien, das Realitätsprinzip und der Wiederholungszwang sind in diesem Sinne die herrschenden Systemmotive des Systems Psyche. Der Genitalprimat, das höchste Normalitäts- und Reifeprädikat für einen Erwachsenen, das die Libidotheorie zu vergeben hat, ist ein zentrales Systemmotiv, das alle sexuellen Wünsche, alle Beziehungen und auch sonst alles Dichten und Trachten der Persönlichkeit unter sich vereinigt und in genitales Denken, Fühlen und Handeln in Liebe, Arbeit und Gesellschaft münden läßt.

Diese *beherrschenden und verbindenden Zentralmotive* von psychischen Systemen sind genau das, was Freud *Struktur* nennt. Freud spricht z.B. von der „libidinösen Struktur einer Masse" (1921c, S. 145) und meint damit die in allen Mitgliedern einer Großgruppe herrschende Identifizierung mit derselben Zielvorstellung oder mit derselben verehrten Führungsperson und deren Zielen. Diese herrschende Identifizierung (Struktur) führt gleichzeitig zu einer Identifizierung unter(mit)einander.

2.3 *Die Struktur des Ichs als Gesamtwille (Vermittlung)*

In diesem Sinne *hat* das Ich diese Struktur, d.h. einen Gesamtwillen, der alle einzelnen Funktionen bestimmt und verbindet, aber man kann nicht sagen, daß das Ich eine Struktur *ist*. Dieser Sprachgebrauch wurde erst mit der jüngeren Ichpsychologie vorherrschend (Struktur = Organisation). Freud benannte das Ich lieber metaphorisch mit Begriffen aus dem Rechts- und Staatswesen als eine Instanz oder Provinz des Seelischen, und in diesem Sprachgebrauch *hat* das Ich eine Struktur. Freud hat mehrfach, in jeder Phase der Theorieentwicklung neu, diese Struktur als „Gesamtwillen" des Ichs formuliert, z.B. als den Willen, wahrzunehmen und bewußt zu sein, im Kontakt mit der Außenwelt Reize aufzunehmen und Reize abzuhalten, zum Es hin – Bewußtsein als „Sinnesorgan zur Wahrnehmung psychischer Qualitäten" (1900a, S. 620) – „immer größere Bezirke und tiefere Schichten des Es seinem Einfluß" zu unterwerfen (1940a [1938], S. 129). Freud betonte mal mehr den Erfolg und die Autonomie des Ichs bei seiner Vermittlungsaufgabe zwischen Es, Außenwelt und Überich, mal seine Widersprüchlichkeit. „Als Grenzwesen *will das Ich* zwischen der Welt und dem Es vermitteln, das Es der Welt gefügig machen und die Welt mittels seiner Muskelaktionen dem Es-Wunsch gerecht machen" (1923b, S. 286, Hervorh. v. Verf.). Das Vermitteln-Wollen zwischen Es und Welt ist die Struktur der „seelischen Provinz Ich" als System. Entsprechend kann man dieses Zentralmotiv des Ichs, Vermittlung, durch die einzelnen Ichfunktionen als Elemente des Systems, als Subsysteme mit je eigenen Strukturen (= herrschenden Motiven), wie Freud sie in ‚Das Ich und das Es' (1923b) näher bestimmt, hierarchisch untergliedern: das Motiv, Körper, Emotionen und Handeln beherrschen zu wollen; das eigene Denken an der Realität überprüfen zu wollen; antizipieren zu wollen; die zeitliche Ordnung der seelischen Vorgänge festhalten zu wollen; rational denken zu wollen usw. (vgl. Schafers gleichlautenden dynamischen Ichbegriff [1968, S. 50ff]). Man kann das System Ich realistischerweise auch in Gegensatzpaaren, als Strukturkonflikte beschreiben: es leistet Widerstand gegen die Triebe und befriedigt sie; es unterwirft das Urteil der Einsicht und verfälscht es mit Rationalisierungen; es vermehrt seine objektiven Erkenntnisse und verrückt sie mit systematischer Entstellung; es leistet Bewußtmachungsarbeit und leistet Widerstand gegen die Aufhebung der Verdrängung.

Strukturen als herrschende Bedeutungen und Einstellungen können auch im ausschließenden Widerspruch zueinander stehen wie die paranoid-schizoide zur depressiven Position, wo nur eine der beiden Einstellungen zur Zeit herrschen kann. Aber *Strukturbildung* ist immer die Bildung eines Zusammenhangs, eines Gesamtwillens, ist Integration durch das herrschende Interesse. Das herrschende Interesse ist diejenige Bedeutung, der, mit Freuds Worten, der „relativ größte Betrag (der) Libido ... zugewendet ist" (1931a, S. 510). Freuds charakterologische Arbeiten sind sämtlich vom seinem dynamischen Strukturbegriff geprägt, auch wenn er in diesem Zusammenhang das Wort nicht verwendet. Die „Ausnahmen", diejenigen „Die am Erfolge scheitern" und die „Verbrecher aus Schuldgefühl" sind Persönlichkeiten, deren Funktionen durch jene Zentraltendenz strukturiert sind (Freud 1916a). Dieselbe Auffassung finden wir in Freuds Charaktertypologie „Über libidinöse Typen", in der er den erotischen Typ folgendermaßen charakterisiert: „Die Erotiker sind Personen, deren Hauptinteresse – der relativ größte Betrag ihrer Libido – dem Liebesleben zugewendet ist. Lieben, besonders aber geliebt werden, ist ihnen das Wichtigste. Sie werden von der Angst vor Liebesverlust beherrscht und sind darum besonders abhängig von den anderen, die ihnen die Liebe versagen können" (1931a, S. 510). Diese Charakterisierung nach dem, was jemandem das Wichtigste ist und wovon er beherrscht wird, ist die Beschreibung der Struktur einer Persönlichkeit. Es ist das, was alle Instanzen, Funktionen und Organe beherrscht und verbindet.

2.4 Struktur als Primat einer verbindenden Bedeutung

Man kann diesen kybernetisch-systemischen Strukturbegriff Freuds immer dann in Gebrauch sehen, wenn Freud den dynamischen Gesichtspunkt der Metapsychologie für seine Hypothesenbildung verwendet. Wenn man diese Gedankenrichtung übernimmt und die Theorieentwicklung der letzten Jahrzehnte einbezieht, dann ist Struktur auf der Ebene der Abwehrmechanismen eine unbewußte Phantasie des Ausstoßens, Zerfallen-Machens, Enteignens, der hypnotischen Diktatur usw; auf der Ebene eines Abwehrprozesses ist Struktur eine regulative Grundeinstellung, z.B. gegen jedes Schuldgefühl und jede abhängige Objektbeziehung; auf der Ebene der Ich-Instanz ist Struktur eine durch „Vermittlung zwischen Es und Welt" integrierte Hierarchie regulativer Motive und auf der Ebene der Gesamtpersönlichkeit die genetische Essenz gültiger Selbst-Objekt-Beziehungen, die alle Operationen und Apparate lenkt. Ein derartiges Strukturverständnis macht therapeutische Veränderung verstehbar und geht konform mit der psychoanalytischen Methode und Empirie. Jede der erwähnten unbewußten Bedeutungen kann als Übertragungsphantasie bewußt werden. *Wenn Struktur als Primat einer zentralen Bedeutung (Wunsch, Tendenz, vorherrschende Objektbeziehung) verstanden wird, dann ist Strukturveränderung verständlich als Bedeutungswandel.* Sie muß dann nicht physiologisch-neurologisch oder als Umwandlung psychischer Energie konzipiert werden und damit aus dem Verstehensprozeß der klinischen Methode herausfallen.

Das Problem der Persistenz ist damit allerdings noch nicht gelöst. Was läßt normale und/oder pathologische Bildungen dauerhaft sein? Welches sind die beobachtbaren Evidenzgründe aus der klinischen Beendigung von Persistenz, die zu psychoanalytischen Theorien über pathologische Persistenz führten? Es sind im wesentlichen drei Bereiche: die Herstellung von Unbewußtheit (Verdrängung, Primärprozeß), die negative therapeutische Reaktion (Wiederholungszwang, Todestrieb), und der Widerstand (Angst-, Schmerzintoleranz, Abwehrprozesse, Fixierungen von Trieb- und Ichentwicklung).

3. Freuds Theorie normaler und pathologischer Persistenz

3.1 Die Unveränderbarkeit des Verdrängten durch den Primärvorgang

Freud war immer von der Unverwüstlichkeit einmal entstandener psychischer Bildungen beeindruckt, sprach von der Unzerstörbarkeit der unbewußten Gedankenwege in der Hysterie (1900a, S. 583) und sagte im Zusammenhang der Bewertung des Fehlens einer Zeitvorstellung im Es:

> „... was höchst merkwürdig ist und seiner Würdigung im philosophischen Denken wartet, *[es findet sich im Es] keine Veränderung des seelischen Vorgangs durch den Zeitablauf.* Wunschregungen, die das Es nie überschritten haben, aber auch Eindrücke, die durch Verdrängung ins Es versenkt worden sind, sind virtuell unsterblich, verhalten sich nach Dezennien, als ob sie neu vorgefallen wären. Als Vergangenheit erkannt, entwertet und ihrer Energiebesetzung beraubt können sie erst werden, wenn sie durch die analytische Arbeit bewußt geworden sind, und darauf beruht nicht zum kleinsten Teil die therapeutische Wirkung der analytischen Behandlung."

Freud schreibt weiter:

> „Ich habe immer wieder den Eindruck, daß wir aus dieser *über jeden Zweifel feststehenden Tatsache der Unveränderlichkeit des Verdrängten durch die Zeit* viel zu wenig für unsere Theorie gemacht haben. Da scheint sich doch ein Zugang zu den tiefsten Einsichten zu eröffnen. Leider bin auch ich da nicht weitergekommen" (1933a, S. 80/81, Hervorh. v. Verf.).

Hier haben wir also die Unveränderlichkeit des Verdrängten, das unveränderlich ist durch die merkwürdigen Denkverhältnisse im Es. Der Primärprozeß selbst ist hier ein Schöpfer der Unveränderlichkeit. Die durch Verdrängung bewirkte Unveränderlichkeit bedeutet zeitlose unbewußte Existenz im Primärvorgang. Aus dem Nie des Verdrängungsmotivs ist das Immer des Verdrängten geworden, aus dem ‚Ich will dieses Unerträgliche nie wieder erleben, bewußt haben, erinnern!' die Wiederkehr des Verdrängten in symptomatischer Form ohne Aufhören. Erst die bewußte Versöhnung mit dem Verdrängten beendet die Permanenz und macht aus dem Trauma eine Erinnerung, die vergessen werden kann.

Die zeitlose Dauer des Verdrängten ist vom verdrängenden Ich nicht gewollt. Von seinem Standpunkt aus ist die zeitlose Existenz des vom Bewußtsein Ausgeschlossenen widersinnig, Un-Sinn. Es ist das übergeordnete System der Gesamtpersönlichkeit, von dessen Standpunkt aus die Unvergänglichkeit des Verdrängten sinnvoll ist, dessen höheres Gesetz die Möglichkeit der Abwehr bereitstellt, um sowohl psychisches Überleben des aktuellen Traumas durch Verdrängung als auch eine spätere Bewußtwerdung, Verarbeitung und Wiederintegration des Verdrängten zu ermöglichen. Freud hat die Strukturtendenz dieses übergeordneten Systems ‚Gesamtpersönlichkeit' formuliert mit „Wo Es war, soll Ich werden" (1933a, S. 86).

Es sind dies dieselben Phänomene, die in Bions Umwandlung des Systems Vbw zur Alpha-Funktion und in seiner Unterscheidung von Beta-Elementen und Alpha-Elementen (Alpha-Funktion) aufgenommen sind, besonders in der Charakteristik einiger Beta-Elemente als Bizarre Objekte. Sie sind das Noch-nie-Verstandene, bisher Unintegrierbare, das der blockierende Container des primären Objekts zurückgeworfen hat, die zurückkehrenden Projektionen, aber angereichert mit ‚Überich'-Anteilen, die nur zu erneuten projektiven Identifizierungen, zu Abfuhrtaten, zur psychosomatischen Reaktion und für Halluzinationen taugen und die ein namenloser Schrecken sind. Die Persistenz des Schreckens wird hier durch das primäre Gesetz der Sozialabhängigkeit der Epigenese von Alphafunktion und Denken erklärt. (Bion 1990 [1957]. Für eine Einführung in Bions Theorie der psychischen Entwicklung als Theorie des Denkens vgl. Grinberg, Sor, Tabak de Bianchedi 1993)

3.2 Der Wiederholungszwang als theoretische Letztbegründung für normale wie pathologische Persistenz und für therapeutische Veränderung

Es gibt bei Freud noch weitere, auf Beobachtung gegründete und mit Axiomen vermischte Beschreibungen bzw. gänzlich theoretisch abgeleitete Erklärungen des dauerhaft Psychischen. So spricht Freud von zielgehemmten Trieben als Ursache der Zärtlichkeitsbeziehung, „die unzweifelhaft aus Quellen sexueller Bedürftigkeit herrührt und *regelmäßig* auf deren

Befriedigung verzichtet" (1933a, S. 103, Hervorh. v. Verf.), so daß *eine dauernde Objektbesetzung* und eine anhaltende Strebung zustandekommt. Man muß vor allem auch Freuds Konzept des Wiederholungszwangs heranziehen, der allerdings eine Letztbegründung sowohl für Stabilitäten wie für Veränderungen liefert. Der Bereich der Hypothese ,Wiederholungszwang' geht um mehrere ontologische Ebenen weiter und tiefer, als die psychischen Phänomene erfaßbar sind. Freuds Interesse an den organischen Trieben, die nicht nur das seelische, sondern auch das vegetative Leben regieren, hat im Wiederholungszwang jenes biologische und psychologische Prinzip gesehen, das als regulatives Prinzip allen Lebens, also auch der Psyche und des Denkens, diesseits und jenseits des Lustprinzips, immer dieselben Abfolgen erzwingt. Es ist die Funktion des Wiederholungszwangs, immer den gestörten ursprünglichen Zustand wiederherzustellen. Der Begriff hat bei Freud eine erstaunliche Reichweite und umfaßt alle stammesgeschichtlichen Anpassungen der Organismen, die über die Gene vererbt werden, wie die Erbkoordinationen des angeborenen Bewegungskönnens der Tiere, die angeborenen Auslösemechanismen, die Antriebe des Verhaltens und die angeborenen Lerndispositionen. Beim Menschen erzwingt der Wiederholungszwang nach Freud in allen Beziehungen der Menschen die Übertragung. So ist er der Übertragungszwang (1920g, S. 16ff; vgl. Etchegoyen 1991, S. 98f). Er beherrscht beide Triebe und begründet im Bereich der Therapie sowohl die negative therapeutische Reaktion als Ausdruck des Todestriebes wie den therapeutischen Erfolg der Lebenstriebe. Meistens wird im Zusammenhang der Übertragungstheorie im Wiederholungszwang nur der Effekt der negativen therapeutischen Reaktion und also des Todestriebes gesehen und betont. Aber der Wiederholungszwang beherrscht gleicherweise die Lebenstriebe: „So ist die Embryologie ein einziges Stück Wiederholungszwang; weit hinauf in das Tierreich erstreckt sich ein Vermögen, verlorene Organe neu zu bilden; und der Heiltrieb, dem wir, neben den therapeutischen Hilfeleistungen, unsere Genesungen verdanken, dürfte der Rest dieser bei niederen Tieren so großartig entwickelten Fähigkeit sein" (1933a, S. 113).

Dies ist eine der wenigen Äußerungen, ähnlich der von der leisen Stimme des Intellekts gegen die großen gesellschaftlichen Verleugnungen und Illusionen (1927c, S. 377), in denen Freud seit Einführung des Todestriebs *die therapeutische Funktion des Wiederholungszwangs* formuliert. Man könnte in diesem Sinne sagen, daß sowohl die Tendenz zur Wiederholung des Traumas als auch der Zwang zur Übertragung aller Abwehren *gegen* die Wiederkehr der traumatischen Erfahrung (als Widerstand) zusammen auf eine therapeutische Situation zielen, die beides aufnehmen kann, die Wiederholung des Traumas und die Wiederholung des Zustandes *vor* dem Trauma (vgl. Winnicotts Theorie der antisozialen Reaktion (1974 [1963]). Die therapeutische Funktion des Wiederholungszwangs erklärt theoretisch die Persistenz aller gesunden Systeme wie den dauernden Integrationsdrang zur Aufhebung von Spaltungen und zur Zurücknahme von Projektionsinhalten.

Die Tendenz des Wiederholungszwangs, genauer, der Zwang zur Wiederherstellung des gestörten ursprünglichen Zustandes ist wiederum eine dynamische Strukturformel, dieses Mal des Systems ,Leben'. Auch der Wiederholungszwang besteht aus einer zentral herrschenden Bedeutung, aus Information. Sie steuert als Struktur ein zeitlich organisiertes System, einen Prozeß, und begründet negative Persistenz durch die Permanenz immer derselben schicksalsneurotischen Handlungsziele, Traumawiederholungen, Traumavermeidungen und negativen therapeutischen Reaktionen.

Eine Reihe der psychischen Erscheinungsformen des Wiederholungszwangs in der Therapie fassen wir zusammen als Widerstand. Widerstand leistet Widerstand gegen Einsicht als Strukturveränderung.

3.3 Widerstand als Persistenz

Phänomen und Begriff des Widerstands gehören zu den ältesten psychoanalytischen Essentials. Hier befinden wir uns hinsichtlich Beobachtung, Sprache und Theorie auf einigermaßen sicherem Boden und fast im Konsens mit allen unterschiedlichen psychoanalytischen Richtungen. Die Untersuchung des Phänomens ‚Widerstand' hat im Laufe der vergangenen hundert Jahre immer tiefer in unbewußtes Denken und Handeln hineingeführt. Es hat dabei aber, seit Freud in den ersten Jahren der hypnotischen Hysteriebehandlung vom Gegenwillen sprach, nie seine Einfühlbarkeit und sein Charakteristikum verloren, absichtsvolles und mächtiges Denken zu sein – jedenfalls, wenn es gelungen war, den unbewußten Widerstand zu verstehen und als Absicht, meist als negative Übertragung, zu formulieren. Ja, man kann sagen, solange wir in der Therapie die Stabilität und Persistenz eines pathologischen Phänomens als Widerstand zu erleiden haben, solange können wir auch an der Hoffnung festhalten, daß es sich um etwas Verstehbares handelt, *etwas, das adäquat denkbar und sagbar ist,* weil es immer aus einer Art Denken besteht, auch wenn es sich entsprechend der unbewußten Überzeugung als omnipotent, allwissend, gespalten, transsubjektiv oder wie ein babylonisches Fabelwesen widersinnig und erschreckend zusammengesetzt gibt. Ob man nun Widerstand als negative Übertragung oder als antitherapeutische Rückseite der unbewußten Abwehrmechanismen ansieht, Widerstand ist ebenfalls ein systemischer Strukturbegriff, nämlich jene dynamische Tendenz oder steuernde Information, die das System ‚negative therapeutische Reaktion' verbindet und die das Denken, Fühlen und Handeln beherrscht. Widerstand ist der dritte zu erwähnende Faktor, der der pathologischen Organisation, der Neurose, dem Symptom Dauer verleiht. In der Therapie ist er als Teil des Wiederholungszwangs die Wirksamkeit der Persistenz selbst.

Hier läßt sich auch angeben, was letztlich als steuerndes Motiv den Widerstand gegen die Aufhebung der Abwehrmechanismen bzw. der Symptomatik begründet: Es ist die Unerträglichkeit der Integritätszerstörung als die Unerträglichkeit einer Angst und die Unerträglichkeit eines Schmerzes – die Wiederkehr des Traumas. In Bions Theorie des Denkens handelt es sich um die Unfähigkeit einer Psyche, diese Zustände zu ertragen. Intoleranz für die Frustration zentraler Wünsche (Präkonzepte) hatte die psychotischen Ausweichmechanismen in Gang gesetzt, bzw. auf höherem psychischen Niveau die verdrängungszentrierten Abwehrmechanismen. Freud hätte die Frustrationsintoleranz für Angst und Schmerz unter die Unlustprinzipien subsumiert. Beide Begriffe, Frustrationsintoleranz wie Unlustprinzip, bezeichnen wiederum systembeherrschende Strukturen. Es sind jene Informationen, die die Persistenz der pathologischen Organisation letztlich steuern.

Als vorläufiges Ergebnis können wir also drei unterschiedliche Begründungen für die Unveränderlichkeit von Pathologie festhalten: Primärprozeß (virtuelle Unsterblichkeit des Verdrängten), Wiederholungszwang (Traumawiederholung/negative therapeutische Reaktion) und Abwehrprozeß/Widerstand (Angst-/Schmerzintoleranz). Strukturveränderung geschieht im ersten Falle durch Bewußtmachen (Einsicht), im zweiten durch regressive Vergegenwärtigung des Traumas im Containing und Verstehen und im letzteren Fall durch Identifizierung mit der Schmerz- und Verstehenstoleranz des Analytikers.

4. Fünf unterschiedliche Strukturbegriffe in der Psychoanalyse, ihre Übersetzbarkeit in Systeme mit Struktur als regulative Bedeutung und in Strukturveränderung als Bedeutungsveränderung

4.1 Üblicherweise verband man das Phänomen Persistenz mit dem Strukturbegriff, wie er in der Zeit der Vorherrschaft der Ichpsychologie (Hartmann, Rapaport, Sandler, Gill) geprägt wurde. Es gibt jedoch mindestens fünf verschiedene psychoanalytische Strukturmodelle und die entsprechenden Vorstellungen von ihren Bildungsvorgängen, ihrer Dauer und ihren Veränderbarkeiten. Sie alle nehmen einzelne Theorieansätze Freuds auf und erheben sie zur zentralen Aussage. Wie sich zeigen wird, sind sie bis auf den ersten mit den hier vorgeschlagenen Theoriebegriffen kompatibel. Wolfgang Harsch (1980) hat eine Monographie über den Begriff der psychischen Struktur in der Psychoanalyse geschrieben, deren systematische Gliederung ich im folgenden übernehme, allerdings inhaltlich z.T. anders interpretiere.

4.2 Er erwähnt zunächst *das organische Strukturmodell*, in dem psychische Strukturen analog zu und z.T. als identisch mit organischen Strukturen formuliert werden. Der Begriff Struktur wird hier meistens mit Organisation gleichgesetzt. Diese Modelle betonen im Strukturbegriff den Zusammenhang von Gehirn und Psyche, betonen die Entwicklung von Strukturen gemäß dem epigenetischen Plan (z.B. Spitz 1965) und unterscheiden, wie Sandler und Joffe (1969) es formulierten, einen erlebnishaften (bewußten/unbewußten) Bereich von einem nicht-erlebnishaften Bereich. Zu dem letzteren gehören die „Gesamtheit des psychischen Apparats", „[die] Kräfte und Energien, die Mechanismen und Apparate, [die] organisierten Strukturen biologischer wie psychologischer Art ..." (S. 466). Entsprechend scharf trennt Gill unter der Devise: ‚Die Metapsychologie ist keine Psychologie' das Strukturdenken der psychoanalytischen Theorie vom psychologischen Denken: „Die Metapsychologie befaßt sich mit der Neurologie und Biologie, mit dem materiellen Substrat psychischen Funktionierens, während die klinische Psychoanalyse eine ‚reine' Psychologie ist, in der es um Intentionalität und Sinn geht" (1984, S. 973). Das zentrale Interesse dieser Theoriebildung konzentrierte sich auf Anpassung (Hartmann 1959) und auf die Abwehrmechanismen, verstanden als hierarchische Organisation von Energie bindenden und verausgabenden Abfuhrschwellen (= Struktur) (Rapaport o.J. [1959]).

In dieser Strukturtheorie kann strukturelle Veränderung nicht psychologisch (als einsichtsvolle Ersetzung der herrschenden motivationalen Bedeutung durch eine andere) formuliert werden. Struktur als herrschende und alle Elemente verbindende Idee eines Systems könnte hier nur als Metapher anerkannt werden. Die neurologischen Modelle haben zwar ein starkes Interesse an der Klärung des Stabilitätsproblems, allerdings verliert sich psychische Stabilität in den Schaltungen des Gehirns. Ihre Antworten sind nicht motivational, sondern der Tendenz nach neurologisch, wie in Rapaports berühmter Definition: „Strukturelle Determinanten unterscheiden sich von motivierenden Determinanten, insofern sie relativ dauerhaft sind; ihr Veränderungstempo ist relativ langsam" (a.a.O., S. 61). In dieser Sprache wird keine Strukturveränderung verständlich.

Es ist bekannt, daß Freuds theoretisches Interesse dahin ging, die psychoanalytische Psychologie biologisch zu verankern und abzuleiten. Der ökonomische Gesichtspunkt der Metapsychologie, die Formulierung psychischer Prozesse als Energiebesetzung, Gegenbesetzung und Verausgabung von Energie, war ihm der wichtigste. Er kam der Biologie und der naturwissenschaftlichen Quantifizierung am nächsten. Systemische (dynamische) Formulierungen durchziehen zwar sein ganzes Werk, aber die Ausarbeitung eines umfassenden motivationalen Systems hätte Freud vermutlich als „animistische" Projektion der Einheitlichkeit des Denkens auf die Realität abgelehnt (vgl. Freud 1912–13, S. 106).

Dieser Begriffsbildung einer neurologisch verstandenen psychischen Struktur kann man, wie Brocher und Sies (1986) zeigten, die biologische Theorie Maturanas von der Autopoiese lebender Systeme (beim Menschen durch das Nervensystem integriert) mit Gewinn direkt und unverändert unterlegen (vgl. dagegen 2.1).

4.3 *Strukturbildung innerhalb des Triebmodells* als Durchlaufen der Libidoorganisationen (Abraham) und der entsprechenden psychosozialen Entwicklungsstufen des epigenetischen Plans der Persönlichkeit (Erikson). Libidofixierungen aus konstitutionellen Gründen oder aus Trauma/Triebkonflikten führen zu entsprechenden Charakterstrukturen des oralen, analen, urethralen, phallisch-narzißtischen, genitalen Charakters.

Charakter im Sinne von Libidofixierung (Abraham 1924, 1925) ist ein ausgesprochener Vertreter für die motivationale Auffassung von Struktur eines Systems. Erikson (1956) ist es gewesen, der einen psychologisch verstandenen Strukturbegriff zur weltweiten Anwendung, um nicht zu sagen in Mode gebracht hat, den Begriff der Identität. Jedes denkbare psychische und soziale System hat seine Identität, und man kann Identität als aktives Binnenselbstverständnis mit der Struktur eines Systems gleichsetzen. Identität ist das, was alle Elemente eines Systems verbindet und beherrscht, d.h. zentral ausrichtet. Bei einem oralen Charakter (= System) ist alles Verhalten (= alle Funktionen/Elemente des Systems) von oralen Interessen beherrscht (= Struktur des Systems). Identitätsbildung im Eriksonschen Sinne als gültige Charakterbildung am Ausgang der Adoleszenz ist die Selbstfestlegung der Struktur des Systems ‚Persönlichkeit', das alle Elemente des Systems ‚Persönlichkeit' unbewußt und bewußt verbindet und beherrscht.

Obwohl der Libidobegriff psychosomatisch gedacht ist, ist Charakter ein psychologisch einfühlbares und motivational formulierbares Subsystem. Strukturveränderung wird durch Bewußtmachen der zentralen Widerstands- und Abwehrbedeutung und durch die angeborene Reifungstendenz in Richtung Genitalprimat erreicht.

4.4 *Das Konfliktmodell.* Anfänglich wurden alle psychischen Strukturen, die sich im Verlauf der Entwicklung bildeten, als aus Konflikten entstanden aufgefaßt. Alle Strukturen sind nach diesem Modell wie Symptome gebildet, es handelt sich immer um Kompromisse und Synthesen aus Gegensätzen, in denen zwei oder drei verschiedene psychische Systeme aufeinander prallen (vgl. Freud 1900a, S. 575). Solche Gegensätze bestanden phylogenetisch zwischen Lebewesen und Außenwelt – woraus sich das Ich und das Es, das Realitätsprinzip und die Lust/Unlustprinzipien entwickelt haben sollen; ontogenetisch zwischen Liebe und Hunger, zwischen Trieb und Gesellschaft (Eltern) – woraus sich der zentrale ödipale Konflikt bildete, aus dessen Untergang das Überich resultierte; zwischen Überich und Es-Ich – woraus als Konfliktlösungen oder als Kompromißbildungen Traum-Entstellung und Psychose, Normalität und Neurose entstanden. Die Theorie der Strukturentstehung aus dem Konflikt der Lebens- und Todestriebe, aus den Spaltungstendenzen und Integrationstendenzen, kann das eine Mal die herrschende Tendenz (Bedeutung), das andere Mal die Organisation als Struktur bezeichnen. Strukturveränderung als Veränderung einer Neurose wird wie bei (4.3) verstanden. Therapeutische Strukturveränderung ist Bedeutungsveränderung als Kompromißverbesserung.

4.5 *Struktur als verinnerlichte Objektbeziehung.* Das Ich enthält nach Freud die Geschichte seiner früheren Objektwahlen. Sein Charakter, besonders bezüglich des Überichs, ist der Niederschlag seiner aufgegebenen Objektbesetzungen (Freud 1923b, S. 256), eine Integrationssumme von Identifizierungen. Fairbairn (1952) versuchte als erster, von dieser Freudschen Position ausgehend, eine revidierte Strukturtheorie aufzustellen, die den angenommenen Primat der Objekt*beziehung* ausdrückt: Struktur ist die *qualifizierende Beziehung* zwischen einem zentralen Erfahrungs-Ich und seinen inneren Objekten, wobei beide Beziehungshälften, Ich wie Objekt, sich primär spalten. Das Es wird bei Fairbairn von den drei Ich-Objekt-Paaren aufgesogen und verschwindet als Instanz. Nicht so bei Melanie Klein, aber auch ihr Strukturinteresse gilt den Trieb- und Abwehr*beziehungen* zu den inneren Objekten der inneren Welt, zu der sich das Überichkonzept ausgeweitet hat. Seit 1946 gibt es die beiden von ihr formulierten Entwicklungsstrukturen und Mentalitätsstrukturen der paranoid-schizoiden und der depressiven Position. In der Kleinianischen klinischen Tradition wurden seitdem mehrere pathologische Organisationen erschlossen: die psychotische Persönlichkeit (Bion 1957), der narzißtisch omnipotente Charakter (Rosenfeld 1964, 1987), die Charakterperversion (Joseph 1982), die pathologische Borderlineorganisation (Steiner 1993). Die Positionen ebenso wie die pathologischen Organisationen werden eindeutig durch verbindende und herrschende Tendenzen charakterisiert, also durch zentrale Bedeutungen strukturiert. Sie werden immer als dynamische Systeme beschrieben, die durch ihre Struktur charakterisiert sind. Die pathologische Borderlineorganisation wird von John Steiner z.B. beschrieben als Rückzugstendenz von den regressiv – progressiv entgegengesetzten Ängsten: der paranoid-schizoiden Angst vor Vernichtung und Auflösung und der depressiven Schuldangst. „Die Verbindungen, die die Organisation zusammenhalten, sind oft in grausam-tyrannischer Art und Weise sadomasochistisch, wobei die Objekte wie der Patient selbst einer rücksichtslosen Herrschaft unterworfen werden" (Steiner 1993, S. 12). Strukturveränderung ist hier Übertragungsveränderung (Bedeutungsveränderung) als Mentalitätsveränderung in der Objektbeziehung in Richtung auf die depressive Position.

4.6 *Strukturbildung als Symbolbildung.* Harsch subsumiert unter dieses Modell die Sprachzeichenverknüpfung mit den Sachvorstellungen, die nach Freud im Vorbewußten stattfindet (Freud 1915e), die Repräsentanzenbildung, wie Stolorow (1978) sie als Erlebnisrepräsentanzen versteht, die Signifikantenbildung bei Lacan (1975 [1966]) und die Symbolbildung bei Hanna Segal (1957). Bions Theorie des Denkens und sein Modell der Alpha-Funktion als Prozesse der Bildung von Strukturen/Systemen der Psyche durch Verstandenwerden und Verstehen (conception, thought, constant conjunction; Container-contained, PS-D, selected fact; Transformationen; sieben Abstraktionsstufen) ist eine besonders umfassende Neubestimmung der Funktion des Freudschen Vorbewußten als topographische Instanz der Bewußtwerdung durch Lernen aus Erfahrung (Bion 1962b, 1963, 1965).

Strukturveränderung läßt sich am Symbolbegriff darstellen als Veränderung des Lebens in symbolischen Gleichsetzungen (Wahnvorstellungen und andere Konkretismen) in das des üblichen symbolischen Denkens (depressive Position). Die Verwirrung und Unerschütterlichkeit wahnhafter Gleichsetzungen kann sich auflösen, wenn die „allmächtigen" projektiven Identifizierungen, die die Selbstanteile und das Objekt pathologisch vermischen und eine getrennte Existenz auch im Denken und im Begriff unmöglich machen, wieder ohne Allmachtswahn kommunikativ für Verstehen verwendet werden. Die unerwünschten Teile des Selbst (z.B. die Trennungsintoleranz) werden mit dem Analytiker verbunden und dort ertragen, und der Wahn wird, wenn alles gut geht, von Allmacht entkleidet wieder zu dem Wunsch, der er ursprünglich einmal realiter war (vgl. H. Segal 1992 [1977], S. 282/83).

4.7 *Ergebnisse.* Der kurze Überblick über psychoanalytische Theorievarianten des Strukturbegriffs läßt folgendes deutlich werden:
a) Mit Ausnahme der neurologischen Theorie (4.2) lassen alle anderen Theorien die hier vorgenommene Definition von Struktur als Herrschaft einer verbindenden Bedeutung zu. Entwicklungsbedingte oder therapeutische Strukturveränderung ist immer Bedeutungsveränderung (wiederum mit Ausnahme von 4.2). Freuds Formel für Strukturveränderung in der individuellen und kollektiven menschlichen Entwicklung: „Wo Es war, soll Ich werden" (1933a, S. 86), nimmt in der kleinianischen Umformung die Gestalt „Ps-D" an: Aus paranoid-schizoidem Denken soll depressiv strukturiertes werden. Strukturveränderung als Destrukturierung einer konstanten Verbindung wird dabei zuerst als teilweise Fragmentierung, als begrenzter Zusammenbruch der Persönlichkeit erlebt, bevor eine neue Verbindung und Stabilität erreicht wird (catastrophic change; Bion 1970).
b) In Beantwortung der Frage, was psychische Prozesse dauerhaft macht, nehmen alle Theorievarianten die konstitutionellen Faktoren sowie die unter Abschnitt 3. von Freud beschriebenen drei Vorgänge auf, auch wenn sie unterschiedlich betont und verstanden werden: Verdrängung (Abwehrmechanismen), Wiederholungszwang, Widerstand. Die unter (4.5) aufgeführten pathologischen Organisationen kann man als dauerhafte Form der negativen therapeutischen Reaktion auffassen (vgl. Hinshelwood 1991 S. 195). Spaltung, Projektive Identifizierung und Allmachtsüberzeugung gestalten ihre Strukturbildung.

Ungeklärt ist in der Untersuchung bisher der *Mechanismus der Einsetzung einer Struktur.* Faßt man Struktur als regulative Bedeutung, dann wird eine Funktion benötigt, die sie entsprechend dem epigenetischen Plan oder entsprechend der Unlustintensität einsetzt bzw. setzt. Es gibt in der Theoriegeschichte der Psychoanalyse eine Reihe von Begriffen, die mit dem Problem der Einsetzung einer regulativen Bedeutung zu tun haben, so z.B. bei Freud den Begriff der Urverdrängung, des Traumas, der Reizüberflutung, der Neurosenwahl oder der Ichspaltung; bei Winnicott den Begriff der Allmacht, der Reaktion (auf impingement), der des Falschen Selbst, der Angst vor Zusammenbruch, der antisozialen Tendenz; bei Bion den Begriff des „Gedankens", der constant conjunction, der Entscheidung (in Verbindung mit Frustrationsintoleranz), der Omnipotenz und Omniszienz. Im folgenden soll überprüft werden, *ob der Glaube an die eigene Allmacht bei allen pathologischen Setzungen von Struktur der unbewußte Phantasieaspekt des Einsetzungsmechanismus ist.* Der folgende Bericht von zwei Behandlungsstunden, deren zweite die negative therapeutische Reaktion auf die erste enthält, und zwar als geträumte Abwehrprozeßstruktur, verbindet den Kampf therapeutischer Bedeutungsveränderung mit der Bedeutungspersistenz (NTR) unter der Wirkung unbewußter Allmachtsüberzeugung.

5. Der Traum vom Abwehrprozeß

Ich möchte aus der Arbeit einer Woche berichten, die kurz vor den Sommerferien stattgefunden hat und durch einen Traum bestimmt wurde. Wir befanden uns im sechsten Jahr der Analyse. Seit weit über einem Jahr hatte Frau S. keinen Traum behalten. Den folgenden Traum berichtete sie in der Dienstagstunde. Am Montag hatte sie mir ein Bild gezeigt, das sie am Sonntagnachmittag gemalt hatte und das ihren Zustand am Wochenende darstellte. Ein Bild mitzubringen, hieß für Frau S., daß sie sich nach Wochen des Verfolgtseins durch mich wieder etwas freier fühlte und Klage über ihren Zustand führen konnte. Oben und unten durch zwei breite schwarze Balken eingefaßt war die Bildfläche in grauer Aschenfarbe gemalt. Eine angedeutete dunklere Wand, die rechts groß aus dem Bild herausführte, verlor sich links der Mitte im Bildhintergrund. Im Vordergrund von links nach rechts in gleichen Abständen waren drei Figuren zu sehen, die sich verzweifelt verrenkten, zwei davon durchsichtig in Weiß. Die dritte Figur in Grau, die sich direkt an der Wand abmühte, war kaum von der Wand zu unterscheiden. Das Bild war eindrucksvoll. Wir sprachen über ihre Verzweiflung. Ich fragte sie nach der Wand. Zu meinem Erstaunen sagte sie ganz einfach: „Die Wand ist das Zusammensein der anderen". Sie meinte damit jenes dauernde, vor allem auch sexuelle Zusammensein, durch das sie ausgeschlossen wird, in dessen ununterbrochener Befriedigung sie mich am Wochenende „weiß" und durch das sie sich dann irgendwann tödlich bedroht fühlt. Sie hatte sich bis jetzt immer gegen diese Bedeutung der Wand zwischen ihr und mir gewehrt, obwohl die Beweise dafür in ihren Leidenszuständen während der Wochenenden und danach erdrückend waren. Jetzt hatte sie sich die Bedeutung zu eigen gemacht und als Mauer gemalt. „Ich komme nicht darüber hinweg." (Sie meinte, über die Mauer, über das Zusammensein der anderen.) „Mein Widerstand gegen die Todesdrohung wird immer schwächer. Ich finde mich so unerträglich, daß ich mein Leben nicht geschafft habe." Frau S. meinte mit Todesdrohung das drohende Alter mit Krankheit und Sterben, aber vor allem auch ihren Suizid, um der Zukunft zu entkommen und um dem erwähnten Versagt-Haben wenigstens durch einen erfolgreichen Suizid die Spitze zu nehmen.

Wir waren in den heißen Juliwochen, und ich hatte ein kurzärmeliges rotes Hemd an, zu dem sie zu Beginn der Stunde gesagt hatte: „Die Farbe steht Ihnen gut, aber ich fühle mich dadurch noch mehr von Ihnen getrennt". Ich hatte ihr später gesagt, daß sie jetzt in der Stunde nicht über die Mauergedanken hinwegkommt, weil ich in ihren unbewußten Gedanken ihr gehören würde, das Hemd sie jedoch daran erinnert, daß ich nicht mit ihr zusammengewesen wäre, sondern eine rote Mauer für sie war, weil ich (sexuell) mit jemand anderem zusammen war. Sie hatte geantwortet: „Ich sterbe vor Scham, daß ich nichts kann und daß ich niemanden gefunden habe."

Ich hatte sie darauf aufmerksam gemacht, daß die Mauer im Hintergrund des Bildes eine Lücke hätte (die sie selbst nicht bemerkt hatte), und daß sie also doch einen Ausweg sähe aus dem Zwang der Mauergedanken, immer zusammenzusein oder immer ausgeschlossen zu werden. Sie könne (graue Farbe der dritten Figur und der Wand) wohl auch gar nicht mehr unterscheiden, ob sie die gute Beziehung der anderen zuerst peinigend findet und in sich zu grauer Asche verbrennt oder ob die sie zuerst ausschließen und ablehnen. Frau S. erzählte daraufhin ein schlimmes Erlebnis aus ihrer Schulzeit zum Beleg dafür, daß sie sich, wie sie klagte, tatsächlich nicht beurteilen könne, ob sie etwas gut oder schlecht gemacht habe. Es handelte sich um einen sehr guten Aufsatz, für den sie dann ausgezeichnet wurde. Sie konnte also doch etwas, aber die Lehrerin, wie ein neidisch-sadistisches Überich, ließ sie einen ganzen Tag länger als die anderen in Angst zappeln. Sie hatte Frau S. nichts über den Aufsatz gesagt. Die wußte nicht, galt Himmel oder Hölle, war der Aufsatz eine Katastrophe oder gut. Für sie waren es schreckliche 24 Stunden. (Die Lehrerin hatte den Aufsatz ihrem Mann zeigen wollen, weil sie ihn so gut fand!) Ich verstand ihren Einfall so, daß sie unter der Bedingung der Trennung kein gutes Urteil bewahren kann, daß Leistung in Versagen, gut in schlecht kippt. Wer sie nicht zusammenbleiben läßt, trennt sie vom Wissen ihres Wertes. Mit dem guten Objekt verschwindet die gute Identität.

Es ging in der Stunde also weiter darum, wie tödlich Alleinsein für sie ist. Meinen Hinweis auf ihre Angst vor der Ferienunterbrechung lehnte sie zwar ab, erzählte aber, daß sie es nicht mit ansehen und nicht aushalten konnte, ein Ehepaar mit Tochter, ihre Hausbesitzer, in Frau S.' Garten zusammen zu sehen, und ins Haus fliehen mußte. Es ging auch um den quälenden Vergleich mit mir. Sie schließt sich so tödlich aus, weil ich mit meiner Familie zusammen bin und in den Ferien zusammen sein werde, aber sie kann nicht dasselbe für sich erreichen und wird durch dieses Wissen gequält. Ich hatte am Schluß der Stunde ihren Gedanken von der tödlichen Scham aufgenommen, daß sie niemanden für sich gefunden hatte, was doch ihre einzige Rettung gewesen wäre, und darauf hingewiesen, daß sie wegen ihrer Mauergedanken eigentlich nie offen für jemanden sein konnte, der frei war, um ihn für sich zu gewinnen; immer wäre es wie mit mir gewesen, der in ihren unbewußten Gedanken ihr gehört, aber immer mit jemandem anderen zusammen ist.

Am nächsten Tag sagte sie, daß ich gestern wirklich an ihrem Platz gewesen wäre und sie verstanden hätte. Besonders, daß ich die graue Figur gesehen hätte, das wäre gut gewesen. Dann sagte sie, daß sie seit Jahren endlich wieder einen Traum behalten hätte. Sie erlebte den Traum als ein Geschenk ihres unbewußten Denkens an sie, weil sie doch etwas leisten konnte, und ich erlebte ihn ebenfalls als Vertrauensgeschenk an mich. Der Traum ist m.E. eine genaue und ehrliche Beschreibung ihres Abwehrprozesses, der negativen therapeutischen Reaktion, wie sie in jenen Wochen der Analyse vor den Ferien immer ablief:

Sie fuhr in ihrem Wagen mit jemandem, der ganz unbestimmt blieb. Sie parkte den Wagen auf einem ziemlich freien Parkplatz, auf dem auch andere Autos standen. Sie stieg aus und ging ein Stück, bis ihr mit Schrecken einfiel, daß sie das Buch mit den spanischen Erzählungen zu Hause vergessen hatte, aus dem sie gleich, weil es die letzte Vorlesung war, vorlesen wollte. Sie lief zurück, um die Situation irgendwie vielleicht noch zu retten. Dann hatte sie unterwegs heftigen Stuhldrang. Es gab zwei Klos, aber die waren bis obenhin und überall an Wänden und Boden voll Kot. Sie konnte sie unmöglich benutzen. Sie mußte es zurückhalten. Auf dem Parkplatz war ihr Auto weg! An derselben Stelle standen zwei rote Schilder mit absolutem Halteverbot (Farbe im Traum). Sie brach in Tränen aus. Eine Frau war da, an die sie sich verzweifelt wandte: Was soll ich denn machen?! Aber die sagte ganz ungerührt, „Das weiß ich doch nicht", und zuckte die Achseln.

Ich möchte den Behandlungsbericht an dieser Stelle nicht fortsetzen, sondern versuchen, den Abwehrprozeß, dessen state of affairs die Patientin als gegenwärtige Arbeitsaufgabe in dem Traum formulierte, aus dem Traum heraus zu übersetzen. Die verbliebenen zehn Stunden bis zum Beginn der Ferien entwickelten immer weitere Assoziationen zum Traum, die ich einbeziehe.

Der Traum beschreibt in vier Stationen die zwei einander leidenschaftlich bekämpfenden Einstellungen, die gesund werden wollende und die die Krankheit bedingende Einstellung.

1. Station. Die Fahrt im Auto zusammen mit jemandem vertritt Frau S.' Fähigkeit und ihren Willen zu Partnerschaft und Abhängigkeit, auch bezogen auf Analyse und Analytiker. Der Widerstand dagegen äußert sich in der Schemenhaftigkeit des Beifahrers und seiner Bedeutungslosigkeit. Tatsächlich hat die Patientin in ihrer Analyse nichts so sehr bekämpft wie eine gute Abhängigkeitsbeziehung. An ihr hängt, wie wir wußten, die Unerträglichkeit von Schuldgefühlen und die Erwartung der Wiederkehr des Traumas. Beides war Inhalt des letzten Analyseabschnittes gewesen. Die vorgetragene Montagstunde und der Beginn der Dienstagstunde waren als Anerkennung von Abhängigkeit im Guten eine Rarität, aber darin auch das Ergebnis der bisherigen Zusammenarbeit. Dasselbe galt für das Behalten des Traumes.

2. Station. Der Wunsch, die spanische Erzählung vorzulesen, vertritt den Wunsch nach Berufstätigkeit, sozialer Nützlichkeit, die Anerkennung der Vergangenheit und das Akzeptieren ihres jetzigen Alters, auch des Altwerdens und seiner Einschränkungen. (Die Vorlesegeschichte handelte von einer alten Nonne, die immer schlechter sah und verleugnete, daß sie keine Manuskriptmalerei mehr leisten konnte, vielmehr alles verdarb. Frau S. wollte diese Erzählung tatsächlich am folgenden Tag vorlesen.) Die Abwehr gegen dies alles wird vom Vergessen vertreten. Verdrängung und Unbewußtheit vertreten ihre gesamte Abwehr. Das Vergessen erreicht es im Traum, daß aus allen guten Absichten nichts wird. Tatsächlich war die Frustrationstoleranz der Patientin sehr klein, und der Einsatz von Spaltungen, massiven Entwertungen, projektiven Identifizierungen, symbolischen Gleichsetzungen, Nichtanerkennung ihres Krankseins und ihrer Vergangenheit waren immer neu akut und machten das Erreichte immer wieder fast zunichte. Unbewußte Allmachtsphantasien sind an dieser Stelle des Traumes nicht direkt symbolisiert, sondern nur durch den tatsächlichen Effekt der Abwehr vertreten.

3. Station. Der Wunsch, den Schaden wieder gut zu machen, Hilfe zu suchen, ihr ganzes Unglück, ihre Bedürftigkeit und Triebhaftigkeit, ihre Destruktivität, ihre Entwertung des Guten in Beziehung und Leistung als Notdurft mitteilen zu können, einen Container für ihre verzweifelte innere Situation zu finden, wird durch ihr Erschrecken über das Vergessen, die Umkehr und den Stuhldrang vertreten. Die Anerkennung des Vergessens

als Schuld ist ein wesentliches Element des Traumes (sie konnte fast nie irgendeine Schuld ertragen) und ein Element der depressiven Position. Die Abwehr dagegen wird durch die Entwertung der Analyse und der Analytiker-Eltern und durch die Projektion der eigenen Schlechtigkeit deutlich. Die Scheißeltern, die sich wechselseitig im hypnotischen Auftrag der Patientin („schwarze" Allmacht) zerstören, erniedrigen und füreinander wie für die Patientin hilflos und völlig unbrauchbar machen, verdecken und ersetzen die gute Beziehung vollständig. Dies ist, wie die Wochenenderfahrungen der Analyse belegen, der wirksame Effekt von eifersüchtigem und neidischem Handeln gegen das Urszenenpaar. Die Entwertung dient gleichzeitig der Abwehr von Neid auf die gute Beziehung innerhalb des Paares.

4. Station. Von den guten Eltern ist am Ende des Traumes nur noch die psychotische Allwissenheit des neidischen Überichs und das Symbol eines blockierenden Containers übriggeblieben: die Brüste und Augen als verfolgende absolute Halteverbote. Die Schilder vertreten auch die Vergeltungsmoral der Patientin, die verdammende Verstoßung der Tochter durch die Eltern, die sich an ihr rächen. Dann gibt es noch die achselzuckende Frau, deren kalte Indifferenz als Symbol für die ganze narzißtisch-destruktive Abwehrorganisation steht. Die erfolgreiche Beseitigung der Kontaktfähigkeit und Abhängigkeitsbereitschaft der Patientin (das Auto) ist dieser Frau gleichgültig. In Wirklichkeit ist ihr die Beseitigung überaus recht. Die Abwehr, sagt der Traum, hat bisher immer in der beschriebenen Weise gesiegt, und die beziehungsfähige Seite der Patientin ist am Ende verzweifelt. Die Verzweiflung beweist, daß sie die Beziehungszerstörung nicht will, aber gegen ihre organisierte Abwehr unterliegt.

Der Traum als ganzer ist wie eine Kordel aus zwei ambitendenten Systembändern zusammengedreht. Ich habe den Kampf beider Systeme als dramatischen Prozeß nachgezeichnet. In dem einen System kann man die positive Objektbeziehung erkennen, in dem anderen den destruktiven Narzißmus. Die Struktur des einen ist Verstandenwerden und Verstehen, das Bewußtwerden des eigentlichen Motivs ihres narzißtischen Rückzugs als Anerkennung der Zerstörungsabsicht von Beziehung und Abhängigkeit, die Übernahme ihrer Verantwortung und der Wunsch nach Wiedergutmachung. Die Struktur des destruktiven Narzißmus ist deutlich die Zerstörung ihrer Hoffnung auf Hilfe und Zusammenarbeit, die Idealisierung von Selbstzerstörung und die Herstellung von Unbewußtheit für die herrschende autodestruktive Struktur. Dieses letzte Element ist durch das erklärungslose Verschwinden des Autos dargestellt. Unbewußtheit ist auch hier das strategische Mittel, um das Motiv der Abwehr, die Zerstörung jeder guten Beziehung, zu verheimlichen und diesen Abwehrerfolg dauerhaft zu sichern.

Das Behalten des Traumes und der Traumbericht in der Behandlungsstunde gehören zu jener Seite der Persönlichkeit der Patientin, die mitarbeiten und Hilfe haben wollte und die anerkannte, daß sie im Begriff war, sich durch ihre Abwehrhandlungen in der Phantasie lebensbedrohlich zu zerstören. Daß phantastische Abwehrhandlungen psychisch effektiv zerstörend wirken, ist das Rätsel, das u.a. mit Hilfe des Allmachtsbegriffs erfaßt wird. Aus den Stunden nach dem Traum möchte ich lediglich die neue Erinnerung der Patientin berichten, mit der sie den Wunsch nach dem *bewußten* Einsatz ihres kindlichen Allmachtsglaubens (als bessere Psychotherapie) zum Ausdruck brachte: Als Zehnjährige, als ihre Verfolgungsangst sich bereits als Angst vor Mördern etabliert und ihr Weltverhältnis phobisch verändert hatte, konnte sie sich einen gläsernen Raum „machen", in dem sie sicher war, und stundenlang allein tief im Wald ohne Angst die Zeit verträumen. „Wenn ich das doch wieder könnte!", sagte sie und verbarg gleichzeitig vor sich, daß sie heutzutage ihre destruktive Abwehr gegen ihre liebevollen und abhängigen Seiten mit derselben verzweifelten Absicht, sich allmächtig zu erweisen, *unbewußt* einsetzte und ihre projektiven Abwehren mit jener erstaunlichen Effektivitätskraft ausstattete, die die Aufhebung ihres Getrenntseins vom Objekt noch im Vergeltungswahn durchsetzte (s.u. 6.5 die Fortsetzung der Diskussion der Allmachtsaspekte im geträumten Abwehrprozeß).

6. Der Allmachtsbegriff (Freud, Klein, Winnicott, Segal, Bion, Hinshelwood)

6.1 Der Allmachtsbegriff bei Freud

Was ist nun tatsächlich gemeint mit den Begriffen ‚Allmacht', ‚allmächtig', ‚allwissend'? Haben diese Begriffe etwas mit der faktischen Effektivität der Abwehrmechanismen zu tun oder zumindest mit ihrer rätselhaften Einsetzung in bestimmten Momenten? Haben Allmachtsüberzeugungen eine kybernetische Funktion bei der Strukturbildung? Sind es nur subjektive Illusionen des Tagträumers, der unbewußte Denkprozesse sich fälschlich zurechnen möchte? Oder sind es entwicklungsbedingte Irrtümer des Säuglingsdenkens? Gehört Allmachtsdenken in das Phänomenenfeld von Wahn und Halluzination und von schizophrenem Erleben, die Welt untergehen und verändert wieder neu erstehen zu lassen? Und welches sind die therapeutischen Schritte, die zur Aufgabe des Allmachtsdenkens und zu seiner Ersetzung durch realitätsgeprüfte Resignation führen?

„Die Bezeichnung ‚Allmacht der Gedanken' habe ich von einem hochintelligenten, an Zwangsvorstellungen leidenden Manne angenommen", schrieb Freud (1912–13, S. 106). Hier, in „Totem und Tabu", beschrieb Freud am ausführlichsten die merkwürdige Phänomenologie der unbewußten narzißtischen Überschätzung der eigenen Wunschkraft und Gedankenmacht, die seitdem in jeder Symptomatik jeder Neurose und Psychose und in jeder unbewußten Abwehrphantasie wiedergefunden wird. Freud erschloß die Überzeugungen, die hinter den magischen Techniken des Animismus stehen und fand, daß sie mit dem Allmachtsdenken der primitiven Kulturen, der kleinen Kinder und dem unbewußten pathogenen Denken der Neurosen und Psychosen identisch sind. „Der primitive Mensch verlegte die Strukturverhältnisse seiner eigenen Psyche in die Außenwelt" (a.a.O., S. 112). Die halluzinative Wunscherfüllung des Säuglings, der Größenwahn und der Verfolgungswahn des Paranoikers, die Weltuntergangsphantasie des Schizophrenen, das Schuldbewußtsein des Zwangsneurotikers, „das einem Massenmörder wohl anstünde", und das doch begründet ist, weil es auf unbewußten intensiven und häufigen Todeswünschen fußt, sowie die Anfälle des Hysterikers – sie alle sind nach Freud Ausdruck und Wirkung des unbewußt festgehaltenen Allmachtsdenkens: „... [Die] Allmacht der Gedanken, die Überschätzung der seelischen Vorgänge gegen die Realität, [erweist sich] als *unbeschränkt wirksam* im Affektleben des Neurotikers und in allen von diesem ausgehenden Folgen" (a.a.O., S. 107, Hervorh. v. Verf.).

Nach Freuds stammesgeschichtlicher Hypothese mußten alle psychischen Phänomene der Ontogenese, also auch das Allmachtsdenken vom Beginn des Lebens, in der Geschichte der Menschheit erworben worden sein, das Allmachtsdenken also am Beginn der Menschwerdung.

> „Wir nehmen an, daß die ‚Allmacht der Gedanken' der Ausdruck des Stolzes der Menschheit war auf die Entwicklung der Sprache, die eine so außerordentliche Förderung der intellektuellen Tätigkeiten zur Folge hatte. Es eröffnete sich das neue Reich der Geistigkeit, in dem Vorstellungen, Erinnerungen und Schlußprozesse maßgebend wurden, im Gegensatz zur niedrigeren psychischen Tätigkeit, die unmittelbare Wahrnehmungen der Sinnesorgane zum Inhalt hatte" (1939a, S. 221).

Die Erforschung der Phänomene des unbewußten Allmachtsdenkens hat die Entwicklung der psychoanalytischen Technik begleitet und ist immer noch nicht abgeschlossen. Man kann zwei Bedeutungslinien des Allmachtsbegriffs unterscheiden, die bei Freud noch zusammen sind, denen dann zwei klinische und theoretische Traditionen entsprechen: den Begriff der normalen und den der pathologischen Allmacht. Zum Begriff der normalen Allmachtsillusion gehören bei Freud die halluzinatorische Wunscherfüllung, die libidinöse Überbesetzung des Denkens als intellektueller Narzißmus des anfänglichen Allmachtsdenkens, der Körpernarzißmus (vgl. Ferenczi 1913), die Überschätzung der primären Objekte durch Allmachtsprojektion, die Verliebtheit und das Selbstgefühl. „Ein Anteil des Selbstgefühls ist primär, der Rest des kindlichen Narzißmus, ein anderer Teil stammt aus der *durch Erfahrung bestätigten Allmacht* (der Erfüllung des Ichideals), ein dritter aus der Befriedigung der Objektlibido" (Freud, S. 1914c, S. 168, Hervorh. v. Verf.).

6.2 Allmacht als Entwicklungsstadium bei Winnicott

Eine entwicklungstheoretische Begründung von normaler „durch Erfahrung bestätigter Allmacht" als eine der primären basalen Entwicklungsstufen verdanken wir Winnicott. Er definierte seine zentralen Begriffe „hinreichend gute Mutter" und „wahres Selbst" durch die Bestimmung, daß die Mutter dem Baby die Illusion der allmächtigen Erschaffung seiner Welt, wie sie in der Mutter (der Brust) da ist, und die Beendigung dieser Illusion ermöglicht. Das Baby „hat schließlich die Illusion, daß diese reale Brust genau das ist, was es aus Bedürfnis, Gier und dem ersten Impuls primitiver Liebe erschaffen hat" (Winnicott 1947, zitiert nach Davis und Wallbridge 1983, S. 72). Es konstituiert im Erschaffen sein wahres Selbst.

Ganz ähnliche Formulierungen gibt es von Melanie Klein aus jenen Jahren. Die theoretische Einordnung des Allmachtsglaubens in einer Entwicklungstheorie der Persönlichkeit und des primären Denkens bleibt allerdings betont in der Schwebe:

> „Die Halluzination, die primär der Wunscherfüllung dient, ist mit einem Allmachtsgefühl (sense of omnipotence) verbunden *und ist entweder die Basis des Phantasielebens oder schon ein Teil davon.* Die Brücke zwischen dem Omnipotenzgefühl des Säuglings und seiner Anpassung an die Realität ist die Brust der Mutter, die manchmal, wie es scheint, auf seinen Wunsch hin wiederkommt und so seinen Allmachtsglauben bestätigt. Zu anderen Zeiten zwingt ihn die Frustration, dieses Gefühl und die damit verknüpften Phantasien der Realitätsprüfung zu unterwerfen, und schwächt auf diesem Wege das Omnipotenzgefühl" (1991 [1944], S. 779, Hervorh. v. Verf.).

Die weitere Geschichte des positiven Allmachtsbegriffs soll hier nicht wiedergegeben werden. Das Interesse an ihm ist fast ganz auf die Untersuchung des Abwehrbegriffs übergegangen, und weder „Das Vokabular der Psychoanalyse" von Laplanche und Pontalis (1973) noch „Psychoanalytic Terms & Concepts" von Moore und Fine (1990) nehmen den Begriff überhaupt auf.

6.3 Allmacht als Abwehr und als dynamischer Aspekt der paranoid-schizoiden Position (Hinshelwood)

In den Jahrzehnten nach dem Krieg stand die pathologische Allmacht als Verleugnung von Ohnmacht und Hilflosigkeit und als Element von Spaltung und projektiver Identifizierung im Zentrum der Erforschung primitiver Abwehren (Klein 1946). Allmachtsüberzeugungen wurden im exzessiven Gebrauch von projektiven Identifizierungen z.B. in symbolischen Gleichsetzungen (Segal 1957, 1977) und im psychotischen System des destruktiven Narzißmus (Rosenfeld 1964) beschrieben. Wie wurde das Phänomen gesehen, und wie wurde es verstanden?

Erstaunlicherweise gibt es keine zusammenfassende Untersuchung des klinischen Phänomens ‚pathologisches Allmachtsdenken', nicht als Theorie der unbewußten formativen Überzeugung (Phantasie), nicht als Bezeichnung eines wirksamen Mechanismus, der die Psyche pathologisch organisiert, nicht als Konstrukt vom unbewußten Effektor von Abspaltung und dominanter Struktur abgespaltener Teilpersonen, nicht als Theorie des interpersonellen Effekts bestimmter Formen projektiver Identifizierungen. Die „narzißtisch omnipotente Charakterstruktur" ist zwar der Name einer von Rosenfeld (1964, 1971) beschriebenen persönlichkeits-strukturierenden Dominanz, und sie wurde die Grundlage von Kernbergs Narzißmustheorie (Kernberg 1983). Aber es gibt, seit Freud, kaum einen theoretischen Erklärungsversuch des Phänomens.

Hinshelwood (1994) hat in „Clinical Klein" das Vorkommen der Allmachtsphantasie und den implizit-theoretischen Gebrauch des Allmachtsbegriffs in der klinisch-kleinianischen Tradition unter den sieben Aspekten der paranoid-schizoiden Position und im Übergang zur depressiven Position dankenswerterweise wenigstens verortet. Nach ihm ist Allmacht verbunden

1. mit der Dominanz von Ausstoßen im Mechanismus der Projektiven Identifizierung – im Gegensatz zu Projektiver Identifizierung als Kommunikation;
2. mit der unbewußten Phantasie – im Gegensatz zur realistischen Imagination;
3. mit den primitiven Abwehren – im Gegensatz zu neurotischen, verdrängungszentrierten Abwehren;
4. mit den narzißtischen Objektbeziehungen – im Gegensatz zu realistischer Identität, Schuldfähigkeit und ödipaler Organisation;
5. mit symbolischen Gleichsetzungen – im Gegensatz zu symbolischem Denken;
6. mit den ödipalen Identifizierungen nur innerhalb des Paares – im Gegensatz zur dritten Position außerhalb, das Paar sehend und von ihm gesehen werdend (Basisprozeß der Selbstreflexion);
7. mit der Vorherrschaft des Neides (Todestrieb) – im Gegensatz zu selbsterhaltenden und rivalisierenden Aggressionen.

Diese Verortung des Phänomens ist orientierend, aber es ist keine Theorie der pathologischen Allmacht, verglichen etwa mit Winnicotts Entwicklungstheorie der normalen Allmacht. Was man allerdings gut erkennen kann, ist das Normalitätsproblem. Die sieben Subsysteme des psychischen Systems ‚Paranoid-schizoide Position' können als Entwicklungsstufe für sich, ohne die stellvertretenden und ergänzenden psychischen Elternsysteme, nicht existieren. Für sich genommen, gibt es sie nur pathologisch. Das wird besonders deutlich im Allmachtsbegriff. Als etabliertes System ist Allmachtsdenken pathologischer Narzißmus. Es ist in sich – und das ist die Strukturbedeutung der pathologischen Allmacht – die narzißtische Weigerung der Anerkennung der Trennung von Ich und Objekt und also von Beziehung (vgl. Grinberg 1992, S. 81).

6.4 Theorie der Allmachtsverleugnung (Bion)

Die einzige theoretisch-klinische Ableitung der mächtigen Verleugnungsform ‚Allmacht', die diesen Zusammenhang objektbeziehungs-theoretisch verständlich macht, stammt von Bion (1962b) und steht in seiner „Theorie des Denkens". Bion beschreibt dort neben den Befriedigungsbegriffen, den Konzeptionen, die aus der Paarung von angeborenen Vorerwartungen mit Befriedigungen entstehen, jene über die geistige Gesundheit eines Menschen entscheidenden „Gedanken", die aus der Paarung von Vorerwartung mit negativer Realerfahrung entstehen. Es geht dabei besonders um die Bewältigung jener Angst auslösenden Situation, wenn das lebensnotwendige Objekt abwesend ist. Kann die Arbeit des Begriffs „abwesende Mutter, abwesender Vater" geleistet werden, dann wird jene Notsituation durch den Existenzbegriff und durch das Denken dieses Begriffs erleichtert, und die Psyche hält (wartend) an der Realität fest. Die Lücke zwischen dem Wunsch und seiner Erfüllung wird in der Vorstellung überbrückbar. Bion schreibt:

> „7. Wenn die Fähigkeit, Versagung zu ertragen, ungenügend ist, stellt die böse innere ‚abwesende Brust', die von der zur Reifung fähigen Persönlichkeit schließlich als ein Gedanke erkannt wird, die Psyche vor die Entscheidung, ob sie der Enttäuschung ausweichen oder eine Veränderung herbeiführen will. ... 13. ... Wenn die Intoleranz für Versagung nicht so groß ist, daß die Ausweichmechanismen aktiviert werden müssen, aber doch zu groß, als daß die Vorherrschaft des Realitätsprinzips anerkannt werden könnte, *dann kommt es zur Entwicklung von Allmacht als Ersatz für die Paarung von Präkonzeption oder Konzeption mit dem negativen Realerlebnis. Das umfaßt auch Allwissenheit als Ersatz für das Lernen aus Erfahrung mit Hilfe von Gedanken und Denken.* Deshalb ist auch die psychische Leistung der Unterscheidung zwischen wahr und falsch nicht vorhanden, die vielmehr durch apodiktische Behauptungen, was moralisch richtig und was falsch sei, ersetzt wird. Die realitätsverleugnende Allwissenheit bezeugt, daß die so entstandene Moralität eine psychotische Funktion ist" (In: 1990 [1957], S. 227–229; Hervorh. v. Verf.).

6.5 Erneute Diskussion des Traumes vom Abwehrprozeß als allmächtige Verleugnung

Das psychische System ‚Allmacht-Narzißmus' entsteht nach Bion aus der Unerträglichkeit von Ohnmacht in der Verlassenheitsangst. Allmacht ist der eine Strukturaspekt des psychischen Systems ‚Pathologischer Narzißmus'. Die Strukturbedeutung ‚Allmacht' und deren individuelle Gestalt scheinen aus der Identifizierung mit der spezifischen Situation, mit dem *allmächtigen Verfolger* (Brust, Mutter, Vater, das Paar) zu entstehen. In dem oben vorgestellten Traum vom Abwehrprozeß ist die Verlassenheit ödipal phantasiert als lebensbedrohliches Ausgeschlossen-Werden von der dauernden sexuellen Vereinigung der Eltern, d.i. vom Leben. Trennung war hier immer existenzvernichtend, löste neidische und eifersüchtige Destruktivität aus, löste weiterhin den leidenschaftlichen Willen aus, daß Gedanken Taten sein sollten, und generierte entsprechende Vergeltungsangst. Exkrementelle Allmacht kehrt im Traum die Situation um und verdirbt die Paarbeziehung zu totaler Wertlosigkeit, Beziehungslosigkeit und Unbrauchbarkeit. Alle Erinnerung an Gestilltsein und Hilfe war verschwunden. Es gibt am Ende des Abwehrprozesses keine Vorstellung mehr von guter Beziehung, keine Sehnsucht, kein Warten, nur Verzweiflung und Nichtwissen. In Bions Begriffen: Es gibt keine Erinnerung an die befriedigenden Objekte, die nicht da sind, und keine Denkarbeit an dieser Vorstellung. Im Gegenteil: Oft war die Patientin völlig überzeugt davon, daß ich sie mit magischen Mitteln zugrunderichten will und nicht eher ruhen werde, bis ich dieses Ziel erreicht habe. Sie hatte ihre Allmacht auf mich projiziert und blieb ihrerseits identifiziert mit einem unerschütterlichen Wissen von der Schädlichkeit und Schlechtigkeit der Analyse. Die absoluten Halteverbotsschilder waren in diesem Sinne ein Symbol der Allmachtsstruktur, der Existenzvernichtung guter abhängiger Beziehung und des absoluten Verbots gemeinsamer Bemühung um Verstehen, Hilfe und Lernen.

Bions Ableitung des Allmachtsdenkens aus der teilweise zusammengebrochenen Frustrationstoleranz ist gültig bei traumatischem Versagen des Objekts wie bei konstitutionellen Gründen, die im Subjekt liegen. Die Denk- und Entwicklungsstörung ‚Allmachtsdenken' kann eine unterschiedliche Reichweite von Herrschaft über die Persönlichkeit bekommen, abgespalten werden, systematisiert sein als Charakter oder projiziert werden als Verfolgungswahn und unbewußt oder bewußt auf verschiedenen psychopathologischen Niveaus wirken (z.B. omnipotente Kontrolle – manisch oder zwanghaft). Aber in jedem Falle muß man annehmen, daß Allmacht und Allwissenheit mit Beginn ihrer Einsetzung ein Faktor im pathologischen Massiv der beharrenden Kräfte (Strukturen) sind, die den Wachstumsschritt zur depressiven Position abwehren. *Allmachtsdenken strukturiert und fixiert alle Denk- und Beziehungsfunktionen der paranoid-schizoiden Mentalität pathologisch und ist als Tendenz von Negativwachstum in den* von Hinshelwood *aufgeführten sieben Funktionsbereichen der paranoid-schizoiden Position wirksam.*

7. Die Deutung eines destruktiv narzißtischen Charakterzuges als strukturverändernde Ersetzung einer allmächtigen Bedeutung (H. Rosenfeld)

7.1 Der folgende klinische Bericht ist ausgewählt, weil er die Funktion einer unbewußten und abgespaltenen Allmachtsüberzeugung als Struktur und ihre Veränderung durch Deutung deutlich und kurz beschreibt. Herbert Rosenfeld (1971) berichtet von einem 37jährigen Geschäftsmann, der mehrere Jahre in Analyse war. Im Laufe der analytischen Arbeit wurde aus Träumen deutlich, daß seine Reisen und Frauenbeziehungen am Wochenende eine destruktive Bedeutung von Töten hatten, die gegen die Analyse und gegen den Analytiker gerichtet war. Ein neues Symptom bildete sich. Der Patient wachte nachts häufig mit heftigem Herzklopfen auf und konnte stundenlang wegen anhaltender Angst nicht wieder einschlafen. Während der Angstanfälle hatte er das Gefühl, als ob seine Hände nicht zu ihm gehörten. „Sie schienen höchst destruktiv, als ob sie etwas zerstören wollten, indem sie es zerrissen." Die Bewegungen waren so stark, daß er sich nicht beherrschen konnte und ihnen nachgeben mußte. Er träumte dann von einem mächtigen arroganten Mann, der fast drei Meter groß war, und darauf bestand, daß man ihm absolut gehorche. Rosenfeld schreibt:

„Seine Assoziationen ließen erkennen, daß dieser Mann einen Teil von ihm repräsentierte und mit den destruktiven, überwältigenden Gefühlen in seinen Händen zu tun hatte, denen er nicht widerstehen konnte. Ich deutete, daß er den allmächtigen destruktiven Teil von sich als einen Übermenschen ansehe, der fast 3 Meter groß und viel zu mächtig wäre, als daß er ihm den Gehorsam verweigern könnte. Er hätte dies allmächtige Selbst verleugnet, und das erklärte auch die Entfremdung seiner Hände während der nächtlichen Attacken. Ich erklärte ihm weiterhin dieses abgespaltene Selbst als einen kindlichen allmächtigen Teil von ihm, der den Anspruch stellte, kein Kind zu sein, sondern stärker und mächtiger als alle Erwachsenen, besonders als Mutter und Vater und auch als der Analytiker. Sein erwachsenes Selbst wäre von dieser allmächtigen Behauptung so eingenommen und daher geschwächt, daß er sich machtlos fühle, die destruktiven Impulse in der Nacht zu bekämpfen. Der Patient reagierte auf diese Deutung mit Überraschung und Entspannung. Er berichtete nach einigen Tagen, daß er sich nun besser in der Lage fühlte, seine Hände in der Nacht zu kontrollieren. Er wurde sich allmählich bewußt, daß die destruktiven Impulse in der Nacht eine Beziehung zur Analyse hatten, weil sie nach jedem Erfolg, der ihr zugeschrieben werden konnte, zunahmen. So sah er, daß der Drang, an sich herumzureißen, dem Wunsch entstammte, einen Teil von sich auszureißen und zu zerstören, und zwar jenen Teil, der vom Analytiker abhing und ihn schätzte" (1990 [1971], S. 315/16; Übersetzung vom Verf. leicht verändert).

7.2 Rosenfelds Deutung verändert eine strukturierende Allmachtsüberzeugung. Strukturveränderung ist auch in diesem Fall die Veränderung einer unbewußt steuernden Bedeutung durch Bewußtmachen, Neubewerten und Integrieren. Der Allmachtsaspekt einer pathologisch strukturierenden Bedeutung zeigt sich in seinen zwei Funktionen: 1. Als Inbegriff einer traumatischen Denkstörung (bei Abwesenheit des guten Objekts) wird Allmacht als Ersatz für die Anerkennung von Ohnmacht ergriffen und als Nichtunterscheidung von Ich und Nicht-Ich real gesetzt. Das verleugnende Ich nimmt, sich mit der „allmächtigen" Gefährlichkeit der Trennungssituation (zerstörendes Objekt) gleichsetzend, den Platz der Beziehung und des Begriffs vom notwendigen Objekt ein. 2. Die normale Funktion von Allmacht (Winnicott), Realität (die Brust) anzuerkennen dadurch, daß sie als adäquate Konzeption Denkgestalt bekommt (Setzung der steuernden Begriffe, gleichbedeutend mit Bions Begriffen conception, constant conjunction und „thought"), wird umfunktioniert zur Verleugnung innerer und äußerer Realität, um Abhängigkeit zu vermeiden. Die Beziehungsmodalität im Allmachtsdenken ist identisch mit der unbewußten narzißtischen Selbstbeziehung (Rosenfeld 1964).

In der Folge werden pathologische Systemstrukturen gebildet, indem sie mit der verleugnenden, aber Realität setzenden Funktion des Denkens verschmolzen und durch Unbewußtheit stabilisiert werden. Sie haben von ihrem Ursprung her immer die Zwei-Einheits-Struktur der symbolischen Gleichsetzung. Unbewußtheit entzieht eine derart eingesetzte Systembildung der Veränderung durch die Zeit und durch die dauernde Begriffsreform des bewußten Denkens (vgl. Segal 1977).

8. Ergebnisse

Wenn zum Schluß die Anfangsfragen wieder aufgenommen werden, wie wir es denkend schaffen, an der Wirklichkeit festzuhalten, so lautet die Antwort: durch unsere Befriedigungserinnerungen, durch unsere Toleranz für Schmerz und Angst und durch das Denken von Begriffen unsichtbarer Existenz (Objekt). Die Milderung der Angst durch ein äußeres Objekt, das versteht und das ein inneres Objekt wird, das verstehen kann (Alpha-Funktion), ist der Ursprung seelischer Stabilität und die Ermöglichung für das Festhalten an der unsichtbaren Realität des Objekts („Gedanke" und Denken). Allmacht und Allwissenheit sind grundlegende Realitätsverleugnungen von traumatischer Hilflosigkeit und Trennungsangst (Zusammenbruch der Angst-/Schmerztoleranz). Sie strukturieren ein primäres psychisches Abwehrsystem, dessen Strukturfunktion die Nichtanerkennung der Vorherrschaft des Realitätsprinzips, die Verleugnung von Getrenntheit und Ohnmacht und die destruktive Verhinderung abhängiger positiver Objektbeziehung ist.

Die psychische Struktur ‚Allmacht' ist als unbewußte Überzeugung bei der Bildung jeder pathologischen Organisation wirksam und verdichtet sich als dynamische Zentralbedeutung mit jüngeren Strukturen pathologischer Systeme. Der Hauptwiderstand aus dem unbewußten Allmachtswahn stammt aus der drohenden Wiederholbarkeit des Traumas, die in der abhängigen Objektbeziehung wieder aktuell würde (NTR). Sie richtet sich deshalb gegen Regression wie gegen Progression. In diesem Sinne ist der Allmachtswahn ein entscheidender Persistenzfaktor pathologischer Bildungen. Er steuert aber, entgegen der Begriffssuggestion, nicht *die Setzung* systemregulierender Bedeutungen (Strukturen). Seine Funktion ist es vielmehr, wachstumsadäquate Struktursetzungen zu verhindern (depressive Position). Setzungen von Strukturen scheinen einem Wichtigkeitsprinzip zu gehorchen, das sich in den epigenetischen Strukturveränderungen auswirkt, und das andererseits, wie im Falle des Zusammenbruchs der Frustrationstoleranz und des Beginns von Verleugnung und Allmacht, bei übergroßer Angstintensität reagiert (s.o. unter 4.7). Vermutlich ist das Wichtigkeitsprinzip nichts anderes als die struktursetzende Funktion der regulativen Prinzipien des Psychischen, des Realitätsprinzips, des Lustprinzips, der Unlustprinzipien und des Wiederholungszwangs. Deren Vorherrschaft realisiert sich in der Setzung systembeherrschender Bedeutungen und deren Dauer.

Literatur

Abraham, K. (1924): Versuch einer Entwicklungsgeschichte der Libido. In: ders., Psychoanalytische Studien zur Charakterbildung und andere Schriften. Frankfurt a.M.: Fischer, 1969.

Abraham, K. (1925): Psychoanalytische Studien zur Charakterbildung. In: ibid.

Baecker, D. (1991): Womit handeln Banken? Frankfurt a.M.: Suhrkamp.

Beland, H. (1970): Bemerkungen zum Selbstgefühl. In: Psychoanalyse in Berlin. Meisenheim: Hain, 1971, S. 126–141.

Beland, H. (1983): Was ist und wozu entsteht psychoanalytische Identität? Jahrbuch der Psychoanalyse 14, 36–68.

Beland, H. (1988): Ichveränderungen durch Abwehrprozesse und die Grenzen der Analyse. Zeitschrift für psychoanalytische Theorie und Praxis 4, 1989, 225–249.

Bertalanffy, L. v. (1968): General Systems Theory. New York: Braziller.

Bion, W.R. (1957): Zur Unterscheidung von psychotischen und nicht-psychotischen Persönlichkeiten. In: E. Bott Spillius (Hrsg.), Bd. 1, S. 75–99.
Bion, W.R. (1962a): Learning from Experience. London: Heinemann. Deutsch: Lernen durch Erfahrung. Frankfurt a.M.: Suhrkamp, 1990.
Bion, W.R. (1962b): Eine Theorie des Denkens. In: E. Bott Spillius (Hrsg.), Bd. 1, S. 225–235.
Bion, W.R. (1963): Elements of Psycho-Analysis. London: Heinemann. Deutsch: Elemente der Psychoanalyse. Frankfurt a.M.: Suhrkamp, 1992.
Bion, W.R. (1965): Transformations. London: Heinemann.
Bion, W.R. (1970): Attention and Interpretation. London: Tavistock Publications.
Bott Spillius, E. (Hrsg.) (1988): Melanie Klein Heute. Bd. 1 u. 2. München und Wien: Verlag Internationale Psychoanalyse, 1990.
Brodbeck, H. (1992): Der Psychoanalytiker als Teilnehmer und Beobachter im psychoanalytischen Prozeß – Gedanken zur Gegenübertragung aus konstruktivistischer Sicht. PsA-Info 39, 15–39.
Davis, M., D. Wallbridge (1981): Eine Einführung in das Werk von D.W. Winnicott. Stuttgart: Klett-Cotta, 1983.
Eibl-Eibesfeldt, I. (1976): Menschenforschung auf neuen Wegen. Wien-München-Zürich-Innsbruck: Molden.
Etchegoyen, R.H. (1991): The Fundamentals of Psychoanalytic Technique. London/New York: Karnac.
Erikson, E.H. (1956): Identität und Lebenszyklus. Frankfurt a.M.: Suhrkamp, 1970.
Fairbairn, W.R.D. (1952): Psychoanalytic Studies of the Personality. London-Boston: Routledge und Kegan Paul.
Ferenczi, S. (1913): Entwicklungsstufen des Wirklichkeitssinnes. In: ders., Bausteine zur Psychoanalyse. Bern-Stuttgart: Huber, 1964, Bd.1, S. 62–83.
Foerster, H. v. (1984): Prinzipien der Selbstorganisation im sozialen und betriebswirtschaftlichen Bereich. In: ders., Wissen und Gewissen. Frankfurt a.M.: Suhrkamp, 1993, S. 233–268.
Freud, S. (1900a): Die Traumdeutung. GW II/III.
Freud, S. (1911b): Formulierungen über die zwei Prinzipien des psychischen Geschehens. GW VIII.
Freud, S. (1912–13): Totem und Tabu. GW IX.
Freud, S. (1914c): Zur Einführung des Narzißmus. GW X.
Freud, S. (1915e): Das Unbewußte. GW X.
Freud, S. (1916a): Einige Charaktertypen aus der psychoanalytischen Arbeit. GW X.
Freud, S. (1917e): Trauer und Melancholie. GW X.
Freud, S. (1920g): Jenseits des Lustprinzips. GW XIII.
Freud, S. (1921c): Massenpsychologie und Ichanalyse. GW XIII.
Freud, S. (1923b): Das Ich und das Es. GW XIII.
Freud, S. (1927c): Die Zukunft einer Illusion. GW XIV.
Freud, S. (1930a): Das Unbehagen in der Kultur. GW XIV.
Freud, S. (1931a): Über libidinöse Typen. GW XIV.
Freud, S. (1933a): Neue Folge der Vorlesungen zur Einführung in die Psychoanalyse. GW XV.
Freud, S. (1939a [1934–38]): Der Mann Moses und die monotheistische Religion. GW XVI.
Freud, S. (1940c): Abriß der Psychoanalyse. GW XVII.
Gill, M.M. (1984): Die Metapsychologie ist keine Psychologie. Psyche 38, 961–992.
Grinberg, L. (1992): Guilt and Depression. London: Karnac.
Harsch, W. (1980): Der Begriff der psychischen Struktur in der Psychoanalyse. Dissertation Freie Universität Berlin.
Hartmann, H. (1959): Die Psychoanalyse als wissenschaftliche Theorie. In: ders., Ichpsychologie. Stuttgart: Klett 1972, S. 307–338.
Hinshelwood, R.D. (1994): Clinical Klein. London: Free Association Books.
Joseph, B. (1982): Die Sucht nach Todesnähe. In: E. Bott Spillius (Hrsg.), Bd. 1, S. 391–407.
Kernberg, O.F. (1975): Borderline-Störungen und pathologischer Narzißmus. Frankfurt a.M.: Suhrkamp, 1983.

Klein, M. (1944): The emotional life and ego-development of the infant with special reference to the depressive position. In: P. King, R. Steiner (eds.), The Freud-Klein Controversies 1941–1945. London: Routledge, 1991, S. 752–797.
Klein, M. (1946): Bemerkungen über einige schizoide Mechanismen. In: dies., Das Seelenleben des Kleinkindes. Stuttgart: Klett-Cotta, 1983, S. 131–163.
Lacan, J. (1966): Schriften. Bd. 1 Frankfurt a.M.: Suhrkamp, 1975. Bd. 2 Olten: Walter, 1975.
Laplanche, J., J.-B. Pontalis (1967): Das Vokabular der Psychoanalyse. 2 Bde. Frankfurt a.M.: Suhrkamp, 1972.
Lorenz, K. (1950): Ganzheit und Teil in der tierischen und menschlichen Gemeinschaft. In: ders., Über tierisches und menschliches Verhalten. Bd II. München: Piper, 1965, S. 114–200.
Luhmann, N. (1987): Soziale Systeme. Frankfurt a.M.: Suhrkamp.
Maturana, H. (1982): Erkennen: Die Organisation und Verkörperung von Wirklichkeit. Braunschweig: Vieweg.
Moore, B.E., B.D. Fine (eds.) (1990): Psychoanalytic Terms and Concepts. The American Psychoanalytic Association: Yale Universities Press.
Nissen, B. (1992): Systemtheorie – Psychoanalyse. Oder: Wozu Bion alles herhalten muß. PsA-Info Nr. 39, 3–14.
Peterfreund, E. (1980): On information and system models for psychoanalysis. International Review of Psycho-Analysis 7, 327–345.
Plänkers, T. (1992): Täter und Opfer. Zum Verhältnis von Psychoanalyse und Systemtheorie. PsA-Info Nr. 39, 40–55.
Rapaport, D. (1959): Die Struktur der psychoanalytischen Theorie. Stuttgart: Klett, o.J.
Rosenfeld, H.A. (1964a): Zur Psychopathologie des Narzißmus – Ein klinischer Beitrag. In: ders., Zur Psychoanalyse psychotischer Zustände. Frankfurt a.M.: Suhrkamp, 1989, S. 196–208.
Rosenfeld, H.A. (1971): Beitrag zur psychoanalytischen Theorie des Lebens- und Todestriebes aus klinischer Sicht. Psyche, 25 (1971), 476–493. Und in: E. Bott Spillius (Hrsg.), Bd. 1, S. 299–319.
Rosenfeld, H.A. (1987): Sackgassen und Deutungen. München und Wien: Verlag Internationale Psychoanalyse, 1990.
Sandler, J., W.G. Joffe (1965): Die Persistenz in der psychischen Funktion und Entwicklung mit besonderem Bezug auf die Prozesse der Fixierung und Regression. Psyche 21, 1967, 138–151.
Sandler, J., W.G. Joffe (1969): Auf dem Wege zu einem Grundmodell der Psychoanalyse. Psyche 23, 1969, 461–480.
Schafer, R. (1968): Aspects of Internalisation. New York: International Universities Press.
Schafer, R. (1983): The Analytic Attitude. London: Karnac, 1993.
Segal, H. (1957): Bemerkungen zu Symbolbildung. In: dies., Wahnvorstellung und künstlerische Kreativität. Stuttgart: Klett-Cotta, 1992, S. 73–94.
Segal, H. (1977): Psychoanalyse und die Freiheit des Denkens. In: ibid., S. 273–286.
Segal, H. (1991): Dream, Phantasy and Art. London and New York: Tavistock/Routledge.
Simon, F.B. (1994): Psychoanalyse und neuere Systemtheorie. Psyche 48, 50–79.
Spitz, R.A. (1965): Vom Säugling zum Kleinkind. Stuttgart: Klett, 1972.
Steiner, J. (1993): Psychic Retreats. London-New York: Routledge.
Stolorow, R.D. (1978): The concept of psychic structure. International Review of Psycho-Analysis 5, 313–320.
Winnicott, D.W. (1962): Ich-Integration in der Entwicklung des Kindes. In: ders., Reifungsprozesse und fördernde Umwelt. München: Kindler, 1974, S. 72–81.
Winnicott, D.W. (1963): Die Psychotherapie von Charakterstörungen. In: ibid., S. 267–284.
Winnicott, D.W. (1960): Fear of breakdown. International Review of Psycho-Analysis 1, 1973, 103–106.

Internalisierung und Symbolisierung – Überlegungen zum kleinianischen Verständnis der Verinnerlichung

Hartmut Raguse

1. Einleitung

Im Jahre 1983 hat Thomas H. Ogden erstmals eine Theorie der inneren Objektbeziehungen vorgestellt, mit der er das traditionelle Konzept einer „representational world“ um kleinianische Vorstellungen erweiterte. Während es aufgrund der Arbeiten vor allem von Sandler und Rosenblatt (1962) und Schafer (1968) so schien, als ob die Anthropomorphisierung von Instanzen des „seelischen Apparates“ ein zu vermeidendes Mißgeschick wäre, hat Ogden eine neue Begründung dafür eingeführt, daß es recht sinnvoll sein kann, von den inneren Objekten als von handelnden Instanzen zu sprechen.

In diesem Beitrag geht es mir darum, den Ansatz von Ogden in seiner Abgrenzung gegenüber früheren Konzepten vorzustellen. Auch Ogden geht von Freud aus, aber er liest Freud von Melanie Klein her und führt dessen Theorie vor allem mit Ideen von Fairbairn und Bion weiter. Im Anschluß an Winnicott und Segal verbindet Ogden die von ihm konzipierten inneren Objekte mit der Theorie der Symbole und zeigt dabei, wie in der paranoid-schizoiden und in der depressiven Position die inneren Objekte in verschiedener Weise der Symbolisierung dienen. Ich werde versuchen, die im deutschen Sprachraum noch wenig bekannten Ansichten von Ogden möglichst genau wiederzugeben, ich möchte aber auch zeigen, wo ich Schwachstellen in seiner Argumentation finde und in einigen Fällen andere Lösungen vorschlagen, für die ich besonders bei J. Grotstein (1980) Anregungen gefunden habe. Indem Ogden neben der depressiven und der paranoid-schizoiden Position noch eine dritte, die „autistic-contiguous position“ als ein präsymbolisches Stadium einführt, berührt er sich in vielem mit den „universalen Kategorien“ und mit der Symboltheorie von Ch.S. Peirce. Ich will deshalb im vorletzten Teil meines Beitrags diese Beziehung diskutieren und zum Schluß zeigen, was daraus für das Verständnis des psychoanalytischen Prozesses und der Deutung folgt. Diese knappe Übersicht soll zugleich darlegen, daß ich nicht den Anspruch erheben kann, das ganze Feld der Theorie der Verinnerlichungen, und sei es auch nur aus kleinianischer Perspektive, zu umfassen. Ich hoffe aber doch, den wesentlichen Unterschied zwischen der traditionellen ich-psychologischen und der kleinianischen Position aufzeigen zu können: In der ersten Richtung stehen neutrale Repräsentanzen am Anfang und werden nur sekundär durch Introjektion (Sandler und Rosenblatt 1962, S. 138) zu gleichsam personalen Instanzen; in der kleinianischen Theorie beginnt die seelische Differenzierung mit der Bildung personhafter innerer Ojekte, während die relativ neutralen mentalen Repräsentanzen am Ende eines längeren Prozesses stehen.

2. Überblick über die Entwicklung der Theorie

Um das Problem aufzuzeigen, beginne ich mit einer bekannten Formulierung Freuds (1940a, S. 136). 1938 schreibt er: „Ein Teil der Außenwelt ist als Objekt, wenigstens partiell, aufgegeben und dafür (durch Identifizierung) ins Ich aufgenommen, also ein Bestandteil der Innenwelt geworden. Diese neue psychische Instanz setzt die Funktionen fort, die jene Personen der Außenwelt ausgeübt hatten, sie beobachtet das Ich, gibt ihm Befehle, richtet es und droht ihm mit Strafen, ganz wie die Eltern, deren Stelle es eingenommen hat. Wir heißen diese Instanz das *Überich*".

Zwei Elemente sind in diesem Text hervorzuheben. Was einmal außen war und dort vielleicht immer noch ist, nämlich die Eltern, das ist jetzt nach innen verlagert. Freud nennt diesen Vorgang hier *Identifizierung.* Ich lasse zunächst noch offen, ob dieser Sprachgebrauch angemessen ist. Das zweite ist, daß diese nach innen verlegten Eltern die Funktion der äußeren Eltern auch in deren Abwesenheit ausüben. Sie geben Befehle, sie richten und strafen. Allerdings fügt Freud noch etwas später hinzu, daß die inneren Eltern gelegentlich noch strenger sind als ihre äußeren Vorbilder. Früher hatte Freud sogar geschrieben (1923b, S. 283), das Über-Ich wüte „mit schonungsloser Heftigkeit" gegen das Ich. Die innere Instanz handelt damit wie eine Person, sie vertritt diese Person mit menschlichen, ja mit unmenschlichen Eigenschaften. Damit stellt Freud ein Modell vor, das man mit Grossman und Simon (1969) als „Person-in-der-Person-Modell" bezeichnen könnte. Wenn aber die Verinnerlichung der Eltern als Über-Ich überhaupt ein Modell auch für andere Verinnerlichungen bilden soll, dann kann man sich die innere Welt des Menschen als von vielen Personen oder besser: homunculi bevölkert vorstellen, die miteinander in einem konflikthaften Dialog stehen.

Als gleichnishafte Vorstellung hat ein solches Modell einige veranschaulichende Kraft, aber es ruft den Protest derjenigen Theoretiker der Psychoanalyse heraus, die sie zu einer Theorie umformen möchten, die hinreichend abstrakt ist, um wissenschaftlichen Ansprüchen zu genügen.

Für Sandler und Rosenblatt (1962, S. 132) steht die Verinnerlichung des Über-Ichs erst am Ende einer längeren Entwicklung. Sie erfordert nämlich eine vorgängige Verinnerlichung der Bilder der Eltern zusammen mit anderen Bildern der Außenwelt. Das Kind kann die Welt als äußerliche nur erkennen, wenn es aus den sinnlichen Daten innere Bilder dieser Welt formt. Die Über-Ich-Bildung als Ausgang des Ödipus-Komplexes *erschafft* nicht diese Bilder, sondern *benutzt* sie nur. Die Erschaffung der inneren Welt geht der Über-Ich-Bildung als notwendiger Prozeß voraus. Die Bildung dieser inneren Welt ist eine Ich-Funktion, und die inneren Repräsentanzen sind keineswegs aktiv handelnde Wesen, sondern sie sind Mittel, innere und äußere Wahrnehmungen zu strukturieren. Von dieser Verinnerlichung im allgemeinen unterscheiden die beiden Autoren die Introjektion. Sie stehe in enger Beziehung zur Über-Ich-Bildung, und sie bestehe darin, daß die schon vorhandene Repräsentanz der Eltern mit einer speziellen Kraft versehen wird, nämlich mit der Autorität und Kraft der realen Eltern. Dabei würden allerdings die Objektrepräsentanzen oft verzerrt, so daß das Über-Ich Eigenschaften annehme, die die Eltern nie hatten. Aber auch durch die Introjektion wird das Über-Ich nicht direkt zu einem handelnden personhaften Gegenüber, obwohl es doch so aussieht, als verhalte sich dieses Über-Ich aggressiv. Die Autoren vermeiden aber die anthropomorphisierenden Formulierungen Freuds.

Noch weiter als Sandler und Rosenblatt geht Roy Schafer (1968). Er lehnt den Gedanken ab, daß eine Repräsentanz durch eine „Besetzung" selber Energie erhält. Eine solche Theorie, in der jede Repräsentanz selber zu einem energiebeladenen Mikrosystem werde, unterscheide sich nicht von der „Dämonologie" Melanie Kleins. Statt dessen schlägt er vor,

> „daß eine Repräsentanz eine Idee ist, und eine Idee ist weder ein Dynamo, der seine eigene Kraft erzeugt, noch eine Oberfläche oder ein Behälter, welcher Energie anzieht, einfängt oder festhält oder mit Kräften ausgestattet ist. Eine Idee ist ein geistiger Inhalt, der in einem bestimmten psychischen Zusammenhang organisiert, ausgearbeitet und erlebt wird, und die Aufgabe der psychoanalytischen Theorie ist es, diesen Zusammenhang zu bestimmen, indem sie alle metapsychologischen Gesichtspunkte benutzt, so daß die Idee in allen ihren Aspekten verstanden werden kann" (1968, S. 60; alle Übersetzungen in diesem Beitrag stammen von mir selber, H.R.).

In der englischen Ausgabe seines Buches „A New Language for Psychoanalyse" zeigt Schafer (1976, S. 94–99), wie sich hinter der scheinbar neutralen ich-psychologischen Sprache, die von Kräften und Funktionen redet, ein Modell verbirgt, das mehr mit der Tätigkeit einer Regierung als mit einem biologischen Apparat zu tun hat. In dem Kapitel „The Mover of the Mental Apparatus" des gleichen Buches weist er dann auf, woher die gleichsam menschlichen Kräfte der verschiedenen Instanzen kommen. Sie haben ihren Ursprung in der „Person", in dem Subjekt, das jenseits aller sogenannten „Mechanismen" stehe. Schafer zieht daraus die Konsequenz, auf die traditionelle Metapsychologie zu verzichten, weil sie trotz aller gegenteiliger Bemühungen doch nur zu unsachgemäßen Anthropomorphisierungen führe. Statt dessen entwickelt er seine „action language", die dem Subjektcharakter des Menschen besser Rechnung tragen soll.

Thomas H. Ogden geht hingegen den umgekehrten Weg. Er, der in zunehmendem Maße die Theorien von Melanie Klein, Winnicott und Bion aufnimmt, sieht in der anthropomorphen Begriffsbildung keinen theoretischen Unfall, den man eigentlich vermeiden müßte. Vielmehr drücke sich darin ein Sachverhalt aus, der große psychoanalytische Bedeutung hat. Ich wende mich damit den Vorstellungen zu, mit denen Ogden die psychische Realität in Begriffe zu fassen versucht. Am systematischsten hat er seine Vorstellungen in den Kapiteln 6–8 seines Buches „The Matrix of the Mind" (1990) entwickelt.

3. Innere Objektbeziehungen

Ogden grenzt sich sich dabei gegen zwei Positionen ab. In der einen werde behauptet, die Objektbeziehungstheorie sei eine Theorie interpersoneller Beziehungen. Das stimme nicht, vielmehr gehe es um eine Theorie der Beziehung von inneren Objekten zueinander, inneren Objekte allerdings, die sich in zwischenmenschlichen Beziehungen aktualisieren. Weiterhin distanziert sich Ogden von der Theorie, die er die „klassische" nennt. Es geht ihm nicht um diejenigen mentalen Repräsentanzen oder Introjekte, wir wir sie etwa von Sandler und Rosenblatt her kennen. Wir werden allerdings sehen, daß auch Ogden nicht ganz ohne diese klassische Theorie auskommt und daß das Verhältnis der Repräsentanzen zu den von ihm eingeführten inneren Objektbeziehungen nicht ganz klar wird.

Ein Vorbild für seine eigene Begriffsbildung findet Ogden schon bei Freud, dann aber vor allem in den Schriften im Umkreis von Melanie Klein. Auch Ogden zitiert die oben schon aufgeführte Stelle aus dem „Abriß der Psychoanalyse" (1940a), nach der eine verinnerlichte Instanz eine Funktion übernimmt, die derjenigen einer Person ähnelt. Ogden kommentiert die Über-Ich-Bildung nach Freud folgendermaßen: „Freud beschreibt hier eine normale Entwicklungssequenz, in der das Kind, im Zusammenhang seiner Beziehungen zu äußeren Objekten, eine Unterorganisation des Ich entwickelt, die die Fähigkeit zu einer unabhängigen Motivation hat und die eine Objektbeziehung mit anderen Aspekten des Ich unterhält" (1990, S. 135). Das verinnerlichte Objekt ist also zugleich eine Unterorganisation des Ich, und Ogden wird es vor allem darum gehen, diesen Sachverhalt neu zu interpretieren. Die andere wichtige Anschauung, die Ogden von Freud übernimmt, ist die einer Spaltung des Ich, wie sie Freud in seiner Schrift über den Fetischismus (1927e) eingeführt hatte.

Von Melanie Klein übernimmt Ogden die Auffassung von verschiedenen Spaltungen des Ich. Das Ich entledige sich damit ängstigender Impulse, die nach kleinianischer Auffassung vom Todestrieb herrühren. Das geschehe durch eine doppelte Spaltung: Das Ich spaltet sich, und es spaltet das Objekt. Infolgedessen bleiben je ein gutes Ich und ein gutes Objekt und ein schlechtes Ich und ein schlechtes Objekt (oder wohl auch mehrere schlechte Objekte) übrig. Die Ich-Teile und die Objekt-Teile seien je miteinander verbunden und bilden so eine innere Objektbeziehung. Aber der theoretische Status dieser gespaltenen Objekte ist bei Klein noch nicht zufriedenstellend entwickelt. Was sind diese Objekte? Wenn es nur Gedanken oder Phantasien sind, wie können sie sich dann zu Verfolgern entwickeln? Und umgekehrt, wenn diese inneren Objekte zu „dynamischen Objekten" werden (so nennt Ogden sie), dann können es nicht nur Phantasien sein, denn sie verhalten sich ja wie tätige Instanzen. Bei Fairbairn findet Ogden dann die Überzeugung, daß auch die inneren Objekte, und nicht nur die Ich-Teile, dynamische Strukturen seien. Aber auch Fairbairn hat noch keine überzeugende Erklärung dafür, wie das möglich ist.

In einem Gedanke von W. Bion findet Ogden dafür eine Lösung. Bei der Erklärung der sog. „bizarren Objekte" formuliert Bion (1956), wie sich das Ich unliebsamer Teile seiner selbst durch Projektion entledigt. Es tue das, indem es diese Teile in das Objekt mit Hilfe projektiver Identifizierung verlege. Das Objekt, das damit zum Träger von Ich-Teilen werde, sei aber zunächst das innere Objekt. Bion versuchte dann zu erklären, wie es zu den verfolgenden Objekten der Schizophrenen kommt. Das Ich fragmentiere seinen Wahrnehmungsapparat, projiziere ihn in das Objekt, das sich dadurch vervielfache und wiederum Wahrnehmungsfunktionen erhalte. Dieses fragmentierte innere Objekt nannte Bion ein „bizarres Objekt", und durch die Projektion dieses Objektes in die Außenwelt bekommen auch die Objekte dort einen bizarren Charakter.

Ogden entnimmt dieser Argumentation vor allem *einen* Gedanken: Das Objekt erhält seinen Charakter als „dynamische Instanz" dadurch, daß mit ihm Teile des projizierten Ich ununterscheidbar verbunden werden. Damit hat er den für ihn zentralen Gedanken gefunden: die inneren Objekte sind deshalb handelnde Instanzen mit eigenen Motivationen, weil sich in und hinter ihnen das Ich verbirgt. (Indem ich eine spätere Argumentation vorwegnehme, würde ich allerdings lieber formulieren: Was sich hier verbirgt, ist dasjenige, was von einer anderen Sicht her einmal das „Ich" heißen wird.) Das Ich bleibt damit die einzige ursprünglich dynamische Instanz in der Person. Darin stimmt Ogden faktisch mit Schafer überein, der ja im „Beweger" des psychischen Apparates ebenfalls die Person als Subjekt fand. Aber Ogden lehnt die Anthropomorphisierung der inneren Objekte nicht ab und verflüchtigt sie nicht zu blassen Funktionen, weil er sie als Verhüllungen des Ich erkennt.

Ein Vergleich mag hier zum besseren Verständnis weiterhelfen: Die inneren Ich- und Objektinstanzen sind gleichsam *Masken,* die sich das Ich aufsetzt. Die Gestalt dieser Maske stammt von einem Objekt, ursprünglich sogar vom äußeren Objekt oder von einem bestimmten Bild, das das Ich sich von sich selber gemacht hat. Aber das „Leben" hinter dieser Form ist in jedem Falle das Ich selber.

Subjekt- und Objektpol einer verinnerlichten Beziehung sind beides Teile des Ich, das sich damit unter verschiedenen Formen zu sich selber verhält. Es ist also eine Beziehung im Ich, die die innere Objektbeziehung ausmacht. Sie erhält sich als ein wirksames Muster der Wahrnehmung vor allem dann, wenn sie der Verdrängung anheimfällt, eben deshalb unverändert bleibt und vom Unbewußten her spätere Beziehungen beeinflußt.

Ogden faßt seine Auffassung auf folgende Weise zusammen:

> „In diesem Lichte schlage ich vor, daß die Verinnerlichung einer Objektbeziehung so vorgestellt werden muß, daß sie eine doppelte Unterteilung des Ich einschließt. *Solch eine doppelte Spaltung würde zur Bildung von zwei Unterorganisationen des Ich führen, eine identifiziert mit dem Selbst in der äußeren Objektbeziehung und die andere gänzlich identifiziert mit dem Objekt*" (1990, S. 149f).

Von daher wird nun auch verständlich, warum Ogden wenig Mühe hat, wenn Freud in dem schon erwähnten Zitat von 1938 schreibt, daß das Ich das äußere Objekt durch *Identifizierung* in sich aufnehme. Während sonst für diesen Vorgang in der Regel eine „Introjektion" (Sandler und Rosenblatt 1962, Schafer 1968, Kap. 3 und 4) angenommen wird, ist für Ogden die Identifizierung sehr angemessen. Das Ich identifiziert sich in einen Teil von sich selber mit dem Objekt, es erschafft damit z. B. das Über-Ich, dem gegenüber es mit einem anderen Teil in einer Position als Subjekt verharrt. Obwohl sich das Ich im inneren Objekt selber begegnet, erfährt es sich im Objekt als fremd. Es ist so weit mit dem Objekt identifiziert, daß es nur noch die Aktivität ist, die ichhaft ist, sonst aber ist das Ich ununterscheidbar mit dem Objekt identifiziert. Hieraus zieht Ogden eine wichtige entwicklungsgeschichtliche Folgerung:

> „Eine Verinnerlichung, die eine Spaltung des Ich erfordert, geschieht nur in der frühen Entwicklung, und deshalb ist die Identifizierung mit dem Objekt von einer wenig differenzierten Natur. Die erlebnismäßige Qualität der Identifikation ist von der Art, ‚das Objekt zu werden' und steht im Gegensatz dazu, sich dem Objekt ‚gleich zu fühlen'. Erwachsene ‚Verinnerlichungen' werden auf vorhandenen Spaltungen im Ich errichtet und schließen nicht die Schöpfung von neuen ein" (1990, S. 150).

Diese Theorie wirkt in ihrer Geschlossenheit recht überzeugend, weil sie zum ersten Male zeigt, inwiefern die Anthropomorphisierung der Begriffe sachgemäß sein könnte. Sie wäre ein Ausdruck der Tatsache, daß die frühesten inneren Objekte anthropomorph oder besser „ichgestaltig" sind. Es sind Verkleidungen, unter denen sich das Ich in verschiedener Form zugleich äußert und verhüllt.

Allerdings findet man auch bei Ogden eine gewisse Inkonsequenz, die er selber anscheinend nicht bemerkt und deshalb auch nicht aufgelöst hat. Ogden betont die Frühe der inneren Objekte, und wenn er später ein Beispiel für diese Art von Objekten nach Winnicott gibt, dann bestätigt sich diese Annahme. Dem widerspricht aber eine andere klare Äußerung. Ogden schreibt:

> „... man kann innere Objekte konzeptualisieren als abgespaltene Aspekte des Ich, die in ‚mentale Repräsentanten' von Objekten projiziert worden sind; ein Aspekt des Ich ist abgespalten worden und wird zutiefst mit einer Objektrepräsentanz identifiziert" (1990,S. 149).

Da von Objektrepräsentanzen als Voraussetzung der Bildung innerer Objekte auch in den nächsten beiden Sätzen die Rede ist, kann es sich nicht nur um eine beiläufige Meinung handeln. Vielmehr geht die Bildung mentaler Repräsentanzen von äußeren Objekten den inneren Objekten als Bedingung für deren Möglichkeit voraus. Das wäre genau die Position von Sandler und Rosenblatt (1962), die ich oben schon referiert habe. Bedeutet das, daß erst die Fähigkeit zur Symbolisierung und damit die depressive Position erreicht sein muß, damit innere Objekte im Sinne von Ogden gebildet werden können? Damit steht allerdings im Widerspruch, daß Ogden zugleich meint, daß in den inneren Objekten das Ich von den Objekten noch nicht genügend differenziert sei (1990, S. 150). Aber es wird sich gleich erweisen, daß Ogden tatsächlich die Bildung der inneren Objekte in die depressive Position verlegt.

Ich möchte diese Erörterung aber zunächst noch zurückstellen, um zu zeigen, wie gemäß Ogden das Kind in Interaktion mit der Umwelt ein inneres Objekt bildet. Er referiert dazu die Phasen der Entwicklung des Kindes, so wie sie Winnicott verstanden hatte. Es ist in diesem Zusammenhang oft ununterscheidbar, wann Ogden nur referiert und wann er eine eigene Stellungsnahme ergänzt. Mir geht es hier nicht primär um eine richtige Darstellung Winnicotts, sondern um die Argumentation von Ogden selber im 7. Kapitel seines Buches von 1990. Ogden unterscheidet drei Phasen. Die erste nennt er die „Periode des subjektiven Objekts", die zweite ist die der „Übergangsphänomene" und die dritte ist die Zeit der „Bezogenheit auf ganze Objekte". In der ersten Phase bilden Mutter und Kind eine „unsichtbare Einheit". In ihr erschafft das Kind sich die Brust genau dann, wenn sie auch da ist, und damit bekommt das Kind keine Gelegenheit, die Andersheit der Mutter zu bemerken. Doch durch die unvermeidliche Frustration ist das Kind genötigt, sich die verlorengehende Einheit selber zu erschaffen. Das geschieht durch die Übergangsphänomene und führt zur ersten Verinnerlichung der Mutter. Doch was wird hier verinnerlicht? Ogden macht hier eine wichtige Unterscheidung. Es ist nicht die Mutter als Objekt, die an dieser Stelle zu etwas Innerem wird, es ist die „Mutter-als-Umgebung", die „psychologische Matrix", die das Kind sich aneignet, um in Abwesenheit der Mutter doch nicht allein zu sein. Damit erwirbt sich das Kind die Fähigkeit, jene unsichtbare Einheit des Anfangs, die seine lebensnotwendige Umgebung war, selber zu erschaffen. Ogden sagt nicht, daß in dieser ersten Verinnerlichung ein „Objekt" verinnerlicht werde. Man dürfte eher formulieren können, daß in Interaktion mit der Mutter die Fähigkeit verinnerlicht wird, zu einem Subjekt zu werden, das Objekte haben kann. Ich glaube, daß es bei anderen Autoren ähnliche Vorstellungen gibt. Ich denke dabei vor allem an das „transformational object“ nach Chr. Bollas (1987). Er meint damit die Mutter, bevor sie für das Kind zu einem ganzen Objekt wurde. Sie hatte anfangs vielmehr die Funktion, die innere und die äußere Welt des Kindes zu „transformieren“, bis das Kind durch die Verinnerlichung diese Aufgabe selber übernehmen konnte. Wenn weiterhin J. Grotstein (1980, S. 421) von einem „background object of primary identification“ spricht und damit die Erfahrung eines „Objektes“ meint, das einen von Anfang an umgibt, so dürfte auch dieser Begriff etwas Ähnliches ausdrücken, wie es Ogden und Bollas meinen.

Die Bildung des ersten inneren Objektes findet nach Ogden erst in der dritten Phase, in Bezogenheit auf ganze Objekte und damit in der depressiven Position statt. Worauf ich oben schon hinwies, als ich zeigte, wie bei Ogden die inneren Objekte anscheinend schon eine entwickelte Symbolisierungsfähigkeit voraussetzen, das bestätigt sich hier. Ich zitiere hier Ogdens Exposition des Themas:

> „In der depressiven Position ist das Kind nicht länger von der Mutter als einer Matrix für seine psychologischen Inhalte abhängig. Es ist in der Lage, sich vieles davon für sich selber zu besorgen. Doch die Abhängigkeit von der Mutter hat keineswegs geendet; sie hat eine neue Form angenommen. Das Kind ist jetzt abhängig von der Mutter-als-Objekt, die es zu erkennen im Begriffe steht (anstatt sie zu erschaffen)“ (1990, S. 190f).

Woher aber stammt diese Mutter-als-Objekt? Sie hat einen doppelten Ursprung, und Ogden beruft sich dafür auf Klein, Winnicott und Bion (1990, S. 191f). Sie entstammt einem „Präkonzept“ und zugleich auch der Wahrnehmung der Außenwelt. Mit Berufung auf Winnicott macht Ogden jedoch eine Einschränkung: das Kind habe nicht mehr als eine „vage strukturelle Vorstellung eines bedürfniserfüllenden Objektes“. Solange das Objekt, das der Außenwelt entstammt, also die Mutter oder die Brust, diesem Präkonzept entspricht, bleibt es gleichsam unbemerkt. Es fehlt die Differenz zwischen Präkonzept und äußerem Objekt, und nur diese Differenz würde das äußere Objekt als äußeres erscheinen lassen. Durch die Begegnung zwischen Präkonzept und Objekt entsteht das innere Objekt, aber es ist weniger eine Wahrnehmung des äußeren Objektes als die allmächtige Schöpfung eines inneren Bildes von ihm.

Wenn Ogden sagt, daß die mentalen Repräsentanzen den inneren Objekten vorausgehen, dann dürften sie ihnen vor allem *logisch* vorausgehen. Die ersten mentalen Repräsentanzen entstehen aus dem Miteinander von Präkonzept und äußerem Objekt. Daß aus ihnen – logisch später – ein inneres Objekt bzw. eine innere Objektbeziehung gebildet wird, das folgt erst aus der projektiven Identifizierung, die das Ich in einer doppelten Spaltung an ihnen vollzieht. Aber es dürfte Ogdens Meinung sein, daß diese frühesten mentalen Repräsentanzen niemals anders als in Verbindung mit inneren Objekten gebildet werden.

Ogden weist immer wieder darauf hin, daß die frühen inneren Objekte allmächtige Schöpfungen des kindlichen Ich sind. Das hat mehrere Gründe, und damit systematisiere ich seinen Text ein wenig. Erstens sind die frühesten mentalen Repräsentanzen selber schon allmächtige Schöpfungen, weil sie das äußere Objekt nur so weit abbilden, wie es dem Präkonzept und dem Wunsch des Ich entspricht. Mit der Repräsentanz herrscht das Ich über das äußere Objekt und manipuliert es. Damit bleibt die Allmacht aber noch ganz auf der Seite des Subjektes. Wichtiger ist noch ein zweiter Punkt. Für Winnicott

(Ogden 1990, S. 195, Anm. 11) haben allmächtige innere Objekte vor allem eine defensive Funktion. Das Ich verleiht ihnen die eigene phantasierte Allmacht, um sich gegen eine drohende Gefahr zu schützen. In diese Gefahr aber gerät das Ich des Kindes vor allem und insofern, als es ihm nicht gelungen ist, die Mutter-als-Umgebung genügend zu verinnerlichen. Es ist dann allein mit sich, wird durch seine Phantasien geängstigt und flüchtet sich zu einem allmächtigen Gegenüber, das ihm den Schutz geben soll, den die Mutter-als-Umgebung nicht genügend gegeben hat und der deshalb auch nicht verinnerlicht werden konnte. Insofern nun jedes Kind eine notwendige Frustration durch die frühe Mutter erfahren mußte, baut es sich auch ein allmächtiges inneres Objekt auf. Dieses allmächtige Objekt ist damit eine mentale Repräsentanz, die erstens von einem allmächtigen Ich erschaffen wurde und die zweitens durch projektive Identifizierung dieser Allmacht in die Mutter selber zu einem allmächtigen Gegenüber wird. Für Ogden scheint das eine notwendige Entwicklung zu sein, bei der nur die Fixierung verhängnisvoll ist. Wie aber kann das allmächtige innere Objekt seine Macht verlieren, mit der es über die Außenwelt herrscht und sie in ihrem Anderssein verdeckt? Ogden antwortet mit Winnicott: „Es muß zerstört werden" (1990, S. 194–197).

4. Zusammenfassung

Ehe ich zeige, wie diese Zerstörung geschieht und welche Konsequenzen sie für die inneren Objekte hat, möchte ich den bisherigen Gedankengang zusammenfassen und dabei einige Fragen aufwerfen, denen ich mich im weiteren Verlauf widmen werde.

Es geht Ogden primär nicht um eine Theorie mentaler Repräsentanzen, sondern um „innere Objektbeziehungen", bei denen sowohl der Selbstteil wie auch der Objektteil durch Identifizierung desselben Ich entstehen, weil dieses sich dabei aufspaltet. Das Ich benutzt in diesem Vorgang Repräsentanzen von sich selber und von der Außenwelt. Dabei sind diese Repräsentanzen zunächst allmächtige Schöpfungen aufgrund von Präkonzepten und nur zu einem geringen Teil aufgrund von Wahrnehmungen. Sie eignen sich deshalb besonders gut zur Erschaffung allmächtiger innerer Objekte, die zueinander in Beziehung stehen. Sie haben weniger die Aufgabe, daß mit ihnen die Außenwelt wahrgenommen wird, als vielmehr das Ziel, eben dieses zu verhindern. Was hier verhindert werden soll, das ist die Einsicht in die Realität von Trennung und Alleinsein mit all den Gefahren und Ängsten, die das einschließt. Das Kind erschafft sich ein allmächtiges inneres Objekt, dem es als ebenso bedürftiges Selbst gegenübersteht. Das ist die innere Objektbeziehung, die sich das Kind trotz oder wegen seiner Abhängigkeit erschafft. Insoweit mentale Repräsentanzen an diesem Prozeß beteiligt sind, können sie nicht dazu dienen, die Außenwelt zu erkennen. Sie verhindern gerade das „Lernen durch Erfahrung".

Ogden verbindet die Erschaffung des allmächtigen inneren Objektes mit der depressiven Position, und ebenso auch dessen „Zerstörung", auf die ich gleich eingehen werde. Er tut das vor allem deshalb, weil er das allmächtige Objekt zu den „ganzen Objekten" zählt. Innerhalb seiner Argumentation ist das deshalb konsequent, weil für ihn die paranoid-schizoide Position keine Phase *vor* der depressiven Position ist. Sie ist zwar, synchron betrachtet, als Möglichkeit immer präsent, sie realisiert sich für Ogden (1990) aber nur als Zerfallsprodukt der depressiven Position. Doch ich finde es schwer verständlich, inwiefern das allmächtige Objekt zu den „ganzen Objekten“ gezählt werden kann. Insofern es eine reine Schöpfung ist, hat es einen wunschbestimmten Charakter und ist insofern gerade nicht realitätsgerecht, sondern es ist idealisiert oder vielleicht auch völlig entwertet, jedenfalls aber nicht integriert. Es ist das Ergebnis einer Spaltung und deshalb gerade kein „ganzes Objekt“. Vor allem wird es durch eine projektive Identifizierung gebildet, einen psychischen „Mechanismus“, der auch nach Ogden für die paranoid-schizoide Position typisch ist (Ogden 1989, S. 25).

Wenn ich später zur Interpretation der Symboltheorie durch Ogden komme, werde ich zeigen, daß die sog. zweistelligen „symbolischen Gleichungen“ (nach Segal 1957, 1991) einen allmächtigen Charakter haben, der die Realität beherrscht, während in der „eigentlichen Symbolisierung“ ein Subjekt auftritt, das Symbole (z.B. mentale Repräsentanzen) so benutzt, daß sie nicht einfach an die Stelle der Realität treten. Ich werde später die Vermutung vertreten, daß die allmächtigen inneren Objektbeziehungen ganz der paranoid-schizoiden Position angehören, in der das Subjekt als Subjekt unsichtbar bleibt. Und die Möglichkeit, innere allmächtige Objekte an die Stelle einer Wahrnehmung der Realität zu setzen, ist gleichbedeutend mit der bleibenden Möglichkeit, die Objekte aus der paranoid-schizoiden Position wahrzunehmen. Diese Perspektive ist nicht die einzige, aber erst ihre „Zerstörung“ realisiert die Möglichkeit, die Welt unter Verzicht auf Allmacht in der depressiven Position zu sehen.

5. Die „Zerstörung“ des inneren Objektes

Ogden erläutert den Gedanken einer „Zerstörung“ mit einer ausführlichen Interpretation einer berühmten Passage aus „Playing and Reality“ von Winnicott (1971). Zur Verdeutlichung zitiere ich hier vollständig, wie Ogden seinerseits Winnicott zitiert und jeweils in eckigen Klammern sein eigenes Verständnis anfügt:

> „Das Subjekt sagt zum Objekt [zum inneren Objekt]: ‚Ich habe dich zerstört,‘ und das Objekt [die Äußere-Objekt-Mutter] ist da, um die Mitteilung zu empfangen. Von jetzt an sagt das Subjekt: ‚Hallo, Objekt!‘ ‚Ich habe dich zerstört.‘ ‚Ich liebe dich.‘ ‚Du hast Wert für mich, weil Du meine Zerstörung von dir überlebst.‘ Während ich dich liebe [die Reale-Mutter-in-der-Welt, außerhalb der Allmacht des Kindes], bin ich ständig daran, dich zu zerstören [die allmächtige Innere-Objekt-Mutter] in (unbewußter Phantasie) ... Das Subjekt kann jetzt das [äußere] Objekt gebrauchen, das überlebt hat“ (1990, S. 196).

Mit seinen Einfügungen versucht Ogden, die Widersprüchlichkeit und Rätselhaftigkeit des Textes aufzulösen. Zerstört wird das allmächtige innere Objekt, während das äußere Objekt die Zerstörung überlebt und erstmals als äußeres erlebt werden kann. Es wird damit als etwas anderes als die eigene Projektion von allmächtigen Phantasien erfahren. In einer Sprache, die religiöse Vorstellungen anklingen läßt, schreibt Ogden, daß das Kind einen „Glauben“ brauche, um sich aus den Händen des allmächtigen Objektes in die Hände eines realen äußeren Objektes fallen zu lassen, dem es bisher zwar begegnete, das es aber nicht als anderes bemerken konnte. Wenn aber dieses äußere Objekt nicht „da“ ist, dann muß sich das Kind um so mehr defensiv an das allmächtige innere Objekt klammern und kann die äußere Welt nicht wahrnehmen und gebrauchen.

Es ist gerade in dem Abschnitt über die Zerstörung des allmächtigen inneren Objektes unmöglich, sicher zu unterscheiden, wo Ogden Winnicott nur referiert und wo er sich mit ihm identifiziert, um seine eigenen Ansichten darzustellen. Wie das auch zu entscheiden sei, so befriedigt mich seine Argumentation nicht ganz. Zwar beschreibt Ogden plausibel die Notwendigkeit, das Bild der inneren allmächtigen Mutter (und wohl auch noch andere allmächtige innere Objekte) zu zerstören, aber was dabei herauskommt, scheint nur die Entdeckung der *Außen*welt zu sein. Wie ändern sich die inneren Objekte dabei? Bleiben sie erhalten, werden sie modifiziert, oder beides zusammen, so daß zwei „Versionen" innerer Objekte zur Verfügung stünden? Ein Abschnitt bei Ogden (1990, S. 193), in dem er Klein und Grotstein zitiert, könnte hier weiterführen. Danach würden die allmächtigen inneren Objekte durch das „containment" der Mutter gleichsam „gereinigt" und zu realitätsbezogenen inneren Bildern äußerer Gegenstände umgeformt, ohne je ihren Ursprung in inneren Objekten gänzlich zu verlieren. Ich habe allerdings den Eindruck, daß Ogden sich unter Berufung auf Winnicott von diesem Standpunkt distanziert. Aber es dürfte sich lohnen, Grotsteins wichtigen Beitrag direkt zu befragen.

6. Grotsteins Interpretation der Objektbeziehungen

Grotsteins Arbeit von 1980, die von recht ähnlichen Voraussetzungen wie Ogden ausgeht, bleibt doch näher an den Auffassungen von Melanie Klein. Für ihn gehört die Errichtung allmächtiger innerer Objekte eindeutig in die Phase der paranoid-schizoiden Position. Sie sind ein Erbe des ursprünglichen Narzißmus und ermöglichen gerade nicht die Erkenntnis der äußeren Realität. Die inneren Objekte sind aber die Voraussetzung dafür, daß das Kind überhaupt jemals zu Objektrepräsentanzen kommen kann. Grotstein unterscheidet (S. 414) klar zwischen der klassischen und der kleinianischen Position. Im klassischen Konzept entstehe die Welt der inneren Repräsentanzen durch die Introjektion äußerer Erfahrungen. Für die Kleinianer hingegen hinge die Wahrnehmung der äußeren Realität davon ab, daß ein inneres Objekt freigelassen würde, um zu einer Objektrepräsentanz zu werden. Diese Freilassung (release) entspricht dem, was Ogden die „Zerstörung" nennt, aber Grotstein führt deutlicher aus, was auf diese Zerstörung folgt: Es ist die Errichtung einer inneren Repräsentanzenwelt, die ihren Ursprung aus inneren Objekten genommen hat, jetzt aber so weit von wunschbestimmten projektiven Identifizierungen befreit ist, daß sie dem Ich hilft, die Realität zu entdecken. Erst damit aber ist die depressive Position erreicht, und in einer prägnanten Formulierung sagt Grotstein (1980, S. 413): „Der Weg zwischen der ersten inneren Welt und der zweiten Erfassung der Welt kann als via dolorosa der depressiven Position angesehen werden". Grotsteins Beitrag leistet damit eine Vermittlung zwischen der klassischen und der kleinianischen Position. Aber während für Sandler und Rosenblatt (1962) die mentalen Repräsentanzen zeitlich vorausgehen mußten, um später zur Über-Ich-Bildung zu dienen, sind sie für Grotstein Abkömmlinge der vorgängigen inneren Objekte, die noch nicht der Realitätserkenntnis dienten. Daß Repräsentanzen auch bei Ogden vorausgehen mußten, schien mir weiter oben kein zeitliches, sondern nur ein logisches Vorausgehen zu sein, das durch die begriffliche Unterscheidung zwischen Konzeptbildung und projektiver Identifizierung entstand. Ich werde gegen Schluß dieses Beitrags zu zeigen versuchen, wie produktiv Grotsteins

Formulierungen der kleinianischen Theorie sind. Durch sie wird verständlich, daß die reifen mentalen Repräsentanzen die äußere Realität nicht mehr durch allmächtige Phantasie ausblenden, weil sie von projektiven Identifizierungen des Subjektes großenteils befreit sind, daß sie aber zugleich auch zulassen, daß das Ich der Realität eine individuelle, wunschbestimmte und manchmal auch gefährliche *Bedeutung* geben kann und immer schon gegeben hat.

Für Grotstein ist es keine Frage, daß die paranoid-schizoide Position der depressiven vorausgeht, und er zitiert sogar Material aus der Säuglingsbeobachtung, das dieses nahelegen soll. Weil Ogden, wie ich schon erwähnte, diese Abfolge ablehnt, muß er die Bildung allmächtiger innerer Objekte *und* deren Zerstörung innerhalb der depressiven Position stattfinden lassen. Das aber ist unvereinbar mit der kleinianischen Auffassung, daß es sich bei den durch projektive Identifizierung gebildeten inneren Objekte um Teilobjekte handelt, die zu ganzen Objekten erst dann werden, wenn sie aus ihrer Allmacht „entlassen" sind. Es ist allerdings nötig, Ogden hier nicht zu schnell zurückzuweisen, denn er gibt für seine Auffassung eine sehr anregende Begründung, für die er sich wiederum auf Winnicott beruft. Damit komme ich zugleich zum nächsten Teil dieses Beitrags, zur Verbindung von Internalisierung und Symboltheorie.

7. Internalisierung und Symboltheorie

Um das wichtigste Mißverständnis gleich am Anfang auszuschließen: Es geht Ogden und auch mir gar nicht um kulturell oder gar phylogenetisch festgelegte Symbole, sondern ausschließlich um den Prozeß der Symbolisierung; das heißt, es geht darum, wie das Ich *etwas* benutzt, um etwas *anderes* damit zu bezeichnen. Symbole können Gegenstände sein, aber auch das ist nicht das Thema, sondern ich schreibe nur über die Funktion mentaler Inhalte als Symbole für etwas anderes.

Ogden (1990) geht in dem sehr knappen Abschnitt auf den Seiten 224–227 von einer Definition seines Verständnisses des Symbols aus. Er beruft sich hier vor allem auf Winnicott, doch die Nähe zu Segal ist ebenfalls deutlich. Für ihn ist eine Unterscheidung zwischen Symbol und Symbolisiertem erst möglich, wenn ein Subjekt konstituiert ist, das sich eines Symbols bedient, um damit etwas zu symbolisieren (ähnlich Langer 1984, S. 65f). Das Symbol und das Symbolisierte sind nicht dasselbe, sie unterscheiden sich voneinander, und zwischen beide tritt gleichsam der „intermediäre Bezirk". Damit nimmt Ogden einen der originellsten Begriffe von Winnicott auf. Dieser hatte 1971 die Idee geäußert, daß es zwischen der Außenwelt und der Innerlichkeit einen dritten Bezirk gäbe, in dem vor allem das Spiel stattfände. Er entstehe zunächst zwischen der Mutter und dem Kind in der beginnenden Trennung. In diesem Bezirk finde oder erfinde (diese Unterscheidung gilt im intermediären Bereich nicht) das Kind jene kleinen Objekte, wie z.B. Lappen oder Stofftiere, die es über die Trennung hinwegtrösten. Das können sie, weil sie zwar die Mutter nicht *sind,* sie wohl aber symbolisch *repräsentieren.* Für den Erwachsenen ist dieser Bezirk der Raum der Illusion, des „Als ob", und damit die Bedingung der Möglichkeit, Spiel, Kunst und Religion zu erfahren. Die intermediäre Zone, die Winnicott und Ogden oft auch „potential space" nennen, trennt gleichsam Objektivität und Subjektivität und verhindert damit eine starre gegenseitige Zuordnung von Ideen und Dingen (vgl. Raguse 1994, 160–173).

Die Errichtung dieses intermediären Raumes und damit die depressive Position müssen erreicht sein, damit Symbolisierung stattfinden kann. Symbolisierung im Sinne Ogdens ist ein dreistelliger Begriff. Er erfordert ein Symbol, etwas Symbolisiertes und ein Subjekt, das sich des Symbols bedient, um damit etwas zu symbolisieren. Das läßt sich leicht an den mentalen Repäsentanzen zeigen, die als gedankliche Symbole verstanden werden können. Das Subjekt erkennt mit Hilfe eines inneren Bildes der Mutter diese Mutter selber. Dabei sind verschiedene Weisen einer mentalen Repräsentation möglich. Dasselbe Subjekt kann zu verschiedenen Zeiten verschiedene Repräsentanzen der Mutter haben, und Geschwister werden in der Regel gleichzeitig verschiedene innere Symbole von ihr haben. Symbol und Symbolisiertes beziehen sich aufeinander, aber ihre Verbindung ist nicht völlig eindeutig, dieselbe Mutter kann verschieden symbolisiert werden, je nach Art der Tätigkeit des Subjektes. Dabei geht es bei Ogden keineswegs um Teilobjekte, sondern um ganze Objekte, die aber trotzdem in verschiedener Weise repräsentiert werden können. Die Dreistelligkeit, die die Aktivität eines Subjektes einschließt, verhindert eine starre zweistellige Zuordnung von Symbol und Symbolisiertem, eine „symbolische Gleichung". Mit diesem Begriff nimmt Ogden eine schon erwähnte wichtige Unterscheidung auf, die Hanna Segal getroffen hat. Sie schildert in ihrer Arbeit von 1957 zwei Patienten: Der eine erlebt das Spielen auf seiner Geige als Masturbation und muß dshalb aufs Spiel verzichten. Für den anderen ist es, *als ob* das Geigenspiel eine sexuelle Betätigung sei, aber er braucht es deshalb nicht aufzugeben. Er weiß, daß beides nicht identisch ist. Segal nennt nun die erste Form der Symbolisierung eine „symbolische Gleichung", von der sie die „eigentliche Symbolisierung" unterscheidet. In ihr ist das „Als ob" und damit die Möglichkeit bewahrt, die Verbindung zwischen Zeichen und Bezeichnetem wieder aufzulösen. Vor diesem Hintergrund bezeichnet (man könnte sagen: symbolisiert) Ogden mit einer recht geglückten Formulierung das tätige Subjekt als „interpretierendes Selbst". Die Zuordnung von Symbol und Symbolisiertem ist mithin eine Interpretation, die immer einen gewissen Interpretationsspielraum hat.

Wie kommt es zu dieser dreistelligen Symbolisierung? Sie entsteht für Ogden nicht aus einer Zweiheit, sondern aus der vorhergehenden „unsichtbaren Mutter-Kind-Einheit", in der es keines Symbols bedurfte, weil beide „eins" waren. Gleichzeitig mit dem Entstehen des Subjektes wird die Möglichkeit und Notwendigkeit erschaffen, im intermediären Raum Symbole zu bilden, die die Trennung überbrücken können. Ogden nennt diesen Prozeß in Anlehnung an Hegel einen „dialektischen Prozeß", weil in ihm die verschiedenen Pole der symbolischen Beziehung auseinander entstehen. Wo aber ist die paranoid-schizoide Position mit ihren Teilobjekten zu finden? Ich zitiere Ogden:

> „Von dieser Perspektive her kann der Zusammenbruch des dialektischen Prozesses, der den Bereich des Dinges an sich selbst hervorbringt, verstanden werden; er hat einen spezifischen Ort in der Entwicklung der Objektbeziehungen: Zweiheit (Kind und Mutter als Objekte in der Abwesenheit eines interpretierenden Subjektes) entsprechen dem Bereich des Dinges in sich selbst. Es gibt nur Objekte und keine Subjekte. Das ist immer ein Ergebnis des Zusammenbruchs der Dreiheit (der Dialektik von Phantasie und Realität, Symbol und Symbolisiertem, vermittelt durch ein Subjekt) und nicht das normative Fortschreiten vom unsichtbaren Einssein der ursprünglichen Mutter-Kind-Einheit" (1990, S. 226).

Diese Auffassung der Entstehung von Zweiheit, die Ogden mit der paranoid-schizoiden Position gleichsetzt, verbindet sich mit seiner Überzeugung, daß die Kleinschen Positionen angeborene Schemata der Objektbeziehungen sind, die nur noch ihrer *Realisierung* im Laufe der kindlichen Entwicklung harren. Die paranoid-schizoide Position ist also virtuell immer vorhanden, aber realisiert wird sie jeweils nur als Zerfallsprodukt der depressiven Position.

Wie ist diese Auffassung zu beurteilen, die ja in einem Gegensatz zu derjenigen Melanie Kleins steht? Ogden argumentiert vor allem mit dem Vorgang der Symbolisierung. Das ursprüngliche Einssein werde durch die Entstehung des Subjektes beendet, und dadurch entstehe gleich die Dreiheit und damit die depressive Position. Aber Ogden postuliert hier eine bestimmte Form des Subjektes, nämlich die eines aktiv symbolisierenden, und von daher ist sein Ergebnis bereits in seinen Voraussetzungen vorhanden. Es ist nicht einzusehen, warum sich diejenige Form latenter Subjektivität, die er sich nur als Zerfallsprodukt vorstellen kann, nicht auch schon früher entwickeln haben sollte. Es ist auch in der paranoid-schizoiden Position da, nur *scheint* es so zu sein, als ob das nicht der Fall sei. Die Bild der Mutter *ist* allmächtig, damit *ist* die Mutter allmächtig und das Kind *ist* abhängig. Das ist der Sachverhalt, den Ogden meint, wenn er von „Dingen an sich" in der paranoid-schizoiden Position spricht. Wahrnehmbar ist das Subjekt der paranoid-schizoiden Position erst von der depressiven Position her, aber man darf nicht den Erkenntnisprozeß mit der faktischen Realisierung der Positionen verwechseln.

Ogdens Argumentation scheint mir formal aus seinem Verständnis von Dialektik zu folgen, wobei ich mich noch frage, ob er sich tatsächlich für den postulierten *einen* Schritt von der Einheit zur Dreiheit auf Hegel berufen kann. Wenn man ihm folgen wollte, müßte man vermuten, daß auch die Teilobjekte nicht am Anfang stehen, sondern erst als Zerfallsprodukte aus den ganzen Objekten entstehen. Das scheint in der Tat seine Meinung zu sein, und ich möchte hier nur kurz an die Lösung erinnern, die er für dieses Problem gefunden hatte: Für ihn waren die allmächtigen inneren Objekte ganze Objekte, die der depressiven Position angehören. Für mich hat sich im Laufe meiner Argumentation ein anderes Verständnis ergeben, das vor allem auch Grotstein teilt. Die allmächtigen inneren Objekte sind idealisierte oder entwertete Teilobjekte, mit denen sich das Ich projektiv identifiziert und in denen es als tätiges Subjekt unsichtbar bleibt (vgl. dazu Segal 1991, S. 38). Die Geburt des Subjektes, wie sie Ogden postuliert, geschieht erst im Vollzug der Zerstörung der allmächtigen inneren Objekte. An ihre Stelle treten und aus ihnen entwickeln sich dann die inneren mentalen Repräsentanzen, mit denen das Ich mehr oder weniger adäquat sein Gegenüber symbolisiert.

In seinem Buch von 1989, dessen Teile aber eher einen späteren Entwicklungsstand seiner Argumentation als sein Buch von 1990 repräsentieren, setzt Ogden die Akzente etwas anders. Er vermeidet hier überhaupt, eine Diachronie der Positionen zu erörtern, sondern die Positionen sind für ihn vor allem synchron. Sie sind verschiedene Weisen, die Welt zu sehen, und sind in jeder Wahrnehmung gleichzeitig präsent. Ogden führt in diesem Zusammenhang aber noch eine dritte Position ein, die nicht nur klinische Bedeutung hat, sondern im gegenwärtigen Zusammenhang vor allem die Theoriebildung ergänzt. Er postuliert eine ursprüngliche Haltung, die er die „autistic-contiguous position" nennt und die von Anfang an schon realisiert ist. Der Ausdruck ist schwierig zu übersetzen, und ich selber habe in einem anderen Zusammenhang (1994) vorgeschlagen, von einer

„autistisch-berührenden Position" zu sprechen. Ogden beruft sich für diese Vorstellung vor allem auf Bion, Tustin und Bick. Er schreibt (1991, S. 594): „Sie ist eine psychologische Organisation, in der die Erfahrung des Selbst auf das Ordnen sinnlicher Erfahrung gegründet ist, auf die Wahrnehmung an der Hautoberfläche". In dieser Position werden Objekte noch gar nicht als etwas anderes erfahren, weil es nur „Eines" gibt, das noch nicht im Gegensatz zum anderen steht. Erfahren wird eine „Grenze", an der das „Selbst" endet, aber noch nichts anderes beginnt. Ogden gibt selber zu, daß es eigentlich unmöglich sei, über diesen Zustand adäquat zu schreiben. Eine Beschreibung sei nur aus der Nachträglichkeit heraus möglich. An einer anderen Stelle, die ich oben schon zitierte, redet er von der „unsichtbaren Mutter-Kind-Einheit" und dürfte damit dasselbe Phänomen auf andere Weise ansprechen.

Ogden sagt von dieser Position, sie sei „präsymbolisch". Das bedeutet, daß sie vor jeder möglichen Symbolbildung steht. Damit führt er wieder einen diachronen Gesichtspunkt ein, der aber der Synchronie der Positionen nicht widerstreitet. Der Zustand ist präsymbolisch, weil es in ihm die Trennung zwischen einem Bezeichnenden und einem Bezeichneten noch nicht gibt, es gibt nur eine sinnliche Unmittelbarkeit, die sich je auf einen Augenblick beschränkt. Hatte Ogden mit H. Segal von der paranoid-schizoiden und der depressiven Position als von zweistelligen und dreistelligen Zuständen gesprochen, so ist seine autistisch-berührende Position „einstellig" zu nennen und damit in sich nicht symbolisierungsfähig. Es sei nur hier schon kurz bemerkt, daß damit keineswegs ausgeschlossen ist, daß die *Erfahrung* dieser Position von den anderen Positionen her symbolisierbar werden kann, sie ist es nur nicht von sich selber her.

Obwohl sich Ogden selber dazu nicht äußert, scheint es mir erwägenswert zu sein, ob nicht innerhalb dieser Position die Verinnerlichung der „Mutter-als-Umgebung" geschieht. Denn diese Verinnerlichung ist ja gerade nicht die eines „Objektes", sondern einer Erfahrung, die der Wahrnehmung von Objekten immer schon vorausgeht. Sie wird erst später symbolisierbar, durch Reflexion, in bestimmten Weisen religiöser Erfahrung, worauf auch Grotstein hinweist, und schließlich durch die psychoanalytische Theoriebildung selber. Diese frühe präsymbolische Verinnerlichung wäre dann die Voraussetzung dafür, daß das Kind auch andere Modi der Erfahrung realisieren kann, in denen es zur Verinnerlichung von Teil- oder Ganzobjekten kommt.

Neben die einstellige autistisch-berührende Position tritt synchron die paranoid-schizoide Position. Sie gibt dem Erleben eine andere Färbung. In ihr sind die Dinge so, wie sie sind, und sie werden allmächtig so gestaltet, daß sie den Wünschen entsprechen. Die Form der Symbolisierung ist die „symbolische Gleichung". Wahrnehmung und Interpretation sind dasselbe, und die Objekte haben dieselbe Macht inne, mit denen das Ich sie erschaffen hat. Aber auch dieses Ich ist eigentlich nur ein Objekt, und es mangelt ihm die subjektive Fähigkeit, tätig zu sein und sich dabei wenigstens in Ansätzen selber wahrzunehmen. Die inneren Objekte sind in diesem Stadium genauso allmächtig wie die äußeren, und ich kann hier nur wiederholen, was ich oben schon mit Grotstein ausführte: Die paranoid-schizoide Position ist die Art der Beziehung, in der die allmächtigen inneren Teil-Objekte ausgebildet werden.

Die depressive Position sei hier nur der Vollständigkeit halber erwähnt, weil sie sowieso in dieser Arbeit im Mittelpunkt steht. Auch sie ist synchron von Anfang an vorhanden, und Ogden zieht daraus einen Schluß, der für die psychoanalytische Technik große

Konsequenzen hat. Weil diese dreistellige Position in nuce immer vorhanden ist und mit ihr zugleich ein interpretierendes Subjekt wenigstens in minimaler Form vorausgesetzt werden darf, ist ein psychoanalytisches Vorgehen prinzipiell auch bei ganz frühen Störungen möglich. Wir dürfen daraus schließen, daß wenigstens virtuell die Fähigkeit zur eigentlichen Symbolisierung immer vorhanden ist und damit auch ein Grundvermögen, realistische Objektrepräsentanzen zu bilden.

Die Synchronie der drei Positionen bei Ogden hat eine interessante Parallele in der Semiotik von Charles Sanders Peirce, warauf ich in meinem Buch von 1994 hingewiesen habe. Wenn ich hier einige Gedanken wieder aufnehme, so hoffe ich, daß damit etwas klarer wird, wie es im analytischen Prozeß durch die Deutung zu einer Veränderung der Verinnerlichungen kommt.

8. Die Semiotik von Ch. S. Peirce

Charles Sanders Peirce (1839–1914) ist als Begründer einer dreistelligen Semiotik bekannt geworden. Sie steht im Gegensatz zur traditionellen Semiotik, wie sie etwa von Augustin und von de Saussure vertreten wurde (vgl. Köller 1977, und vor allem Todorov 1977).

In der traditionellen, zweistelligen Semiotik spricht man bekanntlich von einem Signifikanten und einem Signifikat, vom Zeichen und von dem damit Bezeichneten. Dabei kann man das Zeichen vom Bezeichneten nicht trennen, denn ohne ein Bezeichnetes ist irgendein wahrnehmbares Element kein Zeichen. Das Zeichen ist in sich die Verbindung von Signifikant und Signifikat. Die Zuordnung zwischen Signifikant und Signifikat ist willkürlich, ist sie aber einmal geschehen, so ist sie – wenigstens synchron gesehen – fest. Diachron kann sie sich durchaus wandeln. Was in diesem System nicht vorgesehen ist, das ist das Subjekt, das die Zeichen benutzt. Das System gilt unabhängig von seiner Realisierung in menschlichen Handlungen. Deshalb kann de Saussure es der langue, dem abstrakten Sprachsystem zuordnen, nicht aber der parole, der Konkretisierung der Sprache in Sprechhandlungen.

Peirce setzt dagegen eine dreistellige Zeichenrelation, in der die feste Verbindung Signifikant-Signifikat aufgelöst wird. Mit diesem semiotischen Modell lassen sich Prozesse des literarischen und des psychoanalytischen Verstehens besser darstellen als mit dem zweistelligen System, und es hat eine überraschende Parallele zu den besprochenen Internalisierungsprozessen. Im deutschen Sprachgebiet hat vor allem Wilhelm Köller (1977) die Vermittlung dieses Modells von Peirce mit der Literaturwissenschaft geleistet. Ihm verdanke ich in wesentlichen Punkten mein Verständnis von Peirce für die Anwendung seiner Theorien auf die Interpretation von Texten und analog dazu auf das Deuten im analytischen Prozeß.

Peirce unterscheidet drei Begriffe, wofür ich die Terminologie teilweise von Köller übernehme:

1. den Zeichenträger. Er ist das materielle Substrat, das auf etwas anderes verweist, und dieses andere ist:
2. das Objekt. Die Verbindung zwischen beidem wird durch ein neues Element gestiftet, nämlich durch
3. den Interpretanten.

Mit diesem Begriff, seiner wichtigsten Neuschöpfung, meint Peirce keineswegs eine Person, wie das aktive Partizip es nahelegen könnte. Vielmehr ist der Interpretant ein weiteres Zeichen oder Zeichensystem, mit dem ausgedrückt wird, wie das andere Zeichen, der Zeichenträger, auf sein Objekt bezogen wird.

Peirce unterscheidet auf der Seite des Objektes ein unmittelbares Objekt und ein dynamisches Objekt. Das unmittelbare Objekt sind die spontanen Vorstellungen oder Bilder, die ein Zeichen anregt. Psychoanalytiker werden darunter vor allem die spontan aufsteigenden Gefühle und Phantasien verstehen. Das dynamische Objekt ist die davon ausgehende *Interpretation.* Sie wird aber nur durch das Hinzutreten eines dritten Elementes ermöglicht: des Interpretanten. Mit ihm wird angezeigt, *wie* die Zeichenrelation realisiert werden kann. Peirce unterscheidet dabei mehrere Formen von Interpretanten. Ich wähle hier nur zwei aus: den unmittelbaren und den finalen Interpretanten. Der unmittelbare Interpretant ist am Werke bei der unmittelbaren Objektkonstitution. Er umfaßt alle meine Vorerfahrungen, die mir helfen, ein Zeichen mit Vorstellungen zu verbinden. Unmittelbare Interpretanten ermöglichen überhaupt erst alltägliches Verstehen. Für den finalen Interpretanten zitiere ich Köller: „Der Terminus *finaler Interpretant* hat die Aufgabe, den Rahmen abzustecken, in dem die ultimative vernünftige Auffassung über die Relation Zeichenträger-Objekt erarbeitet wird" (1977, S. 47). Der finale Interpretant ist für den Psychoanalytiker die Theorie im weitesten Sinne, alles dasjenige also, was er oder sie denkt, um das unmittelbare Verständnis in das spezifisch psychoanalytische zu transformieren. Wann immer wir sagen: „Darunter verstehe ich ...", haben wir implizit schon einen Interpretanten eingeführt, der in der Psychoanalyse vor allem das Verständnis von Psychodynamik einschließt. Der Interpretant als etwas Drittes zwischen Zeichen und Bezeichnetem besagt zugleich, daß er nur *eine* Möglichkeit ist und daß zugleich andere Interpretationen möglich sind, und zwar sowohl andere psychoanalytische wie auch nicht-analytische. Der Unterschied etwa zwischen Ich-Psychologie, Selbst-Psychologie oder einem objektbeziehungstheoretischen Ansatz läßt sich als Unterschied der Interpretanten verstehen.

Nach einer Formulierung von U. Eco in seiner „Einführung in die Semiotik" (1972, S. 29) ist der Interpretant ein Hinweis auf denjenigen unter vielen möglichen Codes, der in einer bestimmten Situation zur Interpretation verwendet werden soll. In der zweistelligen Semiotik war der feste Code immer schon vorausgesetzt, man konnte ihn allenfalls verfehlen, und dann war die Zeicheninterpretation eindeutig falsch. Für Peirce ist der Code als Interpretant wählbar, aber er ist nicht beliebig. Er hat seine Gültigkeit innerhalb einer interpretierenden Gemeinschaft und gilt für das kollektive Subjekt dieser Gemeinschaft, die man dann auch als „Schule" bezeichnen könnte.

Der Interpretant ist in sich nur wieder ein Zeichen oder ein Zeichensystem (etwa eine Theorie), das durch andere Zeichen als möglichen weiteren Interpretanten wiederum interpretiert werden kann. Daß diese Reihe unendlich sein könnte, das hat Peirce mit dem Begriff der „unendlichen Semiose" angedeutet. In der psychoanalytischen Theorie ist dieser Gedanke vertraut. Jeder Analysand hat immer schon sein Material interpretiert, und die Interpretationen des Analytikers richten sich auf diese Interpretationen, die nachträglich wiederum als nur teilweises Verständnis erscheinen können, wenn sie in den Zusammenhang weiterer Interpretationen treten. Das bedeutet, daß neue Interpretanten eingeführt werden, um die alten mindestens zu relativieren. Dieser Prozeß der Interpretation von Interpretationen und damit von Interpretanten dürfte ein wichtiger Teil des analytischen Vorgehens sein. Wenn ein Analysand seine Welt immer schon oral *(ein* bestimmter Interpretant) gedeutet hat, dann wäre etwa die Deutung dieser Oralität als Abwehr gegen ödipales Erleben eine Resymbolisierung mit einem neuen Interpretanten.

Die wichtigste Funktion des Interpretanten aber ist es, die Zweiheit von Zeichenträger und Objekt überhaupt aufzubrechen und damit in einen Symbolisierungsprozeß einzutreten, in dem der Interpretant das Subjekt als ein operatives Prinzip voraussetzt. Das heißt: Der Interpretant erfordert, um wirksam zu werden, ein Subjekt, das ihn gebraucht, um mit ihm das Objekt nicht passiv aufzufinden, sondern es aktiv zu konstruieren.

Ogden trifft sich mit Peirce in der Einführung des Subjektes in den Interpretationsprozeß.

Es sei allerdings hier angemerkt, daß Ogden die Arbeiten von Peirce nie erwähnt. Ich kenne nur einen einzigen analytischen Autor, der sich mit der Anwendung der Grundkategorien von Peirce auf die psychoanalytische Symboltheorie beschäftigt. Es ist Alfred Silver (1981, 1989).

Hier auf dem *Subjekt* liegt für ihn der Hauptakzent, während der Begriff des Interpretanten fehlt. Aber er ist bei ihm impliziert, indem er vom Spiel der Interpretation im dreistelligen intermediären Raum spricht. Auch für ihn ist die Zuordnung von Signifikant und Signifikat in der depressiven Position nicht eindeutig festgelegt, sondern sie ist eine Tat des Subjektes, und genau um diese Tat innerhalb seiner eigenen Philosophie differenziert zu beschreiben, führte Peirce den Begriff des Interpretanten ein.

9. Die universalen Kategorien und die drei Positionen

Die universalen Kategorien von Peirce führen uns noch näher an Ogden heran. Für die folgende Darstellung stütze ich mich vor allem auf die Pragmatismus-Vorlesung von 1903. Peirce führt in der zweiten Vorlesung drei universale Kategorien ein, die „allem, was in unser Bewußtsein tritt, zu eigen" sind (S. 347). Es handelt sich hier also um eine reine Bewußtseins-Philosophie, aber es scheint mir gänzlich unnötig zu sein, davon die unbewußten Prozesse auszuschließen. Peirce nennt seine universalen Kategorien „Das Erste", „Das Zweite" und „Das Dritte" (S. 358) oder auch „Erstheit", „Zweitheit" und „Drittheit". Ich wähle im folgenden diese letzten Bezeichnungen, weil sie mir besser einer deutschsprachigen Begriffsbildung zu entsprechen scheinen.

- Die *Erstheit* „ist die Idee dessen, was so ist, wie es ist, ungeachtet alles anderen. D.h. es ist eine Gefühls*qualität"* (S. 358).

An anderer Stelle führt Peirce diesen Gedanken anschaulicher aus. Er argumentiert hier gegen Hegel, für den das Unmittelbare nicht konkret, sondern abstrakt sei:

> „Geh hinaus unter das blaue Himmelsgewölbe und schau dir an, was gegenwärtig ist, wie es dem Auge des Künstlers erscheint. Die poetische Stimmung kommt diesem Zustand nahe, in dem das Gegenwärtige erscheint, wie es gegenwärtig ist. Ist die Poesie so abstrakt und farblos? Das Gegenwärtige ist genau das, was es ist, ungeachtet alles, ungeachtet der Vergangenheit und der Zukunft" (S. 346).

Diese Gegenwärtigkeit besteht als Einssein ohne jede Relation zu anderen Dingen. Insofern ein Ding unter der Kategorie der Erstheit betrachtet wird, erscheint es in der sinnlichen Unmittelbarkeit und Gewißheit. Es ist, was es ist, nur aus sich heraus, nicht in Beziehung zu etwas Zweitem. Es gibt in der Erstheit keine Reflexion, sondern nur einfache positive Beschaffenheit, Qualität.

- Die *Zweitheit* „ist die Idee dessen, was so ist, wie es ist, als das zweite in bezug auf ein Erstes. (...). D.h. es ist *Reaktion* als ein Element des Phänomens" (S. 358).

Peirce erläutert das vor allem am Beispiel des mechanischen Widerstandes, den uns Gegenstände bieten. Die Zweitheit ist die Kategorie von Druck und Widerstand, von Handeln und Erleiden. Sie ist die Kategorie der Unterscheidung: Ein Ding ist das, was es ist, weil und insofern es sich von einem anderen unterscheidet. Die Zahl der beteiligten Gegenstände als solche spielt dabei keine Rolle: wenn sich A von B, und B sich von C unterscheidet, bleiben wir in der Kategorie der Zweitheit, obwohl von drei Dingen die Rede ist.

- Die *Drittheit* schließlich „ist die Idee dessen, das so ist, wie es ist, als ein Drittes oder ein Medium zwischen einem Zweiten und einem Ersten. D.h. es ist *Repräsentation* als ein Element des Phänomens" (S. 358).

Wenn wir diese Kategorie auf die Zeichentheorie anwenden, so ist das Symbol der eigentliche Vertreter von Drittheit, weil es die Drittheit am reinsten verkörpert. Andere Formen von Zeichen wie Ikon (ein Zeichen, das durch eine gewisse Ähnlichkeit funktioniert, wie etwa die Piktogramme auf Flughäfen) und Index (z.B. eine Fußspur, die die aufgrund eines natürlichen Zusammenhanges auf einen Menschen verweist) sind für Peirce degenerierte Weisen der Drittheit.

Mir scheint, daß sich die Nähe der drei universellen Kategorien zu den drei Positionen, wie sie Klein und vor allem Ogden einführen, geradezu aufdrängt:

- Die *autistisch-berührende Position* entspricht der *Erstheit,* insofern in ihr die unmittelbare sinnliche Gewißheit zählt.
- Die *paranoid-schizoide Position* korreliert der *Zweitheit,* insofern sie auf Unterscheidung beruht: auf der Unterscheidung vor allem zwischen „Innen und Außen" und „Gut und Böse".
- Die *depressive Position* ist eine Verwirklichung von *Drittheit,* insofern sie die symbolische Repräsentation von etwas als etwas ermöglicht. Damit ist verbunden, daß erst in der depressiven Position in den sozialen Beziehungen eine Triangularität möglich wird, also eine Beziehung zu Vater und Mutter zugleich, nicht nur eine Beziehung zu je einem der Elternteile (vgl. dazu Britton 1989, S. 86 mit seinem Begriff des ‚triangular space').

Peirce und Ogden sind sich darin einig, daß ihre Grundkategorien universal und voneinander unabhängig sind. Für Peirce sind sie die Kategorien aller Erscheinungen, für Ogden die psychischen Grundstrukturen, die alle Wahrnehmung formen. Der Unterschied zwischen beiden scheint mir nur einer der Akzentuierung zu sein. Für Ogden als Psychoanalytiker ist die Betonung der „psychischen Struktur" so wichtig, weil er nur damit den psychodynamischen Gesichtspunkt erfassen kann, der für Peirce unwesentlich sein dürfte. Ihm geht es um eine Erkenntnistheorie in der Nachfolge Kants.

Peirce vertritt mit Nachdruck gegen Hegel die Dreizahl seiner Grundkategorien und weigert sich, sie auf ein Grundprinzip zu reduzieren. Aber seine Argumentation impliziert einen gewissen Vorrang der Drittheit. Er schreibt, man brauche die Ideen von Erstheit und Zweitheit, um darauf die Idee der Drittheit aufzubauen, aber man brauche dazu Ideen von unabhängiger, nicht reduzierbarer Erstheit und Zweitheit. In einem sehr schönen Gleichnis konkretisiert er diesen Gedanken:

> „Gehen wir einmal davon aus, das Universum sei eine Evolution reiner Vernunft. Doch wenn, während Sie die Straße hinuntergehen, und darüber nachdenken, wie alles das reine Destillat der Vernunft ist, ein Mann, der eine schwere Stange trägt, Sie plötzlich ins Kreuz stößt, mögen Sie denken, daß es etwas im Universum gibt, das die reine Vernunft nicht erklären kann; und wenn Sie sich die Farbe rot ansehen und sich fragen, wie die reine Vernunft zuwege bringen konnte, daß *rot* jene völlig unbeschreibliche und irrationale positive Qualität hat, die ihm eigen ist, dann werden Sie vielleicht bereit sein zu glauben, daß Qualität und Reaktion eine unabhängige Stellung im Universum einnehmen" (1991, S. 374).

Ich denke, daß in der Tat jeder bereit sein wird, dieses zu glauben. Aber die Einsicht, daß es noch anderes gebe als reine Vernunft, ist nur durch eine Reflexion möglich, in der Farbe und Stoß *als* Erstheit und *als* Zweitheit gedeutet wird. Und diese Reflexion, in der etwas *als* etwas erkannt wird, setzt die Drittheit voraus, in der erst Symbole gebildet werden können. Ähnlich wie H. Segal (1986, S. 58) aufzeigte, daß die Ängste der paranoid-schizoiden Position (Zweitheit) erst in der depressiven Position (Drittheit) bearbeitet werden können, und ähnlich wie Ogden über die Gleichberechtigung seiner drei Positionen faktisch von der depressiven Position her argumentiert (vgl. Raguse 1994, S. 212), wird auch bei Peirce die Erstheit als Erstheit und die Zweitheit als Zweitheit nur mit Hilfe der Drittheit deutlich. Auf diese Weise wird überall einerseits die Gleichberechtigung der drei Positionen festgehalten, während sich auf der anderen Seite der Vorrang der Drittheit trotz allem nahelegt.

10. Verinnerlichung, Symbolisierung und der analytische Prozeß

In einem abschließenden Teil will ich zusammenfassen, wie die Verinnerlichungen und die drei Positionen bzw. universalen Kategorien mit dem Prozeß der analytischen Deutung zusammenhängen. Wenn wir zunächst einmal die Frage der Diachronie, also der psychischen Entwicklung weglassen, lassen sich die folgenden Beziehungen herausstellen:

Der *Drittheit* oder der *depressiven Position* gehören die mentalen Repräsentanzen an, die ein Bild der Innen- und Außenwelt geben. Sie sind keineswegs reine Abbilder, sondern sie sind Produkte des Subjektes, die prinzipiell auch anders sein könnten. Sie sind keine allmächtigen Schöpfungen, bleiben aber mit dem Subjekt verbunden. In der wissenschaftlichen Tätigkeit können aus diesen „eigentlichen Symbolen" Begriffe gebildet werden, die eindeutig einem Gegenstand zugeordnet sind. Sie verlieren damit, wie Lorenzer sagt (1970, S. 110) sagt, ihren „Beziehungscharakter" und stellen eine sekundäre „Zweitheit" dar, die die Drittheit als Bedingung voraussetzt.

Zur *Zweitheit* oder zur *paranoid-schizoiden Position* gehören die allmächtigen inneren Objekte. Das sind Objektrepräsentanzen, in die das Ich seine eigene Allmacht projektiv identifizierend hineinverlegt hat und denen Selbstrepräsentanzen entsprechen, die analog gebildet sind. Um sie geht es Ogden in seiner Theorie der inneren Objektbeziehungen.

Aber entgegen der Interpretation, die Ogden seiner eigenen Theorie gibt, ist die Bildung der allmächtigen inneren Objekte der paranoid-schizoiden Position und damit der Zweitheit zuzuordnen. Das Subjekt erscheint hier nicht als aktiver Teil zwischen Symbol und Symbolisiertem, sondern nur als projektiver Bestandteil, der den inneren Objekten ihr „dämonisches" Leben gibt (Segal 1991, S. 38).

Zur *Erstheit* oder zur *autistisch-berührenden Position* gehört ursprünglich die Mutter-als-Umgebung oder die Mutter als background-object und später alles das, was eine unmittelbare Erfahrung einschließt. Verinnerlicht wird in dieser Position nicht ein „Objekt", das es als etwas „Entgegenstehendes" noch gar nicht gibt, sondern es entsteht im Zusammenspiel mit der Mutter etwas, was später einmal ein Subjekt sein kann. Bollas (1987) benutzt hier einen bekannten Ausdruck von Freud (1917e, S. 435), wenn er sagt, daß der Schatten des Objektes auf das Subjekt fällt. Aber damit entsteht für ihn noch keine Melancholie, sondern das künftige Subjekt verinnerlicht die „transformational mother".

Meine Ausführungen zur Erstheit zeigen deutlich, wie schwierig es ist, einen solchen primitiven Zustand angemessen zu beschreiben. Ausdrücke wie „Subjekt" sind inadäquat, weil es in dieser Position ein Subjekt noch gar nicht gibt, sondern nur etwas, was später oder unter einem anderen Aspekt ein Subjekt sein wird. Mit „später" führe ich den diachronen Gesichtspunkt ein, mit dem „anderen Aspekt" den synchronen. Ogden benutzt beide Betrachtungsweisen, wobei er mit seiner Interpretation der Diachronie in die Schwierigkeiten kommt, die ich oben schon dargestellt habe. Wichtiger noch ist die Feststellung, daß alle drei Positionen virtuell synchron sind. Ogden verbindet das mit der Behauptung, daß ein Subjekt, wie es die depressive Position voraussetzt, wenigstens im Ansatz immer präsent ist. Ich meine, daß dieses potentielle Subjekt der depressiven Position zum Bezugspunkt auch für die anderen Positionen wird. Wenn wir von einem „Subjekt" innerhalb der autistisch-berührenden oder der paranoid-schizoiden Position sprechen, so ist dieses nur aus der Perspektive der depressiven Position möglich. Die Synchronie der verschiedenen Perspektiven der unterschiedlichen Positionen ist damit eine synchrone Entsprechung zur „Nachträglichkeit". Diesen zentralen psychoanalytischen Begriff hatte Freud schon 1898 eingeführt und damit zunächst die zeitlich verschobene *Wirkung* frühkindlicher Traumen gemeint. Später verschob sich die Bedeutung des Wortes in dem Sinne, in dem ich es gebrauche (Belege bei Laplanche und Pontalis 1972, S. 313–317). Es bezeichnet jetzt vor allem die nachträgliche *Interpretation* früherer Erfahrungen und gehört damit zum meist unbewußten Handeln des Subjektes. Insofern aber die Erfahrungen innerhalb der paranoid-schizoiden Position der Realisierung der depressiven Position vorausgehen, geschieht innerhalb der Synchronie zugleich eine Neuinterpretation diachroner Erlebnisse. Mit diesem Satz ist zugleich die Verschränkung von Gegenwart und Vergangenheit, die der Psychoanalyse eigentümlich ist, umschrieben.

Die genannten Beziehungen zwischen den Positionen erlauben einige Gedanken zum analytischen Prozeß:

1. Die analytische Situation ist dadurch gekennzeichnet, daß sich innerhalb eines sicheren Rahmens ein Geschehen entwickelt, das durch ein „Als ob" gekennzeichnet ist. Es ist die Entwicklung der Übertragung und der Gegenübertragung. Sie setzt, idealtypisch betrachtet, die depressive Position voraus und damit eine reife Form der Symbolisierung.

Der analytische Raum ist eine Neuauflage des intermediären Raumes, in dem die ersten „eigentlichen Symbole" gleichzeitig gefunden und erfunden wurden.

2. Die Analyse lebt davon, daß das „Als ob" immer wieder zusammenbricht. Übertragung und Gegenübertragung werden „real" und lösen entsprechende Ängste aus, in projektiven Identifizierungen werden innere Teile dem anderen Dialogpartner übergeben, so daß sie für ihn ebenfalls „real" werden. Damit bricht der intermediäre Raum zusammen, und die Zweitheit oder paranoid-schizoide Position tritt in den Vordergrund. Zugleich werden damit die allmächtigen inneren Objekte wiederbelebt, und sie beginnen, die Wahrnehmung der Situation zu beherrschen. Analoges dürfte auch für die Phänomene der Erstheit gelten, die Ogden beschreibt, auf die ich aber jetzt nicht näher eingehe.

3. An dieser Stelle setzt nun das spezifische analytische Instrument, die Deutung, ein. Sie hat vor allem zwei Bestandteile, sie hat einen Inhalt, und sie hat eine Form. Formal gesehen hat eine Deutung oft die Struktur, daß auf die Einleitung „Es ist, als ob Sie ..." eine Aussage folgt. Damit wird vor der folgenden inhaltlichen Aussage ein Subjekt explizit eingeführt und von diesem Subjekt gesagt, daß es etwas tue. Nehmen wir einmal an, die Deutung hätte den folgenden Wortlaut: „Es ist, als ob Sie mich deshalb als so mächtig erleben, weil Sie sich nur auf diese Weise neben mir geschützt und sicher fühlen können". Inhaltlich wird damit die interaktionelle Realisierung eines allmächtigen inneren Objektes in der Übertragung angesprochen. Aber wichtiger ist noch etwas anderes: Die Realisierung erscheint als Tat eines Subjektes, das sich bei der Symbolisierung eines Interpretanten bedient, der von den Begriffen „Übermacht, Ohnmacht und Schutz" gebildet wird. Und damit, daß mit dieser Deutung das Subjekt als interpretierendes Subjekt eingeführt wird, das so oder auch so interpretieren kann, wird zugleich die „Macht" als inhärente Eigenschaft der Objekte relativiert. Sie erscheint als eine Phantasie, die vom Subjekt entworfen wurde und wird in eine dreistellige Symbolisierung eingeführt. Das innere allmächtige Objekt *erscheint* als dieses, und seine zwingende Verknüpfung mit einem äußeren Gegenüber wird suspendiert. Was hier beschrieben ist, das entspricht genau der „Zerstörung" des allmächtigen inneren Objektes, wie sie Ogden nach Winnicott beschrieben hat, und wenn wir das auf die analytische Situation übertragen, so können wir sagen, daß durch die Deutung die zweistellig symbolisierten inneren Objekte in dreistellige Symbole oder mentale Repräsentanzen überführt werden. Diese verlieren ihren gleichsam personalen Charakter, der ihnen ja erst durch die projektive Identifizierung des latenten Subjekts verliehen wurde. Sie sind abstrakte innere Schemata geworden und sind nicht mehr eigentliche verinnerlichte „Objektbeziehungen" im Sinne Ogdens, obwohl sie ihren Ursprung aus solchen nie ganz verlieren werden. Darauf komme ich unter Ziffer 6 nochmals zurück.

Die Deutung hat nach diesen Überlegungen die Funktion, die frühen Symbolisierungen oder auch den präsymbolischen Zustand einer dreistelligen Symbolisierung zugänglich zu machen. Damit geschieht in paradoxer Weise zugleich keine und eine sehr große Änderung. Die zweistelligen Symbolisierungen und der präsymbolische Zustand bleiben als Formen des Erlebens synchron erhalten, sie werden nicht überwunden, vielleicht nicht einmal modifiziert. Aber sie werden einer symbolisierenden Tätigkeit zugeführt und damit einem Gesichtspunkt, von dem her sie neu erscheinen. Diese Art von „Neuheit" ist es wohl vor allem, die den Änderungsprozeß in der Psychoanalyse bewirkt.

4. Doch auch *innerhalb* der eigentlichen Symbolisierung hat die analytische Deutung eine Funktion. Sie führt dann nicht überhaupt zum ersten Male einen Interpretanten ein, sondern sie hinterfragt bestehende Interpretationen und modifiziert sie. Vielleicht ist das bei neurotischen Analysanden der wichtigste Teil der Arbeit überhaupt. Ich erwähnte ihn oben bereits als „Resymbolisierung". Es muß allerdings doch hinzugefügt werden, daß diese Form von der vorhergehend genannten leichter in der Theorie als in der Praxis unterschieden werden kann, weil starre Fixierungen von Interpretationen zur Regression in eine zweistellige Symbolisierung neigen.

5. In „Jenseits des Lustprinzips" (1920g, S. 245) schreibt Freud: „Die Äußerungen eines Wiederholungszwanges (...) zeigen im hohen Grade den triebhaften, und wo sie sich im Gegensatz zum Lustprinzip befinden, den dämonischen Charakter". Die Art, wie Freud über den von ihm postulierten Wiederholungszwang schreibt, scheint mir ein Beispiel dafür zu sein, wie die Inhalte eines Begriffes auf den Gebrauch dieses Begriffes selber übergreifen. Aus einem Begriff, der die anscheinend zwingende Verknüpfung von Sachverhalten beschreiben soll, wird selber ein zwingender Begriff, der universale Gültigkeit erhält. Er bekommt damit den allmächtigen Charakter eines inneren Objektes und bedarf der Symbolisierung, die vor allem darin bestehen müßte, ihn mit einem „Als ob" zu verbinden. Der „Wiederholungszwang" hat nur dort seine Allmacht, wo die Verinnerlichungen noch nicht einer eigentlichen Symbolisierung zugeführt sind. Er ist dann eine mythische Macht, und Mythen sind dort, wo sie sich noch rein erhalten haben, zweistellige Symbolisierungen. Die Entmythologisierung dieses analytischen Begriffes bestünde darin, ihn von einem Mythos in eine Metapher zu überführen (Weder 1991). Ich bin damit übrigens auf eine andere Weise zu einem ganz ähnlichen Ergebnis wie A. Lorenzer (1976[2]) gekommen, der in der Umwandlung eines „Klischées" in ein Symbol den Weg der Analyse sieht. Seine Klischées entsprechen genau den zweistelligen Symbolisierungen. Damit wird zugleich deutlich, wie die Macht des Wiederholungszwanges im Analysanden aufgelöst wird: dadurch, daß ein Interpretant eingeführt wird, speziell der dynamische Gesichtspunkt der Analyse, durch den verstanden werden kann, warum bestimmte Objekte so und nur so gesehen werden dürfen. Auf andere Art hat Segal etwas Analoges gesagt, wenn sie meint, daß die Ängste der paranoid-schizoiden Position nur von der depressiven Position aus bearbeitet werden können. Die Synchronie der drei Positionen schließt den Vorrang der depressiven Position nicht aus, weil nur von ihr her die anderen Erfahrungen symbolisiert werden können und damit allenfalls ihre ängstigende und zur Wiederholung drängende Gewalt verlieren.

6. Daß die mentalen Repräsentanzen, einschließlich ihrer komplexen Verarbeitungen etwa in der Form von wissenschaftlichen Theorien, trotzdem Abkömmlinge der inneren Objekte sind, das hat manchmal gefährliche Folgen, denn die scheinbar neutralen Gedanken können sich rückverwandeln und ihren archaischen Charakter wiedergewinnen. Aber diese Kontinuität gibt zugleich selbst den abstraktesten Gedankengebäuden eine Verbindung zu inneren Objekten, die geliebt, gehaßt und gefürchtet werden. Ich vermute, daß sich die Leidenschaft wissenschaftlicher Diskussionen, etwa auch derjenigen zwischen Kleinianern und Freudianern in London zwischen 1941 und 1945, vor diesem Hintergrund zu einem Teil verstehen läßt. Die affektive Bedeutung verdanken die mentalen Repräsentanzen vor allem ihrer Verbindung zu den inneren Objekten, während die kognitive

Bedeutung eher über die Interpretanten vermittelt wird. Doch auch diese stehen letzten Endes in einer Verbindung zu den inneren Objekten und sind daher nicht affektlos.

Mit diesen letzten Ausführungen habe ich schon angedeutet, daß ich selber die Theorie der Verinnerlichungen in der Kleinschen Schule für überzeugender halte als die Position der „klassischen" Freudianer. Wenngleich ich auch zugestehe, daß sich die Wirklichkeit in verschiedener und in nicht unbedingt kompatibler Weise auslegen läßt, so scheint mir die Sandlersche Auffassung einige spezielle Schwierigkeiten zu haben. Um seine spezielle Folge der Entwicklungsschritte zu konstruieren, muß er voraussetzen, daß relativ neutrale kognitive Prozesse am Anfang stehen, die erst nachträglich mit Affekten verbunden werden. So sehr die Unterscheidung zwischen dem kognitivem Inhalt und dem Affekt an sich berechtigt ist, so ist es doch unnötig, aus einem synchronen Vorgang eine Diachronie zu konstruieren. Auch Ogden gerät in diese Gefahr, wie ich gezeigt habe. Es wäre übrigens eine Diachronie, die – genau genommen – ein Vorausgehen des Sekundärprozesses gegenüber dem Primärprozeß erfordern würde, was natürlich niemand behauptet hat. Plausibler finde ich, daß gerade am Anfang affektive Prozesse stehen, die sich zwar mit ersten Wahrnehmungen verbinden, jedoch über diese in allmächtiger Weise herrschen und ihnen damit ihre „Neutralität" nehmen. Die mentalen Repräsentanzen stehen dem Sekundärprozeß näher und sind damit eine spätere Errungenschaft. Diese meine eigene Anschauung deckt sich weitgehend mit der von Grotstein.

Peirce und Ogden stimmen darin überein, daß die Grundkategorien oder die Positionen synchron seien, aber beide betonen doch eine Überordnung der Drittheit. Mir scheint, daß diese Wertung mit dem Bild vom Menschen als einem „animal symbolicum" (nach einem Ausdruck von Ernst Cassirer) zusammenhängt, das seine Freiheit erst und nur so weit verwirklichen kann, als es ihm gelingt, zu dreistelligen Symbolisierungen zu gelangen und damit auch trianguläre Situationen erleben zu können. Dafür müssen aber die allmächtigen inneren Objekte relativiert und realitätsnähere Repräsentanzen gebildet worden sein.

Literatur

Bion, W. (1956): Development of Schizophrenic Thought. In: Second Thoughts. London: Maresfield Reprints.

Bollas, Ch. (1987): The Shadow of the Object. London: Free Association Books.

Britton, R. (1989): The missing link: parental sexuality in the Oedipus complex. In: J. Steiner (Ed.): The Oedipus Complex. London: Karnac, pp. 83–101.

Eco, U. (1972): Einführung in die Semiotik. München: Wilhelm Fink.

Freud, S. (1898a): Die Sexualität in der Ätiologie der Neurosen. GW. 1, S. 489–516.

Freud, S. (1917e): Trauer und Melancholie. GW. 10, S. 427–446.

Freud, S. (1920g): Jenseits des Lustprinzips. GW. 13, S. 1–69.

Freud, S. (1923b): Das Ich und das Es. GW. 13, S. 235–289.

Freud, S. (1927e): Fetischismus, GW. 14, S. 309–317.

Freud, S. (1940a): Abriss der Psychoanalyse, GW. 17, S. 63–128.

Grossman, W.I., B. Simon (1969): Anthropomorphism: Motive, Meaning, and Causality in Psychoanalytic Theory. The Psychoanalytic Study of the Child, Vol. XXIV, 78–111.

Grotstein, J. (1980): The Significance of Kleinian Contributions to Psychoanalysis, I and II. Int. J. of Psychoanal. Psychotherapy 8, 375–392, 393–428.

Köller, W. (1977): Der sprachtheoretische Wert des semiotischen Zeichenmodells. In: K.H. Spinner (Hrsg.): Zeichen, Text, Sinn. Göttingen: Vandenhoeck & Ruprecht, S. 7–77.

Langer, S. (1984): Philosophie auf neuen Wegen. Frankfurt a.M.: Fischer.

Laplanche, J., J.-B. Pontalis (1973): Das Vokabular der Psychoanalyse. Frankfurt a.M.: Suhrkamp.

Lorenzer, A. (1970): Kritik des psychoanalytischen Symbolbegriffs. Frankfurt a.M.: Suhrkamp.

Ogden, Th.H. (1983): The Concept of Internal Object Relations. Int. J. Psycho-Anal. 64, 181–198.

Ogden, Th.H. (1989): The Primitive Edge of Experience. Northvale/New Jersey, London: Jason Aronson.

Ogden, Th.H. (1990): The Matrix of the Mind. Northvale/New Jersey, London: Jason Aronson.

Ogden, Th.H. (1991): Analysing the Matrix of Transference. Int. J. Psycho-Anal. 72, 593–605.

Peirce, Ch.S. (1991): Schriften zum Pragmatismus und Pragmatizismus. Frankfurt a.M.: Suhrkamp.

Raguse, H. (1994): Der Raum des Textes. Stuttgart: Kohlhammer.

Sandler, J., B. Rosenblatt (1962): The Concept of the Representational World. The Psychoanalytic Study of the Child, Vol. XVII, 128–145.

Schafer, R. (1968): Aspects of Internalization. New York: International Universities Press.

Schafer, R. (1976): A New Language for Psychoanalysis. New Haven and London: Yale University Press. Gekürzte deutsche Ausgabe: Eine neue Sprache für die Psychoanalyse. Stuttgart: Klett-Cotta, 1982.

Segal, H. (1957): Notes on Symbol Formation. In: The Work of Hanna Segal. London: Free Association Books & Maresfield Library, 1986.

Segal, H. (1991): Dream, Phantasy and Art. London and New York: Tavistock/Routledge.

Silver, A. (1988): A Psychosemiotic Model: An Interdisziplinary Search for a Common, Structural Basis for Psychoanalysis, Symbol-Formation, and the Semiotic of Charles S. Peirce. In: James S. Grotstein (Ed.): do i dare disturb the universe? a memorial to w.r. bion. London: Karnac, pp. 269–315.

Silver, A. (1989): Evolution of Semiotic Structure and Symbolism Revealed in the Psychoanalytic Process. Melanie Klein and Object Relations 7, 30–43.

Todorov, T. (1977): Théories du symbole. Paris: Editions du Seuil.

Weder, H. (1991): Mythos und Metapher – Überlegungen zur Sachinterpretation mythischen Redens im Neuen Testament. In: B. Jaspert (Hrsg.): Bibel und Mythos. Göttingen: Vandenhoeck & Ruprecht, S. 38–73.

Winnicott, D.W. (1971): Playing and Reality. London: Tavistock Publications. Deutsch: Vom Spiel zur Kreativität. Stuttgart: Klett-Cotta, 1989[5].

Narziß, Teiresias und Ödipus: Internalisierungsschritte von der „Interaktionellen Unbewußtheit des Gegenübers" zur „Verinnerlichung der Urszene"*

Günter H. Seidler

Die folgenden Ausführungen dienen einer *alteritätstheoretischen Erläuterung* des *traditionellen* Konzeptes von Internalisierung und der inhaltlich in diesen Kontext gehörenden Vorstellungen zur Symbolisierung, Konfliktfähigkeit und Strukturbildung. Das zum Verständnis der Entwicklung von *Internalisierung* vorgeschlagene *Stufenmodell* (Seidler 1995a-c) ermöglicht dabei – auf der Grundlage einer prinzipiellen Skepsis an Konzept und Realität des Individuums als endopsychischer „Ein-heit" – eine Erweiterung des herkömmlichen Bereiches der Anwendbarkeit des traditionellen Internalisierungskonzeptes. – Nach einer kurzen Skizzierung des begriffsgeschichtlichen und systematischen Verständnisses von Internalisierung wird dieses Konzept im zweiten Teil dieses Beitrags kritisch diskutiert. Im dritten Teil werden drei Stufen von Internalisierung vorgestellt; dieser Teil dient der eigentlichen Erläuterung des eigenen Konzeptes und der Verknüpfung mit den genannten anderen Begriffen der Symbolisierung, Konfliktfähigkeit und Strukturbildung, und im vierten Teil werden therapeutische Konsequenzen untersucht.

1. Psychoanalytische Positionen zum Verständnis von Internalisierung in der Literatur

Im Gesamtregister der Gesammelten Werke von Freud wird der Begriff der *Internalisierung* nicht erwähnt, ebensowenig in der Vokabelsammlung von Laplanche und Pontalis (1967a, b). Auch im „Lexikon Jungscher Grundbegriffe" (Hark 1988) ist er nicht enthalten, was angesichts der Bedeutung von „Individuation" in diesem Ansatz durchaus überrascht. Der Begriff der Internalisierung fehlt aber auch im „Wörterbuch der kleinianischen Psychoanalyse" von Hinshelwood (1989) – wobei er allerdings den Begriff der „Externalisierung" und den der „inneren Objekte" lexikalisiert. Im von mir sehr geschätzten „Critical Dictionary of Psychoanalysis" (Rycroft 1968) ist „Internalization" nicht verzeichnet, – wohl aber in der wertvollen, in Deutschland leider kaum beachteten Zusamenstellung psychoanalytischer Begriffe von Moore und Fine (1990):

> „Internalization is the primary contributor to psychological development, occuring throughout the life cycle whenever relations with a significant other are disrupted or lost" (S. 102).

---

* Herrn Prof. Johan Zauner, Rosdorf/Göttingen, zum 75. Geburtstag gewidmet.

Mir ist es nicht gelungen herauszufinden, wer in welchem Zusammenhang erstmals den Begriff der Internalisierung verwendete; vermutlich stammt er von Hartmann oder aus seinem Umfeld. Möglicherweise entstand „internalization" zunächst als Übersetzung von „Verinnerlichung" und wurde dann als „Internalisierung" rückübernommen.

Laplanche und Pontalis (1967a, b) verzeichnen demgegenüber das Wort *„Verinnerlichung"*, allerdings auch wieder ohne Herkunftsbezeichnung.

Sie geben zwei Bedeutungsfelder an: Es sei einmal ein „Ausdruck, der oft als Synonym von Introjektion verwendet wird", und zweitens „... in einem spezifischeren Sinne [ein] Vorgang, durch den intersubjektive Beziehungen in intrasubjektive Beziehungen umgewandelt werden (Verinnerlichung eines Konflikts, eines Verbotes etc.)" (1967b, S. 592).

Freud verwendet diesen Begriff an zwei Stellen, wobei es jeweils um die „Verinnerlichung der Aggressionsneigung" (1933b [1932], S. 26) geht:

„Wir nehmen doch an, daß auf dem Wege der Entwicklung vom Primitiven zum Kulturmenschen eine sehr erhebliche Verinnerlichung, Einwärtswendung der Aggression stattfindet ..." (1937c, S. 90).

Insbesondere Hartmann (so z.B. 1939) hat diesen Begriff weiter ausgearbeitet und zu dem der Strukturbildung in Zusammenhang gesetzt.

In den Kontext der Begriffe „Internalisierung" und „Verinnerlichung" gehören die Begriffe „Introjektion" und „Identifizierung", auf die ich kurz eingehen möchte, auch der der „Imitation", den ich aber unberücksichtigt lasse.

Der Begriff der *Introjektion* wurde 1909 von Ferenczi eingeführt. Er bezieht sich in seiner Arbeit „Introjektion und Übertragung" auf den schon geläufigen Begriff der *Projektion,* den Freud seinerseits der Neurologie und Psychologie entnommen hatte (1895/1950c, 1896b). Introjektion sei der Vorgang, in dem der Neurotiker „... einen möglichst großen Teil der Außenwelt in das Ich aufnimmt und zum Gegenstande unbewußter Phantasien macht" (Ferenczi 1909, S. 19). Die Betonung dieser beiden Charakterisierungen von Introjektion, nämlich die der *Aufnahme von „Inhalten"* und die des Zusammenhanges mit *unbewußten Phantasien* in der klassischen Position ist mir sehr wichtig – gegen ihre unkritische Selbstverständlichkeit richtet sich im wesentlichen meine Kritik.

Freud übernimmt von Ferenczi den Begriff der Introjektion und verwendet ihn nahezu synonym zu dem der oralen Einverleibung. Während Freud ihn für spezifisch für die Melancholie (1916-17g [1915]) hält, stellt Abraham (1924) seine allgemeine Bedeutung heraus. Der Begriff wird zur Kennzeichnung eines unbewußten Prozesses in der Handhabung von Objekten verwendet, nämlich zur Beschreibung ihrer Hereinnahme in das Subjekt. Damit ist weiterhin eine Orientierung an „Inhalten" vorherrschend, die vielleicht noch deutlicher bei M. Klein (1929) wird, wenn sie von „inneren Objekten" spricht.

Interessant ist am Rande, daß das Verständnis der Verlagerung nach außen in den Prozessen der Projektion (Freud) und Externalisierung (M. Klein) dem der konzeptuellen Fassung der Hereinnahme vorausging – ein nachdenkenswerter Befund.

Der Begriff der *Identifizierung* gehört und gehörte neben der Umgangssprache insbesondere der philosophischen Sprache an. Wenn Freud schreibt:

> „Die Identifizierung ist also nicht simple Imitation, sondern *Aneignung* auf Grund des gleichen ätiologischen Anspruches; sie drückt ein ‚gleichwie' aus und bezieht sich auf ein im Unbewußten verbleibendes Gemeinsames" (1900a, S. 155f),

wird in dem Zusammenhang deutlich, daß dieses „Gemeinsame" eine Phantasie ist. So geht es auch bei diesem Begriff, nicht nur bei Freud, sondern auch in der weiteren Verwendung, vornehmlich um die Beschreibung des Transfers von *Inhalten* im Rahmen *unbewußter Prozesse* – insbesondere in der Formulierung der „ödipalen Identifizierungen" –; nur *Inhalte* oder *inhaltlich gefüllte Prozesse* können Gegenstand *unbewußter Phantasien* werden.

Ich möchte mich jetzt wieder dem zentralen Begriff der Internalisierung zuwenden, der, wie Meissner (1981) schreibt, die Begriffe der Inkorporation, Introjektion und Identifizierung beinhaltet (S. 7). Das Buch dieses Autors und das von Schafer (1968) sind die einzigen Monographien zu diesem Thema, die im übrigen nicht in deutscher Übersetzung vorliegen.

Schafer diskutiert Konzepte der Internalisierung mit dem Anliegen, einen zur begrifflichen Verdinglichung subjektiver Erlebensabläufe tendierenden Sprachgebrauch in der Psychoanalyse in Richtung einer Erlebnis- und Handlungssprache zu verändern. Hinsichtlich seines Verständnisses von Internalisierung bleibt er allerdings ebenfalls dem traditionellen Verständnis verhaftet; identifikatorisch angeeignet und zu eigen gemacht werden „Inhalte". Selbst wenn er dabei den Prozeßcharakter dieser Aneignung betont: Das, was angeeignet wird, muß konkretisierbar sein, um Gegenstand einer unbewußten Phantasie werden zu können. In einer späteren Arbeit (1972) wiederholt er seine Kritik an „räumlichen, substantialistischen, pseudokonkreten Metaphern in psychoanalytischen Beschreibungen psychischer Prozesse" (S. 786). Er betont, daß es sich nicht um realisierbare Realvorgänge handelt, sondern um phantasierte Vorgänge. Allerdings bleibt er gerade mit dieser Betonung der Phantasie, damit also auch der *Phantasierbarkeit*, erst recht der Tradition verhaftet: *Phantasien* bedürfen der *Inhalte*, nur sie und ihr Transfer können ihr *Gegenstand* sein.

Ich möche an dieser Stelle den historischen Exkurs beenden. Anderenorts werde ich später auf weitere Literaturpositionen eingehen und sie problembezogen mit meinen eigenen Überlegungen in Beziehung setzen. Zunächst möchte ich mich *kritisch* mit diesem traditionellen Verständnis auseinandersetzen.

2. Prozeß, Inhalt, unbewußte Phantasie – und was noch? – Zur Revisions- und Ergänzungsbedürftigkeit des Internalisierungskonzeptes

Meine Kritik an der bisherigen Konzeption von Internalisierung betrifft deren zentrale Voraussetzung, die aber implizit bleibt. Insbesondere Schafer (1968, 1972) betont gerade die metaphorische Redeweise, die wir verwenden, wenn wir von „Internalisierung" sprechen. Es werden eben nicht dinghafte „Objekte" nach „innen" – wo auch immer das sein mag – verlagert, sondern es werden Symbole gebildet, die als „Scheinbilder" im Sinne Cassirers (1923) eine Objektivierung darstellen und als solche auch Gegenstand einer unbewußten Phantasie werden können. Zu kurz kommt allerdings auch im Ansatz von Schafer der Bereich von Beziehung, der dieser in symbolisierter Form ablaufenden *vorausgeht,* sowie der *Prozeß der Symbolisierung* selbst, der *Prozeß der Bildung* von Symbolen. Mein Anliegen ist, mit aller Nachdrücklichkeit auf die Notwendigkeit der Konzeptualisierung gerade dieser *noch nicht, nicht mehr und präreflexiv als basales Prozeßgeschehen prinzipiell nie* symbolisierten Beziehungsprozesse aufmerksam zu machen, ebenso wie auf die des *Prozesses der Bildung von Symbolen,* in dem Bedeutungen erst entstehen, und einen eigenen Beitrag dazu zu leisten. In anderen Worten: Meine Kritik am bisherigen Internalisierungskonzept bezieht sich darauf, daß es reifungs- oder entwicklungspsychologisch „zu hoch" ansetzt und es kaum möglich erscheint, mit ihm das diskursiv zu erfassen, was Internalisierungsprozessen als Wirkungsgeschehen erstens vorausgeht und zweitens ihnen – in meinem eigenen Verständnis – als das Geschehen, in dem sich auf der Grundlage von *prinzipiell unreflektierbarem,* aus *noch nicht* oder *nicht mehr reflektiertem* Leben und Erleben Bedeutungsträger erst herausbilden, *immer* zugrundeliegt.

An anderer Stelle habe ich gezeigt (Seidler 1995a), daß es insbesondere in der Objektbeziehungstheorie nicht möglich ist, „vor-objektale" Konfigurationen angemessen zu beschreiben, die trotzdem Beziehungsqualität haben können, daß aber auch logische Widersprüche auftreten, wenn man herkömmliche Subjekt-Objektrelationen mit ihr abbilden will. Das hängt damit zusammen, daß das Selbst zu seiner Manifestation das Objekt voraussetzt, beide also nicht als unabhängig voneinander existierende Entitäten aufgefaßt werden können. Dem wechselseitigen Bedingungsgefüge von Ich und Gegenüber als Subjekt und seiner nachfolgend möglichen Beziehung auf ein Objekt entspricht allerdings weitgehend meine dort entwickelte *Alteritätstheorie.* – Der für sie zentrale Zusammenhang zwischen Ich-Gegenüber- und Subjekt-Objekt-Relation in der *Wahrnehmungsbeziehung* und in Prozessen der *Symbolbildung* wird in dem weiter unten diskutierten, fiktiven Chandos-Brief von Hugo von Hofmannsthal (1902) deutlich.

In dieser Kritik am traditionellen Internalisierungsverständnis fühle ich mich durch das Buch eines Autors sehr bestätigt, auf den mich J. Danckwardt gesprächsweise aufmerksam machte: die Monographie „The shadow of the object" von Bollas (1987). Obwohl ich mit meinem Ansatz auf der einen Seite anthropologische, auf der anderen normalpsychologische Aspekte stärker betone und Bollas eine im engeren Sinne stärker klinisch orientierte Position vertritt, weisen basales Anliegen und beide Lösungsansätze aber offenbar eine ganze Reihe von Gemeinsamkeiten auf.

Da ich der Meinung bin, daß sich die bereits aufgeworfene Frage, wie sich aus einem unreflektierten Vollzug von Leben und Erleben innerhalb eines Beziehungsgeschehens Symbole als Bedeutungsträger herauskristallisieren, nicht allein psychoanalyseimmanent beantworten läßt, bediene ich mich in meinem oben erwähnten eigenen Ansatz deshalb in der Analyse der relevanten Sinnzusammenhänge auch der phänomenologischen Methode, wie sie etwa von Lembeck (1994) vorgestellt wird[1]:

Wenn das Subjekt wahrnimmt, daß es seinerseits vom Blick des Gegenübers erfaßt und identifiziert wird, wird sein vordem nur gelebter, nicht-reflektierter, insofern bewußt-loser Erlebensvollzug angehalten, das Subjekt wird auf sich selber zurückverwiesen, und in seiner jetzt realisierten Wahrnehmung, wahrgenommen zu werden, entsteht sein Bild von sich selbst.

Das ist kein erklärendes Modell, sondern der Versuch einer Beschreibung, die allerdings als Vorstufe einer Erklärung verstanden werden kann (siehe auch Loch 1994).

1 Den phänomenologischen Ansatz von Schmitz (1990) habe ich hier nicht berücksichtigt.

Der Hintergrund des Blickes des Gegenübers, das in diesem Verständnis mit seiner Wahrnehmung die Grundlage der Identität des Subjektes darstellt, kann *epistemologisch* von diesem nicht eingesehen werden; aus diesem Grunde habe ich für diese *die Identität des Subjektes fundierende Unerforschlichkeit* auch den Begriff des *„epistemologisch Unbewußten"* vorgeschlagen (Seidler 1995a). Diese Realität jedwelchen Gegenübers – „Realität" im Sinne von Loch (1994) – liegt in meinem Verständnis jeder unbewußten Phantasie als prinzipiell nicht symbolisierbares Wirkprinzip zugrunde; es ist die Matrix des kreativen Prozesses, innerhalb dessen Bedeutungen ge- oder erfunden werden.

Bollas hat in der erwähnten Monographie den Begriff des „unthought known" geprägt. Diese Formulierung kommt auf *empirischer, klinisch operationalisierter Ebene* meinem *kategorialen* Begriff der „epistemologischen Unbewußtheit" sehr nahe, ohne indes mit ihm zusammenzufallen – Bollas arbeitet im Bezugsrahmen der Psychoanalyse, ich in dem der Alteritätstheorie, und in Abhängigkeit von der Seite der konzeptuellen Annäherung an diesen Begriff sind jeweils unterschiedliche begriffliche Voraussetzungen zu erfüllen. – Ich möchte seinen Begriff mit „ungedacht Bekanntes" übersetzen. Bollas versteht darunter jene Spuren von Erleben, die das Subjekt in seiner Totalität bestimmen, die *ge*lebt werden, ohne *er*lebbar zu sein – weshalb sie auch nicht *Gegenstand* oder *Inhalt* unbewußter Phantasien werden können. Sie kommen eher dem nahe, was Stern (1985) als „Vitalitätsaffekte" bezeichnet hat, also etwa dem Fluß, dem Tonus, der Gestimmtheit eines Menschen, und sie können sich in der Tat in Stimmungen, als eine Art Grundmelodie des Erlebens äußern. Damit handelt sich also in etwa um den charakterlich geronnenen, an der Grenze zur Reflektierbarkeit liegenden Vitalitätstonus eines Menschen, therapeutisch relevant und potentiell nutzbar, ohne prinzipiell pathologisch zu sein: „Das ungedacht Bekannte ist ein wesentlicher Teil von jedem von uns" (Bollas 1987, S. 112). – Alteritätstheoretisch fehlt die konzeptuelle Einbeziehung des Gegenübers in die identitätsbildende Wirksamkeit des „unthougt known".

Aus dieser Kritik am traditionellen Konzept von Internalisierung ergibt sich für mich der Vorschlag, im Sprachgebrauch stärker die ihr zugrunde liegende *Symbolisierung* zu betonen, um auf diesem Wege auch jene Prozesse in den Blick bekommen zu können, die noch nicht die höherstufigen Bedingungen der *Internalisierungsprozesse* erfüllen. „Symbolisierung" ist hier dabei zunächst ein Oberbegriff für die Ersetzung eines unmittelbar wahrnehmungsgebundenen Umgangs mit Objekten im weitesten Sinne durch von ihnen abgehobene, insofern „abstrakte" „Stellvertreter". Mit dieser begrifflichen Verschiebung – mein Anliegen ist zunächst nicht, die Rede von „Internalisierungsvorgängen" aufzugeben, auch wenn ich es begrifflich vorziehen würde, eher von *„Aneignung"* zu sprechen – dürfte auch die von Schafer geforderte Aufgabe der Verwendung von Raummetaphern leichter fallen.

Jede Symbolisierung erwächst aus einer *Objektivierung* eines primär unreflektiert ablaufenden Prozesses. Auf der Grundlage dieses Verständnisses geraten die Begriffe der *Objektivierung*, der *Reflexivität* und der *Selbstreflexivität* stärker in das begriffliche Umfeld der Rede von der Internalisierung als die herkömmlichen, an Inhalten orientierten; sie wurden oben bereits als die der Inkorporation, Introjektion und Identifizierung benannt. Reflexivität und Selbstreflexivität bezeichnen dabei im übrigen nichts, was der psychoanalytischen Vorgehensweise fremd wäre: Der psychoanalytische Umgang mit Traum und freier Assoziation besteht darin, sie in Anwesenheit eines Anderen zum Gegenstand einer reflektierenden, also objektivierenden und distanzierenden Untersuchung zu nehmen, in einer oszillierenden Bewegung zwischen unreflektiertem Erleben und mit diesem Anderen geteilten Vergegenständlichung. In diesem Prozeßgeschehen bekommt zunächst bedeutungsloses, psychisch unmittelbares Erleben qua Reflexion Bedeutung. Dieser Prozeß hat mit Kreativität zu tun, mit Finden und Erfinden. Seine Chance ist, daß *„Verstehen"* eine Gemeinsamkeit jenseits unbewußter Phantasie zur Grundlage hat, die dem *Erkennen von Bedeutung vorausgeht:* „... Verstehen ist ein nicht hintergehbares Phänomen" (Loch 1994, S. 12).

Der Prozeß der Symbolisierung ist an Beziehung gebunden, die zunächst eine solche *wechselseitiger Wahrnehmung* ist. Aus dem unreflektierten Vollzug von Leben und Erleben kann reflektierte, geteilte *Bedeutung* werden, wenn das Subjekt ein Gegenüber findet, das diesen kreativen Akt ermöglicht und seinerseits Bedingungen aufweist, die es ihm möglich machen, die „Antwort" des Gegenübers zu nutzen. Damit sind allerdings gleichzeitig schon für diese Ebene, im Vorfeld der Entstehung teilbarer Bedeutung, *Entgleisungsmöglichkeiten für das Zustandekommen eines Dialoges* genannt.

Ihre Diskussion steht nicht im Mittelpunkt dieser Arbeit; sie wurden an anderer Stelle untersucht (Seidler 1993, 1994, 1995c). Ergänzend soll aber hier auf überpersönlich wirksame, gesellschaftliche Dynamismen aufmerksam zu machen, die wir als Psychoanalytiker und Psychotherapeuten, selbst wenn wir uns gruppenpsychotherapeutischer Methoden bedienen, wahrscheinlich zu wenig zu erkennen gelernt haben – nur zu oft dürften wir in der *Illusion* bestimmter Freiheitsgrade leben und dabei bereits mit dieser Illusion *Element* übergreifender gesellschaftlicher Zusammenhänge sein. Kann es nämlich nicht sein, daß aus überpersönlichen, gesellschaftlichen Gründen geradezu eine *Notwendigkeit* besteht, bestimmte Gruppen von Menschen unverstanden zu lassen, bestimmte Leiderfahrungen im nicht verbalisierten, nicht geteilten Raum zu belassen, sei es, weil sie an für jeden schwer aushaltbare Affekte rühren, sei es, daß sie politische Tabus berühren? – Allerdings geht es in meinem Verständnis nicht nur um die Wirksamkeit dieser prinzipiell empirisch faßbaren und hintergehbaren Wirkfaktoren, sondern auch und vor allem um die Erfassung grundsätzlicher Grenzen von Objektivierbarkeit und Reflektierbarkeit – jenseits dieser Grenzen kann dann im strengen Sinne nicht mehr von „Entgleisungsmöglichkeiten" gesprochen werden.

Gelingt der Prozeß der Entstehung von Reflexivität, kommt begrifflich das Wort von der Aneignung zur Geltung. Jetzt ist das Subjekt in der Lage, sich unter dem Blick des Gegenübers sein vorher unmittelbares Erleben, es objektivierend, zu eigen zu machen und es in seiner Bedeutung mit ihm zu teilen. Dieser Prozeß geschieht über Sprache, was auch für diese Ebene die Gefahr der Entgleisung mit sich bringt (Rudolf 1976, 1977).

Spätestens seit der zweiten Hälfte des letzten Jahrhunderts, nachhaltig und unüberhörbar dann in den ersten beiden Jahrzehnten dieses Jahrhunderts ist der Zerfall der Verbindlichkeit und Tragfähigkeit sprachgebundener Beziehungserfahrung Thema und/oder Hintergrund schöngeistiger Literatur. Eines der bekanntesten Beispiele dürfte der Brief eines fiktiven Philipp Lord Chandos an Francis Bacon von Hugo von Hofmannsthal (1902) sein. Der Autor bezieht sich auf seine ursprüngliche Absicht, eine Sammlung kluger Gedanken anzulegen mit dem Titel: „Nosce te ipsum", „Erkenne Dich selbst". Die Verwirklichung dieses Planes scheitere aber an einem schwer faßbaren Auflösungserleben: „Es ist mir völlig die Fähigkeit abhanden gekommen, über irgend etwas zusammenhängend zu denken oder zu sprechen. ... Es zerfiel mir alles in Teile, die Teile wieder in Teile, und nichts mehr ließ sich mit einem Begriff umspannen. Die einzelnen Worte schwammen um mich; sie gerannen zu Augen, die mich anstarrten und in die ich wieder hineinstarren muß: Wirbel sind sie, in die hinabzusehen mich schwindelt, die sich unaufhaltsam drehen und durch die hindurch man ins Leere kommt" (S. 465f). Was hat es damit auf sich, daß Worte, also die Instrumente der Distanzierung und Objektivierung, zu „Augen" werden? Ich meine, hier wird ein regressiver Prozeß beschrieben: Symbole wandeln sich wieder zur interaktiven, präreflexiven Wahrnehmungsbeziehung, die ihrerseits wiederum, im Rahmen dieses Rückläufigkeitsprozesses, destruierenden Charakter annimmt. – Für den eigenen Ansatz ist natürlich auch die Frage von Bedeutung, ob der zitierte Text im Sinne des Hauptstromes der einschlägigen Sekundärliteratur (siehe dazu Koch 1989) als Dokument des Verfalles sinnstiftender Zusammenhänge zu verstehen ist, oder ob auch einer Interpretation zugestimmt werden könnte, die in diesem Brief *auch* einen kulturell progressiven Entwicklungschritt erkennt dergestalt, daß nämlich eine basale und immer objektiv gegebene Illusion von Selbstverständlichkeit erstmals *als solche* kohärent formuliert werden konnte. Immerhin ist zeitgleich die Psychoanalyse entstanden mit einer anderen, allerdings nicht konsequent durchgehaltenen Kritik am bisherigen Begriff des Individuums (Seidler 1995a), und die traditionelle Schizophrenielehre der Psychiatrie, deren Konzeptualisierung ebenfalls *auch* als Ausdruck davon gewertet werden kann, daß die Relativität der Einheit des Individuums wisenschaftlich immer stärker wahrgenommen werden konnte.

Im folgenden Abschnitt geht es mir darum, *drei Stufen von Reflexivität* vorzustellen. Dabei betrachte ich Reflexivität, wie oben diskutiert, als Konzept, das über weite Strecken an die Stelle des herkömmlichen der Internalisierung treten kann. Zur Veranschaulichung habe ich diese drei Stufen, in Anlehnung an klassische Mythologeme, als die des *Narziß*, des *Teiresias* und des *Ödipus* bezeichnet. Bei einer Fokussierung auf das *Reflexionsniveau* – die Ausgestaltung des Selbstverhältnisses – sind sie mit den Begriffen der *unreflektierten*, der *außenreflektierten* und der *selbstreflexiven* Position angemessen bezeichnet. Ich stelle mir diese Stufen nicht alternativ vor, sondern gehe davon aus, daß immer jede Ebene wirksam ist, daß aber in der Regel eine bestimmte Funktionsweise das Organisationsniveau eines bestimmten Menschen in typischen Weise kennzeichnet.

Zumindest hinsichtlich einer basalen Ebene vertritt Bollas eine ähnliche Position, die in dem schon erwähnten Zitat zum Ausdruck kommt: „Das ungedacht Bekannte [also die Ebene des schwer oder gar nicht zu reflektierenden Vollzuges] ist ein wesentlicher Teil von jedem von uns“ (Bollas 1987, S. 112). Es fehlt allerdings die alteritätstheoretisch für wichtig erachtete Ableitung der Genese dieses ungedacht Bekannten mit seiner identitätsbildenden Funktion aus der aktiven und passiven Wahrnehmung des Gegenübers.

3. Narziß, Teiresias und Ödipus: Drei Ausgestaltungen des Selbstverhältnisses

Aufgrund theoretischer Ableitung, klinischer Erfahrung und in Anlehnung an Literaturbefunde teile ich die Ausgestaltung des Selbstverhältnisses – die Fähigkeit, sich selbst zum Objekt nehmen zu können – in drei Stufen ein. Sie haben als Reifegradierungen eine gewisse Ähnlichkeit mit den drei Organisationsebenen, die Kernberg (1976) herausgearbeitet hat, sind aber anders abgeleitet und begründet. In meinem Modell geht es um solche Beziehungsschleifen und ihre Verinnerlichung, die über die zunächst im interaktionellen Außen lokalisierten Wechselseitigkeiten von Wahrnehmen und Wahrgenommen-werden und über den Prozeß ihrer Aneignung zu den zunehmend intrapsychisch verfügbaren Funktionen der *Selbstwahrnehmung*, der *Selbstbeobachtung* und *Selbstbeurteilung* führen. Damit kommt der *Qualität der symbolischen Ausarbeitung des Selbstbezuges* eine Gewichtung zu, die ihr in den in der Literatur beschriebenen Stufen psychosexueller Reife so nicht zuerkannt wird[2].

2 Von einigen Kolleginnen und Kollegen wurde ich gesprächsweise darauf aufmerksam gemacht,

3.1 Die unreflektierte Position – die Position „Narziß"

Auf dieser Stufe trägt das Subjekt dem Gegenüber das Anliegen der Formulierung einer seine Realität basal konstituierenden *Antwort* an. Bollas nennt das Gegenüber dieser Position das „transformational object" (1987, S. 4) und betont als seine wesentliche Aufgabe die der *Übersetzung*, der *Transformation* von Gelebtem in Symbolisiertes. Ich schlage ergänzend, unter einer zunächst stärker phänomenologisch betonten Perspektive vor, hier zunächst das Merkmal der *Reflexion* oder *Antwort* des Gegenübers zu betonen, wobei mit dieser Bezeichnung seine mögliche *Funktion* für das Subjekt noch nicht so stark betont wird. Auf basaler Ebene ermöglicht sie dem Subjekt, sich als wahrgenommenes identifiziert zu wissen. Diese Wahrnehmung liegt im „Blick" des Gegenübers begründet, der in seiner Totalität nicht einsehbar ist. Deshalb, und weil dieser Vorgang sich zunächst vor jeder Symbolisierung im interaktionellen Raum manifestiert, spreche ich von der *„interaktionellen Unbewußtheit"* dieses Gegenübers; der Aspekt seiner epistemologischen Unbewußtheit organisiert sich hier im interaktionellen Raum. In ihm begründet das Gegenüber mit seinem antwortenden, aber nicht total einsehbarem Blick die Identität des Subjektes. Im Mythos ist die pathologische Variante dargestellt, die durch das *Fehlen einer Wechselseitigkeitsbeziehung* gekennzeichnet ist.

Das mythologische Urbild dieser Position ist in der versuchten, aber nicht zustande gekommenen Beziehung zwischen Narziß und Echo beschrieben (Ovidius Naso, hrsgg. von Breitenbach 1958). Narziß war aus einer Vergewaltigung hervorgegangen und, so läßt der Text vermuten, vaterlos aufgewachsen. (Zu den zahlreichen Quellen der Geschichte von Narziß vgl. Rose 1928, Ranke-Graves 1955a, b). Schroff und ablehnend allen Annäherungsversuchen gegenüber hatte er auch das Liebeswerben der Nymphe Echo nicht beantwortet, statt dessen ein anderes, vermeintliches Gegenüber begehrt und war dabei in diesem seinem Spiegelbild ertrunken. – Echo war ursprünglich „... ein körperlich Wesen und nicht eine Stimme" (Ovid, Metamorphosen, Liber III, Z. 359). Hera, die Gattin des Zeus, hatte der Echo zur Strafe die Fähigkeit zur Urheberschaft eigener Rede genommen: nur die letzten Wörter dessen, der zu ihr sprach, sollte sie zurückgeben können, nichts eigenes aber mehr anfangen. In dem Streit war es darum gegangen, daß Zeus ein Schäferstündchen mit den Freundinnen der Echo wahrnahm, und sie seine Entdeckung durch Hera vereitelte. Ovid stellt in seinem Text sehr anschaulich dar, wie die ihrer Fähigkeit zu primärer Rede beraubte Echo durch die Widergabe der jeweils letzten Worte eines Satzes den Narziß in arge Bedrängnis bringt. – Keiner wird je erfahren, was aus Narziß geworden wäre, hätte sich die Echo ihm etwas vorsichtiger nähern können.

Durch die in der bisherigen Diskussion übliche Fokussierung auf nur einen Teilhaber dieser Beziehung, nämlich auf den Narziß, ist gerade das verloren gegangen, was in der geschilderten Beziehungsgeschichte von Ovid von zentraler Bedeutung ist: Die Interaktion zwischen zweien, die *Wechselseitigkeitsbeziehung*, innerhalb derer der Mangel des einen die Entwicklung des anderen zum Stillstand bringt. Diesen Gesichtspunkt von Wechselseitigkeit beim Zustandekommen einer Beziehung, die teilbare Symbole entstehen läßt, hat Bollas in der erwähnten Monographie sehr stark betont.

daß die hier entwickelten Überlegungen eine Einbeziehung der Arbeiten von Lacan, aber auch der von Bion erforderten. Das habe ich für nachfolgende Arbeiten vorgesehen. Zur ebenfalls angemahnten Einbeziehung inbesondere der aggressiven Affekte verweise ich auf Seidler (1995a) – sie erfordert eine Neuformulierung der Triebtheorie. Das habe ich dort hinsichtlich des Triebzieles versucht.

Die Beraubung der Fähigkeit zu eigener, primärer Rede von Echo durch Hera läßt sich mit einem Konzept erfassen, das Bollas in seinem Buche einführt, wenn er nämlich der projektiven Identifizierung die „extractive introjection" gegenüberstellt, jenen psychischen Beraubungsprozeß, den jeder aus eigenem Leben und Erleben kennt. Es handelt sich darum, daß Person A nicht der Person B, wie in der projektiven Identifizierung, nicht aushaltbare Selbstanteile zuschiebt und sich selbst auf diese Weise ihrer entledigt, sondern darum, daß Person B aktiv der Person A Gedanken, Gefühle, Verantwortlichkeiten, seelisches Erleben „wegnimmt" und es sich selber zu eigen macht. Die Gestalt der Interaktion zwischen Echo und Narziß legt es nahe, hier diesen Symbolisierung und Internalisierung vereitelnden Prozeß zu unterstellen. Auch was sich danach in der Beziehung zwischen Narziß und Echo abspielte, läßt sich sehr zutreffend mit den neuen Begriffen kennzeichnen, die Bollas einführt. So ist die Echo aufgrund ihrer eigenen Beraubung nicht mehr in der Lage, Funktionen als „transformational object" wahrzunehmen. Auf der Seite von Narziß bleibt seine Sehnsucht, sein Wunsch nach einem antwortenden Gegenüber ungebrochen, im Sinne des Wortes vom „unthought known" unerkannt. Dem entspricht auf der Seite von Echo, daß sie zum „conservative object" wird – ein neuer Begriff von Bollas – , etwas in erstarrter, nicht mehr affektiv bewegter Form in sich behält. Vom Text her wird das sehr deutlich, wenn wir uns den Ausgang der Beziehung von Narziß und Echo ansehen: Trotz ihrer Kränkung bewahrt sie den Kontakt zu ihm, parallel gehend seiner Liebe zu seinem *Spiegelbild:*

> „Auch die Worte, die letzten – er schaute noch immer ins Wasser –
> ‚Ach! du Knabe, vergeblich geliebt!' widerhallten am gleichen
> Orte, dem Rufe ‚Leb wohl!' ‚Leb wohl!' erwiderte Echo" (Ovid, Metamorphosen, Liber III, Z. 499–501).

Ohne die einen unreflektierten Ablauf anhaltende, „brechende" und transformierende *Antwort* eines Gegenübers gibt es keine Symbolisierung voraussetzende Selbsterkenntnis – von der als erwünschter, beabsichtigter im übrigen auch in dem fiktiven Brief von Hugo von Hofmansthal die Rede ist – , keine Symbolbildung, damit auch kein Gedächtnis, kein Gewissen und keine Schuldfähigkeit.

Die Gruppe von Patienten, die mit dieser knappen, der antiken Mythologie entnommenen Charakterisierung gekennzeichnet werden kann, wurde an anderer Stelle beschrieben (Seidler 1994). Im Hinblick auf die Grenzen psychotherapeutischer Behandelbarkeit ist allerdings zu überlegen, ob nicht auch im gesellschaftlichen Raume Prozesse wirksam sind, die man als Wechselspiel von projektiver Identifizierung und extractive incorporation bezeichnen kann und die bestimmte Gruppen von Patienten zu Randständigen werden lassen, vergleichbar dem Wechselspiel zwischen Narziß und Echo. Ich denke hierbei z.B. an die Gruppe der Skinheads, von denen ich meine, daß ihnen sehr viel zugeschoben wird, was sie sich dann auch – psychodynamisch bereitwillig – zu eigen machen, ich denke aber in vergleichbarer Weise auch an die große Gruppe der alkoholkranken Patienten, deren Marginalisierung (Heigl-Evers und Seidler 1993, Möhl 1993) vielleicht mit solchen Vorgängen in Zusammenhang steht.

Ich komme jetzt zur Beschreibung der Beziehungsschleife, für die meines Erachtens noch weniger Modelle der Konzeptualisierung zur Verfügung stehen als für die des Narziß und für die des Ödipus oder, in anderen Worten, für die unreflektierte und die selbstreflektierte Position. Ich meine damit die Position, die ich als die des Teiresias oder als die „außenreflektierte" bezeichnet habe.

3.2 Die außenreflektierte Position – die Position „Teiresias"

Das charakteristische Merkmal dieser Position ist die Fähigkeit, *vorübergehend* die Position des Gegenübers einzunehmen, wobei von dieser Perspektive aus kritisch auf das eigene Selbst geschaut werden kann. Dabei ist diese Redeweise viel zu verdinglichend; es geht darum, daß sich im geglückten Falle einer Entwicklung in diesem Prozeß der *interaktionellen Selbst-Objektivierung* die symbolischen Funktionen, angestoßen durch die *objektive Selbst-Bewußtheit,* herausbilden. Sie stehen auf dieser Stufe allerdings intrapsychisch noch nicht zur Verfügung; anders formuliert, die „objektive Selbst-Bewußtheit" ist dem Subjekt noch nicht sicher verfügbar, sondern ist als sein Bild im Gegenüber lokalisiert[3]. Die Fähigkeit zur Triangulation ist vorhanden; sie bedarf allerdings zu ihrer Realisierung eines interaktionellen, real präsenten Stellvertreters.

Mythologisches Urbild dieser Position ist Teiresias. Als junger Hirt soll er an einer Wegscheide im Kithairon zwei Schlangen bei der Paarung gesehen haben. Er tötete das Schlangenweibchen und wurde zur Frau. Nach sieben Jahren erblickte er wieder ein sich paarendes Schlangenpaar. Dieses Mal tötete er das Männchen, und wurde wieder zu einem Mann. Als etwas später Zeus und Hera darüber stritten, wer mehr Lust beim Geschlechtsverkehr erlebte, wurde Teiresias zum Schiedsrichter gewählt, weil er das Erleben beider Seiten kennengelernt hatte. Als er der Frau den größeren Lustgewinn zusprach, wurde er von Hera mit Blindheit geschlagen, von Zeus wurde ihm aber die Gabe eines Sehers verliehen (Quellen bei Kerényi 1966a, b).

Auch in dieser Beziehungsgeschichte ist von einem Akt der Beraubung die Rede, der allerdings hier durch die Verleihung einer kompensierenden Gabe noch schwieriger zu interpretieren ist. Das Blendungsgeschehen als Kastrationsäquivalent zu verstehen (so z.B. Ferenczi 1912, Freud 1919h, 1924c, 1940a [1938], Rank 1913, van der Sterren 1948) ist, wie ich meine, nicht ganz plausibel, wobei Danckwardt (1989) die biographischen Zusammenhänge herausgearbeitet hat, die Freud zu dieser Gleichsetzung veranlaßten. In meinem eigenen Verständnis eröffnet sich ein Zugang zum Blendungsgeschehen bei Teiresias dann, wenn man es in einen Zusammenhang stellt mit der Selbstblendung des Ödipus.

In meiner Monographie (1995a) habe ich den Verlust der Fähigkeit des Blickes nach außen und die Zuerkennung der Seherfähigkeit als Versuch interpretiert, die Aneignung der symbolischen Funktion darzustellen. Was die klinischen Inplikationen angeht, so beschränke ich mich an dieser Stelle darauf, zunächst das mythologische Urbild dieser Interaktionsfigur zu diskutieren, und gehe auf die klinischen Aspekte erst bei der Diskussion der therapeutischen Konsequenzen ein.

Durch die Gleichsetzung von Blendung mit der Entstehung innerer Bilder entsteht die Frage, wie die Rede vom Verlust des Augenlichtes mit der Vorstellung von der Entstehung von Symbolen in Verbindung zu bringen sei.

Ich stelle mir die Verhältnisse an dieser Stelle folgendermaßen vor: Die Blendung beraubt den Geblendeten des dreidimensionierten, äußeren Erlebensraumes hinsichtlich seiner optischen Dimension. Sie führt damit das *objektale Nichts im visuellen Distanzraum*

3 In ihrem Oszillieren von Innen und Außen hat diese Position eine gewissen Nähe zu der der „Übergangsobjekte"; das Geschehen realisiert sich in einem „Übergangsraum" (vgl. auch Sami-Ali 1974).

ein. Die Fähigkeit, sich mit dem führenden, Distanz ortenden Sinnesorgan zu orientieren, geht verloren. Damit schwindet auch die Möglichkeit, das Gegenüber zu relationieren, es in Beziehung zu setzen oder sich selbst zu ihm in Beziehung setzen zu können. Die kompensierende Gabe der Zuerkennung der Seherfähigkeit verstehe ich so, daß an die Stelle der Wahrnehmung äußerer Objekte das Symbol tritt. Klinisch handelt es sich bei den außenreflektierten Beziehungskonfigurationen um solche, in denen dem Gegenüber vom Subjekt die Beantwortung der Identitätsfrage („Wer bin ich?", gegenüber der Frage auf der Position „Narziß", „Bin ich überhaupt?", begrifflich vielleicht: basale vs. spezielle Identitätsfrage) angetragen wird. Geht es auf der Position des Narziß darum, existentiell wahrgenommen zu werden, geht es hier um die Beantwortung der Frage: „*Wer* bin ich?" Während das Anliegen bei der Position des Narziß in dem Wunsch nach wechselseitiger, die Existenz bestätigender Wahrnehmung besteht, insofern ohne einen Austausch von Symbolen vonstatten gehen kann – die Wahrnehmungebundenheit der Realität dieser Existenz kommt in dem Satz zum Ausdruck: „Aus den Augen, aus dem Sinn." –, ist die Beantwortung der hier gestellten Identitätsfrage symbolgebunden. Die wechselseitige Wahrnehmung wird hier nicht mehr unmittelbar realisiert und im Falle der Wunscherfüllung durch den Schlaf des Narziß[4] beendet, sondern auf dieser Stufe eignet das Subjekt sich das *Bild* an, das das Gegenüber von ihm gewonnen hat.

Psychodynamisch finden sich bei jedem Menschen Merkmale dieser Positionen. Trotzdem scheint es klinisch möglich, Gruppen zu bilden, die durch das Überwiegen jeweils einer Funktionsebene gekennzeichnet sind. Zur außenreflektierten Position gehören die Patientinnen und Patienten, die für die Konstituierung ihres eigenen Selbstbildes der Realpräsenz eines Gegenübers bedürfen. Sie suchen Beziehungen zu einem Gegenüber, das ihnen sagt, „wer sie sind", tun sich dann aber, auch in therapeutischen Situationen, häufig schwer, ihr Gegenüber in seiner Identität stiftenden Funktion zu nutzen. Fühlen sie sich nämlich „erkannt", „verstanden", „identifiziert", können sie in ein Erleben hineingeraten, das dem ähnelt, das in dem Zitat in Hugo von Hofmannsthal zum Ausdruck kommt, wenn es dort heißt, daß die „... einzelnen Worte ... zu Augen ... gerannen, ... die sich unaufhaltsam drehen und durch die hindurch man ins Leere kommt" (a.a O., S. 466). Sie fühlen sich durch das Symbol „Sprache" in unerträglicher Weise objektiviert, verdinglicht, eingeengt, aus dem unmittelbaren Vollzug herausgerissen, oder aber sie fühlen sich derartig verstanden, daß das einfühlsame Wort ihres Gegenübers zum sie aufsaugenden Blick wird. In meiner Monographie habe ich diese Extreme als „objektivierenden" und als „subjektivierenden" Blick zu konzeptualisieren versucht. Die Krankheitsbilder, an die hier zu denken ist, entsprechen in etwa denen, die Kernberg (1976) für seine zweite Organisationsebene angibt.

3.3 Die selbstreflexive Position – die Position „Ödipus"

Ich komme jetzt zur Beschreibung der dritten Stufe, der des Ödipus, die sich auch als die „selbstreflexive Position" bezeichnen läßt. Ich möchte sie hier nur – der Darstellung

4 Dem Namen „Narziß" liegt ein vorgriechisches Wort zugrunde, mit dem auch „Narkose" zusammenhängt – wahrscheinlich, weil das Narzissenöl narkotisierende Wirkung entfaltet.

der beiden vorausgehenden Stufen vergleichbar – kurz berühren; für eine ausführliche Darstellung sei auf andere Arbeiten verwiesen (Seidler 1995a, 1996). Auf dieser Stufe steht ein kohärent symbolisiertes Selbstbild als „objektive Selbst-Bewußtheit" zur Verfügung. Es ermöglicht selbstempathisches Erleben, also im Sinne von Bollas, das „unthought known" in Worte fassen zu können[5], und es ermöglicht die Aufnahme empathischer Wechselseitigkeitsbeziehungen zum Gegenüber.

Mythologisches Urbild dieser Position ist Ödipus. In meinem Buch (1995a) habe ich versucht herauszuarbeiten, daß es sich bei den Positionen *vor* Ödipus um äußere Beziehungskonfigurationen handelt: auf der Stufe des Narziß um die Beziehung zwischen ihm und der Echo, auf der Stufe des Teiresias um die Beziehung zwischen ihm als Subjekt und der Hera, später um seine Beziehung zu Ödipus und seine Funktion für ihn. Eine andere Vorstufe des als „Ödipus" symbolisierten Selbstverhältnisses ist dessen Relation zu der Sphinx, auf die ich hier aber nicht eingehen möchte. – Während das herkömmliche Verständnis des Ödipus sich auf die Biographeme des Vatermordes und der Mutterehe bezieht, gehe ich davon aus, daß diese Schicht eine lebensgeschichtlich-biographische Oberflächenebene darstellt, anhand derer die Aneignung der Symbolfunktion und die Herausbildung der Selbstreflexivität entwickelt wird. Unter dieser Perspektive steht die Selbstblendung im Mittelpunkt: *Während Teiresias von Hera geblendet wurde, blendet Ödipus sich selbst.* Die Selbstblendung ist im übrigen das wesentliche Element, das die sophokleiische Ausarbeitung des Ödipus-Stoffes von der ganzen Fülle anderer Ödipusgeschichten in der Antike unterscheidet (Seidler 1995a). Das Blendungsgeschehen des Ödipus ist in folgenden Zusammenhang eingewoben: Nachdem er detektivisch im sozialen Außen den/die Mörder seines Vaters gesucht hatte, wird ihm über Teiresias seine eigene Täterschaft kognitiv/affektiv immer näher gebracht. Als er erkennt, daß er sich nach der Ermordung seines Vaters an dessen Stelle gesetzt hat, auch in der Beziehung zu dessen Frau, seiner Mutter, „blendet" er sich. In seiner Erkenntnis fallen Subjekt und Objekt der Erkenntnis in eines – und zwar als Prozeß-, als Beziehungsgeschehen, und, was charakteristisch für diese Position ist, den „Inhalt" dieses Erkenntnisgeschehens betreffend. Auf der unreflektierten Stufe des Narziß, dem kein Symbol zur Verfügung stand, resultierte Bewußtlosigkeit, als Blick und Angeblicktes, Subjekt und Objekt in eines fielen. Auf der selbstreflexiven Stufe handelt es sich um ein Geschehen, das sich „in" Ödipus ereignet; seine subjekthafte Selbstwahrnehmungs-, -beobachtungs- und -beurteilungsfähigkeit bleiben erhalten.

Entwicklungspsychologisch gehe ich davon aus, daß die Fähigkeit zu ganzpersonaler „objektiver Selbst-Bewußtheit" sich dann entwickelt, wenn sich das Kind als ausgeschlossen aus einer als ideal erachteten Eltern-Beziehung erlebt. Gegenüber dem Phantasma dieser Idealität wird es selber zum Fremden und nimmt sich selbstreflexiv ganzpersonal zum Objekt. Der auf der Stufe des Teiresias noch äußerlich realisierte Blick ist jetzt angeeignet. Dem *Gegenüber der Elternbeziehung* – der *verinnerlichten Urszene – entspricht das ganzpersonale Selbst, auf das über das Erleben der Ausgeschlossenheit affektiv der Schatten des Bösen fällt.* Erst auf dieser Stufe werden wirkliche Internalisierungen – symbolische Ausgestaltungen von Beziehungskonfigurationen – realisiert. Mit der Herausbildung ganzpersonaler Selbstreflexivität geht nach diesem Verständnis die Fähigkeit zur Wahrnehmung des ganzpersonalen Anderen einher – Selbstreflexivität, selbstreferentieller Rückbezug und ganzpersonaler Außenbezug sind zwei Seiten desselben Grundgeschehens, das die Fähigkeit zur Symbolisierung zur Voraussetzung hat (Seidler 1996). Daß auch die *Konfliktfähigkeit*

5 Demgegenüber ist alteritätstheoretisch davon auszugehen, daß das epistemologisch Unbewußte *prinzipiell* nicht bewußtseinsfähig ist.

die Passage dieses Entwicklungsschrittes zur Voraussetzung hat, wird vielleicht plausibel, wenn man sich einige an ihr beteiligte seelische Abläufe verdeutlicht.

- Sie bedarf der Fähigkeit des Subjektes, sich zu beiden Konflikpolen, sie objektivierend, in Beziehung zu setzen.
- Diese „Objektivierung" setzt eine Verfügbarkeit der Konfliktpole in symbolisierter Repräsentanz voraus.
- Unabdingbar für eine geglückte Konfliktlösung ist die Fähigkeit des Subjektes, zu jedem der beiden Konfliktpole denselben Abstand einnehmen zu können, um sich im Prozeß der Abwägungsentscheidung vorübergehend die Position von jedem einzelnen Konfliktpol zu eigen machen zu können. Zur Aufrechterhaltung des Charakters dieser „Aneignung" als transitorisch bedarf es der Wirksamkeit eines triangulierten psychischen Raumes; das Subjekt muß triangulär konfiguriert sein – sonst „bleibt es an einem Pol hängen" (vgl. Seidler 1994).

Diese Aufzählung ist wissentlich unvollständig; fiktiv wird handelnde Rationalität im Ablauf eines Prozeßgeschehens unterstellt, das über weite Strecken außerhalb zielgerichteter Aufmerksamkeitseinstellung des Subjekts verläuft. Dieses Verständnis berührt die Frage nach der Möglichkeit „unbewußter Selbstreflexivität", die hier aber nicht diskutiert werden soll (vgl. dazu Seidler 1995a).

Wie bereits oben dargestellt, wird traditionell das Konzept der Internalisierung mit dem der Strukturbildung verknüpft. Es an dieser Stelle, im Kontext der Ödipalität, zu diskutieren, erfährt seine Berechtigung durch den klinischen Sprachgebrauch: Die Rede von „strukturschwachen" Patienten meint herkömmlich die mit präödipaler Verfaßtheit.

Der Begriff der Struktur findet in unterschiedlichsten Lebens-, Erlebens- und Wissensbereichen zunehmend Verwendung – mit der Gefahr, inflationär wertlos, weil nichtssagend zu werden. Er wird in der Psychiatrie verwendet (Janzarik 1988) und – weitgehend ohne gegenseitige Kenntnisnahme – in der psychoanalytischen Metapsychologie und Psychotherapie, hier wieder in vielfacher Konzeptualisierung. Im klinischen Sprachgebrauch wird der Begriff wahrscheinlich am häufigsten im Zusammenhang mit Modellen über Persönlichkeitstypologien (König 1992) oder Neuroseformen („Neurosenstruktur"; Schultz-Hencke 1951, Riemann 1961) gebraucht, außerdem im Zusammenhang mit dem Instanzenmodell der Persönlichkeit, wenn die Substrukturen von Ich, Es und Überich beschrieben werden (Freud 1923b, 1933a [1932]). Eine dritte Verwendungsweise dieses Begriffes ist bei Rapaport (1960a, b) zu finden, der „Strukturbildung" mit libidotheoretischen Vorstellungen in Verbindung bringt und versucht, dynamisches Prozeßgeschehen und sich verfestigende Merkmale aufeinander zu beziehen. „Strukturen" sind für ihn Prozesse mit langsamer Veränderungsrate. Hoffmann (1979) hat diese Gedanken aufgegriffen und versucht, einen Charakterbegriff zu entwickeln, der in Alternative zu einem statischen Strukturbegriff der Dynamik der Struktur Rechnung trägt.

Ich möchte meinerseits vorschlagen, ein vorhandenes Verständnis des diskutierten Begriffes vorübergehend zur Seite zu stellen und sich probeweise auf folgende Definition einzulassen: ***Strukturen sind als organisierter Niederschlag von Interaktionserfahrung aufzufassen.*** Bei ihrer Analyse sollte eine *Unterscheidung* getroffen werden zwischen der *Form,* der *Gestalt,* dem *Rahmen,* also dem *„quale"* der ihr zugrunde liegenden Beziehungserfahrung und ihren *Inhalten.* Diese Unterscheidung ähnelt, ist aber nicht identisch mit der klassischen Differenzierung in *Funktion* und *Inhalt* (Freud 1933a [1932]). Während mit dem eigenen Vorschlag versucht werden soll, in der Austauschbeziehung zwischen Subjekt und Objekt hinsichtlich aller Ebenen die *Konfiguration* und die *Modalität* zu trennen von den *Inhalten,* bezieht sich die von Freud getroffene Unterscheidung, die von Hartmann und Loewenstein (1962) aufgenommen wurde, letztlich ausschließlich auf das Über-Ich.

Strukturen als organisierte „Sets" von Informationen von und über Beziehung tragen der von zahlreichen Autoren beschriebenen anthropologisch begründbaren „Offenheit" des Menschen Rechnung (Plessner 1941, Portmann 1944). Ihre *Funktion* besteht darin, Orientierung zu bieten. Diese Orientierung bezieht sich auf Dimensionen von „innen" versus „außen", „früher" versus „später", „gut" versus „böse" und, um die Dimension des Wollens einzubeziehen, „erstrebenswert" versus „nicht erstrebenswert", um die wahrscheinlich wichtigsten zu nennen. Sie läßt sich damit auch beschreiben als Wegweiser bei der Realisierung von Unterscheidungsaufgaben: Strukturen ermöglichen Prozesse, die mit „scheiden", trennen, richten zu tun haben. Werden Strukturen verstanden als organisierte Informationszusammenhänge, die es erlauben, Eigenes zu bilden und von Nicht-Eigenem zu scheiden, Aggressivität zu identifizieren und zu regulieren und Orientierung darüber zu geben, in welche Richtung Intentionen zu realisieren sind, kommt ihnen eine Charakteristik zu, die mit Wunsch, Motivation, Begehren und Trieb zu tun hat. Falls Strukturen zu „kasuistisch", zu sehr auf konkrete Einzelsituationen angelegt sind, sind sie zu starr und dadurch ungenügend. Sie können aber auch zu allgemein sein, zu offen, und enthalten dann zu wenig Information, stellen nur ungenügende Orientierungsmuster bereit. „Strukturen" sind nur funktional, operational zu erkennen und zu beschreiben. Sie sind aber in der Gefahr, als verdinglichte Entitäten aufgefaßt zu werden. Dann können sie mitunter als begriffliche Konstruktionen ein Eigenleben führen, und in Diskussionen wird gelegentlich so getan, als seien sie es, die miteinander agierten. Es ist dann häufig schwer zu erkennen, daß es lebendige Menschen sind, die sich in konflikthaften Situationen befinden, sei es intra-, sei es interpersonal, und die mit Hilfe ihrer in Strukturen gebündelten Informationen versuchen, solche Konflikte – im besten Falle kompromißhaft – zu lösen.

Strukturen werden vom „Ich" realisiert. Sie stellen Form und Rahmen bereit für Inhalte, deren Organisation inhaltsstrukturell beschreibbar ist. Die konfigurationale Ebene bildet logisch eine Meta-Ebene zur Inhaltsebene. Berücksichtigt man, daß sich differenzierende Vorgänge „in der Zeit" abspielen, sind es die Strukturen, die dieses Prozeßgeschehen steuern. In ihm organisieren sich die Inhalte. *Beide* sind Sets von Informationen. Im Wechselspiel von Konfiguration, „quale" und Inhalt beginnt Individualität, beginnt individuelle Lebensgeschichte. Unter der hier gewählten Perspektive lassen sich die zwei Gruppen der *präödipalen* und der *ödipalen Strukturen* unterscheiden. Sie sollen folgendermaßen charakterisiert werden: *Die präödipalen Strukturen sind die Sets von Informationen für die Form, für den Rahmen der Inhalte der ödipalen Strukturen.*

4. Therapeutische Konsequenzen

Die Diskussion der therapeutischen Implikationen des von mir vorgeschlagenen Modelles soll neben der im engeren Sinne therapeutisch-technischen Dimension zunächst die Frage nach Grenzen des therapeutisch Erreichbaren kurz berühren.

Gibt es *prinzipielle* Grenzen für den Prozeß der Objektivierung, den ich in einer basalen Schicht als wahrscheinlich identisch mit dem der Symbolisierung herausgestellt habe; gibt es so etwas wie den „Boden unter den Füßen", auf dem jeder zwar ständig steht, den aber keiner unter der Bedingung herkömmlicher Existenz zeitgleich als solchen zu nutzen und anzusehen vermag? Stellt die *aktuelle* Grenze der Symbolisierungsfähigkeit eine Grenze dar, die, zum gegebenen Zeitpunkt durch gesellschaftlich oder durch die gegenwärtigen Grenzen der Medizin gesetzt, als relativ unverrückbar akzeptiert werden muß, an der es also allenfalls darauf ankommt, unter dem Druck von Therapie – und Versorgungsnotwendigkeiten nach Alternativen Ausschau zu halten, oder muß sie als *Herausforderung* betrachtet werden, Konzepte, Techniken und Möglichkeiten immer mehr zu verfeinern, um auch scheinbar nicht erreichbare Patientinnen und Patienten erreichen zu können?

Jenseits aller in entgleister oder in gelungener Entwicklung in Erscheinung tretender Symbolisierung ist in der Tat der schwer überschaubare Bereich des prinzipiell nicht Symbolisierbaren zu berücksichtigen. Er ist trotz seiner grundlegenden anthropologischen Bedeutung therapeutisch nur insofern von Interesse, als daß seine Kenntnis eine Einschätzung der Grenzen des Erreichbaren ermöglicht. Hierher gehören unter erkenntnistheoretischer Perspektive das epistemologisch Unbewußte, also der Hintergrund des Blickes des Gegenübers in seiner das Subjekt determinierenden und konstituierenden Funktion; in inhaltsorientierter Redeweise: das, was nicht objektiviert werden kann, also bestimmte Körperprozesse, der Prozeß der Intentionalität in seinem Vollzug und die basale Schicht präreflexiven Erlebens.

Vordergründig ist dieses allenfalls existentiell erfaßbare (vgl. Yalom 1980), aber nicht objektivierbare und insofern nicht symbolisiert teilbare, allen Menschen Gemeinsame gelegentlich schwer von dem zu unterscheiden, was Bollas als das „unthought known" beschrieben hat. Zusätzlich zu individuell-biographischen Determinanten können hier überpersönliche Tabus wirksam sein, schwer Fühl- und Sagbares kommunizierbar zu machen. Darüber hinaus werden immer wieder auch bei solchen Patientinnen und Patienten Grenzen der Behandelbarkeit erreicht, die strukturell in der Lage sind, einen unbewußten Konflikt auszuarbeiten. Ich denke hier an eine Anzahl von Patientinnen und Patienten mit einer hysterischen oder zwanghaften Verfaßtheit und Psychodynamik, die uns sowohl im Rahmen ambulanter wie stationärer Therapie vor sehr schwer handhabbare Probleme stellen können[6].

Abschließend möchte ich auf eigentliche psychotherapeutische Konsequenzen meines theoretischen Ansatzes eingehen. Im Vordergrund steht eine Veränderung in der Wahrnehmungseinstellung des Therapeuten: Sie richtet sich nicht so sehr auf „Inhalte" – „Internalisierung" ist prinzipiell inhaltsorientiert –, sondern in erster Linie auf die formale Konfiguration der Beziehungsschleifen mit dem ihnen zugeordneten Anliegen des Patienten, mit dem Ziel, dem Patienten eine Veränderung seiner psychischen Funktionsebene zu ermöglichen:

1. Auf der Ebene des Narziß wird die Arbeit an den *Wünschen nach passiver und aktiver Wahrnehmung*, also *die Arbeit an der Wahrnehmungsbeziehung* („Merkst Du, Therapeut, überhaupt, daß ich hier bin?" – „Darf ich, Patient, Dich überhaupt registrieren?"), wichtiger als die an den Inhalten der Wahrnehmung („Was" wird gesehen – oder

6 Die Dreiteilung im Abschnitt über die Grenzen von Behandelbarkeit folgt nicht der Logik der Einteilung in drei psychische Ebenen!

nicht gesehen?). Bei der Arbeit an diesen Wünschen, deren Erfüllung gleichermaßen herbeigesehnt wie gefürchtet wird, tritt in der Regel sehr schnell ihr habituelles Scheitern in den Vordergrund; Therapeut und Patient kommen mit Vergeblichkeitserleben, mit Verzweiflung und mit der Angst, eben nicht wahrgenommen worden zu sein, in Berührung.

2. Auf der Ebene des Teiresias geht es um die therapeutische Arbeit an der Figur des Antragens der Identitätsfrage („Sag mir, Therapeut, wer ich bin und was ich fühle!"); die Konfiguration dieser Beziehung, daß nämlich das Gegenüber sagen soll, wer der Patient sei, ist wichtiger als die inhaltliche Ausgestaltung der Identität des Fragenden selbst.
3. Auf der selbstreflexiven Stufe des Ödipus hat ebenfalls zunächst die therapeutische Arbeit an der für diese Ebene charakteristischen Beziehungsfigur eine größere Wichtigkeit als die Arbeit an „Inhalten", also beispielweise den Repräsentanzen von Vater, Mutter und Familie, oder etwa die an der inhaltlichen Seite der häufig gestellten Frage nach den „Gründen" der Symptomatik – ginge man ihr nach („Wir wollen mal herausfinden, warum Sie, Patient, so und so sind ...") ist die Gefahr kaum zu vermeiden, in einer vermeintlichen Ätiologieorientierung unbewußte Bemühungen des Patienten um Schuldexternalisierung – im Sinne einer „Ursachenforschung" – mitzutragen.

Auch hier scheint Bollas (1987) eine ähnliche Position zu vertreten, wenn er ausführt, daß die Beschäftigung mit den Vater- und den Mutterbildern in seinem Ansatz eher in den Hintergrund trete gegenüber der Untersuchung, in welcher *Modalität* der Patient den *Therapeuten* verwende (S. 241).

Auch bei der Arbeit an biographischen Inhalten, etwa an den Vater- und Mutterbildern, ist die Gefahr zu bedenken, gemeinsam mit dem Patienten seine abwehrbedingte Weigerung gegen die Ablösung eines zwar mit Leiderfahrung verbundenen, aber trotzdem vertrauten Selbstbildes ungewollt zu unterstützen: „Ich, Patientin, bin die immer zu kurz Gekommene"; „Ich, Patient, bin das ungewollte Kind einer armseligen Mutter, die mich eigentlich abtreiben wollte!" können solche Selbstdefinitionen sein, die aufzugeben nahezu unmöglich ist und deren fortwährende therapeutische Thematisierung ihre allenfalls leidvolle Identität gebende Funktion unbeabsichtigt unterstützen kann, wenn es nicht gelingt, unter Beachtung der formalen Struktur des zugrundeliegenden Selbstverhältnisses dem Patienten die potentielle Subjekthaftigkeit seines Selbstverständnisses zu verdeutlichen und ihm damit seine Selbstverantwortung zurückzugeben. Die auf der Grundlage eines solchen Verständnisses allerdings ebenfalls vorübergehend unumgängliche Arbeit an biographischen Inhalten hat dann aber nichts mit Versuchen der Konstruktion oder Rekonstruktion zu tun, sondern damit, an ihnen ihre Widerstandsfunktion abzuarbeiten.

Für die Realisierung eines derartigen therapeutischen Ansatzes ist die Bereitschaft des Therapeuten unerläßlich, mit der „Charaktermelodie" seines Patienten „mitzugehen", sich anstecken zu lassen, wissentlich passager dessen präreflexive Eigenschaften anzunehmen (sich zum Beispiel seinerseits reflektiert in eine Vorwurfshaltung hineinziehen zu lassen). – Hier dürfte die größte Gefahr von Mißverständnissen liegen: Dieses „Mitgehen" kann durchaus als „Agieren" verstanden werden. Allerdings handelt es sich eben nicht um die handlungsnahe Darstellung unbewußter Inhalte, sondern es geht darum, gelebte, noch nicht erlebte Befindlichkeitsweisen objektivierbar, teilbar, symbolisierbar zu machen. Solche Therapien sind keine Schnelltherapien in dem Sinne, daß sie sich etwa stärker auf „Positives", vom Patienten doch bereits Geleistetes einstellten und etwa auf diese Weise schneller zum Erfolg führten. Sie gestatten es aber, auch in zeitlich befristeten Therapien Zugang zu Erlebensmodalitäten und Beziehungskonfigurationen zu finden, die als bislang nicht *er*lebte, sondern *ge*lebte hohen Krankheitswert bekommen haben. Das heißt allerdings nicht, solche Therapien als „leichte" zu kennzeichnen: Gerade an der Umschlagfalte der Veränderung von „*Ge*-lebtem" zu „*Er*-lebtem" ist der größte Widerstand zu erwarten. Das hängt damit zusammen, daß das Erlebbarwerden des „ungedacht Bekannten" durch ein schwer aushaltbares Einsamkeitserleben führt, und zwar an der Stelle, an der sich über die Prozesse der Objektivierung und Symbolisierung eine Herauslösung aus einer nicht symbolisierbaren Matrix mit den Primärobjekten ereignet. In meinem Verständnis entspricht genau diese Passage der Selbstblendung des Ödipus.

5. Zusammenfassung

Zunächst wird der Begriff der *Internalisierung* historisch und systematisch untersucht. Im Unterschied zu dem der *Verinnerlichung* geht er nicht auf Freud zurück; vermutungsweise stammt er von Hartmann oder aus seinem Umfeld. Sowohl diese Begriffe wie auch die ebenfalls historisch diskutierten der *Introjektion* und der *Identifizierung* beziehen sich auf die psychische Aufnahme von „Inhalten"; die unbewußte Qualität dieser Prozesse bildet die inhaltslogische Brücke zwischen diesen Begriffen und dem der „unbewußten Phantasie", wobei auf diesem Weg deren konzeptuelle *Inhaltsorientierung* aufgezeigt wird. Ganz besonders deutlich wird sie im Werk von M. Klein, wenn sie von „inneren Objekten" spricht.

Akzeptiert man den unterstellten Zusammenhang von Inhaltsorientierung und unbewußter Phantasie, erweist sich dieses Konzept als ungeeignet zur Konzeptualisierung von Prozessen, die herkömmlich verstandenen Internalisierungsvorgängen vorausgehen, also noch nicht „Gegenstände" objektal „be-inhalten". In diesem Beitrag wird aber darüber hinaus aufgezeigt, daß die in räumliche Metaphern gefaßte Redeweise von Internalisierung ohnehin ungeeignet ist für die Erfassung von Vorgängen, die sich in einem Raum der Symbolisierung abspielen – so geht es nicht um eine räumliche Verdoppelung eines „Außen" in ein „Innen", sondern es geht um eine Verdopplung im Sinne der Bildung von „Scheinbildern" (Cassirer 1923), wobei dergestalt Symbole dann in der Tat „Inhalt" einer unbewußten Phantasie werden können.

Zur Beschreibung noch nicht symbolisierter Prozesse erscheint also die inhaltsorientierte Rede von „Internalisierung" unangemessen; sie setzt reifungs- oder entwicklungspsychologisch „zu hoch" an.

Mit der Verwerfung von „Innerlichkeit" als ausschließlichem „Raum" des Psychischen habe ich unter Hinweis auf eine ausführlichere Darstellung (Seidler 1995a) ein modifiziertes Verständnis von Unbewußtheit vorgeschlagen. „Unbewußtheit" ist nicht per se ein Merkmal endopsychischer Vorgänge, sondern kann auch im interaktionellen Raum lokalisiert sein. Insbesondere gilt das für das epistemologisch Unbewußte, Hintergrund des Blickes des Gegenübers, der angeeignet wird, wobei diese Qualität von Unbewußtheit nicht aufhebbar ist. Die Ableitung dieser Zusammenhänge habe ich unter Einbeziehung eines phänomenologischen Ansatzes vollzogen, der in dieser oder in anderer Realisierungsform für zukünftige Konzeptbildungen in der Psychoanalyse prinzipiell für unumgänglich erachtet wird. Er ermöglicht es beispielsweise, das Selbst als Struktur zu konzeptualisieren, die sich durch den Blick des Gegenübers in fortlaufenden Aneignungsschritten dieses Blickes durch das Subjekt konstituiert und konfiguriert. Die Einnahme einer derartigen Position führt zu einer Veränderung in der für zentral erachteten Begrifflichkeit: Statt in der mit „Internalisierung" in Verbindung stehenden Redeweise wird jetzt sinnvoll von „Objektivierung", „Reflexivität" und „Selbstreflexivität" gesprochen. Dem Begriff der „Aneignung" des Blickes des Gegenübers kommt darüber hinaus eine ganz zentrale Bedeutung zu: Er bringt die Selbstobjektivierung auf verschiedenen Stufen von Reflexivität zum Ausdruck, wobei selbst bei maximaler Integration durch das Subjekt der in der Objektivierung beschlossene „Haar-Riß" weiterhin fühlbar bleibt.

Zentral geht es in diesem Beitrag darum, drei Stufen von Reflexivität vorzustellen, die in Anlehnung an klassische Mythologeme als die des Narziß, des Teiresias und des Ödipus bezeichnet werden.

Die Stufe des Narziß, eine unreflektierte Position, ist durch das Fehlen einer Wechselseitigkeitsbeziehung gekennzeichnet. Dem gegenüber besteht auf der Stufe des Teiresias die Fähigkeit, *vorübergehend* die Position des Gegenübers einzunehmen, wobei von dieser Perspektive aus kritisch auf das eigene Selbst geschaut werden kann. Die auf der Stufe des Ödipus mögliche Selbst-Objektivierung kann hier noch nicht vom Subjekt ohne die Hilfe des Gegenübers vollzogen werden; sie ereignet sich im interaktionellen Raum. Diese Position läßt sich auch als die „außen-reflektierte" bezeichnen.

Ausschließlich die Position des Ödipus ist selbstreflexiv. Der zunächst auf der Suche nach äußeren Schuldquellen nach außen gerichtete Blick fällt hier auf das Subjekt zurück; erlebensnah, im Bilde gesprochen: „nach innen", was mythologisch im Blendungsgeschehen veranschaulicht wird. „Kritische", scheidende Funktionen können hier selbstobjektivierend vom Subjekt vollzogen werden; es besteht die Fähigkeit zur Selbsterkenntnis, zur Selbstkritik und zur Selbstbeurteilung.

Insgesamt wird davon ausgegangen, daß diese Stufen aufeinander aufbauen, also nicht als einander exkludierend zu verstehen sind; Reflexivität im weitesten Sinne wird als hierarchisch geschichtet verstanden.

Hinsichtlich der therapeutischen Konsequenzen steht eine Veränderung in der Wahrnehmungseinstellung des Therapeuten im Vordergrund: Sie richtet sich nicht so sehr auf „Inhalte", sondern ist in erster Linie an der formalen Konfiguration der Beziehungsschleifen im Selbstverhältnis orientiert. Die Arbeit an „Inhalten", etwa biographischen, wird nicht unwichtig, aber zweitrangig, insofern nämlich davon ausgegangen wird, daß die individuelle Verwendung persönlicher Biographeme in der Regel Widerstandsfunktion hat gegenüber der Aneignung jeweils reflektierterer Formen des Selbstverhältnisses.

Die subjektive Gewißheit, vom Leben betrogen worden zu sein, dient etwa als Schuldexternalisierung und und impliziert ein Beharren auf dem nicht eingelösten Versprechen, Verantwortung für den eigenen Stand der Lebenskonten zu übernehmen. Dieser Entwicklungsschritt hätte allerdings die Einnahme der „Position Ödipus", also die Einnahme einer selbstreflexiven Position, zur Voraussetzung.

Literatur

Abraham, K. (1924): Versuch einer Entwicklungsgeschichte der Libido auf Grund der Psychoanalyse seelischer Störungen. In: Abraham, K.: Gesammelte Schriften in zwei Bänden (Hrsg.: J. Cremerius), Bd. 2. Frankfurt a.M.: Fischer Taschenbuch Verlag, 1982, S. 32–102.

Bollas, Ch. (1987): The shadow of the object. Psychoanalysis of the unhought known. London: Free Association Books, 1994.

Cassirer, E. (1923): Philosophie der symbolischen Formen. Erster Teil: Die Sprache. Wissenschaftliche Buchgesellschaft: Darmstadt 10. Auflage, 1994.

Danckwardt, J. F. (1989): Eine frühe, im Spannungsfeld zwischen Traum und Übertragung unbewußt gebliebene Phantasie Freuds über die psychoanalytische Situation (1898). Ein Beitrag zur psychoanalytischen Kreativität. Psyche 43, 1989, 848–883.

Ferenczi, Sandor (1909): Introjektion und Übertragung. In: Ferenczi, Sandor (1927): Bausteine zur Psychoanalyse, Bd. 1: Theorie. Wien: unveränderter Nachdruck der Erstausgabe Ullstein, 1984, S. 9–61.

Ferenczi, S. (1912): The symbolic representation of the pleasures and reality principes in the Oedipus myth. In: Ferenczi, S. (1950): Sex in Psychoanalysis. New York: Robert Brunner, S. 253–269.

Freud, S. (1895/1950c): Entwurf einer Psychologie. G.W., Nachtragsband, S. 387–477.

Freud, S. (1896b): Weitere Bemerkungen über die Abwehr-Neuropsychosen. G.W., Bd. 1, S. 379–403.

Freud, S. (1900a): Die Traumdeutung. G.W., Bd. 2/3.

Freud, S. (1916–1917g [1915]): Trauer und Melancholie. G.W., Bd. 10, S. 428–446.

Freud, S. (1919h): Das Unheimliche. G.W., Bd. 12, S. 229–268.

Freud, S. (1923b): Das Ich und das Es. G.W., Bd. 13, S. 237–289.

Freud, S. (1924c): Das ökonomische Problem des Masochismus. G.W., Bd. 13, S. 371–383.

Freud, S. (1933a [1932]): Neue Folge der Vorlesungen zur Einführung in die Psychoanalyse. G.W., Bd. 15.

Freud, S. (1933b [1932]): Warum Krieg? G.W., Bd. 16, S. 13–27.

Freud, S. (1937c): Die endliche und die unendliche Analyse. G.W., Bd. 16, S. 99–99.

Freud, S. (1940a [1938]): Abriß der Psychoanalyse. G.W., Bd. 17, S. 63–138.

Hork, H. (Hrsg.) (1988): Lexikon Jungscher Grundbegriffe. Olten: Walter Verlag.

Hartmann, H. (1939): Ich-Psychologie und Anpassungsproblem. Psyche 14, 1960, 81–164.

Hartmann, H., R.M. Loewenstein (1962): Notes on the superego. Psychoanalytic study of the child 17, 1962, 42–81.

Heigl-Evers, A., G.H. Seidler (1993): Die Alterität des Suchtkranken. In: Heigl-Evers, A., J. Helas, H.C. Vollmer (Hrsg.): Eingrenzung und Ausgrenzung. Zur Indikation und Kontraindikation für Suchttherapien. Göttingen: Vandenhoeck & Ruprecht, S. 11–22.

Hinshelwood, R.D. (1989): A dictionary of Kleinian thought. London: Free Association Books. (Deutsch: Wörterbuch der kleinianischen Psychoanalyse. Stuttgart: Verlag Internationale Psychoanalyse, 2. Auflage, 1991).

Hoffmann, S.O. (1979): Charakter und Neurose. Frankfurt a.M.: Suhrkamp.

Hofmannsthal, H. von (1902): Ein Brief. In: Hofmannsthal, Hugo von: Gesammelte Werke in zehn Einzelbänden: Erzählungen, erfundene Gespräche und Briefe, Reisen. Frankfurt a.M.: Fischer Verlag, 1979, S. 461–472.

Janzarik, W. (1988): Strukturdynamische Grundlagen der Psychiatrie. Stuttgart: Enke.

Kerényi, K. (1966a): Die Mythologie der Griechen. Bd. 1: Die Götter- und Menschheitsgeschichten. München: Deutscher Taschenbuch Verlag, 4. Auflage, 1979.

Kerényi, K. (1966b): Die Mythologie der Griechen. Bd. 2: Die Heroen-Geschichten. München: Deutscher Taschenbuch Verlag, 4. Auflage, 1979.

Kernberg, O. (1976): Object-relations theory and clinical psychoanalysis. New York: Jason Aronson, 4. Auflage, 1979.

Klein, M. (1929): Rollenbildung im Kinderspiel. Internationale Zeitschrift für Psychoanalyse 15, 171–182.
Koch, H.-A. (1989): Hugo von Hofmannsthal. Darmstadt: Wissenschaftliche Buchgesellschaft.
König, K. (1992): Kleine psychoanalytische Charakterkunde. Göttingen: Vandenhoeck & Ruprecht.
Laplanche, J., J.-B. Pontalis (1967a): Das Vokabular der Psychoanalyse. Bd. 1. Frankfurt a.M.: Suhrkamp, 2. Auflage, 1975.
Laplanche, J., J.-B. Pontalis (1967b): Das Vokabular der Psychoanalyse. Bd. 2. Frankfurt a.M.: Suhrkamp, 2. Auflage, 1975.
Lembeck, K.-H. (1994): Einführung in die phänomenologische Philosophie. Darmstadt: Wissenschaftliche Buchgesellschaft.
Loch, W. (1994): Wie verstehen wir Fühlen, Denken, Verstehen? Jahrbuch der Psychoanalyse 32, 9–39.
Meissner, M. W. (1981): Internalization in psychoanalysis. New York: International Universities Press, 2. Auflage, 1982.
Möhl, M. (1993): Zur Psychodynamik des Todes in der Trunksucht. Würzburg: Königshausen & Neumann.
Moore, B.E., B.D. Fine (Hrsg.) (1990): Psychoanalytic terms & concepts. New Haven and London: The American Psychoanalytic Association and Yale University Press.
Ovidius Naso (Hrsg.: H. Breitenbach): Metamorphosen. Epos in 15 Büchern. Lateinisch und deutsch. Zürich: Artemis Verlag, 2. Auflage, 1964.
Plessner, H. (1941): Lachen und Weinen. Eine Untersuchung nach den Grenzen menschlichen Verhaltens. München: Lehnen Verlag, 1950.
Portmann, A. (1944): Biologische Fragmente zu einer Lehre vom Menschen. Basel: Schwabe, 1951.
Rank, O. (1913): Die Nacktheit in Sage und Dichtung. Imago 2, 267–301 u. 409–446.
Ranke-Graves, R. von (1955a): Griechische Mythologie. Bd. 1. Reinbek: Rowohlt Taschenbuch Verlag, 1979.
Ranke-Graves, R. von (1955b): Griechische Mythologie. Bd. 2. Reinbek: Rowohlt Taschenbuch Verlag, 1979.
Rapaport, D. (1960a): Psychoanalysis as a developmental psychology. In: Gill, M. (Hrsg.): The collected papers of D. Rapaport. New York-London: Basic Books, 1967, S. 820–852.
Rapaport, D. (1960b): On the psychoanalytic theory of motivation. In: Gill, M. (Hrsg.): The collected papers of D. Rapaport. New York-London: Basic Books, 1967, S. 853–915.
Riemann, F. (1961): Grundformen der Angst. München: Ernst Reinhardt Verlag, 1982.
Rose, H.J. (1928): Griechische Mythologie. Ein Handbuch. München: Verlag C.H. Beck, 7. Auflage, 1988.
Rudolf, G. (1976): Über die Schwierigkeiten, zwischenmenschliche Beziehungen mit Hilfe psychoanalytischer Beschreibungsmodelle zu erfassen. Eine Kritik der Ich-Psychologie. Zeitschrift für Psychosomatische Medizin und Psychoanalyse 22, 135–149.
Rudolf, G. (1977): Krankheiten im Grenzbereich von Neurose und Psychose. Ein Beitrag zur Psychologie des Ich-Erlebens und der zwischenmenschlichen Beziehungen. Weinheim: Deutscher Studienverlag, Neuauflage 1987.
Rycroft, Ch. (1968): A critical dictionary of psychoanalysis. Harmondsworth: Penguin Books, 1972.
Sami-Ali (1974): L'space imaginaire. Gallimard: Saint-Amand (cher), 1986.
Schafer, R. (1968): Aspects of internalization. International Universities Press: First Paperback Printing Madison, 1990.
Schafer, R. (1972): Internalisierung: Realer Vorgang oder Phantasie? Psyche 30, 1976, 786–812.
Schmitz, H. (1990): Der unerschöpfliche Gegenstand. Grundzüge der Philosophie. Bonn: Bouvier-Verlag.
Schultz-Hencke, H. (1951): Lehrbuch der analytischen Psychotherapie. Stuttgart: Georg Thieme Verlag, 3. Auflage, 1981.

Seidler, G.H. (1993): Zwischen Skylla und Charybdis: Die unumgängliche Scham der anorektischen Frau. In: Seidler, G. H. (Hrsg.): Magersucht – Öffentliches Geheimnis. Göttingen: Vandenhoeck & Ruprecht, S. 167–188.
Seidler, G.H. (1994): Der Sog in die Monade: Die Elimination der „Dritten Position". In: Seidler, G.H. (Hrsg.): Das Ich und das Fremde. Klinische und sozialpsychologische Analysen des destruktiven Narzißmus. Opladen: Westdeutscher Verlag, S. 9–23.
Seidler, G.H. (1995a): Der Blick des Anderen. Eine Analyse der Scham. Stuttgart: Verlag Internationale Psychoanalyse.
Seidler, G.H. (1995b): Die diagnostische und therapeutische Nutzung der Verfügbarkeit des Schamaffektes in der Beziehungsregulierung gruppenpsychotherapeutischer Prozesse. Gruppenpsychotherapie und Gruppendynamik 31, 1–19.
Seidler, G.H. (1995c): Die klinische Bedeutung destruktiver Seiten des Narzißmus. Forensische Psychiatrie und Psychotherapie 2, 30–55.
Seidler, G.H. (1996): Ergänzungsbedürftigkeit als spezifische Scham in der Hysterie. In: Seidler, G.H. (Hrsg.): Hysterie. Stuttgart: Enke (im Druck).
Stern, D.N. (1985): The interpersonal world of the infant. New York: Basic Books.
Sterren, D. van der (1948): Ödipus. Frankfurt a.M.: Fischer Taschenbuch Verlag, 1986.
Yalom, I.D. (1980): Existential Psychotherapy. New York: Basic Books.

Die Symbolisierungsfähigkeit und der Antagonismus zwischen Familie und Kultur

Mario Erdheim

1. Einführung

Die Adoleszenz ist in doppelter Hinsicht ein kulturelles Phänomen: Einerseits ist sie ein Produkt des zivilisatorischen Prozesses, und andererseits ist sie eine kulturelle Produktivkraft in dem Sinne, daß die Erfahrungen während dieser Phase eine wichtige Quelle kultureller Symbole darstellen. Über Adoleszenz nachzudenken ist nicht einfach, da wir immer auch die Jugendbilder, die uns heute prägen, mitreflektieren müssen.

Das Problem der Symbolisierungsfähigkeit in der Adoleszenz ethnopsychoanalytisch anzugehen, heißt, sich Gedanken darüber zu machen, welche Voraussetzungen uns befähigen bzw. hindern, Symbole zu schaffen. Symbole und Symbolisierungsfähigkeit sind allerdings sehr allgemeine Begriffe. Ich möchte sie auf einen spezifischen Bereich einschränken; es geht um die Symbolisierung von Lebenssinnfragen: Wofür lohnt es sich zu leben, was ist wichtig, was gut und böse, woran leide ich, welche Hoffnungen und Sehnsüchte bewegen mich? Was mich hier interessiert, ist einerseits, auf Grund welcher psychischer Kräfte solche Symbolisierungen zustandekommen, und andererseits, wie und wodurch sie strukturiert werden. Meine Überlegungen zentrierten sich schließlich um die Polarität zwischen Trieb und Größenphantasien, und zwar in der Phase der Adoleszenz, denn ich gehe davon aus, daß dann die Symbolisierung der großen Lebensfragen ihren ersten Höhepunkt erreicht.

Als Ausgangspunkt nehme ich jenen modernen literarischen Text, in welchem Hugo von Hofmannsthal 1902 den Verlust seiner Fähigkeit zu symbolisieren thematisiert. Der Lord Chandos Brief ist auch für meine Fragestellung besonders interessant, weil es ja der adoleszente Hofmannsthal war, der durch seine Gedichte Aufsehen erregte. Hermann Bahr, der bedeutende Literaturkritiker und Förderer des „Jungen Wien", erzählt, wie betroffen er sich fühlte, als er diese Gedichte las, die unter dem Pseudonym Loris erschienen waren, und wie er sich deren Autor vorstellte, bevor er ihn persönlich kennenlernte:

> „So zwischen 40 und 50 etwa, in der Reife des Geistes – sonst konnte er diese verzichtende Ruhe nicht haben ...; aus altem Adel augenscheinlich, wo Schönheit, Maß und Würde mühelose Erbschaft ist ... ein geistreicher Bummler durch alle Raffinements. Viveur im grossen Stil jener wilden Tage ... (...) Nächsten Tag wieder im Café. ... Plötzlich schießt, aus der anderen Ecke quer durchs Zimmer, wie von einer Schleuder, ein junger Mann mit unheimlicher Energie auf mich ... Ich erschrecke ein wenig; er lacht, gibt mir die Hand, (...) und sagt beruhigend: ich bin nämlich Loris. Damals muß ich wohl das dümmste Gesicht meines Lebens gemacht haben" (Bahr 1894, S. 15).

Bahrs Fehleinschätzung bestand darin zu glauben, daß eine so ausgeprägte Symbolisierungsfähigkeit wie die von Hofmannsthal nur Produkt eines gereiften Alters sein könne. Es ist jedoch sinnvoller anzunehmen, daß Hofmannsthals Symbolisierungsfähigkeit ein Mittel war, um seine Adoleszenzkrise kreativ zu bewältigen. Und dies in einer Zeit, die sich infolge des beschleunigten Kulturwandels ähnlich wie die heutige in einer allgemeinen Sinnkrise befand. Hermann Broch spricht in seinem Aufsatz „Hofmannsthal und seine Zeit" (1951) über das Werte-Vakuum, welches das Fin-de-Siècle, die „fröhliche Apokalypse", charakterisierte:

> „Kein Zweifel, Hofmannsthal wußte von allem Anfang an, daß er sich letztlich an das Vakuum selber assimilierte. (...) Allzugenau war es ihm sichtbar, daß er allüberall auf verlorenem Posten stand: aussichtslos war der Weiterbestand der Österreichischen Monarchie ..., aussichtslos war die Hinneigung zu einem Adel, der nur noch ein karikaturhaftes Scheindasein führte; aussichtslos war die Einordnung in den Stil eines Theaters, dessen Größe nur mehr auf den Schultern einiger überlebender Schauspieler ruhte ..." (o.c., S. 148f).

Hofmannsthals Krise war also nicht nur eine individuelle Krise, sie war auch eine kulturelle Krise seiner Zeit. Im Chandos-Brief beschreibt Hofmannsthal nicht nur den Zerfall seiner Symbolisierungsfähigkeit, sondern auch den zunehmenden Verlust seiner Fähigkeit, mit kulturellen Objekten umzugehen:

> „Mein Fall ist, in Kürze, dieser: Es ist mir völlig die Fähigkeit abhanden gekommen, über irgend etwas zusammenhängend zu denken oder zu sprechen. (...) Es zerfiel mir alles in Teile, die Teile wieder in Teile, und nichts mehr ließ sich mit einem Begriff umspannen. Die einzelnen Worte schwammen um mich; sie gerannen zu Augen, die mich anstarrten und in die ich wieder hineinstarren muß. Wirbel sind sie, in die hinabzusehen mich schwindelt, die sich unaufhaltsam drehen und durch die hindurch man ins Leere kommt. (...) Seither führe ich ein Dasein, das Sie, fürchte ich, kaum begreifen können, so geistlos, so gedankenlos fließt es dahin" (o.c., S. 343).

Es gibt in diesem Dasein allerdings auch

> „freudige und belebende Augenblicke": „Eine Gießkanne, eine auf dem Felde verlassene Egge, ein Hund in der Sonne, ein ärmlicher Kirchhof, ein Krüppel, ein kleines Bauernhaus, alles dies kann das Gefäß meiner Offenbarung werden. Jeder dieser Gegenstände und die tausend anderen ähnlichen, über die sonst ein Auge mit selbstverständlicher Gleichgültigkeit hinweggleitet, kann für mich plötzlich in irgend einem Moment, den herbeizuführen auf keine Weise in meiner Gewalt steht, ein erhabenes und rührendes Gepräge annehmen, das auszudrücken mir alle Worte zu arm scheinen. Ja, es kann auch die bestimmte Vorstellung eines abwesenden Gegenstandes sein, dem die unbegreifliche Auserwählung zuteil wird, mit jener sanft und jäh steigenden Flut göttlichen Gefühles bis an den Rand gefüllt zu werden. (...) Es ist mir dann, als bestünde mein Körper aus lauter Chiffern, die mir alles aufschließen. Oder als könnten wir in ein neues, ahnungsvolles Verhältnis zum ganzen Dasein treten, wenn wir anfingen, mit dem Herzen zu denken" (o.c., S. 346).

Versucht man nun, Hofmannsthals Krise im Zusammenhang mit seiner Zeit zu begreifen, so scheint es mir wichtig, zu bedenken, daß auch Freuds Werk in dieser Zeit entstanden ist. Dem Mißtrauen gegenüber der Sprache, das das Fin-de-Siècle charakterisierte, stellte Freud sein Sprachvertrauen entgegen in der Hoffnung, es sei doch möglich, über das zu sprechen, was einen zum Leiden bringt.

Aus heutiger Sicht wirkt der Chandos-Brief wie ein Vorläufer des postmodernen Diskurses mit seinem Beklagen des Zerfalls von Maßstäben und der „Agonie des Realen", das sich in nicht mehr reflektierbare Bilder- und Zeichenfluten auflöse, mit seiner Zelebrierung der Inkonsistenz und dem Lebensgefühl des Ungreifbarwerdens und Fernerrückens der Wirklichkeit. Unter diesen Bedingungen erscheint das autonome Subjekt als aufgelöst, entmächtigt und unfähig, eigene Systeme der Symbolisierung zu entwickeln. Man kann sich fragen, ob diese postmoderne Zeitdiagnose, wie einst die von Hofmannsthal, nicht anstatt einer Diagnose lediglich ein Abbild der momentanen gesellschaftlichen Krise ist. Hofmannsthal zog es vor, sich nach seiner Krise in religiöse Weltbilder zurückzuziehen, und er war trotz seiner Sensibilität nicht mehr imstande, die Ursachen des Zerfalls seiner Gesellschaft zu begreifen. Auf ähnliche Weise neigt auch die gegenwärtige Postmoderne zu einem Rückzug ins Religiöse, Mythische und Esoterische und verzichtet auf Erkenntnis, die aus einer Analyse der gegenwärtigen Verhältnisse gewonnen werden könnte, indem sie eine solche a priori als unmöglich definiert.

Wenn postmoderne Pädagogen, wie zum Beispiel die Autoren in dem von Helsper herausgegebenen Buch „Jugend zwischen Moderne und Postmoderne" (1991), die heutige Situation von Adoleszenten beschreiben, ist es eindrücklich, wie der Zerfall von Maßstäben und das ohnmächtige Verlorensein in einer unwirklichen, unzugänglichen Welt von diesen Autoren eher zur Theorie gemacht denn als erklärungsbedürftig dargestellt werden. Es scheint ihnen angesichts der Symbolisierungskrise in der heutigen Zeit gewissermaßen die Distanz zu fehlen, um die Symbolisierungsversuche in der Adoleszenz verstehen zu können. Gesellschaftliche und individuelle Symbolisierungskrise scheinen einander heute wie zu Hofmannsthals Zeit gegenseitig zu verstärken.

Bei den nachfolgenden Erläuterungen zur kulturellen Genese der Adoleszenz geht es mir vor allem darum, zu zeigen, wie die Adoleszenz zur entscheidenden Lebensphase für das Erfahren des Widerspruchs zwischen Familie und Kultur geworden ist. Ich möchte auch darstellen, wie daraus die Chancen erwachsen, Symbolsysteme zu entwickeln, die nicht nur dem Individuum eine persönliche Entwicklung, sondern auch der Gesellschaft kulturelle Wandlungen ermöglichen.

Es ist heute für die Therapeuten eine besondere Herausforderung, die verschiedenen Ebenen von Symbolisierungsschwierigkeiten auseinanderzuhalten. Es geht nämlich nicht nur darum, wie Patientinnen und Patienten erreicht werden können, denen symbolische Darstellungsmöglichkeiten für seelisches Leid nicht oder nur unzureichend zur Verfügung stehen, sondern auch darum, als Therapeut die eigenen Symbolisierungsschwierigkeiten zu erkennen und zu deuten. In meinem Beitrag möchte ich besonders auf die Bedeutung von Kulturgeschichte und Kulturtheorie verweisen, die als Hilfsmittel benützt werden können, um die nötige Distanz zu gewinnen und Symbolisierungsprobleme orten zu können.

2. Chaos, Triebhaftigkeit und Adoleszenz. Zur kulturellen Genese der Adoleszenz

Die Adoleszenz ist eine Übergangsphase. Der Adoleszente muß den Übergang von der Ordnung der Familie in die Ordnung der Kultur finden. Man kann Familie und Kultur als zwei grundsätzlich verschiedene, miteinander nicht zu vereinbarende Organisations-

und Symbolisierunssysteme betrachten. Familie ist der Ort des Aufwachsens, der Intimität im Guten und im Bösen, der Pietät, der Verleugnung und der Verfemung. In der Familie schaffen Liebe und Haß gefühlsmäßige Abhängigkeiten, die Geborgenheit vermitteln, aber auch Angst und Ausgesetztheit. Kultur hingegen ist der Ort der Arbeit, der Innovation, der Revolution, der Öffentlichkeit und der Vernunft. Familie und Kultur stehen zueinander in einem antagonistischen Verhältnis, das sich im Zivilisationsprozeß zunehmend verschärft hat. Während am Anfang vor allem das Inzesttabu den Antagonismus setzte, im übrigen aber familiäre und kulturelle Strukturen im Ethnischen weitgehend zur Deckung kamen, produzierte der Kulturwandel immer größere Widersprüche zwischen den beiden Systemen, die das Individuum, vor allem von der Pubertät an, vor schwierige Probleme stellten. In Shakespeares Drama „Romeo und Julia" zerbricht das adoleszente Liebespaar an der Unversöhnlichkeit der Herkunftsfamilien. Der Fürst, der am Schluß der Tragödie auftaucht, verkündet ein neues Prinzip der Rechtssprechung, das die Macht der Familien einschränkt und einen neuen Raum für die Liebe schafft.

Um den Übergang von der Familie zur Kultur zu beschreiben, übernehme ich im folgenden das Modell des Übergangsrituals des englischen Ethnologen Victor Turner. Dabei möchte ich zweierlei hervorheben: erstens Turners Feststellung, daß diese Übergangsphase von Ambiguität gekennzeichnet ist, daß sie sowohl Ängste als auch Hoffnungen weckt, die keine klaren Richtungen erkennen lassen, und zweitens, daß der Bereich, den der Neophyt durchschreitet, „wenig oder keine Merkmale des vergangenen oder zukünftigen Zustandes aufweist". Es scheint mir sinnvoll zu sein, die Adoleszenz gemäß diesem Modell als eine chaotische Phase voller Ambiguitäten zu betrachten und als einen Bereich, der wenig oder keine Merkmale der Kindheit oder des Erwachsenenalters aufweist (vgl. auch Kaplan 1984). In der Übergangsphase der Adoleszenz entsteht ein das Individuum verunsicherndes Symboldefizit und Normenvakuum, das eine Bereitschaft zur Unterwerfung erzeugt, welche die Gesellschaft mittels schmerzhafter Initiationen für die Erhaltung ihrer Ordnung ausnutzen kann.

Wo aber nur Ordnung herrscht, dort ist der Tod. Turner verweist in diesem Zusammenhang insbesondere auf afrikanische Gesellschaften, die zu bestimmten „heiligen Zeiten" die Ordnung kultisch aufhoben, um sie im ausbrechenden Chaos wieder regenerieren zu können. Ähnliche Beispiele ließen sich auch aus anderen Kulturkreisen zitieren, und man kann daraus die These ableiten, daß diese Art Chaos grundsätzlich in einem Bezug zu der starren Hierarchie steht, welche traditionelle Gesellschaften strukturiert. Weil nämlich diese Gesellschaften so starr organisiert waren, mußten sie wenigstens zu bestimmten Zeiten durcheinander gebracht werden, um wieder assimilationsfähig zu werden. Die heiligen, festlichen Zeiten unterbrachen den profanen Alltag und versammelten Menschen, die von weither zusammenkamen, um gemeinsam zu feiern und sich ihrer Symbolwelt zu versichern. In seinem Buch „Die elementaren Formen des religiösen Lebens" hob Durkheim (1912) das Erregende an diesen Feiern hervor:

> „Nun wirkt aber die Ansammlung allein schon wie ein besonders mächtiges Reizmittel. Sind die Individuen einmal versammelt, so entlädt sich auf Grund dieses Tatbestands eine Art Elektrizität, die sie rasch in einen Zustand außerordentlicher Erregung versetzt. Jedes ausgedrückte Gefühl hallt ohne Widerstand in dem Bewußtsein eines jeden wider, das den äußeren Eindrücken weit geöffnet ist. Jedes Bewußtsein findet sein Echo in den anderen. Der erste Anstoß vergrößert sich auf solche Weise immer mehr, wie eine Lawine anwächst, je weiter sie läuft. Und da diese

starken und entfesselten Leidenschaften nach außen drängen, ergeben sich allenthalben nur heftige Gesten, Schreie, wahrhaftes Heulen, ohrenbetäubendes Lärmen jeder Art, was wiederum dazu beiträgt, den Zustand zu verstärken, den sie ausdrücken. (...) Die Erregung wird manchmal derart stark, daß sie zu unerhörten Akten verführt. Die entfesselten Leidenschaften sind so heftig, daß sie durch nichts mehr aufgehalten werden können. Man ist derart außerhalb der gewöhnlichen Lebensbedingungen und man ist sich dessen derart bewußt, daß man sich notwendigerweise außerhalb und über der gewöhnlichen Moral erhebt. Die Geschlechter begatten sich entgegen den Regeln, die sonst den Sexualverkehr regeln. Die Männer wechseln ihre Frauen. Selbst Inzestverbindungen, die normalerweise als verwerflich gelten und schwer bestraft werden, werden bisweilen offenkundig und straflos eingegangen" (o.c., S. 297f).

In diesen Kulturen wurde das Chaos also religiös gefaßt und geschützt. Man könnte sagen, Aufgabe der Religion sei es gewesen, die chaotische Energie für das gesellschaftliche Leben nutzbar zu machen, indem sie die Symbolsysteme stets von neuem mit Leben erfüllte. Und die Kultfeste waren der Ort, wo diese Umsetzung stattfand. Im Verlauf des Zivilisationsprozesses und mit der Beschleunigung des Kulturwandels wurden die „heiligen Zeiten" und kultischen Feiern zunehmend abgeschafft. Die Fastnacht, der Karneval und zuweilen auch gewisse Sport- und Popkonzertanläße können heute als letzte Reste davon betrachtet werden. Wo aber ist das Chaos geblieben, ohne das keine Ordnung mit ihren Symbolen lebensfähig ist? Meine *These* lautet, daß dieses Chaos aus der Gesellschaft in die Individuen versetzt wurde und daß wir es heute in der Adoleszenz wiedererkennen können. Mit der zunehmenden Erhitzung der Kulturen, das heißt mit der Beschleunigung des Kulturwandels, kam es zu einer Dezentrierung, Entsakralisierung und Subjektivierung des Chaos; das gemeinsam Verpflichtende der Feste trat allmählich zurück, und das Individuum mußte nun selbst sehen, wie es mit dem Chaos, das in ihm ist, zurechtkommt und im Übergang von der Familie zur Kultur neue Symbolisierungsformen findet.

Was Freud als „Es" bezeichnete, ist letztlich auch ein Produkt der Entsakralisierung und Dezentrierung des Chaos. In „Neue Folge zur Einführung in die Psychoanalyse" (1933) faßte er einige seiner Erkenntnisse über das Es folgendermaßen zusammen:

„Sie erwarten nicht, daß ich Ihnen vom Es außer dem neuen Namen viel Neues mitzuteilen habe. Es ist der dunkle Teil unserer Persönlichkeit; das wenige, was wir von ihm wissen, haben wir durch das Studium der Traumarbeit und der neurotischen Symptombildung erfahren und das meiste davon hat negativen Charakter, läßt sich nur als Gegensatz zum Ich beschreiben. Wir nähern uns dem Es mit Vergleichen, nennen es ein Chaos, einen Kessel voll brodelnder Erregungen. Wir stellen uns vor, es sei am Ende gegen das Somatische offen, nehme da die Triebbedürfnisse in sich auf, die in ihm ihren psychischen Ausdruck finden, wir können aber nicht sagen, in welchem Substrat. Von den Trieben her erfüllt es sich mit Energie, es hat aber keine Organisation, bringt keinen Gesamtwillen auf, nur das Bestreben, den Triebbedürfnissen unter Einhaltung des Lustprinzips Befriedigung zu verschaffen. Für die Vorgänge im Es gelten die logischen Denkgesetze nicht, vor allem nicht der Satz vom Widerspruch. Gegensätzliche Regungen bestehen nebeneinander, ohne einander aufzuheben oder sich voneinander abzuziehen, höchstens, daß sie unter dem herrschenden ökonomischen Zwang (d.h. triebenergetisches Verhältnis) zur Abfuhr der Energie zu Kompromißbildungen zusammentreten. Es gibt im Es nichts, was man der Negation gleichstellen könnte, auch nimmt man mit Überraschung die Ausnahme von dem Satz der Philosophen wahr, daß Raum und Zeit notwendige Formen unserer seelischen Akte seien. Im Es findet sich nichts, was der Zeitvorstellung entspricht, keine Anerkennung eines zeitlichen Ablaufs, und (...) keine Veränderung des seelischen Vorgangs durch den Zeitlauf. Selbstverständlich kennt das Es keine Wertungen, kein Gut und Böse, keine Moral. (...) Wunschregungen, die das Es nie überschritten haben, aber auch Eindrücke, die durch Verdrängung ins Es versenkt worden sind, sind virtuell unsterblich, verhalten sich nach Dezennien als ob sie neu vorgefallen wären. Als Vergangenheit erkannt, entwertet und ihrer Energiebesetzung beraubt können sie erst werden, wenn sie durch die analytische Arbeit bewußt geworden sind und darauf beruht nicht zum kleinsten Teil die therapeutische Wirkung der analytischen Behandlung" (o.c., S. 511).

Freuds Text über das Es des modernen Menschen enthält eine Reihe bemerkenswerter Anklänge an das, was wir über die religiösen Feste in traditionellen Kulturen wissen. Er hört sich wie die Beschreibung einer ekstatischen Feier an, in welcher die Menschen eine numinose, das Heilige betreffende Erfahrung machen: *brodelnde Erregung, Fehlen einer Organisation, Aufhebung der Logik, es werden keine Widersprüche erlebt, und die gegensätzlichsten Regungen können nebeneinander bestehen, Raum und Zeit verschmelzen, moralische Urteile sind aufgehoben.* So schrieb Caillois (1950):

„Das Fest, dieses Zwischenspiel universaler Verwirrung, ist eine Zeitspanne, in der die Weltordnung aufgehoben ist. Aus diesem Grunde sind zu dem Zeitpunkt Exzesse gestattet. Man darf den Regeln zuwiderhandeln. Alles muß umgekehrt werden. In mythischen Zeiten kehrte sich der Lauf der Zeit um. Man wurde als Greis geboren und starb als Kind. (...) Angesichts der Tatsache, daß die Fidschianer im Falle einer schlechten Ernte, die eine Hungersnot zur Folge haben könnte, eine Zeremonie vollziehen, die sie ‚Schöpfung der Erde' nennen, steht außer Frage, daß diese Eingeborenen wirklich überzeugt sind, dadurch zur Erneuerung des in seiner Existenz bedrohten Universums beizutragen. (...) (Die Erde) muß zwangsläufig verjüngt, wiedergeboren werden, um den Verfall, der der Welt und dem Menschen droht, abzuwenden" (o.c., S. 150f).

Fruchtbarkeit und Allmacht waren in traditionellen Gesellschaften also kulturell beglaubigt. Das Individuum erlebte sie nicht als etwas, was sich in ihm, sondern außerhalb von ihm abspielte. Weltanschauungen wie diese banden die Individuen außerordentlich stark aneinander und schufen zusammen mit den entsprechenden sozialen Mechanismen (Gegenseitigkeitsstrukturen, Verwandtschaftssysteme) eine starke Gruppenkohäsion.

Eine der Institutionen, die die psychischen Voraussetzungen für diese Kohäsion herstellte, war die Initiation. Mich interessieren hier vor allem die rituellen Feierlichkeiten, die im Umkreis der Pubertät zelebriert wurden und den Übergang von der Kindheit ins Erwachsenenalter lenken sollten. Diese Feste inszenierten in der Regel den Bezug zu den Ahnen und veranschaulichten Tod und Wiedergeburt. Mensch wurde nur der, der durch die Initiation hindurchgegangen war und somit die Werte seiner Kultur akzeptiert hatte. Wer die Initiation erlebte, erfuhr oft buchstäblich am eigenen Leibe, nämlich durch die Wunden, die man ihm beibrachte, daß er nun wie die Ahnen war: Was er tat und erlitt, das hatten auch schon die Ahnen getan und erlitten. Aus diesem Grunde war es auch wichtig, daß zum Beispiel alle jungen Männer, ohne Unterschied, dieselbe Art von Initiation durchmachten. Clastres (1974) sieht in der Folter, der sich die Adoleszenten in traditionellen Kulturen unterziehen müssen, ein Mittel, durch die Schmerzen die Gleichheit aller Männer (im Unterschied zu Frauen und Kindern) zu betonen und diese Gleichheit – wie er sagt – „in den Körper zu schreiben".

Mit der Beschleunigung des Kulturwandels wurden diese Initiationsrituale zunehmend obsolet. Während in traditionellen Kulturen die Zukunft der Enkel und die Vergangenheit der Großeltern noch mehr oder weniger identisch waren (M. Mead) und damit auch das Wissen rituell gefaßt und weitergegeben werden konnte, forderte die schnellebige Zeit moderner Kulturen zunehmend Kreativität und Originalität. Die Affinitäten zwischen einer sich ständig wandelnden Gesellschaft und der Adoleszenz als Lebensphase des Übergangs verstärkten sich gegenseitig immer mehr. In dem Maße wie die Initiation in den modernen Kulturen an Bedeutung verlor, kam es zu einer Verlängerung der Adoleszenz; es traten also zwei Prozesse in Interaktion. Mit der Auflösung der Initiationsrituale, die die chaotischen Antriebe des Menschen einst zu numinosen und heiligen Kräften gebündelt hatten, verlor das Chaos seinen sakralen Charakter und verwandelte sich im Feuer der verlängerten Adoleszenz in kreative und destruktive Energie.

Die Symbolisierungsprozesse bekamen unter diesen Umständen eine ganz neue Struktur: In traditionellen Kulturen waren die Symbolisierungen einst gleichsam Emanationen des Heiligen und beruhten auf dem gesellschaftlichen Zusammenhalt; ihre Geltung verdankte sich der Autorität der Gruppe und nicht der Einsicht des Individuums. Mit der Subjektivierung des Chaos und damit auch seiner Entzauberung als Triebhaftigkeit hingegen überließen die modernen Kulturen die Symbolisierungen dem Individuum und den Motivationen, die es selbst aufbringen kann. Das Individuum wird in modernen Kulturen zum Schauplatz von widersprüchlichen Werten und Symbolsystemen und verfügt immer weniger über ein in sich stimmiges Konzept. Die Werte werden zu revisionsfähigen Präferenzen – und zunehmend argumentativen Rechtfertigungen unterstellt.

Der Wertewandel und die Symbolproduktion vollziehen sich heute mit einer Geschwindigkeit, die dem Individuum das Einhalten von Lebensentwürfen und ein Voraussehen der Zukunft nachgerade verunmöglicht. Dieser Wandel läßt sich auch als „Enttraditionalisierung" und als langfristiger Prozeß der Erweiterung individueller Entscheidungsfreiheiten beschreiben. Traditionelle Positionen werden dabei zunehmend begründungspflichtig. Tradierte religiöse, aber auch säkulare (wie zum Beispiel klassenspezifische) Weltbilder sind nicht mehr unangefochten und büßen immer mehr ihre sinngebende Kraft ein. Infolge der Verschärfung des Antagonismus zwischen Familie und Kultur werden die Jugendlichen in ihren verschiedenen Lebensbereichen mit äußerst verschiedenen Anforderungen, Erwartungen und Normen konfrontiert, denen sie gerecht werden sollten: „Während etwa in der Familie Wärme, Nähe, emotionale Rückendeckung etc. herrschen (sollen), begegnet der Jugendliche in der Schule ganz anderen universalistischen, unpersönlichen, emotional neutralen Beziehungsanforderungen" (Barz 1992, S. 28). Der unversöhnliche Widerspruch zwischen Familie und Kultur bringt das Subjekt in schwer zu bewältigende Konflikte. Einerseits geht es um eine gefühlsmäßige Ablösung von der Familie, wobei das Inzestverbot das Individuum zwingt, seine Libido nach außen, dem Fremden zuzuwenden, andererseits aber geht es auch darum, die überlieferten Werte, Vorbilder und Ideale aufzugeben, bzw. sie in die neue Situation zu übersetzen. Ganz zentrale Bereiche, wie zum Beispiel die Geschlechtsidentität und die Arbeit, müssen nun neu symbolisiert werden. „Männlichkeit" und „Weiblichkeit" müssen dabei ebenso mit Inhalt gefüllt werden wie etwa „Karriere" und „Erfolg". Die Familie erweist sich in diesem Prozeß als wichtiger Gegenpol zum Bereich der Kultur.

Erst im Spannungsfeld zwischen den beiden antagonistischen Systemen kann das Individuum seine Symbolisierungsfähigkeit richtig entfalten. Verkümmert einer der Pole, so führt das zu einer Erstarrung der Symbolik, in welcher das Prinzip der Nachträglichkeit (vgl. Erdheim 1993) nicht mehr wirken kann. Hinzu kommt auch noch eine Vereinseitigung bzw. Verarmung, manchmal auch Verwirrung des Bedeutungsinhaltes der Symbole. Fällt der Pol der Kultur weg, so muß alle Symbolik auf die Familie bezogen werden, und so kommt es, daß etwa die Gesellschaft nur noch als erweiterte Familie symbolisiert werden kann, wie z.B. im Begriff des Völkischen. Dann erscheint auch der Staat als „Vater-Staat", von dem man sich Versorgung, Pflege und Förderung erwartet. Fällt hingegen der Pol der Familie weg, so erscheint alles unter kulturellem Vorzeichen: Die Familie soll nun revolutioniert, erneuert, rational bewältigt werden, und entsprechend geraten auch alle menschlichen Beziehungen unter den Aspekt des Machbaren, Herstellbaren. Nur als Anregung erlaube ich mir in diesem Zusammenhang die Bemerkung, daß postmoderne Kulturbegriffe oft eindimensional wirken, weil sie keine Spannung zum familiären Pol zustande bringen.

Im bisher Beschriebenen tauchte immer wieder ein Phänomen auf, das ich nun weiter vertiefen möchte, da es bei Sinngebungs- und Symbolisierungsprozessen eine wichtige Rolle spielt, nämlich das Phänomen der Omnipotenz: Lord Chandos hatte große Pläne und stand vor einer blendenden Karriere; sein Brief ist Ausdruck von einem Zusammenbruch seiner Größen- und Allmachtsphantasien. In traditionellen Kulturen begegneten wir dem Phänomen der Omnipotenzphantasien im Zusammenhang mit religiösen Ritualen: Sie standen hier im Dienste der gesellschaftlichen Kohäsion. Die Säkularisierungsprozesse hingegen haben diese Phantasien freigesetzt: Sie lösten sie aus dem Bereich des Religiösen ab und übertrugen es dem Individuum, sie in eine sinnvolle Form zu bringen.

3. Omnipotenz

Die Motivation des Menschen, sich und seine Umwelt zu verändern, speist sich aus verschiedenen Quellen. Not macht erfinderisch und läßt ihn vielfältige Überlebensstrategien entwickeln; daneben aber ist es auch Eros, die unerschöpfliche Quelle der Wünsche, die den Menschen aus dem Überfluß seiner Triebhaftigkeit heraus zum Handeln zwingt. Es gilt als Freuds Leistung, die Bedeutung und die Genese der menschlichen Sexualität entdeckt zu haben. Seither haben Psychoanalytiker in minutiösen Untersuchungen Freuds Thesen ausdifferenziert und die Phasen der sexuellen Entwicklung dargestellt. Zum Eros gesellen sich aber als ebenso wichtiger Antrieb zum Handeln die Größen- und Allmachtsphantsien. In bezug auf die Omnipotenz kann man eine dem Sexuellen entsprechende theoretische Aufarbeitung kaum feststellen. Die Größen- und Allmachtsphantasien sind zwar Bestandteil der psychoanalytischen Theorie, finden aber in ihrem Vokabular selten eine eigenständige Erwähnung. Bei Laplanche und Pontalis zum Beispiel gibt es kein entsprechendes Stichwort. In der Regel wird die Omnipotenz eher beiläufig, oft sogar mit einem negativen Vorzeichen versehen unter dem Begriff Narzißmus abgehandelt. So heißt es zum Beispiel bei Kernberg (1975):

> „Für mich sind narzißtische Persönlichkeiten gekennzeichnet durch ein außergewöhnliches Maß an Selbstbezogenheit, wobei sie zwar gewöhnlich eine oberflächlich glatte und sehr effektive soziale Anpassung zustande gebracht haben, aber in ihren inneren Beziehungen zu anderen Menschen schwer gestört sind. In wechselnder Zusammensetzung finden wir Anzeichen von starkem Ehrgeiz, Größenphantasien, Minderwertigkeitsgefühlen und übermäßiges Angewiesensein auf Bewunderung und Bestätigung durch andere. Neben Gefühlen von Leere und Langeweile

und einer ständigen Suche nach Befriedigung ihres Strebens nach glänzenden Erfolgen, Geltung, Reichtum, Macht und Schönheit bestehen gleichzeitig schwere Mängel bezüglich der Fähigkeit zu lieben und zur mitfühlenden Rücksichtsnahme auf andere" (o.c., S. 302).

Von diesem Standpunkt aus war es nur noch ein kleiner Schritt zu einer allgemeinen Kritik der Gegenwart als „Zeitalter des Narzißmus" (Lasch 1979). Was in dieser Sicht verloren ging, war der Ansatz, den Freud 1912/13 im dritten Kapitel von „Totem und Tabu", „Animismus, Magie und Allmacht der Gedanken", entwickelt hatte. Freud untersuchte in diesem Kapitel die kulturellen Schicksale der „Allmacht der Gedanken" und schrieb:

> „Im animistischen Stadium schreibt der Mensch sich selbst die Allmacht zu; im religiösen hat er sie den Göttern abgetreten, aber nicht ernstlich darauf verzichtet, denn er behält sich vor, die Götter durch mannigfache Beeinflussungen nach seinen Wünschen zu lenken. In der wissenschaftlichen Weltanschauung ist kein Raum mehr für die Allmacht der Gedanken des Menschen, er hat sich zu seiner Kleinheit bekannt und sich resigniert dem Tode wie allen anderen Naturnotwendigkeiten unterworfen. Aber in dem Vertrauen auf die Macht des Menschengeistes, welcher mit den Gesetzen der Wirklichkeit rechnet, lebt ein Stück des primitiven Allmachtglaubens weiter" (o.c., S. 108f).

Zwar betrachtete Freud den Glauben an die Allmacht der Gedanken als wesentlichen Antrieb zu kulturellen Leistungen, wie zum Beispiel die Entwicklung der religiösen und wissenschaftlichen Symbolsysteme. Dennoch konzentrierte er sich im Verlauf seiner Arbeit zusehends auf die Sexualität. Den Größen- und Allmachtsphantasien wiederfuhr in seinem Werk ein ähnliches Schicksal wie der Pubertät, bzw. der Adoleszenz. Während Freud der Adoleszenz in den „Drei Abhandlungen zur Sexualtheorie" gleichsam noch einen Drittel seiner Aufmerksamkeit schenkte, verschwand sie später zunehmend aus seinem Interesse, um durch das Thema der frühkindlichen Sexualität ersetzt zu werden. In ähnlicher Weise ließ Freud auch das Problem der Omnipotenzgefühle fallen und widmete sich eher dem Problem der autoerotischen Seite des Narzißmus.

Es ist wohl kein Zufall, daß mit dem Interesse an der Adoleszenz auch dasjenige an der Allmacht verschwand, da die beiden Phänomene sehr eng miteinander verbunden sind. Die Allmachtsphantasien treten in der Adoleszenz mit besonderer Vehemenz in Erscheinung. Sie können die Jugendlichen dazu treiben, die etablierten Werte und Symbolsysteme radikal in Frage zu stellen, oder aber auch, sich präfabrizierten Symbolsystemen, wie sie zum Beispiel von Sekten oder rechtsradikalen Gruppen angeboten werden, zu unterwerfen.

3.1 Zur Genese der Omnipotenz

Laut Melanie Klein treten Gefühle und Phantasien von Omnipotenz bereits in den frühen Stadien der Kindheit auf. Die Allmachtsphantasien dienen dem Kleinkind einerseits als Abwehr, können andererseits aber auch zur Quelle von Angst werden. Verbunden mit „guten Objekten" vermittelt die Allmacht Schutz und Geborgenheit; verbindet sie sich jedoch mit den „bösen Objekten", löst sie Angst und Verzweiflung aus. Winnicott ging meiner Ansicht nach weiter, indem er die Allmachtsphantasien mit der Fähigkeit des Säuglings in Zusammenhang brachte, „ein Objekt zu schaffen, sich auszudenken, zu erfinden, zustande zu bringen, hervorzubringen" (1958, S. 301). Um dies zustande zu bringen, ist der Säugling jedoch auf die Mutter angewiesen:

> „Die Mutter, die gut genug ist, begegnet der Omnipotenz des Säuglings und begreift sie in gewissem Maß. Sie tut dies wiederholt. Durch die Stärke, die das schwache Ich des Säuglings dadurch bekommt, daß die Mutter die Omnipotenzäußerungen des Säuglings praktisch zur Wirkung bringt, beginnt ein wahres Selbst zum Leben zu erwachen. Die Mutter, die nicht gut genug ist, kann die Omnipotenz des Säuglings nicht praktisch zur Wirkung bringen, deshalb unterläßt sie es wiederholt, der Geste des Säuglings (die die Existenz eines potentiellen wahren Selbst anzeigt; M. E.) zu begegnen; statt dessen setzt sie ihre eigene Geste ein, die durch das Sich-Fügen des Säuglings sinnvoll gemacht werden soll. Diese Gefügigkeit auf Seiten des Säuglings ist das früheste Stadium des falschen Selbst und gehört zur Unfähigkeit der Mutter, die Bedürfnisse ihres Säuglings zu spüren" (1965, S. 189).

Das befriedigende Erlebnis von Omnipotenz wird für den Säugling eine entscheidende Voraussetzung für die Einsetzung eines Realitätsprinzips, das die Welt nicht starr und unveränderlich, sondern als der Kreativität zugänglich erscheinen läßt. Winnicott schreibt:

> „In diesem frühen Stadium verschafft die fördernde Umwelt dem Säugling das Erlebnis der Omnipotenz; damit meine ich mehr als magische Steuerung; für mich schließt der Ausdruck den kreativen Aspekt der Steuerung mit ein" (o.c., S. 235).

Wesentlich an Winnicotts Ausführungen ist hier der Blick auf eine veränderbare Welt. Daß die Welt durch Kreativität veränderbar ist, ist nämlich nicht selbstverständlich, und Winnicott macht unmißverständlich deutlich, daß eine Voraussetzung für diese Annahme das positive Erlebnis der Omnipotenz ist.

Um die weitere Entwicklung der Omnipotenz zu beschreiben, können wir uns auf Freuds „Formulierungen über die zwei Prinzipien des psychischen Geschehens" (1911) beziehen. In diesem Aufsatz stellt Freud dar, daß im Bereich der Sexualität das Lustprinzip so schwer dem Realitätsprinzip weiche, und er stellt die Hypothese auf, die Autoerotik einerseits und die Unterbrechung der sexuellen Entwicklung durch die Latenzphase andererseits würden die Wirkung des Lustprinzips stärken und die Sexualität vom Realitätsdruck entlasten. Eine ähnliche Fragestellung drängt sich nun auch im Zusammenhang mit den Omnipotenzphantasien auf: Wie rettet das Individuum seine Omnipotenzphantasien angesichts einer Realität, die diese Omnipotenz – nicht zuletzt durch das Faktum des Todes – ständig widerlegt? Wenn wir die Entwicklung der Omnipotenz mit derjenigen der kindlichen Sexualität vergleichen, so entspricht die Funktion der Autoerotik für die Sexualität derjenigen der Phantasie für die Omnipotenz. Mit anderen Worten: So wie die sexuelle Lust sich angesichts des Realitätsprinzips in die kindliche Autoerotik rettet, so flüchten die Omnipotenzgefühle, um zu überleben, in den Bereich der Phantasie.

Der Funktion der Latenzphase in der zweizeitigen Entwicklung der Sexualität, während welcher sexuelle Strebungen in zärtliche verwandelt werden, entspricht in dieser Gegenüberstellung die Möglichkeit der Verschiebung der Omnipotenz auf die idealisierten Eltern. Durch diese Verschiebung können sich die Größen- und Allmachtsgefühle des Kindes trotz aller Infragestellungen und Einschränkungen durch die Realität bis zur Adoleszenz grundsätzlich erhalten.

Es sind bei diesem Verschiebungsprozeß verschiedene Szenarien des Zusammenwirkens der kindlichen Allmacht mit den Eltern möglich. Es kann zum Beispiel eine allmähliche Übertragung stattfinden: Die Omnipotenz des Kindes spricht dabei die Größenphantasien seiner Eltern an, und die idealisierten Eltern, als Erben der kindlichen Allmacht, geben dem Kind das Gefühl der Teilhabe an ihrer eigenen Omnipotenz. Oft vermischen sich diese gemeinsamen Phantasien mit dem Familienmythos, der von der Größe und Einzigartigkeit der jeweiligen Familie kündet.

Eine andere Form des Zusammenwirkens der kindlichen Omnipotenz mit seinen Eltern kann aber auch ein gewaltsames Brechen der kindlichen Omnipotenz sein, etwa indem die Eltern das Kind schlagen, mit der Begründung, man müsse dem Trotz des Kindes entgegenwirken. „Der Wille des Kindes muß gebrochen werden", heißt es in einer Enzyklopädie des gesamten Erziehungs- und Unterrichtswesens (erschienen 1876–87),

> „... das heißt es muß lernen, nicht sich selbst, sondern einem anderen zu folgen. Daß eine solche Notwendigkeit vorliegt, ist ein Beweis von der angeborenen Verderbnis des menschlichen Wesens. Anders würde es nicht zu einem Brechen des Willens kommen müssen, sondern nur zum Verknüpfen desselben mit dem stärkeren und besseren Willen" (zit. n. Rutschky 1977, S. 377).

In diesem Fall setzen die Eltern bzw. die Erzieher eine unüberbrückbare Distanz zwischen sich und das Kind. Dieses wird zu überleben versuchen, indem es seine masochistischen Tendenzen fördert sowie Lust an der Unterwerfung und an der dadurch ermöglichten Teilhabe an der Omnipotenz der Erwachsenen entwickelt. Schließlich ist auch denkbar, daß die Omnipotenz der Eltern auf Grund ihrer Geschichte, etwa Flucht und Emigration, so zerstört worden ist, daß die Eltern die Übertragung der kindliche Allmacht nicht ertragen können und diese auf das Kind zurückwerfen. Es wird dann von den Symbolisierungsfähigkeiten des Kindes abhängen, ob es mit seiner Omnipotenz allein fertig wird oder nicht.

Wir können annehmen, daß diese und ähnliche Szenarien Grundtypen darstellen, die von Kultur zu Kultur und von Klasse zu Klasse variieren und den sozialen Charakter ihrer Angehörigen prägen.

3.2 Zur Vergesellschaftung der Omnipotenz in der Adoleszenz

Mit dem Beginn der Adoleszenz müssen die Größen- und Allmachtphantasien neu bewältigt werden. Die Ablösung von der Familie zwingt das Subjekt, die Omnipotenz, die es auf seine Eltern bzw. seine Familie übertragen hat, wieder auf sich selbst zurückzunehmen. Die Frage ist nun, was der Adoleszente mit seinen Größenphantasien tut. In den traditionellen, von einem fixen Wertkosmos umschlossenen Kulturen kommt es durch die Initiation zu einer Reorganisation der Omnipotenz. Auf der psychischen Ebene geht es dabei vor allem darum, die Omnipotenz vom Individuum auf die Gruppe, den Clan bzw. den Stamm zu übertragen. Die Sphäre, die diese Omnipotenz aufnimmt und bewahrt, ist in der Regel das Heilige. In der Magie finden die Omnipotenzgefühle ihren kulturell akzeptierten Ausdruck, wobei sich die Gesellschaft durch Feste und Heilungsrituale immer wieder vergewissern muß, daß diese Allmacht weiterhin in ihrem Zentrum wirkt. In seinem Aufsatz „Der Zauberer und seine Magie" (1949) erzählt Lévi-Strauss eine eindrückliche Geschichte, die sich bei den Zuni von Neu-Mexiko abspielte. Nachdem ein Jüngling die Hände einer jungen Frau ergriffen hatte, brach diese zusammen. Der Jüngling wurde infolgedessen der Hexerei beschuldigt, aber er leugnete, über irgendwelche magischen Kenntnisse zu verfügen. Die Anklage wurde dennoch aufrechterhalten, und da auf dieses Vergehen die Todesstrafe stand, änderte der Jüngling seine Taktik. Er gab nun zu, in die geheimen Künste der Zauberei eingeweiht worden zu sein und über Mittel zu verfügen, die krank machen oder heilen können. Er wurde aufgefordert, die entsprechenden Beweise zu erbringen, und tatsächlich vollführte er ein kompliziertes Ritual, versetzte sich in Trance und kehrte danach wieder in den Normalzustand zurück. Er probierte die Mittel auch bei der kranken jungen Frau aus und erklärte sie für geheilt.

Das Gericht vertagte sich auf den nächsten Tag, um das Urteil zu fällen, und in der Nacht entfloh der junge Mann. Er wurde jedoch ergriffen, und das neue Tribunal lehnte seine Version ab. Darauf legte der Angeklagte ein weiteres Geständnis ab: Er stamme aus einer Familie, die über geheime Kräfte und über Geheimwissen verfüge, er könne sich zum Beispiel in eine Katze verwandeln und Menschen töten, indem er sie mit Kaktusstacheln durchbohre. Das alles vollbringe er mit Hilfe der magischen Federn, die er besitze. Natürlich wollten die Richter diese Federn sehen, und der erfindungsreiche Jüngling kam erneut in Schwierigkeiten. Die Federn seien in seinem Haus, in einer Wand versteckt. Also ging man zu ihm nach Hause und demolierte die Wand, fand aber keine Federn. Er entschuldigte sich, es seien schon zwei Jahre vergangen, seitdem er sie versteckt habe, und jetzt wisse er nicht mehr genau, wo sie verborgen seien. Man zwang ihn, weiter zu suchen, und riß eine neue Wand ab. Zum Glück fand sich in ihren Trümmern eine alte Feder, die er triumphierend zeigte, wobei er zugleich beklagte, daß er seine magischen Fertigkeiten nun verloren habe. Auf einem öffentlichen Platz mußte der Jüngling nun nochmals seine ganze Geschichte erzählen, die er mit unzähligen Einzelheiten bereicherte. Hiermit scheint sich die Dorfgemeinschaft beruhigt zu haben, und der angeklagte Jüngling wurde freigelassen. Lévi-Strauss kommentierte diesen Vorfall folgendermaßen:

> „Man sieht zunächst, daß der Beschuldigte, der wegen Hexerei verfolgt wird und deshalb die Todesstrafe fürchten muß, die Freisprechung nicht erreicht, indem er sich entlastet, sondern indem er sein angebliches Verbrechen auf sich nimmt; noch mehr: er verbessert seine Sache, indem er verschiedene Versionen vorbringt, von denen jede blumiger, detailreicher (also im Grunde genommen belastender) ist als die vorangegangenen. (...) Die Richter erwarten vom Angeklagten nicht, daß er eine These bestreitet, und noch weniger, daß er Tatsachen widerlegt; sie verlangen von ihm, daß er ein System bestätigt, von dem sie nur ein Bruchstück in der Hand haben und dessen fehlenden Teil sie angemessen ergänzen wollen" (o.c., S. 190).

Eine wesentliche Funktion der magischen Heilungsrituale besteht also darin, der Gemeinschaft zu versichern, daß die Omnipotenz in ihrem Zentrum liegt. Auffällig ist, mit welcher Selbstverständlichkeit sich der Jüngling der dazu erforderlichen Symbolsysteme bedient. Hiermit beweist er auch seine Abhängigkeit von der Gruppe und seine starke Einbindung in das Wertesystem seiner Gesellschaft.

Die Übertragung der Omnipotenz auf die Gesellschaft führt in traditionellen Kulturen zu einer bis ins Innere des Individuums reichenden Abhängigkeit von der Gruppe. Man kann sagen, daß das Individuum durch diese Übertragung seine Souveränität verliere, dafür tauscht es aber Schutz und Geborgenheit ein. Gefährlich wird diese Abhängigkeit jedoch dann, wenn die Gruppe das Individuum fallen läßt. Wenn ein Individuum zum Beispiel durch Zauberei den psychischen Kontakt mit seiner Gruppe verliert, wird es kaum überlebensfähig sein.

3.3 Delegierte Omnipotenz und Ausschliessungsprozesse

Der französische Ethnologe Marcel Mauss veröffentlichte 1926 einen Aufsatz mit dem Titel: „Über die physische Wirkung der von der Gemeinschaft suggerierten Todesvorstellung auf das Individuum", der auf eindrückliche Weise die Wirkungskraft der vergesellschafteten Größenphantasien illustriert. Mauss interessierte sich für Todesfälle,

> „... die bei einer großen Anzahl von Individuen auf eine brutale und elementare Weise einfach dadurch herbeigeführt werden, daß sie wissen oder glauben (was dasselbe ist), daß sie sterben werden" (o.c., S. 174).

Mauss hob hervor, daß die traditionellen Kulturen, die er in seiner Untersuchung erwähnte, dafür bekannt waren, daß ihre Angehörigen unter strengen Lebensbedingungen existierten und auch über eine gute Konstitution verfügten: Selbst schwere Wunden verheilten schnell, Frauen und Männer wiesen eine gute Widerstandskraft auf. Um so erstaunlicher war es, daß sie gewissen Ereignissen vollkommen ausgeliefert waren:

> „Ein Individuum wird verwundet, und dies sogar nur leicht; dennoch hat es nicht die geringste Chance der Genesung, wenn es glaubt, daß die Lanze behext war; es bricht sich irgendein Glied und wird sich erst von dem Tage an schnell wiederherstellen, da es mit den Gesetzen, die es verletzt hat, seinen Frieden gemacht hat, und so fort. Maximale Wirkungen solcher Art von Moralischem auf Physisches sind offenkundig in den Fällen noch weit stärker spürbar, wo keinerlei Verwundung gegeben ist ..." (o.c., S. 181).

Das einzige Mittel, das in solchen Fällen helfen kann, ist ein entsprechend starker Gegenzauber, dessen Kraft vom Heiligtum der Gemeinschaft herrührt.

1949 nahm Lévi-Strauss diese Problematik ebenfalls auf und beschrieb deren Grundstruktur folgendermaßen:

> „Ein Individuum, das sich bewußt wird, Objekt einer Verhexung zu sein, ist auf Grund der feierlichsten Traditionen seiner Gruppe zutiefst überzeugt, daß es verdammt ist; Verwandte und Freunde teilen diese Gewißheit. Von da an zieht sich die Gemeinschaft zurück: man bleibt dem Verdammten fern, man verhält sich ihm gegenüber, als sei er nicht nur bereits tot, sondern ein Gefahrenherd für die ganze Umgebung; bei jeder Gelegenheit und durch alle Verhaltensweisen legt die Gesellschaft dem unglücklichen Opfer den Tod nahe, das dem, was es für sein unvermeidliches Los hält, gar nicht mehr entgehen möchte. (...) Der Verzauberte, zunächst brutal von allen familiären und gesellschaftlichen Bindungen abgeschnitten, ausgeschlossen von allen Funktionen und Betätigungen, durch die das Individuum sich seiner selbst bewußt wird, dann diese aufs neue beschworenen, so übermächtigen Kräfte wiederfindend, aber nur, damit sie ihn aus der Welt der Lebenden verbannen, kapituliert nun vor dem vereinten Wirken des intensiven

Terrors, des plötzlichen und totalen Rückzuges der vielfältigen Bezugsysteme, die mit Einverständnis der Gruppe geliefert werden, und schließlich vor ihrer entscheidenden Abkehr, die ihn schon zu Lebzeiten als Subjekt mit Rechten und Pflichten für tot erklärt, für ein Objekt der Ängste, Riten und Verbote. Die physische Existenz setzt der Auflösung der sozialen Persönlichkeit keinen Widerstand mehr entgegen" (1958, S. 183).

Für Marcel Mauss war es klar, daß Phänomene wie die auf kollektive Suggestion zurückzuführenden Todesarten, in

„... unseren Zivilisationen (...) selten oder überhaupt nicht vorzukommen" scheinen. „Dadurch erhalten sie einen sehr ausgeprägten sozialen Charakter, denn offensichtlich sind sie abhängig von der Anwesenheit oder dem Fehlen einer bestimmten Zahl von Institutionen, die aus dem Zusammenhange unserer Gesellschaften verschwunden sind, nämlich Magie, Verbote oder Tabus, etc." (1926, S. 179).

Heute würden wir wahrscheinlich nicht mit der gleichen Sicherheit diese Unterschiede hervorheben. Zwar pochen wir, auch infolge der erhöhten Mobilität, vermehrt auf die Autonomie des Individuums und erwarten von ihm zumindest eine gewisse Unabhängigkeit von Gruppen. Ob das Individuum in unserer Kultur diese Unabhängigkeit aber auch wirklich erreicht und ob es ihm gelingt, im Spannungsfeld zwischen Familie und Kultur mit seinen Größenphantasien fertigzuwerden und zum Bewältigen der Adoleszenz eigene Symbolisierungsformen zu entwickeln, ist eher zweifelhaft. Mit ethnologischem Blick vermag man auch in unserer Gesellschaft Institutionen zu entdecken, deren Zugehörigkeit nur über Initiationsrituale gewonnen werden kann, so daß es ebenfalls bei uns zu einem Transfer von Omnipotenzphantasien auf die Institutionen kommt. Wenn man Freuds Buch „Massenpsychologie und Ich-Analyse" (1921) nicht als eine Untersuchung über „Massen", sondern über Institutionen liest (Erdheim 1982), so kann man besser verstehen, wie diese „Übertragung" von Größenphantasien mit der damit einhergehenden Regression und Verkindlichung funktioniert.

4. Ausblick

Wenn der Zivilisationsprozeß das Chaos vom gesellschaftlichen Raum in den Innenraum der Adoleszenz versetzt, so hat das für die Symbolisierungsfähigkeit der Individuen beträchtliche Auswirkungen. Symbole verlieren ihre sakrale Aura, werden bewußt als Ausdruck individueller Kreativität erlebt, die dem Subjekt auch eine neue Einstellung gegenüber seinen Größen- und Allmachtsphantasien abverlangt. Es muß diese gleichsam bei sich behalten bzw. es muß die Delegationsangebote, die ihm während der Adoleszenz gemacht werden, abwehren und ablehnen, um die Größenphantasien als wesentlichen Motor für die Motivation zur Arbeit einsetzen zu können. Hier stößt das Individuum auf einen Widerspruch, der ein Ausdruck ist für den gegenwärtigen Stand des Zivilisationsprozesses. Zunehmend setzt sich nämlich heute die Tendenz durch, das Leben durch den Gegensatz von Arbeit und Freizeit zu strukturieren, und zwar so, daß – mit Ausnahme privilegierter Berufe – die Motivation zur Arbeit lediglich vom Lohn herrührt, während es erst in der Freizeit zum Ausleben der Größen- und Allmachtsphantasien kommen darf. Ich bin der Ansicht, daß nur die Arbeit eine Verknüpfung zwischen Omnipotenzphantasien und

Ichentwicklung ermöglicht. Findet diese Verknüpfung nicht statt, bleiben die Omnipotenzphantasien in einem archaischen Stadium und zwingen das Subjekt, sie zu delegieren. Seien es nun die Fußball- oder Olympia-Nationalmannschaft oder die Helden und Heldinnen der Leinwand – ihre Bedeutung rührt vor allem aus den Omnipotenzphantasien, die auf sie projiziert werden können: Sie vollbringen die magischen Leistungen und führen das traumhafte Leben, das diejenigen sich wünschen, deren Allmachtsphantasien das infantile Stadium nicht überschritten haben. Auch die zunehmende Ausbreitung der Esoterik läßt sich als Delegation von im Infantilen gleichsam steckengebliebenen Größen- und Allmachtsphantasien verstehen. In diesen steckt jedoch auch ein gefährliches politisches Potential: Von einer politischen Bewegung, der es gelänge, dieses archaische Potential anzusprechen und die Delegation dieser Phantasien an sich zu organisieren, müßte man befürchten, daß sie – wie einst der Nationalsozialismus – versuchen würde, die moderne Gesellschaft in eine totalitäre Struktur zu zwingen.

Wenn man diese Möglichkeiten in Erwägung zieht, wird einem die kulturelle Relevanz der Adoleszenz bewußt. Ihre Möglichkeiten, das chaotische Potential, das ihre Dynamik ausmacht, zu nutzen, entscheiden in einem wesentlichen Maß über die Zukunft unserer Gesellschaft.

Literatur

Bahr, H. (1894): Studien zur Kritik der Moderne. In: ders.: Zur Überwindung des Naturalismus. Berlin, Köln, Mainz, Stuttgart: Kohlhammer, 1968, S. 103–165.

Barz, H. (1992): Religion ohne Institution? Eine Bilanz der sozialwissenschaftlichen Jugendforschung. Opladen: Leske + Budrich.

Broch, H. (1951): Hofmannsthal und seine Zeit. In: ders.: Dichten und Erkennen. Essays, Bd. 1. Zürich: 1955, S. 43–181.

Caillois, R. (1950) Der Mensch und das Heilige. München, Wien: Hanser, 1988.

Clastres, P. (1974): Staatsfeinde. Studien zur politischen Anthropologie. Frankfurt a.M.: Suhrkamp, 1976.

Durkheim, E. (1912): Die elementaren Formen des religiösen Lebens. Frankfurt a.M.: Suhrkamp, 1981.

Enzyklopädie des gesamten Erziehungs- und Unterrichtswesen (1986–87). Zit. n. Rutschky, K. (Hg.): Schwarze Pädagogik. Quellen zur Naturgeschichte der bürgerlichen Erziehung. Frankfurt a.M., Wien, Berlin, 1977.

Erdheim, M. (1982): Die gesellschaftliche Produktion von Unbewußtheit. Frankfurt a.M.: Suhrkamp.

Erdheim, M. (1990): Sinngebung und Kulturwandel. In: Ethnopsychoanalyse 1: Glaube, Magie, Religion. Frankfurt a.M.: Brandes & Apsel, S. 9–31.

Erdheim, M. (1993): Psychoanalyse, Adoleszenz und Nachträglichkeit. Psyche 47, 934–950.

Freud, S. (1905): Drei Abhandlungen zur Sexualtheorie. G.W. V, S. 27–159.

Freud, S. (1911): Formulierungen über zwei Prinzipien des psychischen Geschehens. G.W. VIII, S. 229–239.

Freud, S. (1912/13): Totem und Tabu. Einige Übereinstimmungen im Seelenleben der Wilden und Neurotiker. G.W. IX.

Freud, S. (1933): Neue Folgen der Vorlesungen zur Einführung in die Psychoanalyse. G.W. XV.

Helsper, W. (Hrsg.) (1991): Jugend zwischen Moderne und Postmoderne. Opladen: Leske + Budrich.

Hofmannsthal, H. von (1902): Ein Brief. In: ders.: Ausgewählte Werke in zwei Bänden. Bd. 2. Frankfurt a.M.: Fischer, 1957, S. 337–349.

Kaplan, L. (1984): Abschied von der Kindheit. Eine Studie über die Adoleszenz. Stuttgart: Klett-Cotta, 1988.

Kernberg, O. (1975): Borderline-Störungen und pathologischer Narzißmus. Frankfurt a.M.: Suhrkamp, 1978.

Laplanche, J., J.B. Pontalis (1967): Das Vokabular der Psychoanalyse. Frankfurt a.M.: Suhrkamp, 1972.

Lasch, C. (1979): Das Zeitalter des Narzißmus. München: Steinhausen, 1980.

Lévi-Strauss, C. (1949): Der Zauberer und seine Magie. In: ders.: Strukturale Anthropologie. Frankfurt a.M.: 1967, S. 83–203.

Mauss, M. (1926): Über die physische Wirkung der von der Gemeinschaft suggerierten Todesvorstellung auf das Individuum. In: ders.: Soziologie und Anthropologie. Bd. 2. München: Hanser, 1975, S. 175–196.

Turner, V. (1969): Das Ritual. Struktur und Anti-Struktur. Frankfurt a.M.: Campus, 1989.

Winnicott, D.W. (1958): Von der Kinderheilkunde zur Psychoanalyse. Frankfurt a.M.: Fischer, 1985.

Winnicott, D.W. (1965): Reifungsprozesse und fördernde Umwelt. München: Kindler, 1974.

Staunen

Psychogenetische und epigenetische Gesichtspunkte des vorbewußten phantasierenden und unbewußten affektiven Denkens in der Entwicklung und Ausbildung zum Psychoanalytiker[1]

Joachim F. Danckwardt

> „Der Anfang aller Weisheit ist Verwunderung“ (Aristoteles)
>
> „... aber den Menschen ist der Anblick eines Urphänomens [wie des Staunens] gewöhnlich noch nicht genug, sie denken es müsse noch weiter gehen, und sie sind den Kindern ähnlich, die, wenn sie in einen Spiegel geguckt, ihn sogleich umwenden, um zu sehen was auf der anderen Seite ist“ (Goethe an Eckermann am 18.2.1829, S. 253)
>
> „Die Psychoanalyse macht ... Ernst mit der Idee, daß wir Menschen Auslegungen sind“ (Loch 1994, S. 16)

1. Der Prolog

Die Anregung zu dieser Untersuchung erhielt ich in einer lehranalytischen Episode.

Ein kurz vor dem Abschluß-Kolloquium stehender Lehranalysand war mit der letzten Fassung seines Behandlungsberichts fertig geworden. Er war überrascht, an einer bestimmten Stelle verwundert innegehalten zu haben. Als er dort seinen Einfällen nachging, fand er neue Gesichtspunkte, die das Verständnis des Materials vertieften und zu neuer Einsicht sowie Integration führten. Er berichtete dies in der Lehranalysestunde zunächst entspannt und zufrieden, und auch ich lehnte mich zurück. Dann entwickelte er jedoch zunehmend die unerklärliche Angst, im mündlichen Teil des Kolloquiums werde jemand überraschenderweise eine andere Idee haben und ihn damit fertigmachen. Ich erinnerte mich an ähnliche Befürchtungen vor 1 1/2 Jahren. Damals hatte er in der Sitzung mit seinem Analysanden plötzlich etwas Neues entdeckt. Er hatte es in vermeintlichem Widerspruch zu dem, was er in der letzten Zeit mit dem Supervisor erarbeitet hatte, aufgegriffen. Ich war nun erschrocken über die erneut heftige und anhaltende emotionale Entwicklung in der jetzigen Stunde. Nicht nur er fühlte sich von imaginären Diskutanten wie verfolgt. Auch ich fand mich angesichts einer solchen Reaktion dasitzend, mit der auf das Ausbildungsinstitut verschobenen Gegenübertragung auf der Schulter, das äugend fragen mochte, was die beiden in seiner Lehranalyse überhaupt miteinander getrieben hätten. Dabei hatten wir früher über längere Zeit von der Übertragung mehrerer älterer Geschwister erreichbare Aspekte durchgearbeitet. Sie hatten gegenüber diesem jüngsten Ge-

---

1 Nach Vorträgen am 2.10.1990, Tübingen, und am 23.4.1993, Hamburg, unter dem Arbeitstitel: „Über einige Beziehungen von Idealisieren, insgemeinem Verwundern und hell Sehen zur psychoanalytischen Aufmerksamkeit und deutender Aktivität“.

schwister stets schon alles gewußt – eine besonders häufige Form von enteignender Beeinträchtigung der Kreativitätsentwicklung. Damals hatte die Übertragung meine manchmal schnell zupackende Art, etwas aufzugreifen, ‚adoptiert'. Diese Zusammenhänge schienen verfügbar zu sein. Die nun anhaltende Reaktion machte mir klar, daß hier erneut etwas auf Klärung drängte. Kam hier ein paranoider Mechanismus ans Licht? Ich ließ nochmals den Anfang der Stunde Revue passieren und entdeckte dabei als Ausgangspunkt der gegenwärtigen Reaktion das Erstaunen des Analysanden. Die affektive Reaktion hatte ich gar nicht aufgegriffen, sie erschien mir zu selbstverständlich. Jetzt dachte ich, daß offenbar unbekannte Zusammenhänge mit diesem Affekt verbunden sein mußten, weil er erneut aufgetreten war. Man konnte ihn also nicht einfach für selbstverständlich halten.

In einer selbstanalytischen Sequenz entdeckte ich eigene verwirrende Erfahrungen mit der Entwicklung von Staunen, Verwundern und Überraschenlassen: Einmal hatte ich in meiner Gymnasialzeit meinem fünf Jahre älteren Bruder gegenüber, der infolge der Kriegseinwirkungen kein Gymnasium besuchen konnte, geäußert, wie sehr es mich immer wieder verwundere, daß Flugzeuge tatsächlich sicher in der Luft blieben. Ich könne mir das reibungslose Zusammenspiel der Technik nicht vorstellen. Mein Bruder stand zu der Zeit inmitten seines Ingenieurstudiums, das er sich über den zweiten Bildungsweg erarbeitet hatte. Er war Segelflieger. Nun antwortete er mir, das sei kein Wunder, sondern das sei alles Berechnung. Das leuchtete mir zwar intellektuell ein, ich blieb aber mit der subjektiven Realität des Vorgangs von Verwundern verwirrt zurück, das mir infolge der plausiblen Erklärung überflüssig und somit entwertet erschien. Verwundern an sich drohte ebenso sinnlos zu sein, wie den Bruder versteckt zu bewundern. Das wollte mir aber deshalb nicht in den Kopf, weil ich mit dem Verwundern eine Erfahrung von Lesenlernen verband: Als ich eben in der Volksschule war, saß ich eines Tages im Wohnzimmer, die Zeitung vor den Augen, und ‚lautmalte' Buchstaben, die sich zu meiner größten Verblüffung und schließlichem Jubel in meinem Ohr zu einem Wort und schließlich zu einem ganzen Satz fügten, der Sinn hatte. Zurück zu meinem Bruder. Natürlich hatte er eine unbewußte Befürchtung meinerseits damals nicht explizit verstanden: Daß wir beide – durch Altersunterschied und Krieg unterschiedlich begünstigt – ‚Teile' einer ‚Technik' gewesen waren und es ein Wunder gewesen war, daß dieses Gespann nicht ‚abstürzte', weil wir miteinander nicht ‚reibungslos' umgingen und nicht ‚berechenbar' gewesen waren. Meine Verwunderung markierte die aufkeimende Entdeckung, daß das alles trotz gelegentlicher Todeswünsche glimpflich abgelaufen war.

In der besagten Analysestunde hatte ich zuvor zwar bestimmte Aspekte der Übertragung aufgreifen können, anscheinend aber nicht die Verwendung der Übertragung einer Reihe von älteren und die Aktivität des Analysanden enteignenden Geschwistern als Widerstand gegen noch nie ganz allein ‚durchgespieltes' un-/vorbewußtes ‚Denken' unter der Bedingung von Alleinsein, d.h. keinen Kommentar – ‚schon alles gewußt' – zu bekommen, also gegen das Entwickeln von unverwechselbar eigenen Gedanken. Das Erstaunen des Analysanden schien einen so gearteten Vorgang und einen Widerstand gegen die gänzliche Aufgabe alter Verhältnisse durchscheinen zu lassen.

2. Die Thesen

In dem vorliegenden Beitrag möchte ich die psychogenetischen und epigenetischen Gesichtspunkte des Staunens, seiner Beziehungen zum Idealisieren, insgemeinen Verwundern und hell Sehen sowie zur psychoanalytischen Aufmerksamkeit und deutenden Aktivität am Beispiel von Freuds Dialektik zwischen Selbstanalyse und wachsender Erfahrung in der Behandlung seiner Patienten in den Anfängen der Psychoanalyse untersuchen. Das Staunen gehört mit zu den ältesten Grundregeln für die Psychoanalyse:

„[...] dagegen gelingen jene Fälle am besten, bei denen man absichtslos verfährt, *sich* von jeder Wendung *überraschen läßt* und denen man immer wieder unbefangen und voraussetzungslos entgegentritt" (Freud 1912e, S.380. Hervorhebungen hier und in den folgenden Zitaten – soweit nicht anders vermerkt – durch J.F.D.).

Sie ist schon am 30.7.1898 nachweisbar:

„Du weißt, ich denke nicht nach, rezipiere, genieße, *staune*, und mache mir Erwartungen" (Masson 1986, S. 351).

Zusammen mit der Metapher von dem Receiver von Unbewußtem zu Unbewußtem, von der gleichschwebenden Aufmerksamkeit und von dem Sich-hin-und-Herschwingen entsteht so das Bild von der innere Verfassung eines Menschen auf dem Trapez. Wievielen vergeht da nicht Hören und Staunen? Wird das Staunen in der Ausbildung genügend kultiviert? In welchem Verhältnis stehen diskursiv-wissenschaftliches, vorbewußt-phantasierendes (Varendonck 1921) und unbewußt affektives Denkens (Meltzer 1984) zueinander, das letztere kann identisch mit dem Staunen gesehen werden? Wie ich mit dem Prolog andeutete, halte ich die Förderung der Verwunderungs- und der Witzarbeit in der Ausbildung zum Psychoanalytiker und zum Psychotherapeuten für zentral. Weil sie Übertragung feststellen; dazu werde ich im ‚Epilog' noch Hinweise geben. Ich werde an dieser Stelle die *These* zu vertreten versuchen, daß der Erwerb der Fähigkeit zum Staunen vermutlich psychogenetisch über die selbst erfahrene affektive Illumination, als neuer Erdenbürger sowie als ständig neue Funktionen und Fähigkeiten entwickelndes Wesen einen sicheren Platz in der Neigung eines Anderen zu fühlen, erfolgt. Wir nennen diesen emotionalen Vorgang in der Regel Bewunderung. Die Urerfahrung des Bewundertwerdens, des Hingerissenseins des anderen und des affektives Entdecktwerdens im Weltbezug, macht komplizierte Funktions- und Objektwandlungen durch, bis sie die kognitive Funktion des eigenen Verwunderns und Staunens erreicht. Diese Entwicklungsschritte ereignen sich dann später in der Ausbildung zum Psychoanalytiker epigenetisch-dramatisch erneut mit der Hoffnung auf einen progressiven Ausgang.

Erkenntlich ist der epigenetische Vorgang z.B. an dem bekannten Phänomen der Idealisierung von Methoden, Institutionen oder von den zentralen Bezugspersonen in der Ausbildung: den Lehranalytikern, Supervisoren sowie auswärtigen Gästen am Ort oder auf Tagungen. Gelegentlich wird dieses Phänomen salopp als Abwehr von Neid gedeutet. Mustert man jedoch die Zusammenhänge im Licht des weiter unten entwickelten Materials erneut durch, dann ist in dieser Perspektive die Fortentwicklung der Urerfahrung zu einer Funktion des Erkennens auf dem Niveau der Idealisierung/Bewunderung der Person fixiert, die – so hoffen wir – Neues besser erkennen kann. Mit der Abwehrdeutung allein wäre also der strukturbildende und Funktionen internalisierende Aspekt dieser Affektgruppe nicht berücksichtigt, der sich in der Ausbildung zum Psychoanalytiker entfalten sollte.

Die Darstellung dieser Hypothesen wäre natürlich idealiter an anonymisiertem Material aus Analysen durchzuführen. Es ist jedoch verständlich, daß man dieses Material nicht ohne weiteres aus Lehranalysen verwenden kann. Daher habe ich mich entschlossen, den Weg einer ergo-biographischen Studie zu wählen und Material von Freuds ‚Selbstausbildung' aus der Zeit seiner bekannten Selbstanalyse aufzubereiten. Selbstversuche haben bei Entwicklungen in der Medizin immer schon eine große Rolle gespielt. Im ‚Falle' Freuds haben sie den Vorteil einer nachprüfbaren Evaluierung und Validierung.

Da ich annehme, daß jeder, der sich zum Psychoanalytiker ausbilden läßt, die Grundzüge der Freudschen Entdeckung und Entwicklung der Psychoanalyse auf dem Weg der Erfahrung in einer sogenannten Lehranalyse grosso modo erneut durchläuft, hege ich die Hoffnung, der hier entwickelte ‚Fall' sei paradigmatisch. In diesem Sinne schrieb jedenfalls Freud am 10.5.1909 an O. Pfister: „Mit Absicht habe ich meine Person immer nur als ein Exempel vorangestellt, nie als Modell, geschweige denn als Venerabile" (Freud 1963, S. 20. Vgl. Danckwardt 1990).

3. Das Ausgangsmaterial: Das Erträumen der analytischen Situation am 8./9.März 1898

Zur Einleitung resümiere ich Freuds Analyse seines Traumes von der botanischen Monographie (Freud 1900) und die Ergebnisse einer früheren Nachuntersuchung (Danckwardt 1989).

> „Ich habe eine Monographie über eine gewisse Pflanze geschrieben. *Das Buch liegt vor mir, ich blättere* eben eine eingeschlagene *farbige* Tafel um. Jedem Exemplar ist ein getrocknetes Spezimen der Pflanze beigebunden, ähnlich wie aus einem Herbarium" (Freud 1900, S. 175).

Am 9./10.3.1898 stand Freud inmitten einer dramatischen Phase. Es ging um die Grundsteinlegung der „Traumdeutung", die er am Beispiel dieses Traumes vermittelte. Die in dieser Phase gefundenen Grundsteine der Traumdeutung waren die *Wunscherfüllung* des Traumes, seine *unbewußte und infantile Natur* sowie der *intentionale Charakter,* schlafen zu wollen: die *Schlafhüterfunktion des Traumes.* Über seine zahlreichen, systematisierten Assoziationen zum Nachttraum kam er zu der Deutung – einem weiteren Grundpfeiler –, zum latenten *Traumgedanken:* „Es heißt jetzt, ich bin doch der Mann, der die wertvolle erfolgreiche Abhandlung geschrieben hat" (ebd., S. 179). Der Satz entsprach einer wunscherfüllenden Aufhebung einer Kränkung durch den Vater im 7. oder 8. Lebensjahr. Freud hatte sich damals

> „über das Gebot der Diskretion hinweggesetzt, Bedürfnisse nicht im Schlafzimmer der Eltern in deren Anwesenheit zu verrichten" (ebd., S. 221f).

Das väterliche Verdikt „Aus-dem-Buben-wird-nichts-werden" wurde transformiert in die Wunscherfüllung ‚Siehst-Du,-ich-bin-doch-etwas-geworden' (ebd., S. 221ff). Aus diesen Erkenntnissen entwickelte Freud einen *wissenschaftlichen Tagtraum:*

> „[...] ein rezenter Wunsch führt nur dann zum Traum, wenn er sich mit dem Material aus dieser prähistorischen Periode in Verbindung setzen kann, wenn der rezente Wunsch ein Abkömmling eines prähistorischen ist, oder wenn er sich von einem solchen kann adoptieren lassen" (Freud 1985, S. 329).

Diesen Traum habe ich wegen eines Interesses an Freuds latenten Ansichten über seine, wie ich meine, unvollständig gebliebene Tagtraumdeutung 1989 re-evaluiert. Insbesondere diese Passage fand ich äußerst reizvoll, weil Freud nämlich am Morgen nach dem Nachttraum von der botanischen Monographie einen Tagtraum, der erst in den abendlichen Assoziationen auftauchte, hatte:

> „Wenn ich je Glaukom bekommen sollte, würde ich nach Berlin reisen und mich dort bei meinem Berliner Freunde von einem Arzt, den er mir empfiehlt, inkognito operieren lassen. Der Operateur, der nicht wüßte, an wem er arbeitet, würde wieder einmal rühmen, wie leicht sich diese Operationen seit der Einführung des Kokains gestaltet haben; ich würde durch keine Miene verraten, daß ich an dieser Entdeckung selbst einen Anteil habe" (ebd., S. 176).

Über die Analyse des Tagtraumes wurde überraschend eine Schichtung des Nachttraumes einsehbar. Zum Phänomen der Schichtung sagt Freud in einer Fußnote in der Ausgabe der Traumdeutung von 1914:

> „Die Übereinanderschichtung der Bedeutung des Traumes ist eines der heikelsten, aber auch inhaltsreichsten Probleme der Traumdeutung. Wer diese Möglichkeit vergißt, wird leicht irregehen und zur Aufstellung unhaltbarer Behauptungen über das Wesen des Traumes verleitet werden. Doch sind über dieses Thema noch viel zu wenig Untersuchungen angestellt worden. Bisher hat nur die ziemlich regelmäßige Symbolschichtung in Harnreizträumen eine gründliche Würdigung durch O. Rank (1912a) erfahren" (Freud [1914], wiedergegeben nach der Studienausgabe 1982, S. 227, Fußnote 1).

Folge ich der Analyse der Schichtung des Nachttraumes und ihrer Beziehung zu den Umgebungsdaten, dann gelange ich zu einem weiteren, versteckt gebliebenen wissenschaftlichen Tagtraum: zu einem unbewußten Entwurf der analytischen Situation. Aus Freuds Analyse und diesem nachuntersuchten Ergebnis konnte ich nachweisen, daß ich in Analysen zu jeweils bestimmten Zeitpunkten mit jeweils ganz bestimmten Analytikern nur zu jeweils bestimmten Klärungen gelangen kann. An Freuds Beispiel: Wegen dieses ‚Verwirklichungsprinzips' in der Beziehung zu Fließ, der damals die Rolle eines larvierten Analytikers innehatte, die mit sehr unterschiedlichen Übertragungsaspekten über- und unterschichtet war, kam es nicht zur ‚Entdeckung' der ‚analytischen Situation', die im Tagtraum versteckt war: Die ‚Glaukomoperation' als Symbol für die damalige Auffassung von Psychoanalyse: Sehen machen; das gegenseitige Inkognito und der neue unbekannte Therapeut als Symbol für die damalige Auffassung von der ‚psychoanalytischen Abstinenz'; das den Abwehrreflex (und Schmerz) aufhebende Kokain als ‚Widerstandsanalyse',das alles konnte aus Gründen des ‚Verwirklichungsprinzips' einer aktuellen Objektbeziehung nicht entwickelt und abstrahiert werden. Das wird m.E.in der „Endlichen und unendlichen Analyse" (Freud 1937c) ausgedrückt, wenn Freud dort die Ansicht streitig macht, um der angeblichen Vollständigkeit einer Analyse willen eine Verletzung der realen Lebensverhältnisse in Kauf zu nehmen.

Soweit die unbedingt notwendige Zusammenfassung des Ausgangsmaterials. Für den angekündigten Zweck – den Nachweis einer psycho- und epigenetische Entwicklung des Staunens – sollen nun aus diesem Material die emotionalen Gesichtspunkte eingesammelt werden, um auf die Bedeutung des Bewunderns und ihres Wandels zur Funktion des Verwunderns und Staunens bei Freud zu kommen. Um die darauf fußenden Verallgemeinerungen abzustützen, werde ich danach eine Schaffensperiode von 1899 und Freuds Verhältnis zu früheren und damals gegenwärtigen Objektbeziehungen untersuchen.

4. Die Funktion des unbewußten affektiven Sehens beim Erträumen der analytischen Situation 1898

Es ist eine sichere Tatsache, daß Freud auf Fließ existentiell angewiesen war. Einmal war er wissenschaftlicher Freund und Partner beim noch gemeinsamen Ziel der Erforschung der Neurosen, Fließ von der biologischen und Freud von der psychologischen Seite her. Fließ diente aber auch als um die Person eines larvierten Analytikers erweiterter Empfänger von Übertragung und Widerstand. Schließlich hatte er die besondere ‚Funktion' im Sinne der Bionschen container-contained-Interaktion und der Alpha-Funktion, d.h. der Transformation von seelischen Zuständen in Bedeutungen. Um die fragliche Zeit ging es Freud schlecht, weil er depressiv und arbeitsgestört war und vermutlich zuerst einen Monat und danach erneut einen halben Monat inständig auf einen Brief von Fließ wartete:

> „Unterbrechungen in Deinen Briefen wirken auf mich zweimal verstimmend, erstens weil mir dann der Andere noch mehr fehlt als sonst, zweitens weil ich dann eine böse Ursache vermute" (Brief vom 23.2.1898 in: Masson 1986, S. 327).

Klarer kann das Oszillieren zwischen depressiver und paranoid-schizoider Position und ein drohender Rückfall in die letztere kaum ausgedrückt werden. Endlich traf ein Brief ein, vermutlich am 8.3.1898, und im Anschluß daran hatte er eine hoch schöpferische Phase. Soweit so gut, könnte man konstatieren. Aber eine derartige therapeutische Wirkung eines Briefes ist eine Untersuchung wert. Denn diese Reaktion war paradox, mußte doch bei genauerem Hinsehen ein bestimmter Satz im Fließschen Brief eine arge Zumutung sein. Was Freud erhielt, genauer, was der Nachwelt davon erhalten blieb, war nämlich eigentlich ein *Tagtraum Fließ'*:

> „Mit Deinem Traumbuch beschäftige ich mich sehr viel, *ich sehe es fertig vor mir liegen und blättere darin*" (Freud 1900, S. 177).

Der Leser wird fragen, warum sich der Autor so ziere, auch als Tagtraum klinge der Brief doch wirklich anständig und anerkennend, genau wie Freud es wolle: bewundernd – oder technisch formuliert: wie eine gelungene supportive Intervention. Man bedenke jedoch die Umgebungsdaten. Denn Freud geriet doch mit der Entdeckung der *psychodynamischen Seite der Traumauslösung* ganz aktuell in eine Position, die Fließ' Auffassung vernichten mußte. Dieser sah nämlich auch bei der Traumauslösung die Gesetzmäßigkeiten seiner Periodenlehre wirken. Freud wußte anscheinend aber schon vom bevorstehenden Verriß des Fließschen Buches „Die Beziehung zwischen Nase und weiblichem Geschlechtsorgan in ihrer biologischen Bedeutung" (1897) in der Wiener Klinischen Rundschau, weil er dort ständiger Mitarbeiter war. Fließ' Forschungsergebnisse waren vorzeitige Veröffentlichungen von Spekulationen, bestenfalls Vorläufer der heutzutage etablierten Forschung z.B. über chronobiologische Rhythmen. Die im Fließschen Tagtraum bewundernd-anerkennend herbeigewünschte *Vorzeitigkeit* der Fertigstellung der Freudschen Traumdeutung mochte Freud gemessen an Fließ' vorzeitiger Veröffentlichung als unbewußt-manipulative und unbewußt-absichtsvolle Intrusion auffassen. Gemessen an Freuds Erlebnissen bei seiner durch den vorzeitigen Abschluß seiner Coca-Arbeit unvollendeten

Entdeckung der Kokainwirkung am Auge sowie vor dem Hintergrund des Fleischl-Traumas mit der voreiligen Kokainverschreibung, mochte Fließ' vorzeitige Bewunderung sogar eine unbewußt-verlockende und zugleich vernichtende Intrusion sein. Für das unbewußte affektive, für das vorbewußte phantasierende und für das bewußte, diskursiv-wissenschaftliche Denken Freuds bestanden also innere und äußere Gründe genug, die tagträumerische Bewunderung Fließ' als ‚Gift' eliminieren zu müssen. Dieses ‚Eliminieren des Giftes' gelang Freud im oben zitierten *Nacht*traum: Die Beseitigung von Fließ und seiner Attribute aus seiner Entdeckertätigkeit. Im unverzüglich folgenden Tagtraum gelang ihm die Wiederbelebung von Fließ, von dem er real abhängig war. Das waren die eigentlich ‚positiven' Zwischenschritte und Vorbedingungen für die einsetzende Produktivität nach Erhalt des Fließschen Tagtraumes. Diese einzelnen Schritte verdeutlicht auch die unbewußte formale Struktur der Traumkontinuität des in Frage kommenden Materials.

Fließ' Tagtraum:

> „Mit Deinem *Traumbuch* beschäftige ich mich sehr viel, *ich sehe es fertig vor mir liegen* und *blättere darin*" (Freud 1900, S. 177).

Freuds Nachttraum:

> „*Ich habe* eine Monographie über eine gewisse Pflanze *geschrieben. Das Buch liegt vor mir, ich blättere* eben eine *eingeschlagene farbige Tafel* um. *Jedem Exemplar* ist ein *getrocknetes Spezimen* der Pflanze *beigebunden,* ähnlich wie aus einem Herbarium" (ebd., S. 175).

Freuds Tagtraum:

> „Wenn ich je Glaukom bekommen sollte, würde ich nach Berlin reisen und mich dort bei meinem Berliner Freunde *von einem Arzt,* den er mir empfiehlt, *inkognito* operieren lassen. Der Operateur, der nicht wüßte, an wem er arbeitet, *würde wieder einmal rühmen,* wie leicht sich diese Operationen seit der Einführung des Kokains gestaltet haben; ich würde durch keine Miene verraten, daß ich an dieser Entdeckung selbst einen Anteil habe" (ebd., S. 176).

In allen drei Träumen geht es (1) um einen wissenschaftlichen Gegenstand, um eine Neuentdeckung und um die begleitenden Affekte. In allen drei Träumen geht es (2) um die Zurkenntnisnahme von Neuentdeckung und (3) um die Beweisführung. In der Art der Beweisführung der Neuentdeckung liegen die Unterschiede. Die Bestätigungen in den ersten beiden Träumen erfolgen gewissermaßen am Schreibtisch, isoliert von anderen Forschern und scheinbar affektfrei. Im Traum von der botanischen Monographie ist jedoch schon auffällig, daß Freud die wissenschaftlichen Beweise in der Form getrockneter Spezimen formuliert, während Fließ inhaltslos herumblättert und Beweise nicht konkretisiert – reinste Wunscherfüllung. Diesen magisch-animistischen Fließ der leeren Vorzeitigkeit hat Freud im Nachttraum eliminiert. Den mit der Beseitigung eigentlich zu erwartenden deftigen Affekt hat Freud tatsächlich gehabt, auch wenn er an dieser Stelle nicht genannt wurde. Er hat ihn auf Seite 400 der „Traumdeutung" versteckt. Erst 225 Seiten nach dem Traum von der Botanischen Monographie heißt es: „Es ist wie die *Ruhe eines Leichenfeldes.* Man spürt nichts mehr vom *Toben der Schlacht*" (ebd. S. 400). In der „Glaukomoperation", die ebenfalls wissenschaftliche Konkurrenz zum Hintergrund hatte, erfolgt die Bestätigung in einem (a) lebendigen Experiment und (b) seiner Wiederholbarkeit, (c) unter Anwesenheit von mehreren Personen (d.h. trianguliert), (d) affektvoll und (e) bezogen auf den zu bestätigenden Gegenstand: absichtslos, denn weder will der Operateur protzen, wie gut er operiert, noch will er demjenigen Lobhudelei *ad personam* zollen, der an der Entdeckung allein beteiligt war. Schließlich wird (f) das *Anteil-haben* an psychoanalytisch-wissenschaftlichen Entdeckungen herausgestellt. Anteil haben einerseits und absichtslose Anerkennung andererseits, dies wird erreicht durch die *Konstruktion des Inkognito im doppelten Sinne.* Einerseits ist der Erfinder inkognito und andererseits ist der operierende Arzt dem Erfinder unbekannt. Neben dem ebenfalls zum Experiment gehörenden stummen Fließ hat der hinzugezogene Arzt deutlich die Aufgabe einer extraterritorialen Instanz, eines Dritten. Diese konkretistische ‚doppel-blind'-Bedingung und die Triangulierung[2] in der experimentellen Erprobung – hier im Selbstversuch – bilden die dem Fließschen Tagtraum und seiner unbewußten Intrusion gegenübergestellten wissenschaftlichen Rahmenbedingungen. Der pralle und unverhüllte Affekt: ‚Wieder-einmal-rühmen', der in dem Tagtraum ins Auge springt, hat zentrale Bedeutung. Auf den ersten Blick wirkt er naiv narzißtisch. Wenn es aber um eine narzißtische Wunscherfüllung gegangen wäre, hätte sich der Erfinder narzißtisch zu erkennen geben müssen. Dadurch, daß er das nicht tut, geht es ihm aber (1) um die Sache – um die neue kurative Methode: Dies ist der Objektwandel. Daran, daß er das nicht tut, zeigt sich, daß der Affekt – ‚rühmen' – (2) eine andere als narzißtische Note bekommen hat. Er hat einen Funktionswandel durchgemacht. Es geht bei dieser Bewunderung (3) ferner auch nicht um eine Idealisierung im Dienst eines einzigen Erfinders oder Anwenders. Es ist auch hier ein Funktions- und Objektwandel zu verzeichnen. Idealisierung im pathologischen Sinne schließt meist nicht nur die widersprüchlichen Aspekte eines einzelnen, sondern auch überhaupt die Mehrpersonenbeteiligung aus; daran ist häufig ihr Abwehrcharakter erkenntlich. Es geht hier also (4) mehr um einen Bewunderungsaffekt als affektiv-kognitive „Gestalt der auf keine bereits vorhandenen Lösungen hinbiegbaren, hinkonstruierbaren Fragen" (Bloch 1959, S. 337). Bestaunt wird das Neue einer Methode, die eine lang ersehnte Erleichterung der ‚Operation' herbeiführt. Sie wird von allen drei Beteiligten bestaunt: Es ist ein (5) *insgemeines Verwundern.* Insgemeines Verwundern und Inkognito unterstreichen den von den konkret beteiligten Personen unabhängigen, wissenschaftlich-konsensuellen Wahrheitscharakter der von Freud intendierten Erfindung der „Traumdeutung", die im Gegensatz zum Fließschen Tagtraum steht, der sie nur esoterisch, beweis- und objektlos affirmiert.

All dies kann man post hoc auch in den Freudschen Nachttraum hineininterpretieren. Das bestätigende Material ist jedoch sowohl im Nachttraum als auch in seinen systematischen Assoziationen durch regressive Schichtung entstellt. Es handelt sich im ersteren um die alte, aus Freuds früher Universitätszeit her bekannte Beweisführung durch Forschen am toten Objekt (z.B. die Beschreibung der Neuronen, die Abwandlung der Reichertschen Formel, die Erfindung der Goldchloridmethode oder die Intersexualität der Aale). Das letztere, das in dieser Spur assoziierte Material, weist noch bis in Freuds Gymnasialzeit (‚Bücherwurm') zurück und endet hinsichtlich der Erinnerungstiefe beim Zerreißen *farbiger*

2 Auf die Probleme des über den Triangulierungszwang als Voraussetzung für wissenschaftliches Arbeiten weit hinausgehenden Triangulierungstabus gehe ich hier nicht ein. Vgl. dazu Danckwardt 1993, S. 51.

Tafeln im 5. Lebensjahr, die sowohl eine Beziehung zur unterdrückten mutuellen Masturbation (,Runterreißen') mit der nach Julius' Tod folgenden, haßgeliebten Anna als auch eine Beziehung zu Neuem, noch nie Gekanntem aufweisen, weil sie Reisebeschreibungen in unbekannte Länder waren. Aufgrund weiterer klinischer Untersuchungen (Danckwardt 1991) und erneuten Studiums Freudscher Texte[3] wurde mir deutlicher, daß im psychoanalytischen Material die ,Arbeitsaffekte' Verwundern, Staunen und Überraschenlassen als Farbe, ungewöhnliche Farbtemperatur oder Farbkontrast dargestellt werden können. Zwar wäre also auch in diesem Beispiel Farbe ein Hinweis auf diese Gefühle und ihren Ort. Aber in der Regression geht die Prägnanz des Gefühls verloren und muß durch die Tafeln wie in einem Rebus näher bestimmt werden: ,Farbe'=,Neues fühlen' und ,Tafeln'=,neues Objekt' könnte es dann heißen, aber doch nicht eindeutig: Verwunderung als Neues anzeigender Affekt. Daher kann man die von Freud in die Vergangenheit assoziierte Sequenz auch als Abwehr der aktuellen Gegenwart mit Fließ' Brief auffassen, denn sie nähert sie sich immer mehr Freuds bis zum 4. Lebensjahr kumulierenden Objektverlusten, angefangen mit dem Tod seines Bruders bis zum Verlust seines Heimatdorfes. Zwar sind Verlieren und Neuanfangen potentiell miteinander verknüpft. Aber im Nachttraum und im abendlichen Assoziationsmaterial sind die Erkennbarkeit und die Aktualgenese der Übertragung sowie die potentielle Entdeckung der ,psychoanalytischen Situation' regressiv extrem entstellt. Und nicht allein das Material dazu ist regressiv entstellt. Auch die Affekte sind es. Gemessen am Tagtraum wirken sie verleugnet, darauf hat Freud schon hingewiesen. Die Verleugnung der Beseitigungsaffekte ergreift damit auch die Eindeutigkeit von Arbeitsaffekten. Die Verleugnung der Beseitigungsaffekte – beginnend im Freudschen Nachttraum unter dem aktuellen und gleichzeitigen Erfordernis der Beseitigung des Giftes und dem Erhalt des Freundes – ergreift auch die Verwunderung/Bewunderung und die Entstehung des Affektes im Augenblick des Experimentes unter der Bedingung der Anwesenheit mehrerer Personen, d.h. die Entstehung *insgemeiner Verwunderung/Bewunderung*.

Man muß also der Heftigkeit der Beseitigung nachgehen. Die Briefe vor dem 9./10.3.1898 geben Aufschluß darüber, daß Freud vor dem Erhalt des Fließschen Tagtraumes dringend eines Zeichens seines Freundes bedurfte. Ich hatte schon die Funktion Fließ' in Bionschen Termini beschrieben. Ich habe damit auf den Widerspruch aufmerksam gemacht, wie beseitigend Freud in seinem Nachttraum auf den Tagtraum von Fließ reagierte und warum das so sein mußte. Eigentlich waren also die ersehnten Zeichen von Fließ und Freuds Traumleben (Leichenfeld) überhaupt nicht positiv. Es wäre nicht zu erwarten gewesen, daß Freud danach so produktiv wurde. Ich führe das auf die *Kontinuität des Traumlebens zurück. Durch die Kontinuität des unbewußten affektiven und vorbewußten phantasierenden Denken* kommt es zur selbstoperativen Aktion (Eliminieren des ,Giftes') des Nachttraumes und danach zur restitutiven Funktion (Reanimation von

3 Zur Deutung des braunvioletten Koffers (und „violettbraune Veilchen aus starrem Stoff neben einem Ding, das man Mädchenfänger heißt–die Möbel in den Regierungszimmern") im Traum vom Grafen Thun schreibt er beispielsweise: „Daß man mit etwas Neuem den Leuten auffällt, ist ein bekannter Kinderglaube [...] Ich soll – im Alter von zwei Jahren – noch gelegentlich das Bett naß gemacht haben, und als ich dafür Vorwürfe zu hören bekam, den Vater durch das Versprechen getröstet haben, daß ich ihm in N. (der nächsten größeren Stadt) ein neues schönes, rotes Bett kaufen werde" (Freud 1900, S. 221).

Fließ) des Tagtraumes. Mit der ***inneren Reanimation*** von Fließ in der Glaukomoperation, der Wiedererschaffung oder Wiederentdeckung von Fließ in Freud selbst, ***richtet Freud eine innere Funktion auf,*** die mit dem Bedeutungswandel des Bewunderns in Sichwundern in Zusammenhang stehen. Für deren Entstehung zeigt Freud in „Trauer und Melancholie" gleichsam prototypisch folgenden Vorgang auf:

> „Der Schatten des Objekts fiel so auf das Ich, welches nun von einer besonderen Instanz wie ein Objekt, wie das verlassene Objekt, beurteilt werden konnte. Auf diese Art und Weise hatte sich der Objektverlust in einen Ichverlust verwandelt, der Konflikt zwischen dem Ich und der geliebten Person in einen Zwiespalt zwischen Ichkritik und dem durch Identifizierung veränderten Ich" (Freud 1916–17g, S. 435).

Die ehedem empfangene absichtslose Bewunderung als Objekt erfährt durch Entbehrung oder Verlust eine Verwandlung. Die damit nach der Freudschen Sichtweise eingetretene Ich-Spaltung und die Identifizierung sowie innere reparative Funktion implizieren eine Neubedeutung des Affektes. Über das absichtslose Bewundern des *Gegenstandes* und über das absichtslose Bewundern des *Vorganges* kommt es zur ‚Absichtslosigkeit' des Affektes selbst. So entsteht eine Neubedeutung dieses Affektes: Er bekommt ***kognitiven Signalcharakter*** für Neues und für Vorgänge, die zu Neuem führen. Es scheint diese Bereicherung der affektiven Sehfähigkeit zu sein, die Freud durch den Tagtraum erfuhr, und die ihn in den Stand setzte weiterzuarbeiten. Denn mit dem ***inneren kognitiven Signalaffekt*** nun auch noch ***eine von der Realpräsenz des Freundes unabhängige innere Instanz der affektiven Verifikation/Falsifikation*** zu spüren, das könnte ihn freier gemacht haben. Sie setzte ihn instand für den schöpferischen Höhenflug am Abend und in den nächsten Tagen.

Schaue ich zurück auf meinen Prolog, dann müßte ich für mein eigenes lehranalytisches Vorgehen mit dieser Affektgruppe in der lehranalytischen Episode eine alternative Optionen für bedeutsam halten. Freuds Weg führt über die absichtlosen und nur durch die autogene Sukzession gelenkten Assoziationen (1) zum wissenschaftlichen Tagtraum, (2) zu einem teil- und regressiv gelösten Vergangenheitskonflikt und (3) zu einem regressiven Eliminieren des Giftes. Der Weg über die Affektgruppe Staunen-Verwundern-Überraschen würde daher also zur Aufdeckung der Aktualgenese der Übertragung und vielleicht sogar der Gegenwartsübertragung und des Gegenwartsunbewußten führen. Die inhaltliche Aufklärung der Vergangenheitsübertragung kann als Widerstand gegen die Unerträglichkeit des noch Unbekannten der Gegenwart und der Zukunft benützt werden. Diese Aufdeckung führt möglicherweise zu einer Psychoanalyse des von Kindheit an bestehenden Umganges der Eltern mit Neuem und Unbekannten: zur Psychoanalyse von Wahrnehmungskonflikten.

5. Die Funktion des affektiven Sehens bei der Entdeckung der Vorstufen der Symptome ein Jahr später (1899)

Man kann nun zu bedenken geben, diese Schlußfolgerungen seien zu spekulativ. Bestenfalls – könne konzidiert werden – bezögen sie sich auf Zusammenhänge eines einzigen Arbeitstages am 8./9.3.1898 und eigneten sich nicht zur Generalisierung. Das seien sozusagen Einzelbefunde. Die psychogenetischen Gesichtspunkte des Staunens als eines Arbeitsaffektes der psychoanalytischen Aufmerksamkeit seien daraus ebenfalls nur spekulativ abzuleiten. Wie jedoch die formale innere Struktur einer von Freud gelebten, nun also nicht mehr geträumten Situation ein Jahr später, 1899, zeigt, werden diese Einwände mit verblüffenden Daten konfrontiert. Ein Jahr später war Freud wieder/weiterhin innerlich angewiesen auf Fließ. Diesmal kam es zu einem der ‚Kongresse' – so nannten sie ihre Zusammenkünfte – in Wien. Der erste Brief danach konkretisiert die Bedeutung von Fließ' Bewunderung und belegt erneut die Internalisierungs-/Identifizierungsvorgänge nach einer Trennung (Objektverlust):

„Nach dem Untergang des Meteors [Abreise Fließ'] gibt es einen Lichtschein, der den trüben Himmel auf lang hinaus erhellt. Er ist für mich noch nicht verlöscht. In der *Helligkeit habe ich dann auch plötzlich einiges erblickt,* und meinen Besitz an *‚Stimmungen'* haben dann auch die ersten geschäftlichen Unannehmlichkeiten des neuen Jahres nicht stören können" (Brief vom 3.1.1899 in: Masson 1986, S. 370).

Trotz erneuten ‚Untergangs' des Meteors – erinnert sei an die ‚Beseitigung' ein Jahr zuvor – reagierte Freud mit Sehfähigkeit, und darum mit einem Fortkommen in der Selbstanalyse. Auf dieser Grundlage erfaßte er diesmal neue psychische Elemente: die Vorstufen des Symptoms. Auch diesmal enthält er sich der Vorzeitigkeit. Er deutet Fließ gegenüber neue Elemente nur an und bricht den Brief ab. Am nächsten Tag, dem 4.1.1899, begründet er, daß „es *dämmert.* In den nächsten Tagen kommt sicherlich noch mehr dazu." Ein erneuter Hinweis auf das Fließsche Gift der Vorzeitigkeit. Dann teilt er endlich mit, daß die Traumdeutung bzw. das Traumschema einer allgemeinen Anwendung fähig sei und daß also im Traumschema auch der Schlüssel zum Symptom, hier der Hysterie, liege. Er formuliert also, daß er den Kompromißcharakter in der Symptombildung herausgefunden habe. In den nächsten 14 Tagen vollzieht er anhand seines eigenen klinischen Materials endgültig die Wende zum ‚Phantasieschlüssel', d.h. zur ätiologischen Bedeutung von Phantasien im Gegensatz zu infantilen Realerlebnissen der Verführungstheorie (ebd., S. 373). Eine knappe Woche später (ebd., S. 378ff) legt er Fließ seine Doppelwunschtheorie für die Bildung der Symptome dar. Auch für ihn persönlich bringen die Wochen Erkenntnisse über die eigenartige Arbeitsweise des Psychoanalytikers. Ein Jahr vor seiner inzwischen berühmt gewordenen Briefstelle (11.3.1900) von der Antizipation der gleichschwebenden Aufmerksamkeit, der Bions ‚no memory, desire, understanding' (Bion 1967) entsprechen, beschreibt er deutlich zwei verschiedene intellektuelle Zustände an sich.

„[...] einen, in dem ich mir alles, was meine Leute erzählen, sehr gut merke, während der Arbeit auch Neues finde, aber außer derselben nicht nachdenken und nichts anderes arbeiten kann, und einen zweiten, in dem ich Schlüsse ziehe, Notizen mache, auch freies Interesse habe, aber eigentlich weiter weg von den Dingen und nicht recht aufmerksam bei der Arbeit mit den Kranken bin" (Masson 1986, S. 380).

Schließlich berichtet er über die neuen technischen Vorstellungen, über den Einsatz der Übertragung und darüber, wie verändert er sich selber unter dem Einfluß dieser Arbeit fühlt:

„Mitunter dämmert mir ein zweites Stück der Behandlung, ihre Gefühle so zu provozieren wie ihre Einfälle, als ob dies ganz unentbehrlich wäre. Die Überwindung der Phantasien scheint mir das Hauptergebnis der heurigen Arbeit zu sein; sie haben mich doch weit weg vom Wirklichen gelockt. Meinem eigenen Seelenleben hat die ganze Beschäftigung doch sehr wohlgetan; ich bin offenbar viel normaler [geworden], als ich vor vier oder fünf Jahren war" (ebd., S. 380).

Welcher Schaffensreichtum in 3 Monaten! Welche emotionalen Verhältnisse waren dazu die Bedingungen? Ich zitierte schon eingangs das hell-Sehen durch Internalisieren der erhellenden Bewunderung, Identifizierung mit dem verlorenen Objekt und den dadurch erlangten Besitz an ‚Stimmungen'. Freud macht noch mehr Angaben. In der Fortsetzung des ersten Briefes nach dem Treffen ist zu lesen:

„Etwas Erfreuliches, was ich gestern schon Dir schreiben wollte, ist eine Sendung aus – Gibraltar von Mr. Havelock Ellis, einem Autor, der sich mit dem sexuellen Thema beschäftigt und offenbar ein sehr gescheuter Mensch ist, denn sein im ‚Alienist und Neurologist' (Okt. 98) erschienener Aufsatz, der die Beziehung der Hysterie zum Sexualleben behandelt, mit Plato anfängt und mit Freud aufhört, gibt letzterem sehr viel Recht und würdigt die Studien über Hysterie sowie spätere Ansätze in sehr verständiger Weise. Selbst Gattel wird darin zitiert. Am Ende nimmt er einen Teil des Lobes wieder zurück. Aber es bleibt etwas übrig, und der gute Eindruck ist nicht mehr zu verwischen" (ebd., S. 371).

Auch diese Situation ist formal ähnlich der im Tagtraum von der Glaukomoperation: ein *stummer, weil abgereister Fließ,* und eine dritte Person, Havelock Ellis, der die 1895 erschienenen und gemeinsam mit Breuer veröffentlichten „Studien über Hysterie" lobt. Aus „offenbar ein gescheuter Mensch" kann geschlossen werden, daß sich beide – Ellis war drei Jahre jünger als Freud – persönlich noch nicht kannten. Auch hier wirken der ‚Verlust', ‚Entbehrung' in Form von Unbekanntheit und die Absichtslosigkeit als Voraussetzung für psychodynamisch wirksames ‚Bewundern', d.h. für ein durch diesen Affekt Erkanntwerden im Weltbezug; sofort erfolgt die Transformation in Erkennen durch den Funktionswandel in Sich-(über etwas)-Wundern und Staunen. Damit wendet sich Freud direkt an Fließ und beginnt, sein Verständnis über den Wirkungsweg des Einflusses, den Fließ während des Wiener ‚Kongresses' auf ihn nahm, selbst zu bestaunen und unter eben diesem Affekt das Verständnis für die Identifizierungsvorgänge und ihre Bedeutung zu amplifizieren:

„Jetzt sieh einmal an. Ich lebe da *verdrossen und in Dunkelheit,* bis Du kommst; ich *schimpf mich aus, entzünde mein flackerndes Licht an Deinem ruhigen, fühle* mich wieder wohl, *und nach* Deiner *Abreise* habe ich *wieder Augen bekommen zu sehen,* und *was ich sehe ist schön und gut"* (ebd., S. 371).

„[...] könnte ich Dir eigentlich eine kleine Abhandlung über die Fortschritte der Wunschtheorie schreiben, denn *das Licht ist seit dem 3. [Januar] nicht mehr ganz ausgegangen* [...]" (ebd., S. 372).

Und wie vor einem Jahr nach dem Traum von der Botanischen Monographie folgert er aus dieser Selbsterfahrung den in eine rhetorische Frage verhüllten wissenschaftlichen ‚Tagtraum' vom Vorherrschen der psychischen Dynamik bei dieser Besserung, und wieder steht er im Widerspruch zu Fließ:

„Ist es nur der *Termin,* der noch ausgestanden war, oder können aus den vielen, für alle Zwecke reichenden Tagen nicht die Termine geschaffen werden *durch die seelischen Einflüsse, die den*

Wartenden treffen? Muß nicht ein Platz dafür gelassen werden, so daß durch die Zeit nicht die Kraft aus der Betrachtung verdrängt wird?" (ebd., S. 371f).

An diesen Stellen wird die Transformation von Gesehenwerden zu Sehen, von Bewundertwerden zu Sichverwundern genauso prägnant wie vor einem Jahr im Tagtraum von der Glaukomoperation, jetzt wie damals bezogen auf die Fähigkeit zur Entdeckungen.

6. Über einige Etappen der Entwicklung des affektiven Sehens bei Freud

Das Besondere an der hier entwickelten Passage ist, daß Freud den Vorgang des Einflusses von Fließ intuitiv immer weiter zu verstehen sucht und damit womöglich mehr zu besitzen beginnt. ‚Metapsychologisch' würden wir heutzutage vielleicht formulieren, daß die erfahrene Funktion dieser speziellen Objektbeziehung und ihr Verlust diversifizierend und amplifizierend eingearbeitet wurde in eine offenbar schon bestehende Funktion bzw. in ein frühere Erfahrung von derartigen Funktionen an früheren Objekten, die jedoch noch unvollständig oder unsicher war. Für den gesamten Komplex der Objekt- und Funktionswechsel Gesehen-werden und Sehen, Entdeckt-werden und Entdecken, Bewundert-werden und Sich-bewundern sowie Sich-verwundern-können als Signalaffekt, etwas Neues zu bemerken, müßte es also Vorläufer auch auf verschiedenen Altersstufen geben, die offenbar nur zu dem Resultat eines ‚Flackerns' geführt haben.

Ich sehe im folgenden von der Wiedergabe der zahllosen Etappen der gelungenen/mißlungenen rekonstruktiv-substituierenden und diversifizierenden Identifizierung (Danckwardt [1989] 1990, S.146) mit Figuren der Weltgeschichte, -literatur oder mit kulturellen Persönlichkeiten ab (Hannibal, Napoleons Marschall Massena, Goethe, Winckelmann, Fluß, Braun, Brücke, Charcot, Burckhardt). Ich gehe an dieser Stelle ebenfalls nicht den Spuren der Idealisierung und ihrem Schicksal am Beispiel der Vorbilder nach, sondern verweise auf die Arbeiten von Eissler, der die Identifizierungen und das damit verbundene Ringen in ihrer Auswirkung auf die Ich-Struktur, z.B. Freuds Rettung vor der Zahlenmagie, der Fließ anheim fiel, beschrieben hat (Eissler 1974, S.47 ff). Bedeutungsvoll wäre auch das in dem Briefwechsel mit Eduard Silberstein zwischen 1871 und 1881 erhaltene Dokument über die Auswirkung des ‚Verzichts' auf seine erste Liebe, Gisela Fluß. Er bezeichnete sie unter dem psychodynamischen Einfluß der Entbehrung als ‚Prinzip', und es ist unschwer eine regressive Beziehung dieses ‚Prinzips' zur eigenen Mutter, die Freud extrem idealisiert hat („Goldener Sigi") und zu Giselas Mutter als ‚Gegenprinzip' sowie der Zufluß dieser Erfahrungen des Adoleszenten zu den späteren „Formulierungen über die zwei Prinzipien des psychischen Geschehens" (Freud 1911b) erahnbar.

Es geht an dieser Stelle mehr darum, in welche Bedeutung Freud frühere Bewunderungen und Idealisierungen, die ihm objektiv zuteil wurden, subjektiv transformierte. Ich werde es exemplarisch an zwei markanten Erlebnissen herausarbeiten: Freuds Beziehung zu seinen wissenschaftlichen Lehrern – bezogen auf die Anfänge der Psychoanalyse –, insbesondere zu Breuer, und Freuds Beziehung zu seiner Mutter und zu seiner Kinderfrau, von denen er gleichsam jene Urerfahrung von Bewunderung empfing. Danach will ich versuchen, dem die Bedeutung, die er Fließ' Bewunderung verlieh, gegenüber zu stellen. Der Topos ‚Flackern' bedeutet offensichtlich, daß in den früheren Objekterfahrungen in Hinsicht auf den Wahrscheinlichkeits- oder Wahrheitscharakter des Gesehenen und in Hinsicht auf die Absichtslosigkeit des Bewunderns sowie auf die Funktion des Verwunderns unsichere Funktionserfahrungen gemacht wurden, so daß ‚Entdecken' und der Signalaffekt ‚Staunen' zunächst ziemlich ‚unzuverlässige' Partner bei der Entdeckung unbekannter seelischer Dynamik waren.

7. Grunderfahrungen mit dem affektiven Sehen und Gesehenwerden durch die Kinderfrau und durch die Mutter

Hier zunächst eine der Grunderfahrungen durch die Kinderfrau (vgl. auch Danckwardt 1989, S. 868 und S. 878), ein

> „[...] häßliches, älteres aber kluges Weib [...], das mir viel vom lieben Gott und von der Hölle erzählt, *und mir eine hohe Meinung von meinen eigenen Fähigkeiten beigebracht hat* [...] so werde ich dem Andenken des alten Weibes dankbar sein, *das mir zu so früher Lebenszeit die Mittel zum Leben und Weiterleben vorbereitet hat*" (Brief vom 3.10.1897 in: Masson 1986, S. 288 und 289).

> „Ich fragte meine Mutter, ob sie sich noch an diese Kinderfrau erinnert. Natürlich, sagte sie, eine ältliche Person, sehr gescheit, *sie hat dich in alle Kirchen getragen; wenn du nach Hause gekommen bist, hast du gepredigt und erzählt, wie der liebe Gott macht*" (Brief vom 14.10. 1897 in: Masson 1986, S.291).

In den Worten Freuds führte die empfangene Bewunderung dazu, aus der Gesamtheit einer entstehenden Persönlichkeit gewissermaßen Funktionen und Fähigkeiten herauszuentwickeln; schon hier beginnen die „Auslegungen" des Menschen i.S. Lochs (1994). Freud sah sich vielleicht zuerst allein als der global Bewunderte an. Dann aber schildert er sich im Verlauf der psychosexuellen Entwicklung als ‚Besitzer' von potentiellen Fähigkeiten neu-entdeckt, um schließlich Fähigkeiten zum Leben und Weiterleben als in sich vorbereitet zu erleben. Objekt- und Funktionswechsel beginnen sehr früh und damit auch ihre potentiellen Fixierungen. Bewunderung hob heraus und wandelte um. Warum sollte dieser Besitz „flackernd" sein? Zum einen ist es der unweigerliche Verlust der Bewunderung, der jedoch vielleicht unzeitig geschieht, und zum anderen sind es die ebenso unweigerlichen ‚falschen' Verknüpfungen. Es werden nämlich an der gleichen Person auch noch andere, also widersprüchliche Erfahrungen gemacht (vgl. Grubrich-Simitis 1994, S. 50ff):

> „Sie war meine Lehrerin in sexuellen Dingen und hat geschimpft, weil ich ungeschickt war, nichts gekonnt habe (die neurotische Impotenz geht immer so zu; die Angst vor dem Nichtskönnen in der Schule bekommt auf diese Weise ihren sexuellen Untergrund). [...] Also ‚ein kleiner Schafskopf'. [...] Außerdem hat sie mich mit rötlichem Wasser gewaschen, in dem sie sich früher gewaschen hatte (Deutung nicht schwer [...]) und mich veranlaßt, ‚Zehner' (10-Kreuzer-Stücke) wegzunehmen, um sie ihr zu geben" (ebd., S. 290). „Als ich im Wochenbett mit Anna war (2 1/2 Jahre jünger), kam es heraus, daß sie eine Diebin war, und man hat alle blanken Kreuzer, Zehnerl und alles Spielzeug, das Dir geschenkt worden war, bei ihr gefunden. Dein Bruder Philipp ist selber um den Polizeimann gegangen, sie hat dann zehn Monate Strafe bekommen" (Brief vom 15.10.1897 in: Masson 1986, S. 291).

Die von Freud empfangene Bewunderung und damit die affektive Form der Entdeckung seiner aufkeimenden Fähigkeiten ist also gleichzeitig identifiziert mit unbewußten Absichten, wie Diebstahl[4], Kränkung im Zuge der sexuellen Entwicklung und Kastrationsphantasien:

> „So wie die Alte für ihre schlechte Behandlung Geld von mir bekam, so bekomme ich heute Geld für die schlechte Behandlung meiner Patienten" (ebd., 4.10.1897, S. 290).

Ähnlich verhält es sich in einem Erlebnis mit der Mutter:

> „Als ich sechs Jahre alt war und den ersten Unterricht bei meiner Mutter genoß, sollte ich glauben, daß wir aus Erde gemacht sind und darum zur Erde zurückkehren müssen. Es behagte mir aber nicht und ich zweifelte die Lehre an. Da rieb die Mutter die Handflächen aneinander – ganz ähnlich wie beim Knödelmachen, nur daß sich kein Teig zwischen ihnen befindet- und zeigte mir die schwärzlichen *Epidermis*schuppen, die sich dabei abreiben, als eine Probe der Erde, aus der wir gemacht sind, vor. Meine Erstaunen über diese Demonstration ad oculos war grenzenlos und ich ergab mich in das, was ich später mit den Worten ausgedrückt hören sollte: Du bist der Natur einen Tod schuldig. [Fußnote 1] Beide zu diesen Kinderszenen gehörigen Affekte, das Erstaunen und die Ergebung ins Unvermeidliche, fanden sich in einem Traum kurz vorher, der mir zuerst die Erinnerung an dieses Kindheitserlebnis wiederbrachte" (Freud 1900, S. 211).

In diesem Beispiel sind Wahrheit und ihre affektive Kognition – Erstaunen – kontaminiert mit Fehlleistung durch Übertragung von seiten der Mutter, der Freud zwar die Verknüpfung nicht glaubt, sich jedoch durch ihre Demonstration manipulativ-suggestiv veranlaßt sieht, sich zu ergeben. Ihr – einer Frau – glaubt er nicht, sondern Shakespeare – einem Mann, wie die Analyse dieser Stelle ergibt (vgl. Danckwardt 1993a, S. 109ff). Zum Hintergrund vergleiche man diese Zusammenhänge auch mit denen des Angsttraumes aus dem 7. oder 8. Lebensjahr, „Personen mit Vogelschnäbeln", wonach „Zurückkehren" und Tod mit der Kündigung der Kinderfrau gleichzusetzen wären. Auch hier markiert das Staunen den Ort einer unbekannten neuen Bedeutung und ihre potentielle Verfälschung durch Übertragung aus „Widerstand vor etwas überraschend Neuem" (Brief vom 15.10.1897 in: Masson 1986, S. 291).

8. Die Weiterentwicklung der Erfahrung mit dem unbewußten affektiven Sehen vor der Fließperiode infolge affektiven Gesehenwerdens durch Breuer

Wie sehen die Verhältnisse 40 Jahre später mit Breuer aus? Kein Zweifel, daß Breuer Freud bewundert hat, nannte doch Breuer ihn sogar einmal einen „Falken", während er sich an seine eigene abwägende Vorsicht fixiert fühlte, die ihn auch von Fließ unterschied:

> „[...] nur denke ich bei all meinem Meinen und Handeln: vielleicht verhalte sich alles ganz anders, als ich voraussetze. Darum beneide ich Euch ja so sehr und möchte mir an den höchsten Feiertagen so sicher in meinen Ansichten sein wie Ihr an allen Wochentagen" (Brief Breuers an Fließ vom 24.10.1895 in: Hirschmüller 1986).

---

4 Ein tiefgreifender unbewußter Untergrund für die Verarbeitung des späteren Plagiat-Vorwurfs durch Fließ (1904) und seine endgültige Trennung von ihm?

Hirschmüller hat in einer Studie Breuers „Daimon Aber" herausgearbeitet und ihn auf Persönlichkeitseigentümlichkeiten zurückgeführt, die Breuer weniger als ‚Handelnden' denn als ‚Betrachtenden' kennzeichnen (Hirschmüller 1995; vgl. dazu auch Hirschmüller 1978).

Freud erlebte jedoch diesen Einfluß derartig ambivalent und mit Neid komponierter Bewunderung subjektiv doppelbödig-taktierend, inkonstant und voller nicht im wissenschaftlichen Gegenstand begründbarer Absichten:

> „Unlängst im Doktorkollegium hat Breuer eine große Rede auf mich gehalten und sich als bekehrten Anhänger der Sexualätiologie vorgestellt. Als ich ihm privatim dafür dankte, zerstörte er mir das Vergnügen, indem er sagte: ‚Ich glaub' es ja doch nicht.' Verstehst Du das? Ich nicht." (Brief vom 8.11.1895 in: Masson 1986, S. 154f).

Oder die Bewunderung wird subjektiv vergesellschaftet erlebt mit unwissenschaftlicher und unmethodischer Kritik oder mit Angst vor überraschend Neuem, von dem man mitgerissen wird:

> „Die Tatsache dieser Gegnerschaft an sich, wo doch keine Theorie auf einmal komplett hergestellt werden kann, zeigt, wie wenig tiefreichend Breuers Bekehrung und Aufklärung in diesen Dingen ist. Er freut sich, auf eine Lücke hinweisen zu können, die doch nicht identisch mit einem Widerspruch oder gar eine Widerlegung ist. [...] Ich glaube, er verzeiht mir nie, daß ich in den ‚Studien' ihn mitgerissen und für etwas engagiert habe, wo er immer nur drei Kandidaten für den Platz einer Wahrheit kennt und jede Allgemeinheit als Überhebung verabscheut." (ebd., 1.3.1896, S. 184f).

Die Bewunderung wird von Freud aber auch identifiziert erlebt mit ähnlichen Eigenschaften, die ich schon bei der Kinderfrau aufführte. Aus den vielen Zeugnissen subjektiver Bedeutungen seien an dieser Stelle nur noch einige wenige exemplarische Beispiele aufgeführt, die ganz bestimmte Kontaminierungen der Bewunderung herausheben, z.B. mit Prüderie und Verleugnung von Wahrheit – hier der Bisexualität (vgl. Danckwardt 1993b, S. 49ff):

> „Bei Breuer hast Du auch gewiß ganz recht mit dem Bruder. Ich teile aber Deine Verachtung der Männerfreundschaft nicht, wahrscheinlich, weil ich in hohem Grad Partei bin. Mir hat, wie Du ja weißt, nie das Weib im Leben den Kameraden, den Freund ersetzt. Wäre Breuers männliche Neigung nicht so *verschroben*, so *zaghaft*, so *widerspruchsvoll, wie alles Seelische an ihm*, es gäbe ein schönes Beispiel, zu welchen Leistungen sich die androphile Strömung beim Manne sublimieren läßt" (ebd., 7.8.1901, S. 492).

In den „Ratschlägen", die Freud 1912 formulierte, sind als Haltung des Analytikers zwei Eigenschaften aufgeführt: das Abschwören vom therapeutischen Ehrgeiz und die Absichtslosigkeit. Welche Erfahrung hatte Freud in diesen Punkten mit Breuers Bewunderung gemacht?

> „Sie [eine Patientin] hat heute mit den Worten Abschied [von Freud] genommen: *‚Sie haben mir Unschätzbares geleistet.'* Von ihr weiß ich, daß Breuer, als sie ihm ihre außerordentliche Besserung [durch Freud] eingestand, in die Hände geklatscht und ein über das andere Mal gerufen: ‚Also hat er doch recht.' An dieser kleinen Szene erkennst Du den Erfolgsanbeter,

> Bekenner einer der populärsten Weltreligionen, der alle an Charakter Schwachen anhängen. Wozu hat er die Jahre über verbreitet, daß ich unrecht habe?" (ebd., 16.5.1900, S. 454).

Folgenreich war in den Anfängen der Psychoanalyse vor allem die der psychoanalytischen Forschung eigentümliche Unfertigkeit und Bruchstückhaftigkeit der Funde. Auf die Problematik vor allem mit Fließ habe ich eingangs schon hingewiesen.

> „Von Breuer habe ich wieder gehört, daß er über die letzte Arbeit (Vergessen) geäußert, *er wundere sich nicht,* daß niemand etwas auf meine Sachen gibt, wenn ich solche Lücken lasse. Er meinte, daß ich nicht ausgeführt, worin die Verbindung von Tod und Sexualität in meinen Gedanken besteht" (ebd., 1.8.1900, S. 399).

Wie man sieht, schwingt in den Zeugnissen stets die Hoffnung mit, Fließ' Bewunderung sei ganz realistisch anders geartet. In der Tat war Fließ wissenschaftlich außerordentlich mutig, waghalsig und in gewisser Weise hellsichtig; man kann ihn als naiven Vorläufer der heutigen chronobiologischen Forschung ansehen. Zumindest bis 1897 konnte er das Unfertige seiner eigenen Forschung ertragen, wie Freud wahrnimmt:

> „Ich habe trotz der mir bekannten Unrichtigkeiten und Lücken im Oberbau und der geringen Stringenz des Unterbaues Dir das Elaborat nicht vorenthalten wollen. Du bist fürs erste kein Breuer, dem man nichts Unfertiges zeigen darf" (ebd., 17.12.1896, S. 229).

Fließ bewunderte Freud lange Zeit. Er erschien lange Zeit nicht taktierend, inkonstant oder doppelbödig. Insofern war er sogar verglichen mit Breuer und der historischen Alten absichtslos. Fließ' Tagtraum von Freuds fertigem Traumbuch zeigte aber auch das beginnend unbewußt Absichtsvolle. Fließ' Antwortbriefe zögerten sich immer mehr hinaus. Die ‚Botanische Monographie' und die ‚Glaukomoperation' zeigten, daß Freud das intersubjektive System des Bewunderns/Sich-wunderns, dessen er so dringend zum unbewußten affektiven Sehen bedurfte, durch die beginnende Entbehrung des Freundes zunehmend intrapsychisch zu kontinuieren, auszubauen und zu konsolidieren gezwungen wurde. Bei diesem Ausbau und Erhalt einer inneren Funktion spielte die reale Entfernung zwischen Wien und Berlin – also die häufig bitter beklagte „splendid isolation" –, wenn man so will, eine durch ‚Verlust' das innere ‚Sehen' konstituierende Rolle wie das „Inkognito" und heutzutage die Funktion der Abstinenz. Die im Briefwechsel Freud-Fließ relativ breiten Raum einnehmende Anwesenheit von Breuer in Wien scheint ebenfalls einem inneren Erfordernis Rechnung zu tragen. Ich vermute, daß man die räumliche Trennung nicht vorzeitig mit Splitting oder mit Aufteilung von Übertragung und Nebenübertragung verwechseln sollte. Es geht in der räumlichen Trennung (1) um das Entbehren als das innere Sehen konstituierendes Element. Neben dem schon von Freud in „Trauer und Melancholie" beschriebenen Mechanismus gilt hier eine Beschreibung von Pontalis:

> „Was das Denken anbetrifft, so wird es durch ein Losreißen vom Sehen eingeleitet, ein Losreißen, das immer wieder neu in Gang gebracht werden muß, solange wie die Anziehung durch das neue Bild nicht nachläßt in seiner Aktivität. Und wir, wir geben, indem wir uns in den Sessel hinter der Couch verpflanzen, dieser Spaltung zwischen dem Blick und dem Denken eine konkrete Form. Wir weisen den Verlust des Anblicks als Bedingung des Denkens aus" (Pontalis [1988] 1990, S. 301).

Deskriptiv geht es (2) darüber hinaus, wie beim Goldwaschen um Scheiden von Gestein und Gold, also um eine Art Anreicherung und Purifizierung der kreativen Objekterfahrung, pathologisches splitting wird in der Regel so aktiv-methodisch nicht beschrieben:

> „Ein intimer Freund und ein gehaßter Feind waren mir immer notwendige Erfordernisse meines Gefühlslebens; ich wußte beide mir immer von neuem zu verschaffen [...]" (Freud 1900, S. 487).

Wie aber ging es unter diesem Gesichtspunkt auf den realen ‚Kongressen' zu? Widersprechen die Zeugnisse diesen Funden über die inneren Kreativitätsbedingungen? Leider existieren hierzu bisher nur spärliche, dafür aber durchaus markante Zeugnisse:

> „Noch öfter so einseitige Brief, *sie lassen mich die Entfernung vergessen. Du tust ja nur, was ich immer getan habe, schreiben was Dich erfüllt, und beiseite lassen, worauf Du nicht reagieren kannst. Unsere Gespräche pflegten ähnlich zu sein; jeder begann alternierend vom dem zu reden, was er zu sagen hatte, und fühlte sich zu keiner Beantwortung des Gehörten verpflichtet*" (Brief vom 15.11.1897 in: Masson 1986, S. 305).

Auch hier Anklänge an die frühe ‚psychoanalytische Situation'? Und hier noch ein ganz frühes Zeugnis, was den Topos vom ‚ruhigen Licht' illuminiert:

> „Ich weiß, du hast mich nicht so nötig wie ich Dich, aber ich weiß doch auch, ich habe meinen sicheren Platz in Deiner Neigung" (ebd., 1.1.1896, S. 165).

Der von Freud bei der historischen Alten und bei Breuer erlebten Bewunderung, durchsetzt mit unbewußten Absichten, Doppeldeutigkeiten, Unzuverlässigkeiten und Nähe zu ungenügendem Objektbesitz vor jedem Objektverlust, steht mit der Bewunderung durch Fließ anfänglich eine substitutive und diversifizierende Erfahrung gegenüber, die ihm lange Zeit weniger absichtslos, narzißtisch mißbrauchend und mehr fähig erschien, Unfertiges, Noch-nicht-Bekanntes tragend und transformierend festzuhalten. Auf diese mehrfache Art und Weise des Scheidens und Anreicherns von Objekterfahrung nach Art des Goldwaschens, scheint das Affektsystem Bewundern, Sich-wundern zu einer identifikatorischen Stufe im Ich-Selbst, zu einer inneren Objektbeziehung und reflexiven Selbstrepräsentanz im Sinne Schaffers (1968) geworden zu sein, die einerseits zu einem verläßlicheren Sehen und andererseits zu einem verläßlicheren, d.h. auf die Funktion und seine Bedeutung sich beziehenden Signalaffekt ‚Verwundern' führen. Die weitere Differenzierung des Verwunderns in inneres, *insgemeines Verwundern* mehrerer innerer Objekte, die eine regelrechte intrapsychische affektive Geselligkeit und einen Dialog über eine noch nicht als Bedeutung gedachte emotionale Erfahrung eingehen, ist ganz besonders unverstellt im letzten selbstanalytischen Dokument vom 14.1.1934, der Studie über „Eine Erinnerungsstörung auf der Akropolis" von 1914, im Sommer nach der endgültigen Trennung von Fließ, nachzuvollziehen (Freud 1936). Dort ist ist auch spürbar, daß dem insgemeinen Verwundern die Funktion einer genügend andauernden affektiven Helligkeit als Bestandteil der gleichschwebenden Aufmerksamkeit zukam, unter der Transformationsschritte von diffusen und noch nicht genügend gedachten Gedanken bis hin zu symbolisch Gedachtem über verschiedene innere Objektstadien zustande kommen. Daher erscheint es folgerichtig, daß Freud schon in den „Ratschlägen" ausdrücklich darauf hinwies, eine bestimmte innere Einstellung habe sich als die einzig zweckmäßige für seine Individualität (1912e, S. 376) ergeben:

> „[...] dagegen gelingen jene Fälle am besten, bei denen man *absichtslos verfährt,* sich von jeder Wendung *überraschen läßt,* und denen man immer wieder *unbefangen* und *voraussetzungslos* entgegentritt" (ebd., S. 380).

Freud hatte also schon 1912 geraten, die Affektgruppe Staunen-Überraschen-Verwundern als ‚technisches Vorgehen' zu benützen, was er 14 Jahre zuvor intuitiv zu praktizieren begann:

> „Du weißt, ich *denke nicht* nach, *rezipiere, genieße, staune* und mache mir Erwartungen" (Brief von 30.7.1898 in: Masson 1986, S. 351).

Bleibt an dieser Stelle zu fragen, ob das auf dem skizzierten Weg absichtslosen Bewunderns, seiner zunehmenden Elliptisierung und Transformation in einen Signalaffekt erreichte Wachstum des ‚Containers' vollständig und unerschütterlich war. Das muß verneint werden. Die durchschnittliche Wirkungsdauer eines jeweiligen Kongresses auf den Besitz an „Stimmungen" und „Helligkeit" des Sehens währte höchstens drei bis fünf Briefe lang. Auch aus einer späteren, aus Anlaß der Vorbereitung der Amerikareise (1909) analogen Dreiersituation – diesmal mit Jung und Ferenczi – ist ersichtlich, daß Freud auch noch nach Jahren von der intersubjektiven Affirmation des intrapsychischen Wahrnehmungssystems Bewundern/Sich-wundern durch ein Realobjekt abhängig war. Als Jung 1909 nicht sofort auf einen Brief antwortete, deutete Freud seine Ungeduld:

> „Vielen Dank für Telegramm und Brief, die – schon das erstere – meiner Unruhe ein völliges Ende bereitet haben. Ich habe offenbar noch eine *traumatische Hyperästhesie bei nachlassender Korrespondenz,* deren Genese mir gut erinnerlich ist (Fließ), und möchte solche Erfahrungen in Arglosigkeit nicht wieder machen" (Brief an Jung vom 9.3.1909 in: McGuire et al. 1974, S. 232).

Auch die durch derartige Vorkommnisse unterhaltene Angst vor dem unfertigen Charakter seiner Forschung ist noch lange nachweisbar:

> „Daß Sie auch den Narzißmus bei mir annehmen, rührt mich tief und bindet uns noch inniger aneinander. Ich habe da ein sehr starkes Gefühl arger Unzulänglichkeit. [...] Der Moses ist anonym zum Teil des Scherzes halber, zum andern Teil aus *Verschämtheit wegen des deutlichen Dilettantismus,* den man ja in den Imagoarbeiten schwer entgeht, endlich *weil mein Zweifel am Resultat stärker ist als sonst* und ich nur auf Drängen der Redaktion überhaupt publiziert habe" (Brief an Abraham vom 6.4.1914 in: Abraham et al. 1965, S. 166f).

Warum die Verwunderung nicht zu einem unerschütterlichen Besitz wird, bedarf weiterer Untersuchungen. Wenn es sich bei ‚Besitz' nicht um eine grundsätzliche Frage nach der Gültigkeit des alten idealistischen Weltbildes vom bleibenden Charakter des Menschen handelt, dann dürfte ein Faktor in der Kompetenz der Selbstanalyse zu suchen sein. Sie hatte die durch die hoch ambivalente Mutterbeziehung formierte Abwehrstruktur der Idealisierung zwar selbstanalytisch erreichen, jedoch nicht verarbeiten können. Sie wurde dann von einer nach der Lektüre von Burckhardts „Griechischer Kulturgeschichte" ab

1899 (Brief an Fließ vom 30.1.1899 in: Masson 1986, S.374) zunehmend unter Triangulierungszwang patrilinear promovierten Psychoanalyse überlagert.

Die Idealisierung blieb ein die Psychoanalytiker und ihre Ausbildung bis heute mitbestimmender Faktor. Mahony schreibt in der Abhandlung „Der Schriftsteller Sigmund Freud":

> „Wie sehr Freuds Rolle als idealisierter Vater sowohl seinen eigenen Bedürfnissen wie denen seiner Gefolgschaft entsprach, genauer gesagt, wie es zu dieser mythisierten und idealisierten Rolle kam, das muß in weiterer Forschungsarbeit beantwortet werden. Eine Schlüsselrolle wird dabei sein Format als Therapeut einnehmen" (Mahony 1989, S. 255, Fußnote 35)

9. Der Epilog

Der vorliegende Beitrag könnte nicht nur zur Erhellung der Entwicklung und Rolle des Staunens, sondern auch zur Neubeleuchtung der Rolle des Idealisierens in der psychoanalytischen Theorie und Praxis sowie in der psychoanalytischen Ausbildung beitragen.

Mahonys Fragestellung schließt unausgesprochen den ‚negativen' Charakter der Idealisierung ein. Mit ‚negativ' meinen wir meist den Abwehrcharakter der Idealisierung. Wir denken an Abwehr von Erkenntnissen durch Abwehrmechanismen. So wäre als geläufigstes Beispiel jenes zu nennen, das sich gegen die Manifestation von Neid richtet, der z.B. Freud entgegen gebracht wird. Hierbei geht es vielleicht anfänglich ‚nur' um die Vervollkommnung eigener Schwächen durch Identifizierung mit dem vollkommeneren Objekt. Bald könnten jedoch am realen ‚vollkommeneren' Objekt ‚Mängel' erkannt werden. Es wird dann wider Willen zur Verkörperung eines ***beschädigten*** vollkommeneren Objektes. Unter dem Einfluß der Idealisierung, die Vollkommenheit wiederherstellen möge, wendet sich diese Abwehr in Verfolgung um: die Person wird „als in einer tieferen Schicht beschädigte, unheilbare und darum gefürchtete Person" (Klein 1983, S.67) erlebt. So entstünde neben dem idealisierten Freud (oder Lehranalytiker/Kontrollanalytiker/Ausbildungsinstitution) der gefürchtete Freud und deshalb über die geschilderten inneren Abfolgen ein Erkenntnis verhindernder Freud (bzw. Ausbildungsinstitutionen).

Erkennt man das Wirken weiterer Abwehrmechanismen wie z.B. die vorgängige Spaltung von vollkommen/unvollkommen, gut/schlecht, Idealisierung/Verteufelung, die Projektion dieser ‚Spaltungsprodukte', Verleugnung der ursprünglichen Zusammenhänge bzw. Aufhebung von Innen und Außen und damit die Verleugnung der realen Getrenntheit der Objektbeziehungen, dann vermuten wir genetische Dispositionen in der frühen Ideal-Ichbildung bzw. Ichideal-Überich-Bildung (vgl. Freud 1914, S.161, Freud 1923, S. 128 und 144, Nunberg 1932, S.151) bzw. Konflikte in der primären Identifizierung mit den primären, mit Allmacht besetzten Objekten und deren sadomasochistischen Implikationen.

Aber schon die Tatsache, daß sich „das Idealich offenbart ... durch leidenschaftliche Bewunderung" (Lagache 1958), verweist auf den in diesem Beitrag untersuchten Affekt des Verwunderns und des Staunens, der nicht auf einen z.B. pathologischen Narzißmus zurückgeführt werden muß, sondern Aspekte der Lancanschen Spiegelstufe (Lacan 1966) aufweist. Man muß also nicht nur auf Idealisieren als Ausdruck der Abwehr des Destruktionstriebes in der Sichtweise des Kleinschen Neidkonzeptes und/oder der manifformen

Abwehr der depressiven Position hinweisen, sondern geradezu auf deren – allerdings ungekonnte – Verwendung/Nutzung für Entwicklungsschritte des Staunens.

Lassen wir nun zu den realen Verhältnissen bei Freud und als Antwort auf Mahony einen Zeitzeugen sprechen, dann führt uns das Problem der Idealisierung in der Ausbildung tatsächlich auf eine weiterführende Spur:

> „Freud hatte strenge Überzeugungen, aber er wurde niemals dogmatisch. Wenn er unsicher wurde, teilte er dies immer mit. Das machte die Unterhaltung mit ihm so angenehm, besonders über Probleme, die ihm rätselhaft erschienen. Auf einen Vorschlag antwortete er oft mit einer Frage oder mit einem ‚vielleicht', spann die Idee weiter und erwartete von seinem Gesprächspartner, den Faden wieder aufzunehmen und einen neuen Vorschlag zu bringen. Man hatte das Gefühl, dieser Gesprächspartner und Freud wären gemeinsam an der Arbeit" (Alexander 1940, S. 197).

Man bemerkt, daß in dieser Schilderung das Unsichere und Rätselhafte nicht verleugnet, sondern geradezu kultiviert wird. Freud teilt mit Alexander die Unsicherheit und Unbekanntheit sowie im Grundaffekt der Rätselhaftigkeit die Bereitschaft zur Verwunderung, Staunen und Überraschung; er zieht Alexander geradezu in diese insgemeine kreative Verfassung hinein. Die von Alexander verbürgte Kreativität der affektiven Grundbefindlichkeit ist in nahezu allen Schriften Freuds wiederzufinden. Freud führt dort häufig einen Dialog mit einem imaginierten Leser. Besonders in der „Erinnerungsstörung auf der Akropolis" von 1914 ist die Wirkung des insgemeinen Dialoges zwischen zwei sich gegenseitig bewundernden und respektierenden Denkern deutlich.

Die Dialektik zwischen projizierenden Bewundern, re-introjizierendem Bewundertwerden und anschließendem Sich-Verwundern führte zur Kreativität, zu einer Wiederbesetzung von Stufen im Ich-Selbst-Objekt-System, zur Affirmierung innerer Objektbeziehungen und der reflexiven Selbstrepräsentanz. Sie führen über ein wieder verläßliches affektives Sehen zu einem wieder verläßlichen, d.h. auf die ‚Bedeutung' der Erfahrung hinhörenden Signalaffekt ‚Verwundern'. In der Akropolisstudie ist auch die Differenzierung der Signalaffekte ‚Verwundern' in ein inneres und *insgemeines* Verwundern mehrerer innerer Objekte besonders detailreich nachvollziehbar, die eine intrapsychische, affektive Geselligkeit und einen Dialog über eine emotionale Erfahrung, die seit 1914 noch nicht in be-deutende Gedanken zu Ende überführt worden war, entfachen. Aus dem Bewundertwerden-Bewundern wird dort die Funktion Verwundern in der besonderen Ausprägung einer *zeitlich genügend andauernden affektiven Helligkeit als Hintergrund der gleichschwebenden Aufmerksamkeit – einem Traumhintergrund nicht unähnlich.*

Idealisieren/Bewundern hat also an diesen Beispielen die in den anderen, in das Gegenüber ‚hineinversteckte' Bedeutung des unbewußten affektiven Sehens. In einen anderen etwas verstecken hat Anklänge an Abwehr, nämlich in dem Sinne, daß eine wertvolle Fähigkeit im anderen untergebracht als geschützt phantasiert wird: Anklänge an das in den anderen ‚hineingerettete' vorbewußte phantasierende und unbewußte affektive Denken. In diesem Sinne als ‚Abwehr' gelesen, wirkt Idealisieren/Bewundern im Sinne Meltzers und Williams' (1988) gegen den Schmerz der ästhetischen (= sinnlichen) Wahrnehmung, des Erlebens der Schönheit (= Wahrheit) der Welt. Der Schmerz entsteht aus dem Konflikt zwischen einer Art Seligkeit oder Hingerissensein durch die sinnliche Wahrnehmung der Außenwelt und der Unbekanntheit der ‚Bedeutung' des Wahrgenommenen für die sich entwickelnde Innenwelt.

Idealisieren/Bewundern wäre also konzipierbar als ein Apell an den anderen zur Vermittlung in diesem schmerzhaften Wahrnehmungskonflikt. Das würde diese Affektgruppe auch von einer pathogenen manischen Abwehr unterscheiden.

Diese Verhältnisse mögen für Kinder gelten, und genau an solchen Stellen, an ästhetischen Konflikten, setzen die Primärobjekte vermittelnd ein. Regressiv/progressiv mögen sie auch für die Triade Kandidat-inneres/äußeres Objekt-Lehranalytiker in der Lehranalyse gelten; selbstverständlich auch für die Triade Ausbildungsfall-inneres/äußeres Objekt-Kandidat. Und in gleicher Weise für das Dreieck Kandidat-inneres/äußeres Objekt-Ausbildung. Es ist dann verständlich, wie verheerend es sich auswirken muß, wenn es in der Selbsterfahrung und der Supervision nicht zur Reaktivierung, Re-Internalisierung und Fortentwicklung des Verwunderns, sondern (1) zur Stagnation, (2) zu ‚Alterität' (Seidler 1995, S. 3) von Beschämungen (Strehlow 1994, S. 27) oder gar (3) zu ihrer Enteignung (Bollas 1987, S. 157ff) durch fehlschlagende Verdacht-Irrtum-Schritte (Moser 1989, S. 131) käme, z.B. durch einen schon alles wissenden Ausbilder oder durch einen alles schon wissenden Kandidaten. Denn ob Kandidat oder Analytiker, alle werden bis an das Ende ihrer Tätigkeit durch die Ängste, vom Wahrgenommenen invadiert und verwirrt zu werden sowie ihm nicht genügen zu können, immer wieder intensiv und schmerzlich betroffen.

Daher ist zu berücksichtigen, daß Idealisieren als regressive Rückverwandlung eigener affektiver Sehfähigkeit, also von Verwundern zurück in Bewundern und Wiederfinden im Vorbild-Objekt, konzipiert werden kann.

Wären noch hinzutretende pathologische Abwehrformationen zu beobachten, dann wirkt Idealisieren ebenfalls wie dargelegt als ein affektives Kognitionsverfahren, das an den Idealisierten und durch Neid Gefährdeten reparativ zurückströmt. Die hinzutretenden pathologischen Bedingungen könnten geradezu die Motive dafür abgeben, eine Fähigkeit in den anderen ‚hineinzuretten', damit sie nicht von den eigenen pathologischen Bedingungen ‚zerstört' wird. Wenn Idealisieren/Bewundern nur als Abwehr von Destruktivität und nicht auch als Anzeige abgetretener oder hineingeretteter affektiver Sehleistung gehandhabt wird, ‚entleert' es u.U. den Neider zusätzlich und leistet deshalb seiner regressiven Selbstenteignung weiteren Vorschub.

Eines der eher weniger problematischen oben skizzierten inneren Verhältnisse lag bei dem im Prolog dargestellten lehranalytischen Beispiel vor. Nach der Analyse solcher Zusammenhänge drängt sich natürlich die interessante Frage auf, wie man Ausbildungskandidaten bewundern könnte. Folgt man den untersuchten Beispielen Freuds, dann sind neben der analytischen Deutungsarbeit an der Abwehr in Lehranalysen die Geduld mit Verdacht und Irrtum in Supervisionen bei der Entdeckung der Arbeitsaffekte vonnöten. Es ist ein nicht minder entbehrungsreicher Weg, anstelle von ‚toll-Finden' die Haltung zu kultivieren, was Analysanden und Analytiker im Licht des Verwunderns gerade wahrnehmen, sehen und entdecken.

Die Affektgruppe Verwundern-Staunen-Überraschtwerden erscheint dann zunehmend als affektives ‚Licht', gerichtet auf den Ort aufdämmernder und noch nicht genügend konturierter neuer Bedeutung von seelischer Erfahrung, der zugleich auch Ort des Zudeckens der ungenügenden Konfiguration durch alte schon gekannte Bedeutung werden kann. Die unzureichende Konfiguration neuer Bedeutung erzeugt Unsicherheit, Zweifel und Angst vor dem Unbekannten wegen der Invasion, der Verwirrung und dem Ungenügen.

An diese Stelle wird intuitiv ältere und bekannte Bedeutung als Antwort auf die Frage eingesetzt: ‚übertragen'. Dies ist die Aktualgenese von Übertragung. Man versucht sich das noch Nichtanschaubare nach dem Bild des Anschaubaren vorzustellen (v.Weizsäcker 1963[1943],S.28). Das ist gleichsam der ‚wissenschaftliche' Aspekt von ‚Übertragung', sofern sie reversibel gestaltet werden kann. Das Verdächtigen und Vergleichen, Verwirren und Verwerfen führt zu kumulierenden Augenblicken von – wie Beuys(1988) sagen würde – zugleich chaotisch lösenden Vorgängen und Anfängen des Neuen im Chaos. Wenn die Übertragungsreaktion unter dem Druck von so erzeugter Unsicherheit, von Zweifeln und erdbebenartigen Gefühlen über einen derartig oszillierenden Transformationszustand nicht gleichschwebend und damit reversibel im Dienst des wiederholt suchenden und irrenden Ichs ‚gehalten' werden kann und das Trapez unerträglich wird, dann wird eine stabile neurotische Übertragungsreaktion von beiden – Analysand und Analytiker – beibehalten werden. Eine Übertragungsneurose formiert und unterhält sich unter anderen Faktoren so. Man spricht nach dieser Formierung davon, daß der Wiederholungszwang in Kraft tritt und nur zirkuläre Re-Inszenierungen statt Inszenierung und Neuinszenierungen ihren Lauf nehmen (Dantlgraber 1995). Die Affektgruppe Verwundern-Erstaunen-Überraschtwerden markiert also den Ort der Aktualgenese von Übertragung und den Ort ihrer Beibehaltung oder Aufgabe zugleich. In einer Re-Evaluierung von Freuds Akropolis-Episode, 1914, im „Brief an Romain Rolland", 1936, habe ich generell auf die Gültigkeit, Wort- und Wortfeldgeschichte der von Aristoteles bis Bloch geläufigen Erkenntniskräfte und Formprinzipien des Staunens für Psychoanalytiker und Psychotherapeuten hingewiesen (Danckwardt 1993a). Eine Übersicht von H.F. Smith (1995 [1993]) mag stellvertretend dafür stehen, daß sich diese Ansicht unter Psychoanalytikern zunehmend durchsetzt. In einer weiterführenden klinischen Arbeit konnte ich die spezielle psychoanalytische Auffassung prozessual belegen, daß sowohl die Affektgruppe des Staunens, Verwunderns und Sich-Überraschenlassens als auch die des Witzes – also die Affekte der Witz- und der Verwunderungsarbeit – sichere Indikatoren für den aktuell übertragungsfähigen Konflikt, für die aktuell bedeutungsfähige Übertragungsschicht also für die Aktualgenese der Übertragung darstellen (Danckwardt 1993b), die bereit für eine mutative Deutung (Strachey 1934) ist. ‚Mutativ' meint, daß die Deutung einen Ich-Kern fundiert in dieser ‚flüssigen' Übertragungsschicht der Neurose (Segal 1962, S. 70), in den chaotisch lösenden Vorgängen und Anfängen des Neuen im Chaos nach Beuys, in denen psychisches Leiden zurückverwandelt werden kann in einen Interaktionsprozeß mit neuen Menschen (Loewald 1988, S. 305), in dem die aktuell oszillierenden Projektionen und modifizierten Rücknahmen von Projektionen und dadurch das Wieder-/Neuentdecken des hilfreichen äußeren und inneren Objekts ihre Chance haben. Insofern markiert Verwundern also zugleich den Ort einer potentiellen ‚Aktual-Heilung', also eines ‚Hier-und-Jetzt-Heilungsschrittes'.

10. Zusammenfassung

Staunen gilt als einer der Bestandteile des freien Assoziierens und der gleichschwebenden Aufmerksamkeit. Vor seinem Hintergrund bzw. in seinem affektivem ‚Licht' dämmern die Gegenstände des vorbewußten phantasierenden und des unbewußten affektiven Denkens auf. In zwei früheren Arbeiten wurde die Ansicht vertreten, daß ganz speziell die Aktualgenese von Übertragung und Gegenübertragung in ihrer besonderen Funktion als Widerstand (Übertragungs- und Gegenübertragungswiderstand) gegen neue Lebenserfahrung und deren Bedeutung durch die Affekte der Verwunderungs- und Witzarbeit angezeigt wird.

In der hier vorgelegten dritten Arbeit wurden auf deskriptiver Ebene – metapsychologische Transformationen so weit wie möglich in suspenso haltend – einige Gesichtspunkte der Psychogenese und späteren Epigenese der Fähigkeit zum Staunen des Psychoanalytikers untersucht. Hierzu wurde eine die Untersuchung veranlassende lehranalytische Episode dargestellt. Dieses Material wurde durch ergo-biographische Untersuchungen der Bedeutung des Staunens für Freud bei der Entwicklung der Psychoanalyse vor dem Hintergrund seiner Selbstanalyse vertieft. Die Fähigkeit zum Staunen und Verwundern geht auf Erfahrungen zurück, durch die Primärobjekte affektiv als neu im Weltbezug erkannt (und potentiell selber als ‚Empfänger' von Übertragungen – Auslegungen – ‚benutzt') worden zu sein, was sofort die ästhetische Konfliktspannung alte vs. neue Bedeutung intrudiert. Als ältestes vor-psychoanalytisches Dokument dafür konnte ich die früheste bekannte Tagebuch-Dokumentation der Entwicklung der Kindersprache auftun. Der deutsche Philosoph Dietrich Tiedemann (1748–1803) protokollierte darin die Sprachentwicklung seines Sohnes Friedrich zwischen 1782, als Friedrich sechs Monate alt war, und 1784. Es zeigt zugleich an, wie früh/spät sich das Staunen organisiert:

> „Am 10.Februar [1782 = 6.Monat] bemerkte man Ausdrücke des *Verwunderns und Gefallens;* bisher waren Weinen, Zappeln, Lachen die einzigen *Bezeichnungen von Schmerz, Zorn, Ungeduld und Vergnügen* gewesen. Sah er etwas *Neues und Gefallendes,* so begleitete er es mit dem Ausdruck *ach, der natürlichen Bezeichnung von bewunderndem Vergnügen*" (S. 22). „Nach mancherlei Übungen im Hervorbringen der Töne und nach einiger erworbenen Fertigkeit, die Sprachwerkzeuge zu verschiedenen Tönen zu gebrauchen, fing er am 14.März an, absichtlich zu artikulieren und Töne *nachzusprechen.* Seine Mutter sprach ihm die Silbe ma vor; er sah scharf auf ihren Mund und versuchte die Silbe nachzusprechen."(S.23) [14.Feb.1784 = 3 Jahre 6 Monate]: „So weit gehen meine Beobachtungen. Andere dazwischen gekommene Geschäfte hinderten mich, sie weiter forzusetzen" (Tiedemann, 1897, S. 40).

In der naiven Schilderung erscheinen Vater und Mutter sowohl als ‚bewundernde' Personen ‚hinter dem Spiegel' i.S. Goethes als jedoch auch plötzlich in diesem Sinne zumindest partiell entbehrte Primärobjekte. Solche Erfahrungen wiederholen sich auf allen psychogenetischen und epigenetischen Entwicklungsstufen an deren je spezifischen Entwicklungsfortschritten. Bewundertwerden macht infolge ihrer unweigerlich erfolgenden realen Enbehrung bis hin zum Verwundern zahlreiche Objekt- und Funktionswandel durch, bis es in einer Psychoanalyse die ‚Auslegung' als Signal- oder ‚Arbeitsafffekt' für die Aktualgenese der aktuell dringlichen Übertragungs- Gegenübertragungsebene erhält. Dringlich deshalb, weil die anfänglich ‚wissenschaftlichen' Übertragungs- und Gegenübertragungsreaktionen zu einer neurotischen Erklärung, d.h. zu einer bleibenden und so das Verhalten steuernden unbewußten Phantasie gerinnen können, und so re-traumatisieren oder aber als Widerstand gegen ‚mutierende', d.h. neue Ich-Kerne fundierende Deutungen transformiert werden können.

Die Fähigkeit zum Staunen entwickelt sich im ästhetischen Konflikt zwischen Wahrnehmen der Erfahrung in der äußeren (und später inneren) Welt und dem schmerzhaft empfundenen Mangel an Bedeutung des Wahrgenommenen für die innere Welt. In diesem Konflikt vermittelten ursprünglich die Primärobjekte. Später, in der analytischen Ausbildung mit ihren heftigen Affekten von Invasion durch Fremdseelisches, von Verwirrung und Ungenügen, vermitteln die verschiedenen Ausbildungseinwirkungen wie Lehranalyse, Supervision und Ausbildungsinstitution. In einem Exkurs wurde auf die (Abwehr-)Beziehung des Verwunderns bzw. des Bewunders zum Idealisieren bzw. zur verwundernden Affektualisierung hingewiesen. Die Rolle der Idealisierung insbesondere in der psychoanalytischen Ausbildung und in der Differentialdiagnose sowie in Kombination mit pathologischen Abwehrformen wurde untersucht, und schließlich wurde darauf hingewiesen, daß die Idealisierung/Bewunderung als eine, in den anderen hineinversteckte und so geschützte Form des ‚gesunden' Verwunderns gewertet werden kann.

Die Fähigkeit des Staunens gehört mit zu den ältesten Ratschlägen für die Einleitung der psychoanalytischen Behandlung, die Freud gegeben hat. Es wird angeregt, sein Auftauchen zu beachten und zu kultivieren, was im Licht der Verwunderung gesehen wird.

Literatur

Abraham, H., E.L. Freud (Hrsg.) (1980 [1965]): Sigmund Freud – Karl Abraham. Briefe 1907–1926. Frankfurt a.M.: Fischer.

Alexander, F. (1940): Recollections of Berggasse 19. Psychoanalytic Quarterly 9, 197–210.

Beuys, J. (1988): The Secret Blocks for a Secret Person in Ireland. München: Schirmer-Mosel.

Bloch, E. (1980 [1959]): Das Prinzip Hoffnung. Frankfurt a.M.: Suhrkamp.

Bollas, Ch. (1987): The Shadow of the Object: Psychoanalysis of the Unthought Known. London: Free Association Books.

Danckwardt, J.F. (1989): Eine frühe, im Spannungsfeld zwischen Traum und Übertragung unbewußt gebliebene Phantasie Freuds über die psychoanalytische Situation (1898). Ein Beitrag zur psychoanalytischen Kreativität. Psyche 43, 849–883.

Danckwardt, J.F. (1990 [1989]): Aspekte Freudscher Kreativität: Interesse und Methode, Leidenschaft und Verwirklichungsprinzip. In: Luft, H., G. Maas (Hrsg.): Das Erbe Sigmund Freuds in Deutschland – 50 Jahre nach seiner Vertreibung. Arbeitstagung der DPV in Wiesbaden, 1.–4.11.1989. Hofheim/Wiesbaden: CONGRESS-Organisation, S. 139–147.

Danckwardt, J.F. (1991): Kurative Aspekte in der Lehranalyse. Unveröffentlichtes Manuskript vom 21.11.1991 im Rahmen der Arbeitstagung der Deutschen Psychoanalytischen Vereinigung zum Thema „Kurative Faktoren in der Psychoanalyse", Wiesbaden, 20.–23.11.1991.

Danckwardt, J.F. (1993a): Zur Bedeutung von ‚Arbeitsaffekten' im psychoanalytischen Prozeß. In: G. Junkers (Hrsg.): Wege zur Deutung im psychoanalytischen Prozeß. Arbeitstagung der DPV, Bremen, 19.–22.5.1993. Bremen: CONGRESS-Organisation. S. 105–121.

Danckwardt, J.F. (1993b [1989]): Materialien über eine affektive Voraussetzung der psychoanalytischen Kreativitiät. Zugleich einige Betrachtungen zur Psychoanalyse des Glückwünschens. In: Gutwinski-Jeggle, J., J.M. Rotmann (Hrsg.): Die klugen Sinne pflegend. Psychoanalytische und kulturkritische Beiträge. Hermann Beland zu Ehren. Tübingen: discord, S. 27–62.

Danckwardt, J.F. (1994): Vom Aufspüren bedeutungsfähiger Übertragung durch Arbeitsaffekte. In: C. Frank (Hrsg.): Wege zur Deutung. Verstehensprozesse in der Psychoanalyse. Opladen: Westdeutscher Verlag, S. 114–132.

Dantlgraber, J. (1995): Einige Überlegungen zu unterschiedlichen Sichtweisen des psychoanalytischen und psychotherapeutischen Prozesses. (Im Druck)

Eckermann, J.P. (1917): Gespräche mit Goethe in den letzten Jahren seines Lebens. Leipzig.

Eissler, K.R. (1974): Über Freuds Freundschaft mit Wilhelm Fließ nebst einem Anhang über Freuds Adoleszenz und einer historischen Bemerkung über Freuds Jugendstil. Stuttgart, Wien: Huber, S. 39–100.
Freud, E., H. Meng (1963): Sigmund Freud – Oskar Pfister. Briefe 1909–1939. Frankfurt a.M.: Fischer.
Freud, S. (1900a): Die Traumdeutung. G.W. 2/3.
Freud, S. (1911b): Formulierungen über die zwei Prinzipien des psychischen Geschehens. G.W. 8, S. 230–238.
Freud, S. (1912e): Ratschläge für den Arzt bei der psychoanalytischen Behandlung. G.W. 8, S. 376–387.
Freud, S. (1914 c): Zur Einführung des Narzißmus. G.W. 10, S. 137–170.
Freud, S. (1916–17g [1915]): Trauer und Melancholie. G.W. 10, S. 428–446.
Freud, S. (1936a): Brief an Romain Rolland: Eine Erinnerungsstörung auf der Akropolis. G.W. 16, S. 250–257.
Freud, S. (1937c): Die endliche und die unendliche Analyse. G.W. 16, S. 59–99.
Grubrich-Simitis, J. (1994 [1991]): Freuds Moser-Studie als Tagtraum. Frankfurt a.M.: Fischer.
Hirschmüller, A. (1978): Physiologie und Psychoanalyse im Leben und Werk Josef Breuers. Bern (Jahrbuch der Psychoanalyse, Beiheft 4): Huber.
Hirschmüller, A. (1986): Briefe Josef Breuers an Wilhelm Fließ 1894–1898. In: Jahrbuch der Psychoanalyse. Stuttgart: frommann-holzboog. Bd. 18, S. 239–261.
Hirschmüller, A. (1995): Josef Breuers „Dämon Aber". Zur Weltanschauung eines Wiener Arztes im 19. Jahrhundert. (Im Druck)
Klein, M. (1935): Zur Psychogenese der manisch-depressiven Zustände. In: dies. (1983), Das Seelenleben des Kleinkindes, S. 55–94.
Lacan, J. (1973 [1949/1966]: Das Spiegelstadium als Bildner Ichfunktion, wie sie uns in der psychoanalytischen Erfahrung erscheint. In: Schriften I. Freiburg: Walter.
Lagache, D. (1958): La psychoanalyse et la structure de la personalité). La Psychoanalyse, Paris, P.U.F., VI.
Loch, W. (1994): Wie verstehen wir Fühlen, Denken, Verstehen. Jahrbuch der Psychoanalyse. Stuttgart: frommann-holzboog. Bd. 32, S. 9–39.
Loewald, H.W. (1971): The transference neurosis: comments on the concept and the phenomenon. J. Amer. Psychoanal. Assn. 19, 54–66.
Mahony, P.J. (1989 [1982]): Der Schriftsteller Sigmund Freud. Frankfurt a.M.: Suhrkamp.
Masson, J.M. (1986 [1985]): Sigmund Freud. Briefe an Wilhelm Fließ 1887–1904. Frankfurt: Fischer.
McGuire, W., W. Sauerländer (Hrsg.) (1974): Sigmund Freud. C.G. Jung: Briefwechsel. Frankfurt a.M.: Fischer.
Meltzer, D. (1988 [1984]: Traumleben. München/Wien: Verlag Internationale Psychoanalyse.
Meltzer, D., M. H. Williams (1988): The Apprehension of Beauty. Scottland: Clunie Press.
Moser, U. (1989): Wozu eine Theorie in der Psychoanalyse? Zeitschrift für psychoanalytische Theorie und Praxis 4, 154–175.
Nunberg, H. ((1932): Allgemeine Neurosenlehre auf psychoanalytischer Grundlage. 2. Aufl. 1959. Bern und Stuttgart: Huber.
Schaffer, R. (1968): Aspects of Internalization. New York: Int. Univ. Press.
Seidler, G.H. (1995): Der Blick des Anderen. Stuttgart: Verlag Internationale Psychoanalyse.
Segal, H. (1981 [1962]): The curative factors in psychoanalysis. In: The Work of Hanna Segal. London: Aronson Inc.
Smith, H.F. (1995 [1993]): Analytic listening and the experience of surprise. Int. J. Psycho-Anal. 76, 67–78.
Strachey, J. (1934): The nature of the therapeutic action of psychoanalysis. Int. J. Psychoanal. 15, 127–159.
Strehlow, B. (1994): Scham in der Supervision. (Im Druck)

Tiedemann, D. (1897): Beobachtungen über die Entwicklung der Seelenfähigkeiten bei Kindern. Hg. von C. Ufer. Altenburg: Bonde.
Pontalis, J.-B. (1991 [1988]): Aus dem Blick verlieren. München: Kirchheim.
Varendonck, J. (1922 [1921]: Über das vorbewußte phantasierende Denken. Int. Psa. Bibliothek Bd. XII. Wien: Internationaler Psychoanalytischer Verlag.
Weizsäcker, C. F. von (1963 [1943]): Zum Weltbild der Physik. Stuttgart: Hirzel.

Der Triangulierungsprozeß als Grundlage von Symbolbildung und Erkenntnis – diskutiert am Beispiel eines psychoanalytisch-hermeneutisch ausgewerteten Supervisionsprotokolls

*Annegret Overbeck**

Im Rahmen eines Forschungsprojekts zum Erkenntnis- und Lernprozeß in Supervisionsgruppen wurde das Verbatim-Protokoll einer Team-Supervisionssitzung (Bardé und Mattke 1993) psychoanalytisch-hermeneutisch untersucht. Das Transkript dokumentiert eine Sitzung mit dem Team einer psychosomatisch-psychotherapeutischen Klinik. Supervisionsgegenstand ist die Behandlungsbeziehung eines Therapeuten zu einer Patientin, der die Diagnose Colitis ulcerosa beigelegt ist, sowie die Beziehungsprobleme beim bevorstehenden Behandlungsende. Die Forschergruppe hat daran gearbeitet, anhand des vorliegenden Transkriptes einen latenten hochwirksamen Interaktionstext zu entfalten, der den Verlauf der Supervisions-Sitzung und in ihr das von der Patientin entstehende, konstruierte Bild bestimmt hat (zur Ganztext-Interpretation und methodologischen Fragen vgl. Metzger, Overbeck 1995).

Es handelt sich bei dem untersuchten Text um das Dokument einer gescheiterten Erkenntnisbemühung. Es gelingt dem Supervisor nach äußerst mühevollen und rudimentären Anstrengungen nicht, seine Position einzunehmen und zu halten. Der Prozeß der Triangulierung, der als Voraussetzung für reflektiertes Verstehen, Symbolisierung und Erkenntnis gesehen wird, scheitert.

1. Der Supervisionsverlauf

Der Prozeß soll im folgenden in drei Abschnitten zusammengefaßt dargestellt werden. Dabei werden die in den Interaktionen ausgetauschten Botschaften als Paraphrasen verdichtet formuliert. An der Sitzung waren ein männlicher Supervisor (S), ein Psychotherapeut als Falldarsteller (Fd), ein weiterer Psychotherapeut (M), eine Bewegungstherapeutin (W) sowie mehrere Krankenschwestern (Wn) beteiligt.

1. Abschnitt: Der Fd eröffnet mit einer ersten Skizzierung seines Problems, dem er mehrere Facetten gibt, u.a. daß es sich um eine Colitis-Patientin handele, daß sich die Schwierigkeiten der Behandlung in der Abschlußphase noch einmal zuspitzen (die dreimonatige

---

* Unter Mitarbeit von Dipl.Soz. Frank Dammasch, analytischer Kinder- und Jugendlichentherapeut, und Dipl.Psych. Hans-Geert Metzger, Psychoanalytiker, Mitarbeiter der Forschungsgruppe, in deren Rahmen das Transkript untersucht und das Interpretationsergebnis unter methodologischen und supervisionstheoretischen Gesichtspunkten diskutiert wurde.

Behandlung neigt sich dem Ende zu) und daß er – als Begründung seines Supervisionswunsches – „alleine mit ihr spricht". Die erste Antwort aus dem Team kommt von M, dem zweiten männlichen Psychotherapeuten des Teams. Mit einer raschen, das Anliegen des Fd verkürzenden und bewertenden Interpretation von Fd's Äußerung scheint er den Raum, den Fd für sich und seine Patientin zu öffnen wünschte, sofort verschließen zu wollen: „Eigentlich sagst Du konkret mit dieser Frage, wie lange bleibt sie noch." In paraphrasierter, die Interaktionsqualität der Äußerung einfangender Form: *Langer Rede kurzer Sinn – wie lange bleibt sie noch!* So, als ob die Entlassung als ein organisatorisches Problem der eigentliche Gegenstand der Supervision sein sollte. Fd seinerseits unterbricht sofort. Gleichwohl scheint er sich inhaltlich sogar zu unterwerfen, indem er einen Terminus technicus verwendet, den M offenbar vor der Sitzung belehrend verwendet hatte: „Übertragungspsychosomatose". Aufgeplustert durch dieses Wortungeheuer fährt er aber um so intensiver fort, wieder über seine Beziehung zu sprechen, und zwar nun als einer Beziehung zu einer sehr *attraktiven* Frau, daß die Beziehung sehr aufregend ist, daß bei beiden viel auf körperlicher Ebene „läuft" usw. Er bringt anamnestisches und biographisches Material, er parallelisiert die therapeutische Beziehung mit der Ehebeziehung, er schildert eine ebenso lust- wie qualvolle Intimität, Wut, Enttäuschung, Abhängigkeit, er präzisiert und resümiert mehrfach. Aber: Über viele Gelegenheiten hinweg, die er durch Innehalten in seiner Rede für Sprecherwechsel bietet, erfährt er keinerlei positive Resonanz aus dem Team. Nur M wirft eine kurze, abwertende Zwischenbemerkung ein, oder er positioniert sich gegenüber dem Fd mit einem belehrenden Gestus in seiner Rede, so als ob er sein Supervisor wäre. Das übrige Team läßt den Fd allein, als wäre niemand bereit, sich auf eine Problematik einzulassen, die in eine offensichtliche Rivalität und möglicherweise einen Dissens zwischen den beiden männlichen Teammitgliedern eingebettet zu sein scheint. Das Team signalisiert dem Fd durch Schweigen und Nicht-Resonanz: *Du hast zwar angeklopft, aber Du kannst Dich auf den Kopf stellen, wir lassen Dich nicht rein.*

2. Abschnitt: Nachdem es im ersten Abschnitt der Sitzung durch die abweisende Haltung des Teams so ausgesehen hat, als würde der bevorstehenden Beendigung der stationären Behandlung eine Ausschließungs- oder Ausstoßungstendenz entsprechen, scheint sich zunächst im 2. Teil der Sitzung ein gewisses Engagement der Frauen für die Patientin und gegen den Fd zu ergeben. Zunächst hatten 2 Frauen, den monologisierenden Fd unterbrechend, einige unzusammenhängende stichwortartige Wortfetzen geäußert, die aus der Geräuschkulisse herausragten, aber ohne daß das zunächst aufgegriffen wurde. In einem allgemeinen Durcheinanderreden und gegenseitigen Unterbrechungen gingen „diese menstruellen Sachen" (Zwischenblutungen), „diese gynäkologischen Kisten", ein „Erschrecken: erst blutet der Darm, dann die Vagina"; „Spannungsgefühle in den Brüsten", schon „viel zu tief drinstecken", „Aufdecken und Sezieren" beinahe unter. W2 erhebt in mehrfach ansetzenden, mehr stichwortartigen, immer wieder unterbrochenen Redebeiträgen einen grundsätzlichen Vorwurf gegen analytisch-aufdeckende Therapie, deren Chronologie eine syntaktisch-verbindende Interpretation erlaubt: Aufdecken heißt Sezieren, heißt Bluten, heißt Verletzen. Da die Vagina blutet, ist die dahinterstehende Phantasie wahrscheinlich die eines bösen, eindringenden Penis, mit dem analytisch-aufdeckende Therapie assoziiert wird. Weiter heißt der Vorwurf, der sich in dieser bruchstückhaften Textpassage erschließen läßt: Da die Patientin, wie viele andere Patientinnen vorher, schon viel zu tief drinsteckt, gibt es nicht einmal mehr ein Entkommen aus dieser bedrohlichen Situation.

Schließlich geht der Fd darauf ein: die Assoziation der Patientin zu der Abbruchsblutung sei die Mitteilung der Phantasie gewesen, schwanger zu sein. Nun erobert sich die Bewegungstherapeutin W das Wort. Unter nochmaliger Erwähnung der gynäkologischen Symptome und offenbar noch unter dem Eindruck der affektiven Erregung unter den Frauen interpretiert sie das auf den Unterleib gerichtete Körpererleben der Patientin als wund, zerrissen und zerfleischt. Sie scheint damit auch im Sinne von W2 Partei nehmen zu wollen für die vom Therapeuten so bedrängte Patientin. Sie unternimmt nun den Versuch, deren Körperlichkeit in einer anderen Weise als der Mann (die Patientin ist eine sehr attraktive Frau) zu thematisieren. Wir vermuteten für kurze Zeit, eine gewisse Bedürftigkeit der Patientin, die Differenzierung des Körperbildes, die Frage eines nicht-sexualisierten Kontaktes könnte zum Thema werden, das vielleicht von breiterer Resonanz im Team und Zuwendung zur Patientin als Person getragen würde. Aber: Indem die Bewegungstherapeutin die Erzählform ihrer Darstellung immer wieder unterbricht und etikettierend und konzeptualisierend über das Nähe-Distanz-Verhalten der Patientin im Sinne einer „schweren Kontaktstörung" und „abweisend-aggressiver Beziehungsmanipulation" spricht, wird zunehmend deutlich, wie wenig W auf die aversiv-abgrenzenden Gesten, aber auch auf das Bemühen der Patientin um die Integrität ihrer körperlichen Aura eingehen kann. Sie scheint wütend zu sein, während sie erzählt, daß ihr die Patientin in der Therapie oft den Rücken zukehrt, sich weit von ihr entfernt setzt, sich im Badezimmer einschließt oder sich bei größerer Nähe oft ein Kopfkissen vor den Bauch hält. Sie kann hierin nichts Positives oder gar szenisch-symbolisch zur Darstellung gebrachtes erkennen. Auch der Supervisor gibt diesem Material keinen Raum, stellt keine Beziehung her zwischen dem Kissen als Übergangsobjekt und der Schwangerschaftsphantasie sowie von hier aus zu den mit Trennung einhergehenden Affekten. Reichhaltige Möglichkeiten bleiben ungenutzt, dieses Material in seinen unbewußten Dimensionen, in der Fülle der sich szenisch und symbolisch darstellenden Bedeutungen (Verbindung und Trennung, Hoffnung und Enttäuschung, Schutz des eigenen Bauches vor fremder, befürchteter Aggression und eigene Abgrenzungs- und Enttäuschungsaggression) und im Kontext der Interaktionen des ersten und zweiten Abschnittes zu entfalten. Er greift statt dessen zu einer zwanghaft anmutenden, klassifizierenden Alterseinteilung, um die Liebe der Patientin zum Fd irgendwie einteilen zu können, oder er macht typisierende und generalisierende Äußerungen zur Patientin als Colitis-Fall.

Bei dem in die Augen springenden Affekt, der die Interaktionen zwischen den W's und dem Fd strukturiert und der wahrscheinlich eine einfühlende Identifikation mit der Patientin verhindert, scheint es sich um eine starke Eifersucht der Frauen zu handeln, die der Fd dann mit allem, was er selbst erzählte, genährt hat. Sie gilt der exklusiven Beziehung, die die Patientin zum Fd haben kann, aus der die anderen Frauen ausgeschlossen sind. W scheint in der Körpertherapie auf eine ebenso exklusive und intimisierte Beziehung mit der Patientin zu drängen, die ihr diese jedoch verweigert. Nach unserer Rekonstruktion der Interaktionsdynamik ist W mit ihren Affekten ebenso wie die heftig rivalisierenden Männer des Teams in eine ödipalisierte Dramatik verstrickt, die zu einer aggressiv-aufgeladenen, reservierten Interaktion zwischen W und der Patientin geführt hat, die sich in dem Redebeitrag der Bewegungstherapeutin auch in der Supervision niedergeschlagen hat. Dies scheint uns um so erstaunlicher, als W von ihren Intentionen her eher die beschützenden Absichten von W2 verstärken zu wollen schien.

Wir haben vom Verlauf dieses zweiten Abschnitts die Verweigerung der Resonanz gegenüber dem Fd im ersten Abschnitt besser verstehen können. Wir konnten nun paraphrasieren: *Wenn Du uns / Ihr uns aus Eurer exklusiven, leidenschaftlichen Liebesbeziehung ausschließt, die die Patientin körperlich verletzt, brauchst Du nicht zu hoffen, daß wir Dich hier reinlassen!*

3. Abschnitt: Die sich uns als Außenstehenden, mit dem Text beschäftigten Forschern erschließende Dynamik des Supervisionsprozesses, die durch die Zeitbegrenzung der stationären Therapie und die damit verbundenen Affekte und ihre Abwehr unterhalten zu werden scheint, versucht der Supervisor nach sehr langer Zeit der Zurückhaltung, Hilflosigkeit und zeitweiligen Anlehnung an M schließlich doch aufnehmen zu wollen. Er macht den Versuch, das „sehnsuchtsvolle Verlangen" der Patientin im Zusammenhang mit dem Trennungskonflikt zu verbalisieren: „daß sie vielleicht das Bedürfnis nach liebevoller, schmusiger Nähe zur Mama" unbewußt verwechselt „mit dem sehnsuchtsvollen Verlangen dem Papa gegenüber". Kaum hat er sich jedoch diesem Gedanken ein wenig angenähert, interveniert M. Er will „ein kleines Schrittchen weitergehen" als der Supervisor und schlägt vor, die Patientin zum Abschied in den Arm zu nehmen. Er wischt damit auch die Zweideutigkeit, ob nun die Liebe im Kontext präödipaler oder ödipaler Wünsche zu verstehen sei, vom Tisch. Die Frauen geraten zwar im Chor wieder in Aufregung: „Wehe, wehe ... oh weia". Aber er ist überzeugt, „daß das gut und richtig ist".

Damit ist das Strukturmuster der Interaktion im 3. Abschnitt bereits erkennbar. Mehrfach interveniert M in ähnlicher Weise, wenn der Supervisor versucht, eine Metaebene der Reflexion zu erklimmen und seine Supervisionskompetenz im Ansatz zu entwickeln. Er zerstört jeden Versuch einer konkordanten Identifizierung mit der Patientin; auch den Versuch des Supervisors, dem Team die innere Situation der Patientin zu übersetzen, indem er an seine eigenen Kinder denkt und in fiktiver wörtlicher Rede seinem Kind sagt: *„Ach weißte, so so, ich kann jetzt nicht, ich brauch noch ne Stunde, muß noch irgendeine Sache erledigen, dann spiele ich mit dir."* Hier wird nun allerdings deutlich, daß auch der Supervisor die Endgültigkeit der Trennung und die darin enthaltene Aggression leugnet. Und obwohl W2 noch einmal schwere Vorwürfe gegen stationäre Psychotherapie erhebt, die wegen der Zeitbegrenzung eher schädlich und unmöglich sei, verzichtet der Supervisor darauf, sich mit dem Problem der Grenze und des Rahmens auseinanderzusetzen. Er plädiert statt dessen dafür, daß der „positive Anteil der Zwiespältigkeit" bewahrt bleiben soll. Dafür wird er jedoch averbal um so heftiger. Das Transkript vermerkt, daß er zweimal in die Hände klatscht und theatralisch auf den Tisch schlägt. Der aggressive Anteil beginnt, sich in konkret körperlichen Gesten zu zeigen. Auch sprachlich stellen sich weitere Besonderheiten ein. Während er bereits, statt in reflektierend-konzeptualisierender Sprache von Vater und Mutter zu sprechen, von Mama und Papa gesprochen hatte und in fiktiv-wörtliche Rede mit seinem eigenen, nicht anwesenden Kind gefallen war, beginnt er nun noch einmal nachahmend-klagend (möglicherweise nachäffend?) den Schmerz und den Vorwurf der Patientin zu artikulieren. Hier ist ein deutliches Bemühen um Erkenntnisgewinn, gleichzeitig jedoch die Unangemessenheit der Form zu bemerken. Aber M ist rechtzeitig unterbrechend zur Stelle und weiß es auch gegenüber dem Supervisor besser. Auch er will den positiven Anteil der Zwiespältigkeit bewahren und plädiert dafür, daß es gut und richtig sei, die eigene Sympathie der Patientin gegenüber zum Ausdruck zu bringen. Er brüstet sich damit, daß es kein Problem sei, das Gesagte auch durch eine Umarmung zu beglaubigen, vorausgesetzt, es handele sich wirklich um eine attraktive Frau, um authentisch sein zu können.

An dieser Stelle verdichtet sich nun eine dramatische Entwicklung, die sich seit Beginn aufgebaut hat: Im Supervisionsprozeß fortlaufend depotenziert und nach einer neuerlichen Unterbrechung durch M sagt der Supervisor, abrupt die Ebene wechselnd:

> „deshalb frag ich nach der Qualität des Mögens, also ich, wenns mir möglich ist und ich nicht zu beängstigt bin, frag ich dann, im Laufe dann / also so in ihrem Auftrag: also gut, was können wir 2 denn miteinander, wir gehen jetzt essen, lecker essen, Champagner, Wein, dann gehen wir in ne Hotel und dann ... zieh ich Sie aus, Du ziehst ..."

Nun hat der Supervisor endgültig die reflexiv-symbolische Ebene aufgegeben. Die grenzauflösende, die Station ins Hotelzimmer verlängernde Inzest-Phantasie wird von ihm selbst zum Ausdruck gebracht, ohne daß er diese abstruse Entwicklung noch in irgendeiner Weise benennen oder konfrontativ oder reflexiv wenden könnte. Nachdem er seine Position und seine Kompetenz nicht gewinnen und erhalten konnte, restauriert er seine beschädigte Potenz als phallischer Mann, der M in nichts nachsteht, sondern ihn übertrifft. Damit ist er jedoch selbst im Gestrüpp von Angst, Rivalität und Eifersucht untergegangen und Teil des Systems geworden, das sich vor hilflos-abhängigen Wünschen ebenso zu fürchten scheint, wie vor Enttäuschungs- und Trennungsaggression, die durch Sexualisierung und Pseudoödipalisierung abgewehrt werden. Nach dem kurzen Versuch des Supervisors, sich den schwachen, abhängigen und verletzlichen Seiten der Patientin zu nähern, ist auf das schon zu Anfang auftauchende Bild der erwachsenen, attraktiven, nun jedoch sexuell bedürftigen Frau, die sich in ihren erotischen Phantasien ein sexuelles Abenteuer mit dem Therapeuten zu wünschen scheint, zurückgegriffen worden. In der Dominanz der sich gegen Ende hin durchsetzenden männlichen Sicht erscheint die Patientin schließlich wie eine Prostituierte. Indem genitale Sexualität betont und von frühen Liebes- und Abhängigkeitswünschen abgespalten phantasiert wird, ist Trennung leichter vorstellbar. Die therapeutische Frühreifung der Patientin durch die Supervision dient der Abwehr des therapeutischen Schuldgefühls und der Vermeidung der Auseinandersetzung mit den strukturellen Rahmenbedingungen der psychotherapeutischen Klinikbehandlung.

2. Zur Problematik der Widerspiegelungshypothese

Die klassischen psychoanalytischen Theorien zur Supervision beschreiben das Spiegelphänomen als Grundlage supervisorischer Erkenntnisgewinnung (Balint 1968; Loch 1969; Kutter 1981). Man geht davon aus, daß sich die unbewußte Dynamik des Patienten im Supervisions- und Gruppenprozeß widerspiegeln wird, und legt dabei die klassische Situation der Einzelsupervision oder der Fallsupervision in einer freien Supervisionsgruppe zugrunde. Daß diese Sicht der Mehrdimensionalität des Supervisionsprozesses und ihren verschiedenartigen institutionellen Rahmenbedingungen nicht gerecht wird, wurde indessen von verschiedenen Autoren vorgetragen (Wellendorf 1986; Buchinger 1988; Oevermann 1993; Overbeck 1990; Gärtner und Wittenberger 1979). In diese supervisionstheoretische Diskussion gehört unsere Auseinandersetzung mit dem hier vorgestellten Supervisionsdokument.

Während andere Interpreten des Transkriptes auf der Basis der Widerspiegelungshypothese herausarbeiteten, daß die relevanten libidinösen und aggressiven Objektbeziehungen gemäß der Übertragungs – Gegenübertragungsdynamik im stationären Raum inszeniert werden und sich hier der strukturelle Basiskonflikt der Patientin abbildet (Kutter 1993), oder – in Anlehnung an Oevermann (1993) – die negative Mutterübertragung durch den von außen aufgenötigten Abschluß der Behandlung aktiviert wird (Mattke und Barde 1993), vertreten wir anhand unserer Textuntersuchung die Auffassung, daß die unbewußte Gruppendynamik des Teams sowie die Beziehung von Team und Supervisor in die Textproduktion und damit in das konstruierte Bild der Patientin und die Konzeptualisierung des Falles eingeht. Es handelt sich um einen Prozeß, in dem es dem Supervisor nach äußerst mühevollen und rudimentären Ansätzen nicht gelingt, seine Position einzunehmen und zu halten und mit dem Team zu einem neuen oder konzeptuell erweiterten Verstehen der Patientin als Person und als Fall in der Situation der bevorstehenden Beendigung der stationären Behandlung zu kommen. Im Supervisionsprozeß treten Teamkonflikte stark hervor. Affektiv hochaufgeladene Zwischenbemerkungen und Kommunikationsbruchstücke können nicht gesammelt und aus verschiedenen Perspektiven betrachtet werden. Wichtiges Material, welches sich in den Erzählbeiträgen der Protagonisten findet, kann nicht festgehalten und im Erkenntnisprozeß verwendet werden. Allzu schnell weicht die Erzählung und Beschreibung etikettierenden und klassifizierenden Bewertungen und Einordnungen in Lehrbuchwissen. Erkenntnis begleitende oder initiierende Affektäußerungen wie Verwunderung, Staunen, Befremden, Überraschung, die zum Verweilen, zum Wiederholen, zum genaueren Betrachten einladen, sind nicht dokumentiert. Das Handlungs- und Interaktionstempo des Prozesses scheint sich fortlaufend zu beschleunigen, statt einer systematischen Verzögerung Platz zu machen, die erst unmittelbares Vorverstehen in reflektiertes Verstehen und damit in Erkenntnis verwandelt. Schließlich mündet der Supervisionsprozeß in der Konkretion einer die Abstinenz aufhebenden Empfehlung durch ein männliches Teammitglied (eine Umarmung zum Abschied sei gut und richtig) und die Imagination einer sexuellen Begegnung in einem Hotelzimmer – eine Intervention, mit der sich der Supervisor selbst zum Werkzeug einer latenten und nicht bearbeiteten Gruppenphantasie macht, deren Abwehrcharakter nicht erschlossen werden konnte.

Mit der Auffassung, daß die unbewußte Gruppendynamik sowie die problematische Beziehung von Team und Supervisor die Textproduktion und damit das Bild der Patientin stark beeinflußt haben, wird die Widerspiegelungshypothese skeptisch beurteilt. Damit befinden wir uns in der Nachbarschaft der von Oevermann im Sinne der objektiven Hermeneutik herausgearbeiteten Strukturhypothese. Sie besagt, daß es sich um einen Widerspruch zwischen den entgegengesetzten Maximen der (zeitlich offenen) psychoanalytischen Behandlung und der Kurzzeitbehandlung im Rahmen eines stationären Settings handelt. Diesem Widerspruch trage der Supervisor nicht Rechnung, da er nach einem Konzept der Supervision gemäß dem Modell der ambulanten Einzelbehandlung vorgehe und die Konzeptfrage aus der Thematisierung ausklammere. Zum anderen kristallisiere sich dieser aus der Thematisierung ausgeschlossene Widerspruch um eine für solche Teams charakteristische Spaltung in die in unterschiedlichem Grade professionalisierte Therapie- bzw. Pflegefraktion. Oevermanns struktural-hermeneutische Kritik lautet, daß die spezifische Bedeutung dieses Widerspruchs und dieser Spaltung in der Übertragung der Patientin nicht erfaßt werden kann. Auch Bardé und Mattke fragen deshalb nach der Widerspiegelung institutioneller Strukturen in der Übertragung, die in den stationären Behandlungskonzepten bisher zuwenig berücksichtigt worden sei. Möglicherweise sei für stationäre Behandlungen ein Koinzidenzphänomen typisch. Die Zeitbegrenzung erzeuge grundsätzlich einen strukturellen Basiskonflikt, der dann jedoch nicht ausreichend behandelt werden könne. Sie plädieren daher für konzeptionelle Veränderungen mit Gruppentherapie und Einbeziehung systemischer Ansätze, die den außerstationären lebensweltlichen und familiären Kontext stärker thematisieren und in die Therapie einbeziehen.

Diese Schlußfolgerung halten wir aufgrund der eigenen Interpretation des Prozesses für voreilig und nicht zwingend. In der psychoanalytisch-hermeneutischen Auseinandersetzung mit dem Text hat sich die Erkenntnis einer unbewußten Gruppenphantasie herauskristallisiert: Psychotherapeutische Intimität wird im Rahmen stationärer Therapie als sexuelle, inzestuöse Szene aufgefaßt. In diese unbewußte Phantasie mündet der ungelöste Teamkonflikt um die Rahmenbedingungen und legitimen Ziele stationärer Therapie. Sie hat auch den Supervisionsprozeß in ihren Bann gezogen. Im Lichte der herausgearbeiteten Gruppenphantasie könnte daher auch das von Mattke und Bardé vorgetragene Plädoyer für Gruppentherapie und systemische Ansätze neu reflektiert werden. Aus klinisch-theoretischer Perspektive kann man wahrscheinlich sagen, daß das Team in seiner dokumentierten Verfassung und aus Gründen, die den Supervisionsforschern verschlossen sind, nicht mehr oder noch nicht in der Lage ist, die Zeitbegrenzung, die der Rahmen setzt, therapeutisch fruchtbar zu machen. In der Antizipation des Behandlungsendes dehnen sich daher die Grenzen des therapeutischen Raumes in ein Hotelzimmer aus, in dem sich die Protagonisten gegenseitig ausziehen. Auch die Team-Supervision ist in dieser Situation in ihrem Vollzug zu einem empört-aufgeregten voyeuristischen Akt geworden.

3. Die triangulierende Bedeutung des Rahmens in der psychoanalytischen Behandlungstheorie und als verfehlter Gegenstand der Supervision

In der in ihrer Verlaufsgestalt skizzierten Supervisionssitzung ist die Möglichkeit nicht genutzt worden, die Rahmenbedingungen der Behandlung in ihrer bewußten und unbewußt-dynamischen Wirkung auf die Patientin und auf die einzelnen Teammitglieder zu reflektieren, obwohl die gesamte Interaktion und die in ihr konstruierte Sichtweise der Patientin von diesem Thema durchdrungen scheint. Die mit der vom Rahmen her vorgezeichneten Zeitbegrenzung einhergehende Enttäuschungs- und Trennungsaggression wurde – metaphorisch gesprochen – in einer subjekt- und erkenntniszerstörenden Umarmung erstickt und zum Verstummen gebracht. Offensichtlich ist, daß das Team oder Teile des Teams nicht mit der Zeitgrenze identifiziert ist, sie als etwas Äußerliches begreift und den daraus resultierenden Problemen nicht gewachsen ist. Das Erleben von Abhängigkeit im und durch den zeitbegrenzten therapeutischen Prozeß wird als Bedrohung erlebt. Das aggressive Element wird abgewehrt und als etwas Destruktives in die Intimität der Einzeltherapie, die hinter der verschlossenen Behandlungstür nicht kontrolliert werden kann, oder in die verschlossene Badezimmertür, hinter der die Patientin mit ihren Phantasien allein ist, projiziert.

Wir wissen nichts über die Grundannahmen der Gruppenkultur und die Organisationsstruktur dieses Teams. Die Inzest-Phantasie, deren Entstehung wir als Abwehrversuch rekonstruiert haben, zeigt jedoch, daß sie im Zuge kollektiven Widerstands gegen den supervisorischen Erkenntnisprozeß mit seinen emotionalen und diskursiven Elementen und damit gegen einen triangulierenden Prozeß zustandegekommen ist.

Die Grenzverwischung zwischen Station und imaginiertem Hotel, die sich in der Supervision einstellte, könnte daher auch als Symptom dafür gelesen werden, daß es – der Supervision vorausliegend – der Leitung nicht gelungen ist, eine integrierende und strukturierende Ichfunktion auszuüben, den Rahmen zu vertreten und ihm Anerkennung zu verschaffen. Wir wissen im Gegenteil, daß die Leitungsebene der Klinik mit organisatorischen Umstrukturierungen und konzeptuellen Umorientierungen beschäftigt ist. Gelingt es aber der Leitung aus historischen, organisatorischen oder gruppendynamischen Gründen nicht, die Dimension des Dritten einzuführen und in der Rollenorganisation zu verankern, wird in psychoanalytischer Sicht das Team nicht in einen kooperativen Entwicklungsprozeß eintreten können, der es den Patienten tatsächlich ermöglicht, in der Dialektik von Raum und Rahmen ein Übergangsfeld zu finden, in dem sie in dosierter Form ihre konflikthaften Selbst- und Objektanteile äußern und in der Auseinandersetzung mit der Grenze einen Versuch machen können, sich mit den Problemen von Verbundenheit, Trennung und Abhängigkeit, sowie der Differenzierung von Innen und Außen auseinanderzusetzen. Die in der Supervision symptomatisch auftretende Grenzverwischung von Station zu Hotel verweist darüber hinaus auf ein für die Mitarbeiter stationärer Teams grundlegendes, psychohygienisches Problem, welches hier wahrscheinlich nicht genügend in den Blick genommen worden ist: Im zeitlich ausgedehnten Kontakt mit meist schwerer gestörten Patienten, die auf der Station vorübergehend einen Lebensraum finden, und in grundsätzlich kooperativem Arbeitszusammenhang Teil einer Gruppe, ist die Stabilität und Flexibilität der Ich-Grenzen der Mitarbeiter einer ständigen Belastung und je nach intrapsychischem Strukturierungsgrad einer gewissen Bedrohung ausgesetzt. Da eine gewisse Durchlässigkeit der Ich-Grenzen im psychotherapeutischen Zusammenhang andererseits zur Arbeitsgrundlage gehört, wird einsichtig, daß die schützende Funktion des Rahmens, der persönlich vertreten und repräsentiert werden muß, auch für die Mitarbeiter von höchster Bedeutung ist. Blickt man von hier aus noch einmal auf die von dem untersuchten Supervisionsdokument aufgeworfene Supervisions- und behandlungstechnische Fragestellung und die von Mattke und Bardé in die Diskussion gebrachte Koinzidenzvermutung, kann man in kritischer Absicht zwei Fragen festhalten: wer hat eigentlich ein Zeitproblem, wer hat ein Grenzproblem, in welcher Weise wirken die individuelle Pathologie der Patientin und die von uns vermutete Team-Pathologie zusammen?

Ausgehend von den Herausforderungen, die die psychoanalytische Therapie ich-strukturell und narzißtisch schwer gestörter Patienten stellt (Kernberg 1973, 1975; Trimborn 1983, 1990), ausgehend aber auch von einem vertieften psychoanalytischen Zugang zu Grundstörung und Neubeginn im Prozeßverlauf der klassischen psychoanalytischen Behandlung (Balint 1961, 1968; Khan 1969, 1983), hat die Handhabung des Rahmens in den verschiedenen psychoanalytischen Settings besondere Aufmerksamkeit erfahren. Er gilt in seiner das therapeutische Milieu erzeugenden Funktion der Produktion und

Gestaltung des inhaltlichen Materials vorgeordnet. Auf Bion (1962) und Green (1975) geht der Gedanke zurück, daß dem Verhältnis von Inhalt zum Behälter, von Raum und Rahmen besondere Bedeutung zukommt. Mit Winnicott (1954) läßt sich das stabile und damit haltende Setting als Voraussetzung für die Möglichkeit einer Regression auf ein Niveau argloser Abhängigkeit und einen unorganisierten Zustand begreifen, in dem der Patient die Lockerung omnipotenter Kontrolle seiner Objekte wagen und eine Symbolisierung früher, unintegrierter Traumata und Ängste möglich werden kann. Trimborn (1994) vertritt die These, daß sich die Ernsthaftigkeit und Redlichkeit des therapeutischen Unternehmens und des Analytikers darin zeigt, ob und wie er die Rahmenbedingungen vertritt, das Setting einführt und ein spezifisches therapeutisches Milieu aufrechterhält, während der Patient den Analytiker bewußt und unbewußt am Rahmen testet, herausfordert und mißt. Dabei gibt die Art und Weise, wie ein Therapeut oder ein Team den Rahmen vertritt, dem Patienten Hinweise auf deren Zuverlässigkeit und die Kontinuität und Sicherheit der Behandlung.

Die therapeutische Handhabung des Rahmens wird zum konstitutiven Element für Abgrenzung und Kohärenz, wenn Patienten erfahren können, daß es eine gemeinsam vereinbarte Wirklichkeit gibt, an die sich auch der Therapeut gebunden fühlt und die außerhalb des Übertragungsgeschehens steht. Dies ermöglicht es ihnen, erste aggressive Impulse gegen den Rahmen zu richten und diesen zu testen. Tritt jedoch der Therapeut oder ein therapeutisches Team nicht eindeutig für die Wahrung von Zeit- und Raumgrenzen ein, versagt der Rahmen in seiner Schutzfunktion, und der Patient kann das Wagnis, seine primitiven Impulse zuzulassen, nicht eingehen, ohne sie verführerisch oder zerstörerisch erleben zu müssen.

Gelingt die Handhabung des Rahmens, wird er zum Garanten des Übergangsraumes oder des therapeutischen Raumes, in dem eine Begegnung der inneren und der äußeren Welt riskiert werden kann und in dem dann erst spezifische und interpretierbare Übertragungsformen hervorgebracht werden können. Die Etablierung des Übergangsraumes gewährleistet die Containerfunktion des Therapeuten oder des Teams, den Gebrauch der verschiedenen äußeren Objekte als subjektive Objekte, und macht von dieser Basis aus Symbolbildung möglich und reflektierend-objektivierende Erkenntnis notwendig. Die Etablierung und Aufrechterhaltung von Rahmen und Raum sichert ausdrücklich nicht nur dem Patienten, sondern auch dem psychonanalytischen Therapeuten den Übergangsraum, und damit die Voraussetzungen für die Nutzung und Aufrechterhaltung seiner analytischen Kompetenz.

Schließlich hat der Rahmen die Funktion eines Gesetzes, eines Verbotes, einer ausgeschlossenen Befriedigung und erfüllt damit die „väterlich" triangulierende, grenzsetzende Funktion. Er verweist damit die Beteiligten vorgängig auf die depressive Position in der Verarbeitung von Trennung und Schuldgefühl und auf die Aufgabe von Bewußt-Werdung und Erkenntnis im Gegensatz zur Allmacht und dem Alles-oder-Nichts der Begierde. In dieser Perspektive wird der Rahmen zum Testfall dafür, ob der Therapeut selbst eine ödipale Struktur und ein entsprechendes Über-Ich hat oder an einer Gehorsams- und Unterwerfungsbeziehung interessiert ist und sich als ideal oder omnipotent verewigen möchte, um dem Schuldgefühl dafür zu entgehen, daß er sich in die subjektive Welt des Patienten hineinziehen läßt, gleichzeitig aber von Anfang an Distanzierung, Reflexion und bereits mit der Versprachlichung auch Trennung notwendige Bestandteile der Therapie sind.

Bezogen auf ein Team als Gruppe geht es in dieser Perspektive grundsätzlich darum, ob die mit dem Behandlungsprozeß in der Gruppe ausgelösten depressiven und psychotischen Ängste und archaischen Affekte, die die Entidealisierung und den Triebverzicht begleiten, im Rahmen der Team-Entwicklung auf der Grundlage stabiler intrapsychisch-individueller und sozialer Grenzen bearbeitet und gemeistert werden können, und die Gruppe in der Anerkennung und Vertretung des Behandlungsrahmens als Ergebnis der Kooperation untereinander die Basis für eine differenziertere Entwicklung der Selbst- und Objektrepräsentanzen, für Realitätsprüfung und die Anerkennung des Anderen als eines objektiven Objektes schaffen kann. Die Aufgabe der Anerkennung des Anderen als eines Nicht-Ich gilt dabei nicht nur für die Patienten, sondern ist mit der schwierigen Aufgabe des Fremdverstehens auch für die Mitglieder therapeutischer Teams gestellt.

In der Auseinandersetzung mit dem Supervisionsdokument hat sich uns sehr stark der Eindruck aufgedrängt, daß sich – ausgehend von dem virulenten Zeit- und Grenzproblem – emotional eine starke verschließend-ausstoßende Tendenz bemerkbar gemacht hat. Diese Tendenz hat auch der Falldarsteller und der Supervisor zu spüren bekommen, die – im übertragenen Sinn – nicht aufgenommen wurden. Die Verwandlung der Patientin in eine attraktive und letztlich weniger emotional als sexuell-bedürftige Frau und ihre imaginierte Versetzung in ein Hotelzimmer hat diesen Eindruck verstärkt. Wir stellten uns schließlich die Frage, ob sich diese Ausstoßungsqualität erst gegen Behandlungsende eingestellt oder möglicherweise bereits von Beginn an die Behandlung bestimmt hat, so daß ihr eine Dynamik von „aufgenommen werden und sich einnisten wollen – nicht angenommen werden – ausgestoßen werden" mit allen dazugehörigen Ambivalenzen zugrunde liegt. Diese Dynamik brachten auch wir zunächst diagnostisch mit der vermuteten Störung der Patientin in Verbindung. Sie schien uns eine sexualisierte Abwehr zu agieren, die es ihr unmöglich machte, sich im Rahmen der Klinik „einnisten" und an der frühgestörten Objektbeziehung korrigierend und reflektierend arbeiten zu können. Von dieser Auffassung haben wir uns aus den dargelegten Gründen jedoch distanziert und gegenüber der Widerspiegelungstheorie als Antithese nicht die Patientin, sondern das Team als „Textproduzent" betrachtet. Das Textdokument läßt nicht darauf schließen, daß ein supervisorisch-intermediärer Raum in ausreichendem Maße geöffnet werden konnte, um mehr davon zu erfahren, wie die Patientin die im Team zur Verfügung stehenden äußeren Objekte benutzt und in welcher Weise sich diese benutzen lassen können. Von diesem allerdings einzigen Textdokument aus gesehen, scheint uns das Team nicht in ausreichendem Maße einen therapeutischen Raum zur Verfügung stellen zu können, der Vertrauen und dosierte Regression „im Dienste des Erkanntwerdens" gestattet. Aufgrund des eigenen Grenzproblems scheint es den die Behandlung begleitenden objektlibidinösen und aggressiven Wünschen und den damit verbundenen Affekten nicht gewachsen zu sein.

4. Die Triangulierungsfunktion von Supervision im therapeutischen Prozeß

Fokussiert man in der Supervision den Erkenntnisprozeß, der sich auf die Differenzierung des Selbst- und Fremdverstehens richtet und sich in einer Pendelbewegung zwischen einfühlender, identifikatorischer Nähe und distanzierend-reflektierendem und objektivierendem Erkennen und einem Zu-sich-Kommen des Therapeuten vollzieht, wird die Struktur der Triade auf mehreren Ebenen relevant. Supervision kann zunächst sozialwissenschaftlich als eine systematische Hilfe bei der Perspektivenübernahme beschrieben werden.(Bardé 1991 mit Bezug auf Mead 1934). Sie unterstützt den Therapeuten bei dem schwierigen Prozeß, den abwesenden Patienten, über den gesprochen und von dem erzählt wird, als „sozialen Anderen" sehen und verstehen zu können. Faßt man die Intersubjektivität des therapeutischen Prozesses mit Sandler (1976) nach dem dramaturgischen Modell und konzeptualisiert die Übertragungs-Gegenübertragungsdynamik, in die sich der Therapeut hineinziehen läßt, in die er aber auch verstrickt sein kann, mit Hilfe rollentheoretischer Reflexion, wird beim Patienten wie beim Therapeuten die Fähigkeit zur Perspektivenübernahme vorausgesetzt und im Interesse fortschreitender Klärung auf viele Aspekte des therapeutischen Feldes und des fortlaufenden Prozesses bezogen. Trieb- und Affektdruck beeinträchtigt die Fähigkeit, sich mit den Augen des Anderen zu sehen, die eigene Involvierung in Handlungszwänge zu erkennen und dem Patienten Interpretationen zur Verfügung zu stellen, mit deren Hilfe er sich selbst auch von außen kritisch und zugleich verstehend betrachten kann. Supervision kann daher in ihrer Grundstruktur als Herstellung einer Triade, in deren Struktur sich der Erkenntnisprozeß vollzieht, verstanden werden. Gediman und Wolkenfeld (1980) und Gorkin (1987) haben entsprechende Überlegungen angestellt. Am deutlichsten hat Blarer (1994) psychoanalytische Supervision als Triangulierung gefaßt. Er spricht von dem jeweiligen Paar Patient – Analytiker und Analytiker – Supervisor, die sich in einem triangulären Feld bewegen, sowie den Störungen, die von der Supervision aus in die Behandlung rückwirken können. Auch Szecsödy (1990) hat in einer umfangreichen Studie zahlreiche Stundentranskripte untersucht. Er betont die Notwendigkeit, eine Supervisionsposition zu entwickeln, von der aus die Analytiker-Patient-Interaktion als eine Beziehung mit eigenen Grenzen und eigenem Rahmen betrachtet werden kann, und spricht von einer Plattform, von der aus auf die therapeutische Beziehung geschaut werden kann. Um die Eigenständigkeit der therapeutischen Beziehung zu unterstreichen, spricht er von einer P (P-T) T-Gestalt, die der Supervisor vor sich hat: der Patient, der Patient in seiner Beziehung zum Therapeuten, der Therapeut. Auch in dieser Konzeptualisierung ist das Konzept der Triangulierung enthalten, wenn er als Ziel der Supervision postuliert, die dritte Position einnehmen zu können. Uns ist es wichtig, schon an dieser Stelle darauf hinzuweisen, daß jede verbale Präsentation eines Patienten oder einer therapeutischen Beziehung eine Präsentation aus der inneren Sicht des Therapeuten ist, in der das Selbst- und Objektbild mehr oder weniger stark vermischt ist, und zwar um so mehr, als es sich um konflikthafte Verstrikkungen oder ein naiv-unmittelbares, noch unreflektiertes Verstehen erster Ordnung handelt.

Die Theorie der Supervision wird mit dem Bezug auf die Struktur der Triade mit der psychoanalytischen Denktradition verbunden. Mit der Herausarbeitung der ödipalen Triade hat Freud den Grundstein psychoanalytischen Denkens gelegt. In bezug auf die Zweierbeziehung steht der libidinöse Aspekt des Begehrens im Vordergrund. Kommt der Dritte hinzu, dehnt sich die Thematik in Eifersucht, Tötungswünsche und Schuldgefühle aus. In der Dynamik spielt das Verhältnis groß – klein, Lehrer – Schüler, noch nicht können – schon können wollen, schließlich die Identifikation mit dem gleichgeschlechtlichen Elternteil und damit Wachstum und Entwicklung eine wesentliche Rolle. Der Bezug zur Supervision ergibt sich unmittelbar: der hinzukommende Dritte kann als Rivale erlebt werden, als bevormundend abgelehnt oder als Identifikationsobjekt akzeptiert und begrüßt werden.

In der Theorie der ödipalen Dynamik ist es selbstverständlich, daß die verschiedenen Rollen der Triade in der Phantasie- und Vorstellungswelt eingenommen werden können, wenn sie auch von heftigen ambivalenten Affekten begleitet werden. Dies ist möglich, weil im klassischen Konzept der ödipalen Triangulierung die innere Beziehung des Selbst zu zwei differenzierten realen Ganz-Objekten vorausgesetzt ist. Freud ist es jedoch noch nicht gelungen, die komplexen Bedingungen zu beschreiben, die es überhaupt erst ermöglichen, in die ödipale Triade mit den ihr eigenen heftigen Triebverwirrungen auf der Grundlage stabiler triangulärer Objekthaftigkeit einzutreten. Die psychoanalytische Theoriebildung hat sich erst relativ spät mit dem Prozeß der frühen Triangulierung und der Frage, wie eine triadische Struktur verinnerlicht wird, beschäftigt. Gerade aber die Arbeit mit frühen Störungen hat gezeigt, daß die Existenz der strukturalen Triade (Lang 1992) keineswegs selbstverständlich ist. So ist es sinnvoll, für das Verständnis der Supervision sowohl die ödipale Theorie, wie auch die der frühen Triangulierung heranzuziehen, wie es Trimborn für das Rahmenkonzept in seiner Bedeutung für die psychoanalytisch-psychotherapeutische Behandlung ebenfalls getan hat.

Die erste Ergänzung der klassischen Sichtweise und die Betonung der präödipalen Bedeutung des Vaters formulierte Loewald (1951). Nachdem er die Bedeutung der väterlichen Kastrationsdrohung geschlechtsübergreifend für die Konstituierung von Realität und Ich als notwendige progressionsfördernde „repräsentative Störung der primärnarzißtischen Position" hervorgehoben und hinzugefügt hatte, daß die primäre, genetisch frühere Kastrationsdrohung nicht vom Penis des Vaters, sondern vom Leib der Mutter ausgehe, folgerte er:

> „Angesichts der Bedrohung, von der Mutter verschlungen zu werden, stellt die väterliche Position keine neue Bedrohung oder Gefahr dar, sondern eine große Stütze. ... Die ursprüngliche, undifferenzierte und unstrukturierte Einheit und Identität von psychischem Apparat und Umgebung stellt für das Ich ebensosehr eine Gefahr dar wie die Forderung der väterlichen Kastrationsdrohung, die Einheit ganz aufzugeben. Der drohenden Möglichkeit, in der strukturlosen Einheit, aus der heraus sich das Ich entwickelte, zu verbleiben oder wieder in ihr zu versinken, steht die kraftvolle Stärke des Vaters entgegen. Mit dieser Kraft wird eine frühe Identifikation versucht, eine Identifikation, die dem Ödipuskonflikt vorausgeht und ihn vorbereitet" (Loewald 1982, S. 780).

Somit unterteilt er das innere Bild des Vaters in eine präödipal schützende und in eine ödipal verbietende Repräsentanz, wobei die frühe positive libidinöse Identifizierungsbindung an den Vater die Voraussetzung für das Überwinden des Ödipuskonfliktes darstellt.

In der französischen Psychoanalyse wird die strukturbildende Bedeutung des ödipalen Vaters und die psychodynamische Funktion der Vaterbilder besonders betont. In Anlehnung an Freud und M. Klein gilt der Vater als Repräsentant der Realität, dessen Penis der Inzestphantasie, die im Wunsch nach der Rückkehr in den Mutterleib repräsentiert ist, entgegensteht. Grundgedanke ist, daß der Ausschluß des Dritten der absoluten Unterwerfung unter die Abhängigkeit dient und die dauerhafte Abspaltung des verfolgenden und vernichtenden Potentials nötig macht, welches die Kehrseite einer idealisierten, omnipotenten Mutterimago darstellt. Damit bleibt die eigene Aggression abgespalten, die dann auf Eindringlinge in die archaische Dyade projiziert wird. (Grunberger 1971; Chasseguet-Smirgel 1988).

Lacan ist es zu verdanken, daß er die symbolbildende Funktion des Vaters genauer theoretisch konzeptualisiert hat. Er sieht im „nom du père" in phonetischer Doppeldeutigkeit sowohl das väterliche Gesetz, das ein „Nein" zur imaginierten Verschmelzung mit der Mutter geltend macht, wie auch den Namen des Vaters als Symbol, welches das Kind in die Welt der Sprache einführt. Im Entwicklungsmodell dieser Schule ist der reale äußere Vater eigentlich der vierte, der zu Mutter, Kind und Sprache hinzutritt und die dritte Dimension, die hier in der Sprache und in der symbolischen Ordnung gesehen wird, stützt (Weiß und Pagel 1986; Widmer 1990).

Der Prozeß der frühen Triangulierung, wie er von Abelin (1971, 1975) im Bezugsrahmen des Mahlerschen Individuationskonzeptes gefaßt wurde, schließt an die Auffassung M. Mahlers an, daß sich das Mutterbild zunächst in der symbiotischen Dualunion bildet und aus dieser herausentwickelt. Es sei zwangsläufig verzerrt und beinhalte die Wünsche an die frühe „Umweltmutter" und an die „Nach-Trennungsmutter". Das Vaterbild entspreche hingegen der Repräsentation realer Vatererfahrungen, denn der Vater komme zum Kind von außen als etwas Neues und Aufregendes in dem Moment, in dem es das Bedürfnis nach Expansion habe (Mahler 1966, nach Abelin 1971; vgl. Dammasch 1994). Abelin betont die Bedeutung des Vaters als eines Dritten, der zur frühen Mutter-Kind-Dyade hinzukommt und dem Kind entscheidende Hilfestellung gibt, um sich von der Mutter zu lösen und intrapsychisch getrennte, kohärente und konstante Selbst- und Objektrepräsentanzen zu entwickeln, die über affektive und libidinöse Bedrängnisse hinweg stabil bleiben. Die Funktion des Vaters ist es dabei, zum bedeutungsvollen Anderen neben der Mutter zu werden. Abelin sieht in Anlehnung an Spitz im Mechanismus der frühen Triangulierung einen Organisator der Entwicklung, der sowohl die Objektbeziehungen wie auch Denkprozesse strukturiert. Das „Nein" des Dritten kann vom Kind übernommen werden, sofern es nicht den Charakter von Unterwerfung und Zerstörung annimmt, und symbolisiert dann nicht mehr nur das Getrenntsein von Mutter und Kind (Spitz 1959), sondern seine eigene Grenze und dient damit seiner narzißtischen Integration. Grundlage dieser Entwicklung ist eine Spiegelerfahrung auf triadischem Niveau. Das Kind erlebt sich nun im Spiegel der Beziehung von Mutter und Vater als Paar, die untereinander verbunden und über die unmittelbar-aktuelle Interaktionssituation hinaus aufeinander bezogen sind. In der Situation des Ausgeschlossenseins, die eine grundlegend neue Situation des Alleinseins darstellt, erlebt es darüber hinaus, daß es nicht gespiegelt wird. Es hat keine andere Wahl, als seinen eigenen enttäuschten Wunsch im Verhalten des Rivalen wiederzuerkennen und daraus abzuleiten: es gibt ein Ich, welches ist wie Er, und welches wie er mit ihr zusammensein will. Für den eigentlich entscheidenden Schritt in der Triangulierung ist die Besetzung des Vaters allerdings nur eine Voraussetzung. Das Kind kommt nun in die Lage, Dreierbeziehungen in verschiedenen Positionen und Konstellationen zu erleben und kann sich dabei vorstellen, vom jeweils Dritten, Außenstehenden gesehen zu werden. Dies ermöglicht ihm Teilnahme am Rollenspiel und fundiert seine Beteiligung an der Sprachgemeinschaft, bei der es sich fortlaufend wechselseitig in die Rolle des Sprechers und des Angesprochenen oder Zuhörers hineinversetzen und die Regeln der öffentlich-diskursiven Sprache zu gebrauchen lernen muß.

Die Akzeptanz des Ausgeschlossenseins, die modellhaft repräsentiert ist in der Urszene, wendet sich zur Erfahrung und zur Fähigkeit allein zu sein, Phantasien zu bilden und Symbole zu erschaffen, mit denen die Trennung von den primären Objekten überbrückt werden kann (Winnicott 1958). Dies setzt die Bewältigung des frühen Hasses gegen die Mutter und eine Integration der guten und bösen Anteile des Mutterbildes voraus. Erst dadurch entsteht eine sichere Basis, die es dem Kind erlaubt, sich auch getrennt von ihr lebendig und real zu erleben und sich in ihrer Anwesenheit selbst aus Interaktion zurückziehen und allein sein zu können. Sind die frühen Erfahrungen gut genug, kann aus der äußeren Abwesenheit des Objekts die Welt der verinnerlichten Objekte werden, kann aus dem Ausgeschlossensein ein Selbstbezug erwachsen, der zum Nachdenken führt und zur Selbstreflexivität befähigt, die das Subjekt in die Lage versetzt, sich sowohl in der Teilnehmer- wie in der Beobachterperspektive vorzustellen und darüber Gedanken machen zu können (Britton 1989). Ermann (1993) weist folgerichtig darauf hin, daß die Triangulierung als ein Paradigma für den Erkenntnisprozeß der Psychoanalyse angesehen werden kann: Die Deutung wird aus der Position des Dritten, der aus der interaktionellen Involvierung heraustreten und in seinen eigenen Gedankenraum eintreten kann, formuliert. Jede Form der Zweierbeziehung jedoch, die die dritte Position eliminiert, sei es vorübergehend oder längerfristig, zieht den Therapeuten in eine Regression, die an eigene unabgegrenzte Erfahrungen rührt und damit seine Denkfähigkeit beeinträchtigt. Sofern es der Supervision gelingt, aus einer Position des Dritten heraus den Überblick zu behalten und auch dem Therapeuten eine neue gedankliche Plattform zu bieten, kann der Therapeut seine Beziehung zum Patienten sowohl in der Form der Identifizierung als auch in der Distanzierung sehen.

Einer besonderen Gefährdung ist psychoanalytische Erkenntnis durch ein popularisiertes Verständnis der Gegenübertragung ausgesetzt, die im Anschluß an die Ausführungen P. Heimanns (1950) aufgetreten ist und sich auch durch ihren eigenen kritischen Einspruch (1960) nicht beheben ließ. Sie hatte die Gegenübertragung als gefühlshafte Antwort des Analytikers in der Zwei-Personen-Beziehung der Analyse als Schöpfung des Patienten aufgefaßt und damit die Selbstwahrnehmung zum Forschungsinstrument erhoben. Dies führte der Tendenz nach zu einer Gleichsetzung von Selbst- und Fremdwahrnehmung über die klassische analytische Situation hinaus und begründete die populäre und praktizierte Auffassung, daß sowohl der Therapeut als auch der Supervisor, wie auch eine Supervisions- oder Seminargruppe ungeachtet irgendwelcher Voraussetzungen als Resonanzkörper für das Unbewußte des Patienten, das zur Mitteilung drängt, aufgefaßt werden können, ja dort meist sogar rascher faßbar werden, als es dem Behandler möglich ist (Klüwer 1983). Thomä und Kächele (1981) weisen darauf hin, daß damit grundlegende Probleme der psychoanalytischen Technik berührt sind und die Frage nach dem Erkenntnisprozeß im Analytiker selbst, also dem Entstehungs- und Begründungszusammenhang seines therapeutischen Handelns und Interpretierens, zur Diskussion gestellt sind. Es handele sich um die Idee einer vom Unbewußten zum Unbewußten gehenden empathischen Wahrnehmung, die als intuitiv entstandene Erkenntnis keiner weiteren Begründung bedürfe, damit schulübergreifend ein eigenes psychoanalytisches Wahrheitsverständnis beanspruche und vor allem im Felde der angewandten Psychoanalyse besondere Verbreitung gefunden habe.

Unter Bezugnahme auf M. Klein und Bion können Gegenübertragung und Empathie aufgefaßt werden als frühe dyadische Prozesse, die wechselseitig an projektive und introjektive Identifizierung gebunden sind, die beim Patienten unbewußt ablaufen, vom Analytiker jedoch wahrgenommen und verbalisiert werden können. Wesentlich ist dabei, daß der Analytiker sich in der klassischen analytischen Zweiersituation introjektiv mit dem Patienten identifiziert, während er spricht und das in ihm Angeklungene reprojiziert und interpretiert. Dabei macht er Gebrauch von der Erfahrung, daß der Patient einen früheren, unreifen oder beschädigten Teil von ihm selbst repräsentiert, den er als Analytiker nun begreifen und in der äußeren Welt durch Interpretation behandeln kann (vgl. Money-Kyrle, nach Thomä und Kächele 1981). Voll erkenntnisfähig ist deshalb nur der Analytiker, der die mit der paranoid-schizoiden und der depressiven Position verbundenen affektiven Impulse und unbewußten Phantasien durchgearbeitet hat und ihnen nicht in verleugnender oder manischer Abwehr ausweichen muß. Gerade diese grundsätzlich dyadische Qualität empathisch-introspektiver Resonanzerfahrung, auf die insbesondere die Therapie frühgestörter Patienten angewiesen ist, wirft das Problem einer gültigen Erkenntnis des Fremdseelischen in einer neuen Weise auf. Auch der Analytiker, der sich den schizoiden und depressiven Phantasien, die sich auf der Grundlage archaischer Affekte gebildet haben, stellen kann, ist mit dem behandlungsrelevanten erkenntniskritischen Problem konfrontiert, seine Interpretationen nicht nur aus den emotionalen Quellen unmittelbarer, situationsverhafteter gefühlshafter Resonanz speisen zu dürfen, sondern in ständigem Rückbezug auch auf das in der analytischen Situation hervorgebrachte vielfältige Material des Patienten und dessen Antworten auf die vorgebrachten Interpretationen zu entwickeln. Andernfalls würde er den Patienten als einen sozialen Anderen verfehlen und ihn zu einer omnipotenten Erweiterung des eigenen Selbst benutzen. Der therapeutische Prozeß würde dann ausschließlich seiner eigenen Selbststabilisierung und -Interpretation dienen und die Situation reproduzieren, die die Subjektwerdung des Patienten in dessen eigener Entwicklung blockierte.

Folgt man der Terminologie Kohuts, der den analytischen Prozeß ebenfalls an empathische, introspektive Wahrnehmung bindet und von hier aus interpretierend Erkenntnis anstrebt, oder der Terminologie Winnicotts mit der konstitutiven Bedeutung des Übergangsobjektes, repräsentiert jede unmittelbare Wahrnehmung des Patienten zunächst ein Selbstobjekt oder ein subjektives Objekt des Therapeuten. Wenn das unmittelbare therapeutische Erleben in einem ersten repräsentierten Verstehen eine Form gefunden hat und sich in Form einer Erzählung, eines Erfahrungsberichtes oder Erlebnisprotokolls das erste Mal in einer ikonischen oder metaphorischen Sprache vergegenständlicht, muß sich das berichtende Subjekt vergegenwärtigen, daß in das ursprüngliche Bild des Patienten die inneren Niederschläge des Beziehungserlebnisses, das sich sprachlich wie szenisch-bildhaft entfaltete, eingegangen sind, daß sie jedoch von der Wahrnehmungsstruktur des Therapeuten schon im Prozeß des Erlebens unbewußt geordnet und schließlich in der Vergegenwärtigung des Erinnerns intrapsychisch mit der affektiven und kognitiven Struktur des Berichtenden verknüpft wurden. Es handelt sich also immer um einen sowohl rekonstruktiven wie konstruierend kreativen Erinnerungs- und Erzählvorgang, der hoch verdichtet ist und neben der Denotation der in der Sprachgemeinschaft objektiv geteilten Zeichenbedeutungen einen vielgestaltigen Bedeutungshof sinnlich-präsentativer, hoch individueller symbolischer Bedeutungen umfaßt. Die Erinnerung ist als Tatsachenprotokoll immer irreführend, da sie durch die Einwirkung unbewußter Kräfte wie die Objektwelt des Therapeuten, seine Triebstruktur, seine vorherrschenden Abwehrmechanismen, verzerrt wird (Bion 1991). Entsprechend ist auch die Resonanz in einem Team oder einer Seminargruppe nicht ungebrochen als Antwort auf die unbewußten Kommunikations- und Objektbeziehungswünsche des Patienten zu verstehen, gelangt doch die innere Welt und Beziehungsdynamik mehrfach gebrochen in diesen sozialen Raum.

Für die sich damit stellende Aufgabe der Differenzierung der Selbst und Fremdwahrnehmung und der prozessualen diagnostischen Konzeptualisierung der Ergebnisse der synthetischen und analytischen Denkprozesse hat Supervision ihren zentralen Stellenwert. Der Behandler oder ein Behandlungsteam braucht den Supervisor als eine affektiv unabhängige äußere Person oder verinnerlichte Instanz, um den Erkenntnisprozeß mit dem Ziel voranzutreiben, den Patienten als Person und als Fall, als ein objektives Objekt außerhalb der dyadisch-erlebten therapeutischen Beziehung, außerhalb der subjektiven Realität und magischen Verfügung des Therapeuten in Erscheinung treten zu lassen. In Analogisierung der therapeutischen Beziehung mit der Mutter-Kind-Beziehung, die in diesem Zusammenhang einmal erlaubt sein möge, um im Hinblick auf den therapeutischen Prozeß mit Winnicott sprechen zu können, läßt sich sagen: Die Triangulierung der therapeutischen Beziehung macht den Therapeuten human, weil sie ihm Omnipotenz entzieht.

5. Symbolisierung und Erkenntnis im therapeutischen Prozeß

Ohne noch einmal auf die aus dem Transkript herausgearbeitete Problematik eingehen zu wollen, möchte ich abschließend einige grundlegende theoretische Überlegungen zu Symbolbildung und Erkenntnis zusammentragen, die den Zusammenhang von Symbol- und Repräsentanzenbildung und damit die Subjekt-Objekt-Differenzierung im therapeutischen Prozeß erhellen.

Winnicott (1951, 1958) siedelt den Ort psychoanalytischer Erkenntnis und Symbolbildung ausdrücklich in einem intermediären Bereich an, in den inneres und äußeres Leben einfließen und der ein Zwischenbereich ist, weil er in paradoxaler Weise Trennung ermöglicht, indem er die Einheit symbolisiert und mit dem Übergangsobjekt die Leerstelle der mütterlichen Abwesenheit überbrückt. Winnicott hat damit Freuds Ausführungen zum Symbolbildungsprozeß aufgegriffen (1920), den er anhand des Spiels seines eineinhalbjährigen Enkels mit einer Holzspule beschrieben hat. Im Fort-Da-Spiel mit der Garnrolle hatte das Kind ein erstes Äquivalent für das Verschwinden und Wiederkommen der Mutter gefunden, was ihm ein Verlassenheitsgefühl und Traurigkeit ersparte. Es hat mit der Garnrolle einen Verschiebungsersatz für die Mutter und einen ersten gegenständlichen Bedeutungsträger als etwas Drittes geschaffen, und es kann mit Hilfe dieses illusionären dritten Objektes die Phantasie der eigenen Omnipotenz aufrechterhalten. Es handelt sich bei dieser Symbolbildungsform um eine erste, vorsprachliche Form des Denkens, die sich im Wechsel befriedigender Anwesenheit und dosierter Abwesenheit der Mutter etablieren kann.

Die präverbale Symbolbildung, die über die Situation der Getrenntheit von der Mutter hinausgehen und auch von dem „Gedanken" oder der Wahrnehmung, daß etwas zu einem Ganzen fehlt, ausgehen kann und sinnlich wirksame Stellvertreter sucht, setzt als halluzinatorische Wunscherfüllung oder antizipierende Vorstellung ein. Von grundlegender Bedeutung ist es jedoch, daß die Repräsentierung sich von Beginn an mit dem Verschwinden oder dem Verlust dessen, was repräsentiert wird, vollzieht und damit an den Verzicht auf unmittelbare Bedürfnisbefriedigung gebunden ist. Mit Hilfe der dem menschlichen Geist eigenen und dem Denken vorausgehenden Symbolfunktion (Cassirer 1923; Langer 1942) löst sich das Kind aus den sensomotorischen Reiz-Reaktions-Schemata, transformiert das körpergebundene Bedürfnis in den Triebwunsch, objektiviert die Realität und gibt ihr einen Sinn. Symbolbildung macht aus dem kleinen Menschenkind ein phantasierendes und denkendes Wesen, weil von hier ausgehend jedem Ding jede mögliche Bedeutung gegeben werden kann. Reiche (1986) betont, daß der gemeinsame Nenner von Wunsch und Symbol die innere Repräsentanz, die Imago, das von Menschen geschaffene Bild im Unterschied zum Abbild ist. Imagines, Introjekte, Identifikationen können als durch Symbolbildung geschaffene Bedeutungsträger verstanden werden. Sie stehen für etwas ehemals Äußeres und repräsentieren eine Erfahrung unabhängig von ihrer realen Reproduktion, so wie auch das Sprachzeichen den Gegenstand zunächst benannt hat und dem Subjekt von diesem ersten Akt der Bezeichnung an ermöglicht, ihn auch ohne die bezeichnende Geste als eine eigene gedankliche Realität aufzurufen und zu verwenden.

Der symbolische Prozeß, der sich im Dialog entfaltet, enthält so von Anfang an die Polarität der Phantasien von Verschmelzung bzw. Verschmolzensein einerseits und der Trennung, der Herstellung des Mangels und der Individuation andererseits. Diese grundlegende Polarität läßt sich in der grundlegenden Doppelsinnigkeit jedes präverbalen Symbols, das vom Subjekt geschaffen wird und in dem sich das Subjekt selbst hervorbringt, enthalten. Es ist Ausdruck des Mangels, der symbolisch aufgehoben wird, aber qua symbolischer Aufhebung nie behoben wird. Das Symbolische hält die Dialektik zwischen dem Wunsch nach Verschmelzung mit dem primordialen Objekt und der Distanzierung in der symbolischen Vermittlung aufrecht. Wie Speidel (1978) in Auseinandersetzung mit Lorenzer gezeigt hat, ist damit der Symbolisierungsvorgang mehr als die Erschaffung eines Kommunikationsmediums und hat eine andere Funktion als die Herstellung kommunikativer Eindeutigkeit. Er wird zum Instrument der Konstituierung des Selbst und behält diese Funktion auch, wenn sich der symbolische Sinn innerhalb des wörtliches Sinns konstituiert und die sprachliche Verfaßtheit des Unbewußten hervorbringt. Daher kann Psychoanalyse Wortgefüge wie Verhalten als szenisch-strukturelle Sprache oder zeichenorientierten Sinnzusammenhang verstehen und als Manifestation der Sinnerfüllung des Sinnlichen entschlüsseln.

Der Übergang von der präverbalen Symbolbildung zur Sprachverwendung kann mit Cassirer und Langer als kultureller Dreischritt von der mythischen Stufe der Symbolbildung über die Anschauungs- und Darstellungsfunktion des natürlichen Weltbildes zur wissenschaftlichen Begriffsbildung und Erkenntnis beschrieben und auf beschreibender Ebene mit den psychoanalytischen Symboltheorien von M. Klein und H. Segal verknüpft werden, obwohl M. Klein die Entwicklung der Symbolbildung und der Phantasietätigkeit als Funktion des Umgangs mit der Angst auffaßt. Auf der Stufe des magischen Wirkungszusammenhangs mit der Ungeschiedenheit von Subjekt und Objekt steht das Symbol nicht für das Ding, sondern ist es selbst. Es ist die Stufe der „symbolischen Gleichsetzung" (Klein 1930; Segal 1957), indem die Mutter in jedem Objekt gesehen und im Dienste der Wunscherfüllung und projektiver Funktionen vervielfältigt wird. Es steht im Dienst unmittelbarer Affektabfuhr und ist vollständig dem Primärprozeß unterworfen. Das „präsentative Symbol" (Langer 1942), das hoch verdichtet sein kann, ist eine Form der Symbolbildung, die eine Stufe zwischen omnipotenter Gleichsetzung und diskursiver Repräsentation darstellt. In seiner bildhaft-sinnlichen Form, auch der bildhaft-sinnlichen Sprachverwendung, die hierher gehört, hat es die Nähe zum affektiven Grund, auf dem es steht, erhalten, hat jedoch deutlich repräsentative Funktion. Wie in den Bildungen des natürlichen Weltbildes sind in ihm Ausdruck, Sinn und Zeichen auseinandergerückt. Das Zeichen repräsentiert nun den Sinn. Bestimmte Wahrnehmungen von Sinnesdaten werden ausgewählt und als repräsentativ eingesetzt. Die auf dieser Ebene angesiedelte „symbolische Repräsentation" (Klein und Segal, ebd.), setzt – obwohl gestalthaft organisiert – die Trennung von Subjekt und Objekt und damit die depressive Position voraus. Von hier aus beginnt schließlich die artikulierte Sprachsymbolbildung oder „diskursive Symbolik" (Langer, ebd.), die in den Dienst der Darstellung der vom Subjekt unabhängigen Wirklichkeit gestellt wird und sich bis zur wissenschaftlichen Begriffsbildung weiterentwickelt. Die Sprachsymbolbildung verknüpft erlebte Beziehungsformen und Erfahrungen mit Worten, schafft damit die Basis für den wortsymbolisch vermittelten, später diskursiven Umgang mit der Realität, und trägt hierüber ein konsistentes Ordnungssystem von kollektiven Handlungsanweisungen an das Kind heran, denn in der Sprache sind die Praxis- und Deutungsentwürfe der Sprachgemeinschaft enthalten.

Mit der Sprache führen Mutter und Vater das Gesetz der symbolischen Ordnung und damit das väterliche Prinzip ein und errichten die Inzestschranke. Sie ist die unabdingbare Voraussetzung für die Entidentifikation und Separation von der frühen Mutter und begründet auf allen Entwicklungsstufen die Ich-Struktur und die Festigkeit der inneren Triade. Die Psychose kann in ihrer megalomanen Verschmelzung von Selbst und Objekt und den Verlust der Perspektive des sozialen Anderen sowie der drohenden Überschwemmung mit affektivem Material und ihrer dagegen gerichteten Abwehranstrengung immer als Ausdruck der Brüchigkeit des Inzesttabus und damit des Fehlens einer starken inneren Vaterrepräsentanz aufgefaßt werden (Lang 1992; Frommer 1993).

Green (1975) hat für die sog. Grenzfälle geltend gemacht, daß hier die Konstituierung der Abwesenheit, die wesentlich für die Konstituierung der Vorstellungs- und Denkfunktionen ist, mißlungen ist. Es handelt sich um die Aufrechterhaltung einer primären Verschmelzung, d.h. der Unterschiedlosigkeit zwischen Subjekt und Objekt mit Störungen der Ich-Grenzen. Sie gehen mit einer bestimmten Art der Symbolbildung, nämlich symbolischer Gleichsetzung (Segal 1957) einher, sind dauernd auf strukturierende Integration durch das Objekt, von denen sie abhängig sind, angewiesen und leiden unter der doppelten Angst vor Trennung von dem Objekt und gewaltsamem Eindringen dieses Objektes in ihren inneren Raum. In der Form der Bi-Triangulation verhüllt der Geschlechtsunterschied die tiefgreifende Spaltung eines einzigen Objekts in einen guten und bösen unintegrierbaren Teil. Das Subjekt schwankt zwischen dem Ansturm verfolgend und eindringend erlebter Kräfte und der Wirkung der durch den gefürchteten Objektverlust hervorgerufenen Depression.

An dieser Stelle entwickelte Green Vorstellungen zur spezifischen Instrumentalität des Rahmens für die Behandlung früh gestörter, objektabhängiger Patienten, die in die oben dargestellten Thesen Trimborns eingegangen sind. Ich möchte die Ausführungen Greens abschließend noch einmal auf die Supervisionssitzung beziehen, die zwar als gescheitert zu betrachten ist, jedoch mit großem Ernst gerade in ihrem Scheitern auf die affektiven Probleme verweist, die mit Grenzsetzung, Entidealisierung und Triebverzicht in der Therapie frühgestörter Menschen einhergehen, nichtsdestoweniger jedoch im Interesse der therapeutischen Zielsetzung fruchtbar gemacht werden müssen. Der Rahmen sichert den Übergangsraum, von dem aus der Analytiker Symbolisierungen vornimmt und damit für den Patienten eine neue Objektkategorie schafft. Das analytische Objekt, das im therapeutischen Prozeßgeschehen und psychischen Funktionsablauf gebildet wird, gehört weder zum Patienten noch zum Analytiker, sondern besteht in der Vereinigung der beiden Anteile im potentiellen Raum, der zwischen ihnen liegt, und stellt einen potentiellen Sinn her, der vorher nicht gegeben war. Dabei wird der potentielle Raum durch den Rahmen begrenzt, der für Patienten und Therapeuten eine Schutzfunktion hat und die narzißtische Integration sichert. Er erlegt darüber hinaus dem Trieb, der sein Objekt und sein Ziel sucht, Zielhemmung auf. Wenn so die unmittelbare Befriedigung mittels Handlung unmöglich wird, über die normalerweise unerträgliche Reizqualitäten abgeführt werden, bleibt nur der Weg der gedanklichen Bearbeitung und der Verbalisierung. Dabei lernt der Patient, den Analytiker zu nehmen als das, was er ist und zugleich als das, was er nicht ist. Das Spiel von Primär- und Sekundärprozeß kann sich unter diesen Bedingungen organisieren. Green betont, daß die Aufgabe des Therapeuten nicht primär im Imaginieren, sondern im Erklären und Umwandeln besteht. Verbalisierungen führen dann allmählich zu einer neuen Distanz zwischen den Subjekten und den Objekten. Wenn Erfahrung durch die Mitteilung ins Wort kommt, erhellt sich dadurch nicht nur die Erfahrung, sondern wird die potentielle Anwesenheit des Vaters als Einführung des dritten Elements in die Dualität etabliert. Der symbolische Vorgang kann dann auch hier beginnen, als Instrument der Konstituierung des Selbst zu wirken.

6. Zusammenfassung

Ausgehend von der beschreibenden Darstellung einer Team-Supervisionssitzung mit dem Team einer psychotherapeutisch-psychosomatischen Station werden Fragen nach der Möglichkeit von Symbolisierung, psychoanalytischem Verstehen des Fremdseelischen und Erkenntnis im Rahmen von Behandlung und Supervision erörtert. Zunächst wird unter einer supervisionstheoretischen Fragestellung die Angemessenheit der Widerspiegelungshypothese, die gewöhnlich als Grundlage supervisorischer Erkenntnisgewinnung dargestellt wird, bezweifelt und zurückgewiesen. Einige Symptome, die der Interaktionsprozeß aufweist, belegen eher die Antithese: die Gruppendynamik, die Beziehung Team-Supervisor, sowie eine der Angstabwehr dienende unbewußte Gruppenphantasie bestimmen die Textproduktion und damit das konstruierte Bild der Patientin. Es handelt sich um die Phantasie, daß analytisch-aufdeckende Therapie auf einer Station und die psychotherapeutische Intimität der hier stattfindenden Einzelbehandlung eine sexuell-inzestuöse Beziehung und Bedrängnis darstellt und Supervision demgemäß einem voyeuristischen Akt gleichkommt.

Dieses aus der Textuntersuchung hervorgegangene Interpretationsergebnis bildet den Ausgangspunkt für die supervisionstheoretische und klinisch-theoretische Erörterung der triangulierenden Bedeutung des Rahmens in der stationär-psychotherapeutischen Behandlung in einem Team. Dieser wird nicht nur in seiner Bedeutung für den Patienten als

Garant des Übergangsrraumes und der narzißtischen Integration gesehen, sondern auch in seiner die analytische Kompetenz sichernden und die depressive Position einklagenden Bedeutung für den Therapeuten. Das Supervisionsbeispiel macht mit dem Problem der Zeitbegrenzung der stationären Therapie und sich hieraus ergebenden Grenzverwischungen, die sich auf verschiedenen Ebenen ergeben, auf die Problematik der Innen-Außen-Differenzierung in psychotherapeutischen Teams aufmerksam. Es wirft die Frage auf, ob ein Team mit den im Behandlungsprozeß ausgelösten depressiven und psychotischen Ängsten und archaischen Affekten, die die notwendige Entidealisierung und den Triebverzicht begleiten, gewachsen ist, sie auf der Basis flexibler, aber dennoch genügend stabiler intrapsychisch-individueller und sozialer Grenzen bearbeiten kann und auf dieser Grundlage überhaupt erst den therapeutischen Raum als Übergangsraum für den Patienten entwickeln kann. Supervision hat in ihrer triangulierenden Funktion sowohl im Hinblick auf Entwicklung und Öffnung des therapeutischen Raumes, aber auch im Hinblick auf die notwendige, von diesem Raum ausgehende Differenzierung der Selbst- und Fremdwahrnehmung und die Sicherung des Fremdverstehens große Bedeutung. Sie kann dazu beitragen, den Therapeuten „human" zu machen, d.h. ihm im Sinne Winnicotts Omnipotenz zu entziehen. Der Therapeut muß dem Patienten über Einfühlung und Subjektivierung hinaus als einem sozialen anderen, einem objektiven Objekt gerecht werden, wenn Behandlung nicht die Bedingungen reproduzieren will, die die Subjektwerdung des Patienten in dessen eigener Entwicklung blockierten. Grenzsetzung, Entidealisierung und Triebverzicht werden als die Komponenten herausgearbeitet, die Verbalisierung, Symbolbildung und Erkenntnis bewirken.

Literatur

Abelin, E.L. (1971): The role of the father in the separation-individuation process. In: McDewitt, J.B., C.F. Settlage (Eds.): Separation – Individuation. New York: International Universities Press.

Abelin, E.L. (1975): Some further observations and comments on the earliest role of the father. Int. Journal 56, 293–302.

Balint, M. (1961): Der regredierte Patient und sein Analytiker. Psyche 15, 253–273.

Balint, M. (1968): Erfahrungen mit Ausbildungs- und Forschungsseminaren. Psyche 22, 679–688.

Balint, M. (1968): Therapeutische Aspekte der Regression. Reinbek: Rowohlt, 1973.

Bardé, B. (1991): Supervision – Theorie, Methode und empirische Forschung – Versuch eines systematischen Überblicks. Supervision: Zeitschrift für berufsbezogene Beratung 19, 3–37.

Bardé, B., D. Mattke (1993): Therapeutische Teams. Göttingen: Vandenhoeck & Ruprecht.

Bion, W. (1962): Lernen durch Erfahrung. Frankfurt a.M.: Suhrkamp, 1990.

Bion, W. (1967): Anmerkungen zu Erinnerung und Wunsch. In: Bott-Spillius, E. (Hrsg.): Melanie Klein heute, Bd. 2. München/Wien: Verlag Internationale Psychoanalyse.

Blarer, A.v. (1994): Gegenübertragung in der psychoanalytischen Situation. Psyche 48, 425–453.

Britton, R. (1989): The missing link: parental sexuality in the oedipus complex. In: Britton, R.: The Ödipus complex today. London: Karnac.

Buchinger, K. (1988): Team-Supervision in Institutionen. Gruppenpsychotherapie und Gruppendynamik, 1–14.

Cassirer, E. (1923): Philosophie der symbolischen Formen. Darmstadt: Wissenschaftliche Buchgesellschaft, 1994.

Chasseguet-Smirgel, J. (1988): Zwei Bäume im Garten – Zur psychologischen Bedeutung der Vater- und Mutterbilder. München/Wien: Verlag Internationale Psychoanalyse.
Dammasch, F. (1994): Zwischen Mutterland und Vaterland. Die triangulierende Funktion des Therapeuten in der Behandlung eines vaterlosen Mädchens. Analytische Kinder- und Jugendlichenpsychotherapie 25, 4, 309–340.
Ermann, M. (1993): Frühe Triangulierung. In: Mertens, W. (Hrsg.): Schlüsselbegriffe der Psychoanalyse. München/Wien: Verlag Internationale Psychoanalyse.
Freud, S. (1920): Jenseits des Lustprinzips. GW 13, Frankfurt a.M.: S. Fischer, 1969.
Frommer, J. (1993): Schizophrene Inkohärenz als Verständigungsproblem. Frankfurt a.M.: VAS.
Gaertner, A., G. Wittenberger (1979): Supervision und institutioneller Diskurs. In: Akademie für Jugendfragen (Hrsg.): Supervision im Spannungsfeld zwischen Person und Institution. Freiburg.
Gediman, H., F. Wolkenfeld (1980): The parallelism phenomenon in psychoanalyse and supervision: its reconsideration as a triadic system. Psa. Quarterly 49, 234–255.
Gorkin, M. (1987): The uses of countertransference. Northvale/New Jersey/London: Aronson.
Green, A. (1975): Analytiker, Symbolisierung und Abwesenheit im Rahmen der psychoanalytischen Situation. Psyche 29, 503–541.
Grunberger, B. (1971): Vom Narzißmus zum Objekt. Frankfurt a.M.: Suhrkamp, 1982.
Heimann, P. (1950): On countertransference. Int.J.Psychoanal. 31, 81–84.
Heimann, P. (1960): Bemerkungen zur Gegenübertragung. Psyche 18, 1964, 483–493.
Kernberg, O. (1975): Borderline-Störungen und pathologischer Narzißmus. Frankfurt a.M.: Suhrkamp, 1978.
Kernberg, O. (1973): Psychoanalytic object-relations theory, group-processes and administration: toward an integrative theory of hospital treatment. In: The Annual of Psychoanalysis. Vol. 1. Chicago Institute for Psychoanalysis.
Khan, M.M.R. (1983): Erfahrungen im Möglichkeitsraum. Frankfurt a.M.: Suhrkamp, 1990.
Khan, M.M.R. (1969): Sein, Wissen und Erfahrung in der therapeutischen Situation, In: Khan, M.M.R.: Selbsterfahrung in der Therapie. München: Kindler.
Klein, M. (1930): Die Bedeutung der Symbolbildung für die Ich-Entwicklung. In: Klein, M.: Das Seelenleben des Kleinkindes. Stuttgart: Klett-Cotta, 1983.
Klüwer, R. (1983): Agieren und Mitagieren. In: Hoffmann, S.O. (Hrsg.): Deutung und Beziehung. Kritische Beiträge zur Behandlungskonzeption und Technik in der Psychoanalyse. Frankfurt a.M.: Fischer.
Kutter, P., J.K. Roth (1981): Psychoanalyse an der Universität. München: Kindler.
Kutter, P. (1993): Basis-Konflikt, Übertragungs-Spaltung und Spiegelphänomene – Möglichkeiten und Grenzen einer psychoanalytischen Team-Gruppe. In: Bardé, B., D. Mattke (Hrsg.): Therapeutische Teams. Göttingen: Vandenhoeck & Ruprecht.
Lang, H. (1992): Die „strukturale Triade". Überlegungen zur Neubewertung des Ödipuskomplexes. Prax.Psychother.Psychosom. 37, 207–215.
Langer, S. (1942): Philosophie auf neuem Wege. Das Symbol im Denken, im Ritus und in der Kunst. Frankfurt a.M.: Fischer, 1965.
Loch, W. (1969): Balint-Seminare, Instrumente zur Diagnostik und Therapie pathogener zwischenmenschlicher Verhaltensmuster. In: Jahrbuch der Psychoanalyse 6, Bern/Stuttgart/Wien: Huber.
Loewald, H. (1951): Ich und Realität. Psyche 9, 1982, 769–787.
Mattke, D., B. Bardé (1993): Möglichkeiten und Grenzen der Teambehandlung. In: Bardé, B., D. Mattke (Hrsg.): Therapeutische Teams. Göttingen: Vandenhoeck & Ruprecht.
Mead, G.H. (1934): Geist, Identität und Gesellschaft. Frankfurt a.M.: Suhrkamp, 1973.
Metzger, H.-G., A. Overbeck (1995): „...es war ja mein Anliegen, die ...äh ...Patientin ..." – Konstruktion und Rekonstruktion des Falles in der Dynamik des Supervisionsprozesses. Eine hermeneutisch-psychoanalytische Interpretation. Vortrag 3. Arbeitstreffen Qualitative Psychotherapieforschung, 17. u. 18.3.95. Tiefenbrunn b. Göttingen – Veröffentlichung i. Vorb.
Oevermann, U. (1993): Struktureigenschaften supervisorischer Praxis. Exemplarische Sequenzanalyse des Sitzungsprotokolls der Supervision eines psychoanalytisch orientierten Therapie-Teams im

Methodenmodell der objektiven Hermeneutik. In: Bardé, B., D. Mattke (Hrsg.): Therapeutische Teams. Göttingen: Vandenhoeck & Ruprecht.
Overbeck, A. (1990): Die Entfaltung eines therapeutischen Raumes auf kinder- und jugendpsychiatrischen Stationen mithilfe der bifokalen Team-Supervision. Psychosozial 41, 7–17.
Reiche, R. (1986): Mann und Frau. Psyche 40, 780–818.
Sandler, J. (1976): Countertransference and role-responsiveness. Int.Rev.Psycho-Anal. 3, 43–47.
Segal, H. (1957): Notes on symbol formation. Int. J. Psychoanal. 38, 196–207.
Speidel, H. (1978): Über den Symbolbegriff in der Psychoanalyse. Psyche 32, 289–328.
Spitz, R.A. (1959): Nein und Ja. Stuttgart: Klett.
Szecsödy, I. (1990): The learning process in psychotherapy supervision. Habil.Schrift Universität Stockholm: Karolinska Institutet.
Szecsödy, I., H. Kächele, K. Dreyer (1993): Supervision – an intricate tool for psychoanalytic training. Ztschr. f. psychoanal. Theorie und Praxis 8, 52–70.
Thomä, H., H. Kächele (1985): Zur Theorie und Praxis der Gegenübertragung. In: Jahrbuch der Psychoanalyse 17, 175–210. Stuttgart: Frommann-Holzboog.
Trimborn, W. (1983): Die Zerstörung des therapeutischen Raumes. Das Dilemma stationärer Psychotherapie bei Borderline-Patienten. Psyche 37, 204–236.
Trimborn, W. (1995): Analytiker und Rahmen als Garanten des therapeutischen Prozesses. Psychotherapeut 39, 94–103.
Trimborn, W. (1990): Die Funktion des Rahmens der Therapie bei Borderlinepatienten. In: Janssen, P. (Hrsg.): Psychoanalytische Therapie bei Borderlinestörungen. Berlin/Heidelberg: Springer.
Weiß, H., G. Pagel (1986): Übergangsphänomene und Symbolische Ordnung. Winnicott – Lacan. In: Jahrbuch der Psychoanalyse 18, 42–76. Stuttgart: Frommann-Holzboog.
Wellendorf, F. (1986): Supervision als Institutionsanalyse. In: Pühl, H., S. Schmidbauer (Hrsg.): Supervision und Psychoanalyse. München: Kösel.
Widmer, P. (1990): Subversion des Begehrens. Jaques Lacan oder die zweite Revolution der Psychoanalyse. Frankfurt a.M.: Fischer.
Winnicott, D.W. (1958): Die Fähigkeit zum Alleinsein. In: Winnicott, D.W.: Reifungsprozesse und fördernde Umwelt. München: Kindler, 1974.
Winnicott, D.W. (1951): Übergangsobjekte und Übergangsphänomene. In: Winnicott, D.W.: Von der Kinderheilkunde zur Psychoanalyse. München: Kindler, 1976.
Winnicott, D.W. (1954): Zustände von Entrückung und Regression. In: Winnicott, D.W.: Von der Kinderheilkunde zur Psychoanalyse. München: Kindler, 1976.

Die Gefahr der Heilung. Pathologische Identifizierungs- und Mentalisierungsprozesse als Grenzen therapeutischer Möglichkeiten

Winfrid Trimborn

Angefangen mit Freud – im Zusammenhang mit dem Thema meiner Arbeit verweise ich auf seine tiefgründigen und bahnbrechenden Arbeiten zum Narzißmus (1914) und zur Depression (1917) – gibt es bis heute eine ansehnliche Reihe von Analytikern, die versucht hat, uns ihre Erfahrungen mitzuteilen und die ungeheure Komplexität psychischer Störungen und ihrer Auswirkungen zu erfassen. Diese Analytiker haben uns auf pathologische Strukturen aufmerksam gemacht und immer wieder deren Dynamik und Sinn in ihrer je-eigenen Sprache neu reflektiert. Mit ihrer Hilfe will ich versuchen, die komplexe Problematik und Dynamik pathologischer Identifizierungsprozesse darzustellen, um verständlich zu machen, weshalb sich die Behandlungen bestimmter Patienten so langwierig, schwierig und belastend gestalten. Damit wird die Frage der Grenze psychoanalytischer Psychotherapie implizit berührt.

Wir wissen, daß der sogenannte „frühgestörte Patient" (ich spreche hier vorwiegend von narzißtischen und Borderline-Persönlichkeitsstörungen) sich vor einer Katastrophe, vor Vernichtung oder namenlosen Ängsten durch eine organisierte Abwehr zu schützen sucht, d.h., daß infolge einer primitiven Abwehr eine pathologische Organisation geschaffen wird, die einen weitreichenden und hemmenden Einfluß auf die Persönlichkeitsentwicklung hat und die sich durch ihre Stabilität und ihren Widerstand gegenüber Veränderungen auszeichnet. Sie erscheint als der einzige Ausweg, die emotionale Distanz des Patienten zu den Objekten zu kontrollieren. Diese Organisation ist im wesentlichen eine narzißtische, und ihr Ziel „scheint zu sein, den Status quo zu erhalten, nämlich die Situation, in der narzistische Objektbeziehungen weiterbestehen und projektive Identifizierung zur Verwechslung von Selbst und Objekt führt" (Steiner 1982, S. 426). Im Vordergrund steht dann zumeist die ‚laute' oder ‚lärmende' Symptomatik (Green 1983), die so sehr ins Auge fällt. Wie Green betont Lichtenberg (1987, S. 876), daß es gerade bei den Persönlichkeitsstörungen aber „der Hintergrund ist, der die vital bedeutsame Information liefert."

Doch die Anstrengung des langen Weges, ausgehend von dieser Symptomatik durch die organisierte omnipotente Abwehr hindurch bis hin zur befürchteten Katastrophe, die aber schon stattgefunden hat (A. Reich 1960, Winnicott 1974), wird meist gar nicht in Angriff genommen, auch nicht bei Patienten, die diese Hilfe brauchen und suchen. Allzuoft konzentriert sich der Therapeut mehr oder weniger ausschließlich, jedoch nicht aus einer reflektierten Beschränkung heraus, auf die Behandlung der offensichtlichen Symptomatik und bleibt dann in einer kollusiven Beziehung stecken, die häufig ungut endet. Das Ausmaß des psychischen Leidens und die Schwierigkeit psychoanalytischer

Praxis wird häufig verleugnet oder verkannt. So glaube ich, daß das meiste, was heute in bezug auf diese Patienten als psychoanalytische Therapie angeboten und verstanden wird, weder dem eigenen Anspruch noch dem genuin analytischen Denken gerecht wird.

Uns liegt heute ein Reichtum an psychoanalytischem Wissen vor, das vor allem aus der klinischen Langzeiterfahrung stammt. Aber dieser Schatz wird in der Praxis immer wieder in verkürzter und verdünnter Form eher als Klischee und als Wissen benutzt denn als Warnung und als Landkarte für eine lange und gefahrvolle Reise durch ein unbekanntes Land.

Der Therapeut wird bei der Behandlung frühgestörter Patienten extremen eigenen Bedrohungen ausgesetzt, die sich nach Meltzer (1984, S. 192ff) als Invasionsangst, als Angst vor Kollusion und vor Impotenz manifestieren. Auf diese Bedrohungen reagiert der Therapeut nicht selten mit Versteinerung, Verleugnung und eigener archaischer Abwehr, was sich in einem Rückzugsmanöver oder in einem destruktiven Abstoßungsprozeß äußert. Die Formulierung eines Therapeuten: „Ich lasse mich von Ihnen nicht zerstören", läßt diese Angst spürbar werden. Die Behandlung wurde nach zwei Jahren beendet, und die Patientin fühlte sich abgetrieben. Doch die Therapeuten haben ja die Möglichkeit, ihr System bzw. sich zu retten. So beendete Dr. B. die Analyse mit der Feststellung gegenüber Frau T., daß sie „nicht therapierbar" sei.

Von vielen Therapeuten wird – wie ich meine – das Ausmaß der psychischen Störungen nicht erkannt und die Kraft der Abwehr übersehen oder verleugnet. Dann können sie getrost mit der Therapie beginnen, denn die Verleugnung dient dazu, sich nicht wirklich auf das belastende Unterfangen einer psychoanalytischen Therapie einzulassen. Ist – wie Langs (1982, S. 190) vermutet – die Furcht, zu zerstören und zerstört zu werden, ein machtvolles Motiv für die psychotherapeutische Verschwörung?

Mit meinen Ausführungen möchte ich die Aspekte herausarbeiten, die mit der pathologischen Identifizierung zusammenhängen und die die psychoanalytische Behandlung von sogenannten „frühgestörten Patienten" schwierig, wenn nicht unmöglich machen: die omnipotente Abwehr, die pathologische projektive Identifikation, die daraus resultierende Denkstörung, die aber auch das Ergebnis einer Stagnation der Separations- und Individuationsentwicklung ist; schließlich die Angst vor einer katastrophischen Veränderung.

1. Das primäre Trauma und die pathologische Identifizierung

Hinter den so offensichtlichen Symptomen und Klagen als Folge pathologischer Identifizierungen, die sich an der Oberfläche als Konflikte im klassischen Sinne darstellen, insofern sich das Ich unvereinbaren und unlösbaren Forderungen des Überichs, der Triebe und der Außenwelt gegenübersieht, geht es vor allem um eine *Gefährdung des Ich.* Auch wenn sich in den Auswirkungen typische Konfliktmuster zeigen, spreche ich hinsichtlich der zugrundeliegenden Problematik ungern von einem Konflikt, weil das Ich selbst in sich bedroht ist. Der Kern der Störung liegt im Bereich der Selbstregulierung und -kohärenz.

Heute begreifen wir generell die psychischen Störungen eher auf der narzißtischen als auf der Trieb- und Konfliktebene: D.h. es geht um Störungen des Selbstwertgefühls und -erlebens, der Identität, der Separation und Individuation, der Kohärenz. Eagle

(1984, S. 169) meint, „daß Gedo (1979, 1980) und Klein (1976) mit ihrer These recht haben, daß Integrität und Kontinuität der Selbst-Organisation ein übergeordnetes Ziel aller Menschen – ganz unabhängig von der diagnostischen Kategorie – sind."

Als Folge pathologischer Identifizierungen geht die Pathologie einher mit einer mangelnden Differenzierung zwischen Innen und Außen, zwischen Subjekt und Objekt. Green (1975, 1977, 1983) hat diese Problematik auf die Formel gebracht: Diese Patienten schwanken in ihrem Erleben zwischen Psychose und Tod, sie leben in der Alternative, verrückt zu werden oder zu sterben. So können sie weder mit einem Objekt noch ohne ein Objekt leben. Aus diesem Grunde verwickeln Menschen mit einer solchen „Grundstörung" (Balint 1968), wenn sie denn überhaupt engeren Kontakt aufnehmen, das Objekt in höchst konflikthafte Beziehungen, die in sich pathogen sind, die aber – was nicht vergessen werden darf – vor allem dazu dienen, einen, wenn auch notdürftigen, Ausweg aus der so bedrohlichen Alternative zu finden.

Wenn ich von „pathologischen Identifizierungen" spreche, so meine ich den *anhaltenden regressiven und exzessiven Gebrauch* von frühen Identifikationsprozessen, d.h. vor allem Identifizierung als Modus und nicht das Ergebnis. Die Interaktionen sind durch eine Reizbarkeit gekennzeichnet, die sich durch eine intrusive, klebrige oder klammernde Qualität (Lichtenberg 1987, Meltzer 1975) auszeichnet. Die exzessive Identifizierung führt zur Konfusion, als totale oder globale zielt sie auf eine Absolutheit, indem das Subjekt den Dritten oder das Dritte auszuschließen sucht. So ist das Ziel der exzessiven Identifikation die totale Einverleibung – wie Fenichel (1926, S. 101) auf Abraham verweisend schreibt –, wodurch der Objektverlust verneint und „die ‚unio mystica' mit dem allmächtigen Objekt" gesucht wird (Fenichel 1946, zit. nach Haynal 1976, S. 99). „Die narzißtische Identifizierung mit dem Objekt wird dann zum Ersatz der Liebesbesetzung" – so Freuds Formulierung (1917, S. 436) –, „was den Erfolg hat, daß die Liebesbesetzung trotz des Konflikts mit der geliebten Person nicht aufgegeben werden muß." Die gesteigerte Identifizierungstendenz entleert jedoch das Ich, es wird hilflos und bleibt vom Objekt abhängig, denn dieser Vorgang wird durch eine damit einhergehende Idealisierung des Objekts verstärkt.

Entsprechend neuerer Konzepte (Bion 1962, 1970; Green 1975, 1977, 1978; Khan 1974; Milner 1955; Modell 1990; Ogden 1985, 1992; Pontalis 1977; Segal 1957; Winnicott 1953, 1971) gehen diese exzessiven Identifizierungen mit der Zerstörung des Übergangsraumes und einer Störung der Symbolisierung und des Denkens einher. Diese Identifizierungen können nicht in das unreife Selbst assimiliert werden. Sie müssen dann vielmehr als bedrohliche Introjekte unter Kontrolle gehalten werden.

Die exzessive und magische Identifikation ist zu unterscheiden von der *primären Identifikation*, auch wenn die exzessive Identifizierung der regressive Versuch ist, den Zustand primärer Identifikation wiederherzustellen, also im Sinne „einer symbiotischen Vereinigung vor jeder Differenzierung von Subjekt und Objekt" (Meissner, 1971, S. 285 zit. nach Etchegoyen 1985, S. 13). Denn nach Winnicott (1955, S. 218) „weist der Ausdruck ‚primäre Identifizierung' auf eine Umgebung hin, die noch nicht von dem differenziert ist, was später zum Individuum wird." Die primäre Identifikation nach Winnicott und das arglose Vertrauen nach Balint sind durch eine Identifikation ohne Kontrolle und Macht charakterisiert – im Gegensatz zur exzessiven Identifizierung –, weil das Kind auf dem Hintergrund einer Umgebung, die gut genug ist, seine Abhängigkeit und Hilflosigkeit nicht als traumatisch erlebt.

Mit einem skizzenhaften Überblick will ich den Ort kennzeichnen, an dem die pathologische Identifizierung einsetzt und zur Wirkung kommt:

1. Am Beginn der sich entwickelnden Psychodynamik steht *das primäre Trauma.* Es besteht in einem Zusammenbruch oder einer Fragmentierung des noch rudimentären Ich, z.B. als Folge eines nicht integrierbaren Verlustes oder Übergriffs, wobei es sich im allgemeinen nicht um ein einzelnes Trauma handelt. Die Folgen dieser katastrophischen Vernichtung und namenlosen Ängste sind ein Riß oder ein Loch in der Psyche. Ich spreche hier von Traumen, die in eine Zeit fallen, in denen das Ich vom Objekt noch mehr oder weniger unabgegrenzt ist, also das Primärobjekt als Teil des Ich erlebt wird. Der Zusammenbruch wird, wenn er in die symbiotische oder Wiederannäherungsphase (Mahler) fällt, auch als eine „primäre", unfaßbare oder psychotische Depression (Bibring 1953, Jacobson 1971, Rubinfine 1968), als psychotische oder schizoide Depression (Winnicott 1959), Grundstörung (Balint 1968), als eine „löchrige" Depression und Störung der Bindungserfahrung (Tustin 1981) beschrieben.

2. Durch das Trauma wird die Symbiose- und Wiederannäherungs-Phase (Mahler) vorzeitig und abrupt beendet, wodurch sich das noch rudimentäre kindliche Ich *einer schmerzhaften bis unerträglichen Wahrnehmung einer „Nicht-Ich"-Welt* und *der Abhängigkeit vom Primärobjekt* ausgesetzt erlebt. Mit der Zerstörung der kindlichen Omnipotenz geht die Zerstörung der Illusion des Übergangsraumes einher (Winnicott 1971).

Damit verbunden ist ein Anstieg von Erregung, d.h. von ununterschiedenden aggressiven und libidinösen Impulsen, die das Ich nicht integrieren kann. Das unreife Ich wird durch die Heftigkeit der eigenen Erregung überflutet. Das Ergebnis ist eine weitere Desintegration und Verwirrung, bedingt durch eine damit einhergehende, aber nicht integrierbare Verfolgungs-, Ambivalenz- und Schuldthematik. In der Terminologie der Säuglingsforscher könnte man auch sagen, „daß die normalen Selbstbehauptungsaktivitäten vom Aversionssystem verschlungen werden" (Lichtenberg 1987, S. 885).

3. Das Ich versucht nun auf verschiedene Weise diesen Verlust, der ein narzißtischer Selbstverlust ist, ungeschehen zu machen, um eine unerträgliche Abhängigkeit und nicht zu bewältigende Ambivalenz aus der Welt zu schaffen; mit anderen Worten: Durch eine verstärkte Anlehnung an das Objekt sucht nun das kindliche Ich den Verlust auszugleichen als auch die eigenen bedrohlichen Impulse gegenüber dem Objekt zu kontrollieren. Hier liegt der Beginn pathologischer Identifizierungsprozesse.

Weitergehende Folgen der narzißtischen Reparationsbestrebungen können eine autistische Abkapselung (Tustin 1981), die Bildung eines falschen Selbst (Winnicott 1960), ein extremes Rückzugsverhalten (Steiner 1993) und die schizoide Spaltung (Fairbairn 1940, Guntrip 1968) sein.

Die *exzessive und globale Identifizierung* mit den Objekten ist ein zentraler Mechanismus all dieser Störungen, d.h. die Objektbesetzung wird durch Identifikation ersetzt, wie es Freud 1917 formulierte. Die Identifizierung tritt an die Stelle der Objektwahl. Bei der exzessiven Identifizierung wird nicht nur das Überich, sondern auch das Ich ersetzt. „Auffällig an dieser Identifizierung ist ihre Ausgiebigkeit", so Freud (1921, S. 119). Das Objekt – auch wenn es erhalten bleibt – wird „auf Kosten des Ichs überbesetzt" (1921, S. 125). Diese Überbesetzung dient der Abwehr, weil sie das zu frühe Erleben von Getrenntsein aufheben soll. Auch Jacobson (1971) sieht darin das Motiv für totale und magische Identifizierungen, wenn sie schreibt: „Sie gründen sich ungeachtet der Realität auf Phantasien oder sogar auf die vorübergehende Überzeugung, mit dem Objekt eins zu sein oder selbst dieses Objekt zu werden" (1971, S. 308).

So entsteht ein Ungleichgewicht zwischen Objektbesetzung und Identifizierung, zwischen „das Objekt haben" und „wie das Objekt sein" (Freud 1921, S. 116; 1933,S .69). Das Subjekt will wie das Objekt sein, um es zu haben, d.h. um mit dem Objekt zu verschmelzen und um es kontrollieren zu können. „... die Identifizierung sei an Stelle der Objektwahl getreten, die Objektwahl sei zur Identifizierung regrediert", so eine Formulierung Freuds (1921, S. 117; im Original hervorgehoben).

Diese Steigerung der identifikatorischen Prozesse führt jedoch zur narzißtischen Identifikation, die Widlöcher (1985, S. 81) wie folgt charakterisiert: Sie ist narzißtisch, „weil eine Beziehung zu sich selbst durch eine Beziehung zu einer anderen Person ersetzt wird; weil wir es mit einer Regression auf eine Primärform der Libido zu tun haben; weil eine Loslösung vom äußeren Objekt zu beobachten ist usw." Entscheidend ist, „daß eine Objektbesetzung zu einer Besetzung der eigenen Person wird."

Wie schon Freud (1914, 1917, 1921) sehen viele Analytiker hier eine Disposition zur Psychose. So beschreibt Loch (1965) die Disposition zur Psychose als infantile Abhängigkeit von einem Ideal-Objekt.

Was den Zusammenhang und den Zeitpunkt von Identifizierung und Trennung der Selbst- und Objekt-Repräsentanzen betrifft, möchte ich auf eine Beobachtung der Säuglingsforscher – so Lichtenberg (1987, S. 895) – hinweisen, die mir für die angesprochene Problematik ausgesprochen interessant erscheint. Lichtenberg meint, „daß die Mutter als letzte unter den Personen der Umgebung als jemand erlebt wird, von dem es ein Vorstellungsbild gibt, das auch bei Nichtvorhandensein eines Wahrnehmungsreizes und einer Affekt-Handlungs-Reaktion existiert.

Daß die Mutter als letzte ‚erkannt' wird, könnte paradoxerweise auf die enorme Bedeutung ihrer unterstützenden Präsenz hinweisen. Zwei Hypothesen könnten diesen Befund erklären. Die erste lautet, daß das Bild der Mutter am längsten im *Handlungsmodus (action mode)* festgehalten wird: die Mutter ist dazu da, um sie nahe bei sich zu haben, sie zu rufen, zu berühren, wegzustoßen; ihr Bild als eine unterschiedene, innerlich fortdauernde Repräsentanz kommt zuletzt. Eine alternative, ebenso plausible Hypothese wäre, daß das lebendige Bild der Mutter als innere Repräsentanz gebildet wird, sobald sich die Fähigkeit, eine solche Repräsentanz zu formen, entwickelt, wobei die Unterschiedenheit des inneren Bildes der Mutter – sein von der Selbstrepräsentanz getrenntes, unabhängiges Anderssein – verleugnet wird. In beiden Fällen würde die formale Anerkennung der Getrenntheit der Mutter den Schmerz über ihr Verschwinden verstärken, und zwar durch die Erinnerung des Bildes einer Person, die nicht gegenwärtig ist und nicht gefunden werden kann."

4. Ein sekundäres pathogenes Resultat der pathologischen Identifizierungsprozesse ist eine *omnipotente, deshalb pathologische und pathogene Abwehrorganisation*, die sich als lärmende Symptomatik oder als Charakterstörung manifestiert. Es ist eine Organisation, die auf der einen Seite fasziniert, erschreckt, erregt, auf der anderen Seite entleert, versteinert, entlebendigt. Denn diese „manische Abwehr" ist durch omnipotente Manipulierung oder Beherrschung und eine verächtliche Abwertung charakterisiert, wie Winnicott (1935, S. 238ff) auf M. Klein zurückgreifend schreibt. Sie ist gegen die Annahme der inneren Realität gerichtet. Das Subjekt schwankt zwischen manischer Bodenlosigkeit und der Öde einer Leere, zwischen Agitiertheit und Entlebendigung.

Diese omnipotente Abwehr fixiert sich und bedingt eine *stagnierende und damit mißlungene Separations- und Individuationsentwicklung*, da mit der narzißtischen Fixierung ein Zustand der Einheit mit der Mutter erhalten werden soll (Rubinfine 1968). So dient diese Entwicklungshemmung einerseits dazu, jede als Vernichtung erlebte Trennung im Sinne der Anerkennung einer „Nicht-Ich"-Welt zu meiden und zu leugnen, andererseits aber bedroht diese exzessive Identifizierung das Subjekt und das Objekt mit einer gegenseitigen Auslöschung oder Zerstörung. Denn diese globalen Identifizierungen führen zu narzißtischen Objektbeziehungen, die mit einer Überbewertung der projektiven Identifizierung einhergehen, was letztlich in einer Verzerrung der Selbst- und Objekt-Repräsentanzen mündet. Die projektive Identifizierung dient dann nicht mehr einer Kommunikation, sondern der Kontrolle des Objekts, der abgespaltenen Selbstanteile und der Verleugnung von schmerzhafter Trennung, Verlust und Abhängigkeit, d.h. des Anderssein des Gegenüber. Die exzessive Identifizierung verhindert geradezu eine Repräsentation des Objekts, weil gerade auf diesem Wege das Zulassen von Abwesenheit ausgeschaltet wird. Die sich daraus entwickelnden Konflikte – z.B. eine sadomasochistische Triebproblematik oder pseudoödipale, inzestuöse Beziehungskonflikte – überdecken den frühen narzißtischen Defekt bzw. die fragile Selbstthematik. Die exzessive Identifizierung geht mit einer anhaltenden Feindseligkeit bzw. einem *Negativismus* (A. Freud 1952) bis hin zum Masochismus und zur Perversion einher, womit einerseits eine notdürftige Abgrenzung erhalten und eine weitere regressive Entgrenzung (Asch 1976) aufgehalten wird. Auf der anderen Seite kann sich dieser aggressive Prozeß aufschaukeln, wodurch paranoide Verfolgungsängste ausgelöst werden, was schließlich in eine weitere Desintegration und zu einer Denkstörung führt. Auf dieser Ebene werden Deutungen als intrusive Übergriffe erlebt, worauf das Subjekt mit Ablehnung oder aber mit falscher Anpassung reagieren wird.

Die Abwehr der Aggression – Balint (1935) meint im Gegensatz zu M. Klein, daß es sich dabei im wesentlichen um eine reaktive Aggression handelt, und Fonagy, Moran und Target (1993) sprechen von einer defensiven Aggressivität, Lichtenberg (1987) von der Aktivierung eines zweiten, aversiven Reaktionssystems – erfolgt durch Spaltung und Projektion. Die damit einhergehende Idealisierung und der daraus resultierende Neid unterhalten und verstärken den Zirkel von Spaltung, Idealisierung und Entwertung. Die Folge ist ein *Übermaß an projektiver Identifikation* und *Verfolgungsängsten.* Abkapselung und Rückzug führen zu omnipotenten Phantasien mit Vermeidung des Realitätskontaktes.

Es ist zu betonen, daß die pathologische Entwicklung zwar früh einsetzt, aber deren endgültige Ausformung von vielen inneren und äußeren Faktoren abhängig ist, die erst später – bis hin zur Pubertät und Adoleszenz – wirksam werden. Deswegen sind die strukturelle Ausformung der Pathologie und das symptomatische Erscheinungsbild vielschichtig und mannigfaltig. Insofern dürfen meine weiteren Ausführungen nur exemplarisch verstanden werden.

2. Zur Ätiologie und Struktur pathologischer Identifizierungen und ihre Folgen

Das Bild der pathologischen Identifizierung und der omnipotenten Abwehr ist nicht allein Ergebnis eines Verlustes. Auch das Trauma des Verlustes ist nicht als ein einzelnes Geschehen aufzufassen. Die Traumatisierung resultiert im Sinne eines kumulativen Traumas z.B. aus einem anhaltenden oder wiederholten Rückzug, einem verwirrenden Verhalten der Mutter bzw. der Eltern, aber auch aus einer nicht gelingenden Interaktion zwischen

Mutter und Kind, wodurch die Mutter für das Kind nicht mehr erreichbar ist. Green (1983) sieht z.B. eine solche Traumatisierung in dem Besetzungsentzug durch die depressive oder – wie er sagt – „tote Mutter". Als Folge der Traumatisierung sucht das Subjekt verstärkt die Anlehnung an das Objekt und die kontrollierende Nähe zum Objekt, mit dem es sich zugleich verstärkt identifiziert. Hier muß das Kind „zu einer Rolle des *toten* Objekts passen" (Winnicott 1962, S. 251). Dieser Identifizierungprozeß mündet in einer unzureichenden Abgrenzung zum Objekt, was zu instabilen Selbst- und Objektrepräsentanzen führt. Nun setzt ein sich verstärkender zirkulärer Prozeß von Konfusion, Spaltung und Projektion ein.

Wenn die Mutter darüber hinaus das Kind als narzißtische Ergänzung benötigt und als Phallus mißbraucht (A. Reich 1953), um damit zugleich z.B. ihre abgewehrte Depression (Winnicott 1948) und ungelöste Trennungsproblematik in Schach zu halten und zu verleugnen, dann wird das Kind sich mit dieser unbewußten Depression und Schuldthematik (Cournut 1988), mit dem Objekt und dessen geheimer Geschichte (Faimberg 1987) identifizieren müssen. Solche Kinder begreifen sich deswegen als die schwarzen Schafe der Familie, wobei der Selbsthaß auch dazu dienen kann, sich von den inneren Eltern zu befreien, d.h. sich als getrennt zu bestimmen. Wenn auch die Traumatisierung in einer mangelhaften Fürsorge begründet ist, so muß die dahinterliegende ungelöste und abgewehrte Problematik der Eltern gesehen werden, weil diese wegen der exzessiven Identifizierung zu einer strukturellen Störung der psychischen Entwicklung des Kindes führt.

Das Kind gerät in eine Sackgasse seiner Entwicklung, wenn es einer exzessiven mütterlichen projektiven Identifikation ausgesetzt ist (Jacobson 1964, S. 225; Ogden 1992, S. 89ff). Es erlebt diese als Übergriff und als vorzeitiges Getrenntsein, weshalb es sich mit dem Primärobjekt global identifiziert. Mit Verweis auf Ritvo und Solnit (1958) macht Ogden (1992, S. 108) darauf aufmerksam, daß nicht einfach die Mutter, sondern die Mutter in ihrem Elend und Konflikt imitiert wird, wodurch deren Pathologie besonders hervorgehoben wird. Daraus resultiert eine weitere gegenseitige Verzerrung der Eltern-Kind-Interaktion und der Identifizierungen.

In solchen Familien zeichnen sich die Väter nicht selten dadurch aus, daß sie abwesend sind oder sich nicht ungern ausschließen lassen. (Parker, 1972, hat ein eindrucksvolles Bild einer solchen Familie aufgezeichnet.) Die Abwesenheit der Väter kann eine räumliche sein, sie ist aber in erster Linie eine emotionale; d.h. der Vater verweigert mehr oder weniger den emotionalen Kontakt, sei es, weil er sich davor fürchtet, sei es, um eine phantasierte oder begründete Rivalität mit der Mutter zu vermeiden. Oder aber die Väter reagieren unempathisch bis gewaltsam auf die Anlehnungsbedürfnisse des Kindes. Dann erlebt sich das Kind an das Primärobjekt zurückverwiesen. Die durch den Verlust neu angeregte und verstärkte anaklitische Identifikation des Kindes verknüpft und verwickelt sich mit dem narzißtisch-totalen Anspruch der Mutter. Es wird die ausschließliche und ideale Beziehung gesucht, die aber den Kern des kindlichen Ich aufzulösen droht.

Nicht selten macht die Mutter den Vater, aber auch der Vater sich zum bösen Objekt, zum sadistischen Monster, um mittels einer Spaltung einerseits die „heile, symbiotische" Beziehung zu retten, andererseits eine triebhaft-aggressive Beziehung zu agieren. Die Folgen sind einerseits idealisierte, auf der anderen Seite sadomasochistisch-negativistische Beziehungsstrukturen mit perversen Zügen, die sich in einem alternierenden Anklammern und Wegstoßen, einem quälenden Kontrollieren, in Rein- und Rausbewegungen und in inzestuös-homosexuell gefärbten Beziehungen mit Ausschluß des Dritten manifestieren.

Ein Ergebnis der Neigung zu globalen Identifizierungen ist die pathologische Triangulierung (Green 1983), das sich als ein pseudo-ödipales Geschehen aktualisiert. Mit Hilfe dieser Struktur, die das Ergebnis einer Spaltung ist, sucht das Subjekt sowohl die totale Verschmelzung als auch jede Trennung, die als absoluter Verlust erlebt wird, unter Kontrolle zu halten. Einerseits verleugnet das Subjekt durch die strikte Spaltung der Eltern-Imagines den lebendigen Kontakt zwischen diesen, d.h. es leugnet die Urszene. Anderseits agiert das Subjekt sowohl durch die globale Identifizierung als auch durch den Ausschluß des Dritten inzestuöse Beziehungen und kann so jede Rivalität vermeiden, d.h. es umgeht den ödipalen Konflikt (Racamier 1980). So sitzt das Subjekt entweder genau zwischen den Eltern, oder es nimmt alternativ die Stelle eines Elternteiles ein. Hierbei geht es nicht um die Rivalität mit einem Elternteil, vielmehr sucht das Subjekt auf diese Weise die primäre, als tödlich erlebte Verlassenheit, an die das Ausgeschlossensein aus der Urszene erinnert, endgültig auszuschließen.

Mit anderen Worten: Der zentrale Kern der Störung liegt hinter der ödipal erscheinenden Inzestproblematik und sie liegt hinter einer sadomasochistischen Beziehungstruktur in den exzessiven Identifizierungen begründet. Denn diese pathologisch-regressive Identifikation bedroht als „primärer Inzest" das Subjekt mit einer Psychose. Das Geheimnis und Tabu ist die exzessive Identifikation, die nun agiert wird, zugleich aber kontrolliert werden muß, weil sie das Ich bedroht. Das inzestuöse Geheimnis dieser Beziehungen kann und darf nicht einfach offengelegt werden, weil es der Bewältigung eines primären Traumas dient.

In diesem Zusammenhang bin ich auf das aufschlußreiche Buch von Racamier (1980) „Die Schizophrenen" gestoßen, in dem ich vieles von meinen Überlegungen wiedergefunden habe. Zu der Inzestproblematik schreibt er: „Übrigens ist der genitale Inzest beileibe nicht der häufigste und nicht einmal der wichtigste. Ausschlaggebend ist die narzißtisch-inzestuöse Beziehung, und vorherrschend wird das inzestuöse Äquivalent. ... Der Inzest ist meistens sogar das Gegenteil von einem Ödipuskomplex. Die narzißtisch-inzestuöse Beziehung stellt eine Abwehr dar, und zwar die radikalste Abwehr, die es gibt" (S. 109). Und: „Die Übertragung wird dann auch schwanken zwischen einer fremdartigen, pseudoväterlichen Imago einerseits, die höchst merkwürdig und ausschließlich quälerisch-verfolgend ist und einer mütterlichen Imago andererseits, mit welcher alles möglich ist, ohne daß jedoch überhaupt irgendetwas richtig vorstellbar wäre" (S. 113).

Die Konflikte von Aggression und Verfolgung und die Überichthematik, die sich z.B. in sadomasochistischen Beziehungen als auch in hypochondrischen Symptomen manifestieren, und die Ich-Ideal-Thematik, die sich als libidinös-narzißtische Konflikte von Größenideen und Minderwertigkeit und als latente oder manifeste homosexuelle Thematik konkretisieren, lassen sich als klassische Konflikte auffassen. Sie sind aber das Ergebnis einer pathologischen Entwicklung, die eine frühe narzißtische Katastrophe ungeschehen machen soll. Nach Symington (1985) wird die omnipotente Abwehr (vom Neugeborenen) zum Überleben benutzt, einen inneren Zusammenhalt während der Abwesenheit eines Objekts zu gewährleisten.

Die Unerbittlichkeit dieser Beziehungsstrukturen, die Grausamkeit des Überich wie auch der destruktive Narzißmus (Rosenfeld 1971) dürfen nicht primär und ausschließlich als eine Feindseligkeit des Subjekts gegen das Objekt verstanden werden – die Interpretation als Destruktivität würde zu Mißverständnissen führen (Symington 1985) –, auch wenn diese Feindseligkeit nicht zu bestreiten ist. Die Feindseligkeit ist nicht allein im Haß und in der Ambivalenz gegen das böse Objekt begründet, sondern sie dient dem Erhalt einer omnipotenten Abwehr gegen eine als bedrohlich erlebte Abhängigkeit, gegen eine als Auslieferung befürchtete Hörigkeit (A. Freud 1952). Freud verweist zwar auf die Ambivalenz gegenüber dem Objekt. Doch wenn er in „Triebe und Triebschicksale" (1915, S. 230) schreibt: „Ja, man kann behaupten, daß die richtigen Vorbilder für die Haßrelation nicht aus dem Sexualleben, sondern aus dem Ringen des Ichs um seine Erhaltung und Behauptung stammen", dann weist auch er der Aggression diese Funktion zu.

Ebenso kommen Fonagy et al. (1993, S. 480) zu der Feststellung, daß die Pathologie des Selbst aus einer Intensivierung der defensiven Aggressivität und der Unfähigkeit entsteht, die eigene Destruktivität wegen der Fragilität des Objekts zu tolerieren. Gerade die Kombination, daß das Objekt sowohl als fragil wie auch als gefährlich erlebt wird, begrenzt die Fähigkeit des Kindes, eine reflektierende und willentliche Haltung zu internalisieren.

Und Haynal (1976, S. 100) schreibt: „Sich verletzbar oder klein fühlen einer prä-ödipalen allmächtigen Mutter gegenüber kann eine chronische Aggressivitätsbereitschaft herbeiführen. Diese kann das Gefühl mit sich bringen, daß man nicht imstande ist, seine eigene innere Welt gegen äußere Aggressionen zu verteidigen, oder gar auch gegen eine Diskontinuität in den Beziehungen, die als Abweisung, also aggressiv, empfunden werden."

Aggression steht nun im Dienste einer magischen Kontrolle und absoluten Perfektion gegen die Furcht einer vollständigen Zerstörung (A. Reich 1960). Mit dieser omnipotenten Abwehrorganisation und der aggressiven Aufladung gehen konsequenterweise eine Störung der Realitätswahrnehmung und -beurteilung und somit des Denkens einher. Unbestritten bleibt natürlich, daß die aggressive Feindseligkeit selbst pathogen ist, also paranoide Verfolgungsängste und depressive Zerstörungsängste provoziert und unterhält.

Mit Hilfe des Sadomasochismus sucht das Subjekt die Depression zu projizieren und mit Hilfe des Negativismus zurückzuweisen, so Olinick (1964, S. 546). Doch die Unerbittlichkeit und Quälerei dieser Beziehungsstrukturen sind – wie ich betonen möchte – auch das Ergebnis mangelhafter Abgrenzung und Autonomie, bedingt durch die exzessive Identifikation.

Als eine Patientin schon zur ersten Stunde zu spät kam, was den Analytiker zumindest irritierte, versuchte dieser das Agieren als Kommunikation – wie folgt – zu verstehen: ‚Die Patientin kümmert sich schlecht um mich und muß mich das fühlen lassen, wie das ihre Mutter mit ihr in ihrer Unzuverlässigkeit getan hat.' Dagegen stelle ich entsprechend meiner Überlegungen die Hypothese: Die Patientin mußte und konnte allein mit Hilfe des Zuspätkommens konkret eine Abgrenzung gegenüber dem Analytiker als Übertragungs-Objekt aufrechterhalten.

Wenn der Analytiker sich darüber ärgerte, dann mag dies der Patientin einerseits auch dazu dienen, mit Hilfe der projektiven Identifikation eigene Selbstanteile abzuspalten, andererseits wird das Übertragungs-Objekt auf diese Weise kontrolliert. Doch diese Mechanismen dürfen nicht allein als die pathogenen Ursachen verstanden werden, sondern sind eben auch Folgen eines komplexen pathologischen Geschehens.

Ich habe schon auf den übermäßigen Gebrauch der projektiven Identifizierung als Folge der exzessiven Identifizierung hingewiesen. Die projektive Identifikation ist eine Form der Abwehr, der Kommunikation und Objektbeziehung (Ogden 1979). Doch die Funktion pathologischer projektiver Identifikation wird – wie ich meine – allzuoft übersehen. Ihr omnipotenter Charakter droht sich in der Therapie in ein magisches Instrument der therapeutischen Kommunikation zu verwandeln. Ogden (1975) stellt fest, daß die projektive Identifikation auch als ein pathologischer interpersoneller Prozeß verstanden werden kann, der außerhalb des Möglichkeits- oder Übergangsraumes stattfindet. Interpersonell sei die projektive Identifikation das Negativ des Spielens; sie sei ein zwanghaftes Werben gegenüber einer anderen Person, eine Rolle in der externalisierten unbewußten Phantasie des Projizierenden zu übernehmen. Sich auf Winnicott beziehend macht Ogden (1985, 138f) die prägnante Aussage: „Nur im Spielen ist Kommunikation möglich ...".

Gerade die Kleinianer haben immer wieder auf die pathologische Form der projektiven Identifikation hingewiesen. Nach Bion besteht diese in einem „Übermaß des Glaubens an Omnipotenz" (1962, S. 430), und er stellt fest: „Die Vorherrschaft von projektiver Identifikation verwischt die Unterscheidung zwischen Selbst und äußerem Objekt. Das trägt zum Fehlen jeglicher Wahrnehmung von Zweiheit bei, die von der Gewahrwerdung des Unterschieds zwischen Subjekt und Objekt abhängig ist" (a.a.O., S. 429). Meltzer (1967) betont, daß sich die projektive Identifikation gegen die Wahrnehmung von psychischem Schmerz richtet und bei Borderline- oder psychotischen Patienten Monate bis Jahre anhalten kann. Solange die projektive Identifikation nicht teilweise aufgegeben worden sei, könne nichts bearbeitet werden. Erst dann sei ein Zulassen einer begrenzten Abhängigkeit möglich.

Auch Rosenfeld (1987) hat auf die pathologische Form der projektiven Identifikation aufmerksam gemacht: „Bei der projektiven Identifizierung ist es vielleicht am wichtigsten, zu verstehen, wie sie vom Patienten dazu benutzt werden kann, um sich mit dem Analytiker in eine Beziehung zu begeben, die von Verwirrung, Verschmelzung und Vermischung bestimmt ist" (S. 224). Ein Aspekt zielt darauf, „den Körper und die Seele des Analytikers zu kontrollieren ..." (S. 226). „Das Symboldenken kann sich erst dann entwickeln, wenn die Ichgrenzen durch die Behandlung allmählich stabilisiert und festgelegt werden. Searles' Beobachtungen stehen in einem engen Zusammenhang mit meiner Auffassung, daß eine übermäßige projektive Identifizierung, die zur Verschmelzung von Selbst und Objekt führt, immer den Verlust der Fähigkeit zum verbalen und symbolbezogenen Denken mit sich bringt" (S. 256).

Zur Handhabung der projektiven Identifikation in der Therapie schreibt Ogden (1979, S. 14): „Eine Antwort ist, daß der Therapeut nichts ‚tut'; statt dessen versucht er, die in ihm ausgelösten Gefühle zu ertragen, ohne sie zu verleugnen oder sonstwie loszuwerden." Denn in regressiven Zuständen bekommen die Deutungen für den Patienten eine Erlebnisqualität entweder von Feindlichkeit und Aggression oder von Zuneigung.

Ogden (a.a.O., S. 13) zitiert hier Balints Mahnung (1968): „Der Analytiker ist (wenn er die Regression des Patienten erfolgreich handhabt) nicht so sehr darauf aus, alles sofort zu ‚verstehen' und insbesondere alles Unerwünschte zu ‚organisieren' und mit seiner korrekten Deutung zu verändern; hingegen ist er toleranter gegenüber dem Leiden des Patienten und ist in der Lage, es geduldig zu tragen – d.h. seine relative Impotenz zuzugeben –, anstatt es mit aller Kraft ‚wegzuanalysieren', um seine therapeutische Omnipotenz unter Beweis zu stellen."

3. Pathologische Identifizierung und Denkstörung

Zuerst werde ich die äußeren Daten der Vorgeschichte der nun sechsjährigen analytischen Behandlung mit Frau T. vorstellen, auf deren Problematik ich im folgenden wiederholt zu sprechen komme.

Frau T. war nach einem Suicidversuch, den sie nach einer nicht bestandenen Aufnahmeprüfung für ihr ersehntes Studium unternommen hatte, vor 16 Jahren in stationärer psychotherapeutischer Behandlung. Nach einem 5 Monate dauernden Aufenthalt wurde sie ein halbes Jahr ebenfalls von dem Referenten und einer Kollegin in einer ambulanten Gruppe betreut, welche sie zusammen mit einer anderen Patientin abrupt abbrach. Frau T. hatte sich danach bei zwei Analytikern in ambulante Behandlung begeben. Beide endeten mit Abbruch. Dazwischen hatte sie auch eine nervenärztliche Behandlung aufgesucht.

Nach dem letzten Therapieabbruch wandte sie sich voller Verzweiflung und Hoffnungslosigkeit erneut an ihren ersten Analytiker, der sie nun an mich verwies. Er hatte sich wohl meiner kritischen Bemerkungen erinnert, da er sie in eine von ihm favorisierte Gruppentherapie genommen hatte, obwohl die Patientin ausdrücklich um eine Einzelbehandlung nachgesucht hatte. So kam Frau T. 10 Jahre nach der stationären Behandlung zu mir in die Praxis. Wir vereinbarten eine dreistündige Analyse, die sie weitgehend unter großen Entbehrungen selbst finanzierte.

Die exzessive Identifizierung bedingt – worauf ich schon aufmerksam gemacht habe – eine Stagnation der Separations- und Individuationsentwicklung, was aber gerade zu einer Fixierung und Verstärkung der Abhängigkeit von jedem bedeutsamen Objekt führt und in jeder neuen Beziehung wirksam wird. Die Folge der pathologischen Identifikation ist eben auch die Zerstörung des Übergangsraumes und der Symbolisierung, was in „symbolischen Gleichsetzungen“ (Segal 1957) mündet. So „führen Störungen in der Unterscheidung zwischen Ich und Objekt zu Störungen in der Unterscheidung zwischen Symbol und symbolisierten Objekt“ (a.a.O., S. 77).

Das Primärobjekt kann jetzt nicht mehr in der Funktion eines Selbstobjekts (Kohut 1971) oder subjektiven Objekts (Winnicott 1953, 1971) benutzt werden, was bei Kohut die Vorraussetzung für eine gesunde narzistische Entwicklung und bei Winnicott für die Bildung eines Übergangsraumes und -objekts und damit der Symbolisierung ist. Es ist vielmehr mittels einer exzessiven Identifizierung an die Stelle des Subjekts getreten. Kohut (a.a.O., S. 38) spricht dann von Einbrüchen „archaischer, narzistisch überhöhter Selbstobjekte“ in den Bereich des Selbst. Damit geht eine Flucht in die projektive Identifikation einher, um Abwesenheit nicht aufkommen zu lassen, die als tödliche Leere erlebt wird. Nach Etchegoyen (1985, S. 31) impliziert projektive Identifizierung immer Konfusion: „Wenn projektive Identifizierung in Aktion tritt, verkleinert sich bzw. verliert sich der Abstand zwischen Symbol und Symbolisiertem.“ Daraus resultiert eine Denkstörung.

Die Denkstörung (Money-Kyrle 1968) muß einerseits als strukturelles Ergebnis eines pathologischen Prozesses gesehen werden. Auf der anderen Seite hat uns Bion (1957, 1959) auf eine Form der Denkstörung aufmerksam gemacht, die er als ein Angriff auf das Denken bzw. den Wahrnehmungs- und Denkapparat beschrieben hat. Sie ist gegen das schmerzhafte Erleben von Verbindungen und Trennungen zur Aufrechterhaltung der omnipotenten Systeme gerichtet. Verbindungen und Trennungen verweisen auf Bindungen, damit unbewußt auf die Urszene, von der das traumatisierte Subjekt sich in unerträglicher Weise als ausgeschlossen erlebt, weil damit die primäre narzißtische Wunde berührt wird. Ohne den Dritten und ohne einen Zwischenraum, der Abwesenheit erträglich werden läßt, kann es keine Symbolisierung geben und damit keine stabile Repräsentanz eines guten Objekts. Damit bedingt der Angriff auf Verbindungen (Bion 1959) wie auch auf

Begrenzendes – so auf den Rahmen der Behandlungssituation (Green 1975) – eine weitere strukturelle Fehlentwicklung.

Bindungen verweisen auf schmerzhafte Abhängigkeiten und müssen verleugnet oder heftigst angegriffen werden (Searles 1955), um eine omnipotente Pseudoautonomie mittels schizoidem Rückzug, Abkapselung, mit konfusem Agieren oder narzißtischer Abwehr aufrechterhalten zu können. Searles hat eindrücklich beschrieben, wie z.B. Selbsthaß und Schuldgefühle als Abwehroperationen gegen das Bewußtsein von Abhängigkeitsbedürfnissen gerichtet sind, da diese mit verdrängten Einsamkeitsgefühlen verknüpft sind.

Frau T. reagierte auf Unterbrechungen wochenlang mit anhaltendem Schweigen und wies jede meiner Interpretationen, ja mich überhaupt zurück. Hier ist zu erwähnen, daß Frau T. schon als Säugling kurz nach ihrer Geburt und als Kleinkind nach den Geburten der Geschwister wegen wohl vorwiegend psychisch bedingter Erkrankungen der Mutter zuerst vom Vater versorgt, schließlich in Kinderheimen untergebracht wurde.

Als Frau A. – eine andere Patientin –, die wegen einer schweren Bulimie mit Krampfanfällen wegen heimlichem Laxantienabusus in Behandlung gekommen war, die Abhängigkeit in der Therapie nicht mehr leugnen konnte und mich als lebendiges Gegenüber und nicht mehr nur als „Techniker" wahrnahm, erlebte sie sich zutiefst bedroht und sagte: „Jetzt haben sie den Fuß in der Tür; jetzt muß ich entweder sie oder mich umbringen." Und ich war mir sicher, daß sie es ernst meinte. Sie schützte sich und mich, indem sie den Stuhl in die entfernteste Ecke des Zimmers rückte, wo sie sich dann aber wie in einer Wüste als verloren erlebte. Im dritten Jahr formulierte Frau A. die Problematik auf eine weniger bedrohliche Weise und sagte: „Natürlich sollen sie mir helfen, aber ich darf das nicht merken und sie auch nicht."

Bei der Denkstörung ist die Spaltung wohl der ausgeprägteste Abwehrmechnismus, weil jede Verbindung das Subjekt mit einer Verwirrung bedroht. Jeder Versuch einer Verbindung endet in einem Machtkampf, wo es nach dem Gesetz des Alles-oder-Nichts nur Sieger oder Verlierer gibt, weshalb die Urszene als zerstörerischer Akt aufgefaßt wird. So werden Verbindungen oder die Urszene nicht als kreative Akte repräsentiert, was die Basis eines fruchtbaren Denkens wäre. Statt dessen wird das Subjekt mittels der exzessiven Identifikation zum Agenten einer unbewußt erlebten Verschmelzung mit einem Elternteil – was unbewußt das Agieren der Urszene und somit Inzest bedeutet –, wogegen es sich zugleich wehren muß. Denn mit der Verleugnung jeder Trennung ist eine geheime Befriedigung verbunden, aber es droht die Auflösung und Psychose.

Oft können Frauen – aber auch Männer – nur in einer geheimen, abgespaltenen Beziehung eine sexuelle Befriedigung finden, die dann wie ein Rausch erlebt wird. In meiner Arbeit über „Das Jagdgewehr" von Y. Inoue (Trimborn 1993) bin ich dem Zusammenhang zwischen der exzessiven Identifizierung mit dem Primärobjekt, der abgwehrten psychotischen Depression und der inzestuösen Problematik nachgegangen.

Frau T. saß in der stationären Gruppe immer an meiner rechten Seite. Jeden Einzeltermin hatte sie bei mir wahrgenommen, doch in der Gruppe sprach sie kein Wort. Als ein Mitglied meinte, sie sei wohl verliebt in mich, verließ sie türknallend den Raum, worauf keiner mehr etwas zu sagen wagte.

Die Patientin konnte – dies war ihr Hauptsymptom, unter dem sie litt – nicht öffentlich Flöte spielen. Oft erinnerte mich ihre Wortwahl über ihre Ängste vorzuspielen an Ängste vor dem Geschlechtsverkehr, d.h. ihre Symptomatik war ausgesprochen sexuell aufgeladen. Als sie es nach vielen Jahren schaffte, zusammen mit einem Kollegen aufzutreten, stellte sie ihm am Ende die Frage: wir war's? und fügte dann überrascht hinzu, daß die Frage sich ja anhöre, als hätten sie miteinander geschlafen. Danach mußte sie wieder für lange Zeit das Vorspielen aufgeben.

A. Reich (1960, S. 229) hat darauf aufmerksam gemacht, daß die Überbesetzung des Selbst im Sinne einer andauernden Selbst-Bewußtheit (Self-consciousness) mit einer voyeuristisch-exhibitionstischen Sexualisierung der Ich-Aktivitäten einhergeht, also mit einer Störung der Sublimierung.

Schon 1919 hat Tausk in seiner berühmten Arbeit „Über die Entstehung des ‚Beeinflussungsapparates' in der Schizophrenie" den Zusammenhang zwischen Regression und Sexualisierung des ganzen Körpers beschrieben: Die Regression bedingt auch eine „prägenitale Libidoposition, in der der ganze Körper Libidozone ist, der ganze Körper Genitale. Man findet solche Phantasien auch in narzißtisch stark geladenen, sexuell sehr infantilen Neurosen" (S. 382). Und: „Das Fortschreiten der Entstellung des menschlichen Apparatgebildes zum Bilde einer Maschine entspricht als Projektion dem Fortschritt des Krankheitsprozesses, der aus einem Ich ein diffuses Sexualwesen macht, oder, in der Sprache der genitalen Zeit des Menschen ausgedrückt, ein Genitale, eine Maschine, die von den Absichten des Ich unabhängig ist und gleichsam einem fremden Willen unterliegt" (S. 384).

Frau T's unbewußte Phantasie eines „grandiosen Körper-Phallus" (A. Reich 1960, S. 223 auf Lewin 1933 verweisend) wäre durch ein Spielen vor einem Publikum bedroht worden. So versteckte sie sich hinter dem Kollegen. Wenn sie ihn danach fragte, wie es war, so diente ihre Frage auf der bewußten Ebene der Vergewisserung, daß ihre Fehler nicht bemerkt worden seien. Doch es war immer auch ein inszeniertes, agiertes Versagen. Einerseits wurde ihre Illusion eines grandiosen Phallus durch die kleinen Rhythmusfehler bedroht und sie war verzweifelt, andererseits konnte sie durch die Fehler die Illusion einer Heilung durch totale Verschmelzung aufrechterhalten – als Abwehr gegen Trennungs- und Kastrationsängste – und zugleich damit die Ängste vor einem Ichverlust kontrollieren. Später erinnerte sich Frau T., daß ihre Mutter, die vor der Heirat auch Schauspielerin gewesen sei, nie in Anwesenheit der Familie aufgetreten sei.

Das Versagen von Frau T. zielte aber auch darauf, das Elternpaar getrennt zu halten. In der Analyse überraschte sie mich immer wieder mit neuen dramatisch-tragischen und faszinierenden Geschichten. Zunehmend bekam ich Schwierigkeiten, die wirkliche Bedeutung dieser Katastrophenmeldungen zu verstehen. Im Laufe der Behandlung bemerkte ich, daß die Patientin nur selten einen Punkt aus der vorangegangenen Stunde aufnahm, insbesondere dann nicht, wenn es zwischen uns zu anhaltenden Mißverständnissen gekommen war, und gerade dann nicht, wenn eine gemeinsame intensive Arbeit stattgefunden hatte, die aber nicht zum Abschluß gekommen war. Ich versuchte sie darauf aufmerksam zu machen, aber sie reagierte mit heftiger Abwehr; als ich jedoch dabei blieb – wir befanden uns im sechsten Jahr der Analyse –, kam sie in einer der folgenden Stunden gezwungenermaßen – wie sie meinte – auf die vorhergehende zu sprechen. Nach der Stunde sei sie in eine solch angstvolle Panik geraten. Frau T. sagte voller Nachdruck: „Nach der Stunde habe ich gedacht: nie, nie, nie wieder werde ich das machen, nie!! – Ich habe mich ausgenommen gefühlt wie eine Weihnachtsgans. Da war nur Leere, nur noch Hülle ohne Inhalt.

Daß ich das hier gelassen habe? – Nie mehr will ich das Gefühl haben. Das habe ich bisher bewußt nie erlebt.

Dann habe ich den Gedanken gehabt, daß ich meine Eltern zusammenhalten muß. – Mit dem Gedanken ist es mir dann etwas besser gegangen. – Doch das Gefühl war schlimmer als vor dem Suicidversuch und all die Qualen bisher. Es war so grauenhaft, nie mehr will ich das erleben, auch wenn alles auseinanderfliegt. Sonst habe ich immer was aus den Stunden mitgenommmen, aber dieses Mal: Nichts, nur Leere. – Es war ein Nichts, was man nicht mal angreifen könne."

In dieser Dramatisierung sieht Olinick (1964, S. 542) ein Charakteristikum der negativ-therapeutischen Reaktion. Mit einem wahnhaft-omnipotenten System sucht das Subjekt unerträgliche Schmerzen (Valenstein 1973) und eine Katastrophe zu verhindern und produziert anhaltende Katastrophen, so Segal (1972, S. 400). Und es werden Katastrophen inszeniert, um nicht zum Denken zu kommen, ja die eigenen Beschränkungen des Denkens werden mittels projektiver Identifikation dem Gegenüber aufgezwungen (Ogden 1992, S. 213).

Im fünften Jahr der Analyse machte Frau T. sich und mir gegenüber noch vorsichtig das Geständnis, daß ich der einzige in ihrem Leben sei, der ihr bisheriges Bild eines nur schrecklichen Vaters nicht übernommen habe. Sie sagte dies mit einem Gefühl anerkennender Dankbarkeit. Früher hatte sie mich heftigst attackiert, wenn ich ihre ausschließliche Version eines sadistisch-inzestuösen und verfolgenden Vaters nicht einfach bestätigt hatte.

Die Verwirrung, das Chaos bis hin zur Denkstörung dienen also dazu, die Mutter, also das Primärobjekt, für sich zu bewahren. Jeder Separations- und Individuationsschritt wird wegen der exzessiven Identifikation als Mord am Primärobjekt, aber auch als Vernichtung des Ich erlebt. So erlebt sich das Individuum einem unlösbaren Dilemma ausgesetzt, das sich in seinen Beziehungen, aber auch in der Therapie immer wieder reproduziert, weshalb ein Gefühl von Vergeblichkeit und Hoffnungslosigkeit immer bedrängender wird.

Frau T. wollte und mußte ein Aufnahmeprüfung für das so heiß ersehnte Studium bestehen. Aber sie war blockiert, fiel durch und unternahm einen ernsten Suicidversuch. Dies war der Anlaß zur stationären Behandlung vor 16 Jahren. Das Bestehen der Prüfung hätte sie unbewußt mit einem existentiellen Dilemma bedroht: Entweder hätte sie jetzt das Ideal der Mutter erfüllen müssen und wäre endgültig zum Phallus der Mutter degradiert worden – d.h. sie wäre unbewußt mit dem Körper der Mutter verschmolzen –, oder aber sie hätte in einem mörderischen Kampf ihre Mutter umgebracht, weil sie dieser das Ideal, den Phallus geraubt hätte. Das angestrebte Studium war eng verknüpft mit dem idealisierten Leben der Mutter vor deren Heirat. Als Ausweg mußte Frau T. versagen, wie sie immer in entscheidenden Augenblicken versagte, um einerseits sich mittels des Negativismus, anderseits die Mutter-Imago zu retten.

Sonst hätte – wie Freud (1921, S. 124) schreibt – das Objekt „das Ich sozusagen aufgezehrt" und es hätte sich in dem unbewußten Erleben endgültig „an die Stelle des Ichideals gesetzt".

Doch in ihrem Erleben war ihre Mutter das Ideal, dem sie sich ganz hinzugeben wünschte. Frau T. hatte die Überzeugung, daß sie ihrer Mutter schon einmal – nämlich überhaupt durch ihre Existenz – diesen Traum zerstört hatte, da sich ihre Mutter nun der Familie widmen mußte. Nun sollte sie andererseits für ihre Mutter den Traum erfüllen, also sich mit dem verlorenen Ideal der Mutter identifizieren und so dieses aufrechterhalten. Frau T. stand vor einem unlösbaren Dilemma.

Um die Liebe und narzißtische Versorgung der Mutter zu bekommen und sich zu erhalten, muß das Kind ihren narzißtischen Bedürfnissen dienen, z.B. die ideale Tochter sein. Wenn das Subjekt dieses Ideal nicht erfüllt, droht es als Folge der Zurückweisung (d.h. Zerstörung) des Anspruchs der Mutter in einer unerträglichen Isolierung zurückzubleiben, weil sie deren Abwendung provoziert bzw. befürchtet.

Dieses Dilemma und die tiefe Isolierung dürften Frau T. zu dem Suicidversuch getrieben haben. Nur einmal in ihrem Leben spürte sie Haß gegenüber ihrer Mutter, nämlich während des Suicidversuchs. Wenn Frau T. während der Analyse auch nur einen kleinen Schritt nach vorne wagte, erlebte sie mich wie ihre Mutter voller Ablehnung und Desinteresse und geriet in einen bedrohlichen depressiven Zustand. Als sie nach Jahren einen solchen Schritt machte und darüber hinaus begann, ihre Wohnung schöner einzurichten, reagierte sie sofort wieder mit körperlichen Symptomen. Alle meine Deutungen wurden von ihr ignoriert, als hätte ich nichts gesagt, oder einfach zurückgewiesen, wenn ich sie darauf aufmerksam machte. Als ich sie mit ihrem Verhalten konfrontierte, reagierte sie zuerst schroff abweisend und aggressiv. In der folgenden Stunde berichtete sie diesen Traum, der wohl die Denkstörung und deren Ursprung bildhaft darstellt: „Ich will in ein Haus einziehen, das schon eingerichtet war, dessen Biedermeierstil mir aber nicht gefällt. An den Wänden hängen auch Bilder von der Vorbesitzerin. Der Kopf auf den Bildern war überall; er war nur nicht da, wo er hingehört. Da habe ich gewußt – es war grauenhaft –, daß das Exorzismus ist. Dann kam die Zugehfrau mit dem Kreuz auf mich zu, damit ich nicht weitergehe. Ich habe Todesangst gehabt." – Nach dem Traum kam ihr der Gedanke, daß diese Frau die Herrin schütze.

Zusammenfassend läßt sich sagen: Die Denkstörung ist das Ergebnis eines exzessiven Gebrauchs projektiver Identifizierung (Bion 1957) und des Verlustes eines Übergangsbereiches. Die Denkstörung ist auch Ergebnis einer Reizüberflutung durch den Streit der Eltern und der damit verbundenen Traumatisierungen. Das heißt aber auch, daß die Denkstörung in der Störung der Eltern begründet ist – wenn also das Kind selbst schweren elterlichen Projektionen ausgesetzt war –, die das Kind zwar übernehmen muß, die andererseits aber nicht aufgedeckt werden darf, was in Behandlungen zu besonderen Schwierigkeiten in der Gegenübertragung führt. Letztlich resultiert die Denkstörung aus der Unfähigkeit, Abwesenheit und den damit verbundenen Schmerz zu ertragen und damit zu bedeutsamem Denken zu kommen, so eine Formulierung von Bion (1955). Dann ersetzen Halluzinationen, Wahngedanken das symbolische Denken mit dem Ergebnis paranoider, hypochondrischer und psychosomatischer Antworten. Die Denkstörung dient dann auch der Abwehr einer stattgefundenen und befürchteten Katastrophe. Das Subjekt sitzt zwischen dem gespaltenen Elternpaar, um die Urszene – die als befürchtete Katastrophe das Paar bedroht – zu verhindern und das Paar doch zu verbinden. Es agiert alternierende Identifikationen mit beiden Elternteilen, die aber nicht zusammenkommen dürfen, um das Subjekt vor einer Konfusion zu bewahren. So verwickelt es seinerseits die Eltern in eine pathologische Interaktion.

Im Verlauf der stationären Therapie kam es zu einem gemeinsamen Gespräch mit den Eltern. Ihren Vater, mit dem sie völlig verstritten war, wollte sie zuerst nicht sehen. Vor dem Gespräch liefen alle möglichen Aktivitäten zwischen Frau T. und ihrer Mutter, in denen sie sich untereinander und mit der Schwester abstimmten, was ihr Vater nicht wissen durfte, so z.B., daß sie inzwischen das Cello ihres väterlichen Großvaters an sich genommen hatte. In dem gemeinsamen Gespräch verwickelten sich Frau T. und ihr Vater sofort in eine immer heftiger werdende Auseinandersetzung voller Vorwürfe und Mißverständnisse. Als ich wiederholt versuchte, ihre Mutter anzusprechen und diese in das Gespräch einzubeziehen, verschärfte Frau T. den Streit mit dem Vater. Auf diese Weise schaffte sie es, daß ihre Mutter kein Wort sagte und völlig unbehelligt blieb. Die Sitzung endete mit der Bemerkung des Vaters, der seine Tochter nach dem Suicidversuch zum ersten Mal gesehen hatte: „Dafür hat es sich nicht gelohnt zu kommen."

Wie der Gesprächsverlauf zeigt, gelang es Frau T., jeden Kontakt zwischen den Eltern zu unterbinden. Aber auch ich durfte nicht mit der Mutter in Kontakt kommen. So war sie mit dem Vater durch den sadomasochistischen Clinch verbunden, auf der anderen Seite mit der Mutter durch die komplizenhaften und kollusiven Geheimnisse, die den Vater ausschlossen.

Die Denkstörung der Eltern kann in dem Verbot der Eltern gegenüber dem Kind, die Eltern als sexuelles Paar zu sehen, begründet sein. Damit richtet sich ein Verbot gegen die Neugier und das Denken über Sexualität. Beide Eltern brauchten das Kind unbewußt zur Abwehr von Trennung und Trauer.

Frau T's Mutter war unehelich schwanger geworden, als deren Vater im Sterben lag, der von der Schwangerschaft nichts wissen durfte. Nur kurz zuvor war die erste Frau des Vaters der Patientin verstorben. Schon früh hatte Frau T's Mutter sie in die Eheproblematik eingeweiht und sie wissen lassen, daß ihr Vater sie unbedingt habe abtreiben lassen wollen. Nur aus finanziellen Gründen sei sie bei ihm geblieben.

Die libidinöse Verbindung zwischen den Eltern wurde so auf eine analsadistische reduziert und die Lust verschleiert. Aber die Mutter war selbst von ihrer Mutter wegen der Schwangerschaft des Hauses verwiesen worden. Unbewußt war somit Frau T. bereits als ungeborenes Kind ein besonderer Status zugewiesen worden. Einen solchen besonderen Status suchte Frau T. in all ihren Beziehungen zu reproduzieren, so auch in der Analyse.

Exzessive Identifizierungen führen zu einer konfusen Verwicklung mit der Störung der Eltern. Dieser Prozeß muß auch umgekehrt formuliert werden. Mit Hilfe der Traumatisierung haben die Eltern das Kind in erschreckender und tragischer Weise an sich gebunden. Deshalb muß das Subjekt an der Identifizierung mit allen Kräften festhalten, weil jeder Separationsschritt als ein mörderisches Unterfangen erlebt wird. Daher wird der Analytiker, wenn er als ein Dritter diese Identifizierung in Frage stellt, heftigst angegriffen, weil er die scheinbare Harmonie mit dem Primärobjekt bedroht – *Frau T. betonte immer wieder ihr Einverständnis und ihre totale Liebe zur Mutter* –, weil er die absolute und magische Kontrolle zerstört und das „Geheimnis" aufdeckt. Hinter dem Geheimnis der Harmonie bzw. der verborgenen inzestuösen Gemeinschaft verbirgt sich ein tiefer Haß auf die Eltern, weshalb das Subjekt die pathologische Identifizierung durch Reproduktion dieser Beziehungsmuster auch in der Therapie aufrechterhalten muß, obwohl es sich doch davon befreien will. So kulminiert der Verlauf nach anfänglichem narzißtischem Aufschwung in einer zunehmenden Hoffnungslosigkeit, insbesondere dann, wenn auch der Analytiker sich an der komplizenhaften Kollusion beteiligt hat. Der Analytiker wird jetzt aber für sein Versagen als Analytiker angegriffen, wodurch sich der sadomasochistisch-inzestuöse Kreislauf fixiert.

Nach einiger Zeit wurde mir deutlich, wie sehr Frau T. immer wieder ein Beziehungsmuster wiederholte. Überall gelang es ihr nach kurzer Zeit, zu ihren Ausbildern und Lehrerinnen ein persönliches und freundschaftliches Verhältnis herzustellen, das durch eine gegenseitige Bewunderung charakterisiert war, zumal diese sich durch ihre Begabung und ihr idealisierendes

Anlehnungsbedürfnis angesprochen fühlten. Aber all diese Beziehungen endeten mehr oder weniger mit einem Zerwürfnis, wenn sie deren Bemühungen durch Versagen unbewußt zurückwies und diese sich dann von ihr verletzt abwandten. Handelte es sich um Männer, so kam es vor dem endgültigen Aus wiederholt zu einem sexuellen Kontakt. Je persönlicher der Kontakt zu Frauen wurde, um so verwirrender wurde ihr Verhalten. Immer wieder blieb sie in einer unerträglichen Isolierung zurück.

So war es Frau T. in ihrer dritten Theapie schnell gelungen, mit dem Analytiker ein harmonisch-ideales Paar zu kreieren. Man tauschte z.B. Musiknoten aus. Dann aber kippte der Prozeß um. Der Analytiker suchte sich zu retten, indem er nun die 2-stündige Therapie in eine 3-stündige Analyse umwandelte und die Patientin aufforderte, sich auf die Couch zu legen. Immer hatte sich ja Frau T. eine Analyse gewünscht. Jetzt aber erlebte sie diese Aufforderung als Vergewaltigung, und es kam zu einem heftigen Kampf, der mit dem Abbruch der Analyse und der Bemerkung des Analytikers endete, daß sie nicht therapierbar sei.

So übernahm Frau T. wieder das Versagen, bzw. es wurde ihr vom Analytiker zugeschrieben. Er hat nicht verstanden, daß ihr Versagen dazu diente, ihn zu retten, denn in ihrem System konnte es immer nur einen Sieger geben.

Wenn sich aber der Analytiker als stabiles drittes Objekt erweist, richtet sich die Zerstörungswut des Subjekts auch gegen dieses selbst, um das Primär-Objekt, damit aber auch das Selbst – wenn auch ein falsches – zu retten. Dann mag der Patient abrupt die Therapie abbrechen oder auch einen Suicid begehen.

Bion betont, daß das sprachliche Denken eng mit der depressiven Position verknüpft ist: „Das sprachliche Denken schärft die Bewußtwerdung der psychischen Realität und somit der Depression, die mit der Zerstörung und dem Verlust von guten Objekten verbunden ist. ... Das ist ein weiterer Grund für seinen bereits ganz offenkundigen Haß auf die Analyse, welche ja letzten Endes eine Behandlungsform ist, die das sprachliche Denken zur Lösung von psychischen Problemen einsetzt. Selbst wenn der Patient zugibt, daß er sich besser fühlt, beginnt er sich auf dieser Stufe vor dem Analytiker zu fürchten, und – hier liegt der Kern des Problems – zeigt durch seine Haltung ganz deutlich, daß er mit seiner embryonalen Fähigkeit zum sprachlichen Denken nicht das Geringste zu tun haben möchte. Er überläßt es lieber dem Analytiker oder glaubt – was meiner Ansicht nach zutreffender ist –, daß der Analytiker eher in der Lage ist, es ohne katastrophale Folgen in sich zu beherbergen" (1955, S. 243f).

Der Haß auf den Analytiker und auf sein Versagen kann dem Patienten, wenn der Analytiker überlebt (Winnicott 1947), den Zugang zu seinem nicht symbolisierten Haß verschaffen und damit eine Integration der Depression ermöglichen.

4. Die Katastrophe oder katastrophische Veränderung

Wie sehen die Verläufe der Therapien solcher Patienten aus, denn die Indikation ist schwer zu stellen und die Prognose kaum abzuschätzen?

1. Es etabliert sich ein perpetuum mobile der lauten Symptomatik; die Therapie dauert ewig und es passiert viel, aber es darf und kann keine entscheidende Veränderung stattfinden. Der status quo muß erhalten bleiben. Immer wieder werden die Therapien abgebrochen und neue begonnen.

2. Die Therapie induziert eine maligne Regression oder kann eine solche wegen einer zunehmenden kollusiven Desintegration nicht aufhalten. Es kommt zu autodestruktiven Handlungen; psychosomatische oder psychotische Erkrankungen treten auf.
3. Wegen einer nicht integrierbaren narzißtischen Wunde mündet der Verlauf nach einer radikalen Desillusionierung in einem Suicid. Der Suicid kann aber auch des Ergebnis einer Verschmelzungsphantasie sein.
4. Die Therapie eröffnet die Möglichkeit einer katastrophischen Veränderung. Aber das Subjekt hat Angst vor der Heilung, die nach Freud (1937, S. 84) „vom Ich wie eine neue Gefahr behandelt wird." Denn das Subjekt erlebt sich von einem mehr oder weniger starken Erdbeben bedroht, das es ins Wanken bringt.

Ein Ausweg findet sich – wie ich meine – in katastrophischen Veränderungen, worauf Bion (1970) hingewiesen hat. Ich habe das Zulassen und Erleben einer Katastrophe in der Analyse als Voraussetzung einer Veränderung als psychoanalytisches Ereignis beschrieben (Trimborn 1995).

Bion weist darauf hin, daß die psychoanalytische Praxis sowohl den Analytiker wie den Analysanden mit neuen Erfahrungen konfrontiert, „die wegen ihrer unbekannten Eigenschaften und wegen der Gefahr eines Risses in der psychischen Kohärenz als gefährlich erlebt werden" (zit. nach Grinberg, Sor und Tabak DeBianchedi 1973, S. 124). „Die stattfindende Veränderung ist im eingeschränkten Sinne eines Ereignisses, das den Umsturz der Ordnung oder des Systems von Dingen bewirkt, katastrophisch, weil es die Gefühle einer Katastrophe bei den Beteiligten hervorruft und weil sie abrupt und gewaltsam auftritt" (a.a.O., S. 53). „Die sich wiederholende Konfiguration in diesen Beschreibungen ist die einer explosiven Kraft innerhalb eines Rahmens, der versucht sie aufzufangen (contain)" (a.a.O., S. 36).

Ich verweise hier auf die erhellenden Arbeiten von Eigen (1981 und 1985; Übersetzungen W.T.), in denen er sich mit Bions Grundthemen „Katastrophe" und „Glauben" auseinandersetzt: „Nach Bion wird die Geburt des Selbst und seine Entwicklung und Auflösung von einem Gefühl der Katastrophe begleitet" (Eigen 1985, S. 330), wobei „ein spontanes Oszillieren zwischen Ps (paranoid-schizoider Position; W.T.) und D (depressiver Position; W.T.) Teil des basalen Rhythmus mentaler Prozesse ist" (a.a.O, S. 328). Insofern ist nach Bion das Erleben der Katastrophe, des Risses und von Chaos – Manifestationen von Ps –, also „die katastrophische Natur des eigenen Lebens die erste und basalste Aufgabe, die die Psyche aufgreifen muß" (a.a.O., S. 323).

Eine solche Veränderung wird als katastrophisch erlebt:

- weil das primäre Trauma Eingang in die Analyse finden muß, um es symbolisieren zu können, was aber des Subjekt unter allen Umständen zu vermeiden sucht. Das primäre Trauma wird einerseits durch ein Versagen des Analytikers (Winnicott 1974, Bollas 1987), andererseits – wie ich meine – mit der Zerstörung bzw. der Aufgabe der omnipotenten Abwehr „agiert" und so einer Repräsentation zugeführt. Mit anderen Worten: Das primäre Trauma kann nicht als solches wiederholt werden, vielmehr erfährt es eine Symbolisierung durch die Zerstörung der omnipotenten Abwehr, die das Subjekt als Katastrophe erlebt. Die Repräsentation kann jedoch nur stattfinden, wenn die Analyse dem Analytiker und damit dem Patienten hilft, den Schmerz oder die namenlose Angst auszuhalten;
- weil das Subjekt wegen der exzessiven Identifikation seine Reifung, d.h. seine Individuation, als Mord am idealisierten Primärobjekt erlebt;

- weil das Subjekt seine Individuation zugleich als eine Vernichtung des Selbst erfährt, und zwar des Selbst, das versucht hat, auf diese Weise zu überleben (A. Reich 1953, S. 945); denn das Subjekt muß seine omnipotente Abwehr aufgeben;
- weil das Subjekt mit seinem Denken die Störung – die Verrücktheit, die abgewehrte Depression – der Eltern aufdeckt, d.h. aber auch die Verrücktheit und Depression des Analytikers.

Das bedeutet, daß das Subjekt keine magische Heilung erfährt, sondern sich seinen depressiven Schuldgefühlen auch gegenüber der Analyse und seiner Verantwortung stellen muß. Nicht zuletzt wird bzw. wurde aber die Analyse idealisiert, und der Patient erhofft sich die Wiederherstellung seiner Allmacht und narzißtische Unverwundbarkeit. Die als Katastrophe empfundene Ernüchterung bzw. Depression kann dann nicht akzeptiert werden – aber allzu oft auch nicht vom Therapeuten!

Der Patient muß in einer langen therapeutischen Beziehung den Analytiker als gutes Objekt erfahren haben – dies geht nicht ohne schwierige regressive Phasen in der Analyse –, und davon muß der Analytiker eine eigene Erfahrung haben, um mit Hilfe seiner VorAhnungen (Bion 1962) dem Patienten zu helfen, die Katastrophe zuzulassen und zu überleben. Denn, wie Racamier (1980, S. 55) schreibt, „um der Welt einen neuen Sinn geben zu können, muß man in der Tat eine Sekunde lang den Sinn der Welt vergessen können." Auch der Analytiker wird davon überrascht werden und zutiefst betroffen sein. In manchen Fällen geht es dabei um Leben oder Tod.

Ich möchte an dieser Stelle auf die Arbeit von Joan Riviere (1936, Übersetzung W.T.) mit dem Titel: „Ein Beitrag zur Analyse der negativen therapeutischen Reaktion" hinweisen, wo sie schreibt: „Es ist die Drohung der depressiven Position, wovor er (der Patient) sich und uns schützt. ... Die psychische Wahrheit hinter all den omnipotenten Verleugnungen ist, daß das schlimmste Unglück aktuell stattgefunden hat." Was der Patient zuletzt am meisten fürchtet ist „der eigene Suicid oder die Verrücktheit als unausweichliches Ergebnis, wenn seine depressiven Ängste lebendig werden" (S. 312). „Der Inhalt der depressiven Position ist die Situation, wo alles, was geliebt wurde, *innerlich* tot und zerstört ist; ... nichts ist innerlich übriggeblieben außer der äußersten Einöde (desolation). Liebe bringt Leid und Leid bringt Schuld. ... Liebe muß sterben, weil Liebe tot ist" (S. 313). So denkt Riviere, daß „die Furcht des Patienten, durch die Analyse in den Tod gezwungen zu werden" (S. 314), einer der Hauptgründe für die negative therapeutische Reaktion ist.

Der Film „Piano", der im vorletzten Jahr der Analyse von Frau T. in den Kinos lief und dessen Geschichte mich in vielen Punkten an ihr Leben denken ließ, endet mit einer solchen katastrophischen Veränderung, die aber ihren Grund in der vorausgegangenen Entwicklung hat. Frau T. reagierte sehr betroffen auf diesen Film, und sie erwähnte die letzte dramatische Szene, als die stumme Hauptdarstellerin nach einer so positiven Entwicklung ihren neuen Partner, der sie in einem intensiven und langen Ringen aus ihrem autistischen Rückzug herausgeholt hatte, aufforderte, den Flügel – ihr idealisiertes autistisches Objekt – vom Boot ins Meer zu kippen; dabei verwickelt sich ein Seil um ihren Fuß und reißt sie mit in die Tiefe. Offenbar hat sie diese Verwicklung selbst agiert. Dieser unerwartete Verlauf läßt einen vor Schrecken erstarren. Erst im allerletzten Augenblick, schon tief unter Wasser, befreit sie sich und entscheidet sich für das Leben.

Aus Angst vor der Katastrophe muß der Analytiker getäuscht werden, und er wird getäuscht. Doch allzuoft ist er insgeheim damit einverstanden und wird zum Komplizen. Er bedient sich selbst der Denkstörung, indem er z.B. in ein vorzeitiges Ende einwilligt, ja es selbst in Gang setzt, zumal doch die Kasse nicht mehr zahlt. Hier ist der Therapeut auch noch institutionell abgesichert, denn die Behandlungen sollen ja innerhalb eines vorgebenen Limits abgeschlossen werden. Er kann aber auch der Gesellschaft, den Kassen oder den Gutachtern – also den Eltern-Imagines – die Schuld zuweisen, weil diese nicht lange genug die Therapie unterstützen. Der Therapeut kann, wenn es schwierig wird, den Patienten durch omnipotente Deutungen zurückweisen und sich darauf zurückziehen, er habe sich doch in der diagnostischen Einschätzung getäuscht. Er wird zum Komplizen, wenn er die „Beziehung", aber nicht die analytische Arbeitsbeziehung, die auch die Aufrechterhaltung des Settings umfaßt, zu bewahren sucht (Langs 1982, Ogden 1979). Um der befürchteten Katastrophe zu entgehen, mag er beschwichtigen, durch die Gabe von Medikamenten beruhigen, seine Technik und das Setting ändern oder in eine persönliche – nicht-abstinente – und sexuelle Beziehung fliehen.

Doch psychisches Wachstum ist mit seelischem Schmerz verbunden, der hier als Katastrophe erlebt wird, weil das Subjekt zuvor niemanden gefunden hat, der ihm bei der Integration bzw. der Symbolisierung dieses Schmerzes geholfen hat.

Literatur

Asch, S. S. (1976): Varietes of negative therapeutic reaction and problems of technique. Journal of the American Psychoanalytic Association 24, 383–407.

Balint, M. (1935): Zur Kritik der Lehre von der prägenitalen Libidoorganisation. In: ders. (1965): Die Urformen der Liebe und die Technik der Psychoanalyse. Stuttgart: Klett, 1966 und München: Deutscher Taschenbuch Verlag, 1988.

Balint, M. (1968): Therapeutische Aspekte der Regression. Reinbek bei Hamburg: Rowohlt, 1973.

Bibring, E. (1952/53): Das Problem der Depression. Psyche 6, 81–101.

Bion, W. (1955): Die Sprache und der Schizophrene. In: Anzieu, D., B. Gibello, R. Gori, A. Anzieu, B. Barrau, M. Mathieu, W. Bion (1982): Psychoanalyse und Sprache. Vom Körper zum Sprechen. Paderborn: Junfermann, S. 235–255.

Bion, W. (1957): Differentiation of the psychotic from the non-psychotic personalities. The International Journal of Psycho-Analysis 38, 266–275.

Bion, W. (1959): Angriffe auf Verbindungen. In: Bott-Spillius, E. (Hrsg.): Melanie Klein heute. Bd. 1: Theorie. Müchen/Wien: Verlag Internationale Psychoanalyse, 1990, S. 110–129.

Bion, W. (1962): Eine Theorie des Denkens. Psyche 17, 1963, 426–435.

Bion, W. (1970): Attention and Interpretation. In: ders. (1977): Seven Servants. New York: Jason Aronson, S. 1–136.

Bollas, C. (1987): The Shadow of the Object. London: Free Association Books.

Cournut, J. (1988): Das unbewußte Schuldgefühl, das entlehnte betreffend. Jahrbuch der Psychoanalyse, Bd. 22, S. 67–98.

Eagle, M. N. (1984): Neuere Entwicklungen in der Psychoanalyse. München-Wien: Verlag Internationale Psychoanalyse, 1988.

Eigen, M. (1981): The area of faith in Winnicott, Lacan und Bion. The International Journal of Psycho-Analysis 62, 413–433.

Eigen, M. (1985): Toward Bion's starting point: between catastrophe and faith. The International Journal of Psycho-Analysis 66, 321–330.

Etchegoyen, R.H. (1985): Identifikationsschicksale. Jahrbuch der Psychoanalyse. Bd. 17, S. 9–44.

Faimberg, H. (1987): Die Ineinanderrückung (Telescoping) der Generationen. Zur Genealogie gewisser Identifikationen. Jahrbuch der Psychoanalyse, Bd. 20, S. 114–142.

Fairbairn, W.R.D. (1940): Schizoid factors in the personality. In: Fairbairn, W.R.D. (1952): Psychonalytic Studies of Personalities. Boston: Routledge and Kegan Paul, S. 3–27.

Fenichel, O. (1926): Die Identifizierung. In: Aufsätze Bd 1. Frankfurt a.M., Berlin, Wien: Ullstein, 1985, S. 91–109.
Fenichel, O. (1946): The Psychoanalytic Theory of Neurosis. New York: Norton.
Fonagy, P., G.S. Moran, M. Target (1993): Aggression and the psychological self. The International Journal of Psycho-Analysis 74, 471–485.
Freud, A. (1952): Negativismus und Hörigkeit. Ges. Werke Bd. IV. Frankfurt a.M.: Fischer, S. 1254–1256.
Freud, S. (1914): Zur Einführung des Narzißmus. GW X; Stud.Ausg. Bd. 3.
Freud, S. (1915): Triebe und Triebschicksale. GW X; Stud.Ausg. Bd. 3.
Freud, S. (1917) Trauer und Melancholie. GW X; Stud.Ausg. Bd. 3.
Freud, S. (1921): Massenpsychologie und Ich-Analyse. GW XIII; Stud.Ausg. Bd. 9.
Freud, S. (1933): Neue Folge der Vorlesungen zur Einführung in die Psychoanalyse. GW XV; Stud.Ausg. Bd. 1.
Freud, S. (1937): Die endliche und unendliche Analyse. GW XVI; Stud.Aus. Ergänzungsband.
Gedo, J. E. (1979): Beyond Interpretation. New York: International Universities Press.
Gedo, J. E. (1980): Reflections on some current controversies in psychoanalysis. Journal of the American Psychoanalytic Association 28, 363–383.
Green, A. (1975): Analytiker, Symbolisierung und Abwesenheit im Rahmen der psychoanalytischen Situation. Psyche 29, 503–541.
Green, A. (1977): The borderline concept. In: Hartocollis, P. (Hrsg.): Borderline Personality Disorders. New York: Int. Univ. Press.
Green, A. (1978): Potential space in psychoanalysis: the object in the setting. In: Grolnick, S.A., L. Barkin (1978): Between Reality and Fantasy. Transitional Objects and Phenomena. New York, London: J. Aronson.
Green, A. (1983): Die tote Mutter. Psyche 47, 1993, 205–240.
Grinberg, L., D. Sor, E. Tabak DeBianchedi (1973): W.R. Bion: Eine Einführung. Jahrbuch der Psychoanalyse: Beiheft 17, 1993.
Guntrip, H. (1968): Schizoid Phenomena, Object Relations and the Self. London: Hogart Press.
Haynal, A. (1976): Über Depression, Langeweile und Gewaltsamkeit. Jahrbuch der Psychoanalyse, Bd. 9, S. 91–109.
Jacobson, E. (1964): Das Selbst und die Welt der Objekte. Frankfurt a.M.: Suhrkamp, 1973.
Jacobson, E. (1971): Depression. Frankfurt a.M.: Suhrkamp, 1983.
Kohut H. (1971): Narzißmus. Frankfurt a.M.: Suhrkamp, 1973.
Langs, R. (1982): Die psychotherapeutische Verschwörung. Stuttgart: Klett-Cotta, 1987.
Lewin, B. D. (1933): The body as phallus. Psychoanalytic Quartely 2, 24–47.
Lichtenberg, J. D. (1987): Einige Parallelen zwischen den Ergebnissen der Säuglingsbeobachtung und klinischen Beobachtungen an Erwachsenen, besonders Borderline-Patienten und Patienten mit narzißtischer Persönlichkeitsstörung. Psyche 44, 1990, 871–901.
Khan, M.M.R. (1974): Selbsterfahrung in der Therapie. München: Kindler, 1977.
Klein, G.S. (1976): Psychoanalytic Theory: An Explanation of Essentials. New York: International Universities Press.
Loch, W. (1965): Zur Struktur und Therapie schizophrener Psychosen aus psychoanalytischer Perspektive. Psyche 19, 172–187.
Meissner, W.W. (1971): Notes on identification. II. Clarification on related concepts. Psychoanalytic Quartely 39, 277–302.
Meltzer, D. (1967): The Psycho-analytical Process. Perthshire: Clunie Press, 1979.
Meltzer, D. (1975): Adhesive identification. Contemporary Psychoanalysis 11, 289–310.
Meltzer, D. (1984): Traumleben. München, Wien: Verlag Internationale Psychoanalyse, 1988.
Milner, M. (1955): The role of illusion in symbol formation. In: Klein, M., P. Heimann, R. E. Money Kyrle: New Directions in Psychoanalysis. London: Tavistock, 1955, S. 82–108.
Modell, A. H. (1990): Other Times, Other Realities. Toward a Theory of Psychoanalytc Treatment. Cambridge, London: Harvard University Press.

Money-Kyrle, R. (1968): Cognitive development. The International Journal of Psycho-Analysis 49, 691–698.
Olinick, S. L. (1964): The negative therapeutic reaction. The International Journal of Psycho-Analysis 45, 540–548.
Ogden, T. H. (1985): On potential space. The International Journal of Psycho-Analysis 66, 129–141.
Ogden, T. H. (1979): Die projektive Identifikation. Forum der Psychoanalyse 4, 1988, 1–21.
Ogden, T. H. (1992): Projective Identification and Psychotherapeutic Technique. London: Maresfield Library.
Pontalis, J.-B. (1977): Frontiers in Psychoanalysis. Between Dream and Psychic Pain. London: Hogarth, 1981.
Racamier, P.-C. (1980): Die Schizophrenen. Eine psychoanalytische Interpretation. Berlin, Heidelberg, New York: Springer, 1982.
Reich, A. (1953): Narzißtische Objektwahl bei Frauen. Psyche 27, 1973, 928–948.
Reich, A. (1960): Pathological forms of self-esteem regulation. The Psychoanalytic Study of the Child 15, 215–232.
Riviere, J. (1936): A contribution to the analysis of the negative therapeutic reaction. The International Journal of Psycho-Analysis 17, 304–320.
Rosenfeld, H. (1964): Über das Bedürfnis neurotischer und psychotischer Patienten, während der Analyse zu agieren. In: ders. (1981): Zur Psychoanalyse psychotischer Zustände. Frankfurt a.M.: Suhrkamp, S. 234–253.
Rosenfeld, H. (1971): Beitrag zur psychoanalytischen Theorie des Lebens- und Todestriebes aus klinischer Sicht: Eine Untersuchung der aggressiven Aspekte des Narzißmus. Psyche 25, 476–493.
Rosenfeld, H. (1987): Sackgassen und Deutungen. München, Wien: Verlag Internationale Psychoanalyse, 1990.
Rubinfine, D. L. (1968): Notes on a theory of depression. Psychoanalytic Quarterly 37, 400–417.
Parker, B. (1972): Chronik einer gestörten Familie. Frankfurt a.M.: Suhrkamp, 1975.
Ritvo, S., A. J. Solnit (1958): Influences of early mother-child interaction in identification processes. The Psychoanalytic Study of the Child 13, 4–85.
Searles, H. (1955): Abhängigkeitsprozesse bei der Psychotherapie von Schizophrenie. In: ders. (1965): Der psychoanalytische Beitrag zur Schizophrenieforschung. München: Kindler, 1974, S. 9–47.
Segal, H. (1957): Notes in symbol formation. The International Journal of Psycho-Analysis 38, 391–397. Und in: Segal, H. (1992): Wahnvorstellung und künstlerische Kreativität. Stuttgart: Klett-Cotta, S. 73–94.
Segal, H. (1972): A delusional system as a defence against the re-emergence of a catastrophic situation. The International Journal of Psycho-Analysis 53, 393–401.
Steiner, J. (1982): Die Wechselwirkung zwischen pathologischen Organisationen und der paranoid-schozoiden und depressiven Position. In: Bott Spillius, E. (Hrsg): Melanie Klein Heute. München, Wien: Verl. Internat. Psychoanalyse, 1990, S. 408–431.
Steiner, J. (1993): Psychic Retreats. London: Routledge.
Symington, J. (1985): The survival function of primitive omnipotence. The International Journal of Psycho-Analysis 66, 481–488.
Tausk, V. (1919): Über die Entstehung des „Beeinflussungsapparates" in der Schizophrenie. Psyche 24, 1969, 354–384.
Trimborn, W. (1993): Leidenschaft und Melancholie als psychoanalytisches Thema in „Das Jagdgewehr" von Y. Inoue. Jahrbuch der Psychoanalyse. Bd. 30, S. 211–232.
Trimborn, W. (1995): Der Rahmen und das psychoanalytische Ereignis. In: Haas, J.-P., G. Jappe (Hrsg.): Deutungs-Optionen. Für Wolfgang Loch. Tübingen: edition diskord, S. 96–119.
Tustin, F. (1981): Autistische Zustände bei Kindern. Stuttgart: Klett-Cotta, 1989.
Valenstein A.F. (1973): Über die Verhaftung an schmerzliche Empfindungen und die negative therapeutische Reaktion. Forum der Psychoanalyse 9, 1993, 191–180.
Widlöcher, D. (1985): Der Identifizierungswunsch und seine strukturellen Wirkungen im Werke Freuds. Jahrbuch der Psychoanalyse. Bd 17, S. 69–103.
Winnicott, D. W. (1935): Die manische Abwehr. In: ders.: 1976, S. 238–260.

Winnicott, D. W. (1947): Haß in der Gegenübertragung. In: ders.: 1976, S. 75–88.
Winnicott, D. W. (1948): Wiedergutmachung im Hinblick auf die organisierte Abwehr der Mutter gegen Depression. In: ders.: 1976, S. 261–269.
Winnicott, D. W. (1953): Übergangsobjekte und Übergangsphänomene. Psyche 23, 1969, 666–682.
Winnicott, D. W. (1955): Klinische Varianten der Übertragung. In: ders.: 1976, S. 217–223.
Winnicott, D. W. (1959): Klassifikation: Gibt es einen psychoanalytischen Beitrag zur psychiatrischen Klassifikation. In: ders.: 1974, S. 160–181.
Winnicott, D. W. (1960): Ich-Verzerrung in Form des Wahren und des Falschen Selbst. In: ders.: 1974, S. 182–198.
Winnicott, D. W. (1962): Die Frage des Mitteilens und Nicht-Mitteilens führt zu einer Untersuchung gewisser Gegensätze. In: ders.: 1974b, S. 234–252.
Winnicott, D. W. (1971): Vom Spiel zur Kreativität. Stuttgart: Klett-Cotta, 1979.
Winnicott, D. W. (1974a): Die Angst vor dem Zusammenbruch. Psyche 45, 1991, 1116–1126.
Winnicott, D. W. (1974b): Reifungsprozesse und fördernde Umwelt. München: Kindler.
Winnicott, D. W. (1976): Von der Kinderheilkunde zur Psychoanalyse. München: Kindler.

Die Verinnerlichung der Erfahrung der ‚holding function' in einer Kinderbehandlung

Eva Berberich

1. Theoretische Einführung

Die Erforschung der frühkindlichen Entwicklung sowie die therapeutische Analyse von Kindern erlauben es, die Organisation psychischer Strukturen in einem fortlaufenden Entwicklungsprozeß zu verfolgen.

Abend leitete 1986 als Vorsitzender ein wissenschaftliches Panel der amerikanischen psychoanalytischen Gesellschaft zur Frage der Veränderung psychischer Strukturen ein mit einer allgemeinen Bemerkung über die immer noch bestehenden Schwierigkeiten, den Begriff ‚psychische Struktur' zu definieren. Auch R. Wallerstein, einer der Panelisten, der auf Rapaports Konzept von Strukturen als „Kontrollen und Abwehren mit langsamer Veränderungsrate" zurückgriff, räumte ein, daß es trotz der Einfachheit dieser Formulierung noch theoretische Probleme gebe, daß ein klarer Konsens dazu in der Literatur fehle, und schlug unter anderem vor, klinisches Material der systematischen Erforschung zugänglich zu machen.

Übersichtlich hat Kernberg (1981) die Grundeinheiten der intrapsychischen Strukturen definiert als Konstellationen von Objektbildern in Interaktion mit Selbstbildern und deren affektiver Färbung zum Zeitpunkt der Interaktion (Kap. 1). Diese Einheiten internalisierter Objektbeziehungen vereinen sich zu komplexeren psychischen Strukturen, und diese Strukturen geben ihrerseits schließlich dem Ich, dem Überich und dem Es (also den drei Substrukturen der menschlichen Psyche) ihre definitive Form.

Die Gesamtheit von Aktivitäten, die zur psychischen Struktur führt, nennt man auch Individuation. Individuation oder psychische Strukturbildung kommt zustande durch Internalisierung von Interaktionsprozessen (Loewald 1986, Kap. 10), die sich zuerst im Beziehungsraum zwischen Mutter und Kind abspielen, d.h. nicht durch Internalisierung von Objekten, sondern von Beziehungsstrukturen. Die Strukturbildung ist abhängig von Objektbeziehungen. Wiederum nach Loewald stellt die Internalisierung die basale Funktionsweise der Psyche dar und erlaubt uns zu unterscheiden, auf welche Weise psychische Struktur und psychisches Funktionieren zustandekommen, d.h. sich entwickeln und aufrechterhalten werden (Loewald 1986, Kap. 3). Der Charakter einer Struktur ist nicht dadurch bestimmt, daß bestimmte Komponenten sich zu Gruppen zusammenfügen, sondern durch deren Wechselbeziehungen, deren Anordnungsprinzipien und gegenseitige Bezogenheit aufeinander. Es handelt sich nach Meinung Loewalds nicht um Strukturen mit bestimmten Funktionen, sondern es ist die Art und Weise des Funktionierens, die uns von der Struktur, z.B. des Ichs, sprechen läßt. Psychische Strukturen sind das Ergebnis eines Prozesses, ihre Strukturiertheit besteht in besonders organisierten Aktivitätsmustern (Loewald 1986, Kap. 10).

Überraschenderweise erschien 1960 in Moskau die Monographie des russischen Entwicklungspsychologen Vygotsky, der kein Analytiker war und bereits 30 Jahre zuvor zu ähnlichen Formulierungen gekommen war, nämlich daß der Prozeß der Internalisierung eine Reihe von Umformungen durchläuft:

a) „An operation that initially represents an external activity is reconstructed and begins to occur internally ...
b) An interpersonal process is transformed into an intrapersonal one. ... All the higher functions originate as actual relations between human individuals.
c) The transformation of an interpersonal process into an intrapersonal one is the result of a long series of developmental events. The process being transformed continues to exist and to change as an external form of activity for a long time before definitely turning inward. For many functions, the stage of external signs lasts forever, that is, it is their final stage of development. Other functions develop further and gradually become inner functions. However, they take on the character of inner processes only as a result of a prolonged development. ..." (Vygotsky 1978, S. 56/57)

Ich möchte hier jetzt nicht die frühen Stadien der normalen strukturellen Entwicklung beim Kind nachzeichnen. Ich werde mich vielmehr darauf beschränken, diejenigen pathologischen Abweichungen in der frühen Entwicklung des Kindes hervorzuheben, die für das Verständnis des nachfolgenden klinischen Materials von Bedeutung sein werden, um später darlegen zu können, weshalb meines Erachtens durch die psychoanalytische Behandlung eine Strukturveränderung im günstigen Sinne stattgefunden hat.

> „Eine grobe Unfähigkeit von Seiten der Erwachsenen, sich als strukturschaffende Selbstobjekte zur Verfügung zu stellen oder als wachstumsfördernde Umwelt, die auf die legitimen Bedürfnisse des Kindes antwortet, stellt die früheste Schädigung eines sich entwickelnden Kindes dar" (Tolpin 1987, S. 236).

Die Zeit, in der die Differenzierung zwischen Selbst und Objekt erfolgt, erfordert von seiten der Primärobjekte eine organisierende Unterstützung, die in konsistenter und vorhersagbarer Antwortbereitschaft und emotionaler Verfügbarkeit zum Ausdruck kommt. Sie gibt dem Kind eine sichere Basis, die Erfahrung eines kohärenten Selbst als unabhängiger Organisation zu machen, und ermöglicht den Aufbau einer integrierten Struktur. Das Kind erlangt damit die Fähigkeit zur affektiven Steuerung, das Gefühl von Kompetenz und Kraft und eine positive Erwartungsbereitschaft. Die spätere Bewältigung von Frustrationen, Angst, Depressionen, Enttäuschung, Wut und Neid hängt ab von der Möglichkeit des Kindes, elterliche reparative, ermutigende Fähigkeiten zu übernehmen. Werden andererseits die Signale des Kindes von den Eltern nicht richtig ‚gelesen' und zuverlässig beantwortet, drohen massive Verzweiflung und Fragmentierung des Selbst. Entwicklungsstörungen und strukturelle Defizite finden sich natürlich auch bei Kindern, die wiederholte Trennungen oder lange Hospitalisierungen in den ersten 2 oder 3 Lebensjahren auszuhalten hatten, Belastungen, die es unmöglich machten, daß das Kind eine kontinuierlich zur Verfügung stehende Beziehung zu einem Objekt erfahren konnte. Liebevoll getönte Mutter-Kind-Interaktionen fügen sich zu anfangs noch miteinander verschmelzenden positiven Selbst-/Objektbildern zusammen und werden introjiziert (sogenannte ‚gute innere Objekte'). Desgleichen werden negativ getönte Interaktionen zu negativ getönten Selbst-/Objektbildern zusammengefügt und introjiziert (sogenannte ‚böse innere Objekte'). Die überwältigende Intensität früher Affektzustände bedingt, daß Introjekte positiver Valenz von denen negativer Valenz aus Mangel an Integrationsfähigkeit getrennt gehalten werden müssen. Bei Auftreten überwältigender Angst wird diese Trennung zu Abwehrzwecken benutzt (Kernberg 1981, S. 33), d.h. es kommt zu Spaltungsprozessen. Die Spaltung erlaubt eine Projektion negativer ‚böser innerer Objekte' auf die Außenwelt, sie werden ‚ausgestoßen' (Jacobson 1964, zitiert nach Kernberg 1981). Exzessive frühe pathologische Spaltungen bedrohen die künftige Entwicklungsfähigkeit des Ichs. Die Spaltung von Affekten ist ein Versuch, frühe pathologische Objektbeziehungen zu bewältigen, in deren Zusammenhang unvereinbare heftige Affekte oder auch überwältigende Angst aufgetreten waren. Diese frühen pathologischen Objektbeziehungen bleiben ‚unverdaut', d.h. die Integration von Selbst- und Objektbildern gelingt nicht, die Ich-Grenzen bleiben instabil, und eine Wiederverschmelzung von positiven Selbst- und Objektvorstellungen kann als frühe Abwehrform gegen frustrierende Situationen immer wieder auftreten.

Ich möchte im Rahmen der Schilderung des Behandlungsverlaufes eines zu Beginn der Therapie 5 1/2 Jahre alten Mädchens mit schwersten verstümmelnden Brandverletzungen zum einen die Verarbeitung schwerer Traumata in frühester Kindheit, d.h. Babyzeit, und deren Darstellung und Wiederbelebung in der Therapie, zum anderen auch die vermutliche Auswirkung auf die Strukturbildung aufzeigen.

Meine *Hypothese* ist, daß die strukturbildenden Elemente des analytischen Settings und seiner ‚holding function' sowie die trotz aller noch so chaotischen Übertragungsmanifestationen gleichbleibende, sehr konstante emotionale Verfügbarkeit der Analytikerin und ihre Bereitstellung eines sicheren ‚background of safety' (Sandler 1987, Kap. 1) ein Zusammenwachsen des ständig von Desintegration bedrohten Selbst der Patientin ermöglicht haben. Darüberhinaus wird eine Änderung der Selbstrepräsentanz des Kindes durch die positiv sich ändernde Wahrnehmung der Analytikerin und die Wahrnehmung dieser veränderten Sicht der Analytikerin durch das Kind angenommen.

2. Vorgeschichte

Zum Jahresende 1976 wurde ein kleines 6 Monate altes Mädchen, das ich Sophie nennen möchte, von ihrer Mutter allein zu Hause zusammen mit ihrem damals 2 1/2 Jahre alten Bruder zurückgelassen. Die Mutter wollte einkaufen, Sophie schlief in ihrem Bettchen, der Bruder spielte. Irgendwie gelang es wohl letzterem, an Streichhölzer und an eine Kerze heranzukommen, und irgendwie fing das Bettchen von Sophie Feuer. Sie kam mit schwersten Brandverletzungen an Kopf, Händen, Oberarmen und dem oberen Thoraxbereich in eine Spezialklinik, wo sie fast 16 Monate bleiben mußte, zahlreichen Operationen und plastischen Korrekturen ausgesetzt. Die eigene Familie, insbesondere die Mutter, sah sie nicht wieder. Angeblich unternahm die Mutter keinen Versuch, ihr Baby in der Klinik zu sehen.

Zur gleichen Zeit wurde in derselben Klinik ein älterer Handwerksmeister wegen eines Berufsunfalles behandelt. Er hatte Daumen, Zeige- und Mittelfinger der linken Hand verloren. Er lernte das kleine Mädchen kennen und lieben. Auch seine Ehefrau hatte sie liebgewonnen. Diese war als Kind lange durch ein angeborenes Hüftleiden gehbehindert gewesen und war, weil sie bis ins Adoleszentenalter hinein sich nur an Krücken fortbewegen konnte, von Gleichaltrigen mit Schimpfwörtern wie ‚Hexe' belegt worden. Beide wurden die zukünftigen Pflegeeltern von Sophie, die mit Einwilligung des Jugendamtes ihnen im Alter von gut 2 Jahren anvertraut wurde. Den leiblichen Eltern war das Sorgerecht für Sophie entzogen worden. Die Pflegeeltern waren also mit körperlichen Einschränkungen und Behinderungen vertraut, auch mit der schwer erträglichen Notwendigkeit wiederholter schmerzhafter Eingriffe und Korrekturen, verknüpft mit länger anhaltenden Klinikaufenthalten. All dies stand auch Sophie bevor. Sie mußte regelmäßig zweimal im Jahr wegen plastischer Operationen ins Krankenhaus, auch während der insgesamt 5 Jahre dauernden Psychotherapie.

Die schwerst entstellte und verstümmelte kleine Sophie bekam also eine ganz neue Familie. Die Pflegeeltern hatten bereits eine damals 14jährige Tochter sowie einen 12 Jahre alten Sohn, die beide sorgfältig auf die neue Pflegeschwester vorbereitet worden waren, eine Familie, von der Sophie zunächst nicht wußte, daß es nicht ihre eigene war. Eine Vorbereitung auf den Anblick dieses Kindes war und ist bis heute nötig, um das Erschrecken, das jeden bei seinem Anblick überkommt, nicht allzu offensichtlich werden zu lassen. Sophie hatte nämlich durch den Brand nicht nur die linke Hand und das letzte Drittel des linken Unterarmes verloren sowie die Mittel- und Endglieder der Finger der rechten Hand, man hatte auch die gesamte Gesichtshaut transplantieren müssen. Das Gesicht war gänzlich von bräunlich-marmorierter Haut bedeckt, das linke Auge war kleiner als das rechte. Das Unterlid des rechten Auges, das durch Narbenkontrakturen nach innen gerollt war, kratzte mit den Wimpern ständig auf der Hornhaut, so daß das Auge dauernd tränte. Mund- und Naseneingänge waren verzogen, der Mund ließ sich nicht vollständig schließen. Ein etwa handtellergroßer Knochendefekt der Schädeldecke war wegen des jungen Alters bisher nur notdürftig gedeckt und mit einer häßlichen Perücke nur unvollständig verkleidet worden; das hellbraune Band einer Lederpelotte war auf beiden Seiten des Kopfes neben der Perücke sichtbar, die linke Ohrmuschel fehlte. Kurzum: Sophies eigene Beschreibung ihres Aussehens, nachdem sie sich wieder einmal, wie schon öfter, bei mir im Spiegel betrachtet hatte, „ich bin der Teufel, ich habe eine Fratze", schien durchaus zutreffend. Daß auch die Oberarme und der obere Brustbereich mit häßlichen Narbenkonstrikturen bedeckt waren, die Plantate dafür waren den Oberschenkeln des Kindes selbst entnommen worden, sah ich erst später. Ebenfalls erst später erfuhr ich, daß das Brustdrüsengewebe der linken Brust vollständig zerstört war, das Wachstum der linken Brust blieb dann in der Adoleszenz auch aus.

Die Pflegemutter hatte mich, wie schon zuvor die Kindergartenkinder, mit Hilfe von Fotografien auf den Anblick der inzwischen fast 6 Jahre alten Sophie vorbereitet, etwas, was auch für die Zuneigung der Pflegeeltern sprach und für deren Fähigkeit zur Empathie. Mit ihrer Aufnahme in den Kindergarten hatte Sophie zugleich auch erfahren, daß sie nicht bei ihren richtigen Eltern lebte. Damals war sie gut 3 Jahre alt gewesen.

Bis fast unmittelbar vor der Einschulung hatten die Pflegeeltern jedoch keine Notwendigkeit gesehen, dem Kind psychische Hilfe angedeihen zu lassen. Zum einen waren sie mit den medizinisch notwendigen Eingriffen sehr in Anspruch genommen gewesen, zum anderen hatten sie auch bis dahin geglaubt, daß es genüge, Sophie Mut zu machen und ihr das Gefühl zu vermitteln, daß es ein Glück war, daß sie überhaupt am Leben geblieben war. Sophie war auch trotz der mannigfachen Behinderungen ein selbständiges Kind geworden, das seine Einschränkungen verleugnete und das sogar wegen seines Watschelganges zum Ballett angemeldet worden war. Der Besuch des Kindergartens wurde jedoch zu einer großen Anstrengung für sie. Erstmals so richtig mit den Möglichkeiten und Leistungen anderer Kinder konfrontiert, verwandte Sophie ungeheure Kraft und Energie darauf, alles genauso machen zu können wie andere Kinder auch. Das erschöpfte und ermüdete sie sehr, führte darüber hinaus zu länger anhaltenden Verstimmungen, aber auch zu Ängsten und Befürchtungen, die sich jetzt bei der bevorstehenden Einschulung noch steigerten. Mit Unverständnis nahmen die Pflegeeltern zur Kenntnis, daß Sophie sich manchesmal trotz ihres Aussehens exponierte, sich in den Mittelpunkt stellte und provozierte, daß man sie anschaute, um dann bei entsprechenden Reaktionen – etwa des Abscheus oder des Rückzugs der Umwelt – mit großer Wut zu reagieren. Als sie dann auch zunehmend versuchte, sich den notwendigen Eingriffen zu entziehen, mit Aggressionen und Fieber reagierte und für das Klinikpersonal ein Problemkind zu werden begann, ließen sich die Eltern von der zuständigen Sozialarbeiterin überreden, Sophie bei mir vorzustellen.

3. Behandlungsgeschichte

Ich sah der ersten Begegnung mit Sophie und im weiteren auch der nachfolgenden Behandlung, zu der ich mich entschloß, mit Unsicherheit und einer gewissen Ängstlichkeit entgegen. Dabei war die offene Frage, ob ich ein so intimes Zusammensein, wie es eine analytische Behandlung mit sich bringt, mit einem so mißgestalteten Kind auf längere Dauer würde ertragen können, lediglich von peripherer Bedeutung. Viele andere Fragen tauchten auf. Was erwartete Sophie von mir? Wie würde sich die Interaktion gestalten? Mit welchen traumatisch bedingten strukturellen Defiziten mußte ich rechnen? In welcher Weise hatte das psycho-physische Trauma aus präverbaler Zeit, das neben einer zweijährigen Immobilisierung (Sophie lernte erst nach dem zweiten Lebensjahr laufen) und Hospitalisierung auch zahlreiche äußerst schmerzhafte Eingriffe nach sich gezogen hatte, seinen Niederschlag gefunden, und wie würde es in der Übertragungsbeziehung wieder auftauchen? Konnte man überhaupt von einem psychischen Trauma sprechen?

> „Prior to ego differentiation the concept of psychic trauma may not be applicable, and it would be more appropriate to think of organismic trauma and distress. There are great difficulties attached to preverbal reconstruction of such traumatic experience. The residues of such traumatic experience may only appear in sensory, motor, and psychosomatic phenomena in sensations, feelings, and images“ (Blum 1986, S. 26/27).

Der Autor meint weiter, daß es in solchen Fällen schwierig ist, zwischen Trauma und nachfolgender Beeinträchtigung der Strukturbildung, konstitutionellen Defiziten der Strukturbildung, Versagen der Umgebung und entwicklungsbedingten Fehlbildungen zu unterscheiden.

Das durch die Verbrennungskatastrophe bedingte Trauma hatte sich mit einem weiteren verbunden: nämlich der abrupten Unterbrechung der Beziehung zur Mutter und darüber hinaus zur ganzen Familie. Die heranwachsende Sophie hatte im weiteren ihre Verunstaltung zu verarbeiten und auch die nie beantwortete Frage: warum hatte die Mutter sie aufgegeben, warum hatte sie sie nicht zurückgeholt? Auch hatte sie zu verkraften, daß die Mutter, die sie anfangs für das ihr Widerfahrene verantwortlich gemacht hatte, nämlich die Pflegemutter, eigentlich diejenige war, die sie gerettet hatte, die aber auch nicht vollständig für sie eingetreten war, denn Sophie war von der Pflegefamilie nicht adoptiert worden.

Ich hatte im voraus auch noch erfahren, daß man im Haus der Pflegeeltern nicht über das Geschehene sprach, auch nicht über die verlorene eigene Familie von Sophie. Ihre bewußte Lebensgeschichte hatte mit dem Kennenlernen des Pflegevaters begonnen, in dessen Zimmer Sophie zu irgendeinem Zeitpunkt vor dem 2. Lebensjahr verlegt worden war. Im nachhinein konnte ich mir das von den Pflegeeltern auferlegte Schweigegebot mit Reaktionen Sophies erklären, die ich auch ziemlich bald nach Beginn der Behandlung kennenlernen sollte: nämlich panikartige Angstattacken, sobald von Feuer oder Brand die Rede war, Attacken, die man nur mit Desintegrationsängsten oder Ängsten vor Fragmentierung umschreiben kann, herrührend von einer brüchigen, ständig bedrohten Kohärenz des Selbst. Theoretisch erwartete ich auch eine mangelnde Impulskontrolle, heftige Affektausbrüche von mächtiger Wut und Hilflosigkeit, Projektionen, Splitting, primitive Abwehrmechanismen wie projektive Identifizierung. Im Zusammensein mit Sophie wurde ich dann aber doch vom Geschehen überrascht und gleichsam überrollt.

Sophie, die zu Beginn der ersten Sitzungen leicht gefremdelt hatte, so möchte ich fast sagen, jeweils kurz mein Gesicht mit den Blicken abgetastet hatte, verlor überraschend schnell alle Scheu, so als nähme sie gar nicht an, daß man sich bei ihrem Anblick abgestoßen fühlen könnte. Wie schon von den Eltern beschrieben, provozierte sie nicht nur, genau angeschaut zu werden, sondern sie forderte auch die Berührung ihrer verstümmelten Glieder heraus, z.B. wenn ich ihr mit Wasserfarbe rote Nägel aufzumalen hatte. Sowohl das Sie-anschauen als auch das Sie-berühren fiel mir nicht leicht. Ich fürchtete anfangs, Sophie könnte merken, daß ich einen inneren Widerstand zu überwinden hatte. Der hielt jedoch weniger lange an, als ich befürchtet hatte. Recht bald hatte ich den Eindruck, das, was ich sah, anders bewerten und anders sehen zu können. Letzteres, nämlich die Tatsache, daß ich sie anders sah, mag mit der Zeit dazu geführt haben, daß Sophie jeweils am Ende mancher Sitzung in der kleinen Diele vor dem Therapiezimmer auf einen Stuhl stieg, um ihr Gesicht in einem größeren Spiegel (ein kleinerer liegt im Behandlungszimmer immer bereit) von nahem ganz genau zu untersuchen und zu betrachten. Darauf werde ich später zurückkommen. Zunächst jedoch werde ich das erste Behandlungsjahr, das für mich speziell durch seine Anforderungen an meine Gegenübertragung eine der schwierigsten Aufgaben überhaupt darstellte, beschreiben.

Trotz aller Vorüberlegungen war ich nicht darauf eingestellt, wie rasch sich zu Beginn einer jeden Stunde (nach einer Einleitungsphase von etwa 10 Sitzungen) Abbrüche der Realitätsbezogenheit bei Sophie in der offenen analytischen Situation einstellten, wie unaufhaltsam ich in einen Sog der Unabgegrenztheit zwischen uns beiden geriet, aus dem ich mich so gut wie nie noch während der Sitzung befreien konnte. Oft vermochte nur ein nachträgliches Gespräch mit Kollegen die eigenen Grenzen wiederherzustellen. Mehr als ein Jahr lang blieb dann der Ablauf der Stunden in verblüffender Weise gleich: Sophie beginnt die Sitzung schweigend, mit Malen, Kneten oder Basteln beschäftigt oder in ruhiges Spiel mit Bauernhof, Puppenhaus und entsprechenden Figuren vertieft. Rasch und rascher wird im Verlauf der ersten 10 bis 15 Minuten ihr Tun unkontrollierter, nichts gelingt ihr mehr, Schreibtisch und Zimmer versinken in Unordnung, Geschmiere und Chaos. Es ist, als wären gewisse Hemmungen plötzlich weggefallen und im Laufe einer regressiven Bewegung plötzlich frühere primitivere Mechanismen des Funktionierens wieder zum Durchbruch gekommen (Sandler 1987).

Schuld daran hätte ich, so sagt Sophie, weil ich böse und zu nichts zu gebrauchen sei. Sie wird in ihrer Ausdrucksweise ungebremster, kann ihre Impulse und Affekte immer weniger kontrollieren, ihre Realitätsprüfung wird schwächer. Nach fast gezielt verletzend anmutenden Bemerkungen ihrerseits schreit sie mich an, wie ich dazu komme, so etwas zu ihr zu sagen. Wenn sie etwas anscheinend mutwillig zerstört hat, weist sie ähnlich verwirrt und anklagend auf mich, „da siehst Du, was Du wieder angestellt hast". Sie versucht mich in unerträglicher Weise zu provozieren, in Auseinandersetzungen zu verwickeln, zu verwirren, daß ich meist nicht mehr überblicke, wer was gesagt oder getan hat, so als seien die Grenzen zwischen uns durchlässig. Ich fühle mich überflutet von intensiven, rasch aufkommenden widersprüchlichen Gefühlen, meist der Wut, der die Angst folgt, mich nicht mehr beherrschen zu können, das Ganze nicht mehr aushalten zu können. Die ganze Situation droht ins Chaos abzugleiten. Ich fühle mich manipuliert, muß in einem mir völlig fremden Spiel mitwirken, das ich nicht mehr durchschauen kann, und darf doch nichts weiter tun, als die frustrierenden Gefühle auszuhalten und Impulse nach destruktiver Vergeltung zu beherrschen. Ich habe auch den Eindruck, daß ich gegen diesen Ablauf der Dinge nicht Widerstand leisten darf, das Ganze nicht unterbinden darf, was ich am liebsten täte. In der Regel enden die Stunden auch in der gleichen Weise:

Therapiezimmer und innerlich auch die Therapeutin bleiben in chaotischem und verwirrtem Zustand zurück, während Sophie wie triumphierend oder, wie ich insgeheim dachte, wie ein Phoenix aus der Asche aufsteigend, den Raum verläßt. Es wird nach und nach immerhin klar, daß Sophie mit ihren narzißtisch-destruktiven Omnipotenzphantasien, in denen sie für sich Unverletzlichkeit und Grandiosität reserviert hat, verbunden mit magischer Kraft, nicht nur ihre Behinderung ungeschehen machen, sondern auch sich rächen, ihren Haß in Wort und Tat ausdrücken kann. Die für sie unerträglichen Gefühle jedoch ‚vermacht' sie mir, die kann sie zunächst noch nicht aushalten. Aber sie hat das Geschehen und mich unter Kontrolle, ist gleichzeitig involviert und distanziert. Wiederhergestellt und geordnet und allein im Besitze positiver Eigenschaften läßt sie alles hinter sich. Lange Zeit tue ich nichts weiter als dieses: immer wieder aufs neue zur Verfügung stehen für eine Wiederholung der Inszenierung, aufpassen, daß Sophie sich nicht wehtut und auch mich nicht angreift, d.h. für einen ‚background of safety' sorgen, vor dessen Hintergrund sich vieles abspielen darf, vieles zum Ausdruck kommen darf, wobei ich aber auch dafür sorge, daß bestimmte Dinge nicht passieren können. Versuche der Interpretation erlebt sie lange Zeit als Angriff und als Bedrohung.

Zeitweilig beginnt sie auch sofort mit Fingerfarben auf dem Papier ein großes Geschmiere zu veranstalten, das sie, Feuer' nennt. Obwohl das Wort ‚Feuer' in vielfachen Zusammenhängen von Anfang an auftaucht, auch die Feuerwehr stets neben dem Puppenhaus Stellung bezieht und die Kinder alle in Afrika wohnen, da man dort wegen des warmen Wetters immer draußen schlafen kann, darf ich das Thema ‚Feuer' von mir aus nicht aufgreifen. Sophie sagt schon mal beiläufig: „Was würdest Du tun, wenn hier plötzlich ein Feuer ausbräche und ich wäre schon längst schnell davongelaufen?" Das war zu einem Zeitpunkt, als ich in der Übertragung die böse Mama geworden war. Ein anderes Mal fragt sie: „Was würdest Du tun, wenn hier Feuer ausbräche und wir beide hier ganz alleine wären?" Während sie diese Frage stellt, ist aus einem ihrer Farbklecksbilder eines entstanden, das mich an einen offenen verwundeten Schädel erinnert. Nie darf ich von mir aus solche Themen aufgreifen, nie darf ich auf solche Fragen eingehen. Sie schreit dann, wenn ich es doch einmal versuche, mit schmerzverzerrtem Gesicht: „Du sollst nicht davon sprechen, niemand darf mit mir darüber sprechen". Zu einem späteren Zeitpunkt gestattete sie mir dann: „Du sollst höchstens in Bildern mit mir sprechen". Ich hatte längst verstanden, daß Sophie trotz beachtlicher Ich-Stärke in manchen Bereichen noch nicht soweit war, das innere Durcheinander von Affekten und konfliktauslösenden verwirrenden Phantasien zu sichten und in Worte zu übersetzen. In ähnlicher Weise sollte sie auch später noch, wenn ich mich ihren leicht zu erschütternden affektregulatorischen Fähigkeiten nicht anpaßte, mit massiver Angst und Wut oder auch weinerlicher Erschöpfung reagieren, so daß ich manches Mal den Eindruck gewann, durch meine Formulierung das frühe Trauma – hier erstmals in Worte gefaßt – zu wiederholen.

So stellte sie immer nur Bruchstücke, malend oder im Spiel, dar. Etwas anderes fiel mir jedoch nach und nach auf und weckte mein Interesse. Hin und wieder betrat Sophie den Therapieraum mit den Worten: „Was riecht hier so komisch"? Manchmal roch auch ein Stift „komisch", wie im Operationssaal. „Komisch" hieß sonderbar, unangenehm, nicht gut auszuhalten. Das Wahrnehmen unangenehmer Gerüche spitzte sich zu vor einem erneuten Operationstermin nach einem Jahr Therapie, ein damit verbundener Krankenhausaufenthalt sollte die Behandlung für längere Zeit unterbrechen. Sophie hatte bisher unangenehme Gefühle im Zusammenhang mit bevorstehenden Operationen vollständig verleugnet. Sie konnte nur, so sagte sie, den Geruch im Operationssaal nicht ausstehen. Ich werde später darauf zurückkommen und beschreiben, in welcher Weise der Geruch zu der sensorischen Modalität wurde, in der das „Nicht-zu-Erinnernde aber auch Nicht-zu-Vergessende" (Frank 1969, S. 48) des früher Geschehenen auftauchen konnte.

In den letzten Stunden vor der Trennung behandelte mich Sophie, die im Spiel meine Ärztin war, in Identifizierung mit dem Aggressor zunächst wie ein Kind, mit dem sie als Ärztin machen durfte, was sie wollte: Ohrfeigen und Spritzen geben, körperlich untersuchen. Als nächstes wurden Kinder geschildert, die von einem Hund behütet werden mußten, da die Erwachsenen nicht zuverlässig waren. „Der Bauer steht auf dem Dach und sieht einfach woanders hin", sagte sie, „der paßt genausowenig auf wie Du, der ist geradeso böse wie Du". Auf meinen offensichtlich immer noch verfrühten Versuch einer Deutung, ob sie nicht manchmal auch so von sich denke, sie sei böse, weil ihr als Baby so etwas Schreckliches passiert sei und weil sie jetzt immer noch soviel leiden müsse, reagierte sie zunächst weinerlich abwehrend: „Du sollst nicht darüber sprechen". Dann malte sie – wie eigentlich jedes Mal vor operativen Eingriffen – einen Schneemann, dem sie dieses Mal nachdrücklich einen Balken über den Mund machte und den sie in ein großes Feuer setzte, das sie auf die Schreibtischunterlage gemalt hatte. Ein Schneemann, das ist jemand Kühles, Unempfindliches, der aber gleichzeitig sehr vulnerabel ist und im Feuer zerschmilzt, ohne es zu merken. In rätselhafter Weise fügte Sophie hinzu: „Du warst ja nicht dabei, wenn Du so etwas erlebt hättest! Ich weiß noch genau wie das war. Meine Mama war dabei – Du weißt ja nicht mal, wo meine richtige Mama war!

– Ich kenne Deine Mama, aber Du kennst meine ja nicht. – Es riecht hier so komisch. – Wenn es brennt, gehört mir das hier". Sie zeigte auf das Xylophon, mit dem sie laut Krach zu machen begann.

Aus dem Krankenhaus sollte Sophie voller Wut auf mich zurückkehren, voller Wut und Enttäuschung, denn wieder einmal war das Versprechen, das man ihr vor jedem Eingriff gab, nicht eingelöst worden. Sie hatte immer noch ihre „Teufelsfratze", war nicht schöner geworden, und dafür mußte ich im Spiel gefressen werden.

Es sollten noch mehrere Wochen mit vielen chaotisch und konfus verlaufenden Sitzungen vergehen, in welchen ich kaum etwas anderes tun konnte, als die mir aufgetragene Rolle zu übernehmen, d.h. Sophies inneres Chaos, ihre Wut und andere verwirrende Gefühlszustände zu ertragen, bis sich etwas Neues anbahnte und Sophie mir erlaubte zu sprechen.

Ich hatte schon seit einiger Zeit den Eindruck, daß zwischen uns sich eine Art fester Bindung etabliert hatte, die es ermöglichen mochte, mehr zu wagen, d.h. mehr unerträgliche Affekte und Unsicherheiten ertragen zu können, Affekte, die sie bis dahin sorgfältig versucht hatte zu dosieren.

Schon mehrfach hatte Sophie mich um Bereitstellung von Kerzen und Streichhölzern gebeten, ohne sich klar zu äußern, wozu sie beides brauchte. Ich hatte lange gezögert. Eines Tages kam ich einfach ihrem Wunsch nach. Ich verdunkelte auch auf ihre Bitte hin das Therapiezimmer. Ich verspürte eine flüchtige Ahnung, daß jetzt wohl eine Art Bühne bereitgestellt war, auf der sich so etwas wie ein Drama entfalten konnte, gehalten durch die Einheit von Raum, Zeit und Person. Während mehrerer Stunden ließ Sophie von einer brennenden Kerze flüssiges Wachs in kaltes Wasser tropfen, dazu schwiegen wir beide oder sprachen über Belangloses. Es bildeten sich schöne, duftige wie Schmuckstücke anzusehende Gebilde aus erkaltendem Wachs, aber es entstand auch durchdringender Brandgeruch. Sophie sagte nichts dazu, ich auch nicht. In der dritten Stunde, die so verging, flüsterte Sophie auf einmal in das Dunkel hinein: „Du bist schon komisch, Du sprichst überhaupt nicht". Ich, kühn diese Bemerkung als Erlaubnis auffassend, sagte, zunächst ihre Worte benutzend, auch leise flüsternd, „es riecht hier so komisch", dann mutiger, „es stinkt nach Brand".

Sophie: „Ich liebe Brandgeruch".
Analyt.: „So etwa muß es damals auch gerochen haben".
Sophie: „Meinst Du, ich konnte es riechen?"
Analyt.: „Sicher".
Sophie: „Ich habe doch geschlafen, ich war doch so klein".

Etwas flüssiges Wachs war mir wie zufällig und unbeabsichtigt über die Finger gelaufen. Ich sagte spontan: „Aua, es tut weh".

Sophie: „Ich war doch erst ein halbes Jahr alt".
Analyt.: „Dann tut es noch mehr weh".
Sophie: „Spürt man da schon etwas?"
Analyt.: „Auch mit einem halben Jahr spürt man Schmerz. Man wird wach, es ist niemand da, man versteht nicht, was los ist, da tut es noch mehr weh, wenn niemand zu Hilfe kommt. Man fühlt sich nicht beschützt, man kann selber nichts tun, man kann sich nicht helfen".

Sophie: „Und mein Bruder war doch erst 3 Jahre. Wie kann man so etwas machen, uns beide allein lassen. Weißt Du wieviele Geschwister ich noch habe?"
Analyt.: „Drei oder vier".
Sophie: „Du mußt Dich schon entscheiden".
Analyt.: „Vier".
Sophie: „Richtig. Mein Vater hat danach meine Mutter verlassen".

Am Ende der Stunde verabschiedete sich Sophie zum ersten Mal mit einem vertraulichen „Tschüß", und im Gehen mahnte sie mich, ja die Kerzenstummel gut aufzuheben, „sie sind noch zu etwas nutze", während sie vorher stets neue, unbeschädigte Kerzen verlangt hatte. Mir fielen natürlich dabei ihre Fingerstummel ein, denen sie bis dahin in trotziger Verleugnung mit Nagellack die fehlenden Nägel aufgemalt und sie mit zahlreichen Ringen schön geschmückt hatte.

Nach dieser Sitzung war mehr spezifische interpretatorische Arbeit möglich. Sophie war bereit zur Auseinandersetzung mit der Mutter und zur Konfrontation mit den vielen unklaren und schwer zu beantwortenden Fragen wie: Ob die Mutter eine Verbrecherin sei, ob man ihr das Kind nicht zurückgegeben oder ob sie es nicht mehr hatte haben wollen, ob sie je wohl mal nach ihrem Baby Sophie geforscht hatte, ob sie es gesucht hatte? Aber wie hatte sie es suchen können, da sie doch nicht wußte, wie es später aussah? Die Mutter hatte ja ihren, Sophies, Steckbrief nicht. Sie wußte ja nicht, was aus Sophie geworden ist. Aber wenn das so ist, weiß Sophie ja auch nicht, wie die Mutter aussieht, dann könnte es ja auch sein, daß ich die Mutter bin? Ganz glücklich hört Sophie mir zu, als ich auf ihre Frage, woran ich sie denn erkennen würde, vorausgesetzt, ich machte mich auf die Suche nach ihr, aufzuzählen beginne, was mir dazu einfällt.

Selbstverständlich hatte Sophie sich schon zuvor häufiger, nachdem sie bei mir geklingelt hatte, versteckt, und ich hatte mich ganz konkret auf die Suche nach ihr machen müssen, und sie hatte sich überglücklich von mir finden lassen. Entsprechende Interpretationen hatte sie damals scheinbar gar nicht beachtet.

Die Frage, inwieweit Mein-sie-anders-sehen und Besetzen-können auch bei Sophie zu einer Veränderung ihrer Selbstrepräsentanz geführt haben mochte, hatte mich zwischendurch immer wieder beschäftigt. Ich habe bereits erwähnt, daß sie eine zeitlang regelmäßig am Ende einer Sitzung ihr Gesicht im Spiegel betrachtet hatte, zunächst kritisch, dann aber, wie ich glaubte, sichtlich mit mehr Vergnügen. Auch war mir aufgefallen, daß sie, die zuvor recht lieblos gekleidet und hergerichtet war, nun viel mehr Wert auf ihr Aussehen legte, was sicher nicht allein damit zu erklären war, daß sie inzwischen 10 Jahre alt geworden war. Sie, die immer unbedingt von mir angeschaut werden wollte und auch meine Reaktionen genau im Visier hatte, hatte mich übrigens nach langen Jahren der Behandlung auf einmal verlegen gebeten, „könntest Du Dich mal eben umdrehen, meine Perücke ist verrutscht".

Eines Tages schleppte Sophie – inzwischen 11 1/2 Jahre alt – ganz allein mit ihrer nur einen funktionstüchtigen Hand einen Kinderwagen in meine Praxis, die sich im zweiten Stock befindet. Im Wagen lag, sorgfältig gebettet, eine hübsche Puppe. Strahlend empfing sie mich mit der Frage: „Habe ich nicht ein hübsches Kind? Es sieht mir ähnlich, und es ist zwei Jahre alt". Im Alter von 2 Jahren war Sophie in das Zuhause der Pflegeeltern gekommen.

4. Schlußfolgerungen

Ich habe aus der Psychotherapie eines Mädchens berichtet, das in sehr jungem Alter von 6 Monaten durch Brandverletzungen schwer verstümmelt und verunstaltet wurde. Weitere Traumatisierungen folgten: Nach der Aufnahme in ein Krankenhaus sah die Patientin ihre Mutter und die übrige Familie nicht wieder. Zahlreiche notwendige, aber schmerzhafte ärztliche Eingriffe folgten, körperliche Überstimulierung, eine lang anhaltende Immobilisierung, als deren Folge eine ungenügende Abfuhr aggressiver und libidinöser Energien anzunehmen ist. Trotz aller Bemühungen blieben nicht nur körperliche Defekte zurück, sondern es blieb auch eine nicht korrigierbare Verunstaltung des Gesichtes, das von Sophie selbst mit dem Namen „Teufelsfratze" umschrieben wurde. Dieser tatsächliche und im Laufe der weiteren Entwicklung wohl auch mit zusätzlichen Phantasien belegte physische Defekt muß den traumatischen Einfluß auf die psychische Entwicklung, insbesondere auf spezifische Ich-Funktionen, noch akzentuiert haben. „Das Ich ist vor allem ein Körperliches" (Freud 1923, S. 253), der ‚Unfall' konnte geschehen, weil die Mutter in ihrer ‚holding function' nicht genügend gut gewesen war. Das Band zwischen ihr und dem Baby wurde abrupt zerrissen, im weiteren Leben Sophies stand die Mutter buchstäblich nicht mehr zur Verfügung. Wie die ersten 6 Lebensmonate Sophies verlaufen waren, darüber gibt es keinerlei Hinweise.

Als ich Sophie kennenlernte, war sie bereits knapp 6 Jahre alt. 5 1/2 Jahre waren seit dem Unglück vergangen, 2 Jahre ihres Lebens hatte sie im Krankenhaus verbracht. Die Frage, die mich am meisten interessierte, war, wie wird ein Baby von nur 6 Monaten, das in eine lebensbedrohliche und äußerst schmerzhafte Situation gerät, mit diesem Ausmaß an Reizüberflutung fertig, ja, in welcher Weise nimmt es sie überhaupt wahr. Erlebt es nur vegetative Übererregung auf rein körperlicher Ebene, wie Yorke und Wiseberg (1976) es in ihrer Arbeit über Entwicklungslinien der Angst für dieses Alter beschreiben, oder nimmt es bereits eine Unterbrechung des „going on being" wahr, was nach Winnicott (1960) psychisches Erleben voraussetzt, denn traumatische Einbrüche lassen die Wahrnehmungsfähigkeit des Ichs vorzeitig erwachen, oder ist bereits so etwas wie Vernichtungsangst oder „unthinkable anxiety" (Winnicott 1962) denkbar, deren Auftreten in der zweiten Hälfte des 1. Lebensjahres für möglich gehalten wird (Furman 1986)?

In seiner Arbeit über passive primäre Verdrängung zitiert Frank (1969) aus einer Arbeit von Niederland, der vermutet, daß sehr frühe Erlebnisse zu einer mehr globalen Art von Wahrnehmung führen, die kinästhetische, Geruchs- und Hörmodalitäten umfaßt. Das Wiedererleben, Verstehen und das Übersetzen dieser primitiven Ich-Zustände durch den inzwischen mehr entwickelten psychischen Apparat ist von spezifischem therapeutischen Wert für Synthese und Integration.

Für die 6 Monate alte Sophie war die Mutter-Kind-Einheit als grundlegender Regulator aller basalen Bedürfnisse (körperlicher und psychischer) zerbrochen. Kein „holding environment" (Winnicott 1960), kein „maternal concern" (Winnicott 1963, Schacht 1986). Inwieweit die Krankenhauspflege, die ja ständig mit schmerzhaften Eingriffen verbunden war, und nachfolgend die Ersatzelternpflege korrigierende Wirkung gehabt haben mochte, läßt sich nicht ausmachen. Jedenfalls konnte von optimaler, erträglicher, weil phasengerechter Frustration, wie sie für eine wirkungsvolle Internalisierung mütterlicher Funktionen und den stufenweisen Aufbau von Strukturen notwendig ist, um Spannungsreduktion, Selbstberuhigung und Angstregulation zu gewährleisten, nicht die Rede sein.

Daß Sophie bei mir die sichere Abmachung von einer Wochenstunde schätzte, kam schon allein dadurch zum Ausdruck, daß sie, die anfangs nur alle 14 Tage eine Sitzung hatte, mich nach Festlegung von einer Wochenstunde recht kritisch fragte: „Warum hast Du das gemacht, warum durfte ich nicht schon eher öfter kommen?" Nach Unterbrechungen durch Krankenhausaufenthalte, wenn ich ihr eine Karte geschickt hatte, um die Pause zu überbrücken, schrieb sie mir hinterher auf einen Zettel: „Danke". In den Sitzungen benutzte sie mich lange Zeit, wie bereits beschrieben, als Selbstobjekt oder subjektives Objekt und erwartete wie ganz selbstverständlich, daß ich mich ihren Bedürfnissen anpaßte. Im nachhinein war ich ziemlich verblüfft, in welcher Weise sie den festen Rahmen der Sitzungen und meine Verfügbarkeit nutzen konnte. Ich hatte versucht, mich zunächst sehr auf sie einzustellen und bei ihren spannungsgeladenen Ausbrüchen regulatorische Funktionen zu übernehmen, Funktionen, die, wie Tolpin (1972) meint, im Sinne einer umwandelnden Verinnerlichung (transmuting internalisation) allmählich zu einer psychischen Struktur führen und es dem Kind ermöglichen, seine Bedürfnisse selbst zu befriedigen. Auch meine sie akzeptierende Haltung sowie meine Möglichkeit, sie immer positiver zu sehen, wurden in diesem Sinne internalisiert. Insbesondere Loewald (1960) verdeutlicht, daß es nicht der Analytiker ist, der verinnerlicht wird, sondern die analytische Haltung des Sehens des anderen, so wie das Kind nicht nur Aspekte der Eltern verinnerlicht, sondern auch das Bild der Eltern vom Kind.

> „Ein Teil dessen, was introjiziert wird, ist das Bild des Kindes, so wie die Mutter es sieht, fühlt, riecht, hört und berührt. ... die Art, wie es angeschaut, angesprochen, beim Namen genannt, erkannt und wiedererkannt wird – all diese und viele andere Arten der Kommunikation mit dem Kind sowie die Art und Weise, wie ihm seine Identität, Einheit und Individualität vermittelt wird, gestaltet und formt es so, daß es seine Identität wahrzunehmen beginnt, sich als Ganzes zu empfinden und zu erkennen vermag ... . Das Kind fängt an, sich als im Mittelpunkt stehende Einheit zu erleben, weil man sich auf es konzentriert. Wenn die Analyse ein Prozeß sein soll, der zu strukturellen Veränderungen führt, müssen vergleichbare Interaktionen stattfinden" (Loewald 1986, S. 219).

Ich habe beschrieben, wie Sophie versuchte, Schritt für Schritt sich dem frühen Geschehen zu nähern, wobei es für lange Zeit so war, als ob „unverdaute" Fragmente frühen undifferenzierten und nicht bewußten Erlebens sich durchbruchsartig Ausdruck verschafften, Fragmente, die Sophie nicht in Beziehung zu sich selbst setzte, d.h. sie war nicht eigentlich im Besitze dieser ‚Erinnerungen', die aufgrund der Unreife des psychischen Apparates zur Zeit des Geschehens einerseits nicht im eigentlichen Sinn erinnert werden, andererseits aber auch nicht vergessen werden konnten (Frank 1969).

Nach und nach gelang es Sophie, im Spiel Ordnung in das Chaos zu bringen, indem sie verschiedene Möglichkeiten erfand und konstruierte, um das Unbegreifliche zu verstehen, Möglichkeiten, wie es wohl damals gewesen sein mochte, ohne daß einer bestimmten Lösung unmittelbar der Vorzug gegeben wurde. Lange aber geriet sie in Panik, wenn wir uns dem Thema ‚Feuer' direkt näherten, einem Wort, welches von mir überhaupt nicht ausgesprochen werde durfte. Sie war sehr rasch überwältigt von Gefühlen und erlebte interpretatorische Angebote von meiner Seite als Angriffe, die zur Desorganisation führen konnten.

„A child cannot manage the complexity of affect and conflict as a whole: it approaches the issue piecemeal, breaking large psychic phenomena into components that can be managed discretely in play. In a sense, play is a dress rehearsal for the theaters of reality that the child faces every day. ..." (Mahon 1990, S. 26).

Ich erlebte am Ende der Behandlung Sophies Auftauchen mit dem Kinderwagen und der darin sorgfältig gebetteten Puppe wie eine konkrete Anerkennung des Sicherheit gebenden Rahmens, den ich zur Verfügung gestellt hatte. Ihre Betonung, daß es sich um eine schöne Puppe handle, bestätigte meine Vermutung, daß es ihr gelungen war, ihre „Teufelsfratze", d.h. ihre negativ gefärbte Selbstrepräsentanz zu modifizieren. Das war aber erst möglich geworden nach der von mir als sehr intensiv erlebten Stunde im abgedunkelten Raum, in der zum ersten Mal die Vergangenheit zur Sprache kommen durfte. Ich hatte diese Szene im Zusammensein mit Sophie sehr intensiv erlebt und war davon überzeugt, daß dies einen Wendepunkt in der Behandlung darstellte, einer Behandlung, die bis dahin bereits 1 1/2 Jahre gelaufen war.

„We are reminded that moments of intense feelings of togetherness and of shared meanings are extremely important for psychoanalytic work. They often precede and surround productive work within interpretive activity and they contribute to the regulation of previously warded off affects. It is also the case that such moments occur at different levels of organization (and co-organization)" (Emde 1990, S. 903).

In dem intermediären Raum des Spiels konnte Sophie dahin gelangen, Bilder für das nicht zu erinnernde vergangene Geschehen zu finden, die es ihr ermöglichten, zu verstehen und die Fragmente zu integrieren. Das höchst komplexe Konzept Winnicotts vom intermediären Raum, auch potentieller Raum oder Übergangsraum genannt, der sich zwischen Mutter und Baby entfaltet und dessen Ausdehnung das weitere kulturelle Erleben des einzelnen bestimmt, hat in den letzten Jahren die Auseinandersetzung um die Entstehung von Symbolisierungs- und Spielfähigkeit belebt und erweitert (Winnicott 1971, Kap. 7). Ein näheres Eingehen auf diesen Begriff würde den Rahmen dieses Beitrags sprengen. Verwiesen sei in diesem Zusammenhang auf die Arbeiten von Ogden (1985) und Schacht (1986 und 1987). Dieser Begriff des intermediären Raumes (Winnicott, 1971) bringt mich dazu, abschließend einige Worte zur Technik der Behandlung von Sophie zu sagen: Von Anfang an hatte sie verhindert, daß ich allzu rasch und allzu aufdringlich und direkt mit meinen Interpretationen wurde. Sie hatte für eine sichere Distanz gesorgt. Ihre immer wiederkehrenden Worte: „Du sollst nicht darüber sprechen" und insbesondere ihre Aufforderung: „Du sollst höchstens in Bildern mit mir sprechen" lehrten mich, wie ich mit ihr umzugehen hatte, um eine Basis für die Konfrontation mit schmerzlichen Themen zu schaffen. Zugleich ließen mich ihre Worte: „Du sollst höchstens in Bildern mit mir sprechen" an die Arbeit von Schacht „Der imaginäre Planet" (1987) denken. In dieser Arbeit beschreibt die Autorin eine Beziehungsgestaltung, für die sie in Anlehnung an Winnicott den Ausdruck „intermediäre Kommunikation" wählt. Damit ist eine Kommunikation gemeint, die quasi der Patient selbst zusammen mit dem Therapeuten ‚erfindet'. Es ist eine Kommunikation, die sich weder auf die innere noch auf die äußere Realität direkt bezieht, sondern die sich in einem Zwischenraum abspielt und die es dem Patienten zunächst ermöglicht, an seiner Illusion von unnahbarer Omnipotenz festzuhalten, hinter der sich seine Vulnerabilität solange wie nötig verborgen halten kann, bis das Trauma schließlich verbalisiert und in diesem Prozeß der Symbolisierung verinnerlicht und zu etwas Eigenem gemacht werden kann.

Literatur

Abend, S. (1989): Beitrag im Panel der American Psychoanalytic Association: ‚Changing Psychic Structure Through Treatment'. (Rep. E. Nersessian) Journal American Psychoanalytic Association 37, 173–186.

Arlow, J., C. Brenner (1964): Psychoanalytic Concepts and the Structural Theory. New York: International University Press.

Blum, H. (1986): The Concept of Reconstruction of Trauma. In: Rothstein, A. (Hrsg.): The Reconstruction of Trauma. Workshop Series of the American Psychoanaltic Association, Monograph 2, 26/27.

Edcgumbe, R., A. Gavshon (1985): Clinical Comparisons of Traumatic Events and Reactions. Bulletin Anna Freud Centre 8, 3–21.

Emde, R. (1983): The Prerepresentational Self and Its Affective Core. The Psychoanalytic Study of the Child 38, 165–192.

Emde, R. (1990): Mobilizing Fundamental Modes of Development: Empathic Availability and Therapeutic Action. Journal American Psychoanalytic Association 38, 881–913.

Frank, A. (1969): The Unrememberable and the Unforgettable: Passive Primal Repression. The Psychoanalytic Study of the Child 24, 48–77.

Freud, S. (1914): Erinnern, Wiederholen, Durcharbeiten. G.W. X.

Freud, S. (1923): Das Ich und das Es. G.W. XIII.

Furman, E. (1986): On Trauma. Psychoanalytic Study of the Child 41, 191–208.

Furst, S. (Hrsg.) (1967): Psychic Trauma. New York: Basic Books.

Jacobson, E. (1964): Das Selbst und die Welt der Objekte. Frankfurt a.M.: Suhrkamp, 1973.

Kernberg, O. (1976): Objektbeziehungen und Praxis der Psychoanalyse. Stuttgart: Klett-Cotta, 1981.

Laub, D., N. Auerhahn (1993): Knowing and Not Knowing Massive Psychic Trauma: Forms of Traumatic Memory. International Journal of Psychoanalysis 74, 287–302.

Loewald, H. (1960): Zur therapeutischen Wirkung der Psychoanalyse. In: Loewald, H.: Psychoanalyse. Stuttgart: Klett-Cotta, 1986.

Loewald, H. (1973): Über Verinnerlichungen. In: Loewald, H.: Psychoanalyse. Stuttgart: Klett-Cotta, 1986.

Loewald, H. (1977): Instinct Theory, Object Relations, and Psychic Structure Formation. In: Loewald, H.: Papers on Psychoanalysis. New Haven, London: Yale University Press, 1980.

Mahon, E. (1990): Play, Pleasure, Reality, in: Glick, R., St. Bone (Hrsg.): Pleasure-Beyond the Pleasure Principle. New Haven, London: Yale University Press.

Mayes, L., D. Spence (1994): Understanding Therapeutic Action in the Analytic Situation: A Second Look at the Developmental Metaphor. Journal American Psychoanalytic Association 42, 789– 817.

Niederland, W. (1965): Narcissistic Ego Impairment in Patients with Early Physical Malformations. Psychoanalytic Study of the Child 20, 518–534.

Niederland, W. (1975): Die Narbe – ein Fall von angeborener Gesichtsentstellung. In: ders.: Trauma und Kreativität. Frankfurt a.M.: Nexus-Verlag, 1989.

Ogden, T. H. (1985): On Potential Space. International Journal of Psychoanalysis 66, 129–141.

Rothstein, A. (Hrsg.) (1986): The Reconstruction of Trauma: Its Significance in Clinical Work. Workshop Series of the American Psychoanalytic Association, Monograph 2.

Sandler, J. (1987): From Safety to Superego. London: Karnac Books.

Schacht, L. (1986): Die früheste Kindheitsentwicklung und ihre Störungen aus der Sicht Winnicotts. In: von Uexküll, Th. (Hrsg.): Psychosomatische Medizin. München, Wien, Baltimore: Urban & Schwarzenberg, S. 68–80.
Schacht, L. (1987): Der imaginäre Planet. Zeitschrift für Psychoanalytische Theorie und Praxis II, 1, 88–107.
Schafer, R. (1968): Aspects of Internalization. New York: International Universities Press.
Tolpin, M. (1972): On the Beginning of a cohesive self. The Psychoanalytic Study of the Child 26, 36–52. New York: Quadrangle Books.
Tolpin, M. (1987): Injured Self-Cohesion: Developmental, Clinical and Theoretical Perspectives. In: Grotstein, J.S., M.F. Solomon, J.A. Long: The Borderline Patient. The Analytic Press, New York, London: Hillsdale.
Vygotsky, L. (1978): Mind in Society. Harvard University Press.
Wallerstein, R. (1989): Beitrag im Panel der American Psychoanalytic Association: ‚Changing Psychic Structure through Treatment' (Rep. E. Nersessian) Journal American Psychoanalytic Association 37, 173–186.
Winnicott, D.W. (1971): Playing and Reality. Tavistock Publications, dt.: Vom Spiel zur Kreativität. Stuttgart: Klett, 1973.
Winnicott, D.W. (1965): The Maturational Processes and the Facilitating Environment. London: Hogarth Press and the Institute, dt.: Reifungsprozesse und fördernde Umwelt. München: Kindler, 1974.
Yorke, C. (1986): Reflections on the Problem of Psychic Trauma. Psychoanalytic Study of the Child 31, 221–236.
Yorke, C., S. Wiseberg (1976): A Developmental View of Anxiety. Psychoanalytic Study of the Child 31, 107–138.

Strukturelle Veränderungen des psychischen Raums. Eine klinische Falldarstellung

Helen Schoenhals

1. Der Begriff des psychischen Raums

In der psychoanalytischen Forschung wird der psychische Raum zu einem immer wichtigeren Fokus. Angesichts der Bedeutung des Raumes für die Entwicklung des Denkens schreibt Freud: „Der Kantsche Satz, daß Zeit und Raum notwendige Formen unseres Denkens sind, kann heute infolge gewisser psychoanalytischer Erkenntnisse einer Diskussion unterzogen werden" (Freud 1920, S. 28). Er fährt fort, daß das unbewußte System im Gegensatz zum bewußten zeitlos ist und legt den Schluß nahe, daß sich ein Gefühl für Zeit und Raum im bewußten System als ein Produkt der Ich-Funktion entwickelt. Später schreibt er: „Räumlichkeit mag die Projektion der Ausdehnung des psychischen Apparates sein" (Freud 1941 [1938], S. 152).

Einem ähnlichen Gedankengang wie diese letztgenannte Äußerung Freuds folgt Bion mit seiner Überzeugung, daß unser geometrisches Raumkonzept sich „ursprünglich nicht aus der Realisierung dreidimensionalen Raumes stammt, sondern aus den Realisierungen des geistig-seelischen Lebens" (Bion 1970, S. 10). Insbesondere die emotionalen Realitäten der depressiven Position und der ödipalen Situation sind es, die dreidimensionalen psychischen Raum schaffen, in dem die Erfahrung der Trennung zwischen Subjekt und Objekt und die Entwicklung symbolischen Denkens möglich wird: „... meiner Erfahrung nach ist es sinnvoll zu sagen, daß ‚ein depressives Gefühl' der Ort ist ‚wo eine Brust oder ein anderes verlorengegangenes Objekt war' und daß ‚Raum' dort ist, ‚wo Depression oder irgendeine andere seelische Regung zu sein pflegte'" (Bion 1970, S. 10). Daher hängt die Entwicklung, die Welt dreidimensional oder, wenn man die Zeit mit einbezieht, vierdimensional wahrzunehmen, von der Entwicklung emotionaler Erfahrung ab. Bei einem psychotischen Patienten ist die Entwicklung, drei- oder vierdimensionalen psychischen Raum erleben zu können, beeinträchtigt. Nach Bion fühlt sich der „innere Raum" des psychotisch Erkrankten für den Analytiker so unermeßlich an, daß er noch nicht einmal von astronomischem Raum repräsentiert werden kann, und er muß in einer drei- und vierdimensionalen Welt symbolischer Denkprozesse eingegrenzt, aufgefangen (contained) und repräsentiert werden.

Wie entwickelt ein Mensch die Fähigkeit, etwas, das in einem unermeßlichen inneren Raum stattfindet, in eine Erfahrung innerhalb des drei- und vierdimensionalen Raumes umzuwandeln, und wie wird diese Entwicklung behindert? Nach Bions Theorie vom container/contained (Bion 1962a, 1962b) verwandelt das aufnehmende Objekt (containing object/Mutter) das, was dem Baby widerfährt, in eine sinnvolle Erfahrung, die emotional empfunden, gedacht und zum Ausdruck gebracht werden kann. Das Baby internalisiert die Erfahrung mit diesem hilfreichen Objekt und damit auch die Fähigkeit zur Umwandlung. Wenn alles gut geht in diesem Prozeß, dann wird eine innere Welt errichtet, in der die aufgenommene (contained) emotionale Erfahrung den drei- und vierdimensionalen Raum herstellt, der für die Entwicklung symbolischen Denkens notwendig ist. Wenn dieser Prozeß aufgrund von Schwierigkeiten entweder bei der Mutter (wegen ihrer ungenügenden Fähigkeit, etwas in sich aufzufangen/to contain) oder beim Baby (wegen mangelnder Frustrationstoleranz oder wegen Neid, Gier oder Angst im Übermaß) fehlschlägt, dann kann das dazu führen, daß der Betreffende die Fähigkeit, drei- und vierdimensionalen Raum zu erleben, nur mangelhaft ausbildet. Das Baby ist überwältigt von dem, was ihm widerfährt, und in dem Versuch, jenes containment zu finden, das es nötig hat, gerät es immer mehr unter den Zwang, nach Möglichkeiten zur projektiven Identifizierung zu suchen. In dieser unglückseligen Situation gibt es allerdings „kein Konzept irgendeines Behälters (containers), in den hinein Projektion stattfinden könnte" (Bion 1970, S. 12). Je mehr der Prozeß fehlschlägt, desto stärker wird das Bedürfnis zu projizieren. Alles eskaliert, es entsteht ein Teufelskreis. Im äußersten Fall kann es zu einer „explosiven Projektion" (Bion 1970, S. 12) in einen grenzenlosen, noncontaining astronomischen Raum führen, wo der Betreffende das Gefühl hat, in kleinste Stücke zersprengt zu werden. Bei Patienten, die ein mangelhaftes containment haben, ist es die Aufgabe des Analytikers, das containment zu bieten und damit die Überführung psychischer Existenz aus unermeßlichem inneren Raum in die Grenzen drei- und vierdimensionalen psychischen Raumes. Das ist eine äußerst schwierige Aufgabe, und ein Grund dafür ist, daß der Analytiker für sich selbst und für den Patienten die Erfahrung in sich halten (contain) muß, daß er ein Objekt ist, das nichts in sich halten (contain) kann. Er muß imstande sein, die Erfahrung zu ertragen, daß er nicht denken kann, nichts weiß und nicht viel versteht, manchmal seinen „Verstand verliert", er muß aber auch imstande sein, seine Fähigkeit zu symbolischen Denkprozessen wiederzugewinnen, die solche Erfahrungen auffangen (contain) können.

Dreidimensionaler psychischer Raum ermöglicht symbolische Denkprozesse, indem er den Raum für die drei Bezugspunkte zur Verfügung stellt, die die symbolische Beziehung definieren. Diese drei Punkte bilden das, was von Segal (1957) als die „triadische Beziehung" symbolischen Denkens, von Matte-Blanco (1988) als „Triade" und von Britton (1989) als „triangulärer Raum" bezeichnet worden ist. Dieses Dreieck ist die Grundeinheit der Dreidimensionalität und allen höheren logischen und symbolischen Denkens. Rayner und Tuckett haben es in ihrer Einführung in Matte-Blancos Werk so ausgedrückt:

> „Matte-Blanco macht zu Beginn geltend, daß jede gewöhnliche oder ‚logische' (d.h. bivalente) Denktätigkeit immer und unmittelbar mit Kombinationen von Triaden zu tun hat. Der Verstand ist ständig dabei, wiederzuerkennen oder sich selbst ein Ding, ein anderes Ding und die *Beziehung* zwischen den beiden zur Überprüfung vorzulegen. Eine unermeßliche (potentiell unendliche) Anzahl solcher Triaden ist der Ausgangspunkt, von dem sich alles Denken und jede wissenschaftliche Logik herleitet" (Rayner und Tuckett in: Matte-Blanco 1988, S. 18).

In einer wichtigen Arbeit mit dem Titel „The missing link: parental sexuality in the Oedipal complex" (Britton 1989; „Das fehlende Verbindungsglied: Elterliche Sexualität im Ödipuskomplex") zeigt Britton die enge Beziehung zwischen jenem triangulären Raum, der dadurch erschaffen wird, daß das Kind der elterlichen Beziehung gewahr wird, und dem triangulären Raum, der dadurch erschaffen wird, daß der Patient der Denkprozesse des Analytikers gewahr wird, aus denen er ausgeschlossen ist. Britton stellt zwei Patienten vor, die ganz unterschiedliche Schwierigkeiten haben, der ödipalen Situation zu begegnen. Seine Patientin mit der tieferreichenden Störung ist sehr eingeschränkt in ihrer Fähigkeit, triangulären Raum zu erleben und sie kann es daher nicht ertragen, daß ihr Analytiker eine andere Sicht der Dinge hat als sie selbst. Der Analytiker erschafft triangulären Raum dadurch, daß er eine andere Ansicht vertritt, gleichzeitig aber die Sicht der Patientin versteht. Er ist in der Lage, die Projektionen der Patientin auf sich zu nehmen, während er zugleich einen privaten Dialog mit sich selbst über die Diskrepanz zwischen den Wahrnehmungen der Patientin und seinen eigenen Wahrnehmungen, die eigene Person betreffend, führt. Die drei Eckpunkte des triangulären Raumes sind der Patient, der Analytiker und der stille „Partner" des Analytikers, mit dem er sich im Dialog befindet. Obgleich sich Britton dessen enthält, seiner schwer gestörten Patientin Deutungen zu geben, die von ihrer Ansicht allzu stark abweichen, kann sie spüren, daß er etwas anderes denkt als sie. „Quit your fucking thinking!", ruft sie. An diesem Beispiel wird klar, daß die Patientin den inneren Dialog des Analytikers genauso erlebt wie das Kind den intimen Umgang zwischen den Eltern in der ödipalen Konstellation. In zwei früheren Arbeiten (Schoenhals 1993, 1995) lege ich anhand von Diagrammen und klinischen Beispielen dar, wie dieser vom Analytiker erschaffene trianguläre Raum die Entwicklung des für symbolische Denkprozesse notwendigen triangulären Raumes voranbringt. Wenn alles gut geht, wird der Analytiker eine Art „Symbol" für das innere Objekt des Patienten. Die Objektbeziehung ist triadisch.

Die Beschaffenheit des psychischen Raumes, der jemandem zur Verfügung steht, hängt ab von der Gestalt seiner Objektbeziehung. Man könnte sich vorstellen, und sehr schwerwiegende psychiatrische Störungen scheinen das zu bestätigen, daß Subjekt und Objekt in der primitivsten Situation vollkommen identisch sind, so daß es überhaupt keine Objektbeziehung gibt, sondern nur chaotische Konfusion. Sobald sich die Existenz von zweien anfängt herauszubilden, befinden sie sich in einer exklusiven Teilobjekt-Beziehung, die nach Kleinianischem Verständnis der paranoid-schizoiden Position dyadisch ist. Nach Britton ist die früheste dyadische Teilobjekt-Beziehung am treffendsten dargestellt in der Vorstellung eines Objektes *innerhalb* des anderen. Im folgenden Zitat beschreibt Britton das, was er für die primitivste Objektbeziehung hält:

> „In der primitivsten Teilobjektwelt, in der Zeit nicht existiert, in der ein Teil das Ganze ist, gibt es nur Selbst und Objekt, d.h. es gibt nur ein Gefühl vom Objekt als der Gesamtheit des Universums. Ich bin zu dem Schluß gekommen, daß es in der Beziehung zu diesem primären Objekt in seiner primitivsten Form nur *einen* gültigen Bezugsrahmen gibt: entweder bin ich in ihm, oder es ist in mir. Insofern ist die erste Form der Projektion die des gesamten Selbst in das Objekt, und die primitivste Introjektion ist die Inkorporation des gesamtes Objekts in das Selbst. Sehnsucht drückt sich in dem phantastischen Bild totaler Introjektion oder Selbstprojektion aus. Das Negativbild dazu ist Ausstoßung. Entweder ich stoße das Objekt oder das Objekt stößt mich aus. Wenn ich das Objekt ausstoße, ist es vernichtet, bzw. wenn ich vom Objekt ausgestoßen werde, dann bin ich vernichtet – solange diese unumschränkte Absolutheit herrscht" (Britton 1993, S. 113).

Britton stellt im weiteren dar, wie die Trennung von Subjekt und Objekt daraufhin stattfindet. Mit Hilfe des containment (Bion 1962a, 1962b), das das Objekt bietet, geschehen zwei Entwicklungen. Erstens kann das Subjekt langsam zu einem Gefühl der Kontinuität hinfinden, sowohl was das Selbst, als auch was das Objekt angeht. Zweitens können „das Selbst im Objekt und das Objekt im Selbst etwas unterbringen, während beide gleichzeitig außerhalb, also getrennt existieren“ (Britton 1993, S. 114). Mit anderen Worten, omnipotente projektive Identifikation weicht einer eher selektiven Form der projektiven Identifikation.

Das folgende Fallmaterial aus der Analyse eines Patienten mit einem paranoiden Wahn wird vorgetragen, um die Relevanz struktureller Veränderungen im psychischen Raum zu veranschaulichen. Dieser Patient kämpft darum, sich aus der äußerst primitiven dyadischen Teilobjekt-Beziehung zu befreien, in der sich entweder das Subjekt im Objekt oder das Objekt im Subjekt befindet, um zur triangulären Beziehung zwischen ganzen, getrennten Objekten zu gelangen, die Kennzeichen der depressiven Position ist.

2. Klinische Falldarstellung

Herr M., ein Junggeselle Anfang 40, der als junger Mann Mathematik studiert hat, arbeitete als Sonderberater für eine Wetterdienst-Agentur. Er hatte trotz einer Psychotherapie mit einer Wochenstunde in den vorausgegangenen zwei Jahren und wiederholter psychiatrischer Behandlungen im Laufe der letzten 5 Jahre einen psychotischen Zusammenbruch erlitten und war mir danach zur Analyse überwiesen worden. Er hatte in der Vergangenheit etliche psychotische Episoden erlebt, einmal mit auditiven Halluzinationen (er hörte Stimmen) und er wollte eine Analyse, so sagte er, um nie wieder psychotisch zu werden. Das konnte man ihm natürlich nicht versprechen, und im Laufe der jahrelangen Behandlung hat er etliche Male unter offenbar paranoiden Wahnvorstellungen gelitten und kam einem schwereren psychotischen Zusammenbruch gefährlich nahe, obgleich er durchweg imstande war, seine Stunden wahrzunehmen, die dreimal in der Woche stattfanden, und ohne klinische Einweisung auszukommen.

Als er zu seiner ersten Stunde kam, sagte er: „Ich möchte gerne spielen, aber ich habe kein Objekt, mit dem ich spielen könnte.“ Trotz seines sehr intellektuellen Auftretens machte er den Eindruck eines ganz kleinen Kindes auf mich, und die Analyse hatte von Beginn an den Charakter einer Spieltherapie. Solange er mich in eine bestimmte Form spielerischer Kommunikation einbeziehen konnte, konnte er sein Gleichgewicht halten und relativ gesund bleiben. Unser spielerischer Umgang miteinander bestand darin, daß ich ihm – so dicht ich konnte – folgte, seine Metaphern zu verstehen versuchte, es ihn wissen ließ, wenn ich sie nicht verstand und ihm Gelegenheit gab, etwaige Fehldeutungen richtigzustellen. Das Bild, in dem er die Situation einfing, war das einer Mutter, die einem Zweijährigen durch das Zimmer folgt, während er, sie verspottend, Reißaus vor ihr nimmt. Solange ich eine Art Zwillingspartner war, ein *alter* ego oder hilfreiches narzißtisches Echo, war alles bestens. Oft äußerte er seinen Wunsch, ich solle ein Kind sein, das mit ihm spielt, damit er mehr von seinem eigenen kindlichen Selbst in die Analyse einzubringen vermochte und sich dennoch „gleichberechtigt“ fühlen und das haben könne, was er eine „emanzipierte Beziehung“ nannte. Er stellte auch eine Art triangulärer Beziehung her, in der ich eine Rolle zu spielen hatte, während er die anderen beiden Rollen übernahm. Meistens sprach er von mir als der Psychotherapeutin, die ihn zwar nicht auf der intellektuellen, wohl aber auf der emotionalen Ebene verstand, wofür er Hinweise sammelte. Meine Bereitwilligkeit z.B., die Stunde ein paar Minuten auszudehnen, damit er Gelegenheit hatte, das Begonnene zu Ende zu sprechen, war ein Zeichen dafür, daß ich wußte, wieviel Angst er vor dem Weggehen hatte und daß ich ihn vollauf verstand. Meine Identität als Psychoanalytikerin kam nicht sehr stark ins Spiel, er glich das aber damit aus, daß er mich mit jenen Deutungen versah, die idealerweise er von mir bekäme, würde ich nicht verleugnen, was ich mit ihm erlebe. Auf diese Weise eignete er sich selber an, was eigentlich in ihrer Objektivität die Position der Analytikerin hätte sein sollen. Der trianguläre Raum bestand daher zwischen einer ziemlich dummen, aber emotional gut eingestimmten mütterlichen Psychotherapeutenfigur, einer intellektuell überlegenen, väterlichen Psychoanalytikerfigur und dem Kind-Patienten. Wenn er diese letztgenannten beiden Rollen übernahm und darauf hinwies, daß ich wieder einmal die Psychotherapeutin war, dann geriet er oft in große Erregung und sagte manchmal, es mache sogar Spaß. Diese Rollenverteilung verschaffte ihm eine Art triangulären Raum, der keine Bedrohung für ihn darstellte, der aber auch sehr heikel war, weil er von ihm hergestellt worden war und alles davon abhing, daß ich mitspielte.

Um Herrn M's Anordnung einer derartigen Spieltherapie und seine Konstruktion einer solchen ödipalen Situation verstehen zu können, sind einige biographische Mitteilungen wichtig. Aufgewachsen in der ausgesprochen paranoiden Atmosphäre einer Großfamilie, erfand Herr M., das Nesthäkchen der Familie, mit Gewitztheit spielerische und humorvolle kindliche Streiche in seinem vorsichtigen Umgang mit den anderen, so leicht kränkbaren Familienmitgliedern. Sein Vater war recht distanziert, ein strenger „Narzißt", der es jedoch gut meinte. Wie konkretistisch sein Denken gewesen sein muß, wird an folgendem Vorfall deutlich: als sein Sohn zum ersten Mal Stimmen hörte, brachte er ihn zu einem HNO-Spezialisten. Er habe nie das Gefühl gehabt, mit ihm in Kontakt zu kommen, sagte Herr M., weil seine Mutter immer im Wege gestanden habe: „Dein Vater möchte, daß du soundso bist oder das und das tust." Seine Mutter, die im späteren Leben ebenfalls psychiatrische Behandlung brauchte, hatte einen guten nonverbalen Kontakt zu ihm, so war sein Gefühl; sobald aber Dinge ausgesprochen wurden, reagierte sie unvermittelt befremdlich und für ihn sehr verwirrend. Als sehr kleiner Junge hörte er seine Eltern miteinander sprechen, er konnte sie aber nicht verstehen; dennoch benahm sich seine Mutter danach so, als müsse er wissen, was eben verhandelt worden war. Als Herr M. noch ein Kleinkind war, teilte seine Mutter mehrere Monate lang, während der Vater von der Familie fort war, das Bett mit ihm. Es gab nie irgendeinen offenen Mißbrauch, aber Herr M. war überzeugt, seine Mutter habe ihn gebraucht, um sich zu trösten und zu stabilisieren. Auch darin war er sich völlig sicher, daß es zu keinem wirklichen Kontakt zwischen seinen Eltern kam, selbst wenn der Vater da war, weil der Vater so narzißtisch war. Als sein Vater zurückkehrte, wurde Herr M. kommentarlos in sein eigenes Zimmer verfrachtet, und er hatte das Gefühl, seine Mutter handele so, als ob es jene Monate, in denen sie das Bett miteinander geteilt hatten, nie gegeben hätte. Er erlebte das als einen jener typischen Beziehungsabbrüche zu seiner Mutter, etwas, das sich immer wieder ereignete, und das war es, was er am meisten fürchtete.

Herr M. war daher sehr in Sorge, unsere Kommunikation könnte abbrechen. Indem er die quasi ödipale Situation unserer oben beschriebenen spielerischen Kommunikation orchestrierte, hatte er große Angst, ich könnte die Analyse plötzlich beenden. Er hatte das Gefühl, ich könnte es nicht ertragen, seine Realität teilen zu müssen, weil das bedeutete, daß ich meine eigene Realität völlig ausgetilgt sähe. „Es gibt nur eine Realität", sagte er. Nach einer Stunde, in der er sich von mir gut verstanden gefühlt hatte, gerate er deshalb in Sorge, sagte er, und versuche sich in der folgenden Stunde zu distanzieren, um mir Raum für meine Realität zu lassen. Dann allerdings kehre sich die Situation um: weil er eine solch private Sprache verwende, verstünde ich ihn nicht, ja mißverstünde ich ihn, und er habe daher das Gefühl, *seine* Realität verschwinde. Manchmal kam er in die nächste Stunde voller Angst und sagte zu Beginn: „Ich bin nicht hier. Mich gibt es nicht." Offenbar hatte meine Realität ihn ausgelöscht, so daß dann *er* in Gefahr war, die Analyse abzubrechen. Und so ging es hin und her: seine Realität tilgte die meine aus, dann umgekehrt. Herrn M's Angst war, daß die eine Realität die des anderen auslöschte oder daß wir uns ganz und gar verfehlten, daß er sich ungehindert, aber ziellos und völlig allein im unendlichen Raum bewegen würde. Wenn die Dinge schwierig wurden und Herrn M's Angst allzu akut anstieg, kehrten wir zu der oben beschriebenen spielerischen Kommunikation zurück, die eine dünne, aber hinreichend stabile Plattform bildete, auf der wir weitermachen konnten.

Herr M. war besorgt über das „Ende der Analyse", nicht nur, weil einer von uns sie abbrechen könnte, sondern auch, weil er nichts lernte oder sich nicht so verändern konnte, daß er weniger abhängig von mir und meinem Einverständnis wurde. Er klagte immer häufiger, daß er sich innerhalb der Analyse sicher mit mir fühle, daß aber außerhalb alles so bleibe (genauso verfolgend) wie eh und je. Er wollte seine manipulative Orchestrierung unserer Kommunikation aufgeben, damit ich ein Subjekt eigenen Rechts würde, das imstande wäre, ihm hilfreiche Deutungen zu geben, so daß er von mir lernen könnte. Wenn es mir jedoch gelang, etwas Eigenständiges zu sagen, geschah häufig etwas Merkwürdiges. Zum Beispiel gab ich einmal eine Deutung, daß die schwierige, narzißtische Kommunikationsweise, derer sich die „Leute draußen" bedienten und über die er ausführlich theoretisierte und sie mir beschrieb, im Moment gerade zwischen uns stattfinde. Er schien verblüfft und stimmte einen Moment lang zu, das sei wohl in der Tat zutreffend. „Aber natürlich wußte ich das schon", sagte er dann und beklagte sich, daß ich nicht imstande sei, ihm etwas zu sagen, das von mir komme, und daß ich lediglich wiederholte, worüber er die ganze Stunde schon zu mir gesprochen habe. In diesem Fall waren wir in der glücklichen Lage, über diese Sequenz sprechen zu können, um besser zu verstehen, was geschehen war. Mir schien, uns gelang ein wirklicher Dialog, in dem wir zu dem Schluß kamen, daß ich unmittelbar, nachdem ich die Deutung ausgesprochen hatte, für ihn zum besserwisserischen Narzißten wurde, der gewonnen hatte, und das war unerträglich für ihn. Er rettete sich damit, daß er die Situation sofort umkehrte und selber zu dem wurde, der „es schon wußte". Sobald wir uns jedoch auf diese Version geeinigt hatten, war er nicht sicher, was richtig war, ob er es wirklich schon gewußt oder ob er die Situation umgekehrt hatte. Wessen Realität war es denn nun, meine oder seine? Obwohl er etwas besser in der Lage war, mit mir in einen Dialog einzutreten, schien es mir, als könne er nicht mit der Situation umgehen, in der ich dadurch triangulären Raum schuf, daß ich mit mir selbst Zwiesprache hielt und etwas verstand, was ihm nicht aufgefallen war. Er konnte lediglich einen solchen selbstkonstruierten triangulären Raum wie oben beschrieben ertragen, der nur eine sehr fragwürdige Stabilität bot. Der trianguläre Raum, der für symbolisches Denken zur Verfügung stand, war daher sehr eingeschränkt.

Die gesamte Analyse hindurch ist das Problem des Lernens und der psychischen Veränderung von großer Bedeutung gewesen. Herrn M's Allwissenheit ließ keinen Raum für ein Lernen aus Erfahrung. Er verdeutlichte mir das, indem er mir beschrieb, was der Narzißt sagen würde: „Warum sollte ich im Wald spazierengehen, wenn ich doch schon weiß, wie Bäume aussehen?" In der Gegenübertragung fühlte es sich so an, als sei weder Raum noch Zeit für irgendeinen Gedanken, eine Erfahrung oder einen Gefühlsaustausch. Als ich einmal gerade nach einer Unterbrechung aus Krankheitsgründen zurückgekehrt war, war ich sehr schuldbewußt, und mir graute davor, Herrn M. sagen zu müssen, daß in der folgenden Woche zwei Stunden wegen eines psychoanalytischen Kongresses ausfallen müßten. Als ich Herrn M. am Ende der Stunde die Absagen mitteilte, antwortete er sofort mit einem breiten, nüchternen Lächeln: „Das war zu erwarten", gab mir die Hand und verließ das Zimmer. Mit anderen Worten, er hatte es die ganze Zeit über schon gewußt (und er erklärte später, daß er wirklich im voraus darüber nachgedacht hatte, um sich bewußt darauf einzustellen und vorbereitet zu sein), so daß jedwedes Gefühl entbehrlich war. In meiner Gegenübertragung hatte ich das schreckliche Erlebnis eines „Lochs", wo ein emotionaler Austausch hätte sein sollen. Das entsprach dem, was Herr M. immer „das Loch" nannte, das sich dort befinde, wo er selber hätte sein sollen. Da war ein Loch, ein seelischer Mangel an der Stelle des psychischen Raumes, der von einem emotionalen Erlebnis erschaffen wird und dem Denken Spielraum gewährt.

Herr M. lebte in einer Welt, in der er *wissen* mußte, weil seine Mutter, wie er sagte, immer von ihm verlangt hatte, daß er es wisse. „Du weißt sehr gut, was du zu tun hast." „Du weißt sehr wohl, was ich denke." Aber oft wußte er es nicht, und es war quälend, alles wissen zu müssen, wo er doch in Wirklichkeit nichts wußte. Er hatte ein verfolgendes inneres Objekt, das von ihm verlangte, er solle alles wissen, aber ständig alles besser wußte und ihm damit bewies, daß er niemals wissen und es nie richtig machen konnte. Er konnte nicht gewinnen. Selbst den Gedanken, daß er etwas Neues lernen wollte, hatte dieses innere grausame Objekt vereinnahmt, so daß dasselbe Objekt, das von ihm forderte, er solle schon alles wissen, auch forderte, er solle etwas lernen. Er sagte, jedesmal, wenn er aus der Stunde gehe, werde ihm (innerlich) die Frage vorgelegt: „Na, was hast du heute gelernt?" Aber was konnte er antworten? Er konnte nur entgegnen, daß zwar seine Analytikerin etwas gelernt hatte, er dagegen nicht. Aber das war wiederum alles seine Schuld. Es war immer seine Schuld, und er konnte es nicht richtig machen. Er sagte, ich sei wie ein Weihnachtsbaum, den er schmücke, und er müsse es richtig machen. Sagte ich ihm etwas, was er nicht gewußt habe, dann sei das nicht etwas, aus dem er lernen könne, es sei ein Tadel. Das nächste Mal würde er wissen, wo er den Stern aufzuhängen habe. Deshalb war er entweder in der Position, alles schon zu wissen oder es mit Sicherheit für das nächste Mal zu wissen. Diese statische, rigide Situation ließ keine Entwicklung des triangulären Raumes zu, der zum Denken notwendig ist.

In seinem zwingenden Bedürfnis, derjenige zu sein, der es weiß, verbrachte Herr M. Nächte und Wochenenden an seinem Arbeitsplatz und brachte das Durcheinander in Ordnung, das sein ignoranter Chef und die anderen stümperhaften Mitarbeiter angerichtet hatten. Bei mir, sagte er, müsse er die Brust sein, indem er meine Erwartungen herausfinde, mich füttere und mir etwas beibringe in der Hoffnung, daß am Ende noch etwas für ihn übrigbliebe. So war es mit seiner Mutter gewesen, sagte er, wenn er derjenige habe sein müssen, der wußte, was sie erwartete; sonst brach sie die Kommunikation ab, um ihm eine Lektion zu erteilen und um zu verleugnen, daß die Realität möglicherweise nicht so war, wie sie sie kannte. Der Versuch, derjenige zu sein, der weiß, der vorankommt, der gewinnt, war aber furchtbar anstrengend, und Herr M. klagte über Schlaflosigkeit und völlige Erschöpfung. Um diese Situation bildlich zu verdeutlichen, verwendete er öfters die Geschichte vom Hasen und Igel. Diese beiden Tiere veranstalteten einen Wettlauf gegeneinander, in dem der Igel immer gewann, und zwar aufgrund des Tricks, daß es zwei gleichaussehende Igel gab, jeweils einen an den beiden Enden der Rennstrecke. Mochte der Hase noch so schnell und angestrengt rennen, der Igel saß immer am Ziel, wenn er anlangte: „Ich bin schon da." Herr M. hatte das Gefühl, er sei der Hase, erschöpft vom dauernden Rennen, aber er könne nicht gewinnen. Er wünschte, er könnte auch einen Partner haben, einen Doppelgänger, damit er als Gewinner hervorgehen könnte. Entsprechend fühlte ich mich in meiner Gegenübertragung sehr stark in der Rolle des Hasen. Mein Patient war immer derjenige, der es zuerst und besser wußte, und mochte ich auch noch so angestrengt rennen, um mit ihm mitzuhalten, nie schien ich irgendwohin zu gelangen. Trotz all der verzweifelten Aktivitäten kam niemand irgendwohin; die Überwindung räumlicher Entfernung war sinnlos.

Herr M. empfand es auch als sehr ungerecht, daß der Situation, in der er sich befand, nicht Einhalt geboten wurde. Niemand setzte ihm etwas entgegen. Ein kleiner Junge möchte durch die Wand gehen? Na, bitte. Er möchte Berge von Eiscreme essen? Na, bitte. „Nur zu, du bist selbständig. Du wirst bald merken, daß du es nicht kannst. Du wirst deine Lektion schon noch lernen, wenn du dir deinen Kopf ein paarmal eingeschlagen hast oder wenn du Bauchschmerzen bekommst." Sein Objekt war so grausam, ihn in dieser infantilen Weise fortfahren zu lassen, und es war die Rolle dieses grausamen Objekts, in der ich mich in der Regel wiederfand: der Babysitter, der ihn in der Manier des *laissez faire* glauben und tun ließ, was immer er glauben und tun wollte. Es waren meine Beteiligung an unserer spielerischen Kommunikation, aber auch mein Schweigen und meine Hilflosigkeit, die mir diese Rolle eintrugen.

Ich fand es schwierig, Herrn M. zu verstehen, und ich blieb allzu häufig schweigsam in meinem engagierten Bemühen, klarer zu denken. Mein Schweigen wirkte sich jedoch verheerend auf seinen inneren Zustand aus. Im folgenden gebe ich ein Beispiel für den Diskurs von Herrn M., der aus ausführlichen Notizen rekonstruiert worden ist, die ich mir zu Beginn der Analyse in dem Versuch gemacht hatte, zu erfassen, was er sagte, und um nach der Sitzung vielleicht mehr Sinn daraus zu machen. Herr M. sagte:

> „Vieles, was ich sage, klingt interessant, aber ich könnte nicht mit dem anderen zusammen denken, sprich: ich werde verstanden, kann aber keinen Nutzen daraus ziehen. Ich versuche, beides zu machen, aber über einen einzigen Kanal: ich versuche einerseits, etwas Verständliches zu tun, gleichzeitig einen emotionalen Kontakt herzustellen. Das ist ein Kategorienfehler. Ein normales Gespräch bewegt sich entlang Koordinatenachsen: eine intellektuelle und eine emotionale (Die Analytikerin fragt: Überschneiden sich die Achsen? Er ‚antwortet', indem er seinen Diskurs fortsetzt). Ich bewege mich wild in der Ebene und nicht immer parallel. Ich habe immer Angst, eine Achse könnte ausfallen und dann verliert man den anderen aus den Augen. Ich muß mich einer Metaphernsprache bedienen, um zwei Dinge zusammenzukriegen. Sonst betrachte ich alles nur von der einen Realität und dann werden Sie mich nicht verstehen. Darf ich spielen? Darf ich gewinnen? Oder muß ich, um sozial zu sein, auch verlieren? Es gibt verschiedene Realitäten. Und es gibt ein allgemein gültiges Spiel – man muß spielen, ohne die Regeln zu kennen, weil man keine Erklärung bekommt. Ich bin ein Spieler. Sie sagen, ich schiebe nur

> Figuren hin und her, ohne mich an die Regeln zu halten. (Die Analytikerin hatte nichts gesagt). Der abwesende Vater steckt auch drin. Eine Auseinandersetzung mit ihm haben? Wenn er abwesend ist, dann gibt es keinen wirklichen Rivalen. Der verlorene Sohn kommt wieder und der Vater ist froh. Der gebliebene Sohn ist enttäuscht und weiß nicht, warum er nicht die Aufmerksamkeit des Vaters behalten konnte. Die Mutter vermittelt, wer der Vater ist. Der Vater ist nicht da. Jede Aufmerksamkeit ist auf den Abwesenden gerichtet. Mein Gefühl gegenüber der Realität ist wie gegenüber dem abwesenden Vater. Ich kann meine persönliche Erfahrung nicht mitteilen, weil das in einer Zwei-Personen-Beziehung nicht möglich ist. Man ist von der Realität ausgeschlossen. Ich protestiere gegen die Realität, weil sie meine Realität ausschließt. Als Spieler bin ich wichtiger als die Spielregeln."

In dieser Situation, als ich mein Bestes tat, um ihm zu folgen, um zu denken und zu verstehen, war ich es, die Analytikerin, die schwieg und daher – für ihn – nicht da war. Das „Herumschieben der Figuren" nahm mit meinem Schweigen zu; das heißt, er projizierte meine Abwesenheit in die Vaterfigur, die Figur des verlorenen Sohnes, die Figur seiner selbst als jemand, der von der Realität ausgeschlossen (abwesend) war und schließlich die Figur der Realität selbst, die von ihm ausgeschlossen (abgelehnt) wurde, von ihm, der „Realität" zu bloßen „Spielregeln" erklärte. Je mehr ich schwieg, desto mehr projizierte er und „bewegte sich wild in der gesamten Ebene", und indem er das tat, verlor er mich aus den Augen. In seinem verzweifelten Versuch, sich selbst zu retten, hatte er mich verloren.

Ich war nicht imstande, weiterhin so ausführliche Notizen in dieser Stunde zu machen, wahrscheinlich, weil es mir nötig schien, aktiver meine Präsenz geltend zu machen und mich auf die Suche nach Kontakt zu ihm einzulassen. Ich weiß daher nicht mehr, was danach folgte. Es war aber in solchen Situationen oft so, daß Herr M. in seiner Verzweiflung und Angst ankündigte: „Also gut, dann lassen Sie uns auf eine andere Ebene überwechseln, auf die emotionale Ebene (oder die intellektuelle Ebene, je nach dem welche Ebene in dem Moment gerade die entgegengesetzte war) und schauen, ob wir dort Kontakt finden können." Auf intellektueller Ebene gab es Worte und Kenntnis, die emotionale Ebene war averbal, obwohl noch immer Worte verwendet wurden. Für ihn war es nie möglich, Gefühle direkt mit Worten auszudrücken, sagte er. Wenn sie in Worte gefaßt waren, bedeutete das entweder, daß sie eine andere, verborgene Bedeutung hatten oder daß sie nicht mehr da waren. Ein emotionaler „Austausch" zwischen uns fand stillschweigend statt, wenn er aufspürte und für sich analysierte, was er für meine emotionale Verwicklung hielt, die in meinen grammatikalischen Fehlern, sprachlichen Fehlleistungen, Handlungen, der Stimmlage usw. zutage trat. Auf diese Weise hatte er das Gefühl, er könne Zugang zu meiner Realität als einem Ersatz für einen realeren Dialog mit mir finden.

Solche allwissenden Ersatzmethoden waren natürlich unzuverlässig. Manchmal war Herr M. in einem sehr ernsten Zustand geistiger Fragmentierung. Er konnte nicht zur Arbeit gehen, und es war außerordentlich schwierig für ihn, einigermaßen adäquat zu funktionieren, damit er zu seinen Stunden kommen konnte. Er mußte aufpassen, daß seine rechte Schulter mitkam, daß sein linker Fuß nicht verlorenging, daß sein Körper zusammenhielt. Wenn sein paranoider Wahn mehr in den Vordergrund trat, fühlte er sich manipuliert, hörte geheime, für ihn bestimmte Botschaften in den Ansagen von Flugpiloten oder Straßenbahnfahrern, und er hatte das Gefühl, daß Leute in seiner Sprache über ihn redeten, wobei sie ihn ausschlossen. Er fühlte sich klein und glaubte, andere machten sich lustig über ihn. Er war dann in der Lage, diese schwierige Situation dadurch zu handhaben, daß er in allwissender Manier alles herausfand: eine Gruppe Erwachsener spielte in Wirklichkeit ein Spiel, um ihm insgeheim eine Lektion zu erteilen. Jeder wandte Tricks an, um voranzukommen, zu gewinnen, ihn zu verhöhnen und der Lächerlichkeit preiszugeben. Er wußte genau, was vor sich ging, weil er seine eigenen Tricks hatte. Er konnte alles herauskriegen, indem er z.B. das, was die Leute sagten, in eine andere Sprache und dann ins Deutsche rückübersetzte, und auf diese Weise die bedeutungsvollen Unstimmigkeiten auffielen. Als ein Psychiater ihm das Medikament Haloperidol gab, übersetzte er den Namen ins Französische, wo es „Halo, Père idol" hieß und zurück ins Deutsche, dann hieß es „Hallo, Vateridol" und beschloß, es nicht einzunehmen. Auch er beherrschte das Spiel.

Wenn aber eine psychotische Phase abklang, wurde Herr M. deprimiert und unerhört traurig, weil nichts mitgeteilt und verstanden worden war. Er war dann in die normale, alltägliche Realität zurückgekehrt, die die Realität seiner psychotischen Episode auslöschte, soweit, daß sie sich scheinbar erst gar nicht ereignet hatte. Zurück blieb nur ein Loch, manchmal noch nicht einmal das. Die Erfahrung von Herrn M. war die eines grenzenlosen Raumes, in dem es „von innen her erlebt" Myriaden von parallellaufenden Röhren gab, die von einem Punkt ausgingen. Er hatte das Gefühl, er könne willkürlich eine auswählen, um daran nach außen zu klettern, wild von einer Sache zur anderen assoziieren, dann auf eine andere parallele Röhre klettern, auf der eine Strecke lang weitermachen, dann zu wieder einer anderen Röhre überwechseln und auf diese Weise sich immer weiter ins Unendliche fortbewegen. Jedoch „von außen erlebt", wie er sich ausdrückte, fiel dieses räumliche Konstrukt in sich zusammen, in ein „Loch". Da seine Bewegungen auf nichts Spezielles gerichtet waren und auf keine Kreuzungen trafen, ihm keine Begegnungen verschafften, hatten sie keine Bedeutung und schufen keinen wirklichen Raum. Vom Inneren der Psychose her wurde der Raum als grenzenlos erlebt; vom Standpunkt außerhalb der Psychose her gesehen, gab es überhaupt keinen Raum.

Der Fortschritt in der Entwicklung von Herrn M. zeigte sich vielleicht am deutlichsten an seinen Reaktionen auf Unterbrechungen in der Analyse. Am Anfang war es nie möglich, im voraus über Ferien zu sprechen, weil es ihn außerordentlich verunsicherte, daß ich nicht merkte, daß es keine Unterbrechung für ihn gab, solange ich da war. Wenn ich aus den Ferien zurückkehrte, war es eine Katastrophe für ihn, weil unerträglich deutlich wurde, daß die Person, mit der er die ganze Zeit über Zwiesprache gehalten hatte, nicht ich gewesen war. Der Widerspruch zwischen der perfekten Analytikerin in seiner Vorstellung und meiner Person in der Stunde, führte zu dem schmerzlichen Gewahrwerden, daß er den Verstand verloren hatte. Als ich mit ihm zumindest darüber sprechen konnte, wie gründlich meine Rückkehr die Realität seiner Erfahrung ausgelöscht hatte, schien sich die Gefahr eines psychotischen Zusammenbruchs zu mindern. Er kämpfte auch gegen den psychotischen Rückzug mit seiner Überzeugung an, er brauche dringend meine Hilfe als die einer realen Person, auch wenn sie all diese Mängel aufwies.

Mit der Zeit wurde es möglich, im voraus über die Schwierigkeiten zu sprechen, die uns nach meiner Rückkehr aus den Ferien erwarten würden, und nach vielen Jahren Analyse wurden die Wochenendpausen bedeutsam. Mit der Zeit bekamen sie zunehmend eine andere Bedeutung als andere Pausen zwischen den Sitzungen oder Unterbrechungen unserer Kommunikation, weil er immer deutlicher meine Getrenntheit und daher die Tatsache wahrnahm, daß *ich* eine Wochenendpause hatte. Das bedeutet, daß Herr M.

anfing, triangulären Raum zu erleben. Im folgenden wird diese Entwicklung anhand einer detaillierteren Schilderung einiger Sitzungen gezeigt.

Vor einer dieser Wochenendpausen fing Herr M. über die beiden Igel und den Hasen zu sprechen an und meinte dazu, wenn er nur begreifen würde, daß es zwei verschiedene Igel gibt, dann wäre das ein Fortschritt. Ich sagte ihm, wenn es eine Mutter *und* einen Vater gäbe, das würde helfen. (In der ursprünglichen Geschichte sind die Igel ein männlich-weibliches Paar). Er griff meinen Kommentar auf, sagte, ja, wenn es zwei verschiedene Objekte gäbe und er das begreifen würde, das wäre gut. Am Montag kam er in einem ziemlich wahnhaften Zustand in seine Stunde und sagte „Das Spiel läuft. Es hat zwei Stunden nach der Freitagsstunde angefangen, als ich in einen tranceähnlichen Zustand geriet." Was ich schließlich verstand, war, daß er zwei Stunden nach unserer Freitagsstunde in dem Bedauern, daß er bis zum späteren Abend warten mußte, ehe er eine Freundin treffen konnte, in eine Kneipe gegangen war. In diese Freundin, so glaubte er, war er derzeit verliebt. Dann fing das Spiel an, ein Spiel, in dem er plötzlich den ganzen Plan durchschaute: daß unsere Analyse von einem Komitee von Spezialisten gelenkt wird, die alle an einem Projekt arbeiten, unter ihnen der Leiter, der als Fachmann für Lacansche Ideen gilt. Die Arbeit dieses Komitees besteht nicht darin, eine für ihn gute Analyse zustandezubringen, sondern vielmehr zu beweisen, und dafür dient seine Analyse als Beispiel, daß Lacans Ideen richtig sind. Am Mittwoch teilte er mit, daß das Spiel immer noch im Gange sei, und er war froh, daß das so war, damit er mit mir darüber sprechen konnte. Auf der anderen Seite ängstigte es ihn, darüber zu sprechen, denn wenn ich alles zusammensetzen würde, dann könnte ich womöglich eine Atombombe daraus machen. Er berichtete mir, daß er in der Zwischenzeit seiner Freundin erzählt hatte, er sei davon überzeugt, die Spezialistengruppe benutzte auch sie im Prozeß seiner Analyse. Sie sagte ihm, daß es ihrer Überzeugung nach kein Komitee gebe, kein Projekt laufe, keine Gruppe bestehe, die sie dazu bringe, an seiner Analyse mitzuwirken. Das wichtigste war, daß sie sagte, obgleich das ihre Realität sei, könne sie erkennen, daß es für ihn anders sei. Zum ersten Mal hatte er das Gefühl, es gebe einen Zeugen, der sehen konnte, was mit ihm vor sich ging, wenn er psychotisch war.

Einesteils verstand ich das im Sinne der Übertragung, nämlich daß Herr M. in der Lage war, mich als von ihm getrennte Person zu erleben, die als Zeugin mitbekam, was ihm zustieß, wenn er psychotisch war. Er fühlte sich von mir aufgefangen und gehalten (contained), obgleich er befürchtete, ich könnte so reagieren wie seine Mutter und die Beziehung abbrechen. Das wäre die Atomexplosion, die jeden Sinnzusammenhang zerstören und ihn in aufgesplitterten Teilchen durchs Universum schleudern würde. Es kam hinzu, daß er zum ersten Mal nicht nur mich innerhalb der Analyse hatte, sondern auch jemanden außerhalb, so daß sich die krasse Spaltung zwischen der geschützten Situation mit mir in der Analyse und der unveränderlichen Situation außerhalb vermindert hatte. Obgleich ich das für einen Fortschritt hielt, dachte ich auch, daß diese wahnhafte Entgleisung der Wochenendpause Ergebnis einer massiven projektiven Identifizierung mit den beiden Igeln war, die in der Freitagsstunde zum ersten Mal zu einem Paar geworden waren. Er hatte offenkundig das Erlebnis, daß ich getrennt war, nicht ertragen können, weil das hieß, daß ich unmittelbar zum Teil eines Paares wurde. Das läßt sich leicht mit der Situation vergleichen, in der er (so verstand ich es) es nicht ertragen konnte, wenn ich diejenige war, die wußte, so daß er sofort unsere Positionen umkehrte und zu dem wurde, der „es schon immer gewußt hat." In sehr ähnlicher Weise verließ er demnach über das Wochenende seine eigene Position, um die Identität des Vaters, d.h. des Lacanschen Leiters, anzunehmen, damit er zum Teil des elterlichen Paares und zum Anführer des Familienverbandes würde. Im Zuge dessen verlor er seine eigene Position, die Position des Patienten-Kindes, d.h. er verlor sich selbst. Für sich löste er sein Problem in der nächsten Stunde, in der er erklärte, er habe eine Begegnung mit seinem Vater gehabt, der in seinem Kopf existiere (der wirkliche Vater war tot). Dieser Vater war sehr viel menschlicher als der Lacansche Anführer, und sie hatten sich in einem hitzigen Schlagabtausch mit wütenden, aber auch spielerischen Beschimpfungen beworfen, woraufhin sein Vater dann wegging. Er würde vielleicht zurückkehren, aber Herr M. wußte das eigentlich nicht mit Sicherheit. Herr M. war von alldem begeistert. Ich verstand, daß es sein Weg war, die Vaterfigur am Leben und sogar präsent zu halten, wobei er den Vater zugleich fortschickte, so daß er und ich in die spielerische Kommunikation unserer dyadischen Objekt-Beziehung zurückkehren konnten (was wir in jener Sitzung dann auch taten). Auch war er es, der die Beziehung zum Vater hatte, nicht ich. Nicht ich war es, eine kompetente Analytikerin, die in ihrem Inneren einen Dialog mit einer Vaterfigur führte, sondern er mit dem Vater in seinem Inneren. Ein paar Wochen später erklärte er mir unsere Situation so: „Solange Sie Dinge sagen, denen ich zustimme, bewegen wir uns auf parallelen Spuren. Aber wenn wir einmal unterschiedlicher Ansicht sind, dann wird es gefährlich, weil es dann Konkurrenz gibt, und dann bringt einer den anderen um. Das ist die Ödipuserzählung: entweder der Vater mußte den Sohn umbringen oder der Sohn den Vater." Mit anderen Worten, es gab keinen Raum, in dem sich die Spuren überschneiden konnten, keinen Raum, in dem die Mutter eine Beziehung zum Vater *und* zum Sohn haben konnte.

Als ich meine Deutungen darauf stützte, wie verwirrend die Wochenendpausen seien, hatte Herr M. das Gefühl, ich verstünde das Problem. Auf der anderen Seite wurde er außerordentlich ängstlich und ließ in seinen Warnungen keinen Zweifel daran, wie gefährlich eine solche „konfrontierende Therapie" sei. Wenn seine Gefühle kommen würden, dann würden sie alle, aus allen Sitzungen, die wir bisher gehabt haben, auf einmal kommen. Mehr noch, sie würden aus den ganzen 50 Jahren seines Lebens kommen. Ich wisse hoffentlich, was ich tue, und hoffentlich könne ich ihn „halten" (contain), sollte das geschehen, denn sonst wäre er draußen. „*Sie* sind verantwortlich, denn ich kann für nichts garantieren. Ich laufe vorher weg, wenn das noch möglich ist." Er warnte mich, daß seine Gefühle total unbegrenzt seien und daß die Realität absolut keinen Einfluß auf sie hätte. Er hatte keine Vorstellung von einem aufnehmenden (containing) Objekt, das ihm dabei helfen könnte, solche Gefühle zu haben und damit begrenzten, dreidimensionalen Raum zu schaffen.

Dennoch bekämpfte Herr M. seine omnipotente Lösung, zum Objekt zu werden. Während der wahnhaften Phase erzählte er mir von seinem „Indianernamen", zu dem er kam, indem er die Buchstaben seines Nachnamens auf sehr komplizierte Weise nach einem stringentem System privater Regeln übersetzte: indem er hier einen Buchstaben ausließ, dort einen einfügte, an einer Stelle zurücksprang, an einer anderen nach vorn usw., bis er den indianischen Namen bildete (in englisch): „Not-Not-Be-Me". Er übersetzte diesen Namen dann wieder ins Deutsche zurück: „Ich will *nicht nicht* ich selbst sein". Mit anderen Worten, Herr M. *wollte* nicht unbedingt er selbst sein, aber er wollte auch nicht nicht er selbst sein. Er hatte einen omnipotenten Wunsch, das Objekt zu sein, aber er wollte sich selber im Zuge dessen nicht verlieren. Bald wunderte er sich darüber, woher es kam, daß er ein starkes Widerstreben spürte, der Narzißt (Vater) zu werden. „Wenn ich nur sagen könnte, ich bin zu zwanzig Prozent ein Narzißt, wäre das gut." Er wünschte sich auch, er könnte mich nur teilweise falsch finden, statt den Schluß zu ziehen, „alle Analytiker sind Nieten", wenn ich irgendeinen Irrtum beging. Er kämpfte darum, uns in seiner Vorstellung auseinanderzuhalten und sich selbst zusammenzubringen. „Ich möchte ganz sein", sagte er. Es war dieses dringende Bedürfnis, seine eigene Position nicht aufzugeben, das ihn in Analyse hielt, im Kampf um die Errichtung triangulären Raumes, der es ihm gestatten würde, eine gesündere Umgangsweise mit diesem Konflikt zu erreichen und künftig seine eigene Identität haben zu können.

3. Diskussion des klinischen Materials

Im oben zitierten langen Diskurs einer der frühen Analysestunden scheint Herr M. die Organisation seines psychischen Raumes zu beschreiben. Er hat keinen Zugang zu Ordinate *und* Abszisse gleichzeitig und auch nicht zu dem Bereich der Mutter, in dem sie eine Beziehung zum Vater hat. Er kann auf eine andere Ebene gelangen und der Vater *sein*, aber er kann in Wahrheit nicht Zeuge sein, daß seine Eltern eine Beziehung zueinander haben. Das scheint die räumliche Situation der archaischen Spaltung zu sein, daß es keine sich überschneidenden Ebenen gibt, die Dreidimensionalität herstellen würden, sondern nur parallele Ebenen. „Lassen Sie uns auf eine andere Ebene überwechseln", sagte Herr M. dazu. Die beiden voneinander gespaltenen Ebenen, die den intellektuellen Vater und die emotional gut eingestimmte Mutter repräsentieren, scheinen parallele Ebenen zu sein, die sich nie einander nähern. Seine Antwort auf die Frage der Analytikerin, ob die Achsen sich überschneiden, lautet „ich bewege mich wild in der Ebene und nicht immer parallel." Er versucht immer wieder, zwei Dinge zusammenzubringen, die intellektuelle und die emotionale Achse, d.h. die Eltern, aber es gelingt ihm anscheinend nicht. Er hat immer Angst, daß eine Achse ausfällt und er dann die andere Person aus den Augen verlieren würde. Mit anderen Worten, entweder wird er via omnipotenter projektiver Identifikation zum Vater und bewegt sich in der Ebene, oder er wechselt auf die andere Ebene und begibt sich in eine Beziehung zur Mutter. Beim Wechseln der Ebenen verliert er die jeweils andere aus dem Blick.

Nach Britton (1993) ist diese Spaltung zwischen der Welt der Mutter und der des Vaters ursprünglich eine Spaltung des mütterlichen Objektes, die dann später auf das ödipale Paar projiziert wird. Seine These ist, daß die ursprüngliche, normale Spaltung zwischen der guten Mutter und der bösen Mutter nicht stattfinden konnte und daß deshalb eine andere Spaltung ersatzweise an einer falschen Trennlinie zwei unterschiedliche mütterliche Funktionen auseinanderhält. Im Falle von Herrn M. handelt es sich um die emotionale im Gegensatz zur intellektuellen Funktion. Offenkundig war die *containing function* seiner Mutter mangelhaft gewesen, so daß er sich mißverstanden und vernichtet gefühlt hatte. Statt einen aufnehmend-nährenden (containing) dreidimensionalen Raum zu erleben, den Henri Rey „Brutbeutel-Raum" (Rey 1994, S. 265) genannt hat, in dem sich Sinn entwickeln und mitgeteilt werden kann, war seine Erfahrung die gewesen, daß er mißverstanden wurde. Und mißverstanden zu werden war wie eine Atomexplosion, in der seine fragmentierten Teilchen im unendlichen Raum des Universums umhergeschleudert wurden. Herrn M's ursprüngliche Abwehrlösung bestand darin, das mütterliche Objekt in ein gutes nonverbales, emotional ansprechbares Teilobjekt und ein verbales, intellektuelles, nicht aufnahmefähiges (non-containing) Teilobjekt zu spalten. Auf diese Weise konnte er ein mütterliches Teilobjekt bewahren, das gutartig war. Das nicht aufnahmefähige (non-containing) Teilobjekt wurde dann von der Rolle des narzißtischen Vaters übernommen. Diese Spaltung ist pathologisch auf der Grundlage der ursprünglichen frühen Erfahrung mit einer non-containing, mißverstehenden Mutter.

Um einen Fortschritt zu erzielen, müßte diese Spaltung rückgängig gemacht werden, damit die beiden Teilobjekte in ein ganzes Objekt integriert werden könnten. Wenn jedoch diese Spaltung die einzige Repräsentanz von Vater und Mutter ist, dann wird dieser progressive Schritt zu einem ängstigenden Ereignis der Fusion und Konfusion und wird als Verlust jenes triangulären Raumes erlebt, den die Spaltung immerhin zur Verfügung gestellt hat. Deshalb muß die Spaltung aufrechterhalten oder immer wieder hergestellt werden, und deshalb kann Herr M. nicht zwei Dinge zusammenbringen und kann selbst nicht „ganz werden". Die Angst, daß die Analytikerin nicht imstande sein wird, ihn aufzufangen (contain), wenn das geschieht, ist von einer unerträglichen Heftigkeit. Etwas anderes kommt hinzu. Selbst wenn die Analytikerin für ihn die unerträgliche frühe Erfahrung mit seiner Mutter in sich aufnehmen (contain) kann, dann trifft er dennoch auf die ursprüngliche Situation mit dem non-containing, mißverstehenden Objekt. Herr M. drückte es einmal so aus: „Sie verstehen nicht, daß ich mich, wenn Sie mich verstehen, mißverstanden fühle." Wenn er verstanden wird, dann kann das non-containment erkannt, erlebt werden, und es kann darüber nachgedacht werden, aber es ist nichtsdestoweniger eine Erfahrung, vom Mißverstehen seines Objektes angegriffen zu werden.

Es ist daher völlig verständlich, daß Herr M. mit seinen Objekten nicht unbedingt „er selbst sein will". Er bindet die pathologische Spaltung in ein paranoides System ein, wobei er das, was ihm widerfährt, als eine Art Spiel nimmt, das auch er zu spielen versteht, selbst wenn er zu klein ist, um die Regeln zu begreifen. Er gelangt über omnipotente projektive Identifizierung mit dem „Erwachsenen" in das Spiel und gestaltet spielerisch eine Art ödipale Situation. Seine Version der Ödipuserzählung ist im wesentlichen dyadisch, wobei es Raum nur für zwei gibt. Auch wenn drei anwesend sind, besteht das Paar aus zwei identischen Objekten, die daher in Wahrheit als nur eines wirksam werden. Diese Kombination kann man als Repräsentanz der pathologischen Spaltung des mütterlichen Objektes verstehen, das die Tendenz hat, zu einem einzigen Objekt zu verschmelzen. Man könnte sich auch vorstellen, daß die beiden Igel zwei stachelige Brüste der Mutter in Konkurrenz mit dem mit starken Beinen ausgestatteten Vater-Hasen repräsentieren. Dieses dyadische Elternpaar wäre dann das Modell für das dyadische Mutter-Kind-Paar. Für Herrn M. ist dieses verdoppelte Objekt verfolgend, indem es sich triumphierend und höhnisch gibt. Es scheint ein grausames inneres Objekt zu sein, das zu ihm als einer der Igel sagt: „Du mußt alles wissen" und als der andere Igel von ihm fordert: „Du mußt etwas lernen." „Du mußt alles wissen" würde dann dasselbe bedeuten wie „Du mußt etwas lernen." Es ist deshalb eine Erfahrung mit einem Objekt, das Sinn zerstört, Konfusion stiftet, verhöhnt und immer gewinnt.

Herr M. fühlt sich dann gedrungen, sich in die Position des Objektes zu versetzen, das einem den Streich spielt. In der Analyse bedeutet das, daß wir beide uns wie eine Wetterfahne ständig im Kreise drehen. Sobald ich auf so etwas wie Einsicht hinweise, was der Situation entspricht, in der ein Elternteil mit dem anderen Elternteil Zwiesprache hält, findet ein Umschwung statt, die Wetterfahne schlägt herum, und Herr M. fängt an, mich zu verbessern und mir zu erklären, worum es sich bei dieser Einsicht handelt. Sobald ich zu der werde, die weiß, gibt es einen Umschwung, und er ist derjenige, der es die ganze Zeit schon wußte. Sobald ich ins Wochenende gehe, was in den Augen von Herrn M. möglicherweise bedeutet, daß ich das Wochenende mit einem Partner verbringe, dreht sich alles herum, und er ist derjenige, der über das Wochenende einen Partner hat. In den Stunden dreht sich alles herum, so daß Herr M., statt Patient/Baby zu sein, das von der Analytikerin/Brust versorgt wird, Patient/Brust ist, die eine Analytikerin/ein Baby füttert. Zwischen den Sitzungen dreht sich alles herum und Herr M. ist ein Therapeut für die, mit denen er zusammen am Stammtisch sitzt. Der Übergang muß immer unmittelbar vor sich gehen: „Es gibt keine Zeit, erwachsen zu werden," sagt Herr M., „es muß sofort stattfinden." Dieses Phänomen, daß Positionen im Handumdrehen vertauscht werden, wird auf dem Wege omnipotenter projektiver Identifizierung erreicht, ein Prozeß, der im wesentlichen den Raum zwischen Subjekt und Objekt aufhebt. Es steht kein triangulärer Raum zur Verfügung, kein Zeitgefühl und auch keine Vorstellung von Wachstum. In der Zwischenzeit scheint aber der rasche Wechsel eher den Charakter einer abwehrenden Einstellung anzunehmen, und das könnte als eine Art „reversibler Perspektive" (Bion 1963) verstanden werden, ein Phänomen, das in der Regel dann auftritt, wenn man gerade im Begriff ist, in die triadische Situation der depressiven Position einzutreten. Daß Herr M. nahe an der depressiven Position ist, zeigt sich auch an seiner großen Angst, eine „konfrontierende Therapie" könnte bewirken, daß all seine Gefühle aus all seinen Lebensjahren in voller Stärke auf einmal kommen. Sobald Gefühle erlebt werden können, ist der trianguläre Raum der depressiven Position und der ödipalen Situation hergestellt. Er fürchtet ihre überwältigende Intensität und daß sie so grenzenlos sind, daß seine Analytikerin sie unmöglich verstehen und auffangen (contain) kann. Dann könnte es nur noch eine atomare Explosion des Mißverstehens geben.

Nach vielen Jahren der Analyse gibt es weitere Anzeichen, daß Herr M. sich der triangulären Situation der depressiven Position annähert. Der Vater tritt in Herrn M's Vorstellung allmählich als Rivale auf, mit dem er einen Streit ausficht. Herr M. fängt an, direktere Konfrontationen mit seiner Analytikerin auszutragen, die eher in einem befriedigenden Kompromiß statt in einer vernichtenden Katastrophe enden. Sicherlich hat ihm im Laufe der langen Zeit geholfen, daß die Analytikerin imstande war, ihr Nicht-Wissen und ihr Nicht-Verstehen zu ertragen, so daß auch er ertragen kann, nicht alles wissen zu können, auch nicht, was im Kopf seiner Analytikerin vor sich geht. Das entspricht dem progressiven Schritt, der getan ist, wenn man ertragen kann, daß man sich so klein fühlt und nicht verstehen kann, worüber sich die Eltern miteinander unterhalten. Dieser Prozeß unterstützt auch die Entwicklung jenes Gedankens bei Herrn M., er wäre gern in der Lage, vielleicht „zu zwanzig Prozent Narzißt" zu sein und ebenso nur teilweise richtig und teilweise falsch. Er hielt es auch für einen Fortschritt, seine Analytikerin als teilweise richtig und teilweise falsch anzusehen, statt den Gedanken zu hegen „alle Analytiker sind Nieten." Wie Britton (1993) darlegt, ist diese Entwicklung,

Teile projizieren oder sich mit Teilen identifizieren zu können, von entscheidender Bedeutung für den Separationsprozeß. Sie gehört zur realistischeren Wahrnehmung von Subjekt und Objekt, deren Grundlage der trianguläre Raum ist und die kennzeichnend ist für die depressive Position.

4. Schlußfolgerung

Dieser Fall ist vorgestellt worden, um die Bemühungen von Patient und Analytikerin darzustellen, die höchst primitive dyadische Teilobjektbeziehung, in der sich das Subjekt im Objekt oder das Objekt im Subjekt befindet, in eine deutlicher getrennte Ganzobjektbeziehung der depressiven Position zu überführen. Die Angst des Patienten vor Mißverstehen und mangelhaftem containment und seine Neigung zur psychotischen Fragmentierung haben sowohl ihn als auch die Analytikerin dazu veranlaßt, sich weitgehend auf seine Strategie einer „Spieltherapie" und einen ersatzweise hergestellten triangulären Raum zu stützen, um die provisorische Stabilität zu gewährleisten, die für die Zusammenarbeit notwendig war. Jedesmal, wenn sich der Patient auf die depressive Position zubewegte und in Ansätzen gewahr wurde, daß die Analytikerin von ihm getrennt und als Teil eines innerlich vorgestellten elterlichen Paares von Bedeutung war, reagierte er mit omnipotenter projektiver Identifizierung und einem paranoiden Wahn. Im Zuge dessen wurde das, was ansatzweise als triangulärer Raum erlebt wurde, zunichte gemacht. Im Laufe vieler Analysejahre haben jedoch ein langsamer Prozeß des Verstehens und des containing von Erfahrungen dazu verholfen, in größerem Umfang dreidimensionalen psychischen Raum zu erschaffen, der eine festere trianguläre Struktur ermöglicht, ein besseres Gefühl für Zeit und Wachstum, die Entwicklung einer gewissen „negativen Fähigkeit" (nämlich das Nichtwissen auszuhalten – Bion 1970), eine größere Fähigkeit zu lernen und Erfahrungen zu machen und eine gewisse Entwicklung symbolischer Denkprozesse.

Danksagung

Ich möchte meinem Patienten für die reiche Lernerfahrung während unserer gemeinsamen Arbeit und für seine freundliche Erlaubnis danken, an dieser Stelle meine Version davon veröffentlichen zu dürfen. Ebenso dankbar bin ich Herbert Rosenfeld† und Ronald Britton für ihre sehr hilfreiche Supervision.

(Aus dem Englischen übersetzt von Barbara Strehlow, Hamburg)

Literatur

Bion, W. R. (1962a): A Theory of Thinking. In: Bion, W. R.: Second Thoughts. New York: Jason Aronson (1967). Deutsch: Eine Theorie des Denkens. Psyche 63, 426–435.

Bion, W. R. (1962b): Learning from Experience. London: Heinemann aus Erfahrung. Frankfurt a.M.: Suhrkamp, 1990.

Bion, W. R. (1963): Elements of Psychoanalysis. London: Heinemann. Deutsch: Elemente der Psychoanalyse. Frankfurt a.M.: Suhrkamp, 1992.
Bion, W. R. (1970): Attention and Interpretation. London: Tavistock Publications.
Britton, R. (1989): The missing link: parental sexuality in the Oedipus complex. In: Steiner, J. (Hrsg.): The Oedipus Complex Today. Clinical Implications. London: Karnac Books, S. 83–101.
Britton, R. (1993): Fundamentalismus und Idolbildung. In: Gutwinski-Jeggle, J., J. M. Rotman (Hrsg.): Die klugen Sinne pflegend. Psychoanalytische und kulturkritische Beiträge. Tübingen: Edition Diskord, S. 100–119. Englische Version: Fundamentalism and Idolatry. Unveröffentlicht.
Freud, S. (1920): Jenseits des Lustprinzips. GW XIII, S. 1–69.
Freud, S. (1938): Ergebnisse, Ideen, Probleme. GW XVII, S. 149–152.
Matte-Blanco, I. (1988): Thinking, Feeling, and Being. London: Routledge.
Rey, H. (1994): Universals of Psychoanalysis in the Treatment of Psychotic and Borderline States. London: Free Association Books.
Schoenhals, H. (1993): Triangulärer Raum und Symbolisierung. In: Gutwinski-Jeggle, J., J. M. Rotman (Hrsg.): Die klugen Sinne pflegend. Psychoanalytische und kulturkritische Beiträge. Tübingen: Edition Diskord, S. 191–207: Englische Übersetzung: Triangular Space and Symbolization. Psychoanalytic Inquiry, Themenheft: Theories of Cure. (In Vorbereitung)
Schoenhals, H. (1995): Triangular space and the development of a working model in the analysis. Int. J. Psycho-Anal. 76, 103–113.
Segal, H. (1957): Notes on symbol formation. Int. J. Psycho- Anal. 38, 391–407. Ebenfalls in: Bott Spillius, E. (ed.): Melanie Klein Today, Vol. I: Mainly Theory. London: Routledge (1988), S. 160–177. Deutsche Übersetzung: Bemerkungen zur Symbolbildung. In: Bott Spillius, E. (Hrsg.): Melanie Klein Heute, Band I: Beiträge zur Theorie. München-Wien: Verlag Internationale Psychoanalyse, 1990, S. 202–224.

„Zur Hölle mit der Realität!" Zur Internalisierung des Realitätsprinzips speziell im Hinblick auf das Werk von W.R. Bion*

Martha Papadakis

1. Theoretischer Hintergrund

In den „Formulierungen über die zwei Prinzipien des psychischen Geschehens" (1911) erläuterte Freud, daß die Internalisierung eines ‚Sinns für die Realität' die Grundlage für geistige Gesundheit und darüber hinaus das Leben selbst ist. Aus den ersten primitiven unbewußten mentalen Prozessen, die unter der Herrschaft körperlich-sinnlicher Lustbedürfnisse stehen, muß sich das organisierende und zivilisierende Ich entwickeln, ein Ich, das als Makler zwischen jenen begrenzten, archaisch-narzißtischen Bedürfnissen und der Realität der Außenwelt vermittelt. Der schrittweise, lebenslange Kampf um diese Anpassungsleistungen beruht auf der wiederholten Entdeckung der Trennung zwischen Selbst und Objekt und damit der Entdeckung von Abwesenheit, Verlust und Tod. Der Tod wird in diesem Stadium als Drohung der Vernichtung des Selbst erfahren. Ursprünglich vollzieht sich dies auf der Ebene von Teilobjektbeziehungen, doch finden schließlich die vitalen Austauschprozesse mit dem Objekt als ganzem statt, womit die Aufgabe der Idealisierung verbunden ist.

Unablösbar mit diesem Prozeß verbunden ist das Konzept der Trauer. Die Erfahrung der Trauer bildet den Eckstein in der Entwicklung des Realitätssinnes. Der Wunsch nach einer symbiotischen Fusion mit dem Objekt, nach Verleugnung von Getrenntheit wie nach Herrschaft und Kontrolle über das Objekt sowie der Wunsch, das Selbst zur Brust zu machen und das Objekt und die Abhängigkeit von ihm auszulöschen, all das wird in Frage gestellt, wenn das kleine Kind die Erfahrung des Verlustes macht, was in seiner Entwicklung sehr früh der Fall ist.

Die Auswirkungen des Lustprinzips auf die frühen mentalen Funktionsweisen des Kindes hinterlassen auch unzerstörbare Spuren in den subtileren Formen der Wunscherfüllung, die sich im Erwachsenendenken manifestieren. Träume belegen die ubiquitäre Gegenwart des Lustprinzips während des ganzen Lebens. Sich dem Realitätsprinzip zu stellen, beinhaltet die Anerkennung, daß Unvollkommenheit unvermeidbar ist; deren mythischer Prototyp ist die Vertreibung aus dem Garten Eden. Verlust bringt Schmerz mit sich und fordert psychische Arbeit, damit lustorientierte Erwägungen nicht von vorrangiger Bedeutung bleiben und Reife erlangt werden kann. Abhängigkeit muß anerkannt werden, und das bedeutet zentral die Anerkennung des Elternpaares und der Verbindung zwischen den Eltern. Mit Freud gesprochen, geht es um den Ödipuskomplex

* Übersetzung von G.H. Seidler und G. Schneider.

und die Entwicklungsaufgabe der Auflösung dieses Komplexes. Transformationen finden in bezug auf die realen Objekte statt, was zu Veränderung und Wachstum und zur Internalisierung des Realitätssinnes führt. Die Alternative dazu am anderen Ende des Kontinuums ist Ausweichen und innere Verkümmerung.

Freud verknüpfte das Denken mit der Herrschaft des Realitätsprinzips. Er schlug vor, Denken als Probehandeln zu verstehen, das in erster Linie die Psyche von einem Zuwachs an Reizen ähnlich wie Muskelspannungen entlasten soll und das motorische Handlungen hemmt. Denken, so sagt er, besitzt eine spezielle Qualität, die es ermöglicht, einen Zuwachs an Spannungen zu ertragen, ohne daß man zu einer Handlung getrieben würde; es ermöglicht einen Zwischenraum zwischen dem Bewußtwerden eines Impulses und der Handlung, die für seine Ausführung benötigt wird. Ursprünglich war das Denken unbewußt, aber durch seine Verbindung mit verbalen Gedächtnisspuren – hier liegt die zentrale Bedeutung der Sprache begründet – konnte das Unbewußte und Unbekannte in einem ausgesprochen großen Maße bewußt und bekannt werden.

Wenn es möglich wäre, daß das Lustprinzip permanent in Tätigkeit sein könnte, gäbe es keine Notwendigkeit für den modifizierenden Einfluß von Gedanken; dann gäbe es die Kluft zwischen Wunsch und Wunscherfüllung nicht. Kein Erlebnis jedoch kann ewig währen, es muß eine zeitliche Grenze und damit ein Ende für jedes Erlebnis geben, verbunden mit der Trauer, die diese Begrenztheit nach sich zieht.

Gedanken entstehen im Individuum zu dem Zweck, daß es mit diesen psychischen Gegebenheiten umgehen kann, und sie helfen ihm, sich an der Realität zu orientieren und sich an sie anzupassen. Dies erfordert allerdings auch die Existenz eines mentalen Apparates, der die Gedanken denkt. Die Abwesenheit des Denkens und das Fehlen der Mittel, mit denen gedacht wird, verschlimmern die Enttäuschung und hemmen die Möglichkeit für Transformationen und folglich für Wachstum und Befreiung vom Wiederholungszwang. Je größer die Fähigkeit zum Ertragen dieser Enttäuschung (Frustrationstoleranz) ist, um so gesünder ist das Ergebnis für die Psyche in dem Sinne, daß die reale Situation Beachtung und Anerkennung findet; demgegenüber führen Manöver, der Realität auszuweichen, zu negativen Konsequenzen.

Der Haß auf die Realität war eines von Freuds Kriterien für die Diagnose einer Psychose. Partiell gilt das schon für den Neurotiker, wie Freud schreibt:

> „Der Neurotiker wendet sich von der Wirklichkeit ab, weil er sie – ihr Ganzes oder Stücke derselben – unerträglich findet. Den extremsten Typus dieser Abwendung von der Realität zeigen uns gewisse Fälle von halluzinatorischer Psychose ... Eigentlich tut aber jeder Neurotiker mit einem Stückchen Realität das gleiche ...“ (1911, S. 230).

Der Haß auf das Gefühl ist der Haß auf das Leben selbst. „Of all the hateful possibilities growth and maturation are feared and detested most frequently“ (Bion 1970, S. 53). Da Reifung die Unterordnung des Lustprinzips unter der Herrschaft des Realitätsprinzips mit beinhaltet, muß auch auf omnipotente Kontrolle verzichtet werden. Dieser innere Herrschaftswechsel schwächt weder die Aussicht darauf ab, daß es Schmerz gibt, noch verringert er dessen Größe, das bleibt schlicht „Mächten, die außerhalb der Persönlichkeit liegen“, überlassen. In Situationen, in denen psychischer Schmerz entsteht, kann die Furcht vor dieser Erfahrung als ein mächtiges Abschreckungsmittel fungieren und die

Untersuchung von irgendetwas Neuem oder von dem Bisherigen Abweichenden verhindern.

In „Trauer und Melancholie" führte Freud (1917) die folgenschwere Konzeption der inneren Objekte ein. Versehen mit einem Eigenleben gestalten sie innerhalb der Struktur der Psyche fortwährend ihr Dasein, das in der Melancholie persekutorischer Art ist, wobei der Verlust des Objekts in einen Verlust im Ich transformiert wird. Das Es, Ich und Über-Ich werden mit Aspekten des verlorenen Objekts und der mit ihm verbundenen Erfahrung selbst identifiziert. Die zersprengten Überbleibsel der Realität des verlorenen Objektes leben in der Psyche weiter und quälen das Subjekt, das unfähig zur Wiedergutmachung seines Kränkungsbedürfnisses ist und so die Transformation der Melancholie in die (normale) Trauer zu leisten, die Transformation der Verleugnung in die Anerkennung der Realität. Die Realitätsprüfung, die der Omnipotenz der Phantasie entgegengesetzt ist, wird verhindert, und die von der Trauer geleistete Funktion der Realitätsprüfung kann nicht ausgeführt werden. Freud schreibt:

> „Die Realitätsprüfung hat gezeigt, daß das geliebte Objekt nicht mehr besteht, und erläßt nun die Aufforderung, alle Libido aus ihren Verknüpfungen mit diesem Objekt abzuziehen. Dagegen erhebt sich ein begreifliches Sträuben ... Dies Sträuben kann so intensiv sein, daß eine Abwendung von der Realität und ein Festhalten des Objekts durch eine halluzinatorische Wunschpsychose ... zu Stande kommt" (1917, S. 430).

Dieses Muster eines schlechten Objektes wird mit seiner Feindseligkeit und destruktiven Funktion gegen die Psyche internalisiert. Es wird als gierig und neidisch erlebt und wird gleichzeitig mit den sogenannten ‚moralischen' Merkmalen eines primitiven, wiedervergeltenden Über-Ichs ausgestattet. Von hierher richten sich rächende Vorwürfe und Angriffe gegen ein Ich, dem es an Stärke mangelt, sich mit der Realität zu verbünden. Indem sich die Psyche auf diese Weise an das verlorene Objekt anklammert, ist sie zugleich die Gefangene eines Objekts, das sie loszuwerden wünscht. Bion hat dann später verstanden, daß Gedanken selbst zu schlechten Objekten werden können, die zusammen mit dem Teil des Geistes, der sie wahrnimmt, aus ihr herausgebracht werden müssen (to be evacuated).

Daß die Realität auf eine so dreiste Art mißachtet wird, ist ein Beweis dafür, daß das Lustprinzip in Tätigkeit ist. Es manifestiert sich in einer Art und Weise zu denken, die der Realität opponiert und versucht, die Verbindung zu ihr zu zerstören. Auf der Grundlage der Wunscherfüllung zu fungieren, heißt: Zu wünschen, daß etwas so oder so ist, bewirkt, daß es so oder so ist. Die primärprozessuale Funktionsweise des Unbewußten ist eben durch arrogante, gebieterische Forderungen charakterisiert.

In dem Sinne, in dem Freud zunächst den Ausdruck ‚Lustprinzip' verwendete, war seine Funktion die der Vermeidung von Unlust. Die Herrschaft dieser Funktionsweise über die Berücksichtigung der Real-Erfahrung und die Notwendigkeit, sich darauf einzustellen, werden durch das Bedürfnis gesteuert, Schmerz und, was die Psyche betrifft, mentalen Schmerz zu vermeiden. Für eine Reihe von Individuen kann mentaler Schmerz unerträglich sein und zusammen mit der Furcht vor Schmerz einen mentalen Zustand hervorbringen, der sehr weit entfernt von dem ist, was man als normal verstehen könnte. Defensive Abwehrmanöver mit dem Ziel, zunächst einmal dem Problem auszuweichen, können umgekehrt ein ernsteres Problem, als es das ursprüngliche war, hervorbringen und zu etwas werden, das quasi nichts kostet und in einer süchtigen Weise abhängig macht. Denn auch wenn die Realität selbst nicht zerstört werden kann, kann doch das Bewußtsein der Realität in einer sehr ernsten Weise geschädigt werden.

Allerdings spielen die Suche nach Schmerzerleichterung und das Streben nach Lust um ihrer selbst willen eine einflußreiche und manchmal entscheidende Rolle in der Entwicklung des Geistes, und sie sind das Fundament, aus dem heraus sich die Fähigkeit, die Realität zu ertragen, entwickeln muß. Die Triebdualität und der damit verbundene psychische Konflikt setzen das Ich unter einen starken Druck, die Fähigkeit zu entwickeln, diese Kräfte zu binden und zu stabilisieren und so ein mentales Gleichgewicht zu erreichen. Fast ein halbes Jahrhundert nach Freud verband Bion (1990/1957) diese Entwicklung von der Lust- zur Realitätsorientierung mit der Fähigkeit des Subjekts, Frustrationen zu bewältigen, sowie mit der Entwicklung des gesunden, nicht-psychotischen Teils der Persönlichkeit über den psychotischen Teil, für den Unverzüglichkeit und direkte Befriedigung Priorität haben. In diesem psychotischen Teil, der mit Destruktivität durchsetzt ist, wird die Unterscheidung zwischen ‚wahr' und ‚falsch' aufgehoben, und es werden alle Verbindungen angegriffen (zur allgemeinen Einführung in das Denken Bions vgl. Bleandonu 1994; Grinberg, Sor & de Bianchedi 1993).

Aus dem immerwährenden Kampf zwischen der Lust- und der Realitätsorientierung um die Herrschaft entstehen Gedanken dort, wo es zu einem Konflikt zwischen diesen beiden Prinzipien kommt. Dies erfordert notwendigerweise die Entwicklung eines Apparats, der zu dem Zweck entsteht, diese Gedanken zu denken. Freud schreibt:

> „Erst das Ausbleiben der erwarteten Befriedigung, die Enttäuschung, hat zur Folge, daß [der] Versuch der Befriedigung auf halluzinatorischem Wege aufgegeben wurde. Anstatt seiner mußte sich der psychische Apparat entschließen, die realen Verhältnisse der Außenwelt vorzustellen und die reale Veränderung anzustreben" (1911, S. 231).

So wird der Geist gezwungen, das bloß Angenehme zugunsten des Wirklichen und damit auch Wahrhaftigen aufzugeben. Wenn die Wunscherfüllung wirklich verschaffen könnte, was sie versprach, würde das Motiv fehlen, diesen Denkmodus aufzugeben.

Bion führt das Modell der Brust, die fortwährend da ist, als Beispiel dafür an, daß eine Realisierung des Lustprinzips allein schon unter dem Gesichtspunkt der Sättigung undurchführbar ist. Die Brust, die sich entweder durch ihre eigene Verführungskraft oder durch die Projektionen des Säuglings gleichsam als Wundertäter maskiert und vorgibt, Unmögliches zu erfüllen, hilft nicht bei der Erforschung der Dinge, wie diese sind. Statt dessen wird ein Objekt internalisiert, mit dem sich das Selbst daraufhin vielleicht identifiziert, das die Realitäten verleugnet und das in dem Verlangen nach Idealisierung die Neugier erstickt mit der Folge, daß die Gelegenheit zu lernen und sich zu entwickeln verlorengeht, da dem Subjekt nichts wirklich Neues begegnet.

Wissen entsteht und entwickelt sich aus der emotionalen Erfahrung der Abwesenheit des Objekts auf der Grundlage der Internalisierung des zunächst anwesenden guten Objekts. Nach Bions (1970) Formulierung wird die abwesende Brust zu einem Gedanken (the no breast becomes a thought). Dann wird das Lernen in der Abwesenheit des Objekts möglich, und zwar über das vormals anwesende Objekt und dessen emotionale Bedeutung für das Subjekt. Ein gewisses Ausmaß an Frustration ist ein notwendiger Impuls, damit es zu diesem Lernen kommt, ein Übermaß an Frustration aber führt zu Regression,

Hemmung und Rückzug. Ein festes Fundament, auf dem eine normale Entwicklung stattfinden kann, entsteht, wenn die zugrundeliegende Erfahrung des anwesenden Objekts gut ist, obwohl dies anfangs sehr idealisiert wird, und wenn der Säugling fähig ist, dieses gute primäre Objekt (die Brust) zu introjizieren. Dies ist die Grundlage dafür, daß nachfolgend eine Verbindung zwischen der primitiven Brust und dem Penis hergestellt wird, wenn die ödipale Konfiguration in ihren ersten rudimentären Umrissen aufzutauchen beginnt.

Das Lustprinzip wird niemals aufgegeben, es gibt eine endlose psychische Hin- und Herbewegung zwischen Wunsch und Realität: „... (Der) Mensch (verläßt) eine Libidoposition nicht gern ..." (Freud 1917, S. 430). Mit der „vollständigen Freiheit von den Einschränkungen, die die Realität auferlegt" und dem Wirken des Primärprozesses, von dem Spuren noch in den absolut normalen Funktionsweisen sichtbar sind, ist ein stark verführerischer Prozeß verbunden, was mit den Verlockungen des Wahnsinns wie auch der Furcht davor verknüpft ist. Insbesondere in Krisenzeiten werden primitivere psychische Zustände und die gleichermaßen primitiven Abwehrmechanismen gegen sie in einer unreifen und stärker vergifteten Weise aktualisiert. Paradoxerweise enthalten solche Momente auch das Potential für eine Veränderung, wenn es gelingt, einen Weg zu finden, der zu einer Konfrontation mit der Realität führt. So begann z.B. eine Patientin ihre erste Analysesitzung mit einem Traum, in dem sie mit ihrem toten Vater speiste. Er hatte Jahre zuvor Selbstmord begangen. Nicht nur hatte sie in der Übertragung den Analytiker als ihren Vater wiedererschaffen, sie hatte in ihrer inneren Welt auch entdeckt, daß er überhaupt noch nicht für sie gestorben war. Vielmehr speiste er mit ihr so wie jeder ihrer gegenwärtigen Bekannten. Jetzt, mit Hilfe der Analyse, konnte sie anfangen zu trauern und ihn zu Grabe tragen.

Angesichts der Bedeutung der folgenden Ausführungen ist eine Reflexion jener Faktoren in der Beziehung zur Realität von Interesse, die der Entwicklung der Verbindung zur Realität dienlich oder hinderlich sind, was also Wachstum fördert und was zu einem Verlust von Neugier und zu intellektueller Hemmung führt. Es gibt konstitutionelle Unterschiede in der Fähigkeit des Säuglings, Frustration zu tolerieren, sowie auch der Bereitschaft, Zuflucht zu Fragmentierung und Ausstoßung (expulsion) zu nehmen mit den daraus folgenden irreversiblen Schäden, die die Persönlichkeit durch den übertriebenen Einsatz dieser Abwehrmechanismen erleidet. Das folgende klinische Beispiel demonstriert eine solche primitive Abwehr. Hier handelt es sich um einen Affektumschlag von ‚warm' nach ‚kalt' in bezug auf das begehrte Objekt (Essen), den der Traum einer Patientin unmittelbar vor einer Trennung illustrierte. Sie träumte davon, einen wunderbaren, gehaltvollen Obstsalat zu erstehen, der eine Mischung aus allen Farben im Behandlungszimmer war. Als sie jedoch näher hinschaute, spürte sie plötzlich ein Frösteln und ihr verging der Appetit. Sie sah sich die Schale mit dem Salat auf das Regal stellen (on the shelf) und das Zimmer verlassen. Auf diese einfache Art und Weise erklärt sie, daß sie ihren eigenen Wunsch verläßt, so wie ihr Objekt sie verlassen hat. In der Umkehrung stellt sie ihn stolz beiseite[1] als Triumph über ihr eigenes Verlangen nach der Brust und über die Realität ihres Verlusts in der kommenden Abwesenheit.

1 Der Traum spielt mit der Doppeldeutigkeit von „on the shelf", was wörtlich ‚auf das Regal' und übertragen ‚beiseite' bedeutet (Anm. der Übersetzer).

„... (Der) Sinn für die Realität (ist) für das Individuum ebenso wichtig ... wie Essen, Trinken, Luft und Ausscheidung von Abfallstoffen. Die Unfähigkeit zu essen, zu trinken oder richtig zu atmen hat verheerende Konsequenzen für das Leben selbst. Die Unfähigkeit, von der emotionalen Erfahrung Gebrauch zu machen, hat vergleichbare Katastrophen in der Entwicklung der Persönlichkeit zur Folge ..." (Bion 1990/1962a, S. 89f).

Wenden wir uns nunmehr den Faktoren zu, die in der Mutter begründet liegen. In den frühen Stadien der Entwicklung, in denen die Bedürfnisse primitiv und total sind, hat die Qualität der Gefühlsbindung an das Primärobjekt weitreichende Auswirkungen. Die Verinnerlichung von guten Erfahrungen ist entscheidend für die Entwicklung der Fähigkeit, Frustration zu verwandeln, statt ihr auszuweichen und sich auf den übertriebenen Gebrauch von schizoiden Abwehrmechanismen zurückzuziehen. Das Denken kann nicht ungeschehen machen, was passiert, aber es kann es erträglicher machen. Bion hat die Fähigkeit der Mutter, die Bedürfnisse ihres Säuglings durch Projektion anzunehmen und in sich aufzubewahren (contain), die dessen erstes Mittel ist, Wissen zu erlangen, als „Reverie" (träumerisches Ahnungsvermögen) bezeichnet:

„Das träumerische Ahnungsvermögen der Mutter ist das Empfangsorgan für das, was das Kind an Selbst-Empfindungen von seinem Bewußtsein erhält" (Bion 1990/1962b, S. 231).

Die Fähigkeit der Mutter, über ihr Baby und den Vater des Babys sowie über die Beziehung des Babys zu ihr selbst nachzudenken, ist die Gefühlsumgebung, in der Wachstum stattfindet. Dieser empfindliche und komplexe Prozeß der Schaffung einer inneren Welt, in der der Lebensinstinkt vorherrscht, hat einen schweren Weg vom infantilen Zustand zum Reifezustand zurückzulegen.

Zuerst gibt es die Erfahrung der Brust, aber dann gibt es die Erfahrung der abwesenden Brust (no breast), eine Erfahrung, die darauf wartet, durch die erneute Erfahrung der Brust und ihrer Gegenwart in Antwort auf das Bedürfnis des Säuglings nach ihr ‚entsorgt' zu werden (awaits evacuation). Aber in diesem Zustand, solange er nicht unerträglich ist, gibt es anstelle der Erfahrung der abwesenden Brust einen Gedanken (instead of no breast there is a thought), der durch seine Übereinstimmung mit den Tatsachen erleichternd und möglicherweise auch beruhigend wirkt. Ist die Frustration jedoch zu groß, wird auf omnipotente Mechanismen wie den übermäßigen Gebrauch der projektiven Identifikation zurückgegriffen, um diese Erfahrung zu leugnen und auszuräumen (evacuate). An die Stelle der Erfahrung der abwesenden Brust wird ein negatives Objekt treten, das sofortige Vertreibung erfordert. Im Extremfall ist der Säugling dann umgeben von fragmentierten Objekten, die erfüllt sind von seiner negativen Erfahrung und die im Hinblick auf Lernen und Wachstum nutzlos sind. Statt zum Lernen „genutzt" zu werden, werden sie zu psychischem Abfall, der beseitigt werden muß. Gedanken entstehen zwangsläufig, aber sie werden im Rahmen eines mentalen Apparates aufkommen, der durch Mißbrauch so verkümmert oder beschädigt ist, daß er kein geeigneter Container sein kann, ihnen einen Sinn zuzuweisen. Die Gedanken existieren, aber es gibt keinen Denker, sie zu denken. An die Stelle des Denkens der Gedanken tritt ein komplizierter Prozeß des Nicht-Denkens, und gleichzeitig erfolgt ein Angriff auf den Denkapparat selbst. Dies kann ein dauerhafter Zustand der Psyche werden, aus dem sie sich nicht mehr zu befreien vermag.

Der „Gebrauch der emotionalen Erfahrung“ ist auch auf Bedeutung bezogen. Wenn ein Gedanke nicht genutzt werden kann, ist die Erfahrung ihrer Bedeutung beraubt. Geistige Inhalte werden dann eher als Exkremente und als Wörter angesehen, die mit den feindlichen Dingen selbst verschmolzen sind. Der gesamte Kommunikationsprozeß wird durch einen affektiven Zustand belastet, der der Funktion des Zusammenbringens entgegenwirkt. Es wird keine Unterscheidung getroffen zwischen dem Gedanken in seiner Funktion als Auftakt oder zur Einschränkung von Handlungen einerseits und seiner weiteren Umwandlung in Selbsterkenntnis andererseits. Selbsterkenntnis greift insbesondere auf die Fähigkeit des Individuums zur Realitätsprüfung über. Die enorme Arbeit im Sinne der Anforderungen, die das Denken an den Geist stellt, kann durch die Häufigkeit belegt werden, mit der es ganz allgemein im Leben eher abwesend als anwesend ist. Nichtsdestoweniger spricht zweifellos viel für eine umfassendere und tiefergehende Sichtweise, die über die kindliche Perspektive hinausgeht und die gleiche Ansammlung von Faktoren aus unterschiedlichen Gesichtspunkten in Raum und Zeit betrachtet.

Alternativ dazu gibt es die Zurückweisung der Erfahrung und ihrer Bedeutung zusammen mit jeder emotionalen Verantwortung. Die Möglichkeit, etwas Neues zu lernen, wird damit vertan. Statt dessen erfolgt der Rückgriff auf den omnipotenten Gebrauch der Vergangenheit und auf den Wiederholungszwang: Alles ist bereits bekannt, und keine bis jetzt noch unbekannte zukünftige Erfahrung kann dies ändern. Allwissenheit herrscht vor. 1948 artikulierte Beckett in den ‚Drei Dialogen‘ mit G. Duthuit, in denen er das Schicksal des Künstlers zusammenfaßt, die katastrophalen Auswirkungen von „Bedeutungslosigkeit“ als

> „... the expression that there ist nothing to express, nothing with which to express, nothing from which to express, no power to express, no desire to express, together with the obligation to express“ (1949, S. 230).

Eine weitere Komplikation, die beim übermäßigen Gebrauch des mentalen Apparates zum Zweck der projektiven Identifikation im Falle der Unerträglichkeit der Anforderungen des Realitätsprinzips auftritt, ist die daraus folgende Verwechslung von Selbst und Objekt. Die Wahrnehmung zweier Objekte wird ebenso zerstört wie die Möglichkeit der Wahrnehmung der drei Objekte der Ödipus-Konfiguration. Dieses projizierte Objekt wird sodann durch vorsätzliches Mißverstehen die Erfahrung des Säuglings ihrer Bedeutung berauben und sie schlechter und damit schmerzvoller zurückgeben, als sie es am Anfang war. Es wird Geiz und Gier verkörpern.

Im Gegensatz dazu steht die normale Entwicklung, in der die mütterliche Gegenwart das elementare Bewußtsein des Säuglings unterstützt, damit er mit seinen eigenen Erfahrungen auf der für ihn zu bewältigenden Stufe umgehen kann. Durch die Container-Funktion der Mutter wird die Entwicklung einer Erfahrung, die zu belastend für das unreife Ich ist, verhindert, ebenso wie die gleichzeitige Entstehung eines bösartigen inneren Objekts, das dem Säugling jede gute Erfahrung wegrafft und verkümmern läßt. Die Eigenschaften dieser Art der Verbindung zwischen Subjekt und Objekt werden in einem Traum deutlich, den eine Patientin nach dem Wochenende in einer Montagssitzung erzählte:

Sie wurde beschuldigt, alte Meister gestohlen zu haben. Der eigentliche Schuldige war jedoch ihr früherer Liebhaber, der es zusammen mit einer Bande von Kunstdieben getan hatte. Sie fühlte sich dumm und töricht, da sie nichts davon wußte, obwohl sie bei ihm war.

In dieser Darstellung der Trennung hat ein früherer Liebhaber die Bilder gestohlen, indem er sich über das Wochenende nicht um sie kümmerte, und hat sie mit dem Gefühl zurückgelassen, in ein Verbrechen verwickelt zu sein, aber auch mit einem Gefühl der Hilflosigkeit. Die echten Gemälde sind verschwunden und sie bleibt in einer negativen Beziehung mit ihrem ehemaligen Liebhaber zurück. Etwas Wichtiges ist ihr genommen worden, nämlich ihr Vertrauen in ihr eigenes Wissen über das, was passiert, und ihr Zustand hat sich dadurch verschlechtert, nicht verbessert. Liebe gehört der Vergangenheit an, ebenso wie der ehemalige Liebhaber, aber nun kommt er zurück und es verbinden sie nur negative Gefühle. Das Objekt kann ein alter Meister sein, der die Schuld an der Trennung an die Patientin weitergibt und die schönen alten Gemälde in gieriger Selbstbereicherung an sich nimmt, aber die Patientin findet sich auch in dieser Beziehung mit ihrem Objekt wieder. Dieser parasitäre Austausch kann für keine der beiden Parteien zu einem kreativen Ergebnis führen.

2. Klinisches Material

Um den Wandel einiger dieser Probleme in der Praxis darzustellen, werde ich nun weiteres detailliertes klinisches Material anführen. Der betreffende Patient war acht Jahre bei fünf Stunden pro Woche in Analyse und näherte sich dem Ende seiner Analyse. Er hatte an Depressionen und Zuständen schwerer Depersonalisation gelitten. Beruflich war er Naturwissenschaftler im Bereich der Forschung und arbeitete isoliert in einem berühmten Labor. Sein Gefühl war, daß er die Entfremdung vom natürlichen Lebensraum mit seinen Labororganismen teilte. Er hatte nur wenige Freunde und vermied Situationen, die zu intimen Beziehungen führen konnten. In seinen Gedanken war er oft mit Rachephantasien beschäftigt, insbesondere gegen seine alte Mutter, wobei er sich bewußt war, ihr gegenüber feindliche Gefühle zu haben. Er unternahm Versuche manischer Wiedergutmachung, indem er sich phasenweise strapaziös und unbarmherzig überarbeitete, um so seine ihn verfolgenden Schuldgefühle zu besänftigen, Versuche, die ihn erschöpften und entmutigten. Wesentlich für seine Probleme waren die Abwesenheit des Vaters während seiner ersten drei Lebensjahre und die Depressionen und Sorgen seiner Mutter durch ein Geschwister, das kurz nach ihm geboren wurde. Er erinnert sich daran, in andere Zimmer gekrabbelt zu sein, was unbemerkt zu bleiben schien, genauso wie er sich aus dem Bewußtsein der Mutter entfernte und sie unfähig war, ihn dort zu halten. Dieses Abwandern institutionalisierte sich in seiner Interaktion mit seiner Familie, welche nach der Rückkehr des Vaters und der Geburt der insgesamt drei jüngeren Brüder zu gedeihen begann, wobei der Patient jedoch außen vor und abseits blieb. Meilensteine seines Lebens zogen vorbei, Freundinnen verließen ihn, Ereignisse fanden im Leben anderer Leute statt, aber im wesentlichen ging die Zeit vorbei, ohne daß er in seinem eigenen Leben Fortschritte machte. Er war völlig abgeschnitten und vertieft in seine wissenschaftliche Forschung, bis eine schwere depressive Krise ihn im mittleren Alter veranlaßte, als letzte Alternative zur Einweisung in eine Klinik eine Analyse zu beginnen. Dieser inneren Krise steht er verwirrt und perplex gegenüber.

Während der Behandlung hat es jedoch beträchtliche Veränderungen sowie eine Verminderung der Intensität seiner Depressionen gegeben, die auf einen verminderten Haß auf seine Mutter und eine Abschwächung der defensiven Idealisierung seines abwesenden Vaters zurückzuführen sind. Versöhnlichkeit, ein für ihn bis dahin unbekanntes Gefühl, begann sich gegenüber diesen unvollkommenen Eltern zu entwickeln. Seine Neugier verlor an Hemmungen, und neue intellektuelle Interessen erwachten zusammen damit, daß allmählich Freundschaften entstanden, aus denen er echte emotionale Befriedigung gewann. Diese Entwicklung machte ihm jedoch auch einige Tatsachen seines Lebens schmerzlich bewußt. Sein tatsächliches Alter und die damit verbundenen Auswirkungen seiner schizoiden Isolation und vor allem die vergangene Zeit, die für so viele Jahre vorbeigeflogen zu sein schien und jetzt unerbittlich auf ihm lastete, war eine Tatsache, mit der er in Einklang kommen mußte. Die Vorstellung der Ewigkeit oder des Jenseits als eine Möglichkeit des ewigen Lebens verlor die strenge Gültigkeit, die sie einst besaß, und nach und nach ließ er es zu, daß die angelehnte Tür sich weiter öffnete.

Die Wochen, die genauer zu betrachten ich vorschlage, begannen mit einem verworrenen Traum des Patienten, in dem es um einige belastende Akten sowie um eine Untersuchung durch Scotland Yard ging, was eine Anspielung auf die Angst und Schuld war, die er in sich fühlte. Die Atmosphäre war gespannt, und er schien sich nur widerstrebend mitzuteilen. Die Assoziationen kamen nur spärlich und gegen seinen Widerstand. Er empfand die Analyse als Verfolgung. Am Tag darauf kam er in einem Zustand der Erregung in die Sitzung und erzählte einen Traum der vorangegangenen Nacht. Er war sehr detailliert, und die abgehackte und unzusammenhängende Art und Weise, in der der Patient ihn erzählte, ließ auf die Belastung schließen, die es für ihn bedeutete, bestimmte Emotionen in sich zu behalten (contain).

> „Ich übernachtete mit einigen Freunden bei Jimmy. Als ich hinauf ins Bett ging, rief ich, daß er seine Freunde verachtete. Ich legte mich ins Ehebett, und er war bestürzt. Am nächsten Morgen sagte er drohend zu mir: ‚Dein Privatleben hat sich verändert'. Er schaute auf die Uhr und war erneut bestürzt. Ich entschuldigte mich, aber er sagte nichts und ging mit seiner Freundin aus. Als nächstes war ich barfuß auf einem Kiesweg in einem Gewitter. Ich fand etwas, das aussah wie Werkzeuge, aber es waren nur Stücke eines alten Rohrs."

Das, was den Patienten am meisten bekümmerte, war der impulsive Ausbruch seinem alten Freund gegenüber, den er tatsächlich am Sonntag gesehen hatte und den er sehr gern hatte. Dieses schreiende, aggressive Selbst, das sich am Vortag im Zusammenhang mit den geheimen Akten von Scotland Yard noch als so verschlossen gezeigt hatte, war nicht am Sonntag ausgebrochen, sondern hatte sich in einer spannungsvollen Gereiztheit ihm gegenüber manifestiert und platzte dann im Traum der darauffolgenden Nacht heraus. Sein alter Freund hatte ihm in schwierigen Zeiten geholfen, und er war verstört durch diesen Ausbruch an Feindseligkeit. Von Schuld gequält, war er zu beschäftigt, um dem Rest des Traumes noch viel Aufmerksamkeit zu schenken. In dem Traum ist Jimmy bestürzt über das Bett und die Uhr. Diese Symbole beziehen sich auf Verluste, die mein Patient intensiv fühlte, nämlich Sexualität und Zeit. Jimmy stellt gleichzeitig einen verlorenen Teil seiner selbst und eine Bruderfigur dar und droht ihn dafür zu bestrafen, daß er dazu benutzt wird, die Frustrationen des Patienten aufzunehmen (contain). Dann, als ob er sich diesem Ansinnen widersetzen wolle, geht Jimmy mit seiner Freundin aus und macht somit deutlich, daß er doch ein Paar ist. In der Realität sind die Erfolge seines Bruders auf diesem Gebiet eine Quelle großer Ambivalenz für den Patienten. Die Beziehung gewinnt jedoch zunehmend an Stärke, basierend darauf, daß die Eltern ein Paar sind, und auf der Eltern-Kind-Beziehung, die auch unter einem Angriff nicht zusammenbricht und dem Patienten zeigt, daß er sich der Realität stellen muß.

Nichtsdestoweniger ist Jimmys Reaktion auf das schreiende haßerfüllte Selbst auch distanziert, ein Gleichmut, der sich in Verachtung und vielleicht Gleichgültigkeit verwandelt; denn wie ein Fluch bringt die Wut des Patienten eine Lebensveränderung hervor. Dieser Jimmy hat die Eigenschaft eines unversöhnlichen Über-Ichs, er schweigt und weist die Ansätze der Reue zurück und vertreibt so den Patienten als Sünder hinaus auf eine steinige Straße. In diesem negativen, bedrohlichen Klima stellt sich das nützliche Symbol des Werkzeugs nur als ein Stück alten Rohrs heraus, ein toter Gegenstand ohne jeden Nutzen. Daß er das elterliche Bett nimmt, um sie zu enteignen, macht den Träumer seinerseits impotent und zu einem Ausgestoßenen, er fühlt sich selbst wie ein Stück altes Rohr. Zerstörung sucht sowohl den Träumer als auch sein Objekt heim. Die Steinigkeit am Ende des Traums hat meiner Meinung nach auch bezug zu Martyriums-Phantasien, in denen der Patient, weil er seine Eltern getrennt hatte, sich selbst einem Gottvater im Himmel opferte, womit er seinen Zorn auf den abwesenden Vater durch Idealisierung verschleierte. Während seiner Jugend hatte er eine Phase religiöser Manie durchgemacht und hatte in Betracht gezogen, Mönch zu werden.

Diese Probleme, nämlich der Haß auf die Eltern als Paar und der daraus folgende trostlose Zustand des alten Metallrohres, in dem er sich selbst befand, beschäftigten ihn weiterhin und waren der Mittelpunkt einiger großer Anstrengungen im Verlauf seiner Analyse. Die Wahrnehmung des Privatlebens seiner Eltern begann sich zu verändern, und er erkannte oder gab vielmehr zum ersten Mal zu, daß sie tatsächlich ein eigenes Leben hatten und ein Paar waren. All dies führte dazu, daß er sich deprimiert, wütend und abgelehnt fühlte. Am Freitag erzählte er einen weiteren Traum und sagte, daß er ein wenig neuen Mut gefunden hatte und bereit war zu sprechen.

> „Ich schaute einen Stand mit gebrauchtem Porzellan an. Ein glatzköpfiger Mann bediente dort. Später gesellte sich noch eine grauhaarige Frau zu ihm. Ich sah zwei grüne Kerzenhalter, die dilettantisch gemacht und nicht gleich groß waren. Es gab auch eine Statue, die eine einzelne Figur darstellte. Sie war perfekt. Ich ging weg, um mich zu entscheiden, und kam später zurück, und sie waren immer noch da. Also kaufte ich die Kerzenhalter, jedoch nicht die Statue."

Seine Gedanken wanderten sofort in die Vergangenheit. Er dachte an die Liebe seiner Mutter für das Porzellan, das sie vor dem Krieg billig gesammelt hatte und das sie immer noch benutzte. Es war nicht wie das Paar Kerzenhalter in seinem Traum. „Warum habe ich die gewählt?", fragte er sich. Das Paar erinnerte ihn an seine Eltern, an den holprigen, dilettantischen Anfang seines Lebens, die ihm oft gegenwärtige Abwesenheit seines Vaters und die Unerfahrenheit und Unzulänglichkeit seiner Mutter ihm, ihrem Erstgeborenen, gegenüber. Er erinnerte sich an einen Ausspruch seiner Mutter: „Es gibt keine Prüfung, die man bestehen muß, um Eltern zu sein, man lernt es, während man es tut, und beim ersten Mal klappt es vielleicht nicht so richtig." Dies nahm er ihr als Rechtfertigung für all das, dem sie ihn ausgesetzt hatte, besonders während seiner ersten beiden Lebensjahre, aus denen so viele seiner Probleme stammten, übel.

Die geheime Verachtung und Überlegenheit in seinem Tonfall waren uns in der Analyse vertraut. Dies war bekanntes Terrain und eine Erinnerung an die dilettantische Art der Mutter für den Fall, daß der Analytiker in Selbstzufriedenheit abglitt. Ich verließ mich auf meine psychoanalytische Literatur, genauso wie seine Mutter sich auf Truby-King-Handbücher[2] statt auf ihre eigene Intuition verlassen hatte, um ihr Baby großzuziehen, und ich hatte ihn so inzwischen am kommenden Wochenende ausgeschlossen. Diesen Hohn versteckte er oft hinter scheinbarer Begeisterung und Eifer, mit denen er Interpretationen zustimmte und eine Übereinstimmung vortäuschte, denen es aber an Überzeugungskraft mangelte und die eine unangenehm beschwichtigende Wirkung hatten.

Mit der Statue assoziierte er die Vorstellung, daß es sich wahrscheinlich um eine Mutter mit ihrem Kind handelte, klein und menschlich. Es gab auch eine Buddha-Statue, die aber nicht so perfekt war. Er entschied sich am Ende gegen beide und nahm die „alten Halter", wie er sie nannte. Aber dann beklagte er sich, daß es ihm schwerfiel, Dinge so zu akzeptieren, wie sie waren. Es war eine schmerzhafte Erkenntnis in dieser Beobachtung seines Zwangs, Mutter und Kind (oder Säugling) zu idealisieren. Aber dann wandelte sich seine Stimmung plötzlich, und er bemerkte: „Zur Hölle mit all dem!" Daß dieser Ausruf sich auf die Analsyse bezog, wurde durch seinen schnellen Rückzug bestätigt: „Aber die Psychoanalyse bietet wirklich eine zweite Chance." Trotzdem schien er in diesem Moment zu fühlen, daß alles zur Hölle gehen könne. Dann erinnert er sich an seinen kleinen Bruder, der seiner Mutter jedesmal sagte, sie solle weggehen, wenn sie Forderungen stellte, während dies für ihn schwierig ist, genauso wie es für ihn schwierig ist, sich vorzustellen, daß andere Menschen ein Leben miteinander, aber getrennt von ihm führen. Diese beiden Vorstellungen waren in seinen Gedanken eng miteinander verbunden.

Das erste Problem mit Bezug auf das Geschirr interpretierte ich dahingehend, daß es sich um seinen eigenen Hunger und andere, wie z.B. sexuelle Bedürfnisse handelte, an die das kommende Wochenende ihn erinnerte. Er wollte sagen, zur Hölle mit diesem ganzen Teil meiner selbst, und wollte seiner Vergangenheit den Krieg erklären. In dem Traum entschließt er sich jedoch, die alten Kerzenhalter zu nehmen und fragt sich: „Warum habe ich sie ausgesucht?" Die Antwort könnte sein, so meinte ich, daß er sie eigentlich gar nicht ausgesucht habe und daß er versuche, sich so wie mit seiner Geschichte auch mit den Eltern abzufinden, die ihm gegeben wurden. Er schwieg eine Zeitlang. Gegen Ende der Sitzung erinnerte er sich daran, daß seine Mutter eine sehr gute Köchin war, die ihm immer leckere Pausenbrotpäckchen gepackt hatte, während die anderen Kinder nur Milch hatten. Dies beinhaltete einen Hinweis auf die ihm nachfolgenden, gestillten und nach den Prinzipien von Dr. Spock[3] erzogenen drei kleineren Brüder, die noch zu Hause waren, während er, wie er fühlte, in die Schule verbannt worden war.

2 Truby King war Exponent einer strengen Philosophie der Kinderaufzucht, die in Großbritannien in den späten 40er Jahren verbreitet war. Charakteristisch war das Diktum, daß ein Kind, das man nicht körperlich züchtige, verwöhnt und unbeherrscht würde. Dazu gehörte auch ein genau geregelter Fütterungsplan (alle vier Stunden), wenig körperlicher Umgang mit dem Kind und die Weigerung, auf die unmittelbaren kindlichen Forderungen einzugehen.

3 Dr. Spock ist natürlich der Antipode zu Truby King (vgl. Fußnote 2) (Anm. der Übersetzer).

Mit diesen Gedanken gelang es ihm, etwas Wertvolles in seiner eigenen Nährbeziehung zu seiner Mutter wiederzufinden, das sich von dem bitteren Zustand seines Geistes als Metallrohr aus dem ersten Traum unterschied, der sich eher auf eine anale Desillusion der Brust in sozusagen voller bitterer Blüte zu beziehen schien, wobei das Metallrohr für einen toten Pflanzenstengel stand.

Ausgehend von meiner Vertrautheit mit dem Patienten möchte ich gern auf das verweisen, was unvertraut war. Die Freiheit von dem einschränkenden Einfluß von Gedächtnis und Wunsch, die Bion (1970) vom Analytiker forderte, ist besonders deshalb wichtig, weil sie es ermöglicht, das Vertraute, schon Bekannte neu zu betrachten und auf diese Weise offen dafür zu sein, Veränderungen oder Entwicklungen im Geiste des Patienten wahrzunehmen, wie klein diese auch sein mögen. Die Fähigkeit, diesen Fortschritt im Bewußtsein zu unterstützen, ist entscheidend, wenn eine echte Entwicklung und damit auch die Möglichkeit einer allmählichen, aber dauerhaften Veränderung, erzielt werden soll. Zunächst gab es einen ungewöhnlich hohen Anteil an Ambivalenz in der Entwicklung des Traumes. Das Zögern beim Kauf wurde assoziiert mit dem gebrauchten Porzellan, das seine Mutter noch aus der Vorkriegszeit besaß und das er schließlich kaufte. Dieses Thema wurde wiederholt in der Parallelisierung der Psychoanalyse als einer zweiten Chance mit dem generellen Fluch, alles solle zur Hölle gehen. Die Atmosphäre in dieser Sitzung war ebenfalls ambivalent, es war ein ständiges Sich-entfernen und Wieder-annähern. Es gab auch Hinweise, daß es sich um eine Klage über die minderwertige Ware handelte, die das Analytikerpaar ihm verkaufte; denn die als „alte Halter" geschmähten Kerzenleuchter waren ihrer Möglichkeit beraubt, die Dunkelheit mit ihrem Kerzenlicht zu erhellen. Dennoch gab es auch Erleichterung darüber, daß er erkannte, was vor ihm war, und daß er in der Lage war, die Hand auszustrecken und es zu ergreifen. Dabei erkannte er „vor" sowohl in der Bedeutung dessen, was in der Zeit vor ihm existierte, nämlich die Eltern und ihr „privates" Leben, als auch als das, dem er sich in der Gegenwart stellen muß, nämlich dem, was er vor Augen hat, die Realität seines Lebens jetzt und in der Zukunft, die nach der Beendigung dieser Analyse kommen wird.

Die Bedeutungsfindung dauerte bei diesem Patienten lange, da manchmal ein inneres Objekt anwesend war, das sich gegen das Denken stellte und den Kontakt störte. Dieses Problem wurde manchmal noch undurchschaubarer und schwerer, weil das, was er dachte, von sich aus schon so schwierig zu artikulieren und emotional zu tolerieren war. Die stockende Art und Weise, in der er sich mitteilte, vermittelte einen Eindruck dieses Kampfes. Es gab aber den Anschein einer hartnäckigeren, gründlichen Untersuchung des Paares. Als Paar gehören sie zusammen, obwohl sie unterschiedlich sind. Die Ödipus-Entdeckung ist eine Quelle der Neugier, und er beschließt, nicht das perfekte Jungfrau-Kind-Paar zu kaufen, das er nie anschreit. Es gibt wirklich eine „Veränderung in seinem Privatleben", die sich in bezug auf diese Tatsachen vollzieht. Das Geschirr ist nicht neu, sondern gebraucht. Es ist eine alte Geschichte, die von einer Generation an die nächste weitergegeben wird, die der Mutter gehörte und auch dem Vater, der, obwohl er für den Patienten als Abwesender so wichtig war, in der Gestalt des bedienenden glatzköpfigen Mannes Vorrang hat, zu dem sich aber später die grauhaarige Frau gesellt – ein altes Paar, das ergraut und mit schütter werdendem Haar lange auf die Erlaubnis des Patienten wartete, zusammen an ihrem Verkaufsstand arbeiten zu können, d.h. ihr Ehebett zu teilen. Der sexuelle Bezug wird wiederholt in den interessanten, wenn auch unbefriedigenden alten Haltern, die sich voneinander unterscheiden, die also kein homosexuelles Paar sind. Sie werden schließlich gekauft, nachdem es anscheinend mehrere verschiedenen Versuche gegeben hat, das ganze Projekt aufzugeben. Dies unterscheidet sich von dem prädipalen Kind-Modell, das einen großen Teil seines Lebens gekennzeichnet hatte, in dem er die Tatsachen der elterlichen Beziehung sowie den Vater als seinen Ursprung verleugnet hatte. Es gab in dem Traum eine Entwicklung zum Verzicht auf die alte Statue, und der schmerzhafte Kampf wird deutlich durch das Hin und Her in der Sitzung: Psychoanalyse ist eine zweite Chance, aber zur Hölle mit ihr. Er hat das Bedürfnis zu sprechen, doch gleichzeitig geht er weg. Aber er kauft die Kerzenhalter, er kauft die Realität mit ihren definitiven Unvollkommenheiten und wendet sich nicht von ihr ab durch die Weigerung, die Idealisierung aufzugeben und sich eine Illusion zu kaufen, das perfekte Modell. Vielleicht war dies verbunden mit der zunehmenden Fähigkeit, die damit zusammenhängende Frustration zu tolerieren, was es dem alten grauen Paar erlaubte, in seinem Traum zu erscheinen, Vergebung zu erlangen und schließlich zusammengeführt zu werden. Nicht „zur Hölle mit der Realität!", sondern ihre Anerkennung, nicht diese haßerfüllte Isolation, abgeschnitten von menschlichen Kontakten, sondern eine Bereitschaft, es mit der Realität aufzunehmen und zuzulassen, daß das Leben seinen Lauf nimmt, personifiziert in dem elterlichen Paar, dessen Verkehr ihm das Leben gab.

3. Schlußfolgerungen

Wenn die Omnipotenz dem Lernen aus Erfahrung weicht, so ist das Lernen auf das gerichtet, was unbekannt ist, jedoch bekannt werden soll, und was doch unmöglich jemals wirklich bekannt werden kann. Wichtig ist es, keine Zeit auf das Wenige zu verschwenden, was schon bekannt ist. Das weitere Lernen wird uns nur darüber aufklären, wieviel weniger schon bekannt ist im Vergleich zu dem, was noch bekannt werden soll. Die Beziehung, die der Analytiker zu seiner eigenen Arbeit hat, wird durch seine Fähigkeit beeinflußt, Zweifel zu tolerieren und das Unbekannte zu ertragen, was in Zusammenhang mit der Bedeutung der Unendlichkeit des Unbewußten steht. Implizit folgt daraus, daß es über die Grenzen des Bekannten hinaus weiteres Unbekannte gibt und schließlich das Unfaßbare. Da „Unsicherheiten, Geheimnisse und Zweifel" Sorge und Schmerz mit sich bringen, entsprechen sie nicht den Anforderungen des Lustprinzips und laufen daher Gefahr, bestenfalls vorzeitig aufgeklärt oder schlimmstenfalls von der Omnipotenz verschlungen zu werden.

Der Psychoanalytiker muß einen Kontakt zu seinem Patienten herstellen; dies ist der kreative Verkehr, auf dem die Entwicklung der Beziehung basiert. Das Werkzeug hierfür ist die verbale Kommunikation. Wenn es dem Psychoanalytiker um Liebe und die Entwicklung der Fähigkeit zur Liebe mit der größtmöglichen Reife geht, dann müssen wir uns auch darum bemühen, das Wachstum dessen zu ermöglichen, was am Lebendigsten in der Persönlichkeit ist, darum, die Entwicklungen in diese Richtung zu unterstützen und jene Entwicklungen eindeutig zu erhellen, die sich von der Realität fortbewegen, ungeachtet der Schmerzen, die dies mit sich bringt. Denn es ist die Liebe, die diese Wandlung erst zuläßt. In den Abschiedsworten von Camier an Mercier schreibt Samuel Beckett, vielleicht mit Bezug auf seine kurze Analyse bei Bion (vgl. dazu Anzieu 1989; Bennett 1988):

„Im Dunkeln hörte er auch besser, er hörte die Geräusche, die der lange Tag ihm verheimlicht hatte, das Geflüster von Menschen, zum Beispiel, und den Regen auf dem Wasser“ (1976/1946, S. 611).

Die Festigung des Realitätsprinzips im Ich ist entscheidend für die geistige Gesundheit und Entwicklung. Dies wird langsam und schmerzvoll innerhalb der Matrix einer guten Beziehung zwischen Mutter und Säugling und zwischen Mutter, Vater und Säugling gelernt. In dieser Matrix werden die Projektionen des Säuglings aufgehoben und verdaut (contained) und es wird die Entwicklung der dem Säugling innewohnenden Fähigkeiten zu Wachstum und Lernen gefördert. Die Verinnerlichung dieses Primärobjektes mit seinen hegenden und belebenden Eigenschaften ermutigt und fördert eine Beziehung zur realen Welt, sowohl in einer Absicherung gegen die Sorgen, die die beängstigenden Phantasien der inneren Welt betreffen, als auch in der Entdeckung echter Befriedigungen und Veränderungen der wirklichen äußeren Umgebung (Bion 1990/1962a).

Entscheidend für die psychische Entwicklung und die innere Einsetzung des Realitätsprinzips ist der Beginn der Fähigkeit zu denken, die eine Entwicklung über die projektive Identifikation als die primitivste Art der Kommunikation hinaus ist. Das Mittel, durch das diese Verbindung mit der Realität hergestellt wird, ist die Entwicklung der Sprache. So ordnet sich dann das Lustprinzip, obwohl es weiterhin aktiv ist, den Anforderungen des Realitätsprinzips unter, das mit einer ausgewogenen Freiheit arbeitet.

Literatur

Anzieu, D. (1989): Beckett and Bion. International Review of Psycho-Analysis 16, 163–169.

Beckett, S. (1976/1946): Mercier and Camier. Werke II. 3. Frankfurt a.M.: Suhrkamp (orig. Paris 1970).

Beckett, S. (1949): Three dialogues. (Drei Gespräche mit Georges Duthuit über das Werk von Tal Coat (I), Masson (II) und Bram van Velde (III)). Transition, 5.

Bion, W.R. (1990/1957): Zur Unterscheidung von psychotischen und nicht-psychotischen Persönlichkeiten. In: Spillius, E.B. (Hrsg.): S. 75–99 (orig. in ‚Second Thoughts‘, London).

Bion, W.R. (1990/1962a): Lernen durch Erfahrung. Übersetzt und eingeleitet von E. Krejci. Frankfurt a.M.: Suhrkamp (orig. London).

Bion, W.R. (1990/1962b): Eine Theorie des Denkens. In: Spillius, E.B. (Hrsg.): S. 225–235 (orig. International Journal of Psycho-Analysis).

Bion, W.R. (1970): Attention and Interpretation. London: Tavistock Publications.

Bléandonu, G. (1994): Wilfred Bion. His Life and Works 1897–1979. New York: Guilford.

Freud, S. (1911): Formulierungen über die zwei Prinzipien des psychischen Geschehens. G.W. VIII, S. 229–238.

Freud, S. (1917): Trauer und Melancholie. G.W. X, S. 427–446.

Grinberg, L., P. Sor, E.T. de Bianchedi (1993): New Introduction to the Work of Bion. Revised Edition. Northvale: Jason Aronson (1. Aufl. 1971; orig. dito).

Hinshelwood, R.D. (1993/1991): Wörterbuch der kleinianischen Psychoanalyse. Stuttgart: Verlag Internationale Psychoanalyse (2. erw. und rev. Aufl.; orig. London; 1. Aufl. London, 1989).

Simon, B. (1988): The imaginary twins: The case of Beckett and Bion. International Review of Psycho-Analysis 15, 331–351.

Spillius, E.B. (Hrsg.) 1990/1988): Melanie Klein heute. Entwicklungen in Theorie und Praxis. Band 1: Beiträge zur Theorie. München: Verlag Internationale Psychoanalyse (orig. London).

Zwischen Verbindung und Trennung – ein klinischer Beitrag zur Dialektik der Trennungsprozesse in Psychoanalysen

Jan Malewski

1. Einleitung

Die psychische Struktur ist wesentlich durch den Umgang mit Trennungen bestimmt. Quinodoz (1993) bemerkt zu Recht, daß wir oft zwei verschiedene psychische Prozesse meinen, wenn wir von Trennung sprechen. Der eine Prozeß ist die Trennung von ganzen Personen. In diesem Fall ist das Objekt als ganzes erfaßt, es hat die Freiheit, sich zu bewegen und damit auch vom Subjekt wegzugehen. Die Reaktionen auf eine phantasierte oder reale Trennung sind oft bewußt oder dem Bewußtsein leicht zugänglich. Gefühle wie Ärger, Enttäuschung, Traurigkeit, aber auch Erleichterung und ein Gefühl von Freiheit können in der Übertragung erlebt und kommuniziert werden. Eine andere Situation entsteht natürlich, wenn das Subjekt sich früher vom Objekt nicht getrennt hat, was bedeutet, daß das Objekt, wenn es sich entfernt, auch Teile des Subjekts mit sich nimmt. Dann sind die Reaktionen auf Trennung heftig, aber oft nicht bewußt. Es fehlt die Verbindung zwischen dem Erlebten und dem, was das Erlebnis hervorgerufen hat. In diesem Fall sollte man nach Quinodoz nicht von Trennung, sondern von Differenzierung (differentiation) sprechen.

Bekanntlich gibt das klinische Material vor und nach Wochenenden und Urlaubstrennungen Einsicht in die Struktur dieser Erlebnisse und die Art der Trennung, die sich vollzieht. Dabei darf natürlich nicht das Manifeste mit dem Latenten verwechselt werden. Wenn die Unterbrechung vom Analytiker ausgeht, wird sie – bei mangelnder Differenzierung – oft als Raub erlebt. Der Analytiker entfernt sich nicht nur, sondern nimmt auch Anteile der Person des Analysanden mit sich. In meiner Erfahrung drückt sich das oft in Träumen von Diebstahl aus. So träumte z.B. einer meiner Analysanden vor einer kurzfristig angekündigten Unterbrechung, daß ein Psychologe einen Computer von einer Firma gestohlen hat. Er mußte als Beauftragter der geschädigten Firma den Vorgang beobachten, weil die Gefahr bestand, daß der Dieb den Computer einer anderen Firma verkaufen wollte. Viele Analysanden versuchen, den mit der Trennung verbundenen schmerzhaften Gefühlen zu entgehen, indem sie selbst die Trennung inszenieren mit der Hoffnung, dadurch die Kontrolle über sie zu behalten. In einer Supervision hörte ich von einer Patientin, die vor der Trennung immer wieder eine Papierrolle in die Tür hinein- und herausschob, um so festzustellen, ob sie selbst ganz in das Zimmer hinein- oder herausgehen konnte.

In dem Roman „Frühstück bei Tiffany" von Truman Capote (1994/1958) wirft die Heldin haßerfüllt ihren geliebten Kater weg, um ihn dann wieder verzweifelt zu suchen. Sie muß wegfahren, aber das Versprechen ihres Freundes, daß er den Kater finden und für ihn sorgen wird, beruhigt sie nicht. Statt dessen fragt sie: „Aber was wird aus mir? Weil das ewig so weitergehen kann. Nicht wissen, was einem gehört, bis man es weggeworfen hat" (S. 88). Dieses scheinbar triviale, alltägliche Erlebnis hat hier eine tiefere Bedeutung. Die Trennung bei mangelnder Differenzierung ist so schmerzhaft, daß wir oft glauben, sie nur bewältigen zu können, indem wir starke Gefühle von Haß und Ärger mobilisieren und sogar idealisieren. Erst nach der Trennung wird uns bewußt, daß etwas, was uns gehört, verlorenging. Die Trennung ist hier eigentlich eine Spaltung. Wir können einen ähnlichen Prozeß oft in Analysen beobachten. Haß und Verfolgung vor der Trennung, Sehnsucht und Idealisierung mit dem Gefühl, daß etwas Wesentliches fehlt, nach der Trennung. Das zur Trennung von zwei ganzen Personen gehörende Gefühl der Ambivalenz ist nicht vorhanden – Gefühle werden nicht zusammen, sondern nacheinander erlebt. Nach einer gewaltsamen Trennung, insbesondere wenn sie mit massiver Spaltung verbunden ist, ist die Wiedervereinigung besonders schwierig, z.B. in den Stunden nach Unterbrechungen. Der Analysand ist oft nur mit dem Trennenden, mit dem Anderssein, beschäftigt. Das Gemeinsame, Verbindende, ist im Material der Stunde verstreut und verborgen und muß mühsam vom Analytiker aufgesucht werden. Oft geschieht das gegen den Druck des Patienten, der nur mit dem Trennenden beschäftigt zu sein scheint. Ich werde versuchen, meine Schwierigkeiten diesbezüglich an klinischem Material darzustellen.

Hand in Hand mit der Verbindung zwischen verschiedenen abgespaltenen Anteilen der Persönlichkeit verläuft auch die Verbindung zwischen verschiedenen Aspekten der inneren Eltern. Aus Teilobjekten entstehen ganze Objekte. Wir sprechen oft über Triangulierung als Zusammenkommen ganzer Personen in der ödipalen Situation. Damit das aber geschehen kann, muß die Vorstufe dieses Prozesses, d.h. die Verbindung zwischen verschiedenen Aspekten der internalisierten Eltern, weitgehend abgeschlossen sein. So gesehen beinhaltet jede Trennung auch Verbindung, und zwar sowohl intrapsychisch als auch zwischen zwei Personen. Damit der Analytiker seine Container-Rolle (Bion) erfüllen kann, muß seine bindende Funktion erlebt und internalisiert werden.

Angesichts der enormen Wichtigkeit der Trennungsprozesse im Verlauf jeder Analyse muß man sich fragen, warum deren Verständnis und Deutung zu den schwierigsten Aufgaben des Analytikers gehören. Sicher gibt es hier heftige Widerstände sowohl seitens des Analysanden als auch des Analytikers (Quinodoz 1993). Ich werde mich hier nur auf einige Aspekte, die für meine Arbeit relevant sind, beschränken. Die Verbindung der Eltern, die auf der intrapsychischen Ebene zu ganzen Objekten werden, bringt die Gefahr mit sich, alleingelassen und einsam zu werden. Insbesondere wenn die Verbindung zu früh stattfindet, fühlt sich das Ich nicht stark genug, mit schmerzhaften Gefühlen fertigzuwerden, und denkt wieder an Trennung.

Bekanntlich beinhaltet eine gute Verbindung zum Analytiker auch die Anerkennung einer partiellen Abhängigkeit. Die daraus folgende Kränkung bringt heftig die narzißtische Abwehr ins Spiel. Der Druck auf den Analytiker geht in die Richtung, dem Analysanden eine „Autonomie" zu gewährleisten, die in diesem Fall nur eine maskierte Form der narzißtischen Unabhängigkeit darstellt. In dieser Phase der Analyse ist es manchmal besonders schwierig, die gesunde von der scheinbaren Autonomie zu unterscheiden. Meltzer (1995/1967) hat in seinem Buch sogar eine bestimmte Phase der Analyse beschrieben, in der der Analysand mit allen Mitteln versucht, sich selbst und den Analytiker davon zu überzeugen, daß dieser überhaupt nicht gebraucht wird. Besonders einleuchtend finde ich seine Bemerkung, daß die Umstellung von dem „Ich brauche Dich nicht" zu dem „So einen wie Dich brauche ich nicht" besonders verletzend wirkt. Dies soll den Analytiker davon abbringen, die Bedeutung der Verbindung anzuerkennen, und ihn so dazu veranlassen, Trennungen zu bagatellisieren. Nach meiner Erfahrung geht der Druck auf den Analytiker in dieser Phase in die Richtung, den Analysanden zu „befreien" und ihn gehen zu lassen oder wenigstens die Stundenzahl zu reduzieren. Eine klaustrophobische Tendenz durchzieht oft die Sitzungen. Der Analysand schildert sich als gefangengehalten. Dann ist es besonders schwer, den Kampf um Verbindung und das Positive in der Beziehung aufzunehmen. Der Ärger wird mobilisiert, um eine vorzeitige Trennung wie in „Frühstück bei Tiffany" zu erzwingen. Der Analytiker wird so dazu eingeladen, dem Analysanden zu sagen: „Also gut, wenn es hier so schlecht ist, dann gehen Sie so schnell wie möglich." In dieser Phase nachdrücklich, aber nicht rigide zu bleiben, ist eine äußerst schwierige Aufgabe. Die Kränkbarkeit des Analytikers, sein eigenes narzißtisches Gleichgewicht, steht dann im Mittelpunkt und ist auf eine harte Probe gestellt. Um Mißverständnissen vorzubeugen, muß ich betonen, daß die hier beschriebenen Vorkommnisse nur eine bestimmte Form der Abwehr von Erlebnissen, die mit Trennung und Verbindung verknüpft sind, darstellen. Natürlich ist keineswegs jedes Autonomiestreben eine narzißtische Unabhängigkeit, und nicht jeder Wunsch nach Reduzierung der Stunden oder Beendigung der Analyse kann so verstanden werden.

Ich möchte hier noch die „Bestechungsversuche" erwähnen, die manchmal in die Richtung gehen, dem Analytiker zu versprechen, wie gut die innere Beziehung zu ihm sein wird, wenn er die Analyse beendet, ohne weiter auf die Bedeutung der Trennungserlebnisse einzugehen. Eine meiner Analysandinnen hat sich in dieser Phase sehr stark mit Iphigenie auf Tauris identifiziert. Ich wurde zum verliebten König, der die Beziehung um jeden Preis erhalten will. Bekanntlich verspricht Iphigenie dem König, daß, wenn er sie entläßt, sie ihn in guter Erinnerung behalten und jeden Fremden, der von seiner Insel kommt, willkommen heißen wird. Dabei werden zunächst die Machtverhältnisse und die Beziehung zwischen der äußeren und der inneren Realität verkannt. Während der König äußerlich der Mächtige ist, der Iphigenie gefangenhält, ist er innerlich der Verliebte, der sich von ihr abhängig fühlt und sich von ihr nicht trennen kann. Iphigenie ist trotz ihrer äußeren Gebundenheit innerlich ganz unabhängig, sie kann sich jederzeit vom König trennen und weggehen, sie sehnt sich sogar danach. Die Vermeidung der Kränkung auf beiden Seiten ist hier deutlich: Die Macht, die mir zugeschrieben wird, soll mich vor einer Kränkung schützen; die Analysandin ist aber auch nicht gekränkt, weil sie sich innerlich frei fühlt und über das Herz des Königs verfügt.

Nehmen wir jetzt die Stunden vor und nach Unterbrechungen, die ich der Einfachheit halber Freitags- und Montagsstunden nennen werde. Wie ich im klinischen Teil zu zeigen versuche, wurde mir zunehmend bewußt, daß die Montagsstunden viel schwieriger für mich zu verstehen waren als die Freitagsstunden. Oft habe ich mich dabei ertappt, daß die Analysanden auf der Trennungsproblematik bestanden und daß ich, durch den Sog dieser Wünsche vereinnahmt, den Zusammenhang mit der Verbindung, die doch am Montag im Vordergrund steht, aus den Augen verlor. Ich wurde sozusagen eingeladen, zu einem Zeitpunkt weiter an der Trennung zu arbeiten, wo wir beide Schwierigkeiten hatten, uns nach der Trennungszeit wieder zusammenzufinden. Es war so, als ob mir eingeredet würde, daß eine intensive und stabile Beziehung Trennung eher erschwert als erleichtert. Dies trat oft in verstärkter Weise in Beendigungsphasen der Behandlung auf. Oft kam die Einladung zur Reduzierung der Stunden mit der Begründung, wir werden uns besser trennen, wenn unsere Beziehung nicht so intensiv wird. Häufig entstanden in Zeiten der Trennungen starke Beziehungen zu anderen Menschen, die manchmal einen stürmischen Charakter hatten. Die abgespaltenen Aspekte unserer analytischen Beziehung waren dabei oft recht deutlich.

Dies sind Tatsachen, die jedem Analytiker bekannt sind. Ich merkte aber immer wieder, wie ich mit enormem Druck dazu verleitet wurde, diese Beziehungen als einen Entwicklungsschritt zu sehen und mich nicht als scheinbar sturer, selbstbezogener oder sogar eifersüchtiger Analytiker zu geben. Diesem Druck war manchmal sehr schwer zu widerstehen; ich wollte ein toleranter Analytiker sein, und mir wurde nahegelegt, daß es wichtig sei, zu diesem Zeitpunkt „einen Dritten herbeizuführen". Ich habe das immer wieder sowohl in meinen eigenen Behandlungen als auch in Supervisionen erlebt. Allmählich wurde mir dabei bewußt, daß in den sogenannten Montagsstunden eine bestimmte Schwäche des Analysanden einen schwachen Punkt in mir treffen mußte, etwas in mir, das die Deutung der Verbindung vernachlässigt, um sich weiterhin mit Spaltungen aus der Freitagsstunde zu beschäftigen.

Spillius (1994) beschreibt in ihrem Artikel über die Formulierung von Deutungen ihre Arbeit mit einer Patientin an Hand von Material vor und nach Unterbrechungen der Analyse. Merkwürdigerweise leidet die Patientin nach den Unterbrechungen an Widersprüchen und Chaos. Dies drückt sich z.B. so aus, daß sie zur gleichen Zeit zwei Termine vereinbart. Im Laufe einer Sitzung nach der Unterbrechung gelingt es der Analytikerin, der Patientin zu zeigen, daß sie nicht versteht, wie ihre Analytikerin widersprüchliche Gefühle und Einstellungen in Verbindung zu bringen vermag. Die Analytikerin verleugnet nicht heuchlerisch, daß die Unterbrechung für die Patientin schwer ist und daß es nicht das gleiche ist, die Stunden zu haben oder nicht zu haben; gleichzeitig ist sie aber fähig, die Patientin zu verlassen, obwohl es ihr voll bewußt ist, wie schwer dieses Erlebnis für sie ist. Diese zwei Einstellungen kann die Analytikerin ohne Verwirrung und Panik in Verbindung bringen. Der Patientin wurde dann klar, daß sie selbst nach den Unterbrechungen nicht zwei Gedanken oder Gefühle zur gleichen Zeit behalten konnte, ohne in Verwirrung und Chaos zu geraten.

Das entspricht meinen Überlegungen und steht im Einklang mit meinen eigenen Erfahrungen, daß die Probleme der Integration unterschiedlicher und gegensätzlicher Gedanken und Gefühle gerade nach der Unterbrechung kommen, d.h. dann, wenn gleichzeitig sowohl die Tendenz zur Trennung als auch zur Verbindung in Erscheinung tritt, was leicht zur Verwirrung führen kann. Dazu ein kurzes Beispiel aus meiner eigenen Praxis. Ein Analysand von mir träumte kurz vor dem Ende einer Unterbrechung, daß er eine Uhr zur Reparatur abgegeben habe. Er bekam aber keinen Beleg und konnte die Uhr nur abholen, wenn er das zu ihr gehörende Armband vorzeigen würde. Dann bekam er aber große Angst, daß er das Armband mit einem anderen verwechseln könnte.

Die Kraft, die den Analysanden dazu treibt, statt zu verbinden, immer mehr in der Trennung zu versinken, stellt natürlich einen Schutz vor der Wiederholung der Trennung dar, die schließlich mit dem Ende der Analyse endgültig wird. Ich denke, daß noch viel mehr damit verbunden ist. Unterschiedliche Aspekte des Analysanden und Analytikers sollen nicht zusammenkommen, um so die Beziehung zu ganzen Objekten zu verhindern, was den Übergang zur depressiven Position bedeuten würde. Das bekannte Paradox liegt darin, daß diese viel reifere Beziehung viele Ängste (Sorge, Schuld) mit sich bringt, die schwer erträglich sind. Der Analytiker bleibt keineswegs immun gegen solche Ängste. Meine Erfahrungen haben mir oft gezeigt, wie schwierig auch für den Analytiker das Erleben des Patienten in der depressiven Position ist. Es ist häufig für beide, Analytiker und Analysand, viel leichter, eine Distanzierung oder Haß, Wut und Verfolgung zu ertragen, als in diese neue Phase der Beziehung überzugehen. Das ist, denke ich, der tiefere Grund, der uns dazu treibt, nach den Unterbrechungen zusammen mit dem Patienten ausschließlich den Weg der Trennung zu gehen. Oft erscheinen, besonders am Anfang der Montagsstunden, scheinbar zusammenhanglose Fragmente. Manchmal versichert uns der Analysand sogar, daß es keine Verbindungen zwischen diesen Fragmenten gibt. Teilweise durch den Druck des Analysanden und teilweise durch eine eigene Trennungsproblematik bedingt, kann dann eine Blindheit des Analytikers für Zusammenhänge entstehen.

Hier möchte ich auf eine Erfahrung hinweisen, die mir ein größeres Verständnis für Spaltungsprozesse gebracht hat. Diese Erfahrung habe ich sowohl als Supervisor wie auch als Supervisand gemacht. Oft kam ich in Supervisionen mit Notizen von Sitzungen, wo ich kaum etwas verbinden konnte, es waren lauter Zufälle, getrennt nebeneinander stehende Erlebnisse und Erfahrungen. Wenn ich anfing, über diese Stunden zu sprechen, entstanden plötzlich Verbindungen. Ich war erstaunt und über mich verärgert, daß ich so klare Zusammenhänge nicht verstanden hatte. Es war, als ob die bloße Präsenz des Supervisors als jemand, der Verbindungen schafft, ausreichte, um die Spaltungen aufzuheben. Manchmal geschieht das auch während des Lesens und sogar während des Schreibens der Notizen. Der internalisierte Supervisor als jemand, der seine integrative Funktion ausübt, meldet sich dann zu Wort.

2. Klinisches Beispiel

Die Behandlung, von der ich im nachfolgenden spreche, ist schon vor einigen Jahren beendet worden; ich verfüge aber über genaue Notizen und habe sie noch immer gut in Erinnerung. Überdies, wie sehr individuell gestaltet auch jede Analyse ist, sah ich in meiner späteren Arbeit doch viele ähnliche Verläufe.

Eine 35jährige Anwältin befand sich zu der Zeit, über die ich jetzt berichte, im vierten Jahr ihrer Analyse. Sie kam zur Behandlung wegen Angstzuständen, ihre psychische Struktur war sehr phobisch geprägt. Obwohl intelligent, erfolgreich und tüchtig, war sie in ihrem Denken und Handeln immer sehr auf ihren Mann angewiesen, der für sie Sicherheit repräsentierte. – Sie ist die jüngste von drei Geschwistern. Die Ehe der Eltern war sehr zerstritten, der Vater machte der Mutter oft Eifersuchtsszenen. Als die Patientin in die Pubertät kam, ließen sich die Eltern scheiden.

Auf Unterbrechungen der Analyse reagierte sie früher mit manisch gehobener Stimmung, sie war voll von wunderbaren Gefühlen und Gedanken. Zur gleichen Zeit war sie aber fast immer mit ihrem Mann zerstritten. Nach der Unterbrechung kam sie meistens verstimmt, verärgert, manchmal verzweifelt. Sie konnte diese Reaktionen zunächst überhaupt nicht mit der Analyse verbinden. Im nächsten Schritt der Analyse kam die Spaltung deutlich in die Stunden hinein, indem sie vor den Unterbrechungen meistens in guter Stimmung mich als einen traurigen älteren Mann, der sich verlassen und verärgert fühlte, erlebte und dachte, ich wollte sie mit meinen Deutungen festhalten, weil Trennung eigentlich mein Problem wäre. Es ging dabei um mein Prestige, mein Erfolgserlebnis, das von dem Festhalten der Analysanden abhängig wäre. Auch diese Art der Spaltung und projektiven Identifizierung schien zunächst der Einsicht nicht zugänglich zu sein.

Ich möchte zwei Montagsstunden vorstellen, die eine in der Woche vor, die andere nach einer zweiwöchigen Unterbrechung. Ich hatte diese Unterbrechung diesmal ziemlich kurzfristig ankündigen müssen. Zunächst aber möchte ich etwas von dem Freitag vor der ersten Montagsstunde berichten. Sie kam in diese Stunde voll von Ärger und Haß gegen mich. Sie warf mir vor, mich nicht um sie zu kümmern, mich für ihr Leben nicht zu interessieren. Natürlich fühlte sie sich von der ziemlich unerwarteten Unterbrechung sehr betroffen. Es war etwas, was die Regelmäßigkeit unserer Arbeit beeinträchtigte und dazu noch einseitig von mir bestimmt wurde. Dann wurden Haß und Ärger idealisiert. Das sei die beste Lösung, die Unterbrechung zu erleben. „Die Traurigkeit kommt erst danach." Dann sprach sie sehr viel von Leuten und Ortschaften, die sie im Haß verlassen hatte, um sich danach nach ihnen zu sehnen. Die Stimmung wurde etwas versöhnlicher. Sie konnte sogar zugeben, daß sie sich nach der Beendigung der Analyse danach sehnen werde. Ich sagte ihr am Ende der Stunde, daß sie es jetzt als sehr schmerzhaft und ärgerlich erlebe, was ich ihr hier angetan habe. Sie wisse aber gut, daß, wenn sie am Freitag die Stunde verlasse, in ihrem Kopf auch ein anderer Analytiker auftauchen werde, jemand, mit dem sie sich gut fühle.

Hervorgerufen durch eine etwas forcierte Unterbrechung können jetzt Ärger und Haß in die analytische Situation hineinkommen, statt wie früher auf den Ehemann abgespalten zu werden. Es ist aber auch etwas Neues aufgetaucht. Die Spaltung erscheint in der zeitlichen Reihenfolge: vor der Unterbrechung Ärger und Haß, nach der Unterbrechung Sehnsucht und Idealisierung. Was noch wichtiger für mich war, es schien mir, daß die Analysandin wenigstens teilweise eine Einsicht in diese Prozesse bekommen hatte. Auch die beiden abgespaltenen Aspekte von mir, der rücksichtslose und der vertrauliche, zuverlässige Analytiker, kamen als Teilobjekte etwas näher und mochten so eine Vorstufe der Triangulierung mit ganzen Objekten ankündigen.

2.1 Die erste Montagsstunde

Sie scheint sehr verstimmt und verärgert zu sein. Diese Stunde sei ähnlich wie am letzten Montag, bemerkt sie. Sie komme nur ungern zur Analyse. Am Wochenende sei sie wieder mit der Renovierung der Wohnung ihrer Mutter beschäftigt gewesen. Das sei eine zweckmäßige Beschäftigung, anders als die Analyse. Dann spricht sie sehr lange über die Arbeit in der Wohnung. Sie bemerkt, daß der einzige Nachteil gewesen sei, daß sie eine Schwäche in ihren Armen fühlte, was sie diesmal in der Arbeit behindert habe. Nach kurzem Schweigen sagt sie, daß sie das Gefühl habe, daß am letzten Freitag die Stunde etwas anders gewesen sei, aber daß sie es ganz vergessen habe. Daraufhin sage ich, daß die Verbindung zu mir verlorengegangen sei, und ich merke, daß ich bisher sehr in meiner Arbeit behindert bin und nichts anderes mache, als die Worte der Analysandin in leicht geänderter Form zu wiederholen.

Nach kurzer Pause kommt sie auf den Vater ihrer Schulfreundin zu sprechen, der sich von seiner Frau getrennt hat und mit einer anderen Frau zusammenlebt. Sie hat ihm jetzt als Anwältin helfen können, als es um Gütertrennung bei der Scheidung ging. Dann betont sie, daß es keine inhaltliche Verbindung mit ihren Problemen gebe, es sei nur schön und zweckmäßig, den Menschen helfen zu können. Dann fügt sie aber hinzu: „Vielleicht habe ich nur ein schlechtes Gewissen, daß ich mit dem Vater koaliere, der sich von der Mutter trennt." Ich sage ihr, daß, wenn sie sich von der Analyse entferne, sie sich als mit der Trennung koalierend empfinde. So habe die Renovierung der Wohnung auch nichts damit zu tun, was die Renovierung in ihrem Kopf – die Analyse – bedeute. Verbindungen herzustellen sei nicht zweckmäßig, weil danach Trennungen folgten.

Diesmal wirkt sie sehr nachdenklich und schweigt lange, aber deutlich gerührt. Dann sagt sie: „Ja, vielleicht. Aber ich fühlte mich so schwach in den Armen, als ich gearbeitet habe. (Vorwurfsvoll) Das interessiert Sie aber wahrscheinlich nicht, Sie interessieren sich nur für Gefühle. Herr X. [ihr früherer Analytiker] würde sich schon dafür interessieren." Ich kommentiere, daß sie durch das, was ich gesagt habe, sich sehr bewegt und nachdenklich fühle. Sie habe daran gearbeitet, innerlich gearbeitet. So seien wir uns für eine Weile ganz nahe gekommen. Dann aber habe sie gefühlt, daß, wenn man nah sei, wieder die Trennung folge. Das mache schwach. Dieses Gefühl der Schwäche sei sofort in die Arme hineinverlegt worden. Das sei auch sehr weit von mir entfernt, von jemandem, der sich nicht dafür interessiere. Von so einem Menschen sei es leichter, wegzugehen.

Es folgt wieder ein bewegtes und nachdenkliches Schweigen. Dann sagt sie: „Ja, aber warum schicke ich sie in diese Ecke. Ich hatte doch oft auch mit Herrn X. das Gefühl, daß er sich für mich nicht interessiert." Ich: „Sie möchten ihre Erlebnisse, die mit der Trennung verbunden sind, verstehen. Immer wieder kommen sie an Menschen, die sich nicht für sie interessieren, und dann müssen sie weggehen. Vielleicht ist es leichter, dann auch wegzugehen." Von diesem Punkt an scheint unsere Verständigung abgebrochen zu sein. Sie wirft mir bitter vor, daß ich immer mit Trennungen beschäftigt sei. „Was wollen Sie damit?" Sie habe auch niemals verstanden, warum man Trennungen erleben solle. Einmal habe sie einen analytischen Artikel darüber gelesen, aber der schien ihr so abstrakt. Dann spricht sie von dem Buch einer erfolgreichen Juristin über die Bedingungen einer guten Ehe. In Wirklichkeit aber war die Ehe dieser Juristin zerbrochen, und sie hatte eine anorektische Tochter. Dann sage ich: „Ich spreche von Trennungen, aber Sie denken, daß die Schwierigkeit heute in der Stunde doch die ist, nach dem Wochenende und vor der bevorstehenden längeren Unterbrechung eine Verbindung, eine Verständigung herzustellen. Es ist, als ob ich davon weggegangen wäre, als ob ich mich entfernt hätte. Auch als ob ich vergessen hätte, daß die nächste Trennung von mir ausgeht, also ich entferne mich von Ihnen. Wenn ich von Trennungen spreche, scheint es Ihnen deshalb nicht verständlich und abstrakt zu sein, wie der Artikel, den Sie gelesen haben." Ich habe das Gefühl, daß meine Worte sie diesmal erreicht haben. Bis zum Ende der Stunde, etwa fünf Minuten, schweigt sie sehr nachdenklich.

2.2 Diskussion

Schon Freud (1913) hat von der „‚Montagskruste'" in der Analyse gesprochen. Die Entfernung vom Analysanden macht es für den Analytiker besonders schwierig, den Anfang der Montagsstunde zu verstehen. Dazu kommt in dieser Situation bei mir noch das schlechte Gewissen wegen der bevorstehenden, ungewöhnlich kurzfristig angekündigten Unterbrechung. Der Anfang der Stunde ist von den Spaltungsprozessen bei der Analysandin überschattet. Die Renovierung findet in der Wohnung, nicht in der Analyse statt. Die Arbeit ist durch die Schwäche in den Armen behindert. Es gibt dann wieder keine Verbindung (inhaltlich hat, was sie sagt, nichts mit der Analyse zu tun). Ich will nicht künstlich, ehe ich mehr verstanden habe, durch eine vorzeitige Deutung meine Präsenz zeigen. Dies würde bei dieser Analysandin eine Verharmlosung ihrer Erlebnisse bedeuten, so als ob alles wieder in Ordnung und nichts geschehen sei. Trotzdem scheint es mir, daß ich dieser Tendenz unterliege und mit dem „die Verbindung verlorenging" fast unverändert ihre Worte wiederhole. Unverändert? Nein: Ich ergreife nur die eine Seite der Mitteilung, während die andere, das Auftauchen der Verbindung mit der Freitagsstunde, außer acht gelassen wird.

Die Geschichte mit der Trennung der Eltern der Schulfreundin liefert mir etwas mehr Verständnis für das Erleben der Patientin. Ich deute aber fast ausschließlich ihre intrapsychischen Erlebnisse, ohne sie in Verbindung zu bringen mit der Tatsache, daß ich mich von ihr entferne und sie verlasse – schließlich ging der Vater der Schulfreundin weg! Die Anerkennung dieser Tatsache würde, wie sich später zeigt, sehr helfen. Trotzdem fühlt sich die Patientin bewegt und nachdenklich, und für eine kurze Zeit ist die Verbindung, die Verständigung zwischen uns wiederhergestellt.

Dann bekommen die Spaltungsprozesse wieder die Oberhand. Sie fühlt sich geschwächt und projiziert das in ihre Arme. Gleichzeitig entfernt sie sich von mir und behandelt mich wie ein Teilobjekt – der nicht interessierte Analytiker. Retrospektiv denke ich, daß ich dieses Gefühl der Schwäche zu schnell mit der bevorstehenden Trennung verbunden habe. Vielmehr repräsentiert die Schwäche das Gefühl, von einem in diesem Augenblick als hilfreich empfundenen Menschen verstanden zu werden. Dies bedeutet aber gleichzeitig, auf diesen Menschen angewiesen zu sein, und das macht sie schwach. Deshalb kommt sie kurz auf Ärger und Haß zurück, Gefühle, mit denen sie sich am Anfang der Stunde von mir distanziert hat. Trotzdem scheint sie weiter um Verbindung bemüht: Sie hat angefangen, einen Teilobjektaspekt in den beiden Analysen zu verstehen. Warum erscheinen die beiden Analytiker als nicht an ihr interessiert?

Leider gehe ich dann wieder auf Trennungsprozesse ein. Meine Rede wird dadurch abstrakt wie ein abstrakter, abgehobener Artikel, den sie gelesen hat. Es ist so, als ob jemand über eine gute Ehe spricht, während in Wirklichkeit seine Ehe zerbrochen ist und die Tochter keine gute adäquate Nahrung bekommen kann. Erst dann fange ich an, das Geschehen in der Stunde besser zu verstehen und kann meine integrative Funktion als Analytiker wieder aufnehmen.

2.3 *Die zweite Montagsstunde*

Die Montagsstunde nach der Unterbrechung beginnt mit einem langen Schweigen. Dann sagt sie: „Es ist schwierig, hier wieder anzufangen." Ich sei durch die Unterbrechung schmaler, dünner und älter geworden. Sie wundert sich, warum ich meine auf dem Tisch liegenden Briefe in Umschlägen behalte. Das sei meine Art – sie schmeiße die Umschläge weg, sonst koste das unnötig viel Platz. Eine Bekannte von ihr sei auch bei mir in Analyse. Sie sagt – dabei lacht sie –, vielleicht erzähle ich nur den Fortgeschrittenen, wo ich während der Unterbrechung sei. So gesehen müßte sie das schon erfahren, weil sie länger in Analyse sei als die Bekannte. Ich spreche die Kränkung an, die mit dem Nichtwissen verbunden ist. Sie gibt das zu, aber es wirkt ziemlich flach. Dann spricht sie über ihre Ängste, daß mir während der Unterbrechung etwas hätte passieren können, vielleicht sei ich krank gewesen. Sie weiß, daß Analytiker solche Gedanken als Todeswünsche deuten. Mein Gefühl ist, daß, obwohl alles, was sie sagt, richtig ist – ich kenne schon lange ihre Ängste, daß mir während der Unterbrechungen etwas passieren könnte –, wir uns nicht weiter bewegen.

Sie sagt dann, daß es ihr während der Unterbrechung ganz gut gegangen sei, erst jetzt vor der ersten Stunde habe sie eine fast schlaflose Nacht gehabt. Vielleicht wäre es deshalb gut, die Analyse zu beenden. Langes Schweigen. Dann erzählt sie, daß sie im Fernsehen grausame Bilder gesehen habe, Bilder der Rache der Russen gegen die deutsche Besatzung. Sie könne das gut verstehen, schließlich hätten die Deutschen denen auch viel Böses angetan. Ihre Freundin wundere sich, daß sie in Analyse bei einem Polen sei, sie könne das nicht machen. Ich spreche ihre möglichen Rachegefühle wegen der Unterbrechung und Kränkung an. Sie denkt nach und sagt dann, das könne sie nicht nachvollziehen, schließlich sei sie nie mit den Nazis identifiziert gewesen. Dann sagt sie, als sie klein gewesen sei, hätte sie nicht verstehen können, warum sich die Deutschen besiegen ließen, sie hätten ganz unweit von Moskau gestanden. Die Eltern hätten ihr das nicht erklären können. Ich spreche wieder ihre Kränkung an, ihre Gefühle, besiegt zu werden. Wieder sagt sie: „Das kann ich überhaupt nicht nachfühlen." Mein Gefühl ist, daß das richtig ist und daß meine Deutungen ganz danebenliegen.

Nach kurzem Schweigen sagt sie, daß sie jetzt an einen Traum denke, den sie vor einigen Tagen gehabt habe, aber sie wisse nicht, ob der hierhin gehöre. In dem Traum hat ihr ihr Chef gebeichtet, daß seine ältere Tochter nicht von ihm sei. Sie fügt hinzu, daß der Chef tatsächlich zwei Töchter habe, die ältere sei ganz anders als er, schüchtern, während die jüngere so wie er sehr auf Erfolg eingestellt sei. Es folgt ein langes Schweigen. Ich sage ihr, daß sie anders als die anderen Menschen sein möchte. Zunächst bestätigt sie das, und sie spricht lange über ihren Wunsch, immer zu widersprechen. Sie möchte nicht ein Mitläufer wie ihre Eltern sein. Dann, nach einer Pause, sagt sie aber: „Auf der anderen Seite wundere ich mich, warum ich so wenig von meinen Eltern aufgenommen habe. Sie hatten doch auch gute Fähigkeiten. Ich denke manchmal daran, was ich von Ihnen aufnehmen kann, wenn die Analyse vorbei ist." Diesmal kann ich besser denken. Ich kann ihr zeigen, daß sie nach der Unterbrechung nicht nur Ärger und Rache zeige, daß das vielleicht sogar nicht einmal im Vordergrund stehe. Es tauche bei ihr auch etwas Neues auf. Sie wolle mir auch sagen, daß sie ein schüchternes Mädchen sei, das keine Mitläuferin um meine Gunst sein möchte. Das sei sehr schwierig, weil sie einerseits in sich eine Schwester habe, die auf Erfolg poche. Andererseits wisse sie nicht, ob ich sie als schüchtern aufnehmen werde oder ihr, wie im Traum, sagen würde, das ist nicht meine Analysandin, so eine möchte ich nicht haben.

Diesmal hat meine Deutung sie wirklich erreicht. Sie ist sehr bewegt und schweigt lange. Die anfängliche Distanzierung verschwindet. Dann sagt sie: „Ich weiß nicht, warum, ich dachte jetzt wieder an diese erfolgreiche Juristin, die ein Buch über Probleme der Ehe geschrieben hat, aber in Wirklichkeit war ihre Ehe zerbrochen und die Tochter anorektisch." Ich spreche zu ihr über ihr Gefühl, daß sie sich von ihren Wünschen nach Erfolg etwas distanzieren möchte. Sie hoffe auch, daß ich als ihr Analytiker sie nicht nur als erfolgreich sehen möchte. Sonst gebe es keine echte Verbindung zwischen uns, und sie könne keine echte analytische Nahrung bekommen. Nach einigen Minuten geht die Stunde zu Ende und sie steht auf, deutlich gerührt.

Ich möchte noch hinzufügen, daß sie mir in der nächsten Stunde sagte, daß sie fast einen Schock erlebt habe, als sie beim Verlassen meiner Praxis eine junge Frau bei mir die Vorhänge habe zuziehen sehen. Sie dachte, ich könnte wie der Vater ihrer Schulfreundin zugunsten eines jüngeren, attraktiven Mädchens meine Frau verlassen haben.

2.4 Diskussion

Dies ist eine Stunde, die meine Fähigkeit zu verbinden, meine integrative Funktion auf eine harte Probe stellte. Die Stunde ist anscheinend von Gegensätzen geprägt: Wegwerfen und Behalten, Bleiben und Gehen, Erfolg und Schüchternheit, Mitläufer sein oder anders sein als die anderen. Diese Kontrastbildung entwickelt sich in meinem Kopf nur langsam. Bemerkenswert ist, daß trotz der ziemlich langen Unterbrechung die Analysandin selbst teilweise sehr bemüht ist, Verbindungen zu schaffen. Schon die ersten Worte: „Es ist schwierig, hier wieder anzufangen", drücken beim genauen Hinschauen diese doppelte Botschaft aus: „Ich will anfangen, aber es ist äußerst schwierig." Es ist deshalb auch schwierig, daß ich durch die Entfernung „dünner, schmaler und älter" geworden bin.

Das Thema ‚Erfolg und Entwicklung' wird durch die Geschichte der Bekannten, die bei mir ihre Analyse macht, angekündigt (fortgeschritten zu sein). Es scheint mir, daß das Thema der zwei Schwestern im Traum hier in Form einer unbewußten Phantasie erscheint, um sich dann weiter zu konkretisieren. Während sie später Haß und Rachegefühle in den Vordergrund stellt, kann ich das immer noch nicht mit der Mitteilung integrieren, daß sie doch im Gegensatz zu ihrer Freundin in Analyse bei mir ist. Ich habe sie auch nicht weggeschmissen wie einen Briefumschlag, sondern behalten – Brief und Umschlag bleiben zusammen und verbunden. Da ich den Konflikt der Gegensätze übersehe und nur einen Teil hervorhebe, liegen meine ersten Deutungen ganz daneben. In diesem Teil der Stunde fehlt mir die Offenheit für das Neue im Material, was Bion (1977) so oft als notwendig für den Analytiker hervorhebt. Ich habe auch zunächst die folgende Botschaft nicht verstanden, die da lautet: „Als ich klein war, war ich sehr auf Erfolg und Sieg programmiert (Warum ließen sich die Deutschen besiegen?). Jetzt bin ich nicht mehr so (Ich bin nicht mit den Nazis identifiziert.)."

Der Traum wird durch die Bemerkung eingeleitet: „Ich weiß nicht, ob es hierher gehört." Bemerkenswert scheint mir, daß bereits hier der Übergang von der früher rein affirmativ ausgesprochenen Trennung: „Es gibt keine inhaltliche Verbindung", zu etwas anderem stattfindet. Ich denke, daß das Auftauchen des Traumes zu diesem Zeitpunkt in der Stunde zeigt, daß die Analysandin sehr besorgt ist, daß ich sie nicht richtig verstanden habe. Sie hat Angst, daß ich das Schüchterne und Liebevolle in ihr nicht nur übersehe, sondern auch ablehne. Sie will anders sein, keine Mitläuferin, bleibt aber mit mir trotz Unterbrechung, Kränkung und Ärger verbunden. Beide Teile von ihr, sowohl der schüchterne als auch der nach Erfolg strebende, müssen anerkannt und verbunden werden. Dies ist in meinem Verständnis auch ein bedeutender Schritt in der Richtung von Teil- zu Ganzobjekten. Die Analysandin fühlt sich durch meine Deutung verstanden, was für sie bedeutet, daß ich auch fähig bin, verschiedene Aspekte sowohl ihrer als auch meiner Persönlichkeit zu integrieren. Die Gefahren einer solchen Verbindung zwischen zwei ganzen Personen tauchen dann schon in der nächsten Stunde auf (ich könnte meine Frau verlassen haben).

3. Zusammenfassung

Ich habe versucht, auf einige Schwierigkeiten hinzuweisen, die mit den Trennungsprozessen sowie deren Verständnis und Deutung verbunden sind. Da Trennungen mit Spaltungsprozessen einhergehen, verlangen sie gleichzeitig nach Zusammenkommen, Verbinden, Integration. Dies ist eine enorme Herausforderung in jeder Analyse, und zwar nicht nur für den Analysanden, sondern auch für den Analytiker in seiner integrativen Funktion. Erst Trennungen zwischen zwei ganzen Personen können bewußt in allen ihren Zusammenhängen und die psychische Entwicklung fördernd erlebt werden. Dies kann aber nur in der depressiven Position stattfinden. Vorher müssen Spaltungen aufgehoben und Projektionen zurückgenommen werden.

Ich habe einige Faktoren beschrieben, die dem sowohl beim Analysanden als auch beim Analytiker entgegenwirken. Zunächst muß das Streben nach totaler narzißtischer Unabhängigkeit von den Wünschen nach Autonomie unterschieden werden, was nicht immer leicht ist. Im ersten Fall bringt eine bessere Verständigung oft eine klaustrophobe Situation, in der sich der Analysand durch Reduzierung der Stundenzahl, vorzeitiges Beenden der Analyse oder Ausfallen-lassen von Stunden zu befreien versucht. Der Analytiker steht unter einem enormen Druck, sich als tolerant zu erweisen und den Forderungen des Analysanden nachzugeben.

Oft werden Spaltungen in der Weise erlebt, daß Haß und Ärger vor der Unterbrechung kommen, während in der Unterbrechung selbst Traurigkeit, Sehnsucht und Idealisierung auftauchen. Dies kann aus zwei Gründen unverstanden bleiben: Erstens wird der Analytiker projektiv in das Gefühl hineingezogen, daß Haß und Ärger eine gute Möglichkeit darstellen, sich zu trennen; zweitens werden die abgespaltenen positiven Gefühle dem Analytiker gegenüber während der Unterbrechung erlebt und lassen sich so nicht immer in den analytischen Prozeß integrieren.

Wie bekannt werden Trennungen häufig so erlebt, daß Gefühle der Schwäche, Abhängigkeit und Verlassenheit in den Analytiker hineinprojiziert werden. Oft nimmt das sehr subtile, versteckte Formen an, wie in meinem Beispiel mit Iphigenie auf Tauris (der verliebte König). Manchmal wird der Versuch der Deutung dieser Spaltungen dadurch behindert, daß der Analysand uns davon abzulenken versucht, indem er ständig betont, daß unsere Deutungen nichts mit seinen Trennungsproblemen, sondern mit unserer theoretischen Position oder unseren persönlichen Problemen zu tun hätten. Dies auszusortieren, ist natürlich oft schwierig, da wir nicht nur bestimmte theoretische Positionen vertreten, sondern auch unsere eigenen Erlebnisse, die mit Trennung verbunden sind, in die Analyse mit hineinbringen. Deshalb betont Quinodoz (1993) zu Recht, daß die Deutung der Trennungen eine der wichtigsten, aber auch schwierigsten Aufgaben jeder Analyse darstellt.

Bekanntlich geben die Stunden vor und nach Unterbrechungen Einblick in das Erleben der Trennung. Aus Gründen, die mit dem Thema meines Beitrags zusammenhängen, habe ich hier meine Aufmerksamkeit der Montagsstunde gewidmet. In dieser Stunde bringt das Erlebnis des Wiederzusammenkommens zwei gegensätzliche Strömungen zum Vorschein. Auf der einen Seite steckt der Analysand noch im Prozeß der Trennung und der damit verbundenen Spaltungen. Auf der anderen Seite kommt auch, manchmal versteckt, schwach oder subtil ausgedrückt, die Tendenz zum Verbinden auf – zur Integration. Diese Seite kann leicht übersehen werden, und zwar einmal deshalb, weil vom Analysanden ein starker Druck ausgeht, weiter bei der Trennung zu bleiben. Dies soll nicht nur vor dem Schmerz der erneuten Trennung schützen, sondern auf einer tieferen Ebene auch den Übergang zur depressiven Position mit dem depressiven Schmerz und ihren Ängsten verhindern. Manchmal droht der Analytiker diesem Druck nachzugeben und die subtilen Zeichen, die in die Richtung der Verbindung gehen, zu übersehen. Dann verliert er seine integrierende Fähigkeit, die von entscheidender Bedeutung ist, weil der Analysand sie im Laufe der Analyse als eine zentrale Funktion des Analytikers internalisieren und damit sich zu eigen machen können muß, um schließlich selbst mit seinen Spaltungstendenzen fertigwerden zu können. In meinem klinischen Material geschah das oft in der ersten Hälfte der Montagsstunden. Natürlich entsteht durch die Trennung auch beim Analytiker ein Entfremdungsgefühl, und seine Spaltungsprozesse werden mobilisiert. So gesehen wird der Analytiker aus vielen Gründen in seiner integrierenden und verbindenden Funktion in den Stunden nach einer Unterbrechung besonders stark herausgefordert und gleichzeitig gehemmt.

Die Spaltungsprozesse drücken sich oft in den Montagsstunden als Teilobjektbeziehungen aus. Dies geschieht etwa, wenn verschiedene Teilaspekte sowohl des Analytikers als auch des Analysanden erscheinen. In meinem klinischen Material fanden sich diese oft kontrastierenden Teilaspekte entweder gleichzeitig, wobei der eine Aspekt ziemlich versteckt blieb, oder in manchmal rascher zeitlicher Aufeinanderfolge. Hier scheint mir die integrierende Funktion des Analytikers zur Förderung des Zusammenkommens von Teilobjekten, aus denen dann ganze Objekte entstehen können, besonders wichtig zu sein. Ich denke, daß der Prozeß der Triangulierung auf der Ganzobjektebene bisher besser beschrieben und verstanden worden ist. Wir wissen aber relativ wenig über die Vorstufe dieses Vorgangs, nämlich die Verwandlung von Teil- in Ganzobjekte. Dies kann unter Umständen auch die falsche Annahme, daß es sich im Material um eine Triangulierung mit Ganzobjekten handelt, nach sich ziehen. Die genaue Beobachtung der Trennungsprozesse vor und nach den Unterbrechungen in der Analyse könnte uns den Einblick in den Übergang von Teil- in Ganzobjekte und umgekehrt verschaffen, also in die speziellen

Strukturbildungsprozesse, die mit der Dialektik von Trennung und Verbindung verknüpft sind.

Den Zusammenhang zwischen Verbinden und Trennen habe ich an Hand von klinischem Material darzustellen versucht. Eine 35jährige Analysandin erlebte die Trennungen zunächst in einer manischen „Unabhängigkeit", dann wurden Trennungen durch Spaltungen und projektive Identifizierungen geprägt. In den von mir beschriebenen Montagsstunden vor und nach einer längeren Unterbrechung kommt Hand in Hand mit Spaltungsprozessen eine immer deutlichere Tendenz zum Vorschein, zwei kontrastierende Paare von Einstellungen zu verbinden. In den beiden Montagsstunden lagen Trennungs- und Verbindungsprozesse ganz dicht nebeneinander, wobei im ersten Teil der Stunde die Tendenz zum Spalten, Trennen überwog. Dabei habe ich versucht, im Verlauf der Stunden einige Schwierigkeiten sowohl der Analysandin als auch des Analytikers aufzuzeigen.

Literatur

Bion, W.R. (1977): Seven Servants. New York: Jason Aronson.

Capote, T. (1994/1958): Frühstück bei Tiffany. Hamburg: Rowohlt (orig. New York).

Freud, S. (1913). Zur Einleitung der Behandlung. G.W. VIII, S. 453–478.

Meltzer, D. (1995/1967): Der psychoanalytische Prozeß. Mit einem Nachwort zu den Weiterentwicklungen bis heute. Stuttgart: Verlag Internationale Psychoanalyse (orig. London).

Quinodoz, J.M. (1993): The Taming of Solitude. Separation Anxiety in Psychoanalysis. London: Routledge.

Spillius, E. B. (1994): On formulating clinical fact to a patient. International Journal of Psycho-Analysis 75, 1121–1132.

Zur Frage der Strukturbildung in der Psychotherapie von Sexualstraftätern

Heinfried Duncker

Der folgende Beitrag wird sich mit der Pathologie und den notwendigen, von ihr abgeleiteten spezifischen therapeutischen Vorgehensweisen, die für die Behandlung bestimmter Sexualstraftäter Voraussetzung sind, auseinandersetzen. Strukturelle Veränderungen der Ichstrukturen sind der Maßstab des therapeutischen Erfolges und somit Grundlage für die rückfallprognostischen Überlegungen. Dieser in Frage stehende Täter-Patientenkreis, der durch die Konsequenzen seiner Tat gesellschaftlich besonders negativ hervorgehoben ist, stellt einen spezifischen Problemkomplex dar, der anhand einer Kausuistik klinisch konkretisiert und entfaltet werden soll.

1. Einleitung

Die Behandlung von Sexualstraftätern, die aufgrund ihrer schweren ichstrukturellen Störungen für ihre Straftat als nicht schuldfähig oder erheblich vermindert schuldfähig beurteilt und somit nicht zu einer Haftstrafe im Regelvollzug, sondern zur Unterbringung in einem psychiatrischen Krankenhaus verurteilt wurden, stellt die Psychotherapeuten in den Einrichtungen des Maßregelvollzuges vor erhebliche Probleme. Der Beitrag setzt sich mit einer Gruppe von Sexualstraftätern auseinander, bei denen die Straftat in direktem Zusammenhang mit einer strukturellen Perversion steht, wie sie exemplarisch von Morgenthaler (1974) und Bergeret (1994) beschrieben wurde. Sie werden aufgrund ihrer Erkrankung in der Bundesrepublik in spezifische psychiatrische Krankenhäuser oder Abteilungen eingewiesen, die eine doppelte Aufgabe sicherstellen sollen, die Therapie und somit Besserung des Täter-Patienten sowie die Sicherung der Allgemeinheit. In dieser Zielsetzung steht für die Institutionen des Maßregelvollzuges die Aufgabe der Besserung und Therapie deutlich im Vordergrund. Die daraus erwachsenden Probleme umfassen zum einen Aspekte der Behandlung und Rehabilitation dieser Patienten, zum anderen die Reaktionen der nicht-professionellen Öffentlichkeit, die sich immer dann lautstark und diffamierend zu Wort meldet, wenn die prognostischen Risiken, die mit diesen therapeutischen Vorgehensweisen verbunden sind, über grauenhafte Rückfalltaten deutlich werden und dadurch die therapeutischen Erfolge vollständig vernichtet erscheinen. In diesen Situationen werden dann Bilder über diese Patienten reaktiviert, in denen die Person des Täters auf seine Tat reduziert wird. Es werden Theorienbildungen belebt, in denen die Persönlichkeit des Täters auf seinen Trieb beschränkt wird, dessen Impulsen er hilflos ausgeliefert ist. Eine rein biologische Verankerung des Triebes dient im Bild der Öffentlichkeit als Grundlage für die Forderung, den Täter wegen der Unveränderbarkeit seines Triebes auf Dauer aus den gesellschaftlichen Kontakten auszuschließen oder den Trieb über entsprechende Medikamente aufzuheben.

In diesen öffentlichen Reaktionen werden Abwehrmechanismen deutlich, die neben der offensichtlichen Unkenntnis über die intrapsychischen Verknüpfungen zwischen Libido, Narzißmus und Aggression davon zeugen, mit welchen eigenen Projektionen die Wahrnehmungen der Umgebung durchsetzt sind. Zum einen werden die Schwierigkeiten im Umgang mit den eigenen sexuellen und aggressiven Trieben auf den Patienten projiziert. Dabei erhalten sie die Qualitäten der Unveränderlichkeit und der Unfähigkeit möglicher Kontrolle über libidinale Impulse. Zum anderen wird die persönliche Ambivalenz gegenüber dem verführerischen Horror der medialen Darstellung von ‚sex and crime' auf die Therapeuten projiziert, die zum eventuell sogar lustvollen Komplizen des Patienten und seiner perversen Impulse gemacht werden. Sie werden zu Mittätern immer dann, wenn sie sich mit ihrer Prognose der Besserung auf die ‚Seite des Patienten schlagen' und der persönlichen Erfahrung der Laien über die Unveränderlichkeit der eigenen sexuellen Begehren widersprechen (Böllinger 1994). Die Mechanismen der Projektion des eigenen ‚Bösen' auf die Symptome des Patienten haben mit ihrer biologistischen Reduzierung der Person des Täters auf seine Tat eine flagrante Ähnlichkeit mit der, die in der nazistischen Rasseideologie Juden und Geisteskranke betraf, aber gleichzeitig alle die, die sich ihr widersetzten, die halfen, versteckten, an Heilung statt Kastration oder Tötung des sogenannten „lebensunwerten Lebens" glaubten.

Ein Teil dieser Vorurteilsbildungen findet auch seinen Niederschlag in gewissen therapeutischen Strategien. Beispielhaft sind hier die Forderungen von Bossi (1988, S. 5) nach einem lebenslangen Einschluß derartiger Täter in einem sicheren, wohlwollenden, aber dennoch grabesähnlichen Gefängnis der Hoffnungslosigkeit. Es sind aber auch alle die aggressiven therapeutischen Ansätze zu nennen, in denen die Persönlichkeit des Täters gebrochen, der vermeintliche Ursprung des Triebes durch chirurgische oder chemische Kastration oder stereotaktische Ausschaltung des ‚Lustzentrums im Gehirn' biologisch vernichtet werden soll (s.a. Dieckmann et al. 1976, Puvogel 1937). Es müssen aber auch die Therapiemethoden genannt werden, bei denen der ‚böse Trieb' mittels aversiver Mechanismen kastriert wird (s.a. Clark 1968).

Mit ichstrukturellen Überlegungen zur Genese und Behandlung solcher Zustandsbilder wird der Therapeut gegenüber den beschriebenen Abwehrmechanismen der Öffentlichkeit allerdings effektiv zum scheinbaren Komplizen des Patienten. Er kommt bei derartigen Überlegungen nicht umhin, diese Störungen trotz ihres grauenhaften und brutalen äußeren Erscheinungsbildes zunächst als kreative Ichleistung verstehen zu müssen, so wie dies von Morgenthaler (1974) in seinen Betrachtungen zur Struktur sexueller Perversionen vorgeschlagen wird. Wie kann er als Hintergrund häufig grauenhaftester und zu verurteilender Taten etwas anderes als Bösartigkeit, nämlich Ichleistung, wenn auch eine fehlgeleitete vermuten? Wie kann er sich vom äußeren Bild trennen und sein Augenmerk auf die Hintergründe dieses dramatischen Geschehens ausrichten? Diese Fragen muß der Laie sich stellen, und so muß der Therapeut sich dem Vorwurf aussetzen, die Bösartigkeit dieser Welt zu verkennen, zu verklären, zu bemänteln und dadurch die Guten der Willkür des nichtheilbaren Bösen auszuliefern. Gegenüber der affektiven Logik der hier beschriebenen Abwehr- und Projektionsmechanismen allerdings wird die Aufklärung, wie sie die folgenden Beschreibungen versuchen wird, in der breiten Öffentlichkeit wenig Veränderungen bewirken.

Der Begriff ‚Perversion' darf nicht mit einer Diagnose gleichgesetzt werden. Schorsch (1994) etwa weist hierauf in seinen Bemerkungen zur Verzahnung zwischen therapeutischen und diagnostischen Vorgehensweisen bei der Therapie von Sexualstraftätern ausdrücklich hin. Gleichzeitig zeigt er auf, daß eine permanente therapeutisch-diagnostische Verzahnung im Verlauf der Behandlung unumgänglich ist. Insofern kann die Frage der Strukturierung im Verlauf psychotherapeutischer Behandlung von bestimmten Sexualstraftätern nicht aus diesem diagnostisch-therapeutischen Kontext herausgenommen werden. Strukturdiagnose und therapeutische Vorgehensweisen müssen Hand in Hand gehen, damit die verschiedenen therapeutischen Schritte permanent den ichstrukturellen Entwicklungen, die in der Behandlung beobachtet werden können, angepaßt sind. Auch Bergeret wendet sich sowohl in seinen psychopathologischen Beschreibungen zu den Astrukturierungen (Bergeret 1974/1985) als auch in seinen Ausführungen zur grundsätzlichen Gewalt (Bergeret 1984) gegen den Teil banalisierender theoretischer Beschreibungen, der an der formalen Ausformung des perversen Symptoms selbst meint, die intrapsychische Strukturbildung ablesen zu können. Er wendet sich gegen die vereinfachende Beschreibung des oberflächlichen Bildes, in dem Modetendenzen liberaler Prägungen meinen, ernsthaft die Betrachtungsweisen gegenüber den Perversionen dadurch entkrampfen zu können, daß sie sagen, ‚wir seien alle pervers' und dabei unterstellen, daß es sich insgesamt bei derartigen Symptomen um solche handelt, die auf der gleichen intrapsychischen Struktur beruhen. Die perverse Struktur ist etwas ganz Spezifisches, in der das Verteidigungssystem gegen die Genitalität wirklich organisiert und gleichzeitig Organisator des Arrangements ist. Es sind hier nicht nur einfache Restkerne, die neben anderen archaischen Überresten dazu beitragen, die Originalität des einzelnen Menschen darzustellen und sich in einigen Charakterzügen niederschlagen (Bergeret 1974/1985, S. 157). Er spricht von der spezifischen Verneinung einer bestimmten Art von Vorstellungen, die dazu führt, daß die psychischen Repräsentanzen sich in zwei hermetisch abgeschotteten Sektoren entwickeln und die Funktion der Verneinung dazu beiträgt, diese Aufspaltung aufrecht zu erhalten. Für ihn zeichnet sich die perverse Struktur durch spezifische Ich- und Objektbeziehungsqualitäten aus. Es handelt sich zum einen um ein anaklitisches Ich, das die Welt in zwei Sektoren aufteilt, einen narzißtisch nicht gefährdeten und einen, der einer permanenten narzißtischen Absicherung bedarf. Diese Absicherung wird durch die perverse Symptombildung dargestellt. Solange diese Absicherung zuverlässig funktioniert, kann das Ich im Bereich des nicht gefährdeten Sektors relativ hohe Adaptationsleistungen vollbringen. Der Teil des anaklitischen Ichs bedarf im Sinne der anaklitischen Objektbeziehung einer konkreten Absicherung durch eine entsprechende konkrete Person oder ein konkretes Objekt, das durch eine Anlehnungsbeziehung stützt und absichert. Dieses Objekt muß konkret auf der Seite des Patienten stehen. Er muß sich daran anlehnen können, da es nicht im Sinne einer psychischen Repräsentanz vorstellbar ist, sondern nur über die konkrete Anwesenheit absichern kann. Insofern stehen Strukturniveau und Strukturbildung in der Diagnostik und Therapie in einer direkten Verzahnung, da die hier beschriebenen Rollenverteilungen und Beziehungsqualitäten direkt im therapeutischen Setting inszeniert werden und einer Bearbeitung zugänglich gemacht werden müssen. Zu weiteren Ausführungen zur Problematik der sogenannten Astrukturierungen, die in den Beschreibungen von Bergeret (1974/1985) eine eigenständige intrapsychische Organisation neben den Psychosen und Neurosen darstellen, wird auf die Ausführungen hingewiesen, die sich bezüglich der sozialtherapeutischen Ansätze in der Behandlung manifester Gewalt als praktische Konsequenzen für die Strukturierung therapeutischer Angebote ergeben (Duncker 1991). Gleichzeitig ist aber die formale Gleichsetzung der Äußerlichkeit mit Grundlage für die oben beschriebenen Möglichkeiten von Projektion und Verwerfung, die die Reaktion der Öffentlichkeit so kennzeichnen. Anhand des folgenden Fallbeispiels sollen ichstrukturelle diagnostische Ansätze und ihre Bearbeitung plastisch entfaltet werden.

2. Fallbeispiel

Zur Tat:
Der 1963 geborene Herr S. wurde 1981 wegen eines Sexualmordes, begangen in einem Zustand der Schuldfähigkeit, zu 10 Jahren Jugendstrafe verurteilt. Er wurde 2 Jahre vor Terminende, 1990, aus dem Justizvollzug entlassen mit der Auflage, sich einer stationären psychotherapeutischen Behandlung zu unterziehen. Im Jahre 1981 kam es kurz nach einer Heimentlassung, die er über aggressive Verhaltensweisen provoziert hatte, zu der Tat, als er nach einem erotisch eingefärbten, aber frustrierenden längeren Telefongespräch mit seiner Freundin zufällig einer Nonne auf dem Nachhauseweg begegnete, diese in ein Gebüsch zerrte, zu vergewaltigen versuchte. Er tötete sie dann und versuchte danach, mit dem Messer ihren Unterleib aufzuschlitzen.

Zur Biographie:
Der junge Mann, jüngstes der drei Kinder seiner Eltern, kam im Alter von 2 Jahren erstmalig in ein Heim, nachdem die elterlichen Streitigkeiten zur Trennung des Paares geführt hatten und die Mutter die eheliche Wohnung verließ. Erinnerungen an die Mutter waren auch während der späteren Diagnostik bei uns im Hause nicht zu eruieren. Der Vater lebte und arbeitete mit einer Pferdepflegerin, der er auch häufiger bei der Arbeit zuschauen konnte, insbesondere auch bei Geburtsvorgängen oder bestimmten gynäkologischen Operationen an den Stuten. Nach einem kurzen Heimaufenthalt wurden die Geschwister bei der Großmutter väterlicherseits aufgezogen; in seinem neunten Lebensjahr erkrankte diese und verstarb. Im Anschluß an diesen Tod lebte er mit seinen Geschwistern wiederum im Heim. Später wurde er wieder für 5 Jahre, bis 1979, vom Vater nach Hause geholt, war dort aber extrem aggressiv und disziplinarisch auffällig, so daß der Vater ihn von 1979 bis 1981, einen Monat vor der Tat, wieder in ein Kinderheim abschob.

Er war als jüngstes der drei Geschwister, das permanente schwarze Schaf der Familie und wurde von der Großmutter stellvertretend für die Geschwister bestraft. Er erlebte sie als willkürlich und unberechenbar. Wegen seiner dicklich gedrungenen Körperkonfiguration wurde er sowohl in der Schule wie zu Hause und im Heim gehänselt. Sowohl im Heim als auch in der Vorschule erlebte er extrem kränkende Situationen. In der Vorschule wurde er unberechtigterweise mehrfach von Nonnen körperlich gezüchtigt. Im Heim trieben ihn die Erzieherinnen mit Kränkungen so weit, daß er Messer hinter ihnen herwarf.

Psychodynamische und therapeutische Vorüberlegungen:
Bezeichnend für seine Geschichte sind frühe Traumatisierungs- und Verlassenheitsszenen, die auf der einen Seite den Wunsch nach symbiotischer Nähe und auf der anderen Seite aber auch den Wunsch nach aggressivem Besitzergreifen des Objektes auftreten lassen. Dies schlägt sich in aggressiven Impulsdurchbrüchen nieder, die von der Vorschule an durchgängig beobachtet werden können. Er griff wahllos Klassenkameraden an, zerstörte ihre Sachen, quälte unmotiviert Tiere. Bei der Frage des Behandlungsansatzes allerdings standen wir weniger vor der Notwendigkeit, die psychodynamische und lebensgeschichtliche Erklärung für die Tat diagnostisch genauer zu umreißen, als vor Fragen, die sich bezogen auf:
- die Qualität der Ich- und Überichstrukturierung,
- die Qualität und den Typus der Abwehrmechanismen,
- die Entwicklung des moralischen Urteils
- und die Verbindung zwischen Sexualität und Aggression.

Diagnostischer Befund:
Bei den testpsychologischen Untersuchungen zeigte sich Herr S. als durchschnittlich begabter junger Mann mit einem Gesamt-IQ von 94 im APM, einem sprach- und kulturunabhängigen Intelligenztest, der versucht, die Fähigkeit zu logischem Denken zu messen.

Im Gießen-Test ergibt sich folgendes Persönlichkeitsbild: Er zeigte eine geringfügige Tendenz, eher die unterworfene Position einzunehmen. In der sozialen Resonanz erlebt sich Herr S. durch seine geringe körperliche Ausstrahlung permanent narzißtisch frustriert und als wenig durchsetzungsfähig. Die feststellbare Kontrollschwäche bezieht sich auf die intrapsychischen Bereiche, wobei die Objektkontakte nur indirekt betroffen sind. Es zeigt sich hier eine starke Tendenz zu triebhaftem Agieren und mangelnder Impulskontrolle. Herr S. hat eine depressive Grundstimmung, die in Zusammenhang mit einer erheblichen Selbstunsicherheit steht. Er beschreibt sich als eher ängstlich und extrem abhängig von äußeren Lebensbedingungen. Sein Grübeln über innere Probleme steht in direktem Zusammenhang mit einer depressiven Disposition und einer mit ihr verbundenen Schwächung im Ich-Selbst-System, die zur Kompensation eine hilfesuchende Abhängigkeitshaltung begünstigt. Er hält Liebesbedürfnisse aufgrund einer schizoid-paranoiden Grundhaltung wegen des mit ihr verbundenen Mißtrauens eher zurück und verschließt sich, um Mißbrauch und Ausbeutung durch eine als feindlich erlebte Umwelt zu vermeiden. Er ist ein eher befangener, unkonturierter junger Mann, der im Umgang mit dem anderen Geschlecht mit der Phantasie lebt, arm und unfähig zu einer Dauerbindung zu sein. Er sucht Geselligkeit im Sinne einer hilfesuchenden Abhängigkeitshaltung und gleichzeitig zur Vermeidung der erlebten Einsamkeit und Verlassenheit.

Im MMPI, einem Fragebogentest zur Erfassung der Persönlichkeitsstruktur, deuten die hohen Hysterie- und Psychasthenieskalenwerte darauf hin, daß Probleme eventuell verdrängt werden, Herr S. aber unter andauernder Belastung dazu neigt, ängstlich, nervös und mit Somatisierung zu reagieren. Es handelt sich bei ihm um eine selbstunsichere Person, die ängstlich gespannt und sehr empfindlich reagieren kann. Die erhöhten Werte in den Skalen ‚soziale Introversion' und ‚Schizoidie' sprechen für eine distanzierte, eigenwillige und zurückhaltende Grundeinstellung, die mit der Selbstunsicherheit in Zusammenhang stehen kann. Wie beim Gießen-Test, kann bei der Betrachtung des Gesamtprofils auch hier eine schizoid-paranoide Grundhaltung angenommen werden mit der Tendenz, vorzugsweise den Mechanismus der Spaltung als Abwehr zu benutzen.

Psychischer Befund:
Herr S. ist zeitlich, örtlich und persönlich vollständig orientiert. Es gibt keine Anzeichen für halluzinatorische oder wahnhafte Phänomene. Der emotionale Kontakt kann nur schwer hergestellt werden. Herr S. wirkt plakativ und präsentiert verbal Pseudoeinsichten. Bei Konfrontationen mit der Realität reagiert er mit Verleugnung, so daß es sich um eine geringe Krankheitseinsicht zu handeln scheint. Es finden sich keine suizidalen Tendenzen. In der Stimmungslage wirkt er depressiv, schwankend zwischen Wut und Aggression. Einschränkungen der mnestischen Funktionen ergeben sich nicht. Affektiv erscheint er wenig schwingungsfähig. Die sexuelle Problematik wird banalisiert. In der Untersuchungssituation erscheinen typische Zeichen der Spaltung mit hochidealisierten bzw. verabscheuten Beschreibungen persönlicher Beziehungen ohne Grautöne und ohne Kompromißfähigkeit.

Befunde aus dem strukturellen Erstinterview:
In Anbetracht des Ausmaßes der ichstrukturellen Störungen wurde ein strukturelles Erstinterview nach Kernberg durchgeführt, von dem hier lediglich die Ergebnisses vorgetragen werden sollen.

Bei Herrn S. liegt eindeutig eine Identitätsdiffusion vor, die sich in Spaltung, primitiver Idealisierung sowie der Verwerfung unliebsamer Inhalte niederschlägt. Mangelhafte Angsttoleranz, mangelhafte Sublimierungsfähigkeit sowie eine unzureichende Impulskontrolle sind manifest und deuten als unspezifische Zeichen auf eine massive Ichschwäche hin. Neurotische Abwehrmechanismen der Verdrängung, Verschiebung, Verdichtung können nicht gefunden werden. Im Bereich der Objektbeziehungsqualitäten zeigt sich ein Bild von Teilobjektvorstellungen, insbesondere im Bereich der Verneinung des weiblichen Geschlechtes im Sinne der Verneinung einer reifen, globalisierten Objektbeziehung. Dies erscheint sowohl hinter Phantasmen, die Frau und Tier gleichsetzen, wie in der Spaltung zwischen einerseits heiliger asexueller und andererseits animalischer sexueller Objektbeziehung. Es gibt erhebliche Mystifizierungen des gesamten Bereiches der Sexualität. Auffällig ist, daß alle Partnerinnen, sowohl die verfolgten Objekte als auch die idealisierten Beziehungspersonen, aus dominanten Berufen stammen.

Für die Abgrenzung zur Psychose ist festzuhalten, daß Herr S. durchaus in der Lage ist, eine Realitätsprüfung vorzunehmen. Es besteht auch eine Trennung zwischen Ich und Objekt. Beide sind allerdings in sich fragmentiert. In Beziehungssituationen zum weiblichen Geschlecht vermischen sich Libido und Aggression, und hier durchbricht die Phantasie die Realitätsprüfung bis hin zum Realitätsverlust. Das Idealich erscheint im wesentlichen personenbezogen, unfähig, aus der eigenen Phantasie heraus die Leere der Objektbeziehungen zu füllen. Sexualphantasien mit imaginären mütterlichen, unerreichbaren Frauen und Verhaltensweisen erscheinen als zwei unterschiedliche Versuche, diese strukturelle Leere auszufüllen. Die grandiose und verschmelzende Beziehung zu einem abweisenden Objekt wird sexualisiert, um dieses Objekt dann unter die eigene absolute Verfügungsmacht zu bringen. Zielsetzende Ideale und Ichfunktionen, die kompensatorisch wirken könnten, fehlen. Werden die Forderungen des Es größer, so bleibt dem Ich gegenüber der narzißtischen Wunde nur die Möglichkeit, das Es über die absolute Unterwerfung des Objektes zu befriedigen, und hierbei kommt es zu den aggressiven Entladungen, wie dies u.a. bei der Tat der Fall war.

Die Libido ist nicht angemessen zwischen Ich und Objekt verteilt. Hier bestimmen phantasierte vorweggenommene Ängste vor sexualisierten Objekten seine Handlungsweisen, und so kommt es zur pathologischen Vermischung zwischen Sexualität und Aggression, wie dies sich anläßlich der Tat gezeigt hat, aber auch bei den bedrohlichen Beziehungsaufnahmen in der ersten Behandlungssituation, die noch beschrieben werden. Die narzißtische Besetzung von Ich und Idealich ist unzureichend, und insofern ist das Selbstwertgefühl permanent abhängig von der Zuwendung von Objekten, besonders von Frauen. Hierbei wird in der Phantasie das Versagen und das Nichtbestätigen vorweggenommen und somit zur permanenten Quelle von Angst. Seine Objektlibido ist prägenital und benutzt nicht die Mechanismen der Verführung, sondern sado-masochistische von Herrschaft und Unterwerfung. Im Bereich der Auseinandersetzung mit dem männlichen Geschlecht vermischen sich Aggression und Libido nicht. Im Kontakt zum weiblichen Geschlecht vermischen sich dagegen prägenitale libidinöse Anteile mit prägenitaler nicht neutralisierter Aggression.

Diagnose:
Wir stellten als Diagnose: narzißtische Persönlichkeitsstörung mit hysteriformen Zügen bei erheblicher gehemmter Aggressivität, die mit Libido vermischt ist. Zugrunde liegt eine Persönlichkeitsorganisation auf Borderlineniveau mit präpsychotischen Einbrüchen in konflikthaften Situationen.

Zusammenfassende Überlegungen zum Strukturniveau

1. Beherrschende Instanz der psychischen Organisation ist das Idealich, eine rigide, kompromißunfähige und personenbezogene, autoritäre intrapsychische Instanz, die insgesamt dem Ich immer dann einen geringen Spielraum zu Kompromissen überläßt, wenn eine narzißtische Kränkung droht.

2. Im Bereich der narzißtischen Wunde der Beziehung zur Mutter bzw. ihr entsprechenden Übertragungspersonen im analytischen Sinne wird dieses Idealich immer dann vom Es überrannt, wenn ein massiver Verlust droht. Nur bei einer ausreichenden Absicherung dieses anaklitischen Sektors kann es im übrigen zum Beispiel im Bereich der Arbeit und der sonstigen sozialen Kontakte realitätsgerecht funktionieren.

3. Die Natur der Angst ist die vor dem Objektverlust, ein Verlust, der sich unter anderem in der Vorphantasie des eigenen sexuellen Versagens niederschlägt. Diese vorphantasierte Angst verstärkt seine Tendenzen zur sadistischen Beherrschung des Objektes bis hin zur Tötung.

4. Die Abwehrmechanismen sind durch massive Spaltungsmechanismen bei gleichzeitiger Verwerfung unliebsamer Inhalte geprägt, die insbesondere die Beziehung zum weiblichen Geschlecht betreffen. In diesem Bereich werden durch die Vermischung von Libido und Aggression gegebenenfalls präpsychotische Momente des Realitätsverlustes erreicht.

5. Die Objektbeziehungsqualitäten sind anaklitisch geprägt. Gesucht wird Anlehnung, die aber im narzißtisch gefährdeten Bereich der Anbindung ans andere Geschlecht durch die Vorphantasie des eigenen Versagens wiederum derartig ausgerichtet wird, daß sie zu Mechanismen der sadistischen Beherrschung des anaklitischen Objektes umschlägt und mangels ritualisierter Einbindung in eine kontinuierliche Partnerschaft die Grundlage für triebhafte Impulsdurchbrüche darstellt.

6. Insgesamt zeichnen sich im Bereich der Gesamtpersönlichkeitsstruktur deutlich zwei Sektoren ab. Zum einen ein anaklitisches Ich, in dessen Bereich durch die oben beschriebenen Mechanismen eine Stabilisierung gesucht wird; zum anderen gibt es einen zweiten Bereich, der narzißtisch nicht so besetzt ist und in dem eine relativ freie Ichentfaltung beobachtet werden kann. Dies letztere betrifft alle Bereiche der allgemeinen sozialen Kontakte außerhalb derer zum weiblichen Geschlecht.

3. Das Strukturproblem in Therapie und Prognose

Nach dem Gesagten handelt es sich bei Herrn S. um den klassischen Fall einer strukturellen Perversion, wie sie von Bergeret (1974/1985) beschrieben wurde, in der der vorherrschende Mechanismus der Verwerfung durch die Verneinung des weiblichen Geschlechtes, des reifen globalisierten Beziehungspartners, dargestellt wird (s.a. Dor 1987). Aus der lebensgeschichtlichen Darstellung ergeben sich Anhaltspunkte dafür, daß insbesondere im zweiten und neunten Lebensjahr durch die Objektverluste erhebliche Traumatisierungen aufgetreten sein müssen. Wenn auch insbesondere die Traumatisierungen durch die Trennungssituation der Eltern im zweiten Lebensjahr nicht genau erinnerlich sind, weil sie mit dem oben beschriebenen Mechanismus der Verwerfung außerhalb des Bewußtseinsfeldes gedrängt werden, ergeben sich doch bei Herrn S. Anhaltspunkte für das Vorliegen eines von Bergeret (1974/1985) beschriebenen frühen desorganisierenden Traumas. Bergeret postuliert für die Astrukturierungen als selbständige intrapsychische Organisationseinheit eine psychogenetische Voraussetzung, die er in die Zeit zwischen der ersten und zweiten analen Phase legt und als „frühes desorganisierendes Trauma" umschreibt. Dieses Trauma, das nicht unbedingt konkret sexuellen Inhaltes sein muß, hat zur Folge, daß das kleine Kind in eine Pseudolatenz eintritt und der Aufbau ödipaler Phantasien unmöglich gemacht wird. Die Entwicklung derartiger Phantasien sind aber unabdingbare Voraussetzung sowohl für den adäquaten Aufbau als auch für die Überwindung des Ödipuskomplexes und den mit seinem Aufbau und Niedergang verbundenen Erwerb der reifen Abwehrmechanismen der Verdrängung, Verschiebung und Verdichtung. Ein Fehlen derartiger reifer Abwehrmechanismen führt dazu, daß der Betroffene in der Bewältigung seiner Beziehungen zur Umgebung lediglich auf die weniger reifen Abwehrmechanismen aus dem Bereich der anaklitischen bzw. narzißtischen Reihe zurückgreifen kann. Daß derartige Mechanismen bei S. nicht vorhanden sind, belegt das Fehlen jeglicher neurotischen Abwehrmechanismen, wie es im strukturellen Erstinterview festgestellt werden konnte. Der Mangel derartiger ödipaler Phantasiebildungen zwingt aber den Betroffenen in die anaklitische Objektbeziehung und in das mit ihr verbundene Bedürfnis nach einer kontinuierlichen Präsenz eines nicht phantasierbaren Objektes hinein. Die Bedrohung, die die Gefahr eines Verlustes eines derartigen Objektes darstellt, wurde anderenorts

(Duncker 1994) ausführlich erörtert. Die zu große Entfernung des Objektes führt zu einer Todesangst, die nur damit beantwortet werden kann, dieses Objekt mit allen Mitteln zu beherrschen, an sich zu binden. Hierbei ist das letzte Mittel der Mord als Ausübung absoluter Herrschaft. Der Mangel an Möglichkeiten zu Phantasiebildung, Verdrängung oder Verschiebung zwingt den Betroffenen zur konkreten Beherrschung des konkreten Objektes oder der konkreten Bezugsperson und kann somit nicht einen phantasmatischen Ersatz finden.

Aus dieser strukturellen Diagnostik heraus ergibt sich zunächst einmal für das Behandlungssetting, daß

1. der Behandlungsverlauf sich an den Regeln ausrichten muß, die Lagache (1952/1995) unter Berufung auf Eissler (1950) für die Behandlung krimineller Persönlichkeiten als zweiphasiges Vorgehen empfohlen hat, und daß
2. unter gefährlichkeitsprognostischen Gesichtspunkten erst dann eine Konfrontation mit der Realität und den darin präsenten Frauen ermöglicht werden sollte, wenn eine nachweisliche Reifung im Bereich der Konfliktstruktur und der Objektbeziehungsqualitäten erreicht wurde.

Der Ablauf des ersten Behandlungsschrittes soll hier nicht im Detail erörtert werden. Es handelt sich im wesentlichen darum, dem Patienten zu ermöglichen, seine Objektbeziehungsqualitäten, seine Bindungsfähigkeit nachreifen zu lassen. Hierfür gibt es zahlreiche Beschreibungen, die plastisch darstellen, welche Anforderungen ein derartiger Prozeß an das therapeutische Milieu stellt. Es geht in diesem Milieu sowohl um wohlwollende Akzeptanz als auch darum, die Funktionen des Haltens und des Containers zu erfüllen; gleichzeitig sollten aber auch Mechanismen der Herrscher-Sklaven-Wippe in der Beziehung zwischen Mitarbeitern und Patienten (Hoppe 1986), mit Wiederholungen von Willkürlichkeiten und von Dominanz- Unterwerfungs-Spielen vermieden werden. Ausführliche Beschreibungen hierzu haben Duncker (1991), van Marle (1994), Schott (1994), Goudsmit und Reicher (1980) entwickelt. Idealiter ist das Ergebnis eine Ichreifung in den oben beschriebenen fünf Bereichen, durch die es möglich wird, auf die Pfropfbildung der perversen Strukturierung zu verzichten und die Spaltung des Ichs in einen normalen und einen anaklitischen Sektor zu überwinden.

Für die stationäre Therapie erfordert dies, daß die Mitarbeiter im Stationsdienst in den Wohngruppen eine Reihe von Funktionen übernehmen müßten, die man wie folgt auflisten könnte:

- Die Patienten müßten in der Einrichtung eine wohlwollende Akzeptanz finden.
- Dies darf nicht mit grenzenloser, gewährender Gleichgültigkeit verwechselt werden.
- Reale Grenzsetzungen im Sinne der Ichstrukturierung sind mit dem „Good Mothering" vereinbar.
- Die Mechanismen der Herrscher-Beherrschten-Beziehungen müssen vermieden werden.
- Die persönlichen Erfahrungen aus dem Heimmilieu sollten nicht wiederholt werden.
- Um die narzißtische Identifikation des Patienten zu erreichen, müssen sadomasochistische Mechanismen des Systems ‚Bitte, Verweigerung, Forderung, Verwerfung oder Revolte' zunächst zugelassen und dann bearbeitet werden.
- Symptome dürfen nicht verboten, sondern müssen zur therapeutischen Bearbeitung zugelassen werden.
- Die Identifikationsangebote an den Patienten müssen seiner Idealichentwicklung entsprechen.
- In dem Bezugspflegesystem müssen die Spaltungen im Sinne von Reinszenierungen zugelassen und bearbeitet werden.

Zunächst einmal muß ein wohlwollendes, an den Inhalten einer therapeutischen Gemeinschaft ausgerichtetes Stationsmilieu geschaffen werden mit dem Ziel, eine primäre Ichreifung zuzulassen.

Die Beziehungsmodi müssen sich an den frühkindlichen Konfliktstrukturen orientieren. Die Mitarbeiter müssen den Wechsel von Identifikationspartnern und Idealbildern nicht nur passiv erdulden, sondern aktiv aufgreifen und bearbeiten. Besondere Aufmerksamkeit gilt nicht nur dem Umgang mit der direkten Aggression, sondern auch mit den unterschiedlichen, aggressiv eingefärbten Verweigerungen als subtiler Form der Aggressivität. Den Patienten dürfen die Wünsche weder von den Augen abgelesen, noch dürfen sie durch zu viele Vorschläge der Therapeuten erstickt werden (siehe auch Kutter 1994).

In der Geschichte von Herrn S. ist bemerkenswert, daß das therapeutische Milieu dies weder vor der Tat noch nach der Inhaftierung gewährleisten konnte. In dem Heim, in dem er bis kurz vor der Tat lebte, kam es nicht zur ,Reparatur' der grundsätzlichen Verunsicherung. Die Mechanismen von Herrschaft und Unterwerfung wurden lediglich wiederholt und nicht bearbeitet. Aggressionen wurden mit Gegenaggressionen beantwortet. Es fand keine Bindung an die Erzieher statt, die die Qualität wohlwollender, begrenzender, haltender Mechanismen erfüllte und so eine gewisse Sicherheit über die Objektkonstanz zu gewinnen erlaubte. In der Zeit der Haft fand ebenfalls keine Bearbeitung dieser Mechanismen statt. Seine ausgeprägt unauffällige Haftzeit zeugt lediglich von dem Ausmaß auch masochistisch-devoter Anteile, die ihm eine Formalanpassung erlaubten, ohne daß er an seiner Struktur etwas hätte ändern müssen. Das hohe Ausmaß rein formaler Anpassung war auch einer der Gründe, die den Jugendrichter veranlaßten, trotz negativer psychiatrischer Diagnose über den Fortbestand einer hochgradigen Persönlichkeitsstörung, wie oben beschrieben, diesen Patienten mit einer Therapieauflage vorzeitig auf Bewährung zu entlassen.

Diese Bewährungsauflage führte den Patienten in eine psychoanalytisch orientierte, psychosomatische Klinik, die im wesentlichen mit Patienten arbeitet, die auf neurotischem Niveau strukturiert sind. Wegen dieser spezifischen Klientel gab es in dieser Klinik auch kein therapeutisch derartig strukturiertes Milieu, das über die Funktion von Holding und Containment die Neustrukturierung der Persönlichkeit ermöglichte. Der Patient wurde psychotherapeutisch behandelt und bearbeitete die psychodynamische Seite seiner Lebensgeschichte; es handelt sich hier also um das, was Lagache (1952/1995) mit dem Begriff der Psychotherapie im eigentlichen Sinne als zweiten Schritt der Therapie vorschlug. Hierbei wurde sehr schnell deutlich, daß er bereits nach einer Woche begonnen hatte, in der Klinik und der Umgebung die Tatsituation zu rekonstruieren. Im Bereich der psychotherapeutischen Bearbeitung präsentierte er den Bereich seiner Persönlichkeit, der nicht im anaklitischen Sektor seiner sexuellen Objektbeziehung lag. In den Reinszenierungen organisierte er sexualisierte Beziehungen zu Frauen, äußerte Verliebtheitsgefühle und Beziehungsideen zu vielfältigen Mitarbeiterinnen bzw. zu einer Wirtin der Umgebung. Er schrieb Liebesbriefe, näherte sich wiederholt den Nachtschwestern und erzeugte so eine Situation, in der sich alle Mitarbeiterinnen der Klinik erheblich bedroht fühlten und eine sofortige Rückverlegung des Patienten in die Haft forderten. Er wurde daraufhin, auf der Grundlage ausdrücklicher freiwilliger Zustimmung, in einer Klinik des Maßregelvollzuges aufgenommen, in der die oben beschriebene Diagnose erstellt wurde. Hier wurde mit ihm zunächst im Bereich von Containment und Holding milieutherapeutisch gearbeitet und parallel dazu mit einem externen Psychoanalytiker ein Behandlungssetting aufgebaut, in dem mittels der analytischen Instrumente von Klarifikation und Konfrontation, Beziehungsklärung und Fokaltherapie die Mechanismen von Spaltung, Verwerfung und Idealisierung bearbeitet werden konnten. Die Wahrnehmung dieser Aufgabe durch einen externen Analytiker war zum einen wegen der nur kurzzeitig möglichen stationären Behandlungsdauer notwendig und sollte gleichzeitig über die Beziehungskonstanz eine möglichst sichere Entlassungsmodalität anbieten. Zum anderen ist eine klare Trennung zwischen der Psychotherapie einerseits und den milieutherapeutischen Ansätzen andererseits klassisch in dem Groninger Modell erprobt (Goudsmit und Reicher 1980). Wegen des hohen Ausmaßes von Vermischung zwischen Aggression und Sexualisierung von Beziehungen wurde gleichzeitig in Anlehnung an die Vorgaben von Sigusch (1980) für eine geraume Zeit eine triebdämpfende Medikation durchgeführt. In Anbetracht der nur kurzen stationären Behandlungsmöglichkeit im Maßregelvollzug, insbesondere auch wegen der fehlenden Rechtsgrundlage und der fehlenden Finanzierungsmöglichkeiten, war die Absprache zwischen Institution und externem Psychotherapeuten dahingehend, daß möglichst schnell die Funktionen von Holding und Containment von der Institution auf ihn übertragen werden sollten. Dies war nach ca. einem 3/4 Jahr erreicht, und kurz vor Ende der offiziellen Haftzeit konnte eine Übertragung der Gesamtbehandlung in den ambulanten Bereich durchgeführt werden. Diese geschah nach vierjährigem Rückblick erfolgreich, wurde aber noch geraume Zeit durch eine weitere Medikation mit Androcur gestützt.

Die Frage der Prognose stellte sich in diesem Fall mit erheblicher Schärfe. Zwar waren – im Unterschied zu den Beurlaubungen im Maßregelvollzug – hier die Therapeuten nicht letztverantwortlich, denn die Entlassung war richterlicherseits angeordnet. Allerdings zeigt der Fall deutlich bestimmte Kriterien, an denen prognostische Fragestellungen zu entscheiden sind. Die Vermischung von Sexualität und Aggression bezeichnet das Fortbestehen eines erheblichen Gefährdungspotentials. In den Beschreibungen der idealisierten Beziehungspartnerinnen vermischten sich ständig extrem sexualisierte und aggressive Erregungen mit deutlichen Wünschen nach Beherrschung des Objektes im Falle des eigenen Versagens oder einer Verweigerung von seiten des Objekts. Im Rahmen des stationären Settings im Maßregelvollzug könnte dies sicher auch ohne entsprechende Medikation bearbeitet werden. Insbesondere im Verlauf der psychotherapeutischen Bearbeitung durch Klarifikation und Konfrontation wurde deutlich, daß gegenüber dem widersprochenen Wunsch im Bereich vorgestellter sexueller Situationen oder der konkreten Beziehungaufnahme zu Frauen erhebliche aggressive Entladungen auftreten konnten. Diese Dynamik wurde aber deutlich durch die triebmindernde Medikation verringert.

Eine zu früh einsetzende historische und psychodynamische Bearbeitung der Lebensgeschichte des Patienten ist in Analogie zu den Aussagen von van Marle (1994) schädlich, kann sogar zu erheblichen pathologischen Regressionen sowohl bei dem Betroffenen als auch bei dem Therapeuten führen, der in solchen Prozessen in die perverse Phantasienbildung einbezogen wird. Insofern ist prognostisch und therapeutisch davon auszugehen, daß zunächst einmal im stationären milieutherapeutischen Setting die Handlungsreinszenierungen bearbeitet werden müssen, über die der Patient anaklitische und sado-masochistische, sprich devot dominante Verhaltensweisen reinszeniert. Erst wenn er diese Reinszenierungen aufgegeben hat, kann es dann zu einer entsprechenden analytisch orientierten, psychodynamisch-psychotherapeutischen Behandlung kommen.

Wie dieser Fall belegt, ist die zu frühe psychotherapeutische Intervention kontraproduktiv. Im Umkehrschluß und ganz allgemein bedeutet dies, daß die Offenheit, die ein

Patient bezogen auf seine sexuelle Beziehungsproblematik hat, kein positives oder negatives Zeichen an und für sich ist. Vielmehr ist der offene verbale Umgang mit der sexuellen Beziehungsstörung auf seine intrapsychische Dynamik zu hinterfragen:

- Redet er nicht über sie, weil er im Sinne der Verwerfung zur Zeit in der Lage ist, diese Inhalte bewußtseinsunfähig zu halten?
- Oder redet er nicht über sie, weil er im Sinne neurotischer Schamkonflikte diese Inhalte zur Zeit verdrängt?
- Redet er über sie, weil er im Sinne perverser Beziehungsgestaltung seinen Therapeuten als Objekt dieser Phantasien mit in ihre Strukturierung einbezieht?
- Oder redet er über sie, weil er im Sinne eines neurotischen Prozesses nunmehr mit Verschiebung, Verdrängung und Verdichtung einen Zugang zu einer weniger verfremdeten Sexualität außerhalb der Teilobjektbeziehungsqualitäten gewinnen will?

Hieran wird deutlich, daß das Darüber-reden oder Nicht-darüber-reden jeweils von einem Verbleib in der perversen Strukturierung als auch von einer Neurotisierung der Symptomatik, sprich einem Stabilisierungs- und Reifungsprozeß zeugen kann. Die motivationale Grundlage, zu reden oder zu schweigen, entscheidet diese prognostisch relevante Frage, nicht der äußerliche Schein des Verhaltens. Bei der Beurteilung der Motivationslage spielt sicher eine Rolle, inwieweit die mit der Perversion und der Straftat in Zusammenhang stehenden Phantasien von dem Patienten selbst als ichsynton oder -dyston erlebt werden. Waren wir bei Herrn S. zunächst davon ausgegangen, daß die Ausblendung dieses Bereiches insbesondere in den Gesprächen mit Männern in Therapie und Diagnostik davon zeugte, daß diese Phantasien in wesentlichen Anteilen ichsynton sein mußten, wurde nach und nach deutlich, daß dies nicht der Fall war. Im Gegenteil, bei der doch vorhandenen ansatzweisen Identifikation mit dem Aggressor, ursprünglich dem Vater und später den ihm entsprechenden Übertragspersonen im analytischen Sinne wie z.B. den Therapeuten, zeugte dieses Schweigen von einer Wurzel gesunden Schams gegenüber den Idealichbildern und war die Grundlage für eine wachsende Ichdystonie entsprechender Phantasien.

Über das Bedürfnis an anaklitischer Objektbeziehungsqualität zu seinen Therapeuten begrenzten sich in der weiteren therapeutischen Entwicklung die Mechanismen narzißtischer Objektbeziehungsqualitäten, die sich zunächst in der Herrschaft und Zerstörung bzw. Abwertung des anaklitischen Objektes ausdrückten. Hierdurch wurden erste Reifungsschritte im Bereich der Entwicklung des moralischen Urteils im Sinne von Kohlberg (1986) eingeleitet. Kohlberg unterscheidet in seinen Beschreibungen zur Entwicklung des moralischen Urteils drei Ebenen und sechs Stufen, die schematisch wie folgt dargestellt werden können:

Reife des moralischen Urteils

präkonventionell		konventionell		postkonventionell	
Vermeidung von Strafe	Befriedigung des eigenen Interesses	„gut zu sein" interpersonale Konformität	soziales System Gewissen	größtmöglicher Nutzen für die Meisten	universales, ethisches Prinzip

(siehe auch Duncker 1995). Kohlberg beschreibt diese Stufungen u.a. über die Gründe, derentwegen sich eine Person an Regeln hält. Vermeidet er lediglich die Bestrafung durch eine überlegene Macht der Autorität, so befindet sich der Patient auf der Stufe 1 der ersten Ebene: der heteronomen Moralität. Hält er sich aber bereits an Regeln, um eigene Bedürfnisse oder Interessen zu befriedigen, und erkennt er an, daß andere Menschen auch eigene Interessen haben können, so befindet er sich auf der Stufe 2 der ersten Ebene: dem Individualismus. Im weiteren Prozeß der Reifung wird er sich an Regeln halten, um als gute Person zu erscheinen, Zuneigung von anderen zu erreichen oder weil er an eine goldene Regel glaubt. In der zweiten Stufe der zweiten Ebene wird er aus Gründen der sozialen Verpflichtung im Sinne des Kantschen kategorischen Imperativs Regeln beachten. Die postkonventionelle dritte Ebene der Entwicklung des moralischen Urteils kann hier in diesem Zusammenhang weitgehend vernachlässigt werden, weil ihr Erreichen von einer Reifung spräche, die den Betroffenen außerhalb jeglicher strukturell perversen Entwicklung setzen würde.

Das Ausmaß der Entwicklung des moralischen Urteils ist, wie die Untersuchungen von Reinhard und Brinkmann-Göbel (1988) zeigen, ein prognostisches Merkmal dafür, wie handlungs- oder sprachorientiert ein Mensch in der Lage ist, Konflikte zu lösen. Während der Zeit der stationären Behandlung im Maßregelvollzug entwickelte sich bei Herrn S. zunächst das Bild einer Person, die ihre Normorientierung ausschließlich an Mechanismen der Übelvermeidung festmachte (sogenannte Stufe der heteronomen Moralität). Bis zur Entlassung war eine partielle Reifung festzustellen, die deutlich davon zeugte, daß nunmehr die Normorientierung sich daran ausrichtete, etwas Positives für sich zu erreichen (sogenannte Stufe des Individualismus). Aus den späteren ambulanten Therapieberichten wird ersichtlich, daß im Verlauf der begleitenden Psychotherapie und der dazugehörigen Unterbringung in einer therapeutischen Wohngemeinschaft die Normorientierung ein Niveau erreichte, auf dem Herr S. Pflichten deshalb erfüllte, weil er sie übernommen hatte, und sich in den Dienst der Gesellschaft, der Gruppe und Institution stellte, womit sein moralisches Urteil das Niveau eines sozialen Systems und Gewissens erreichte. Prognostisch läßt dies letztlich auch weiterhin eine positive Stabilisierung erhoffen.

Genau diese Frage nach dem Niveau des moralischen Urteils muß im Bereich der hier angesprochenen Institutionen, wie z.B. dem Maßregelvollzug, Anwendung finden. Denn in den Konflikten, die in einer kleinen Wohngruppe herrschen, ist sehr wohl feststellbar, ob ein Patient sich an die Regeln hält, weil er Strafen vermeiden will oder weil er schon seine eigenen Interessen verfolgt, oder aber, ob er bereits deshalb Regeln einhält, weil er gut sein möchte, Beziehungen pflegen will, Vertrauen, Loyalität, Wertschätzung und Dankbarkeit als wesentlich empfindet. Dies bedeutet die Abkehr von der Auffassung, daß die Anstaltsanpassung ausschließlich als negatives Kriterium zu beurteilen sei, wie dies zusammen mit der sogenannten Kriterienreduktion den Institutionen des Maßregelvollzuges immer aggressiv entwertend vorgehalten wird, wenn sich eine Prognose im nachhinein als fehlerhaft erwiesen hat. Die Anstaltsanpassung selbst bedeutet zunächst einmal, daß der Patient im Bereich der Entwicklung des moralischen Urteils den ersten Schritt zur heteronomen Moralität gemacht hat, die Weiterentwicklung zur autonomen Moral hängt von der Entwicklung der Qualitäten der anaklitischen Beziehungsgestaltung ab. Weitere Schritte müssen an den hintergründigen Motivationslagen festgemacht werden, derentwegen der Patient ein regelhaftes Verhalten zeigt. Je weiter diese Motivationslagen im Sinne der Kohlbergschen Moralischen Entwicklungsstufen von Reife zeugen, desto größer kann die begründete Erwartung sein, daß der Patient nunmehr in der Lage ist, die aus seinem Leben zwangsläufig resultierenden Spannungen nicht mehr gegen die Gesellschaft oder einzelne ihrer Mitglieder auszuagieren, sondern sie sprachorientiert und kompromißfähig zu lösen. Dies heißt natürlich nicht, daß eine konfliktfreie Lebensgestaltung von ihm erwartet werden kann, es müßte dann aber davon ausgegangen werden, daß ein straffreies Leben zu erwarten ist.

4. Zusammenfassung und Schlußfolgerung

Der Beitrag versuchte, Aspekte der Strukturentwicklung bei schwerstgestörten und schwerstkriminellen Täter-Patienten anhand einer Fallvignette und theoretischer Überlegungen zur Problematik struktureller Perversionen darzulegen. Hierbei war ein besonderes Augenmerk auf die notwendige permanente Verzahnung diagnostischer und therapeutischer Schritte als notwendige Voraussetzung für den Aufbau eines adäquaten therapeutischen Settings zu legen. Die initiale Strukturdiagnose erlaubte der Institution, einen therapeutischen Rahmen zu fixieren. Die festgestellten Objektbeziehungsqualitäten und Abwehrmechanismen definierten die Vorgaben für das initiale institutionelle Setting. Hierbei mußte insbesondere dem Ausmaß des Bedürfnisses nach anaklitischen Objektbeziehungsmöglichkeiten des Patienten Rechnung getragen werden. Außerdem erlaubte die Strukturdiagnose bezüglich der Verbindung zwischen Aggressivität und Libido über die Indikation für eine entsprechende Medikation, den Patienten vor dem Durchbruch sexuell aggressiver Impulse zu schützen. In der weiteren Verzahnung zwischen strukturell diagnostischen und therapeutischen Überlegungen konnte im Fortgang der Therapie der Moment eruiert werden, in dem eine Übertragung der anaklitischen Anbindung und der Funktionen von ‚Containment‘ und ‚Holding‘ auf einen externen Psychotherapeuten möglich und indiziert war. Hierbei hatte die Institution insbesondere darauf zu achten, daß zum einen die Unabhängigkeit zwischen einem institutionellen, sozio-milieutherapeutischen Vorgehen einerseits und psychotherapeutischen Behandlungsstrategien andererseits sichergestellt war. Gleichzeitig mußte die Einrichtung mit dem externen Psychotherapeuten den Teil des notwendigen Austausches strukturieren, der vermeiden sollte, daß im Verlauf dieser Übergangsphase sich die Objektbeziehungsqualitäten und Abwehrmechanismen nicht über den Weg der Spaltung, Verwerfung und projektiven Identifikation strukturell fixierten. Hier mußte über permanente diagnostisch-strukturelle Informationen zwischen den Beteiligten sichergestellt werden, daß der Patient nicht zwischen dem ‚guten externen Therapeuten‘ und der ‚bösen Institution‘ spaltete, daß er nicht Konflikte verwarf oder sich mit projektiven Identifikationen gegenüber dem idealisierten externen Therapeuten den Bemühungen von Klarifikation und Konfrontation entzog. Bei den gesamten strukturellen Überlegungen, die insbesondere auf die Auswirkungen auf den Aufbau des Behandlungssettings selbst und die Aufrechterhaltung dieses Settings ausgelegt waren, spielten Fragen zur Struktur der Ichqualitäten, der Abwehrmechanismen, der Objektbeziehungsqualitäten und der Entwicklung des moralischen Urteils eine erhebliche Rolle.

Im Bereich der prognostischen Überlegungen zum Gefährdungspotential dieser Täter-Patienten muß auf die Motivationslage, die Patienten zur Regelhaftigkeit veranlaßt und die in den Kohlbergschen Überlegungen zur Reife des moralischen Urteils plastisch beschrieben werden, ein besonderer Wert gelegt werden. Es ist sicher zu überlegen, ob die hier beschriebene Vorgehensweise über eine Operationalisierung dieser strukturdiagnostischen Daten geeignet ist, um eine noch größere prognostische Sicherheit gerade für dieses sozial so negativ beurteilte Klientel zu erreichen. Der Fall dieses Patienten stellt eine erfolgreiche stationär-ambulante Behandlung eines derartigen Straftäters vor. Diese Behandlung könnte sicher unter entsprechenden strukturellen Vorgaben auch in der Haftsituation durchgeführt werden. Vorgaben hierfür können unter anderem auch in der Arbeit von Ballier (1988) nachgelesen werden.

Zum Schluß sei vermerkt, daß dieser Patient nach seiner Entlassung aus der Einrichtung des Maßregelvollzugs zunächst in einer therapeutischen Wohngemeinschaft lebte, seine psychotherapeutische Behandlung regelmäßig weiterführte und zunehmend an Möglichkeiten sozialer Integration gewann. Ca. ein Jahr nach der Entlassung hatte er nach mehreren schwierigen Versuchen eine Dauerarbeitsstelle gefunden. Im gleichen Zeitraum konnte er erste konkrete und befriedigende sexuelle Beziehungen zu Frauen aufnehmen. Nach ca. zwei Jahren konnte er die beschützende Umgebung der therapeutischen Wohngemeinschaft zugunsten einer eigenen Wohnung aufgeben. Er verfolgt immer noch seine psychotherapeutische Behandlung. Sein Zustand muß in psychosozialer Hinsicht als stabilisiert betrachtet werden. Die Länge der psychotherapeutischen Behandlung belegt aber eindeutig die Schwierigkeiten, mit denen in solchen Fällen gerechnet werden muß, sowie die Geduld und die große Zeitdauer, die derartige Vorgehensweisen erfordern.

Literatur

Ballier, L. (1988): Psychanalyse des comportements violents. Paris: Presses Universitaires de France.

Bergeret, J. (1974/1985): Les Astructurations. In: Bergeret, J.: La personnalité normale et pathologique. Paris: Dunod, S. 130–163.

Bergeret, J. (1984): La violence fondamentale. Paris: Dunod.

Bossi, R. (1988): Schutz bis zum Ende. In: Landschaftsverband Westfalen-Lippe (Hrsg.): Im Dialog, Mauer um Eickelborn? Der Auftrag, psychisch kranke Rechtsbrecher zu bessern und zu sichern. Recklinghausen: Bitter, S. 5–7.

Böllinger, L. (1994): Forensische Psychiatrie und Öffentlichkeit – Bedingung gesellschaftlicher Toleranz gegenüber psychisch gestörten Delinquenten. Forensische Psychiatrie und Psychotherapie 1 (1), 89–104.

Clark, D.F. (1965): A note on avoidance conditioning techniques in sexual disorders. Behavior Research Therapy 3, 203–206.

Dieckmann, G., R. Hasseler (1976): Psychochirurgie. Deutsches Ärzteblatt 73, 1217–1223.

Dor, J. (1987): Structure et Perversions. Paris: Denoël.

Duncker, H. (1991): Soziale Therapie bei manifester Gewalt. Schriften zur Sozialen Therapie 4, 81–112.

Duncker, H. (1994): Die akute narzißtische Krise bei Grenzstrukturen. In: Seidler, G. H. (Hrsg.): Das Ich und das Fremde. Opladen: Westdeutscher Verlag, S. 156–162.

Duncker, H. (1995): Gewalt zwischen Intimpartnern, Liebe, Aggressivität, Tötung. Pabst: Lengerich (Im Druck).

Eissler, K.R. (1950): Psychological implications of the psychoanalytic treatment of delinquents. The Psychoanalytic Study of the Child 5, 97–121.

Goudsmit, W., J.W. Reicher (1980): Sozialtherapie schwerstgestörter Delinquenten auf psychoanalytischer Grundlage. In: Sigusch, V. (Hrsg.): Therapie sexueller Störungen. Stuttgart: Thieme, S. 247–265.

Hoppe, K.D. (1986): Die Herrscher-Sklaven-Wippe: Eine besondere Form der Aggression. In: Pohlmeier, H., E. Deutsch, H.-L. Schreiber (Hrsg.): Forensische Psychiatrie heute. Festschrift für Venzlaff. Berlin: Springer, S. 232–238.

Kohlberg, Th. (1986): Zur Bestimmung der Moral. Frankfurt a.M.: Suhrkamp.

Kutter, P. (1994): Probetherapie aus psychoanalytischer Sicht. Recht & Psychiatrie 12, 2, 84–89.

Lagache, D. (1952/1995): L'examen psychanalytique en criminologie. In: Ouevres II, Paris: Presses Universitaires de France, S. 345–362. Übersetzung in: Forensische Psychiatrie und Psychotherapie 2 (1), 173–192.

Marle, H. van (1994): Psychodynamische Aspekte der klinischen Behandlung von Gewalt- und Sexualverbrechern. Forensische Psychiatrie und Psychotherapie 2 (1), 55–65.

Morgenthaler, F. (1974): Die Stellung der Perversion in Metapsychologie und Praxis. Psyche 28, 1077–1098.

Puvogel, H. (1937): Die leitenden Grundgedanken bei der Entmannung gefährlicher Sittlichkeitsverbrecher. Jur. Diss. Göttingen, Düsseldorf: Nolte.

Reinhard, H.G., R. Brinkmann-Bögel (1988): Moralisches Urteil und aggressives Handeln bei psychisch gestörten Jugendlichen. Acta Paedopsychiatrica 51, 110–118.

Schorsch, E. (1986/1994): Ambulante Therapie mit Sexualstraftätern. Forensische Psychiatrie und Psychotherapie 1 (1), 117–126.

Schott, M. (1994): Tiefenpsychologische Therapiekonzepte. Forensische Psychiatrie und Psychotherapie 1 (1), 27–36.

Sigusch, V. (1980): Somatische Behandlungsversuche bei sexuellen Perversionen und sexueller Delinquenz. In: Sigusch, V. (Hrsg.): Therapie sexueller Störungen. Stuttgart: Thieme, S. 266–290.

Möglichkeiten und Grenzen der Entwicklung der Symbolisierungsfähigkeit in der psychoanalytisch orientierten stationären Psychotherapie – ein störungsorientierter Ansatz zur stationären Psychotherapie

Gerhard Schneider

1. Problemstellung

Mit bedingt durch den Ausbau des ambulanten psychotherapeutischen Versorgungsnetzes, in dem inzwischen viele früher nur stationär vermittelbare Patienten ein Behandlungsangebot erhalten, nimmt die Schwere der stationär behandelten psychosomatischen und ich-strukturellen Störungsbilder wie etwa Impulsstörungen, frühe Angststörungen, chronifizierte Neurosen mit Suchtanteilen und/oder ausgeprägten Somatisierungen auf einem vergleichsweise niederen, zumeist präödipalen Strukturniveau, die häufig ambulant für therapeutisch (noch) nicht zugänglich betrachtet werden, noch zu. Historisch betrachtet entspricht dem, daß der „psychotherapeutische Problempatient", für den das ambulante psychoanalytisch orientierte Therapieangebot als (noch) nicht geeignet oder ausreichend angesehen wird, seit der Eröffnung der ersten psychoanalytischen Klinik 1927 durch Simmel in Berlin (Sanatorium Schloß Tegel) (Simmel 1988/1927, 1928) und nach dem Zweiten Weltkrieg der Psychosomatischen Universitätsklinik Heidelberg als erster derartiger Universitätseinrichtung (Mitscherlich) sowie weiterer Fachkliniken die spezifische Herausforderung für die psychoanalytisch orientierte stationäre Psychotherapie darstellt (Senf 1988a, S. 2–16).

Zur Indikation vgl. auch Becker (1988a, S. 49–53), Heigl (1978/1972, S. 228–249), Rudolf (1991, S. 91–94), Senf (1988a, S. 28–34), sowie Rudolf und Grande (1993). Einen Überblick über Entwicklung und Stand der stationären Psychotherapie bietet Schepank (1988).

Generell gilt für die meisten Patienten, für die eine stationäre Psychotherapie indiziert ist, daß sie keinen oder einen nur sehr eingeschränkten Zugang zu sich selbst, zu ihrem Erleben, ihren Gefühlen, zu inneren Konflikten und Bedeutungen haben, und es ist eine zentrale Aufgabe stationärer Therapie, Prozesse anzuregen, die zum Aufbau und/oder zur Verbesserung eines solchen Zugangs zu sich selbst führen, z.B. indem bislang externalisierte, d.h. nur interpersonell dargestellte und ausgetragene Konflikte ‚psychifiziert', als intrapsychische Konflikte erfahrbar werden mit dem Ziel, daß sie als solche schließlich innerlich kontrollierbar und realitätsadäquat austragbar werden. Diese Aufgabenstellung stationärer Therapie, die in der Praxis zumeist bedeutet, die Basis für eine in der Regel notwendige, sich anschließende ambulante längerfristige psychotherapeutische Behandlung zu schaffen (z.B. Zauner 1978, S. 47; Rudolf & Grande 1993, S. 594; Hoffmann,

Brodthage, Trimborn & Stemmer 1981, S. 39), beinhaltet, daß es bei diesen Patienten zentral um die Anregung und/oder die Erweiterung von Internalisierungs- und damit verbunden Strukturbildungsprozessen geht, z.B. basal um die Erfahrung des Verstandenwerdens und Verstehens in der Therapie, die die Möglichkeit und den Sinn einer reflexiven Selbstzuwendung überhaupt erst einmal im Vorstellungshorizont auftauchen lassen kann und damit die Grundlage etwa für eine verbesserte Impulskontrolle in Frustrationssituationen legt.

Die reflexive Selbstzuwendung und die auf ihrer Basis möglich werdenden Bewußtwerdungsprozesse bedürfen eines (inneren) Mediums, das ihre Inhalte artikuliert und zu etwas Sinnvollem, Bedeutungshaftem macht. Vor allem Sprache und Bilder, aber auch andere Strukturierungsmittel wie z.B. Musik können das innerlich wie äußerlich scheinbar ‚bloß Zustoßende' und ‚Widerfahrende' zu *eigenen* Erfahrungen machen, die Sinn und Bedeutung besitzen. Anders formuliert wird ein System von Symbolen gebraucht, mit dessen Hilfe innere wie äußere Ereignisse psychisch repräsentiert, mit Bedeutung versehen und damit letztlich dem Bewußtsein zugänglich und so in lebenspraktischer Hinsicht verfügbar werden – ein solches System stellt vorzugsweise die Sprache dar (vgl. S.K. Langer 1965/1942, Kap. 2, 5). ‚Symbol' ist also hier nicht im traditionellen psychoanalytischen Sinne der affektgeladenen, an den Vorgang der Verdrängung gebundenen unbewußten Kompromißbildung bzw. der überzeitlichen, konstanten Symbolik gemeint, sondern, wie in der Tradition der Sprach- und Entwicklungspsychologie, der Semiotik und der (Kultur-)Philosophie üblich, als Mittel der Erfahrungsrepräsentation und der Erkenntnis, eine Position, die z.B. Lorenzer (1970, 1973/1970) im Anschluß an E. Cassirer und S.K. Langer für die Psychoanalyse fruchtbar gemacht hat:

> „Die Merkmale der Symbole stimmen mit den Merkmalen bewußtseinsfähiger psychischer Inhalte überein: Symbole sind psychische Gebilde, die äußere Objekte und innere Vorgänge *repräsentieren*, die von diesen Objekten im Wahrnehmungs- bzw. Erkenntnisprozeß unterschieden werden können und als selbständige Einheiten Gegenstand der Denk- und Erkenntnisprozesse werden" (1970, S. 91 (Hervorh. G. Sch.)).

Wenn es bei den stationären Patienten also wesentlich um eine ‚Psychifizierung', pointiert formuliert: die Grundlegung für den Aufbau einer inneren Welt geht, dann haben wir es hier folglich im Zusammenhang mit der Frage nach Internalisierungs- und Strukturbildungsprozessen zwangsläufig mit dem Problem ihrer mangelnden Symbolisierungsfähigkeit und deren Auf- und Ausbau zu tun. Dabei geht es um mehr als ‚nur' die gerade angesprochene Repräsentanzfunktion, nämlich auf ihrer Grundlage um die Erweiterung des konkreten Handlungsspielraums, wie das nachfolgende Fallbeispiel verdeutlicht.

Fallbeispiel (1): Herr A. kommt zur Klinik im Rahmen einer schweren depressiven Krise, als seine Frau nach einigen Ehejahren wieder in ihren sozialen Beruf zurück will. Er selbst war ursprünglich Handwerker, hat später in Anlehnung an seine Frau eine Zusatzausbildung ebenfalls im sozialen Bereich gemacht und ist dort seit einigen Jahren tätig. Es stellt sich heraus, daß er es trotz guter Beurteilungen kaum länger als einige Monate an diesen neuen Arbeitsstellen ausgehalten, sondern sie immer wieder, scheinbar gut begründet, aufgegeben hat. In der Einzeltherapie wird ihm allmählich sein Abbruchsmuster deutlich, und erst dadurch gewinnt er langsam einen Zugang dazu, daß er auf diese Weise ausgeprägte Selbstwertkonflikte im Außen abhandelt: Um besonders gut sein zu wollen – gegen ein tiefes Wertlosigkeits- und Insuffizienzgefühl –, bot er sich zu Beginn seiner Tätigkeiten ‚nach oben' als besonders motiviert und arbeitsam an, wobei er gewachsene Teambeziehungen überhaupt nicht wahrnahm und überging und zum Teil auch seit längerem dort arbeitende Kollegen in problematische Situationen brachte – unter anderem lag dem ein Werben um den Vater und ein Verdrängungswettbewerb gegen den jüngeren Bruder zugrunde, den „Lieblingssohn" des Vaters. Er geriet so zwangsläufig in eine isolierte Position, die für ihn insofern immer auswegloser wurde, als er praktisch auf das Handlungswissen der Kollegen angewiesen war, die er aber nicht ansprechen konnte/mochte. Er drohte dann in Relation zu seinen eigenen Ansprüchen leistungsmäßig zurückzubleiben, was eine Erhöhung seines Arbeitsaufwandes über sein Limit nach sich zog, so daß er sich immer mehr in die Enge getrieben und als Versager fühlte, bis er schließlich abrupt kündigte, um sich irgendwie zu retten. Diese Entwicklung führte er aber subjektiv auf unbefriedigende Arbeitsbedingungen zurück, die „vor Ort" bestanden und mit seinem eigenen Verhalten nichts zu tun hatten.

Ich selbst als Einzeltherapeut bekomme in der Anfangszeit der stationären Behandlung projektiv-identifikatorisch etwas von Herrn A's Befindlichkeit an seinen für ihn neuen, ihn ängstigenden und überfordernden Arbeitsstellen zu spüren, als ich mit Massen von affektiv stark aufgeladenem Material konfrontiert werde, in dem kein Zusammenhang und kein roter Faden enthalten zu sein scheint. Meine Container-Arbeit ist es, innerlich trotz allem ruhig zu bleiben und allmählich darin doch einen ‚inneren Sinn' wie z.B. jenes Muster zu entdecken. Dieses letztlich verstehende Ruhigbleiben beruhigt ihn, er kann dann auch selbst an und mit diesem Muster über die Geschichte seiner Arbeitsverhältnisse nachdenken – und er schafft es später, auf die nach einigen Wochen fällige Abbruchskrise und seine massiven Impulse, die Station zu verlassen, anders als bisher zu reagieren, nämlich nicht zu agieren, sondern nach Gründen für die Krise zu suchen, die Konsequenzen abzuwägen und zu bleiben.

Was Herr A. – allerdings im hilfreichen Rahmen der Station und ihrer (Dauer-)Präsenz – in der Abbruchskrise vermochte, war, ein Stück Abstand von seinen Affekten zu gewinnen und nachzudenken. Er konnte sich so von seinen drängenden Weggehimpulsen distanzieren, die auf eine direkte Erleichterung abzielten, die Befreiung von all den in ihm entstandenen schmerzhaften und unangenehmen Gefühlen durch das Verlassen der Station, und sich dadurch die Möglichkeit zu einer neuen Erfahrung eröffnen. Dieses Nachdenken über seine gegenwärtige Situation und ihre Verknüpfung mit der eigenen Vergangenheit war ihm möglich, weil durch die vorausgegangene therapeutische Arbeit ein bestimmter Teil seines Verhaltens eine *innere* Bedeutung für ihn bekommen und ganz im Wortsinne ‚zur Sprache gekommen war', d.h. therapeutisch war es zu einem *verinnerlichenden* Prozeß der sprachlichen Symbolisierung eines vormals für ihn rein äußerlichen Ablaufs ohne eine aktive psychische Beteiligung seinerseits (Externalisierung) gekommen, und die neu gewonnene *innere* symbolische Verfügung über einen Teil seiner Reaktionsdispositionen ermöglichte ihm in der Abbruchskrise ein neues Handeln.

Wie das Fallbeispiel zeigt, geht die Bedeutung der Symbolisierung über die Repräsentanzfunktion hinaus. Ganz allgemein formuliert können auf der Grundlage der symbolischen Repräsentation quasi reflexhaft verlaufende Reiz-Reaktionsabläufe in eine potentiell selbst(mit)verfügte, bewußte oder bewußtseinsfähige Lebens- und Handlungspraxis, verbunden mit dem Aufbau einer bedeutungshaften inneren und äußeren Welt, transformiert werden. Störungen im Bereich der symbolischen Repräsentanzen in Form von Verzerrungen in der Objektwahrnehmung auf Grund unbewußter Beziehungsmuster oder Phantasien, die ins Hier und Jetzt übertragen werden (semantischer Aspekt), oder wie im angegebenen Beispiel in Form von Störungen der Fähigkeit zur Symbolisierung (syntaktisch-prozessualer Aspekt: *Bildung* von Symbolen als Repräsentanzen) führen umgekehrt zu psychisch bedingten Störungen in der Selbstverfügung, um einen weitestmöglichen Begriff des psychoanalytischen und psychotherapeutischen Handlungsfeldes zu umreißen.

Auf der Grundlage der vorangehenden Ausführungen ist das *Ziel* meines Beitrags, die psychoanalytisch orientierte stationäre Psychotherapie im Hinblick auf die basale Entwicklung der Symbolisierungsfähigkeit der dort behandelten ich-strukturell gestörten ‚psychotherapeutischen Problempatienten' zu untersuchen. Ich werde zunächst einige wichtige psychoanalytische Positionen zur Theorie der Symbolisierung vorstellen (Kap. 2). Sodann werde ich in Abgrenzung von den gegenwärtig vorherrschenden Konzeptualisierungen stationärer Psychotherapie eine ‚problemorientierte Konzeptualisierung' des stationären Settings vorschlagen, in der die Station im Hinblick auf solche Settingmerkmale betrachtet wird, die für die angestrebte Entwicklung der Symbolisierungsfähigkeit positiv (Möglichkeiten) oder negativ (Grenzen) relevant sind (Kap. 3). Die ‚symbolisierungsbezogene Bedeutung' der hier ausgewählten fünf zentralen Merkmale: Distanzierung von der gewohnten alltäglichen Lebenswelt, Diversität und Dichte des therapeutischen Angebots, spezielle Rahmenbedingungen sowie die zeitlich eng begrenzte Behandlungsdauer, wird anschließend anhand einer Reihe von klinischen Fallbeispielen diskutiert (Kap. 4). Einige Schlußfolgerungen daraus für die weitere Untersuchung des hochkomplexen Settings ‚psychoanalytisch orientierte stationäre Psychotherapie' schließen den Beitrag ab (Kap. 5).

2. Psychoanalytische Theorien zur Symbolisierungsfähigkeit

Wie in der Einleitung dargestellt, gehe ich von einem weitgefaßten Symbolbegriff im Sinne der kulturphilosophischen Symboltheorie Cassirers (1972–73/1924–27) und in seiner Tradition S.K. Langers (1965/1942) sowie der psychoanalytischen Theorieentwicklung seit den 50er Jahren aus. Danach sind *Symbole* Hervorbringungen der (vor-)bewußten und unbewußten Tätigkeit des menschlichen Geistes in ihren unterschiedlichen Modalitäten (Denken, Phantasie, Spiel usw.), in denen innere wie äußere, (vor-)bewußte wie unbewußte Wahrnehmungen, Erlebnisse, Erfahrungen, Zuständlichkeiten und Objekte in einem anderen Medium (vor-)bewußt oder unbewußt mental (sprachlich, bildlich, kinästhetisch usw.) oder auch komplementär in externen Konkretisationen (schriftliche Aufzeichnungen, Bilder, Kunstwerke usw.) repräsentiert werden. Dadurch wird, und das ist die entscheidende Leistung, die den Menschen als ein „animal symbolicum" zu definieren erlaubt (Cassirer zit. nach Lorenzer 1970, S. 47), wie weiter oben gesagt, die Eingebundenheit in reflexhafte Reiz-Reaktionsabläufe zugunsten einer potentiell selbst(mit)verfügten bewußten oder zumindest bewußtseinsfähigen Lebens- und Handlungspraxis möglich, was mit dem Aufbau einer im Positiven wie Negativen bedeutungshaften inneren und äußeren Welt verbunden ist.

Wie ebenfalls bereits gesagt, gibt es bei Störungen im Bereich der Symbolfunktion zum einen solche, bei denen der Inhaltsaspekt der Repräsentation im Vordergrund steht (semantischer Aspekt), zum anderen solche, bei denen die Störung der Fähigkeit zur Symbolisierung selbst im Vordergrund steht (syntaktisch-prozessualer Aspekt). Erstere gehören zum Bereich der neurotischen Störungen, die sich symboltheoretisch im Rahmen einer genuin freudianischen, ich-psychologisch weiterentwickelten Position rekonstruieren lassen (Lorenzer). Zu den Störungen der Symbolisierungs*fähigkeit*, wir finden sie bei psychosomatischen und ich-strukturellen Störungen, darunter narzißtische, Borderline-Störungen, Psychosen usw. einbegriffen, läßt sich dagegen ein Zugang von der kleinianischen Position (M. Klein, H. Segal), dem Denken Winnicotts (Winnicott, Ogden) oder einer ‚mentalisierungstheoretischen Perspektive' her gewinnen (Fonagy).

Die im Hinblick auf die Symbolfunktion getroffene Unterscheidung zweier Störungsbereiche findet sich bedeutungsungsanalog bei einer Reihe von Autoren. So unterscheidet z.B. Fürstenau, von dem der Begriff stammt, zwischen „strukturellen Ich-Störungen" („Ich-Defekten"), bei denen bestimmte Ich-Funktionen überhaupt nicht disponibel sind, und „funktionellen oder neurotischen Ich-Störungen", bei denen die Funktionen blockiert sind, grundsätzlich aber bereits zur Verfügung stehen (1977, S. 200). Er fordert eine veränderte therapeutische Vorgehensweise für diese Patienten, bei der der Analytiker die fehlenden Ich-Funktionen bis zu ihrem schließlichen Aufbau substituieren soll (1977, S. 203) – eine Position, die Heigl und Heigl-Evers in ihrem „interaktionellen Prinzip" („Prinzip ‚Antwort'" statt „Prinzip ‚Deutung'") systematisch entfaltet haben (Heigl-Evers & Heigl 1983; Heigl-Evers & Nitzschke 1991) (zur Kritik vgl. Loch 1977; Zepf 1991).

Auch Killingmo unterscheidet zwischen defizit- und konfliktfundierten Störungen und fordert für erstere affirmative, d.h. bedeutungsschaffende, für letztere konfliktaufdeckende deutende Interventionen, wobei er jedoch im Unterschied zu den vorgenannten Autoren nicht streng voneinander zu trennende Behandlungsphasen annimmt, sondern für eine flexible, zwischen den beiden Interventionsstrategien oszillierende Vorgehensweise plädiert (1989, S. 74).

Schließlich findet sich die obige Unterscheidung ähnlich in einer Arbeit von Fonagy, Moran, Edgcumbe, Kennedy und Target, in der zwischen dem „Repräsentanzenmodell" (representational model) und dem „Modell mentaler Prozesse" (mental process model) differenziert wird. Bei ersterem handelt es sich um das klassische psychoanalytische Modell der Neurose (1993, S. 10ff), bei letzterem um ich-strukturelle Störungen, die allerdings nicht unter dem Aspekt des Defizits gesehen werden, sondern in einer psychodynamischen Perspektive (Abwehr) unter dem Aspekt der traumatisch bedingten „Hemmung mentaler Prozesse" (inhibition of mental processes) (1993, S. 23–28). Auch hier werden unterschiedliche Veränderungsprozesse und die unterschiedliche Funktion von Deutungen in beiden Fällen thematisiert (1993, S. 19–23, 42–45).

Einen Überblick über die Entwicklung der psychoanalytischen Symboltheorie in der *freudianischen* und *ich-psychologischen* Tradition gibt Lorenzer (1970, Kap. I, II; 1973/1970, Kap. III). Ihre erste Phase (Freud, Ferenczi, Rank und Sachs) wird von Jones (1978/1916) auf den Begriff gebracht. Danach sind „Symbole im genauen Sinne" (true symbols) charakterisiert durch ihren Substitutcharakter, durch eine Gemeinsamkeit von Symbol und Bezeichnetem, durch ihren konkreten Charakter, durch die größere Primitivität der symbolischen Denkweise, durch die Verborgenheit (Unbewußtheit) des Symbolisierten und durch ihre unbewußte Entstehung, was sie mit dem Witz gemeinsam haben (1978/1916, S. 52f), eine Begriffsbestimmung, die für die Psychoanalyse in den kommenden ca. 40 Jahren maßgebend wurde (vgl. Lorenzer 1970, S. 27–36).

Herausforderungen an diesen Symbolbegriff kamen zum einen von außerhalb der Psychoanalyse: der Semiotik, Sprachpsychologie, Entwicklungspsychologie (Piaget, Werner und Kaplan) und insbesondere der Kulturphilosophie (Cassirer, S.K. Langer), Disziplinen, in denen die designative und erkenntnisleistende Funktion der Symbolisierung und ihre die Subjektivität formende Potenz hervorgehoben wurden (vgl. Lorenzer 1970, S. 40–53). Zum anderen gab es innerhalb der Psychoanalyse in der Ichpsychologie Positionen, in denen dieses sekundärprozessuale Sublimationspotential, die schöpferische realitätsaneignende und -gestaltende Potenz der Symbolisierung zum Thema gemacht wurde (E. Kris, Kubie). Insgesamt entwickelte sich vor diesem Hintergrund in den 50er Jahren eine immer massivere Kritik des alten Symbolbegriffs, dessen Revision schließlich auf einem Panel der Jahrestagung der American Psychoanalytic Association 1960 explizit gefordert wurde (N. Segal 1961), wobei Bestimmungen wie z.B. „'symbolization is the basic attribute of human behavior and not an archaic, frustrated, repressive, primitive, pathological, or defective form of expression'" (Hacker) die neue Perspektive auf die Symbolisierungsfunktion erkennen lassen (zit. nach Lorenzer 1970, S. 62; vgl. S. 53–63).

Einen solche Neuansatz zur Symbolbildung, der in produktiver Weise Triebtheorie und Ich-Psychologie miteinander verbindet, hat Lorenzer (1970, Kap. III, IV) formuliert (zur Kritik vgl. Moersch 1976; Speidel 1978). Er unterscheidet zwei bei der Symbolbildung beteiligte Zentren: die „Reizquelle", hier kommt dem Unbewußten (Es) eine besondere Bedeutung zu, und die „Bildungsinstanz", die einheitlich für den ganzen Bereich der Symbolproduktion das Ich ist (1970, S. 71; vgl. S. 70–73). Symbole werden sodann, wie weiter oben angegeben, als Repräsentanzen innerer und äußerer Vorgänge und Objekte verstanden (1970, S. 91; vgl. S. 87–93). Im Bereich der bewußten Repräsentanzen werden sie durch ihren größeren szenisch-situativen und emotional-konnotativen Beziehungsgehalt von den entpersönlichten „Zeichen" wie z.B. den abstrakten Begriffen unterschieden (1970, S. 95f; vgl. S. 109–112, 114). Als unbewußte Repräsentanzen stehen ihnen die „Klischees" gegenüber, bei denen der szenisch-situative Gehalt bis hin zu einer Entdifferenzierung von Subjekt und Objekt überwiegt. Diese Klischees sind nicht mehr bewußt vorstellbar und damit der sprachlich verfaßten (Selbst-)Reflexion und Handlungsregulation verfügbar, sondern setzen sich in ihnen korrespondierenden Realsituationen gleichsam hinter dem Rücken des Subjekts in neurotisches Verhalten und eine entsprechende Symptomatik um (1970, S. 93f; vgl. S. 96–99, 103ff, 112–115, 120ff).

Mit den beiden Endpolen der Reihe ‚Klischee – Symbol – Zeichen' sind im Bereich neurotischer Störungen zwei konträre Grundformen angesprochen: das durch Affektisolierung und Intellektualisierung gekennzeichnete zeichenbestimmte „zwangsneurotische Abwehrarrangement" einerseits (1970, S. 109f) und das durch Verdrängung gekennzeichnete klischeebestimmte hysterische Abwehrarrangement andererseits (1970, S. 107ff), das nach dem Gesagten auch als „Desymbolisierung" und als „Ausschluß aus der Sprachkommunikation" (1970, S. 114f/120ff (orig. z.T. kursiv)) charakterisiert werden kann (vgl. auch Habermas 1973/1968, Kap. 10). Diese Rekonstruktion zeigt, wie die neurotischen Störungen im Bereich der symbolischen Repräsentanzen konzeptualisiert werden können (semantischer Aspekt; representational model bei Fonagy et al. 1993): Zu ihrer Kur dient die psychoanalytische Behandlung, deren Kern das „szenische Verstehen", das Verstehen und die Deutung des in der Übertragung manifest werdenden klischeebestimmten Verhaltens ist (Lorenzer 1973/1970, Kap. 5).

Allerdings weist die obige Feststellung, daß das Ich die Instanz der Symbolbildung ist, darüber hinaus auf die Möglichkeit hin, daß auch die *Fähigkeit* zur Symbolbildung als solche gestört sein kann, so daß es für mehr oder weniger große Bereiche der inneren und äußeren Realität noch keine symbolische Repräsentanz gibt oder gegeben hat, die dann zeichenhaft oder klischeehaft desymbolisiert worden ist – diese Bereiche haben so noch keine eigentliche psychische Realität im Sinne einer wie immer positiv oder negativ gearteten bedeutungshaften oder -fähigen Wirklichkeit für das Subjekt und sind insofern nur wirkende Dinglichkeit. Ich will hier vor allem zwei Positionen umreißen, die solche basalen Störungen der Symbolisierungsfähigkeit zu thematisieren ermöglichen, zum einen die kleinianische Perspektive, zum anderen den Ansatz Winnicotts und, ihn weiterführend, eine Arbeit von Ogden.

Wie oben angedeutet, hat Jones (1978/1916) die Symbolisierung von der Sublimierung abgetrennt und sie als Darstellung des Verdrängten betrachtet und auch einzig diesem die Notwendigkeit einer symbolischen Darstellung zugesprochen. Sehr früh schon hat M. Klein (1981/1923, 1981/1926) dem gegenübergestellt, daß das Kind im Spiel, also einem sublimierten Handeln, symbolisch seine Ängste und Wünsche zum Ausdruck bringt. 1930 thematisiert sie an Hand der Spielanalyse des 4jährigen Dick, der an einem autistischen Syndrom leidet und kaum zu sprechen und zu spielen vermag, den Zusammenhang zwischen Symbolbildung (bzw. ihrer Hemmung) und Ichentwicklung (1983/1930, vgl. ferner auch 1985/1931; zu ersterem vgl. Stork 1995). Entscheidender Motor ist für sie der frühkindliche Sadismus, der in der Phantasie mit einem Angriff auf den Mutterleib und die durch ihre Organe repräsentierten (Teil-)Objekte (Penis, Vagina, Brust) verbunden ist. Dieser frühe Sadismus löst eine doppelte Angst aus, zum einen die vor ihm selbst, insofern auch der eigene Körper sein Objekt werden kann, zum anderen die vor einem analogen Angriff des attackierten Objekts, und diese Angst mobilisiert Abwehrmaßnahmen des noch ganz schwachen Ichs. Ein solcher Abwehrmechanismus ist der der Identifizierung/Gleichsetzung, durch den die Objekte durch immer neue Ersatzobjekte im Sinne einer primitiven Symbolisierung ersetzt werden (1983/1930, S. 38). Auf diese Weise werden konfliktfreiere Beziehungen, nämlich die zu den Ersatzobjekten (Symbolen) gesucht, und vor allem wird so ein der Angstbewältigung dienendes Umgehen mit ihnen z.B. im symbolisierenden Spiel oder im Phantasieren möglich. Folglich bekommt die Symbolisierung eine herausragende Rolle für die psychische Entwicklung:

> „Die Symbolik wird so nicht nur die Grundlage für alle Phantasietätigkeit und alle Symbolisierungen, sondern ... auch die Grundlage für die Herstellung der Beziehung zur Umwelt und zur Realität im allgemeinen“ (1983/1930, S. 38).

Damit ist die durch den Sadismus ausgelöste Angst letztlich produktiv als „Grundlage für eine reiche Symbolbildung und Phantasietätigkeit“, wobei allerdings eine genügende Angsttoleranz des Ichs „die Vorbedingung für eine gelungene Verarbeitung dieser Angst ... und das Gelingen der Ichentwicklung“ ist (1983/1930, S. 39). Wird dagegen der Sadismus zu früh und zu stark abgewehrt, dann unterbindet das

> „die Herstellung der Realitätsbeziehung und den Ausbau der Phantasietätigkeit. Indem die weitere sadistische Aneignung und Erforschung des Mutterleibs wie auch die der Außenwelt – als eines Mutterleibs im weiteren Sinne – ins Stocken gerät, wird die symbolische Beziehung zu den den Inhalt des Mutterleibes repräsentierenden Dingen und Objekten und damit zur Umwelt und zur Realität mehr oder weniger weitgehend eingestellt“ (1938/1930, S. 53),

d.h. die Symbolisierungsfähigkeit wird grundlegend beeinträchtigt (vgl. auch Hinshelwood 1993/1991, S. 632–636).

Der wichtigste Beitrag zur Symbolisierungstheorie in der *kleinianischen Tradition* stammt von H. Segal, die ihre Sicht in einer Reihe von Arbeiten entwickelt hat (1991/1950, 1992/1952, 1990/1957, 1978, 1979, 1991a,b; vgl. zu letzteren Beland 1992), von denen die ‚Bemerkungen zur Symbolbildung‘ (1990/1957) das Kernstück bildet. In Abkehrung von Jones und in direkter Anknüpfung an die gerade skizzierte Arbeit von M. Klein geht es auch ihr um das Sublimierungspotential der Symbolisierung und das mit ihr verbundene Ich-Entwicklungspotential (1990/1957, S. 203–206). Im Anschluß an den Semiotiker Ch. Morris geht sie von einer dreistelligen Relation in der Symbolbildung aus, nämlich der zwischen dem Ich, dem symbolisierten Objekt und dem Symbol selbst (1990/1957, S. 206). Die Symbolisierung wie ihre Störungen werden hier also von Beginn an im Kontext des Ichs und seiner Objektbeziehungen gesehen, wobei es entsprechend der kleinianischen Tradition primär um die aus den destruktiv-aggressiven Triebimpulsen, aus dem Verlust und der Nichterreichbarkeit des Objekts resultierenden angsterzeugenden inneren Erfahrungen mit dem Objekt geht:

> „Die Symbolbildung ist eine Aktivität des Ichs, das versucht, mit den Ängsten umzugehen, die von seiner Beziehung zum Objekt wachgerufen worden sind. Vor allem geht es dabei um die Angst vor bösen Objekten sowie die Angst vor Verlust oder Unerreichbarkeit guter Objekte. Störungen der Beziehung des Ichs zu Objekten spiegeln sich in Störungen der Symbolbildung wider" (1990/1957, S. 206).

H. Segal entwickelt ihre Symbolisierungstheorie sodann mit Bezug auf die Unterscheidung zwischen der paranoid-schizoiden und der depressiven Position und der für sie charakteristischen Objektbeziehungen (1990/1957, S. 207–213). In der *paranoid-schizoiden Position* mit der für sie charakteristischen Spaltung in ein ideal gutes und ein vollkommen böses Objekt, verbunden mit Verfolgungsängsten und der Unfähigkeit, Abwesenheit zu ertragen, vielmehr bedeutet die Abwesenheit des ideal guten Objekts den Angriff durch das dadurch präsente böse Objekt, finden sich Anfänge der Symbolisierung in Form der *„symbolischen Gleichsetzung"* (symbolic equation). Bei diesen protosymbolischen „Gleichsetzungen" fehlt noch das Merkmal der klaren Unterscheidung zwischen Symbol (z.B. ‚Geige spielen') und Symbolisiertem (z.B. ‚Onanieren'), so daß sie „als das ursprüngliche Objekt selbst empfunden werden" (1990/1957, S. 207f) – ein klinisches Beispiel dafür ist die Weigerung eines jungen Schizophrenen, Geige zu spielen, weil das für ihn durch die Gleichsetzung seines Genitale mit der Geige ein öffentliches Masturbieren wäre (1990/1957, S. 202).

Dem liegt der für diese Position charakteristische Abwehr- (und Kommunikations-) Mechanismus der *projektiven Identifizierung* zugrunde, mit der

> „das Subjekt in der Phantasie große Teile seiner selbst in das Objekt (projiziert), und das Objekt wird mit Teilen des Selbst, als deren Behältnis [container] es empfunden wird, identifiziert. ... Diese ersten Projektionen und Identifikationen stellen den Anfang des Prozesses der Symbolbildung dar" (1991/1957, S. 207).

Solcherart bedeutet die für das konkretistische Denken der Schizophrenen wie im obigen Beispiel charakteristische Symbolisierungsstörung der Gleichsetzung eine ‚projektiv-identifikatorische Störung' der Objektbeziehung dadurch, daß Teile des in das Objekt projizierten Ichs mit diesem identifiziert werden und so die Selbst-Objekt-Unterscheidung unklar wird: Demnach „wird das Symbol ..., weil ein Teil des Ichs mit dem Objekt vertauscht ist, seinerseits mit dem symbolisierten Objekt verwechselt" (1990/1957, S. 208).

Der entscheidende Fortschritt in der Symbolbildung findet beim Übergang zur *depressiven Position* statt. In ihr werden Objekte als ganze wahrgenommen, was verbunden ist mit dem Erleben von Trennung, mit Ambivalenz- und Schuldgefühlen, Verlustangst oder tatsächlichem Verlust, Trauer und dem „Streben, das Objekt wiederzuerschaffen"; ferner überwiegen Introjektions- gegenüber Projektionsprozessen (1990/1957, S. 210). Im Zusammenhang mit diesen Veränderungen in den Objektbeziehungen verändert sich auch der „Realitätssinn des Ichs" entscheidend: Innere und äußere Welt werden zunehmend deutlicher unterschieden, gewinnen an Kontur, und das omnipotente Denken der frühen Phase macht einem realistischeren Denken Platz. Schließlich werden auch die Triebziele modifiziert, statt vollständigem Besitz des guten und Vernichtung des bösen Objekts wird das Objekt nunmehr innerlich geschützt, und es werden die Triebziele gehemmt (1990/1957, S. 210).

Verbunden mit dieser Entwicklung ist die Entwicklung von *Symbolen im eigentlichen Sinne der Repräsentation* (symbolic representation), deren eigene Eigenschaften anerkannt und die nicht mehr mit dem repräsentierten ursprünglichen Objekt gleichgesetzt werden (1990/1957, S. 213). Der Anreiz dafür und zugleich die primäre psychische Leistung der Symbolbildung sind zum einen die innere Aggressions- und Schuldregulierung – was dem Objekt galt, wird auf das Symbol verschoben und ist dadurch viel besser handhabbar –, zum anderen die Erfahrung von Schuld und deren innere Bewältigung:

> „Das Symbol wird gebraucht, um Aggression vom ursprünglichen Objekt zu verschieben und Schuldgefühle und Angst vor dem Verlust auf diese Weise zu verringern ... (Das) Ziel der Verschiebung (besteht) darin ..., das Objekt zu schützen, und die in Beziehung zum Symbol erfahrene Schuld ist weit geringer als jene, die als Folge eines Angriffs auf das ursprüngliche Objekt entsteht. Die Symbole werden in der *inneren* Welt ebenfalls als Mittel erschaffen, um das ursprüngliche Objekt wieder herzustellen, wieder zu erschaffen ... und wieder zu besitzen", d.h. das Symbol „entsteht, sobald depressive Gefühle die paranoid-schizoiden überwinden, sobald die Trennung vom Objekt, sobald Ambivalenz, Schuld und Verlust erlebt und ertragen werden können", und es „wird benutzt, nicht um den Verlust zu verleugnen, sondern um ihn zu überwinden" (1990/1957, S. 210f/213).

Zu diesem Prozeß gehört auch die Trauer, „‚nur was angemessen betrauert werden kann, kann auch angemessen symbolisiert werden'" (1992/1981a, S. 121).

Zwei weitere Leistungen neben der Funktion der psychischen Aggressions-, Schuld- und Verlustverarbeitung werden durch die Fähigkeit zur eigentlichen Symbolisierung möglich. Zum einen ist das die „Kommunikationsfähigkeit", die auf Symbolen und speziell dem System der Sprache beruht und nicht allein die Verständigung in der äußeren Welt, sondern auch die des inneren Umgangs mit sich, also die (Selbst-)Reflexion betrifft; zum anderen können durch die Symbolisierung genetisch frühere, ungelöste Konflikte und Ängste innerlich aufgegriffen und besser integriert werden, wie es z.B. die Märchen zeigen (1990/1957, S. 213f/214–217). Insgesamt gewinnt über die Rückprojektion der innerlich geschaffenen Symbole in die äußere Welt auch diese im positiven wie negativen Sinne an Bedeutung, sie wird „mit symbolischer Bedeutung" ausgestattet (1990/1957, S. 211).

Ergänzt sei, daß H. Segal (1978, 1979, 1991b) in einigen späteren Arbeiten diese Kerntheorie im Hinblick auf die Rolle der projektiven Identifikation in einigen Aspekten modifiziert und erweitert hat. Während es in ihrer Arbeit von 1957 noch so ist, daß die projektive Identifizierung als solche zur Gleichsetzung führt, bezieht sie in diesen Aufsätzen Bions Konzeption des Containers und der Beziehung Container/Contained ein. Auf diese Weise kommt die ‚reale' Mutter-Kind-Beziehung ins Spiel, und zwar speziell die Fähigkeit der Mutter – oder als kindliches Teilobjekt besser: der Brust –, die Projektionen ihres Kindes aufzunehmen und adäquat zu verdauen. Geschieht dies, dann introjiziert das Kind diese Container-Fähigkeit, und die weitere Entwicklung hin zur depressiven Position kann gelingen. Scheitert dies, was an der Mutter, aber auch konstitutionsbedingt am Kind selbst liegen kann (1991b, S. 54), dann wird die Entwicklung beeinträchtigt, und das beeinträchtigt dann seinerseits die Entwicklung der Symbolisierungsfähigkeit im Sinne der reifen depressiven Position:

> „The child projects into the breast unbearable feelings. The mother elaborates them and if she gives an appropriate response, the child can introject the breast as a container capable of dealing with feelings. The introjection of such a container is the necessary precondition for the elaboration of the depressive position. ... If the relation between the container and the contained is of a positive nature the depressive elaboration and the depressive symbol formation can proceed. If this relation is disturbed, it immediately affects the nature of symbol formation" (1978, S. 317).

Im Zusammenhang mit ihrer Rezeption des Container-contained-Modells spricht H. Segal (1991b) auch von der Nähe ihres Verständnisses der Symbolisierung und Symbolisierungsfähigkeit zu Bions Konzeption der Entwicklung des „mentalen Apparats" (mental apparatus) und dessen Denken bzw. Denk-Fähigkeit (thought). Auch für Bion entsteht Denken aus und ‚*an der Stelle*' der Abwesenheit des Objekts – „‚No breast – therefore a thought'" (Bion zit. nach 1991b, S. 57) –, eine Entwicklung, die nur möglich ist, wenn die aus der Abwesenheit resultierende Angst durch die Introjektion der Container-Funktion ‚verdaubar' ist. Pointiert formuliert korrespondiert also die Entwicklung der Denkfähigkeit bei Bion der der Symbolisierungsfähigkeit bei H. Segal:

> „He relates thought, as I have related symbolism, to the capacity to recognize and experience absence. ... It is only when the infant can recognize the absence of the object that he can either symbolize or think. ... However, to be capable of having such an experience there must be a part of the mind that can contain the anxiety of missing an object, a ‚no-breast'. The container-contained relationship must have given rise to the creation of this part of the mental apparatus ..." (1991b, S. 57).

Die Fähigkeit, Abwesenheit zu ertragen und als Raum der eigenen Kreativität nutzen zu können, ist auch ein zentrales Thema im Denken von Winnicott (1985/1967, 1985/1969, 1985/1971a), der zwar keine explizite Theorie zur Symbolisierung(sfähigkeit) ausgearbeitet hat, dessen Begriff des Übergangsraumes (potential space) in diesem Zusammenhang aber von großer Bedeutung ist (vgl. dazu Khan 1982/1977; Neubaur 1987, Kap. 6; Bliersbach & Schmidt 1992). Der *Übergangsraum* ist der Bereich des Spiels, später der Kultur und des kulturellen Erlebens, den Winnicott als eigenständigen „dritten Bereich" ansieht, dem

> „die innere, persönliche psychische Realität und die wirkliche, äußere Welt, in der der einzelne lebt und objektiv wahrnehmbar ist, (gegenübersteht)". Er ist ein Bereich „zwischen Individuum und Umwelt (anfänglich: dem Objekt)" und „entsteht in der Wechselwirkung zwischen dem ausschließlichen Erleben des eigenen Ich (‚es gibt nichts außer mir') [dem entspricht das ‚subjektive Objekt'] und dem Erleben von Objekten und Phänomenen außerhalb des Selbst und dessen omnipotenter Kontrolle [dem ‚objektiv wahrgenommenen Objekt']" (1985/1967, S. 119/116).

Anders formuliert liegt der Übergangsbereich zwischen der ‚rein subjektiven intrapsychischen Phantasie' einerseits und der ‚rein objektiven faktischen äußeren Realität' andererseits. Er kann sich von dem Zeitpunkt an entwickeln, an dem „das Kind erstmals das Objekt als ‚Nicht-ich' ablehnt, d.h. also am Ende der Phase der Verschmelzung mit dem Objekt" (1985/1971a, S. 124). Der dadurch entstehende Raum zwischen Ich und Nicht-ich kann produktiv werden *(potential* space), indem er mit einem „Übergangsobjekt" (transitional object) zugleich gefüllt – das Objekt wird repräsentiert – und auch nicht gefüllt wird –, insofern das Objekt als es selbst *nicht*-präsent bleibt –, und diese Re-präsentanz, in der das Abwesende anwesend gemacht wird, ist für Winnicott die erste, spielerische Verwendung eines Symbols (1985/1967, S. 112). Die psychische Leistung der Symbolisierung ist also die, daß *‚an der Stelle'* des ‚gewollten Verlustes', der durch das vom Kind induzierte Aufbrechen der ursprünglichen Mutter-Kind-Einheit entsteht, die ursprüngliche Einheit unter Wahrung der Getrenntheit wiederhergestellt wird:

> „Das [Übergangs-] Objekt ist ein Symbol für die Einheit von Kleinkind und Mutter (oder einem Teil der Mutter). Dieses Symbol kann lokalisiert werden. Es steht an der Stelle in Raum und Zeit, wo das Kind beginnt, sich die Mutter nicht länger als Teil seines Selbst vorzustellen, sondern sie als Objekt wahrzunehmen. Die Verwendung eines Objektes symbolisiert die Einheit der jetzt voneinander getrennt erlebten Wesen Kind und Mutter *an der Stelle in Raum und Zeit, wo sich ihre Trennung vollzieht* ..." (1985/1967, S. 112).

In diesem Zusammenhang beschreibt Winnicott auch die Voraussetzung für die Entwicklung der Fähigkeit zum Spielen und zur Symbolisierung, nämlich daß die Mutter in angemessener Weise abwesend ist. Das bedeutet zum einen, daß sie dem Kind überhaupt durch ihre Abwesenheit einen Raum des Mit-sich-selbst-seins ermöglicht und dies nicht durch ihre Omnipräsenz behindert oder zerstört, zum anderen, daß sie nicht in einer traumatisierenden, die Kontinuität des Kindes zerstörenden Weise zu lange fortbleibt. Gelingt dies, so kommt es zu einer „Stärkung der Ich-Struktur", die beim Kind die Fähigkeit fördert, „Symbole der Einheit zu verwenden", so daß es dann „wieder Trennungen zulassen oder daraus für sich sogar gewinnen (kann)" (1985/1967, S. 113).

In einer wichtigen Arbeit ‚On potential space' hat Ogden (1985) die Überlegungen Winnicotts zur Entstehung des Übergangsraums und der Bildung von Symbolen in ihm aufgenommen und mit der Struktur und Entwicklung von Subjektivität überhaupt verknüpft. Unter ‚Subjektivität' versteht er die Fähigkeit, seiner selbst bewußt zu sein (self-awareness), die das Spektrum von intentionaler Selbstreflexion bis hin zu dem basalen präreflexiven Gefühl der Ichhaftigkeit umfaßt (sense of ‚I-ness'). In der ursprünglichen Mutter-Kind-Einheit gibt es weder Subjektivität noch Symbole, weil es keine Getrenntheit und damit auch keinen Wunsch nach einer (symbolischen) Wiederherstellung der verlorenen Einheit gibt. Subjektivität und Symbolisierung entstehen durch das Aufbrechen der ursprünglichen Einheit, an deren Stelle sich jetzt eine Dreiheit von ‚Symbol', ‚Symbolisiertem' und ‚interpretierendem Subjekt' entfaltet (1985, S. 132):

> „This transformation of unity into ‚three-ness' coincides with the transformation of the mother-infant-unit into mother, infant and observer of mother-and-infant as three distinct entities. ‚One-ness' ... becomes ‚three-ness' ...; in addition the infant is created as subject. The infant as subject is the observer of mother and infant as (symbolic) objects; the infant is now the creator and interpreter of his symbols", und damit gehören ‚Subjektivität' und ‚Symbolisierung'

untrennbar zusammen: „To distinguish symbol from symbolized is to distinguish one's thought from that which one is thinking about ... For symbol to stand independently of symbolized, there must be a subject engaged in the process of interpreting his perceptions" (1985, S. 133/137).

Der Verlust des Eins-seins ist also der Schritt zur psychischen Menschwerdung, durch den das Subjekt ein Bewußtsein seiner selbst gewinnt und beginnt, eine Welt-für-sich zu erschaffen, d.h. die genannte trianguläre Struktur ‚Symbol – Symbolisiertes – Subjekt' ist Winnicotts Übergangsraum, in dem Kreativität möglich wird (1985, S. 133). Anders formuliert heißt das, daß der *Übergangsraum* der kreative *Raum der Symbolisierungsfähigkeit* ist und daß folglich ein systematischer Ansatz zu Störungen der Symbolisierungsfähigkeit als „psychopathology of potential space" entwickelt werden kann (1985, S. 133–136). Dazu geht Ogden von der ursprünglichen Bestimmung des Übergangsraums als ‚drittem Bereich' zwischen ‚reinem Innen' (Phantasie) und ‚reinem Außen' (Realität) aus. Die kreative Vermittlungsfunktion des Übergangsraums zwischen Innen und Außen faßt er ganz allgemein mit dem Begriff der Dialektik, den er wie folgt definiert:

„Dialectic is a process in which [of] two opposing concepts each creates, informs, preserves, and negates the other, each standing in a dynamic (ever changing) relationship with the other ... The dialectical process moves towards integration, but integration is never complete; each integration creates a new dialectical opposition and a new dyanamic tension" (1985, S. 130f).

Bezogen auf die beiden Pole ‚Phantasie' und ‚Realität' bedeutet also die Verfügung über einen Übergangsraum und damit die Symbolisierungsfähigkeit, daß es einen lebendigen dialektischen Prozeß zwischen ihnen im Subjekt gibt. Störungen der Symbolisierungsfähigkeit bestehen also darin, daß ein solcher dialektischer Prozeß nicht hat in Gang gesetzt werden oder aufrechterhalten werden können, was psychogenetisch durch Störungen der Mutter-Kind-Einheit z.B. durch ein kumulatives Trauma oder auf Grund einer konstitutionellen Überempfindlichkeit des Kindes zustandekommen kann (1985, S. 133).

Konkret unterscheidet Ogden vier Störungskategorien (1985, S. 133–136). Im ersten Fall wird *„die Realität unter die Phantasie subsumiert"* (reality subsumed by phantasy). Dadurch werden die Phantasien selbst zu einem Stück der Realität, ohne durch sie modifiziert oder in Frage gestellt zu werden, z.B. wenn Borderline-Patienten *wissen*, daß ein bestimmtes Verhalten des Therapeuten, wie etwa ein Zuspätkommen, eine Ablehnung ihrer Person ist. Es gibt hier keinen Raum zwischen dem Symbolisierten (Zuspätkommen des Therapeuten) und dessen Symbolisierung (dessen Repräsentation im Patienten), der ein Nachfragen und -denken ermöglichte, vielmehr sind die Gefühle verhaltensinduzierende Fakten, womit auch die Übertragung ihren Als-ob-Charakter einbüßt. – Im zweiten Fall wird die *„Realität als Abwehr gegen die Phantasie"* verwendet (reality as defence against phantasy), was mit einer entsprechenden Einbuße an innerem Vorstellungsvermögen verbunden ist. Beispiele dafür sind Patienten mit wenigen oder gar keinen Träumen, die sie dann auch für sinnlos halten und zu denen ihre Assoziationen, wenn überhaupt, ganz realitätsbezogen sind. – Im dritten Fall handelt es sich um eine *„Dissoziation des Realitäts- und Phantasiepols der Dialektik"* (dissociation of reality and phantasy poles of the dialectical process). Damit wird wie etwa im Falle der Ichspaltung im Fetischismus das Aufkommen gefährlicher oder schmerzhafter Gefühle und Vorstellungen, wie z.B. der Kastrationsangst, vermieden. – Im vierten Fall geht es um den *„Ausschluß von Realität und Phantasie"* (foreclosure of reality and phantasy). Hier kommt es zu keiner wirklichen Erfahrung, weil sozusagen weder Realität noch Phantasie wirklich kreiert werden, wie es z.B. bei manchen chronisch schizophrenen Patienten der Fall ist. Für Ogden handelt es sich dabei um einen übergeordneten Abwehrvorgang, der als letztes Mittel verwendet wird, um das Kind vor einem überwältigenden, andauernden psychischen Schmerz zu schützen; denn das Fehlen einer Bedeutung, die einer Wahrnehmung zugeschrieben würde, impliziert, daß die Wahrnehmung keine irgendwie geartete persönliche emotionale Bedeutung für das Subjekt hat, d.h. Wahrnehmung wie Realität bleiben psychisch tot.

Abschließend will ich noch auf das Konzept der *Mentalisierung(sfähigkeit)* (capacity to mentalize) von Fonagy (1991; Fonagy et al. 1993) hinweisen. Fonagy bezeichnet mit diesem Konzept den Aspekt der Fähigkeit zur psychischen Repräsentation der eigenen Person und anderer Personen als Subjekte, was z.B. das Verstehen und dementsprechend die Zuschreibung von psychischen Zuständen wie Überzeugungen, Motiven, Wünschen und ihre Verbindung mit Handlungsintentionen und Handlungen betrifft (sog. theory of mind); so muß man z.B. einen Begriff von Person (vs. Ding) haben, um zu merken, daß man jemanden durch ein Verhalten psychisch verletzen kann und daß sich der andere daraufhin, um sich zu schützen, von einem selbst zurückziehen kann. Diese basalen Mentalisierungen können auf Grund schwerer früher Traumata gehemmt sein (vgl. Fonagy et al. 1993, S. 25–28). Meines Erachtens können Überlegungen dieser Art im oben entwickelten Rahmen zur Symbolisierungsfähigkeit thematisiert werden, auch wenn sie darin eine neue wichtige Perspektive eröffnen. Dies entspricht Fonagys eigenem Verständnis seines Mentalisierungsbegriffs:

> „The achievement of a representation of mental events, whether conscious or unconscious is frequently referred to in the psychoanalytic literature in the context of the capacity for symbolization ... The term symbolization is over-burdened with meanings, particularly in psychoanalysis ... I would like to label the capacity to conceive of mental state in oneself and others as the capacity to *mentalize*" (1991, S. 641).

Insgesamt haben die Ansätze zur Entwicklung der Symbolisierungsfähigkeit und ihren Störungen in der Tradition M. Kleins und Winnicotts als zentrale Aspekte den Umgang mit der Aggression (M. Klein, H. Segal) und mit der Abwesenheit oder dem Verlust des guten Objekts und seiner Wiederherstellung (H. Segal, Bion) bzw. der Wiederherstellung einer ursprünglichen Einheit vor der Getrenntheit herausgestellt (Winnicott, Ogden). Störungen können auf Grund von Störungen in der frühen Mutter-Kind-Beziehung entstehen, die sowohl in einer mangelnden Container- oder Halte-Funktion der Mutter wie konstitutionsbedingt auf seiten des Kindes liegen können (Bion, H. Segal, Winnicott, Ogden), wobei insbesondere bei Mentalisierungsstörungen im obigen Sinne an schwere frühe Traumatisierungen zu denken ist (Fonagy).

3. Zur Konzeptualisierung psychoanalytisch orientierter stationärer Psychotherapie

Es stellt sich jetzt die Frage, wie das Setting ‚psychoanalytisch orientierte stationäre Psychotherapie' im Hinblick auf die Problemstellung, die Behandlung von Störungen der Symbolisierungsfähigkeit, konzeptuall adäquat gefaßt werden kann. Eine erste Möglichkeit wäre die, eine sozusagen idealtypische Station zu suchen und diese dann entsprechend zu analysieren. Eine solche Form der *klinikzentrierten Konzeptualisierung* scheitert aber daran, daß die Varianz des psychosomatisch-psychotherapeutischen Angebots z.B. schon hinsichtlich der Stations- bzw. Klinikgröße und des konkreten Behandlungsangebots viel zu groß ist, als daß die Annahme einer ‚idealtypischen Station' sinnvoll ist, wie ein Überblick über die entsprechenden Einrichtungen zeigt (vgl. Neun 1994/1987).

Eine zweite Möglichkeit ist die, von einer der grundlegenden theoretischen Konzeptionen analytisch orientierter stationärer Psychotherapie auszugehen (vgl. dazu Janssen 1987, Kap. 3; Senf 1988a). Ein heute nicht mehr ernsthaft diskutiertes Modell ist die *quasi-ambulante Therapiekonzeption,* derzufolge die Behandlung eine „Form ‚ambulanter Psychoanalyse in der Hotelklinik'" ohne spezifische Einbeziehung des stationären Zusammenlebens und seiner Strukturen darstellt (Senf 1988a, S. 17f). Die Eigenständigkeit und Spezifität der stationären Behandlung wird demgegenüber in solchen Konzeptionen deutlich, die die Bedeutung der Station als solcher, die Beziehung der analytischen Einzel- und/oder Gruppentherapie zur Station und die Einbeziehung weiterer nicht sprachlich-analytischer Therapieverfahren wie etwa der Konzentrativen Bewegungstherapie reflektieren – es sind dies das bipolare und das integrative Modell.

Bei der *bipolaren Konzeption,* die von Enke in den 60er Jahren in Stuttgart begründet und dort wie andernorts weiterentwickelt wurde (vgl. Janssen 1987, S. 51–59),

> „(stehen) ein analytisch-therapeutischer ‚Therapieraum' und ein soziotherapeutischer ‚Realitätsraum' ... mehr oder weniger verbunden nebeneinander. Im analytisch-therapeutischen Raum finden die Einzel- und/oder Gruppentherapien nach den Regeln analytischer Therapeutik statt. In dem soziotherapeutischen Raum sollen durch das Zusammenleben der Patienten soziale Lernprozesse und emotionelle Neuerfahrungen ermöglicht werden. Im Therapieraum ist die deutend-interpretative analytische Haltung vorherrschend, im Realitätsraum wird soziotherapeutisch auf das übliche Realitätsverhalten eingegangen" (Senf 1988a, S. 19; vgl. insges. S. 18ff),

d.h. es gibt einerseits die analytische innenorientierte Arbeit im Therapieraum und andererseits realitätsorientiertes soziales Lernen im Realitätsraum.

Dagegen wird bei der in den 70er und 80er Jahren von einer Reihe von Autoren (Janssen 1985, 1987; Pohlen 1973; Arfsten & Hoffmann 1978; Möhlen & Heising 1980) entwickelten *integrativen Konzeption*

> „das gesamte klinische Feld als ein *therapeutischer Raum* organisiert, in welchem der Pat. seine Konfliktkonstellationen und Pathologien im Umgang mit den Mitpatienten und dem gesamten Team reproduziert und inszeniert. Das gesamte klinische Feld wird nach dem Prinzip differenzierter und zugleich integrierter Behandlungsangebote (Fürstenau 1977) zum Behandlungsprinzip schlechthin" (Senf 1988a, S. 22; vgl. insges. S. 20–23 und Janssen 1987, S. 66–74),

und dementsprechend nimmt das in sich differenzierte Team als ganzes die zentrale Rolle ein; denn ihm obliegt es, die in den verschiedenen Teilkontexten sich darstellende Dynamik des Patienten zu verstehen und zu integrieren.

Die angegebenen Modelle lassen sich mit idealtypischen Patientenprofilen in Beziehung setzen. In der *quasi-ambulanten Konzeption* wäre dies der zumindest prinzipiell für eine Analyse oder eine analytische Psychotherapie geeignete Patient, für den das Spezifikum der Klinik die Trennung von seinem räumlich-sozialen Umfeld wäre – dem entsprechen Kernbergs (1978/1975) frühe Hinweise auf die stationäre Aufnahme von Borderline- und narzißtischen Patienten (vgl. Janssen 1987, S. 37f). Bei der *bipolaren Konzeption* erscheint der ‚implizite Patient' in der Hinsicht anders, daß die Abgrenzung eines Sozialraumes für Störungen spricht, bei denen die Bearbeitung von seelischen Konflikten allein nicht ausreicht, sondern wo das äußere soziale Lernen, verbunden mit emotional neuen Objekterfahrungen, ergänzend hinzutreten muß, damit es zu Verbesserungen kommt, d.h. zumindest implizit wird von entsprechenden Defiziten ausgegangen. Andererseits müssen diese Patienten aber auch über genügend neurotische Anteile verfügen, so daß sie die Trennung in Therapie- und Sozialraum wahrnehmen können, zumindest aber muß es mit ihnen eine intersubjektiv geteilte Vorstellung darüber geben, was soziale Realität ist, bzw. es muß diese hergestellt werden können.

Die ***integrative Konzeption*** schließlich ist explizit der Versuch einer Antwort auf die therapeutische Herausforderung vor allem durch (Borderline-)Patienten mit ausgeprägten Agier- und Spaltungstendenzen, wie es aus dem Konzept des ‚multiplen Übertragungsangebots' hervorgeht:

> „Das aus verschiedenen Komponenten ... bestehende therapeutische Team, das in den einzelnen Mitgliedern persönlich, aber in der Funktion geschlossen, dem Patienten gegenüber tritt, bietet hier eine einzigartige therapeutische Möglichkeit, die wir als *multiples Übertragungsangebot* bezeichnen. ... Solche Patienten sind gezwungen, zur Vermeidung psychischer Zusammenbrüche für sie unvereinbare Trieb- und Affektbereiche voneinander zu isolieren (zu spalten). Das hat klinisch rasch wechselnde Selbsterlebnisse und -darstellungen, schwankende Affekte und wechselnde Übertragungsangebote zur Folge. ... [In der Station als dynamischer Einheit] jedoch kann der Patient seine dringenden Empfindungen und Selbstdarstellungen agierend und verbalisierend *verschiedenen* Mitgliedern des therapeutischen Teams anbieten. *Seinem gespaltenen Übertragungsangebot steht das therapeutische Angebot gegenüber, multiple Übertragungsformen aufzunehmen und zuzulassen.* ... Für die Pathodynamik bedeutet dies, daß die Gruppe der Therapeuten durch ihre ständige Kommunikation *das zusammenfügt, was der Patient trennt bzw. spaltet*" (Arfsten & Hoffmann 1978, S. 263f).

Im Vergleich zur bipolaren Konzeption wird deutlich, daß bei diesen Patienten zwar die Realitätsprüfung im Unterschied zu psychotischen Patienten letztlich intakt ist, daß aber auf Grund der Dominanz primitiver innerer Objekte und primitiver Abwehrmechanismen die handlungspraktische Selbstverständlichkeit einer intersubjektiv anerkannten und gemeinsam verpflichtenden Realität, die die Voraussetzung für die Trennung in einen ‚innenbezogenen' Therapie- und einen ‚außenbezogenen' Sozialraum ist, nicht mehr gegeben ist. Damit aber fehlt ein von den Patienten und den Therapeuten *gemeinsam* anerkanntes drittes Element, und dementsprechend spielt, wie die klinische Arbeit zeigt, bei ihnen das Thema der Grenze und die Etablierung eines verpflichtenden Rahmens im therapeutischen Prozeß eine wichtige, wenn nicht die zentrale Rolle (vgl. Kap. 4.4).

So klärend und wichtig auch die Entwicklung der bipolaren und integrativen Konzeption für die analytisch orientierte stationäre Psychotherapie war und ist, kann ich mich für meine obige Fragestellung doch nicht darauf zurückbeziehen. Zum einen sind beide Konzeptionen nicht generalisierbar in dem Sinne, daß sie zureichend das Funktionieren psychotherapeutisch-psychosomatischer Stationen beschrieben, wenn diese nicht explizit und für eine spezifizierte Patientengruppe so aufgebaut wurden (vgl. Senf 1988a, S. 24–28). Zum anderen ist die stationäre Klientel bei aller Gemeinsamkeit durch eine schwere Krankheits- und häufig auch soziale Beeinträchtigung psychodynamisch betrachtet doch zugleich auch sehr inhomogen: Letzteres gilt schon für ein und dasselbe diagnostische Label, also z.B. die Borderline-Diagnose, die etwa prognostisch wie die behandlungstechnischen Anforderungen betreffend ganz unterschiedliche Subgruppen umfaßt (vgl.

z.B. Ermann 1985; Kernberg 1978/1975), und das gilt natürlich noch mehr für die Varianz zwischen den Diagnosen – diese Inhomogenität der Patientengruppe wird aber in beiden Konzeptionen nicht berücksichtigt.

Vor diesem Hintergrund möchte ich die folgende dritte Möglichkeit zur Thematisierung des stationären Settings wählen. Ich werde einige zentrale, die stationäre im Vergleich zur ambulanten Psychotherapie charakterisierende allgemeine, d.h überall aufweisbare und bedeutsame Merkmale in bezug auf die Frage nach den Möglichkeiten und Grenzen des therapeutischen Einflusses bei Patienten mit Störungen der Symbolisierungsfähigkeit diskutieren. Diese Merkmale sind:

- Distanz zur alltäglich-lebensweltlichen Umgebung,
- Diversität des stationären Settings,
- Dichte des stationären Settings,
- spezielle stationäre Rahmen-Bedingungen,
- enge zeitliche Begrenztheit der stationären Behandlung.

Die angegebene Merkmalsliste beansprucht keine Vollständigkeit. Andererseits aber sind diese fünf Merkmale zweifellos konstitutive und allgemeine Elemente stationärer psychotherapeutischer Behandlung. Darüber hinaus stehen sie alle, wie im weiteren noch deutlich wird, in einem inneren Zusammenhang mit der Symbolisierungsthematik, z.B. insofern die Dialektik von Anwesenheit und Abwesenheit bei allen eine zentrale Rolle spielt, so daß in dieser *störungsbezogenen Merkmals-Konzeption* ein begrifflicher Zusammenhang zwischen den beiden Seiten ‚Behandlungssetting Station' einerseits und ‚Behandlung von Störungen der Symbolisierungsfähigkeit' andererseits gegeben ist. Wichtig ist dabei, und das führt über die *patientenunabhängige* Bestimmung der bipolaren und integrativen Konzeption hinaus, daß die genannten Merkmale nicht eine psychische apriori-Bedeutung haben, die für jeden Patienten dieselbe wäre, sondern daß sie ihre je spezifische Bedeutung in Relation zu der jeweiligen Dynamik des Patienten gewinnen, d.h. ihre Bedeutung ist *patientenabhängig* oder *relationaler* Art. Das beinhaltet konkret, daß ihre Bedeutung sich, wie ich an klinischen Fallbeispielen zeigen möchte, zum Positiven oder Negativen hin entfalten kann, und daraus folgt, daß dasselbe Merkmal sich als produktive *Möglichkeit* wie als *Grenze* (oder gar Noxe) herausstellen kann.

Was die klinischen Beispiele betrifft, werde ich (soweit möglich) auf eigene Erfahrungen aus meiner Zeit als Stationstherapeut in der Psychosomatischen Universitätsklinik Heidelberg zurückgreifen. Es handelt sich hier um eine 22-Betten-Station mit einer durchschnittlichen Verweildauer von zwölf Wochen und einem Therapieangebot von wöchentlich jeweils zwei Stunden psychoanalytisch orientierter (oder psychoanalytisch-interaktioneller) Einzel- und drei Stunden psychoanalytisch-interaktioneller Gruppentherapie, kombiniert mit jeweils zwei nonverbalen Therapieverfahren aus den Bereichen Konzentrative Bewegungstherapie, Musiktherapie, Gestaltungstherapie und Ergotherapie, dazu therapeutische Visiten und gegebenenfalls eine punktuelle oder kontinuierliche sozialarbeiterische Betreuung. Ferner gehören zum Therapieangebot Schwesterngespräche, die frei vereinbart werden. Für Eßstörungen (Anorexia, Bulimie) gibt es spezielle Programme mit konkreten verhaltensorientierten Maßnahmen (vgl. Kap. 4.4).

4. Spezifische Merkmale des stationären Settings und ihre Bedeutung für die psychoanalytisch orientierte Behandlung von Patienten mit Störungen der Symbolisierungsfähigkeit

4.1 Distanz zur alltäglich-lebensweltlichen Umgebung

Die Distanzierung vom alltäglichen Milieu kann als solche eine positive Indikation für eine stationäre Aufnahme sein, z.B. wenn sich pathogene Beziehungsmuster so verfestigt haben, daß der durch eine ambulante Therapie ermöglichte Reflexionsraum dagegen ‚nicht ankommt', und/oder wenn die alltäglichen Beziehungsmuster die Symptomatik aufrechterhalten oder wenn in depressiven Krisensituationen etwa nach einer Trennung die inneren und die Beziehungs-Ressourcen nicht ausreichen (z.B. Janssen 1987, S. 15; Rudolf 1995/1993, S. 364). Die Bedeutung der durch die stationäre Aufnahme hergestellten Distanz zur alltäglichen Lebenswelt geht aber über diese Art von Indikationen hinaus. Das erhellt aus einer für mich ausgesprochen positiven Erfahrung mit der stationären psychotherapeutischen Arbeit, nämlich zu sehen, welche inneren wie äußeren Entwicklungsmöglichkeiten durch diese Distanzierung für manche Patienten eröffnet werden: Es ist, als ob bei ihnen ihre alltäglich-lebensweltliche Umwelt und ihre Objekte derartig präsent und nah an ihnen sind, daß ihnen gleichsam kein Raum mehr bleibt, der innere Distanz, Reflexion und damit eine Verarbeitung zuläßt, d.h. was ist, ist einfach und kann nicht symbolisch repräsentiert und damit auf Distanz gebracht werden, eine Distanz, die dann bisweilen notfallmäßig durch die Symptomatik hergestellt wird, z.B. nach dem Verlassenwerden durch jemanden, der eine trianguläre Hilfsfunktion erfüllt hat.

Auch bei potentiell guter Therapiefähigkeit wird in solchen Fällen, die oft durch erschwerende soziale Faktoren kompliziert sind, eine ambulante Therapie von Beginn an nicht reichen, weil eben eine wichtige Voraussetzung dafür fehlt: die Verfügung über einen inneren Raum und die Fähigkeit, einen solchen Raum aufrechtzuerhalten. Durch die Trennung vom Alltagsmilieu eröffnet die Station die Möglichkeit, ihn aufzubauen, und dieses Potential kann in den verschiedenen Therapien genutzt werden. Der gelingende Therapieprozeß ist dann ein solcher, in dem der zunächst *äußere* Schutz-, Resonanz- und Reflexionsraum der Station zumindest soweit internalisiert wird, daß er als *innerer* Raum der Symbolisierung und damit seelischen Verarbeitung dem Patienten für eine sich anschließende ambulante therapeutische Weiterarbeit zur Verfügung steht.

Nach dem zur Entwicklung der Symbolisierungsfähigkeit Gesagten kommt dabei neben der ‚Anwesenheit' der Station auch ihrer ‚Abwesenheit', also den Momenten der Trennung und letztlich des Verlusts, in diesem Prozeß eine gleich wesentliche Funktion zu. Demzufolge spielen im Verlauf der Behandlung die Trennungen von der Station in Form der Wochenendentlassungen in das Alltagsmilieu eine wichtige Rolle. Beim Umgang mit diesen Trennungen zeigt sich, wie fragil der idealiter allmählich entstehende und/oder sich stabilisierende psychische Binnenraum ist, der oft genug dem inneren und äußeren Druck nicht standhält, so daß es zu Symptomeinbrüchen kommt, z.B. zu Eß-Brech-Anfällen bei Patientinnen mit einer Bulimie. Letzten Endes zeigt sich, was wirklich erreicht worden ist, an der Reaktion auf den tatsächlichen Verlust, der symbolisch im Erleben des Abschieds von Mitpatienten während der Behandlungszeit vorweggenommen wurde: dem Ende der stationären Zeit, dessen Bearbeitung zu den wichtigsten Therapiephasen zählt (vgl. Kap. 4.5).

Fallbeispiel (2): Frau B. ist bei der Aufnahme eine älter wirkende 32jährige Patientin mit schweren Gewitterängsten. Sie ist in einer permanenten Anspannung bezogen auf das mögliche Herannahen von Gewittern, was bis zu Panikzuständen und nahen Ohnmachtsanfällen führen kann. – Frau B. ist mit sieben Geschwistern groß geworden. Die Mutter starb zehn Tage nach der Geburt von Zwillingen an einem Hirntumor, als die Patientin zwei Jahre alt war. Ihr Vater heiratete nicht wieder.

Die Patientin lebt in einem Dorf im Haus des herzkranken Vaters, für den sie mitsorgt. Sie ist seit einer Reihe von Jahren mit einem deutlich älteren Mann liiert, der ein früher gegebenes Scheidungsversprechen nicht eingelöst hat und, wenn auch distanziert, noch mit seiner Frau zusammenlebt. Eine Trennung von ihm ist der Patientin zu Beginn der Behandlung überhaupt nicht vorstellbar, der Gedanke daran verbindet sich sofort mit dem Gefühl, sterben zu müssen; andererseits wird ihr nach einiger Zeit deutlich, daß sie die Beziehung auch nicht in der bisherigen völlig abhängigen Weise fortführen möchte.

Das zentrale Thema der Einzeltherapie ist der Verlust einer zusammenhängenden Biographie, verbunden mit einer massiven inneren Erstarrung, z.B. kann sie auch wichtige Lebensereignisse der letzten Jahre zunächst nicht mehr erinnern oder zeitlich nicht mehr lokalisieren, in einen Zusammenhang mit ihrer Krankheitsgeschichte bringen oder Phantasien dazu äußern. Dies gelingt erst Schritt für Schritt sozusagen in einer Wiederbelebungstherapie, in der ich längere Zeit eine aktive Rolle einnehme und in der mit dem Wiederauftauchen von Erinnerungen ganz allmählich auch heftige Affekte deutlich werden – so assoziiert sie schließlich zu ‚Gewitter' ‚Spannung'. Im Verlauf der Therapie wird der Verlust des Selbstseins auch biographisch verstehbar; denn ihr Vater hatte ihr, die ihrer verstorbenen Mutter sehr ähnlich sah, die Rolle eines Ersatzobjekts, in dem die Tote lebendig bleiben sollte, zugeschrieben.

Der Einstieg in die Aneignung ihrer persönlichen Geschichte war nur möglich in einem Raum außerhalb der faktischen Dominanz und Über-Präsenz ihrer aktuellen Objekte (Vater, Mann). Was erreicht wurde, war, ihr einen verstehend-fühlenden Zugang zu ihrer *eigenen* Geschichte zu eröffnen, zu der auch die Fähigkeit des Alleinseinkönnens gehört. Hierhin gehört der psychisch tiefstreichende Punkt der Einzeltherapie: Angesichts ihrer oben geschilderten Beziehungssituation erlebe ich eine tiefe ausweglose Ratlosigkeit, die ich ihr als ihr Gefühl mitteile, daß sie weder den Vater noch ihren Freund verlassen könne, das erlebe sie als eigenen Tod und Sterben, noch wie bisher bei ihnen bleiben könne, wolle sie selbst das Gefühl eines eigenen Lebens haben – diese Ratlosigkeit bleibt aber (als von mir geteilte) aushaltbar. Sie kann nach einiger Zeit die Wochenendtrennungen von der Station auch nutzen, um ihre Gefühle auf das Verhalten ihres Freundes besser wahrzunehmen und, unter ‚Zuhilfenahme' von Mitpatienten, ihm auch einmal eine Verabredung absagen, was zuvor undenkbar war.

Wie weiter oben gesagt, bekommen die hier thematischen Stationsmerkmale ihre spezifische Valenz im Rahmen der Psychodynamik des jeweiligen Patienten. Was die Distanzierung vom Alltagsmilieu betrifft, so ist die inhärente Problematik, daß die Station eine ‚zauberbergische' Versorgungs- und Ersatzwelt werden kann (vgl. z.B. den „Mißbrauch" der Station „zur Befriedigung oral-symbiotischer Wünsche": Senf 1988b, S. 224–227). Die regressive Versuchung, darin zu versinken, kann für solche Patienten übermächtig werden, deren Ausgangssituation genau umgekehrt wie oben beschrieben ist, d.h. die nicht ein Zuviel an äußerer Umwelt haben und hatten, das keine ausreichende innere Distanz erlaubte, sondern ein Zuwenig, ein psychisches Nicht-anwesend-sein von Objekten. Für solche Patienten besteht die Gefahr der Station darin, daß sie genau gegenläufig rein als unmittelbare Präsenz, vor allem in ihren mütterlichen Funktionen, erlebt und gebraucht wird und daß Trennung und damit auch Mangel verleugnet werden, weil dies innerlich bereits die traumatischen völligen Objektverluste impliziert. Damit aber wird die symbolische Funktion, die für Therapie konstitutiv ist, grundsätzlich negiert und außer Kraft gesetzt, jener notwendige Verzicht nämlich, der darin liegt, daß der therapeutische Kontakt nicht Selbstzweck ist, sondern seinen Zweck in seiner letztlichen Selbstaufhebung hat und darin auf die Realität außerhalb verweist, in der er sich sozusagen einlösen soll – diese Realität außerhalb des Schutzraums der versorgenden Mutter-Station ist für solche Patienten aber psychisch so leer, daß sie sie nicht mehr wahrhaben wollen und sie verleugnen. Anders formuliert wird die temporäre Funktion einer weitgehend versorgenden und schützenden Umwelt, die die Station notwendig hat, für sie zu dem ersehnten, idealen Mangel-losen Zuhause, was durch die wesentlich strengere Begrenztheit eines ambulanten Settings dort so nicht möglich wäre. Auf Grund der realitätsverleugnenden Idealisierung aber wird die stationäre Therapie letztlich virtuell und wird transformiert in die Befriedigung anaklitischer Bedürfnisse. Die Konsequenz ist, daß das Ende der stationären Zeit der nicht mehr bearbeitbare traumatische Verlust des guten Objekts wird (vgl. auch Kap. 4.5).

Fallbeispiel (3): Frau C. ist eine 21jährige Schülerin, die bei der Aufnahme das Bild einer Identitätsdiffusion mit dem subjektiven Gefühl, immer wieder in ganz unterschiedliche Rollen umzukippen, ohne zu wissen, wer sie eigentlich sei, bietet. Dies ist verbunden mit ausgeprägten Stimmungsschwankungen und diffusen, zum Teil starken Angstgefühlen. Sie ist nicht mehr in der Lage, wie geplant eine weiterführende Schule zu besuchen, obwohl sie sehr begabt und intellektuell differenziert ist. Die Symptomatik hat sich nach dem Wegzug von zu Hause, um andernorts diese Schule zu besuchen, intensiviert.

Beide Eltern sind nur wenig integrierte Ausländer, wobei der Vater die Familie längere Zeit verließ und in seinem Heimatland „herumzog". Im Verlauf der stationären Zeit wird das ganze Ausmaß an emotionaler Vernachlässigung der Patientin in ihrer Kindheit deutlich. So wurde sie im Alter von drei/vier Jahren allein zu Hause eingeschlossen, weil beide Eltern arbeiteten. Es gab heftige aggressive Auseinandersetzungen in dem räumlich sehr beengten Zuhause, weil der Vater, der sie oft abends in Kneipen mitnahm, viel trank. Später wird noch deutlich, daß es einen sexuellen Mißbrauch der Patientin durch den einige Jahre älteren Bruder gegeben hat. – Neben dem idealisierten Vater ist das Bild der Mutter undifferenziert und primär negativ getönt.

Die Patientin verwandelt die Station für sich zunächst in ein ‚verschlampt-verwahrlostes', dann als Reaktion auf entsprechende Grenzsetzungen in ein positiv getöntes, idealisiertes Zuhause, das sie eigentlich nicht mehr verlassen will. Es gibt kein positiv besetztes Draußen, die Patientin verweigert das sozusagen, was sich weder durch entsprechende Interventionen, noch durch die zwangsläufig sich einstellenden frustrierenden Erfahrungen mit der Station auflöst. – Die sich positiv entwickelnde Übertragungsbeziehung zu mir ändert sich ins Resigniert-Passive, untergründig Anklammernde einige Wochen vor ihrer Entlassung nach meinen Ferien, die für sie offensichtlich frühe traumatische, nicht verarbeitete Verlassenheitsgefühle reaktiviert haben. Diese resigniert-entfernte und zugleich anklammernde Haltung läßt sich auch in der über das als katastrophisch erlebte Ende der Stationszeit von mir fortgeführten Einzeltherapie nicht auflösen, wobei allerdings diese Weiterbehandlung eng begrenzt ist.

Eine ambulante Weitervermittlung läßt die Patienten scheitern, wie ich später erfahre. – Ein Jahr später stellt sie sich noch einmal in einem jetzt stark desintegrierten Zustand mit einem ausgeprägten dissoziativen, aber nicht wahnhaften Körpererleben vor, in dem sie nur schwer zugänglich ist. Da sie die Schule abgebrochen hat und unfähig ist, sie in absehbarer Zeit wiederaufzunehmen, muß sie schließlich in eine Rehabilitationsklinik vermittelt werden.

4.2 Die Diversität des stationären Settings

Was die Diversität (und Differenziertheit) des stationären Settings betrifft, so gibt es eine Reihe unterschiedlicher Aspekte, von denen ich im Hinblick auf die Thematik der Störungen der Symbolisierungsfähigkeit zwei herausgreifen möchte, zum einen das Angebot an unterschiedlichen Therapieverfahren, und zwar insbesondere solcher nonverbaler Art, zum anderen das Angebot der Übertragungsaufspaltung auf die verschiedenen in den therapeutischen Prozeß involvierten Mitglieder des therapeutischen Teams.

Die ***nonverbalen Therapieverfahren*** bieten für manche Patienten Artikulationsmöglichkeiten, die der Symbolisierung im sprachlichen Bereich vorausliegen können. So zeigten etwa bei einer Patientin ihre Bilder aus der Gestaltungstherapie sehr früh einen ausgeprägten Nähe-Distanz-Konflikt, während es in der Einzeltherapie längere Zeit zunächst einmal darum ging, daß eigene Gefühle auch in der therapeutischen Beziehung für sie überhaupt erlebbar wurden, ohne daß dies als Übertragungsgeschehen im Sinne einer szenischen Darstellung ihres Konflikts hätte thematisiert werden können. Oder es werden im gestisch-szenischen Medium der Konzentrativen Bewegungstherapie (KBT) bzw. dem des Klangs und der rhythmischen Kommunikation in der Musiktherapie unbewußte Beziehungsmuster präsent, z.B. Grenzverletzungen in Form der Nicht-Wahrnehmung des Bereichs eines anderen in der KBT – eine Patientin ging achtlos über Decken hinweg, die verabredungsgemäß den Privatbereich eines anderen repräsentierten – oder ein Mangel an emotionaler Resonanz für die anderen in der musikalischen Interaktion, der sich in der offenbaren Unfähigkeit zu einer einigermaßen angemessenen musikalischen Antwort auf sie zeigte.

Zur Gestaltungstherapie im Rahmen stationärer Psychotherapie vgl. etwa U. Böhler (1988), E. Lüdeke (1988), zur KBT Becker (1988b), zur Musiktherapie W. Schroeder (1988).

Wichtig ist in diesem Zusammenhang, daß die genannten Therapieformen in ihrem jeweiligen Medium ein Symbolisierungspotential sui generis besitzen, das nicht auf die Diskursivität des verbalen Symbolismus reduzierbar ist, wie es S.K. Langer in ihrer ‚Philosophie auf neuem Weg' herausgearbeitet hat: Sie spricht im Unterschied zum „diskursiven Symbolismus" der Sprache hier vom „‚präsentativen Symbolismus'" und meint damit, daß wir als Menschen auch Wort-lose Bedeutungen und Bedeutungszusammenhänge kennen, z.B. die „rein konnotative Semantik" der Musik (1965/1942, S. 103–107; vgl. insges. S. 86–108). Denkt man an die konstitutive Bedeutung der frühen präverbalen Interaktionsprozesse zwischen Mutter und Kind für die psychische Entwicklung des Kindes, dann legt dieser Gedanke nahe, daß die nonverbalen Therapieverfahren in sich – also unabhängig von und noch vor den in ihnen eingebauten sprachlichen Reflexionsprozessen – eine wichtige Rolle in der Fundierung eines inneren Raums spielen, in dem sodann auch sprachliche Symbolisierungsprozesse stattfinden können, z.B. indem ein Patient überhaupt einen artikulierend-strukturierenden Umgang mit seiner Befindlichkeit gewinnt. So erzählte mir eine Patientin in einem Katamnese-Interview, daß sie in konfusen Gefühlszuständen häufig male, worauf sie in der Gestaltungstherapie gekommen sei, weil die Gefühle dann Gestalt annehmen und für sie erkennbar würden. Im stationären Bereich kann das in der körperbezogenen KBT-Arbeit etwa im Hinblick auf das Körperbild bei Patientinnen mit einer Anorexie oder bei ausgeprägt somatisierenden oder psychosomatisch-alexithymen

Patienten, die keinen Zugang zu ihren Gefühlen besitzen, von besonderer Wichtigkeit sein (vgl. die Falldarstellungen in Becker 1988b, S. 144–153; Becker & Lüdeke 1978, S. 12–15). Es sei hinzugefügt, daß über den Klang der Stimme, Rhythmik und andere paraverbale Aspekte hintergrundhaft dieses präsentative Moment auch in der Einzeltherapie eine Rolle spielt oder spielen kann.

Der zweite hier zu untersuchende Aspekt der Diversität des stationären Settings ist das *multiple Übertragungsangebot* im Sinne des integrativen Modells (vgl. Kap. 3), d.h. die verschiedenen Mitglieder des therapeutischen Teams, prinzipiell aber auch die Mitpatienten, ‚stehen' einem Patienten ‚zur Verfügung', damit er (agierend) seine multiplen, dissoziierten (Teil-)Objektrepräsentanzen darstellen kann (Übertragungsaufspaltung). Dabei ist es die Aufgabe des Teams, diese Aufspaltung verstehend zu integrieren und die Integration dem Patienten ‚in verdaubarer Form' symbolisiert zu vermitteln, eine Dynamik, die insbesondere für Borderline-Patienten relevant ist. In der Regel kommt es bei solchen Patienten im Laufe der stationären Zeit zu (wiederholten) mehr oder minder massiven krisenhaften Zuspitzungen, die idealiter im Sinne der therapeutischen Zielvorstellung verstehbar und in der therapeutischen Abeit mit dem Patienten verbal symbolisierbar sind und so eine psychisch strukturfundierende bzw. in positiver Weise -modifizierende Funktion haben, d.h. die durch die Stations-Diversität aktualisierte und in ihr abgebildete psychische Dissoziation (Des-Integration) des Patienten kann idealiter (ein Stück weit) in Form einer durch die Symbolisierung geleisteten besseren Integration aufgehoben werden.

Fallbeispiel (4): In dem im Fallbeispiel (1) (vgl. Kap. 1) skizzierten Behandlungsverlauf von Herrn A. kam es im Rahmen seiner Abbruchsthematik zu einer Aufspaltung zwischen dem idealisiert guten Einzeltherapeuten und ‚den anderen', die mit ihm positiv bearbeitet werden konnte und zu einer erhöhten Ambivalenztoleranz führt, was die Integration von guten und bösen Anteilen in der Wahrnehmung von Objekten betraf.

Fallbeispiel (5): Da ich hier auf die Darstellung weiteren eigenen klinischen Materials verzichten muß, verweise ich als positives Beispiel auf die Schilderung einer produktiv verlaufenen 8-monatigen stationären Behandung einer Borderline-Patientin in Ehl und Tress (1988, S. 320f) bzw. Tress und Ehl (1987, S. 117).

So einleuchtend einerseits die angegebene therapeutische Logik ist, so ist doch andererseits auch zu berücksichtigen, daß sie nicht notwendig ‚greift', d.h. die ‚Schlüsselkrisen' können durchaus symbolisierungs- und strukturindifferent in dem Sinne bleiben, daß sie zwar eventuell noch in Form eines Krisenmanagements im Rahmen der Station selbst bewältigt werden, ohne daß aber der Patient, kleinianisch gesprochen, wirklich einen inneren Fortschritt von der paranoid-schizoiden zur depressiven Position mit dem Gefühl eigener Verantwortung und eigener Schuldanteile tun würde. Jeder, der mit solchen Patienten therapeutisch zu tun hat, weiß: „Die Arbeit mit dieser Gruppe von Patienten ist schwer und anstrengend" (Ehl & Tress 1988, S. 321), eine Charakterisierung, die bisweilen im Hinblick auf scheiternde Behandlungsbeispiele durchaus noch übertrieben positiv wirkt, wie dies Trimborn auf Grund langjähriger eigener Erfahrung formuliert hat:

> „Ich bezweifle, ob darin ein Sinn besteht, immer wieder solche Krisen mehr oder weniger tapfer zu durchstehen, ohne die Verletzungen auf allen Seiten sehen zu wollen" (1983, S. 224).

Fallbeispiele (6–8): Da ich wieder auf die Darstellung eigenen Materials verzichten muß, verweise ich auf die eindringlichen Beispiele in Trimborn (1983, S. 221f, 223f, 225f).

Es gibt eine Reihe von Gründen, wegen derer solche Krisen letztlich zu keinen wesentlichen inneren Veränderungen führen, so daß die stationäre Diversität in dieser Hinsicht unproduktiv oder mehr noch im Sinne einer Mobilisierung pathologischer Mechanismen (Spaltung, Externalisierung, Agieren) zu weiterer Ich-Desintegration führen kann (1983, S. 205–209). Zum einen ist es eine enorme Anforderung an das therapeutische Team, die notwendige Aufarbeitung und Integration unter den beträchtlichen emotionalen Belastungen immer wieder zu leisten (vgl. Senf 1988a, S. 26ff). Zum anderen kann das Ausmaß der Pathologie der Patienten gerade auch unter dem Druck, daß die stationäre Behandlung die letzte oder einzige Behandlungsmöglichkeit ist oder besser zu sein scheint, unterschätzt werden, z.B. im Hinblick darauf, wie tief ihr ‚Widerstand gegen das Symbolische', das Verstehen und Verstandenwerden geht; denn die ‚Akzeptanz des Symbolischen' beinhaltet neben der Befreiung zugleich einen ungeheueren Verzicht, den nämlich auf das Streben nach der Realisierung ursprünglicher Wunschbefriedigungen wie etwa der selbstverständlichen Versorgung und körperlichen Zuwendung, wie sie die Station in bestimmter Weise ansonsten bietet. Das mögliche Ausmaß einer solchen Abwehr gegen das Symbolische erhellt aus dem „fundamentalen Dilemma", das nach Green für solche Patienten „in der Alternative besteht: *psychotisch werden oder sterben*" (1975, S. 514).

4.3 Die Dichte des stationären Settings

Ein weiteres Merkmal der Station, das zugleich ihrer Diversität mit inhärent ist, ist ihre Dichte, d.h. die Kompaktheit und Intensität des formellen wie informellen therapeutischen ‚Inputs' im stationären Alltags-Lebensraum der Patienten, dem, auch wenn es sich im psychotherapeutisch-psychosomatischen Bereich um offene Stationen handelt, nur wenig ‚Welt außerhalb' als extratherapeutischer Raum gegenübersteht (z.B. durch Separierungsmöglichkeiten auf der Station und Formen des Rückzugs etwa auf Spaziergängen allein). Das Moment der Dichte wird unmittelbar anschaulich, wenn man sich vergegenwärtigt, wie vergleichsweise wenig äußerlich-zeitlichen Lebensraum (pro Woche) demgegenüber selbst die hochfrequenten 4- oder 5-stündigen ambulanten Psychoanalysen beanspruchen. Zu dieser sozusagen ‚offenen Dichte' kommt für die Patienten sichtbar, aber in bezug auf den Zugang ‚verdeckt' noch hinzu, daß sie oft noch mehrfach ‚Thema' in Besprechungen wie etwa den regelmäßigen Teamsitzungen sind.

Wie die Distanzierung aus der Alltagswelt und die Diversität ist auch die Dichte hinsichtlich ihrer therapeutischen Valenz ein relationales Merkmal, was sich als ‚positiv', ‚indifferent' oder ‚negativ' erst in der Interaktion mit der konkreten Psychodynamik des jeweiligen Patienten entfaltet. Auf das positive Potential reicht es an dieser Stelle hinzuweisen: Man kann immer wieder feststellen, was sich dann gegebenenfalls auch in katamnestischen Nachgesprächen bestätigen läßt, daß auch schwergestörte Patienten wie z.B. Herr A. (Fallbeispiel (1); vgl. Kap. 1) von dem dichten Angebot profitieren, und zwar nicht nur, was das formelle Therapieangebot betrifft, sondern auch über die informellen Kontakte mit Mitpatienten, wenn sie diese etwa im Sinne einer Verbesserung ihrer sozialen

Wahrnehmung und Kompetenz auf der Basis der Akzeptanz der anderen positiv für sich ,nutzen' können.

Das Negativpotential der Dichte zeigt sich z.B. darin, daß die fragile Abwehr von Patienten überfordert sein kann, was insbesondere im Hinblick auf die für das Team ,black box' der informellen Patienteninteraktionen (vgl. Senf 1988c) möglicherweise nicht rechtzeitig erkennbar ist. Es kann dies zu einer Reihe von kaum noch oder nicht mehr beherrschbaren Krisen mit dem Auftauchen sehr primitiver Abwehrformen und Objektbeziehungsmuster führen, etwa

- zur Entwicklung von suizidalen Tendenzen und Suizidversuchen, was die Frage der Verlegung auf eine geschlossene psychiatrische Abteilung aufwirft;
- zu paranoiden oder anderen psychotischen Entwicklungen mit der Notwendigkeit zu einer solchen Verlegung, sofern es sich nicht um eine ,minipsychotische Episode' im Rahmen einer Borderline-Störung handelt, die noch medikamentös und durch Rahmenbegrenzungen auf der offenen Station zu halten ist; beispielsweise kam es zu einer psychotischen Entwicklung bei einem jungen Mann mit schizoiden Zügen, als dieser in eine ihrer unbewußten Bedeutung nach inzestuöse Beziehung zu einer Mitpatientin, deren eigene Dynamik dies förderte, hineinzugeraten drohte;
- zur Entwicklung eines forcierten Aggressionsdrucks im Dienste der Selbst-Rekonstitution; beispielsweise kam es bei einem anderen Patienten mit ausgeprägt schizoiden Zügen zu heftigen Wutanfällen bis knapp vor einem tätlichen Angriff in der Einzeltherapie und anderen Gewaltandrohungen, wodurch er schließlich seine vorzeitige Entlassung erzwang;
- zur Entwicklung von offenem oder verdecktem selbstdestruktivem Agieren, wie z.B. Selbstverletzungen (Schneiden) bei einer Borderline-Patientin oder heimlichem Tablettenmißbrauch und verheimlichten massiven Eß-Brech-Durchbrüchen bei einer Anorexie-Patientin in der Phase ihrer scheinbaren Besserung, die schließlich zu einer lebensbedrohlichen organischen Komplikation führten.

Konzeptuell ist im Hinblick auf das Problem der Entwicklung der Symbolisierungsfähigkeit mit Bezug auf die stationäre Dichte insbesondere wichtig, was Trimborn, der speziell die stationäre Behandlung von Borderline-Patienten kritisch untersucht, als die „Zerstörung des therapeutischen Raumes" thematisiert (1983, S. 212–228). Danach besteht das grundsätzliche Problem der Dichte des stationären Settings darin,

> „daß in mehr oder weniger großen Bereichen der Realraum des alltäglichen Lebens der Patienten – d.h. der Raum der zu dieser Zeit wichtigsten sozialen Beziehungen – in der Klinik sich mit dem therapeutischen Raum überschneidet, gleich welche therapeutischen Konzepte zugrunde liegen. Durch die Überschneidung der verschiedenen Räume geht der Als-ob-Charakter der analytischen Beziehung verloren" (1983, S. 220).

Ein Beispiel für eine solche Überschneidung ist, daß Therapeuten wie Schwestern, bedingt durch das stationäre Miteinander, zugleich als Realpersonen, die auch sichtbar konkrete andere Beziehungen neben der jeweiligen therapeutischen Beziehung zum Patienten haben, erlebt werden. Damit aber wird der Therapeut im Sinne Winnicotts viel zu früh als ,objektives Objekt' erfahren und kann nicht mehr, wie es für die Entwicklung der Symbolisierungsfähigkeit notwendig wäre, ausreichend als ,subjektives Objekt' gebraucht werden (1983, S. 221f). Anders formuliert werden der alltägliche Raum der ,objektiven

Realität' und der innere ‚subjektive Raum' psychischen Erlebens, der im geschützten ‚therapeutischen Raum' der Übertragung aktualisiert werden sollte, konfundiert (1983, S. 204 (petit), 218ff, 231f). Das aber bedeutet, daß die stationäre Dichte den Aufbau eines therapeutischen Zwischenraums als Übergangsraum für die Bildung von Symbolen und die Entwicklung der Symbolisierungsfähigkeit erschwert, ja letztlich zu verunmöglichen droht, wie es die oben erwähnten Fallbeispiele (7, 8) verdeutlichen (vgl. Kap. 4.2).

4.4 Spezielle Rahmen-Bedingungen der stationären Psychotherapie

Analog zur ambulanten psychoanalytischen wie psychotherapeutischen Behandlung verstehe ich unter *Rahmen* all die äußeren Regelungen, die in bezug auf die Therapie wie das Zusammenleben auf der Station vor Beginn der Behandlung dem Patienten mitgeteilt und erläutert werden (vgl. Trimborn 1987, 1994, 1995). Zu diesem Rahmen gehören speziell die Hausordnung, das Therapiereglement (Art der Therapien und sonstigen therapeutischen Verpflichtungen wie z.B. Visiten sowie deren räumliche wie zeitliche Verteilung), Aufenthaltsdauer wie weitere spezielle Regeln, etwa die Verpflichtung, nach einer gewissen Eingewöhnungszeit zum Wochenende die Station zu verlassen und das Wochenende in der vertrauten Umgebung zu verbringen. Ferner können für Patienten mit speziellen Störungsbildern zusätzliche Vereinbarungen dazu gehören, etwa ein Eßprogramm.

Ein Beispiel für solche besonderen Therapievereinbarungen ist in der Heidelberger Psychosomatischen Universitätsklinik das Programm für Patientinnen/en mit einer Anorexie. Es umfaßt im ersten Teil ein spezielles Eßprogramm im Hinblick auf die Gewichtszunahme bis zu einem vor der Aufnahme festgelegten Basisgewicht, das die Patientinnen in den Vorgesprächen mitgeteilt bekommen. Während dieser Zeit erhalten die Patientinnen, um den auch körperlichen Anteil ihrer Erkrankung bewußt zu machen, ein reduziertes therapeutisches Angebot bei Stationsgebot mit ausgedehnter Bettruhe nach den Mahlzeiten. Nach dem Erreichen des Basisgewichts wird im zweiten Teil bei nunmehr vollem Therapieangebot schrittweise der Status der übrigen Patienten mit deren Ausgehmöglichkeiten und Eßmöglichkeiten (bzw. -verpflichtungen) erreicht. Die Patientinnen werden während der ganzen Zeit zweimal wöchentlich gewogen mit der Konsequenz einer temporären Entlassung für eine Woche (‚Motivationsprüfung'), wenn es zu keiner Gewichtszunahme kommt oder wenn später das Basisgewicht wieder unterschritten wird und sie nicht wieder zunehmen.

In der Arbeit mit schwergestörten Patienten, wie z.B. agierenden Borderline-Patienten, ist die ‚Arbeit mit dem Rahmen', d.h. dessen innere Aufrechterhaltung in den Therapeuten und ihr Eintreten dafür in der Therapie als etwas, dessen Anerkennung und Respektierung die Therapie überhaupt erst ermöglicht, ein wichtiges und phasenweise zentrales, über das Weiterbestehen der Therapie überhaupt entscheidendes Moment (vgl. Kernberg 1978/1975, Kap. 3; 1993/1989, Teil I, III; Trimborn 1987, 1994, 1995). Trimborn schreibt:

> „Der Patient wird den Analytiker am Rahmen bewußt und unbewußt testen, herausfordern und messen. Der Umgang des Analytikers mit dem Rahmen konstituiert und erhält den therapeutischen Prozeß: und er wird um so entscheidender sein, je gestörter der Patient ist" (1994, S. 95),

und das läßt sich auf die stationäre Behandlung übertragen:

Das „Kernproblem jeder Art der stationären Behandlung von Patienten mit strukturellen Ich-Störungen ... [ist das] Problem der Einhaltung des therapeutischen Rahmens. Sie entscheidet über Erfolg und Mißerfolg des therapeutischen Dialogs. .../... Dieser Rahmen ist das äußere Gerüst der Therapie. Die Einhaltung des Rahmens ist gewissermaßen die Grundregel der stationären Psychotherapie" (Ermann 1988, S. 57/58, vgl. insges. S. 57–60).

Die strukturelle Bedeutung des Rahmens ist die, daß damit eine Konstante außerhalb des Beziehungsprozesses der Beteiligten (Patient, Therapeuten) eingeführt wird, auf die sie sich gemeinsam beziehen, so daß die gegenseitige Verwicklung begrenzt wird (Trimborn 1983, S. 228f). Ein Beispiel dafür ist der Rekurs auf das bereits vor ihrer Aufnahme mit anorektischen Patientinnen/en besprochene Eßprogramm mit seiner Festlegung von Eßmenge, Basisgewicht und Tagesstruktur. Diese äußere Konstante wird an verschiedenen Punkten im Laufe der Behandlung ein wesentliches Thema, d.h. an ihr entzündet sich die anorektische Dynamik von Autonomie- und Versorgungswünschen, von Verleugnung, Verheimlichung u.a., die auf diese Weise aktualisiert und therapeutisch zugänglich werden kann, ohne daß die beteiligten Therapeuten in die Rolle eines verfolgenden, allmächtigen Objekts geraten müßten. Für das Team bedeutet der Rahmen, also in diesem Fall konkret das Rahmenelement ‚Eßprogramm', die Behandlungsgrundlage, mit Hilfe derer es die therapeutisch zentrale Aufgabe angehen und günstigenfalls leisten kann, nämlich die im Team sich widerspiegelnde Dynamik, wie etwa die Spaltungstendenzen, zu integrieren und so zu einem gemeinsamen Verständnis und einer gemeinsamen Haltung zu kommen.

Fallbeispiel (9): Die 22jährige Frau D. hat durch einen Verkehrsunfall ein Jahr vor ihrer stationären Aufnahme beide Eltern verloren. Einige Monate später entwickelte sie eine massive anorektische Eßstörung, die Vorläufer in der Adoleszenz hatte. Diese Eßstörung ist zugleich Teil ihrer nicht gelungenen Trauerreaktion, die sich auch in depressiven Zuständen zeigt.

Auf Grund der bedrohlichen anorektischen Entwicklung wird die Patientin im Rahmen des oben geschilderten Anorexie-Programms aufgenommen. Bald treten Spaltungsprozesse im Team auf, insofern die einen wie die Patienten selbst das Programm bezogen auf sie als inhuman erleben, weil es keinen Raum für ihre Trauerarbeit lasse, um die es doch eigentlich gehe, während die anderen das Programm verteidigen und damit die anorektische Erkrankung als solche in den Vordergrund stellen. Die Patientin nimmt während dieser Phase entgegen den Vereinbarungen nicht zu. Im Gegenteil verschlechtert sich ihr körperlicher Zustand eher noch, allerdings nicht in einem alarmierenden Ausmaß, während sie psychisch sich in der Hinsicht zu entwickeln scheint, daß sie sich viel deutlicher als vor der Aufnahme mit dem Unfall, dem Schicksal der Eltern und dem, was es für sie bedeutet, beschäftigt. Dabei wird erkennbar, daß die inneren Objekte der Patientin korrupt in dem Sinne sind, daß sich ihre Eltern früher durch sie hatten ausspielen lassen, indem der eine Teil ihr dann doch erfüllte, was der andere Elternteil ihr versagte – was aber letztlich hieß, daß sie von ihren Eltern in deren ambivalente Beziehung eingespannt und von ihnen für ihre eigenen Zwecke benutzt wurde. So klar der Rahmen zunächst auch gewesen zu sein scheint, haben sich doch die Spannungen im Team massiv zugespitzt und es gelingt erst jetzt durch das Verstehen dieser wiederauflebenden inneren Objektbeziehungen, die Spaltung zu verstehen und den Rahmen in Form einer gemeinsamen Akzeptanz des Teams zu (re)etablieren, d.h. die Patientin mit der Alternative ‚Entlassung' oder ‚Rückkehr zur Vereinbarung (Eßprogramm)' zu konfrontieren. – Es erweist sich dann, daß in der Tat die Trauerarbeit innerlich noch kein wirkliches Fundament hat, sondern erst deutlich später, nachdem sie im zweiten Teil des Therapieprogramms ist, wirklich produktiv von ihr aufgenommen werden kann.

Behandlungsstrukturell ähnlich fungiert die Hausordnung, z.B. wenn es um das Nicht-anwesend-sein auf der Station zu den dafür vorgesehenen Zeiten geht, ein Punkt, an dem sich etwa narzißtische Konflikte um Omnipotenz und Unterwerfung aktualisieren können. Gerade weil es hier manchmal um scheinbar so ,banale' und ,gut nachvollziehbare' Kleinigkeiten wie das Zuspätkommen o. ä. geht und das Team bzw. einzelne Teammitglieder leicht in eine Negativrolle gedrängt werden, die nicht unbedingt immer leicht auszuhalten ist – so übergaben Patienten einem Stationsarzt zur Nikolausfeier einmal einen Sheriff-Stern (Sachsse 1989, S. 141: Fn 1) –, kann die Rahmen-Funktion der Hausordnung leicht übersehen werden, was sich auch in der vergleichsweise geringen Aufmerksamkeit dafür in der entsprechenden Fachliteratur spiegelt (1989, S. 141). Generell gilt, daß Regelverstöße wie im obigen Fallbeispiel (9) im Rahmen der inneren Dynamik des Patienten und ihrer Übertragungs-Gegenübertragungs-Aktualisierung verstanden werden sollten, daß dieses Verstehen aber auch Konsequenzen haben muß, wenn das verstehend mit dem Patienten thematisierte Verhalten letztlich zu keinen Handlungsveränderungen bei ihm führt (1989, S. 53; Ermann 1988, S. 58f). Dann nämlich muß der Patient erfahren können, daß das Team dem, was es als Rahmen vorgibt, selbst tatsächlich Bedeutung und innere Wirklichkeit verleiht und daß es in dieser Hinsicht nicht korrumpierbar ist.

Fallbeispiel (10): Sehr schön wird die Notwendigkeit dazu, den Rahmen als nicht manipulierbares Gesetz zu bewahren, auch in einer Fallschilderung von Trimborn (1987) deutlich.

Was die Bedeutung des Rahmens und der rahmenbezogenen Arbeit im Hinblick auf die Entwicklung der Symbolisierungsfähigkeit betrifft, so ist es wichtig zu sehen, daß der Rahmen auf verschiedenen Entwicklungsniveaus eine unterschiedliche Bedeutung besitzt (vgl. Trimborn 1983, S. 229ff). Auf der Ebene der Einerbeziehung, der symbiotischen Einheit mit der Mutter, ist er das Objekt in seiner haltenden und Containing-Funktion, er „wirkt wie die Grenze des Körpers oder als ein basales Zentrum der Identität" (1983, S. 230). Hier geht es darum, einen genügend geschützten Raum zur Verfügung zu stellen, auf dessen Grundlage es allmählich möglich wird, einen Übergangsraum und damit den Raum des Symbolischen zu erschaffen.

Auf der Ebene der Zweierbeziehung „wirkt (der Rahmen) als ein Drittes ..., das von außen kommt und von der Zweierbeziehung unabhängig ist" (1983, S. 230), d.h. hier geht es um Loslösung, Separation und Individuation. Indem sich der Therapeut wie in den obigen Fallbeispielen (9, 10) auf etwas von ihm unabhängiges Drittes bezieht, überlebt er den ihm – als sich der omnipotenten Kontrolle und Vereinnahmung verweigerndes Objekt, das sich aber zugleich für den Angriff nicht rächt und das in seinem Bezogensein auf ein *nicht* von ihm stammendes Drittes seinerseits nicht omnipotent ist – geltenden Haß:

> „In dieser Phase geht es um die Entwicklung der Unlustbejahung und des Wirklichkeitssinnes, um die Anerkennung des Objektes und eines objektiven Objekts im Gegensatz zum Selbstobjekt. Es geht um die Entwicklung der Ich-Funktionen von Wahrnehmung und Differenzierung; schließlich geht es um die Entwicklung der Fähigkeit des Ichs, Spannungen zu tolerieren und Aggressionen zu erleben, um zu einer Objektkonstanz zu gelangen" (1983, S. 230).

Etwas anders formuliert geht es in diesem Prozeß also um die Konstitution der Differenzierung des subjektiven vom objektiven Objekt, d.h. um die Entstehung des Abstands von ,Innen', im Sinne der Omnipotenz der Phantasie, und ,Außen', im Sinne der vom Selbst unabhängigen Wirklichkeit, also um die ,konkrete Grundlegung' des Übergangs-

oder Zwischenraums: des Raums der Symbolisierung (vgl. Kap. 2). Auf dieser Ebene also konstituiert der Rahmen bzw. genauer die Auseinandersetzung um den Erhalt des Rahmens die Symbolisierungsfähigkeit.

Auf der Ebene der ödipalen, triangulären Objektbeziehungen schließlich „verankert der Rahmen das übergeordnete Gesetz" (1983, S. 229). Dabei handelt es sich um das Gesetz als Repräsentant einer symbolischen Ordnung, auf die sich alle Beteiligten einer Kommunikationsgemeinschaft beziehen müssen, damit sie überhaupt kommunizieren und kooperieren können (vgl. Trimborn 1987). Die durch das Inzestverbot gegebene Grenze trennt von den Eltern, dies aber in einem gemeinsamen symbolischen Raum, in dem nun wieder Grenzüberschreitungen im kreativen Sinne möglich werden. Hier geht es also um die Entfaltung der Symbolisierung(sfähigkeit) in einem Raum von Kommunikation (Gemeinsamkeit) und zugleich Individuiertheit.

Was die Symbolisierungsfähigkeit betrifft, so liegt das Entwicklungspotential der stationären therapeutischen Arbeit an Rahmenkonflikten vor allem auf der dualen Ebene und möglicherweise, darauf aufbauend, noch der triangulären Ebene, wobei positive Kasuistiken wie in den Fallberichten (9, 10) belegen, daß in dieser Hinsicht eine produktive Arbeit möglich ist. Die stationsinhärente Problematik im Hinblick auf die therapeutische Arbeit mit dem Rahmen läßt sich mit Trimborn darin sehen,

> „daß das rahmenbezogene Arbeiten im stationären Setting vorzeitig die reiferen Ebenen betont und anspricht. Die regressiven affektiven Durchbrüche veranlassen notwendigerweise den Therapeuten, den Rahmen als ein Realitätsprinzip zu vertreten. Der Rahmen darf keine Zweideutigkeit annehmen ... Wenn der Therapeut nicht bereit oder fähig ist, diese Funktion zu übernehmen, ... droht eine weitere Zerstörung des gesamten therapeutischen Raumes ... Doch das Erscheinen des Therapeuten als eines realen Objektes außerhalb des subjektiven Bereichs kann für den frühgestörten Patienten einen vorzeitigen Verlust mit der verheerenden Bedrohung durch eine Leere bedeuten, da sich das Objekt als ein erweitertes Selbstobjekt entzogen hat. Die *radikale Desillusionierung* führt entweder zu einer Katastrophe oder zu einer falschen Anpassung" (1983, S. 231).

Solche ‚schlechten Anpassungen' fallen möglicherweise in der stationären Zeit nicht auf, dazu braucht es längere Katamnesen bzw. das Wissen um den späteren ambulanten Therapieverlauf. ‚Katastrophen' mögen sich äußerlich in Entwicklungen wie oben angegeben zeigen, z.B. in Abbrüchen oder Dekompensationen (vgl. Kap. 4.3) – ich denke, es kann sie auch in Form einer inneren Zerstörung geben. Am deutlichsten wird diese Gefährdung an einer Rahmen-Bedingung besonderer Art, die wegen ihres besonderen Stellenwerts abschließend gesondert behandelt wird: die vergleichsweise enge zeitliche Begrenzung der stationären Therapie, die dem Patienten vor der Aufnahme der Behandlung mitgeteilt wird, also als Element der Therapievereinbarung, des Rahmens.

4.5 Die enge zeitliche Begrenztheit der stationären Behandlung

Angesichts der Diversität und Dichte des stationären therapeutischen Angebot fällt auf den ersten Blick vielleicht gar nicht auf, wie begrenzt das therapeutische Angebot doch auch zugleich ist: So umfaßt bei einer in der Regel 12-wöchigen Aufenthaltsdauer in der Psychosomatischen Universitätsklinik Heidelberg z.B. das einzeltherapeutische Angebot bei wöchentlich zwei Terminen insgesamt nur 24 Sitzungen, liegt also beim Umfang einer Kurztherapie. Bezogen auf die eingangs beschriebene Erkrankungsschwere ist also das therapeutische Angebot insgesamt durchaus begrenzt, und es bedarf, wie schon erwähnt, im allgemeinen einer weiterführenden ambulanten Therapie – wenn es gelingt, beim Patienten einen inneren Raum dafür zu eröffnen, ist oft schon ein wesentlicher Therapieerfolg erreicht (vgl. Kap. 1).

Die Begrenztheit der stationären Therapie findet ihren direktesten und wichtigsten Ausdruck in ihrer engen zeitlichen Begrenztheit (relativ jedenfalls zum Ausmaß der Störung des Patienten). Im Hinblick auf das illusionäre ‚Zauberbergpotential', das die Station als Ersatz für die Alltagswelt des Patienten auf Grund ihrer vergleichsweisen Totalität (z.B. in der Versorgung) zwangsläufig hat (z.B. Hellwig 1981, S. 173ff), hat diese zu ihrem Rahmen gehörige Zeit-Begrenztheit ihre innere Notwendigkeit. Sie wird üblicherweise in der Vermeidung von regressiven Negativeffekten (z.B. maligne Regression) gesehen, so etwa von Zauner (1978, S. 44–47), der deswegen die Bedeutung der zeitlichen Begrenzung als Rahmen-Bedingung im obigen Sinne hervorhebt, so daß die Trennung vom Beginn an ein konstitutives Behandlungsmoment sein soll:

> „Eine Terminierung des Aufenthaltes, eine Information über die begrenzten therapeutischen Möglichkeiten und Ziele, die in der Klinik zu erreichen sind, wie etwa die der Fähigkeit zu einer ambulanten Behandlung, ... sollten schon bei der Aufnahme ausführlich besprochen werden. Die Entlassung beginnt mit der Aufnahme" (1978, S. 47).
>
> Zum Problem der Regression in der stationären Therapie überhaupt vgl. etwa auch Becker (1988c, S. 199–203), Ermann (1982) und Hoetzer (1978).

In bezug auf die Entwicklung der Symbolisierungsfähigkeit stellt das Ende der stationären Zeit oder anders: der Verlust der Station, nach den theoretischen Hintergrundüberlegungen eine Schlüsselsituation dar, eine Krise, deren produktiver Ausgang ein Entwicklungsschritt im Sinne einer symbolisierenden Verarbeitung dieses Verlusts ist, die den Weg für eine Weiterentwicklung der Fähigkeit zum Objektbezug und zum Allein-sein-können eröffnet (vgl. Kap. 2). Es sind dies auch bei schwergestörten Patienten mit chronifizierten Symptomen mögliche Entwicklungen, wobei meinem klinischen Eindruck nach gut dafür ist, wenn die Lebensgestaltung und äußere Lebenssituation der Patienten trotz ihrer Einschränkungen einigermaßen intakt sind und sie sich einerseits, mit besonderer Besetzung einer für sie speziell wichtigen Therapie, zwar intensiv auf die regressive Zeit der Station einlassen, andererseits aber die ‚historische Zeit draußen' gleichzeitig auch für sie erhalten bleibt – ein Indiz dafür ist, daß gegen Ende der stationären Zeit neben Bleibetendenzen auch der Wunsch nach der Rückkehr in den Alltag auftaucht.

Fallbeispiel (11): Frau B., die Patientin mit der Gewitterphobie (Fallbeispiel (2) in Kap. 4.1), erzählt mir in der vorletzten Stunde einen Traum, in dem ein Weihnachtsmann oder Nikolaus in der Ecke meines Zimmers, also des Behandlungszimmers, steht. Ihr fällt dazu ganz unvermutet eine Nikolausfeier ein, als sie sechs Jahre alt war, auf der sie der Knecht Ruprecht, der draußen auf dem Flur herumstapfte, furchtbar ängstigte. Es fällt ihr dann auch ein, daß ihr Vater ihr öfters erzählt hatte, Kinder, die allein zu weit von zu Hause weggingen, würden draußen von fremden Männern in Säcke gesteckt und weggeschleppt. Dies eröffnet den Zugang zu ihrer Verlustangst, mich und die Station betreffend, aber auch zu ihren expansiven Wünschen, die stark abgewehrt sind, weil damit auch Wünsche verbunden sind, den Vater zu verlassen, der sich ihrer als Ersatz für die verlorene Mutter bemächtigt hatte und an den sie darüber hinaus auch noch selbst auf Grund ihrer eigenen Dynamik vielfältig fixiert ist.

Andererseits können solche positiven oder auch emotional vergleichsweise neutralen Erfahrungen mit dem Abschied von der Station nicht darüber hinwegtäuschen, daß bei manchen Patienten die Trennung nicht oder kaum bearbeitet werden kann, weil die Entlassung für sie strukturell zu früh kommt. Dies droht meines Erachtens insbesondere bei Patienten mit unzuverlässigen primären Bezugspersonen und massiven frühen Traumata, die allmählich die Station als gute haltende Umwelt im Sinne Winnicotts oder als gutes Objekt zugelassen haben. Dieses Objekt stößt sie nun ab und verwandelt sich in ein unzuverlässiges, böses Objekt, d.h. die Entlassung droht zu einem vernichtenden, absoluten Objektverlust zu werden, zu einem erneuten, psychisch nicht symbolisierbaren Trauma, das den sich entwickelnden Übergangsraum wieder zerstört (vgl. Trimborn, Brodthage, Hoffmann & Stemmer 1981, S. 158–162).

Fallbeispiel (12): Ein Beispiel dafür ist Frau C., die ich früher vorgestellt habe (Fallbeispiel (3) in Kap. 4.1), bei der sich die anaklitische Übertragung auf die Station und mich als Einzeltherapeuten nicht auflösen ließ und für die die Beendigung der Therapie meines Erachtens die Wiederholung eines traumatischen Objektverlustes war.

Eine gegen diese Traumatisierung gerichtete Abwehr ist die Wendung von passiv in aktiv in der Form, daß der Patient nun seinerseits das, was positiv war, entwertet und agierend destruiert, z.B. indem er in einer omnipotenten, destruktiv-narzißtischen Weise das Team zwingt, ihn vorzeitig zu entlassen, um nicht den Rahmen und damit sich selbst zerstören lassen. Im besten Fall kann es gelingen, den Prozeß dieser ‚Gegen-Zerstörung' nicht nur innerhalb des Teams, sondern auch noch soweit mit dem Patienten selbst zu verstehen, daß eine Art Verstehensbrücke zu ihm rekonstituiert und so die endgültige Zerstörung des Zwischenraumes abgewendet werden kann. Eine begründete Gewähr dafür aber besteht nicht, selbst wenn die Gefahr die ganze Behandlung hindurch, was schwer genug (bis unmöglich) ist, im Team reflektiert wird, weil eben bei Patienten mit einer solchen Beziehungs-Traumatisierungs-Geschichte die stationäre Behandlung auf Grund ihrer *notwendigen* engen zeitlichen Begrenztheit die traumatische Situation des Verlustes wiederholt (oder ihr auf's Haar nahekommt) – und damit (um ein Haar) wieder zerstört, was sie grundlegen oder aufbauen wollte: die Fähigkeit zur Symbolisierung zwischen realitätsverleugnender subjektiver Omnipotenz einerseits und das Selbst zerstörender traumatischer Realität andererseits. Das für solche Patienten *stationsimmanente* Traumatisierungspotential kann leicht verleugnet werden; es ist deswegen notwendig, sich immer wieder zu vergegenwärtigen, wie unendlich schwer der Schritt ist, den sie zu tun haben:

> „Aber es ist eine ungeheuere Anstrengung notwendig, um fähig zu werden, Abwesenheit zu ertragen, diese vom Verlust zu unterscheiden und der Welt der Vorstellung (representational world) ihre vollständige Rolle in der Imagination und im Denken zu geben'" (Green zit. nach Trimborn 1983, S. 232).

5. Zusammenfassung

Ziel des vorliegenden Beitrags ist es, einen konzeptuellen Zugang zum Problem der Möglichkeiten und Grenzen von Internalisierungs- und Strukturbildungsprozessen im Rahmen psychoanalytisch orientierter stationärer Psychotherapie zu entwickeln. Dazu habe ich (subjektbezogen) Internalisierungs- und Strukturbildungsprozesse unter dem Aspekt der Entwicklung der Fähigkeit zur Symbolisierung betrachtet und (settingbezogen) nach dafür relevanten Merkmalen des Settings ‚stationäre Psychotherapie' gefragt. Distanz von der alltäglichen Lebenswelt, Diversität und Dichte des therapeutischen Angebots, spezielle Rahmenbedingungen der Station sowie die enge zeitliche Begrenztheit der stationären Behandlung erweisen sich hier als relevant; denn sie alle berühren theoretisch zentrale Momente, was die Entwicklung der Symbolisierungsfähigkeit betrifft, insbesondere die für sie konstitutive Dialektik von Anwesenheit und Abwesenheit (Verlust). Wie eine Reihe klinischer Fallbeispiele zeigt, erweisen sich alle genannten Merkmale als ‚störungsrelational' in dem Sinne, daß sie im Hinblick auf die Entwicklung der Symbolisierungsfähigkeit nicht entweder *positiv* oder *negativ* sind, sondern einerseits produktiv, andererseits aber auch kontraproduktiv und im Extremfall sogar traumatisierend wirken können. Wo die Grenze hier systematisch liegt, bleibt noch offen und muß klinisch-kasuistisch wie gegebenenfalls auch empirisch weiter untersucht werden. So kann etwa die Dichte der Station für Patienten mit stark ausgeprägten schizoiden Zügen zu groß sein, und es scheint die Behandlung ich-strukturell gestörter Patienten mit schwerwiegenden frühen Beziehungstraumatisierungen problematisch, da für diese die enge zeitliche Begrenztheit leicht zu einer Re-Traumatisierung als Wiederholung des Objektverlusts führen kann, die das zu Erreichende wieder zerstört, nämlich die psychische Grundlegung eines Übergangsraums (zum Problem der Prognose vgl. auch Ermann 1982, S. 185f; Senf 1988b, S. 224–227). Damit erweist sich der therapeutische Nutzen stationärer Psychotherapie im Hinblick auf die basale Entwicklung der Symbolisierungsfähigkeit selbst als ‚störungsrelational': Sie bietet für manche ambulant nicht erreichbar erscheinende Problempatienten Entwicklungs-Möglichkeiten – dies entspricht der katamnestisch abgesicherten Effizienz psychoanalytisch orientierter stationärer Therapie (zur Literatur vgl. Rudolf & Grande 1993, S. 594) –, kann aber auch bei solchen Problempatienten nicht einfach a priori als Methode der Wahl angesehen werden, vielmehr müssen störungsbezogen potentiell negative stationsimmanente Effekte prospektiv im Hinblick auf ihre Grenzen reflektiert werden. Im Hinblick auf solche Fälle wird es notwendig sein, über Modelle der Verzahnung von ambulanter und stationärer Psychotherapie theoretisch wie klinisch-kasuistisch weiter nachzudenken und Modellvorstellungen zu entwickeln.

Literatur

Arfsten, A.J., S.O. Hoffmann (1978): Stationäre psychoanalytische Psychotherapie als eigenständige Behandlungsform. Praxis der Psychotherapie 23, 233–245.

Becker, H. (1988a): Klinische Praxis der Indikationsstellung. In: Becker, H., W. Senf (Hrsg.), S. 48–59.

Becker, H. (1988b): Konzentrative Bewegungstherapie. In: Becker, H., W. Senf (Hrsg.), S. 137–153.

Becker, H. (1988c): Problembereiche stationärer Psychotherapie. In: Becker, H., W. Senf (Hrsg.), S. 196–207.

Becker, H., H. Lüdeke (1978): Erfahrungen mit der stationären Anwendung psychoanalytischer Therapie. Psyche 32, 1–20.

Becker, H., W. Senf (Hrsg.) (1988): Praxis der stationären Psychotherapie. Stuttgart: Thieme.

Beese, F. (Hrsg.) (1978): Stationäre Psychotherapie. Modifiziertes psychoanalytisches Behandlungsverfahren und therapeutisch nutzbares Gruppengeschehen. Vorträge des Symposiums über Stationäre Psychotherapie Stuttgart 1977. Göttingen: Verlag für Medizinische Psychologie.

Beland, H. (1992): Buchbesprechung: Segal, Hanna: *Dream, Phantasy and Art.* London: Routledge 1991. Zeitschrift für psychoanalytische Theorie und Praxis 7, 170–182.

Bliersbach, G., M.G. Schmidt (1992): Räume ohne Wände – Caroline Neubaurs Winnicott-Rezeption schafft neue Perspektiven. Zeitschrift für psychoanalytische Theorie und Praxis 7, 16–26.

Böhler, U. (1988): Gestaltungstherapie. In: Schepank, H., W. Tress (Hrsg.), S. 161–168.

Cassirer, E. (1972–73/1924–27). Philosophie der symbolischen Formen. Darmstadt: Wissenschaftliche Buchgesellschaft (6. unv. Auflage; orig. Hamburg).

Ehl, M., W. Tress (1988): Die stationäre psychoanalytische Behandlung von Patienten mit strukturellen Ich-Störungen. Zeitschrift für psychosomatische Medizin und Psychoanalyse 34, 309–324.

Ermann, M. (1982): Regression in der stationär-analytischen Psychotherapie. Überlegungen zur Indikation und Behandlungsstrategie aus der Sicht der angewandten Ichpsychologie. Zeitschrift für psychosomatische Medizin und Psychoanalyse 28, 176–188.

Ermann, M. (1985): Ansatz und Technik der psychoanalytischen Borderline-Behandlung. Praxis der Psychotherapie und Psychosomatik 30, 243–253.

Ermann, M. (1988): Die stationäre Langzeitpsychotherapie als psychoanalytischer Prozeß. In: Schepank, H., W. Tress (Hrsg.), S. 51–60.

Fonagy, P. (1991): Thinking about thinking. Some clinical and theoretical considerations in the treatment of a borderline-patients. International Journal of Psycho-Analysis 72, 639–656.

Fonagy, P., G.S. Moran, R. Edgcumbe, H. Kennedy, M. Target (1993): The roles of mental representations and mental processes in therapeutic action. The Psychoanalytic Study of the Child 48, 9–48.

Fürstenau, P. (1977): Die beiden Dimensionen des psychoanalytischen Umgangs mit strukturell ich-gestörten Patienten. Psyche 31, 196–207.

Green, A. (1975): Analytiker, Symbolisierung und Abwesenheit im Rahmen der psychoanalytischen Situation. Psyche 29, 503–541.

Habermas, J. (1973/1968): Erkenntnis und Interesse. Mit einem neuen Nachwort. Frankfurt a.M.: Suhrkamp.

Heigl, F. (1978/1972): Indikation und Prognose in Psychoanalyse und Psychotherapie. Für die Praxis des Arztes, Psychotherapeuten und klinischen Psychologen. Göttingen: Verlag für Medizinische Psychologie (2. neubearb. Aufl.; orig. dito).

Heigl, F., H. Neun (Hrsg.) (In Zusammenarbeit mit H. Hellwig) (1981): Psychotherapie im Krankenhaus. Behandlungskonzepte und -methoden in der stationären Psychotherapie. Göttingen: Verlag für Medizinische Psychologie.

Heigl-Evers, A., F. Heigl (1983): Das interaktionelle Prinzip in der Einzel- und Gruppenpsychotherapie. Zeitschrift für psychosomatische Medizin und Psychoanalyse 29, 1–14.

Heigl-Evers, A., B. Nitzschke (1991): Das Prinzip ‚Deutung' und das Prinzip ‚Antwort' in der psychoanalytischen Therapie. Anmerkung zur theoretischen Begründung zweier therapeutischer Angebote, die an unterschiedliche Patientengruppen gerichtet sind. Zeitschrift für psychosomatische Medizin und Psychoanalyse 37, 115–127.

Hellwig, H. (1981): Die Vorbereitung der Entlassung aus der stationären Psychotherapie. In: Heigl, F., H. Neun (Hrsg.), S. 173–180.

Hinshelwood, R. D. (1993/1991): Wörterbuch der kleinianischen Psychoanalyse. Stuttgart: Verlag Internationale Psychoanalyse (2. rev. und erw. Aufl.; 1. Aufl. 1989 (orig. London)).

Hoetzer, K. (1978): Die Regression – ihre Möglichkeiten und Gefahren in der Stationären Psychotherapie. In: Beese, F. (Hrsg.), S. 52–61.

Hoffmann, S.O., H. Brodthage, W. Trimborn, Th. Stemmer (1981): Stationäre psychoanalytische Psychotherapie als eigenständige Behandlungsform. In: Heigl, F., H. Neun (Hrsg.), S. 35–40.

Janssen, P.L. (1985): Auf dem Wege zu einer integrativen analytisch-psychotherapeutischen Krankenhausbehandlung. Forum der Psychoanalyse 1, 293–307.

Janssen, P.L. (1987): Psychoanalytische Therapie in der Klinik. Stutgart: Klett-Cotta.

Jones, E. (1978/1916): Die Theorie der Symbolik. In: ders.: Die Theorie der Symbolik und andere Aufsätze. Mit einem Vorwort von Peter Krumme. Frankfurt a.M.: Ullstein, S. 50–114 (orig. in ‚Papers on Psychoanalysis', London).

Kernberg, O. (1978/1975): Borderline-Störungen und pathologischer Narzißmus. Frankfurt a.M.: Suhrkamp (orig. New York).

Kernberg, O. (unter Mitarbeit von M.A. Selzer, H.W. Koenigsberg, A.C. Carr und A.H. Appelbaum) (1993/1989): Psychodynamische Therapie bei Borderline-Patienten. Bern: Huber (orig. New York).

Khan, M.M.R. (1982/1977): Das Werk von D.W. Winnicott. In: Eicke, D. (Hrsg.): Kindlers ‚Psychologie des 20. Jahrhunderts'. Tiefenpsychologie. Band III: Die Nachfolger Freuds. Weinheim: Beltz, S. 219–253 (erw. und überarb. Fassung einer Einführung zu Winnicott, 1973).

Killingmo, B. (1989): Conflict and deficit: Implications for technique. International Journal of Psycho-Analysis 70, 65–79.

Klein, M. (1981/1923): Die Rolle der Schule für die libidinöse Entwicklung des Kindes. In: dies.: S. 104–125 (orig. Internationale Zeitschrift für Psychoanalyse).

Klein, M. (1981/1926): Die psychologischen Grundlagen der Frühanalyse. In: dies.: S. 185–196 (orig. International Journal of Psycho-Analysis).

Klein, M. (1983/1930): Die Bedeutung der Symbolbildung für die Ichentwicklung. In: dies.: Das Seelenleben des Kleinkindes und andere Beiträge zur Psychoanalyse. Herausgegeben von H.A. Thorner. Stuttgart: Klett-Cotta, S. 36–54 (orig. Internationale Zeitschrift für Psychoanalyse).

Klein, M. (1985/1931): Ein Beitrag zur Theorie der Lernhemmung. In: dies.: Frühstadien des Ödipuskomplexes. Frühe Schriften 1928–1945. Herausgegeben von J. Stork. Frankfurt a.M.: Fischer, S. 73–88 (orig. International Journal of Psycho-Analysis).

Klein, M. (1981): Ein Kind entwickelt sich. Methode und Technik der Kinderanalyse. Herausgegeben von J. Stork. München: Kindler.

Langer, S.K. (1965/1942): Philosophie auf neuem Wege. Das Symbol im Denken, im Ritus und in der Kunst. Frankfurt a.M.: Fischer (orig. Cambridge, Mass.).

Loch, W. (1977): Anmerkungen zum Thema Ich-Veränderungen, Ich-Defekten und psychoanalytische Technik. Psyche 31, 216–227.

Lorenzer, A. (1970): Kritik des psychoanalytischen Symbolbegriffs. Frankfurt a.M.: Suhrkamp.

Lorenzer, A. (1973/1970): Sprachzerstörung und Rekonstruktion. Vorarbeiten zu einer Metatheorie der Psychoanalyse. Frankfurt a.M.: Suhrkamp (orig. dito).

Lüdeke, E. (1988): Gestaltungstherapie. In: Becker, H., W. Senf (Hrsg.), S. 177–136.

Moersch, E. (1976): Symbol, Repräsentanz, Primärprozeß. Kritische Überlegungen zu den Revisionsvorschlägen Alfred Lorenzers. Psyche 30, 503–533.

Möhlen, K., G. Heising (1980): Integrative stationäre Psychotherapie. Gruppenpsychotherapie und Gruppendynamik 15, 16–31.

Neubaur, C. (1987): Übergänge. Spiel und Realität in der Psychoanalyse Donald W. Winnicotts. Frankfurt a.M.: Athenäum.

Neun, H. (Hrsg.) (unter Mitarbeit von K. Baering, W. Dahlmann, R. Doubrawa, R. Lachauer, H.-E. Oberdalhoff) (1994/1987): Psychosomatische Einrichtungen. Was sie (anders) machen und wie man sie finden kann. Im Auftrage des Deutschen Kollegiums für Psychosomatische Medizin (DKPM). Göttingen: Verlag für Medizinische Psychologie (3. überarb. Aufl.; orig. dito).

Ogden, Th. (1985): On potential space. International Journal of Psycho-Analysis 66, 129–141.

Pohlen, M. (1973): Das Münchener Kooperationsmodell. Gruppentherapie in einem neuen klinischen Organisationsmodell. Der Nervenarzt 44, 476–483.

Rudolf, G. (1991): Die Therapeutische Arbeitsbeziehung. Heidelberg: Springer.

Rudolf, G. (und die Mitarbeiter der Psychosomatischen Universitätsklinik Heidelberg) (1995/1993): Psychotherapeutische Medizin: Ein einführendes Lehrbuch auf psychodynamischer Grundlage. Stuttgart: Enke (2. durchges. Aufl.; orig. dito)

Rudolf, G., T. Grande (1993): Differentialindikation zwischen ambulanter und stationärer Psychotherapie neurotischer und psychosomatischer Störungen aus psychoanalytischer Sicht. In: Möller, H.-J. (Hrsg.): Therapie psychiatrischer Erkrankungen. Stuttgart: Enke, S. 591–597.

Sachsse, U. (1989): Psychotherapie mit dem Sheriff-Stern. Zum Umgang des Therapeuten mit der Hausordnung in der stationären Psychotherapie und zu möglichen Auswirkungen auf seine Sozialisation zum Psychoanalytiker. Gruppenpsychotherapie und Gruppendynamik 25, 141–158.

Schepank, H. (1988): Die stationäre Psychotherapie in der Bundesrepublik Deutschland: Soziokulturelle Determinanten, Entwicklungsstufen, Ist-Zustand, internationaler Vergleich, Rahmenbedingungen. In: Schepank, H., W. Tress (Hrsg.), S. 13–39.

Schepank, H., W. Tress (Hrsg.) (1988): Die stationäre Psychotherapie und ihr Rahmen. Berlin: Springer.

Schroeder, W. (1988): Musiktherapie: Psychotherapie im Medium Musik. In: Schepank, H., W. Tress (Hrsg.), S. 157–160.

Segal, H. (1991/1950): Aspekte der Analyse eines schizophrenen Patienten. In: Spillius, E.B. (Hrsg.), Band 2, S. 128–154 (orig. International Journal of Psycho-Analysis).

Segal, H. (1992/1952): Eine psychoanalytische Betrachtung der Ästhetik. In: dies.: 1992/1981b, S. 233–360 (orig. International Journal of Psycho-Analysis).

Segal, H. (1990/1957): Bemerkungen zur Symbolbildung. In: Spillius, E.B. (Hrsg.), Band 1, S. 202–224 (orig. International Journal of Psycho-Analysis).

Segal, H. (1978): On symbolism. International Journal of Psycho-Analysis 59, 315–319.

Segal, H. (1979): Nachschrift zu ‚Bemerkungen zur Symbolbildung'. In: Spillius, E.B. (Hrsg.), Band 1, S. 217–223.

Segal, H. (1992/1981a): Die Funktion des Traums. In: dies.: 1992/1981b, S. 119–129 (orig. in H. Segal 1981).

Segal, H. (1992/1981b): Wahnvorstellung und künstlerische Kreativität. Ausgewählte Aufsätze. Stuttgart: Klett-Cotta (orig. London).

Segal, H. (1991a): Symbolism. In: dies.: 1991c, S. 31–48.

Segal, H. (1991b): Mental space and elements of symbolism. In: dies.: 1991c, S. 49–63.

Segal, H. (1991c): Dream, Phantasy and Art. London: Routledge.

Segal, N. (1961): The psychoanalytic theory of the symbolic process. Journal of the American Psychoanalytic Association 9, 146–157.

Senf, W. (1988a): Theorie der stationären Psychotherapie. In: Becker, H., W. Senf (Hrsg.), S. 2–34.

Senf, W. (1988b): Problempatienten. In: Becker, H., W. Senf (Hrsg.), S. 214–243.

Senf, W. (1988c): Mitpatienten. In: Becker, H., W. Senf (Hrsg.), S. 192–194.

Simmel, E. (1988/1927): Anzeige der Eröffnung einer psychoanalytischen Klinik in Berlin. In: Senf, W. (1988a), S. 4f (orig. Zeitschrift für ärztliche Psychoanalyse).

Simmel, E. (1928): Die psychoanalytische Behandlung in der Klinik. Internationale Zeitschrift für Psychoanalyse 14, 352–370.

Spillius, E.B. (Hrsg.). (1990/1988; 1991/1988): Melanie Klein Heute. Entwicklungen in Theorie und Praxis. Band 1: Beiträge zur Theorie. Band 2: Anwendungen. Weinheim: Verlag Internationale Psychoanalyse (orig. London).

Speidel, H. (1978): Über den Symbolbegriff in der Psychoanalyse. Psyche 32, 289–328.

Stork, J. (1995): Kommentar zur Arbeit von Melanie Klein: Die Bedeutung der Symbolbildung für die Ichentwicklung. Kinderanalyse 3, 31–40.

Tress, W., M. Ehl (1987): Die stationäre psychoanalytische Behandlung bei schweren Störungen der Persönlichkeit. Psychiatrische Praxis 14, 115–120.

Trimborn, W. (1983): Die Zerstörung des therapeutischen Raumes. Das Dilemma stationärer Psychotherapie bei Borderline-Patienten. Psyche 37, 204–236.

Trimborn, W. (1987): Der Analytiker, der Rahmen und die Öffentlichkeit. Der ‚Vater' in Kleists ‚Prinz Friedrich von Homburg'. Jahrbuch der Psychoanalyse 21, 85–131.

Trimborn, W. (1994): Analytiker und Rahmen als Garanten des psychotherapeutischen Prozesses. Der Psychotherapeut 39, 94–103.

Trimborn, W. (1995): Der Rahmen und das psychoanalytische Ereignis. In: Haas, J.-P., G. Jappe (Hrsg.): Deutungs-Optionen. Für Wolfgang Loch. Tübingen: edition diskord, S. 93–118.

Trimborn, W., H. Brodthage, S.O. Hoffmann, Th. Stemmer (1981): Die Bearbeitung von Trennung und Entlassung im Rahmen der stationären Psychotherapie. In: Heigl, F., H. Neun (Hrsg.), S. 157–167.

Winnicott, D.W. (1985/1967): Die Lokalisierung des kulturellen Erlebens. In: ders.: (1985/1971b), S. 111–120 (orig. International Journal of Psycho-Analysis).

Winnicott, D.W. (1985/1969): Objektverwendung und Identifizierung. In: ders.: (1985/1971b), S. 101–110 (orig. International Journal of Psycho-Analysis).

Winnicott, D.W. (1985/1971a): Der Ort, an dem wir leben. In: ders.: (1985/1971b), S. 121–127.

Winnicott, D.W. (1985/1971b): Vom Spiel zur Kreativität. Stuttgart: Klett-Cotta (orig. London).

Zauner, J. (1978): Das Problem der Regression und die Rolle des Durcharbeitens im Realitätsraum der psychotherapeutischen Klinik. In: Beese, F. (Hrsg.), S. 42–51.

Zepf, S. (1991): Zur Diagnostik und Therapie strukturell ich-gestörter Patienten. In: ders. (Hrsg.): Wer sich nicht bewegt, der spürt auch seine Fesseln nicht. Frankfurt a.M.: Nexus, S. 81–97.

Diagnostik struktureller Störungen

Gerd Rudolf

1. Sprachverwirrung in der psychoanalytischen Diagnostik

„Depressiv-narzißtische Neurose auf mittlerem Strukturniveau", so lautet die Diagnose im Fallbericht einer Examensarbeit zum Abschluß der psychoanalytischen Weiterbildung. Das ist eine typische Diagnose im Bereich analytischer Psychotherapie; die Begriffe „depressiv" oder „narzißtisch" werden sehr häufig verwendet (ca. 65% der Diagnosen in Psychotherapieanträgen enthalten diese beiden Bezeichnungen). Aus welchen diagnostischen Klassifikationssystemen stammen diese Begriffe? Eine depressive Neurose gibt es in den derzeit gebräuchlichen Systemen DSM III (dem von der American Psychiatry Association herausgegebenen Klassifikationssystem psychischer Störungen) und ICD-10 (dem von der WHO initiierten diagnostischen Klassifikationssystem) nicht und eine depressiv-narzißtische Neurose ebensowenig. Letztere erinnert an die narzißtische Persönlichkeitsstörung, die im DSM vorkommt, aber nicht in ICD-10. Bekanntlich haben psychodynamisch orientierte Wissenschaftler wenig Einfluß auf die Gestaltung dieser diagnostischen Klassifikationssysteme ausüben können, und so verstehen sich diese Ordnungssysteme heute als deskriptiv und theoriefrei, indem sie Störungen nach ihren Leitsymptomen klassifizieren. Bei genauerem Hinsehen wird allerdings deutlich, daß ein nicht geringer Teil der als Diagnosen verworfenen Neurosen durch die Hintertür als Persönlichkeitsstörungen wieder hereinkommt. Dependente, d.h. objektabhängige, selbstunsichere, schizoide, zwanghafte, histrionische (als Ersatz für die hysterische) Persönlichkeitsstörungen beschreiben Merkmale typisch neurotischer Krankheitsbilder auf – nach psychoanalytischem Verständnis – relativ reifem Strukturniveau.

Die genannten diagnostischen Konventionen werden von praktizierenden Psychoanalytikern kaum beachtet, da sie so gut wie keine psychoanalytischen Konzepte enthalten. Statt dessen verwenden Psychoanalytiker ihre eigenen diagnostischen Begriffe, die jedoch nirgendwo operationalisiert oder standardisiert sind, so daß in der sprachlichen Ausgestaltung kaum eine Diagnose der anderen gleicht.

Betrachten wir das, was in einer Diagnose im weitesten Sinne mit ‚Struktur' zu tun hat, so zeigt sich uns eine noch größere Variationsbreite der verwendeten Begriffe. Aus einer Reihe von Psychotherapieanträgen habe ich die folgenden diagnostischen Bezeichnungen extrahiert:

depressiv-narzißtische Struktur,
depressive Strukturanteile,
depressiv-narzißtische Strukturmerkmale,
mittleres Strukturniveau,
ich-strukturelle Defizienzen,
ich-struktureller Defekt,

depressive Neurosenstruktur,
depressiv-narzißtische Persönlichkeitsstruktur,
abhängige Primärpersönlichkeit,
oral-abhängige Persönlichkeit,
narzißtische Persönlichkeitsstörung,
neurotische Persönlichkeitsentwicklung,
narzißtische Entwicklung,
narzißtische Entwicklungsstörung,
narzißtische Störung.

Im folgenden soll zunächst geklärt werden, welche Aspekte von psychischer Struktur hier angesprochen werden. Insbesondere gilt es zu prüfen, welcher klinische und wissenschaftliche Wert dieser strukturellen Diagnostik zukommt. Ist sie so spekulativ, daß sie zu Recht aus den internationalen diagnostischen Konventionen herausgehalten wird, oder ist sie fundiert genug, daß sie dort ihren Platz beanspruchen kann?

2. Psychische Struktur, Charakterstruktur, Neurosenstruktur

Die psychoanalytische Theorie ist im wesentlichen eine Sammlung von Annahmen über die Struktur des Psychischen und darin insbesondere von den unbewußten Determinanten des Verhaltens. Rapaports (1959) bekanntes Buch, das in diesem Zusammenhang stets erwähnt wird, heißt zwar: „Die Struktur der psychoanalytischen Theorie", läßt sich aber auch als die „psychoanalytische Theorie der Struktur" verstehen. *Struktur des Psychischen* meint in diesem Zusammenhang den „psychischen Apparat", wie er in Freuds (1923) topographischem Strukturmodell beschrieben ist. Darin lassen sich nach der Darstellung Rapaports eine Reihe von Gesichtspunkten unterscheiden:

Der topographische Gesichtspunkt verweist darauf, daß es bewußte und unbewußte Bereiche des Psychischen gibt, so daß Verhalten stets auch unbewußt determiniert ist.

Der dynamische Gesichtspunkt besagt, daß Verhalten durch triebhafte Motivationen determiniert ist; da der Trieb stets ein Ziel hat, ein Objekt sucht, ist Verhalten zielgerichtet.

Der ökonomische Aspekt unterstellt, daß Verhalten durch seelische Energie determiniert sei.

Der genetische Aspekt verweist darauf, daß Verhalten durch vorausgegangene Entwicklungen determiniert wird. Gemeint ist die Geschichte der Triebentwicklung im Kontext zwischenmenschlicher Erfahrungen und die Internalisierung der lebensgeschichtlich prägenden Erfahrungen.

Der adaptive Gesichtspunkt betont, daß Verhalten durch die Notwendigkeit zur Anpassung an die äußere Lebenswirklichkeit bestimmt ist. Dabei geht es um die Anpassung im Dienste des biologischen Überlebens und im Dienste der Aufrechterhaltung sozialer Beziehungen.

Die genannten Aspekte sind in einem ganzheitlichen psychischen Gefüge – der Struktur – integriert; Substrukturen wie z.B. das Über-Ich oder das Ich-Ideal wirken ebenfalls determinierend auf das Verhalten und Konflikte zwischen den Substrukturen und engen die Breite des möglichen Verhaltens ein.

Schon früh in der psychoanalytischen Theorieentwicklung wurde hervorgehoben, daß Menschen durch typische strukturelle Entwicklungen charakterisiert sind *(Charakterstruktur)* (vgl. Freud 1908: Charakter und Analerotik; Adler 1912: Über den nervösen Charakter; Abraham 1925: Psychoanalytische Studien zur Charakterbildung; Alexander 1928: Der neurotische Charakter; Reich 1928: Über Charakteranalyse). Psychodynamisch wird dabei die Abwehrfunktion des Charakters in den Mittelpunkt gestellt: Der Charakter als Ganzes fungiert als Schutz gegen innere Ängste und äußere Konflikte. Einen Überblick über das Thema bietet Hoffmann (1979): Charakter und Neurose.

Der Strukturbegriff, so wie er in den eingangs aufgeführten Diagnosen auftaucht, bezieht sich allerdings nicht auf das topographische Strukturmodell oder die Charakterstruktur, sondern auf zwei weitere Strukturmodelle: das eine basiert auf Schultz-Henckes (1951) Konzept der *Neurosenstruktur*, das andere auf den Weiterentwicklungen ich-psychologischer Konzepte (Hartmann 1939, 1972). Schultz-Hencke betont in seiner Neurosenpsychologie die Bedeutung der Folgeerscheinungen des ursprünglichen Triebkonflikts. Dabei wird die ursprüngliche neurotische Not häufig zur charakterlichen Tugend, wenn neurotisch eingeengtes Verhalten adaptiv genutzt wird; so lernt z.B. der Depressive, durch seine bescheidene Hilflosigkeit Beziehungen in seinem Sinne zu gestalten. Der Begriff der Neurosenstruktur bildet dreierlei ab: den zentralen neurotischen Konflikt (von Schultz-Hencke als „Hemmung" charakterisiert), die Gehemmtheit des Erlebens und Verhaltens als Folge der neurotischen Hemmung und die charakterlichen Folgen dieses Prozesses, die sich in den „Haltungen" ausdrücken. Den dynamischen Untergrund bildet das neurotisch Gehemmte, d.h. die unbewußt wirksame Latenz des ungelebten Triebbereichs. Die so entwickelten Typen der depressiven, zwanghaften, hysterischen und schizoiden Neurosenstruktur können beim einzelnen Patienten in reiner Form auftreten, doch stehen in der Regel mehrere Strukturanteile nebeneinander (z.B. „depressive Struktur mit hysterischen Anteilen"). Dieses Strukturmodell beschreibt die konfliktneurotisch bedingte Entwicklung der Gesamtpersönlichkeit vor allem im Hinblick auf das Zusammenspiel von bewußtem Verhalten und unbewußten Handlungsimpulsen. Substrukturen des „psychischen Apparates" wie z.B. Über-Ich, Ich-Ideal etc. werden dabei nicht eigens herausgehoben. Schwidder (1964) unterschied diesbezüglich zwischen „Hemmungsstruktur" und „Haltungsstruktur", je nachdem ob die passive neurotische Einengung des Verhaltens oder die aktive, kontraphobische, überkompensatorische Seite in den Vordergrund tritt. Riemann hat die strukturspezifischen „Grundformen der Angst" (1961) eindrucksvoll dargestellt. Er war auch einer der ersten, der die Struktur des Analytikers im Hinblick auf die Passung der Patient-Therapeut-Beziehung reflektiert hat (1964). „Neurotische Stile" in diesem Sinne wurden auch von Shapiro (1965) beschrieben; in eine ähnliche Richtung weist das Vorgehen von Mentzos (1984) in seiner Beschreibung der neurotischen Konfliktverarbeitung.

Die Beliebtheit dieses Modells von Neurosenstruktur dürfte damit zusammenhängen, daß es gleichzeitig etwas von dem äußerlich sichtbaren klinischen Bild (z.B. depressives Erleben) wie auch von der spezifischen Konfliktdynamik (z.B. depressive Objektbedürftigkeit) abbildet. Zusätzlich kommt die Möglichkeit, von „Anteilen" zu sprechen, der klinischen Erfahrung entgegen, daß häufig mehrere Modi der neurotischen Verarbeitung nebeneinander existieren.

Die zugrundeliegende psychoanalytische Krankheitstheorie wird in dem Kommentar zu den Psychotherapierichtlinien wie folgt dargelegt:

> „Struktur und Konflikt haben jedes einen ätiologischen Rang in der seelischen Krankheitsentstehung. Die Struktur bildet die ‚passiv-kausale' Matrix der Krankheit im Sinne einer ‚Materialursache' (der klassischen Ursachenlehre), die durch ihre Eigengesetzlichkeit den Charakter

der Neurose entscheidend mitbestimmt, z.B. als depressive, zwangsneurotische oder narzißtische Neurosenstruktur. Der Konflikt dagegen prägt das Krankheitsgeschehen im Sinne eines ‚aktivkausalen' Faktors, der die Gleichförmigkeit struktureller Gestörtheit durchbricht, verändert, aktualisiert, auch provoziert – z.B. als akut wirksame, angstneurotische oder phobische Störung oder als aktueller Beziehungskonflikt. Das strukturelle Moment muß auf aktuelle Konflikterlebnisse warten, die es in der seelischen Krankheit zur Geltung bringen; die Konflikte bedürfen der Anlehnung an die Struktur, um intrapsychisch zur Wirkung zu kommen" (Faber und Haarstrick 1991, S. 26).

3. Die Struktur des Ich, des Selbst und der Beziehungen

Während die meisten der eingangs aufgeführten diagnostischen Begriffe Struktur im weitesten Sinne als Struktur der neurotischen Gesamtpersönlichkeit verstehen, verweisen einige Bezeichnungen auf die *Ich-Struktur* im engeren Sinne. Seit Beginn der 40er Jahre hatte sich das psychoanalytische Interesse in besonderer Weise auf die Struktur des Ich, seine Funktionen und seine Entwicklung gerichtet. Das Ich als System, als psychisches Organ wurde eingehend untersucht. Aus der verwirrenden Vielfalt psychoanalytischer Überlegungen lassen sich drei zentrale Aufgaben des Ich herausheben. Die erste beinhaltet die nach innen gerichtete Aufmerksamkeit für eigene Bedürfnisse und Affekte und die Notwendigkeit, diese so zu steuern, daß das intrapsychische Gleichgewicht und die äußere Handlungsfähigkeit gewahrt bleiben. Es ist dies der unbewußte Vorgang der Abwehr, der mit Hilfe spezifischer Abwehrmechanismen die Binnenregulation leistet. Die zweite zentrale Aufgabe des Ich ist die nach außen gerichtete Adaptation, die mit Hilfe der Ich-Funktionen bewältigt wird. Den dritten Aufgabenschwerpunkt des Ich bildet seine Selbstorganisation. Das Ich muß sich selbst aufbauen und umstrukturieren, es muß sich mit Hilfe einer integrativen Funktion zusammenfügen und zusammenhalten.

Wenn diese drei Bereiche, die nach innen gerichtete steuernde Ich-Leistung, die auf die Außenwelt gerichteten kognitiven Ich-Funktionen und die auf die Ganzheitlichkeit des Ich gerichtete integrative Funktion, gut entwickelt sind, resultiert im subjektiven Erleben ein sicheres Gefühl von psychischem und körperlichem „Ich". Die eigenen Affekte, Absichten, Wahrnehmungen und Vorstellungen sowie die Körperempfindungen entspringen einem Zentrum des Erlebens, das – nicht weiter ableitbar – als zu mir gehörig, von mir ausgehend, als Ausdruck meines „Ich" erfahren wird. Beim Aufbau des Ich spielen Prozesse der Verinnerlichung eine zentrale Rolle; ins Ich hineingenommen werden soziale Erfahrungen mit wichtigen Anderen.

Während in der frühen Psychoanalyse die Begriffe Ich und *Selbst* synonym und einander vertretend gebraucht wurden, erwies sich im Laufe der Zeit die Notwendigkeit einer Differenzierung (vgl. Jacobson 1964). Die Verwendung des Begriffes ‚Selbst' im Unterschied zum Ich brachte den Vorteil, daß sich zwei psychische Funktionsbereiche schlüssig darstellen ließen: der Aufbau und die Regulation des Selbstwertes und der Aufbau und die Erhaltung des Selbstbildes bzw. des damit in Zusammenhang stehenden Erlebens von Identität. Eine Abgrenzung der Konzepte ‚Ich' und ‚Selbst' gelingt am einfachsten unter Verwendung der Begriffe ‚Intentionalität' und ‚Reflexivität'. Das Ich ist intentional auf die Außenwelt gerichtet, d.h. neugierig, emotional, bedürfnishaft, handlungsbereit auf die Objekte bezogen (vgl. Rudolf 1977, S. 46f; 1979). Es ist dabei nicht zwangsläufig seiner selbst bewußt.

Erst wenn das Ich sich selbst zum Gegenstand der Wahrnehmung nimmt, sich in seinem Tun und seinem Erleben reflektiert, entsteht die Figur des: „Das bin ich selbst". Ein Bild der eigenen Person und ihrer Stellung in der Welt wird gewonnen und emotional bewertet. Selbstbild und Selbstwert sind keine starren, unlebendigen Abbilder von etwas, sie sind Funktionen, die ständig wiederhergestellt und einreguliert werden müssen. In der Entwicklungsgeschichte müssen die kindlichen Vorstellungen vom eigenen Selbst und seinen grandiosen Fähigkeiten und Bedeutungen durch die Erfahrung mit den wichtigen Anderen modifiziert werden. Es ist die Hereinnahme des Blickes des Anderen, des liebenden oder des strafenden Blickes, der die Konstituierung und Bewertung des eigenen Selbst bewirkt (vgl. Seidler 1995). Internalisierungsprozesse spielen auch hier die zentrale Rolle für den Aufbau von Selbstbild und Selbstwert.

Letztlich läßt sich psychische Struktur unter dem Gesichtspunkt der *Objektbeziehung* betrachten. Aus der Beziehungserfahrung der Kindheit wird durch Internalisierung Struktur. Aus der internalisierten, zur Struktur gewordenen Erfahrung resultiert die Gestaltung und Regulierung jeder neuen Beziehung. Verinnerlichte positive Erfahrungen haben offenbar eine Sicherheit gebende und stützende Funktion. War es nicht möglich, ausreichend gute Beziehungserfahrungen mit Objekten zu internalisieren, dann kann sich die Struktur unter äußeren und inneren Belastungen nicht selbst helfen und beruhigen, sie gerät unter den Erregungsdruck negativer Affekte und destruktiver Impulse und erlebt die inneren Objektbilder als bedrohend, strafend oder verfolgend. Die Objektbeziehungspsychologie scheint geeignet, die erwähnten Gesichtspunkte der Triebentwicklung, der Ich-Entwicklung und der Selbstentwicklung zu integrieren, weil alle diese Strukturen durch ausreichend gute oder traumatisch belastende Beziehungserfahrungen geprägt werden. Bei diesen Vorgängen geht es zentral um den Begriff der Bindung, den bereits Bowlby (1969) in den Mittelpunkt seines Konzepts gestellt hat und der heute in der zeitgenössischen Säuglings- und Kleinkindforschung eine zentrale Rolle einnimmt (vgl. Lichtenberg 1991). Wenn es dem Kleinkind gelungen ist, eine Sicherheit schaffende Bindung zu errichten und sie ausreichend lange Zeit zu erhalten, dann hat diese Fähigkeit offenbar einen starken positiven Entwicklungsanreiz für den Aufbau der intrapsychischen Struktur. Es wird gewissermaßen ein seelischer Binnenraum entfaltet, in dem eine Vorstellung von den wichtigen Anderen entstehen und affektiv besetzt werden kann; es entsteht eine innere Bühne, auf der das Ich seine Beziehung zu den wichtigen Anderen nachspielen und durchspielen kann.

Die hier beschriebenen Aspekte der Struktur des Ich, des Selbst und der Objektbeziehungen (zusammenfassende Darstellung bei Rudolf 1993, S. 55–83) bilden die Grundlage für die im übernächsten Kapitel beschriebene operationalisierte Strukturdiagnostik.

4. Diagnostik struktureller Störungen

Die beschriebenen ich-psychologischen Überlegungen führten zur Operationalisierung von „Ich-Stärke" bzw. „Ich-Schwäche", wie sie z.B. in den Konzepten von Bellak et al. (1969) vorgenommen wurden. Die Logik dieses Vorgehens ist es, analog zu testpsychologischen Verfahren ich-psychologische Auffälligkeiten standardisiert zu erfassen und somit diagnostisch zu nutzen. Allerdings war das psychoanalytische Interesse für Tests und

Schätzskalen immer eher gering, um so größeres Gewicht wurde dem diagnostischen Gespräch beigemessen. So hat z.B. Kernberg (1981) ein psychoanalytisches Interview entwickelt, das darauf abzielt, speziell strukturelle Dimensionen diagnostisch zu erfassen. Kernberg spricht 1976 erstmals von „struktureller Analyse", wenn es darum geht, den „level of organization of mental functioning" einer Persönlichkeit zu differenzieren. Er unterscheidet die Ebene der neurotischen, der Borderline- und der psychotischen Persönlichkeitsorganisation. Als Hauptkriterien gelten ihm dabei das Integrationsniveau der Identität, die Reife der Abwehrorganisation und die Fähigkeit zur Realitätsprüfung. Ergänzende Kriterien bilden der Grad der Über-Ich-Integration, Anzeichen von Ich-Schwäche (bezogen auf Angsttoleranz, Impulskontrolle, Sublimationsfähigkeit, Neigung zu primärprozeßhaftem Denken). Diese ich-strukturellen Aspekte sind nach Kernberg eng verwoben mit der Qualität der Objektbeziehung, d.h. mit der Stabilität und Tiefe emotionaler Bindungen und der Fähigkeit zu Empathie und Verstehen sowie mit dem Vermögen, Beziehungen auch unter Belastungen und Frustrationen aufrechtzuerhalten.

Kernbergs Konzept, das er im Laufe der Jahre mehr und mehr differenzierte, vermag auch den Aspekt der Triebkonflikte zu integrieren, wenn er etwa beschreibt, daß Borderline-Patienten dazu neigen, ihre präödipalen Konflikte vorzeitig zu ödipalisieren, so daß das klinische Bild und das Übertragungsangebot in deutlichem Maße ödipal erscheinen kann, während die strukturelle Analyse die Unreife der internalisierten Objektbeziehungen erkennen läßt. Kernbergs Bemühungen haben viel dazu beigetragen, den Aspekt der Persönlichkeitsorganisation in die Diagnostik einzuführen. In seinem strukturellen Interview variiert er zwischen verschiedenen Interventionstechniken: Durch Klarifikation soll geklärt werden, wie weit der Patient in der Lage ist, einen kognitiven Einblick in seine innere Situation zu gewinnen; durch Konfrontation sollen inkongruente und konflikthafte Persönlichkeitsaspekte angesprochen werden: Die Reaktion des Patienten auf das Interaktionsangebot lassen den Untersucher wichtige strukturelle Merkmale erkennen. Interpretationen und vor allem Übertragungsdeutungen lassen erkennen, wie weit der Patient in der Lage ist, Zusammenhänge zwischen der aktuellen Beziehungserfahrung im Hier und Jetzt, seinen intrapsychischen Verarbeitungsmustern und seinen biographischen Erfahrungen herzustellen. Gleichwohl hat sich Kernbergs strukturelles Interview nie zu einer Art diagnostisch standardisiertem Instrument entwickelt. Es lieferte die Anregung, dem Patienten verschiedenartige Interaktionsangebote zu machen und unterschiedliche therapeutische Haltungen einzunehmen, um an der Reaktion des Patienten die Bandbreite seines Erlebens ablesen zu können.

In klinischen Institutionen, welche ein psychoanalytisch begründetes Forschungsinteresse verfolgen und aufgrund ihres stationären Therapieangebots einen hohen Anteil von Patienten versorgen, die als „strukturell gestört" gelten können, richtete sich die Aufmerksamkeit in besonderer Weise auf die diagnostische Erfassung dieser Merkmale. Engel, Haas, von Rad, Senf und Becker (1979) entwickelten in der Heidelberger Psychosomatischen Klinik ein Rating-Instrument zur Erfassung struktureller Auffälligkeiten. Auf einer ähnlichen psychoanalytischen Logik gründend beschreiben Lohmer, Klug, Herrmann, Pouget und Rauch (1992) ein System, dessen Ziel es ist, zwischen neurotischem Niveau, mittlerem Strukturniveau und Borderline-Störungen unterscheiden zu können.

Um eine stardardisierte Einschätzung der strukturellen Auffälligkeiten des Patienten vornehmen zu können, haben wir in der Heidelberger Psychosomatischen Klinik die nach unserem Verständnis wichtigsten Items in einer Schätzskala zusammengestellt (Schätzskala zur Erfassung struktureller Auffälligkeiten im Bereich von Ich, Selbst und Objektbeziehungen: ISO). Wir verwenden diese Skala in zwei Versionen, einmal, um einen initialen Befund zu erheben, und zum anderen in einer Version, welche es erlaubt, Befundveränderungen während der stationären Therapie abzubilden.

Aufnahme
Pat. Name:

ISO B-Th
Therapeut/in:
Datum:

Schätzskala zur Erfassung struktureller Auffälligkeiten im Bereich von Ich, Selbst und Objektbeziehungen (ISO)

	nicht einzuschätzen	*Ausprägung* nicht	leicht	mittel	schwer
1. Ich					
1.1 Ich-Grenzen unsicher					
1.2 Impulssteuerung eingeschränkt					
1.3 Toleranz für negative Affekte eingeschränkt					
1.4 Affektsteuerung eingeschränkt					
1.5 Differenzierungsfähigkeit für eigene Affekte eingeschränkt					
1.6 Differenzierung von innen und außen eingeschränkt					
1.7 Realitätspräfung eingeschränkt					
1.8 Fähigkeit zur Antizipation eingeschränkt					
1.9 Urteilsfähigkeit eingeschränkt					
1.10 Reizschutz eingeschränkt					
2. Selbst					
2.1 Selbstwertregulierung narzißtisch					
2.2 Selbstbild und Identität unsicher					
2.3 Autonomie des Selbst beeinträchtigt					
2.4 Reifung der Persönlichkeit uneinheitlich/verzögert					
3. Objektbeziehung					
3.1 Selbst-Objekt-Differenzierung eingeschränkt					
3.2 Kommunikationsfähigkeit (Ausdruck eigener Affekte) eingeschränkt					
3.3 Kommunikationsfähigkeit (Verständnis fremder Affekte) eingeschränkt					
3.4 Internalisierungen und Objektkonstanz eingeschränkt					
3.5 Schuld- und Trauerfähigkeit eingeschränkt					
3.6 Einfühlung in die Objekte eingeschränkt					
3.7 Nähe-Distanz-Regulierung eingeschränkt					

5. Die operationalisierte Erfassung der psychischen Struktur

Vor rund 30 Jahren stellte F. Heigl fest, daß sich die Psychoanalyse derzeit noch bevorzugt auf intrapsychische Bezüge konzentriere, weil ein psychoanalytisches Interaktionsmodell erst im Werden sei. Er leitete daraus die Forderung ab, Strukturmodelle sollten „ein neues Modell der Persönlichkeit integrieren, das sowohl dem Menschen als internalisiertem System wie auch als interagierendem Lebewesen" gerecht werde (Heigl 1968).

Die oben skizzierte Entwicklung psychoanalytischer Strukturkonzepte läßt erkennen, daß wir auf dem Wege zu einem solchen integrativen Strukturmodell beträchtlich Fortschritte verzeichnen können. Beide Pole des Geschehens, der intrapsychische und der interaktionelle, sind psychoanalytisch so gut konzeptualisiert, daß sie sich in einem Gesamtmodell verknüpfen lassen. In meinem Lehrbuch „Psychotherapeutische Medizin" (Rudolf 1995, S. 55–83) wird die Verflochtenheit der Aspekte Ich, Selbst und Objektbeziehungen in der Struktur der Persönlichkeit unter einer psychodynamisch-entwicklungspsychologischen Perspektive dargestellt. Der nächste Schritt betrifft nun die Verwendung dieser Elemente in der Routinediagnostik. Voraussetzung dafür ist eine Operationalisierung der Begriffe und Standardisierung ihrer Einschätzung im Rahmen eines diagnostischen Instruments. Mit solchen Fragen beschäftigt sich die Arbeitsgruppe „Operationalisierte Psychodynamische Diagnostik (OPD)", an der sich ca. 40 Wissenschaftler aus 12 Universitäten beteiligen (Sprecher: Hoffmann/Mainz, Koordinatoren: Buchheim/München, Cierpka/Göttingen, Freyberger/Lübeck, Janssen/Dortmund, Muhs/Karlsruhe, Rudolf/Heidelberg, Rüger/Göttingen, Schneider/Rostock). Der Grundgedanke ist es, in Ergänzung zu der syndromalen Achse (ICD-10) die psychodynamische Diagnostik in vier weiteren Achsen vorzunehmen: I. Krankheitserleben, II. Beziehungen, III. Konflikt, IV. Struktur. Das Konzept wird in einer Reihe von Übersichtsarbeiten vorgestellt (Cierpka et al. 1995, Hoffmann et al. 1995, Schneider et al. 1995). Die Buchveröffentlichung in deutscher und englischer Sprache, die auch ein ausführliches Manual zur Verwendung der Instrumente enthält, ist für Ende 1995 vorgesehen („Operationalisierte Psychodynamische Diagnostik" (OPD I)).

Im folgenden beschäftige ich mich mit der Operationalisierung von *Struktur*, so wie sie in der entsprechenden OPD-Arbeitsgruppe (Koordinator: Rudolf/Heidelberg, Mitglieder: Buchheim/München, Ehlers/Stuttgart, Küchenhoff/Basel, Muhs/Karlsruhe, Pouget/München, Rüger/Göttingen, Schwarz/München, Seidler/Heidelberg) erarbeitet wurde. Eine zusammenfassende Darstellung findet sich bei Rudolf et al. (1995). Struktur wird verstanden als Struktur des „Selbst in der Beziehung zum Anderen", sie läßt sich auf 6 strukturellen Ebenen beschreiben: Selbstwahrnehmung, Selbststeuerung, Abwehr, Objektwahrnehmung, Kommunikation, Bindung. In der folgenden Auflistung werden die strukturellen Kategorien und die zugehörigen strukturellen Störungen stichwortartig angegeben:

Selbstwahrnehmung: Hierbei handelt es sich um die Fähigkeit, ein Bild des eigenen Selbst zu gewinnen (Selbstreflektion) und dieses Bild hinsichtlich seiner psychosexuellen und sozialen Aspekte kohärent zu halten (Identität). Verknüpft mit der Fähigkeit zur Selbstreflektion ist die der Introspektion als die Fähigkeit, Innenvorgänge, vor allem affektiver Art, differenzieren zu können. Strukturelle Störungen auf diesem Gebiet zeigen sich in der Unvertrautheit mit dem eigenen Selbstbild, der Unsicherheit bezüglich der eigenen Identität und der Schwierigkeit, eigene psychische Vorgänge wahrnehmen zu können.

Selbststeuerung: Die integrative Funktion bedeutet die Fähigkeit, sich selbst so zu organisieren und Bedürfnisse, Affekte und den Selbstwert so zu regulieren, daß das innere Gleichgewicht gewahrt wird. Das gut integrierte Selbst erlebt sich als Urheber eigenen Wollens, Empfindens und Handelns und verknüpft damit das Gefühl der Kompetenz. Strukturelle Störungen zeigen sich darin, daß das Subjekt von eigenen Triebimpulsen und Handlungsabsichten überrollt wird; daß es eigene Affekte, vor allem negative, nicht ertragen kann und daß das Selbstwertgefühl starken Schwankungen unterliegt bzw. durch mäßige Belastungen erheblich in Frage gestellt wird.

Abwehr: Um das seelische Gleichgewicht in inneren und äußeren Belastungs- und Konfliktsituationen aufrechtzuerhalten oder wiederherzustellen, müssen bestimmte Abwehrmechanismen zur Wirkung kommen. Ausdruck struktureller Störung ist die Tatsache, daß „unreife“ Abwehrmechanismen wie z.B. Spaltung, Projektion, hochgradige Idealisierung, Entwertung etc. vorherrschen.

Objektwahrnehmung: Das strukturell gut integrierte Selbst ist in der Lage, zwischen sich und den äußeren Objekten zu unterscheiden und damit innere und äußere Realität zu differenzieren. Der Andere kann als ganzheitliche Person mit eigenen Absichten und Rechten erlebt werden und es ist möglich, sich ihm empathisch zu nähern. Die strukturelle Störung läßt die Unsicherheit der Grenzen zwischen dem Selbst und den Anderen erkennen; es fällt schwer, dem Anderen eigene Absichten und Rechte zuzugestehen, vielmehr wird er als bedürfnisbefriedigendes oder bedrohlich verfolgendes Objekt wahrgenommen; es bestehen Schwierigkeiten, sich empathisch einzufühlen.

Kommunikation: Um den Anderen verstehen und sich mit ihm austauschen zu können, muß das Subjekt sich emotional auf den anderen ausrichten, sich ihm annähern, emotionale Mitteilungen an ihn richten und die affektiven Signale des Anderen entschlüsseln können. Strukturelle Störung manifestiert sich in der Beeinträchtigung dieser kommunikativen Funktionen: Eigene emotionale Mitteilungen bleiben unklar, Signale des Anderen können nicht verstanden werden, dadurch entstehen Verwirrungen und Beziehungen reißen ab.

Bindung: Das gut integrierte Selbst hat die Fähigkeit, innere Repräsentanzen des Anderen zu errichten und sie affektiv zu besetzen (was in der psychoanalytischen Terminologie mit den Begriffen der Objektinternalisierung und Objektkonstanz verbunden ist). Ferner besteht die Fähigkeit, zwischen Bindung und Lösung wechseln zu können. Zum Schutz bestehender Bindungen werden Interaktionsregeln errichtet. Beim Vorliegen struktureller Störungen ist der Andere nur in realer Präsenz wirklich, bei Abwesenheit geht er verloren. Es besteht ein Mangel an positiven inneren Objektbildern, die geeignet sind, das Selbst zu stützen und zu beruhigen; statt dessen entstehen Bedrohungsgefühle durch innere Leere oder kritisierende, verfolgende oder bestrafende innere Objekte.

6. Was ist eine strukturelle Störung?

Strukturelle Störung bedeutet, daß im Sinne eines Entwicklungsdefizits bestimmte Reifungs- und Integrationsschritte der Struktur nicht erfolgen konnten. Die Folge davon ist, daß dem Einzelnen bestimmte Funktionen der intrapsychischen und interpersonellen Regulation nicht verläßlich zur Verfügung stehen. Im Extremfall handelt es sich um ein Defizit in dem Sinne, daß bestimmte Funktionen sich nicht entfalten konnten. Häufig jedoch handelt es sich um eine Anfälligkeit im Sinne der strukturellen Vulnerabilität, d.h. um eine Störanfälligkeit im strukturellen Bereich, wo Regulationsprozesse versagen und affektive Spannungszustände resultieren können. Aus objektbeziehungstheoretischer Sicht lassen sich diese Vorgänge auch als strukturelle Regression verstehen. Sie stellen eine Reaktivierung von schmerzlichen Beziehungserfahrungen dar, die in der frühen Lebensentwicklung die Störung begründet haben.

Das bedeutet, daß eine manifeste strukturelle Störung nicht einseitig als defizitäre Schwäche des psychischen Systems („Ich-Schwäche") verstanden werden soll. Vielmehr ist sie stets Teil eines in sich sinnvollen psychischen Geschehens und selber Bestandteil eines Regulationsprozesses. Am Beispiel eines Patienten, der eigene destruktive Impulse sehr rasch projektiv anderen Menschen zuschreibt und sich dann heftig gegen sie wehrt, soll das verdeutlicht werden. Stets spielt der *Aspekt der Abwehr* eine wichtige Rolle. Die Wahrnehmung des Bösen in der Außenwelt bewahrt den Patienten davor, im eigenen Innern Affekte und Handlungsimpulse wahrzunehmen, die er nicht integrieren könnte und die ihn überwältigen würden. Ebenso wichtig ist der *Aspekt der Selbststrukturierung:* Indem der Patient alle Aufmerksamkeit darauf richtet, sich gegen den bösen Anderen zu wehren, findet er ein Widerlager im Außen und damit eine Strukturierung im Innen. Sein Wollen und Handeln bekommt eine Richtung, die angesichts eines sonst wenig integrierten Selbst leicht verlorengeht. Schließlich läßt sich auch häufig der *genetisch-dynamische Aspekt* verstehen: Das in der manifesten strukturellen Störung inszenierte Verhalten knüpft an wichtige Beziehungserfahrungen an. Aufgrund der unscharfen Grenzen zwischen Selbst und Objekt und der vielfältigen projektiven und identifikatorischen Vorgänge zwischen beiden spiegeln sich im Erleben des Patienten sowohl die von ihm selbst in traumatischen Beziehungen erfahrenen Erregungs- und Spannungszustände wie auch die am wichtigen Objekt erlebten Handlungen und Affekte wider. Der Patient reinszeniert, vereinfacht gesagt, die gesamte traumatische Beziehung, ohne im einzelnen differenzieren zu können, was von ihm selbst und was vom Objekt ausgegangen ist.

Strukturelle Störung wird nicht gleichgesetzt mit der aktuellen Symptomatik, vielmehr soll das zeitüberdauernde Erleben und Verhalten des Patienten im Zeitraum der letzten Jahre der strukturellen Einschätzung zugrundegelegt werden. Aus praktisch-klinischen Gründen empfiehlt es sich, die *Schwere der strukturellen Störung* einzuschätzen. In der Arbeitsgruppe ‚Struktur' der OPD hat man sich dafür entschieden, das Integrationsniveau der Struktur vierfach abzustufen von einem gut integrierten Niveau (das dem neurotisch reifen Niveau entspricht) über ein gering integriertes und ein mäßig integriertes bis zum desintegrierten (psychotischen) Strukturniveau.

Gute Integration: Bei einer gut integrierten Struktur sind die intrapsychisch und interpersonell regulierenden Funktionen prinzipiell verfügbar, sie können auch über Belastungssituationen hinweg erhalten oder rasch wiedergewonnen werden. Die Struktur stellt einen psychischen Innenraum zu Verfügung, in dem intrapsychische Konflikte ausgetragen werden können. Die zentrale Angst auf diesem Integrationsniveau gilt dem Verlust der Liebe des wichtigen Objekts. Die Gegenübertragung solchen Patientinnen und Patienten gegenüber ist gekennzeichnet durch die Wahrnehmung von deutlichen Gefühlsregungen, welche durch die in der Übertragung reinszenierten relevanten Konflikte mit historisch erlebten Personen ausgelöst werden.

Mäßige Integration: Auch hier ist die Verfügbarkeit über die genannten Funktionen prinzipiell erhalten, jedoch situativ herabgesetzt. Es herrschen intrapsychische Konflikte vor, die jedoch durch archaischere Inhalte und heftigere Affekte gekennzeichnet sind. Auf der normativen Seite werden rigide und strafende Instanzen und überhöhte Idealvorstellungen sichtbar, welche zu autoaggressivem Verhalten führen können. Die zentrale Angst gilt dem Verlust oder der Zerstörung des stützenden oder steuernden Objekts. In der Gegenübertragung werden gelegentlich schwer aushaltbare Affekte spürbar, die sich aber auf die für den Patienten relevanten Beziehungserfahrungen zurückführen lassen.

Geringe Integration: Auf diesem Niveau ist die Verfügbarkeit über die intrapsychisch und interpersonell regulierenden Funktionen deutlich eingeschränkt. Ein seelischer Binnenraum ist wenig entwickelt, die Idealstruktur wenig differenziert, die normative Struktur häufig dissoziiert. Unbewußte Bedürfnisregungen werden nicht intrapsychisch gebunden, sondern richten sich direkt nach außen an den Anderen. Das führt dazu, daß nicht intrapsychische Konflikte, sondern interpersonelle Probleme vorherrschen. Die zentrale Angst gilt der Vernichtung oder dem Verlust des Selbst durch die Einwirkungen des bösen Anderen oder durch den Verlust des guten Objekts. Die Gegenübertragung ist durch die Heftigkeit und anhaltende Wirkung von Gefühlsregungen gekennzeichnet, sie stellt keine Antwort auf eine personale Übertragung dar, sondern ein Erfaßtwerden von den atmosphärischen, medialen Übertragungsangeboten.

Desintegration: Ein kohäsives Selbst konnte nicht ausgebildet werden, bei Belastungen besteht die Gefahr der Desintegration. Auf psychotischen Zusammenbruch kann psychotische Restituierung folgen. Die fragile Struktur erlangt ihre Stabilität dadurch, daß wesentliche Triebimpulse und narzißtische Bedürfnisse abgespalten oder verleugnet werden. Umschriebene Konflikte betreffen die Gefahr der Fusion des Selbst mit dem Anderen oder die narzißtische Selbstidealisierung zum Ausgleich schwerer Selbstzweifel.

Eine durch die OPD-Arbeitsgruppe durchgeführte Studie zur Praktikabilität und Reliabilität des Systems unter Beteiligung von rund 100 Ratern ließ erkennen, daß die Aufgabe, videoaufgezeichnete Interviews strukturell einzuschätzen, mit guter Inter-Beobachter-Übereinstimmung realisiert werden konnte. Die Rater schätzen darüber hinaus die Praktikabilität des Systems als gut ein. Das bedeutet, daß psychodynamisch orientierte Untersucherinnen und Untersucher, die in einigen Stunden mit dem System vertraut gemacht wurden, in der Lage sind, es so übereinstimmend zu handhaben, daß wissenschaftliche und klinische Ansprüche gleichermaßen befriedigt sind.

Das folgende Schema gibt in Stichworten einen Überblick über die 6 Strukturaspekte auf den jeweils 4 unterschiedlichen Integrationsniveaus; es soll dem Anwender eine rasche Orientierung in der komplexen Materie ermöglichen.

OPD: Integrationsniveau der Struktur (Übersicht)

	gut integriert	mäßig integriert
Allgemeine Charakteristik Struktur des Selbst in Beziehung zum Anderen; Verfügbarkeit über intrapsychisch und interpersonell regulierende Funktionen zur Erhaltung von Autonomie und Beziehungsfähigkeit	Weitgehend autonomes Selbst; regulierende Funktionen verfügbar; psychischer Binnenraum strukturiert (intrapsychische Konflikte möglich); Über-Ich streng, aber integriert	Verfügbarkeit über regulierende Funktionen herabgesetzt; intrapsychische Konflikte sind destruktiver, archaischer; Über-Ich streng, evtl. externalisiert; Ich-Ideal überzogen
Selbstwahrnehmung Fähigkeit zur Selbstreflexion, zur Gewinnung von Selbstbild und Identität, zur Introspektion und Differenzierung eigener Affekte	Selbstreflexive Fähigkeiten und Identitätsgefühl grundsätzlich vorhanden, u.U. durch neurotische Konflikte eingeschränkt *Leitaffekte:* Freude, Angst, Schuld, Scham, Trauer	Schwierigkeit, Selbstbild zu gewinnen; Affekte zu differenzieren; Identität unsicher *Leitaffekte:* Angst, Wut, Enttäuschung, Selbstentwertung, Ambivalenz
Selbststeuerung Fähigkeit, mit eigenen Bedürfnissen, Affekten und Selbstwertgefühlen steuernd umzugehen; Toleranz für Ambivalenzen und negative Affekte	Steuerungsfähigkeit für Impulse, Affekte und Selbstwert grundsätzlich vorhanden, u.U. neurotisch eingeschränkt	Übersteuerung oder Impulsdurchbrüche; emotionale Flexibilität eingeschränkt; selbstentwertende, autoaggressive Tendenzen; Selbstwertregulierung schwierig; Kränkbarkeit
Abwehr Fähigkeit, seelisches Gleichgewicht in inneren und äußeren Konflikten durch bestimmte Abwehrmechanismen zu erhalten oder wiederherzustellen	Abwehr stabil, effektiv; gegen Triebwünsche und Affekte gerichtet; Verdrängung, Rationalisierung, Verschiebung	Abwehr eingeschränkt flexibel, überschießend oder versagend; Verleugnung, Wendung gegen eigene Person, Reaktionsbildung, Isolierung, Projektion
Objektwahrnehmung Fähigkeit, zwischen innerer und äußerer Realität sicher zu unterscheiden, äußere Objekte ganzheitlich, kohärent, mit eigenen Rechten und Absichten wahrzunehmen; Empathiefähigkeit	Das Bild des Gegenübers wird differenziert wahrgenommen; kann jedoch neurotisch konflikthaft gefärbt sein; Empathiefähigkeit vorhanden; objektbezogene Affekte sind möglich (Sorge, Anteilnahme, Schuld, Trauer, Scham)	Wenig Empathiefähigkeit; konfliktgefärbte Wahrnehmung des Anderen; in Konflikten wird der Andere ängstigend oder droht verlorenzugehen
Kommunikation Fähigkeit, sich auf andere auszurichten und sich ihnen mitzuteilen, affektive Signale des Anderen zu verstehen	Kommunikationsbereitschaft grundsätzlich vorhanden; Kommunikationsbedürfnis u.U. konflikthaft eingeschränkt oder gesteigert	Kommunikationfähigkeit störbar; Kommunikationsbereitschaft durch gekränkte, aggressive, bedürftige etc. Haltungen beeinträchtigt
Bindung Fähigkeit, innere Repräsentanzen des Anderen zu errichten und längerfristig affektiv zu besetzen (Objektinternalisierung, Objektkonstanz); variable Bindungen; Wechsel von Bindung und Lösung; Interaktionsregeln zum Schutz der Bindung entwickeln	„Gute innere Objekte" vorhanden; unterschiedliche innere Objekte erlauben grundsätzlich triadische Beziehungen; u.U. Schwierigkeit, Bindung zu verschiedenen Personen zu integrieren *Zentrale Angst:* Zuneigung des Objekts verlieren	Wenig „gute innere Objekte", Objektbilder auf wenige Muster eingeschränkt; wunschgeleitete und dyadische Beziehungen vorherrschend *Zentrale Angst:* Das wichtige Objekt verlieren

Fortsetzung: OPD: Integrationsniveau der Struktur (Übersicht)

gering integriert	desintegriert
Seelischer Binnenraum und psychische Substrukturen wenig entwickelt; regulierende Funktionen deutlich reduziert; Konflikte sind interpersonell statt intrapsychisch	Kein kohäsives Selbst ausgebildet; daher bei Belastung Gefahr von Desintegration oder Fragmentierung; dem psychischen Zusammenbruch kann psychotische Restituierung folgen
Selbstreflexive Funktionen fehlen weitgehend, Identitätsdiffusion *Leitaffekte:* Chronische Angst, Wut, Depression, Leere, Entfremdung	Selbstreflexive Fähigkeiten fehlen; weitgehend fehlende soziale und sexuelle Identität (Schizophrenie) oder Überidentifizierung mit sozialen Rollen (manisch-depressive Psychose)
Impulsives Verhalten, selbstbestrafende Tendenzen, Intoleranz für negative Affekte; fragile Selbstwertregulation (große Kränkbarkeit, Größenvorstellungen)	Unzureichende Vorstellung von der Urheberschaft eigenen Handelns, u.U. massive Störungen der Selbststeuerung (Triebdurchbrüche bis zur psychotischen Erregung)
Abwehr erfolgt durch Veränderung von Selbst- und Objektrepräsentanzen; Spaltung, projektive Identifizierung, Objektidealisierung, Objektentwertung	Abwehr instabil, unflexibel; Objektbesetzung wird entzogen; psychotische Verleugnung, psychotische Projektion
Fehlende Empathiefähigkeit; dem Anderen keine eigenen Rechte und Absichten zugestehen; der Andere als bedürfnisbefriedigendes Objekt oder verfolgendes Objekt; Teilobjektbeziehungen	Psychotische Konfusion von Selbst- und Objektbildern; selektive Wahrnehmung; einzelne Eigenschaften des Objekts stehen für das ganze Objekt
Kommunikationsfähigkeit beeinträchtigt; Schwierigkeiten im Verstehen affektiver Signale des Anderen; Kommunikationsabrisse; Verwirrung, Mißverständnisse	Fehlinterpretation affektiver Signale; alles kann kommunikative Bedeutung gewinnen
Wenig „gute Objekte" internalisiert; innere Objekte strafend, entwertend; Abhängigkeit von äußeren Objekten *Zentrale Angst:* das böse Objekt bzw. der Verlust des guten Objekts zerstört das Selbst	Zum Schutz vor gefürchteter Verschmelzung werden Bindungen u.U. bis zur autistischen Isolation vermieden; auf regressivem Niveau können stabile Bindungen aufrechterhalten werden

7. Resümee

Die eingangs beschriebene Sprachverwirrung bezüglich der von Psychoanalytikern verwendeten diagnostischen Begriffe hat erkennen lassen, daß das psychoanalytisch-diagnostische Expertenwissen mangels einer begrifflichen Konvention nur schwer kommuniziert werden kann. Die von einem einzelnen Untersucher gesetzten (in sich durchaus evidenten und schlüssigen) diagnostischen Akzente sind zumeist inkompatibel mit den Beschreibungen eines anderen Kollegen, der bei einem vergleichbaren Krankheitsbild andere Aspekte in den Vordergrund stellt (solche des Syndroms, des Konflikts, der Struktur, der Psychodynamik etc.). Abhilfe kann nur geschaffen werden durch Übereinkünfte bezüglich der zu verwendenden diagnostischen Kategorien. Nach dem Vorschlag der Arbeitsgruppe OPD (Operationalisierte Psychodynamische Diagnostik) stützen sich diese Konventionen auf die psychoanalytische Erfahrung, vermeiden jedoch soweit als möglich die Verwendung psychoanalytischer Terminologie, weil jeder einzelne Begriff im Laufe seiner historischen Entwicklung einen Hof von unterschiedlichen Bedeutungen gewonnen hat und daher zwangsläufig unterschiedlich verwendet wird.

Psychodynamische Diagnostik umfaßt die für einen Patienten typischen Konflikte, seine kennzeichnenden maladaptiven Beziehungsmuster, das für ihn charakteristische subjektive Erleben und seinen habituellen Stil, seine Innenwelt und seine äußeren Beziehungen zu regulieren (Struktur). Wir haben hier die Struktur im engeren Sinne berücksichtigt, d.h. die Verfügbarkeit über regulierende psychische Funktionen, die sich dem Bereich des Ich, des Selbst und der Objektbeziehung zuordnen lassen.

Die eminente klinische Bedeutung einer solchen Strukturdiagnostik ist darin zu sehen, daß der Aufbau einer therapeutischen Beziehung und die therapeutische Zusammenarbeit in einer solchen Beziehung entscheidend durch die strukturelle Tragfähigkeit bzw. die strukturelle Vulnerabilität des Patienten beeinflußt wird. So entscheidet die Einschätzung der strukturellen Belastbarkeit letztlich über die Wahl des geeigneten therapeutischen Settings und über die Festlegung der angestrebten Therapieziele. Je ausgeprägter die vorliegende strukturelle Störung ist, desto eher ist die Strukturbildung, d.h. der Aufbau von Beziehungsfähigkeit das vorderste Therapieziel. Die Durcharbeitung neurotischer Konflikte in einer Übertragungsbeziehung kann erst gelingen, wenn die strukturellen Voraussetzungen für eine solche Beziehung hergestellt wurden. Überall dort, wo schwer gestörte Patienten untersucht werden – und das ist in psychoanalytischen Praxen ebenso der Fall wie in psychosomatisch-psychotherapeutischen Kliniken – ist daher eine sorgfältige strukturelle Diagnostik unerläßlich. Als integraler Bestandteil einer operationalisierten Diagnostik wird sie dazu beitragen, den psychodynamischen Aspekten in der Diagnostik jene Bedeutung zurückzugeben, die ihr aufgrund ihrer hohen klinischen und prognostischen Validität zukommt.

Literatur

Abraham, K. (1925): Psychoanalytische Studien zur Charakterbildung. Internationale Psychoanalytische Bibliothek 16, 1–64.

Adler, A. (1912): Über den nervösen Charakter. München: J.F. Bergmann.

Alexander, F. (1928): Der neurotische Charakter. Seine Stellung in der Psychopathologie und in der Literatur. Internationale Zeitschrift für Psychoanalyse 14, 26–44.

American Psychiatric Association (1989): Diagnostisches und statistisches Manual psychischer Störungen DSM-IIIR, Weinheim: Beltz.

Arbeitsgemeinschaft OPD: Operationalisierte Psychodynamische Diagnostik I, Bern: Huber (im Druck).

Bellak, L., M. Hurvich (1969): Systematic study of ego functions. Journal Nerv. Ment. Diss. 148, 569–585.

Bowlby, J. (1969): Bindung. München: Kindler 1975.

Cierpka, M., P. Buchheim, H.J. Freyberger, S.O. Hoffmann, P. Janssen, A. Muhs, G. Rudolf, U. Rüger, W. Schneider, G. Schüssler (1995): Die erste Version einer operationalisierten Psychodynamischen Diagnostik (OPD 1). Psychotherapeut 2, 69–78.

Dilling, H., W. Mombour, M.H. Schmidt (Hrsg.) (1991): Internationale Klassifikation psychischer Störungen (ICD 10, Kap. V (F), Bern, Göttingen, Toronto: Huber.

Engel, K., E. Haas, M. von Rad, W. Senf, H. Becker (1979): Zur Einschätzung von Behandlungen mit Hilfe psychoanalytischer Konzepte. Medizinische Psychologie 5, 253–268.

Faber, F.R., R. Haarstrick (1991): Kommentar Psychotherapierichtlinien. Neckarsulm, Stuttgart (2. Aufl.): Jungjohann.

Freud, S. (1908): Charakter und Analerotik. GW Bd. VII.

Freud, S. (1923): Das Ich und das Es. GW XIII.

Hartmann, H. (1939): Ich-Psychologie und Anpassungsprobleme. Internationale Zeitschrift für Psychoanalyse 24, 62–135.

Hartmann, H. (1972): Ich-Psychologie. Studien zur psychoanalytischen Theorie. Stuttgart: Klett.

Heigl, F. (1968): Zum strukturellen Denken in der Psychoanalyse. In: Schelkopf, A., S. Elhardt (Hrsg.): Aspekte der Psychoanalyse. Göttingen: Vandenhoeck & Ruprecht, S. 12–25.

Hoffmann, S.O. (1974): Charakter und Neurose. Frankfurt a.M.: Suhrkamp.

Hoffmann, S.O., M. Cierpka, M. Buchheim, H.J. Freyberger, P. Janssen, A. Muhs, G. Rudolf, U. Rüger, W. Schneider, G. Schüssler (1995): Operationalisierte Psychodynamische Diagnostik. Nervenarzt (im Druck).

Jacobson, E. (1964): Das Selbst und die Welt der Objekte. Frankfurt a.M.: Suhrkamp.

Kernberg, O.F. (1970): A psychoanalytical classification of character psychology. Journal American Psychoanalytic Association 18, 800–822.

Kernberg, O.F. (1976): Object relations theory and clinical psychoanalysis. New York: J. Aronson. Deutsch: Objektbeziehungstheorie und Praxis der Psychoanalyse. Stuttgart: Klett-Cotta, 1984.

Kernberg, O.F. (1981): Structural interviewing. Psychiatr. Clin. North Am. 4, 169–195.

Lichtenberg, J.D. (1991): Psychoanalyse und Säuglingsforschung. Berlin/Heidelberg: Springer.

Lohmer, M., G. Klug, B. Herrmann, D. Pouget, M. Rauch (1992): Zur Diagnostik der Frühstörung. Versuch einer Standortbestimmung zwischen neurotischem Niveau und Borderline-Störung. Praxis Psychotherapie Psychosomatik 37, 243–255.

Mentzos, S. (1984): Neurotische Konfliktverarbeitung. Frankfurt a.M.: Fischer.

Rapaport, D. (1960): Die Struktur der psychoanalytischen Theorie. Stuttgart: Klett-Cotta, 1970.

Reich, W. (1928): Über Charakteranalyse. Internationale Zeitschrift für Psychoanalyse 14, 180–196.

Riemann, F. (1961): Grundformen der Angst. München: Reinhard.

Riemann, F. (1964): Die Struktur des Analytikers und ihr Einfluß auf den Behandlungsverlauf. In: Salzmann, L., W. Schwidder, A. Westerman-Holstijn (Hrsg.): Fortschritte der Psychoanalyse. Göttingen: Hogrefe.

Rudolf, G. (1977): Krankheiten im Grenzbereich von Neurose und Psychose. Ein Beitrag zur Psychopathologie des Icherlebens und der zwischenmenschlichen Beziehung. Göttingen: Vandenhoeck & Ruprecht.
Rudolf, G. (1979): Intentionalität: Die Geschichte des Begriffs und seine heutige Bedeutung für das Verständnis kommunikativer Vorgänge. Zeitschrift Psychotherapie Medizinische Psychologie 29, 39–45.
Rudolf, G. (1993): Psychotherapeutische Medizin. Ein einführendes Lehrbuch auf psychodynamischer Grundlage. Stuttgart: Enke (2. Aufl. 1995).
Rudolf, G., P. Buchheim, W. Ehlers, J. Küchenhoff, A. Muhs, D. Pouget, U. Rüger, G.H. Seidler, F. Schwarz (1995): Struktur und strukturelle Störung. Zeitschrift Psychosomatische Medizin 4, 197–212.
Schneider, W., W. Buchheim, M. Cierpka, H.J. Freyberger, S.O. Hoffmann, P. Janssen, A. Muhs, G. Rudolf, U. Rüger, G. Schüssler (1995): Entwicklung eines Modells der Operationalisierten Psychodynamischen Diagnostik OPD. Zeitschrift Psychotherapie Medizinische Psychologie 45, 121–130.
Schultz-Hencke, H. (1951): Lehrbuch der analytischen Psychotherapie. Stuttgart: Thieme.
Schwidder, W. (1964): Hemmung, Haltung, Symptom. Fortschritte in der Psychoanalyse 1, 115–128.
Seidler, H.G. (1995): Der Blick des Anderen. Eine Analyse der Scham. Stuttgart: Verlag Internationale Psychoanalyse.
Shapiro, D. (1965): Neurotic Styles. New York: Basic Books. Deutsch: Göttingen: Vandenhoeck & Ruprecht, 1991.

Die Autorinnen und Autoren

Hermann Beland, geb. 1933, studierte Theologie; Psychoanalytiker in Privatpraxis, Lehranalytiker am Berliner Psychoanalytischen Institut, 1988–1990 Vorsitzender der Deutschen Psychoanalytischen Vereinigung. Zahlreiche Veröffentlichungen zur Theorie und Technik der Psychoanalyse und zu ihrer Anwendung auf die Gesellschaft.

Eva Berberich, Dr. med., Kinderärztin, Psychoanalytikerin (DPV/IPV) in freier Praxis für Erwachsene, Kinder und Jugendliche. Hauptinteressengebiet: Kinderanalyse. Dazu verschiedene Veröffentlichungen u.a. in: The Psychoanalytic Study of the Child (1988) und der Zeitschrift für psychoanalytische Theorie und Praxis (1990).

Joachim F. Danckwardt, geb. 1939, Dr. med., Psychoanalytiker und Arzt für Psychiatrie in selbständiger Praxis, Lehranalytiker am Ausbildungsinstitut der DPV in Stuttgart-Tübingen, zur Zeit Vorsitzender der DPV. Veröffentlichungen (in Zeitschriften, Tagungsbänden, Büchern und Sammelbänden): Psychoanalytische Studien über Beratung (1972), stationäre Kurzpsychotherapie und sekundäre Prävention (1976), Wechselwirkung von psychoanalytischen Therapievariablen mit Parametern, u.a. mit Psychopharmaka (1978, 1980, 1990), Kontraindikation der Kombinationsbehandlung in der analytischen Psychotherapie (1979, 1984), Tag-Traumdeutung (1982, 1989), Re-Analyse (1990, 1991), „Ixion"-Komplex in der Psychoanalyse (1989, 1990, 1992), Ethik-Kodex für Psychoanalytiker (1994 zusammen mit Baumann und Christ), Psychodynamik des Mitläufers (1994), mediale Normierung psychischer Realität (1994), Geschichte der Psychoanalyse in Stuttgart-Tübingen (1995), Indikation zur hochfrequenten analytischen Psychotherapie (1995 zusammen mit Gattig et al.), spezifisch psychoanalytische Kreativität (1986, 1989, 1993) und ihrer psychogenetischen Aspekte (1990, 1993).

Heinfried Duncker, Dr. Univ. Rouen, Arzt für Psychiatrie, Psychotherapie, Psychoanalyse, der Leitende Arzt des Westfälischen Zentrums für Forensische Psychiatrie Lippstadt. Veröffentlichungen zur psychiatrischen Diagnostik, zur französischen Psychoanalyse, zur psychoanalytisch orientierten Sozialtherapie im Maßregelvollzug, seit 1985 Ausrichtung eines Seminars zu Fragen der Psychoanalyse und Kriminologie am Institut für Forensische Psychiatrie und Psychologie der FU Berlin. Mitglied des Wissenschaftlichen Beirates der Internationalen Kriminologischen Gesellschaft.

Mario Erdheim, geb. 1940 in Quito (Ecuador), wuchs in Zürich auf. Er studierte Ethnologie, Geschichte und Psychologie in Wien, Basel und Madrid und befaßt sich als Ethnopsychoanalytiker insbesondere mit dem Unbewußten in der Kultur. 1982 veröffentlichte er das Buch „Die gesellschaftliche Produktion von Unbewußtheit", 1988 „Psychoanalyse und Unbewußtheit in der Kultur". Neben seiner Lehrtätigkeit an der Universität Frankfurt a.M. arbeitet er heute als Psychoanalytiker in Zürich.

Jan Malewski, Psychoanalytiker, Lehranalytiker im Heidelberger DPV- und DGPT-Institut. Mehrere Publikationen in polnischer Sprache über psychoanalytische Einzel- und Gruppenpsychotherapie und psychoanalytisches Psychodrama.

Annegret Overbeck, Dr. biol.hom., Psychoanalytikerin (DPV), Univ.Professorin für Erziehungswissenschaft, Schwerpunkt Psychoanalytische Pädagogik, Venia legendi für das Fach Psychotherapie/Psychosomatik. Arbeitsgebiete: Familientherapieforschung, Supervisionsforschung, Psychoanalytische Sozialisationstheorie.

Martha Papadakis, Diplom in Sozialwissenschaften und Bachelor of Arts (Australien). Vollmitglied der Britischen Psychoanalytischen Gesellschaft. Forschungsschwerpunkte: Träume; Depression und ihr Zusammenhang mit der Trauer; Ödipusfiguration und ihre Beziehung zur intellektuellen Entwicklung; das Werk von Melanie Klein und W.R. Bion.

Hartmut Raguse, PD Dr. theol., Privatdozent für „Neues Testament und Hermeneutik" an der Theologischen Fakultät der Universität in Basel. Freiberufliche Tätigkeit als Psychoanalytiker (SGPsa/IPV) und Fortbilder in der Ref. Kirche der Schweiz. Hauptinteresse: die Schnittpunkte zwischen Psychoanalyse, Theologie und Literaturtheorie. Wichtigste Veröffentlichungen: „Psychoanalyse und biblische Interpretation" (1993). „Der Raum des Textes" (1994).

Gerd Rudolf, Prof. Dr. med., Ärztlicher Direktor der Psychosomatischen Universitätsklinik Heidelberg. Interessengebiete: Theorie von Struktur und Interaktion; Psychotherapieforschung. Wichtigste Publikationen: „Krankheiten im Grenzbereich von Neurose und Psychose. Ein Beitrag zur Psychopathologie des Ich-Erlebens und der zwischenmenschlichen Beziehungen" (1977/87). „Untersuchung und Befund bei Neurosen und psychosomatischen Erkrankungen" (1981). „Die therapeutische Arbeitsbeziehung. Untersuchungen zum Zustandekommen, Verlauf und Ergebnis analytischer Psychotherapien". Unter Mitarbeit von T. Grande und U. Porsch (1991). „Psychotherapeutische Medizin. Ein einführendes Lehrbuch auf psychodynamischer Grundlage" (1993).

Gerhard Schneider, geb. 1947, Dr. phil., Dipl.-Psychologe, Dipl.-Mathematiker. Ausbildung zum Psychoanalytiker am DGPT-Institut für Psychotherapie und Psychoanalyse Heidelberg-Mannheim und am DPV-Institut Heidelberg-Karlsruhe. 1979–1989 wissenschaftlicher Angestellter am Psychologischen Institut Heidelberg, Abtlg. Sozial- und Umweltpsychologie; 1989–1994 Assistent an der Psychosomatischen Universitätsklinik Heidelberg; seitdem Tätigkeit in freier psychoanalytischer Praxis in Mannheim. Forschungsschwerpunkte: Personale Identität, dazu erschienen: „Affirmation und Anderssein. Eine dialektische Theorie personaler Identität" (1995), sowie Psychologie/Psychoanalyse moderner Kunst. Psychoanalytische, umweltpsychologische und methodologische Veröffentlichungen.

Helen Schoenhals, Dr. med., Amerikanerin, langjährige Mitarbeiterin an der Abt. für Psychotherapie und psychosomatische Medizin in der Psychiatrie der Universitätsklinik Frankfurt unter der Leitung von Prof. Dr. med. Stravros Mentzos. Seit 1989 Psychoanalytikerin in selbständiger Praxis. Sie ist mit Lehranalysen der Deutschen Psychoanalytischen Vereinigung beauftragt, war Vorsitzende der Frankfurter Psychoanalytischen Vereinigung und Mitglied des Vorstandes der Deutschen Psychoanalytischen Vereinigung. Seit Anfang der achtziger Jahre nimmt sie kontinuierlich an Supervision und Fortbildung in kleinianischer Psychoanalyse bei Mitgliedern der Britischen Psychoanalytischen Gesellschaft teil.

Günter H. Seidler, geb. 1951, Dr. med. Nach Studium der Theologie, Philosophie, Germanistik und Medizin in Kiel und Göttingen zunächst neurochirurgische Tätigkeit, dann Ausbildung zum Nervenarzt und Psychoanalytiker (DPG). Arbeitet als Gruppenlehranalytiker (DAGG), Balintgruppenleiter (Dt. Balint-Gesellschaft) und Dozent an verschiedenen Ausbildungsinstituten für Psychoanalyse und Psychotherapie. Oberarzt der Psychosomatischen Universitätsklinik Heidelberg. Publikationen zu den Grundlagen und Anwendungsbereichen von Psychoanalyse und Psychotherapie. Wichtigste Buchpublikation: „Der Blick des Anderen. Eine Analyse der Scham" (1995).

Winfrid Trimborn, geb. 1943, Dr. med., Psychoanalytiker (DPV), von 1975–1982 Assistent an der Abteilung Psychotherapie und Psychosomatische Medizin der Universität Freiburg; seither in eigener Praxis. Arbeiten zur Behandelbarkeit von Borderline- und narzißtischen Patienten: „Die Zerstörung des therapeutischen Raumes. Das Dilemma stationärer Psychotherapie bei Borderline-Patienten" (1983). „Der Analytiker, der Rahmen und die Öffentlichkeit. Der ‚Vater' in Kleists ‚Prinz Friedrich von Homburg'" (1987). „Die Rolle des Übergangsobjekts in einer psychotherapeutischen Behandlung" (1990). „Analytiker und Rahmen als Garanten des therapeutischen Prozesses" (1994) u.a.

Aus dem Programm Psychologie

Claudia Frank (Hrsg.)

Wege zur Deutung

Verstehensprozesse in der Psychoanalyse

1994. 218 S. Kart.
DM 44,–/öS 343,–/SFr 44,–
ISBN 3-531-12608-3

Die psychoanalytische Behandlung wirkt durch das Verstehen der krankheitsverursachenden unbewußten Konflikte. Dabei muß der Analytiker Zugang zu den stets persönlichen, determinierenden Bedeutungen aktueller und lebensgeschichtlicher Erfahrungen in der äußeren und inneren Welt finden. Es ist ein Anliegen der Autoren dieses Bandes, zentrale Facetten dieses komplexen interaktiven Geschehens herauszuarbeiten. Es wird dargelegt, wie die Methode Freuds weiterentwickelt und differenziert wurde, um So-noch-nicht-Gewußtes mit dem Patienten zu entdecken und damit einen ihm gerecht werdenden Entwicklungs- und Gesundungsprozeß zu ermöglichen.

Günter H. Seidler (Hrsg.)

Das Ich und das Fremde

Klinische und sozialpsychologische Analysen des destruktiven Narzißmus

1994. 265 S. Kart.
DM 54,–/öS 421,–/SFr 54,–
ISBN 3-531-12666-0

Fremdes wird auf individueller und gesellschaftlicher Ebene immer weniger akzeptiert. Die Tendenz zur Elimination von Störendem im Dienste eines Harmonie-Ideals wird von den Autorinnen und Autoren des Buches als Hauptmerkmal des „destruktiven Narzißmus" verstanden. In ihren Untersuchungen ist eine klinische Orientierung vorherrschend. Gleichzeitig wagen sie aber den Versuch eines Brückenschlages zum Verständnis von zunehmender Intoleranz und Gewaltbereitschaft gegenüber Fremdem im gesellschaftlichen Raum.

Mechthild Zeul

Rückreise in die Vergangenheit

Zur Psychoanalyse spanischer Arbeitsremigrantinnen

1995. 197 S. Kart.
DM 36,–/öS 281,–/SFr 36,–
ISBN 3-531-12687-3

Die Autorin berichtet von ihrer Arbeit mit Frauen, die lange Zeit im mitteleuropäischen Ausland gelebt haben und nach Spanien zurückgekehrt sind. Anhand ausführlich geschilderter Fallbeispiele wird gezeigt, daß Migration krank macht, wenn die sozialen Bedingungen des Aufnahmelandes so beschaffen sind, daß sie als herabsetzend und diskriminierend erlebt werden. In diesem Zusammenhang weist die Autorin darauf hin, daß in der psychoanalytischen Emigrationsliteratur die sozialen Faktoren bei der psychischen Verarbeitung von Migration zu wenig Beachtung finden.

WESTDEUTSCHER VERLAG
OPLADEN · WIESBADEN

GPSR Compliance

The European Union's (EU) General Product Safety Regulation (GPSR) is a set of rules that requires consumer products to be safe and our obligations to ensure this.

If you have any concerns about our products, you can contact us on ProductSafety@springernature.com

In case Publisher is established outside the EU, the EU authorized representative is:

Springer Nature Customer Service Center GmbH
Europaplatz 3
69115 Heidelberg, Germany

Batch number: 10809468

Printed by Printforce, the Netherlands